宋教仁（1882-1913），字遯初，号渔父，湖南桃源人。同盟会领导人之一，《民报》《民立报》主笔。历任南京临时政府法制局局长、北京临时政府农林总长、国民党代理事长。主张制定民权宪法，建立政党内阁，实行平民政治。1913年3月20日晚在上海沪宁火车站遇刺。

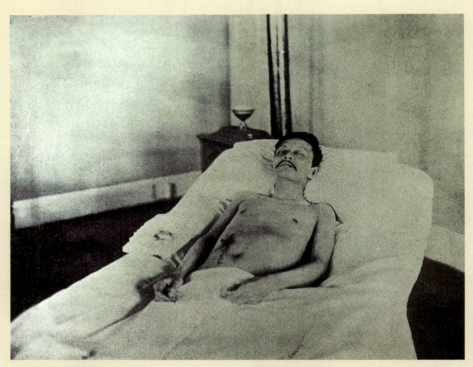

1913年3月22日凌晨宋教仁瞑目后，黄兴言，俟穿衣后再行摄影，以符宋君之光明正大。范鸿仙言，宋君遭此惨劫，不可不留历史上哀恸纪念，居正赞成，遂赤上身、露伤痕，拍此一照。

 临时大总统袁世凯

 国务总理兼内务总长赵秉钧

 内务部秘书洪述祖

 江苏驻沪巡查长、共进会会长应夔丞

 退役军人、枪手武士英

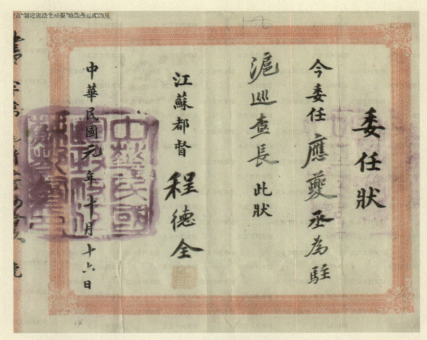

1912年10月16日经洪述祖引荐江苏都督程德全颁给应夔丞的驻沪巡查长委任状（原件藏北京市档案馆）

1913年1月14日赵秉钧遣人送应夔丞"应密"电本时手书便函（采自《真相画报》1913年第17期）

1913年2月1日应夔丞致赵秉钧"东电"报告收买国民党议员及报馆操弄宪法起草情形（原件藏北京市档案馆）

1913年2月2日应夔丞致赵秉钧"冬电"提出构陷"孙黄宋"计划（原件藏北京市档案馆）

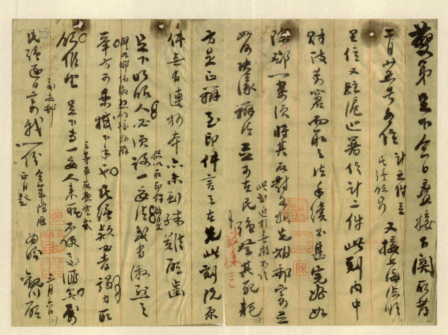

1913年3月6日洪述祖（观川）于天津私宅致函应夔丞，以"除邓"并登其死耗于《民强报》为例，唆使应夔丞对宋教仁乘机下手（原件藏北京市档案馆）

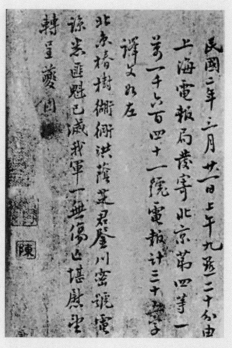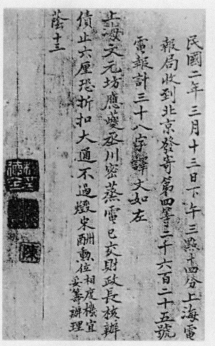

1913年3月13日下午洪述祖致应夔丞"燬宋酬勋位"电（采自《真相画报》1913 年第17期）

1913年3月21日上午应夔丞复洪述祖已将宋教仁刺杀电 （采自《真相画报》1913年第17期）

1913年3月23日应夔丞被捕前一天为淆乱观听化名"叶义衡"制造并寄往国务院的"监督议院政府神圣裁判机关简明宣告文"油印件（原件藏北京市档案馆）

1913年3月25—26日上海租界捕房搜查应宅时发现有42件内容相同的"宣告文"油印品准备以"京江第一法廷"（即所谓监督议院政府神圣裁判机关）名义寄往大陆报馆等处（原件藏北京市档案馆）

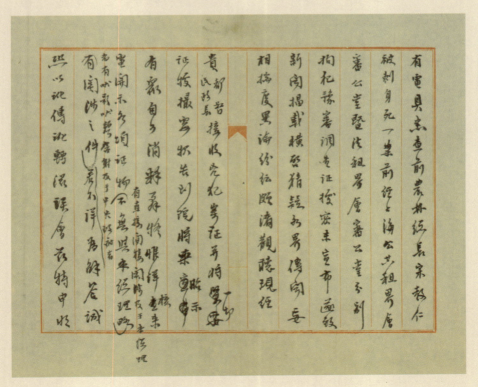

1913年4月28日赵秉钧所发批驳宋案证据的自辩"勘电"底稿（原件藏北京大学历史学系）

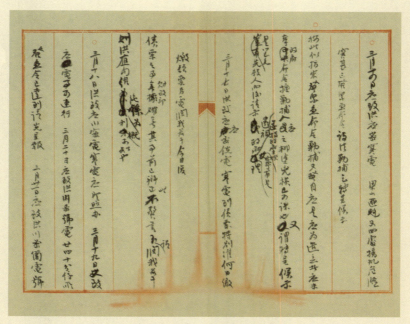

1913年4月底袁世凯政府所拟宋案证据"逐条辨明书"底稿（原件藏北京大学历史学系）

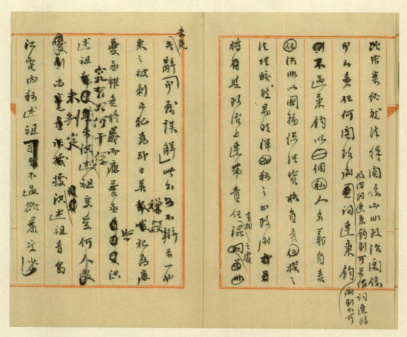

1913年5月10日前后袁世凯亲笔帮赵秉钧改定的拒绝出庭"真电"底稿（原件藏北京大学历史学系）

上海朵云轩製

1913年4月底5月初应夔丞党徒致函当道"某公"陷害黄兴、陈其美杀宋及图谋将应夔丞从国民党势力影响下之上海转移至湖北裁判的函件残片（原件藏北京大学历史学系）

社科文献 SSAP 学术文库

文史哲研究系列

宋案重审

RE-INVESTIGATING THE SONG JIAOREN CASE

（修订本）

尚小明 著

社会科学文献出版社
SOCIAL SCIENCES ACADEMIC PRESS (CHINA)

出版说明

社会科学文献出版社成立于 1985 年。三十年来，特别是 1998 年二次创业以来，秉持"创社科经典，出传世文献"的出版理念和"权威、前沿、原创"的产品定位，社科文献人以专业的精神、用心的态度，在学术出版领域辛勤耕耘，将一个员工不过二十、年最高出书百余种的小社，发展为员工超过三百人、年出书近两千种、广受业界和学界关注，并有一定国际知名度的专业学术出版机构。

"旧书不厌百回读，熟读深思子自知。"经典是人类文化思想精粹的积淀，是文化思想传承的重要载体。作为出版者，也许最大的安慰和骄傲，就是经典能出自自己之手。早在 2010 年社会科学文献出版社成立二十五周年之际，我们就开始筹划出版社科文献学术文库，全面梳理已出版的学术著作，希望从中选出精品力作，纳入文库，以此回望我们走过的路，作为对自己成长历程的一种纪念。然工作启动后我们方知这实在不是一件容易的事。对于文库入选图书的具体范围、入选标准以及文库的最终目标等，大家多有分歧，多次讨论也难以一致。慎重起见，我们放缓工作节奏，多方征求学界意见，走访业内同仁，围绕上述文库入选标准等反复研讨，终于达成以下共识：

一、社科文献学术文库是学术精品的传播平台。入选文库的图书必须是出版五年以上、对学科发展有重要影响、得到学界广泛认可的精品力作。

二、社科文献学术文库是一个开放的平台。主要呈现社科文献出版社创立以来长期的学术出版积淀，是对我们以往学术出版发展历程与重要学术成果的集中展示。同时，文库也收录外社出版的学术精品。

三、社科文献学术文库遵从学界认识与判断。在遵循一般学术图书基本要求的前提下，文库将严格以学术价值为取舍，以学界专家意见为准绳，入选文库的书目最终都须通过该学术领域权威学者的审核。

四、社科文献学术文库遵循严格的学术规范。学术规范是学术研究、学术交流和学术传播的基础，只有遵守共同的学术规范才能真正实现学术的交流与传播，学者也才能在此基础上切磋琢磨、砥砺学问，共同推动学术的进步。因而文库要在学术规范上从严要求。

根据以上共识，我们制定了文库操作方案，对入选范围、标准、程序、学术规范等一一做了规定。社科文献学术文库收录当代中国学者的哲学社会科学优秀原创理论著作，分为文史哲、社会政法、经济、国际问题、马克思主义五个系列。文库以基础理论研究为主，包括专著和主题明确的文集，应用对策研究暂不列入。

多年来，海内外学界为社科文献出版社的成长提供了丰富营养，给予了鼎力支持。社科文献也在努力为学者、学界、学术贡献着力量。在此，学术出版者、学人、学界，已经成为一个学术共同体。我们恳切希望学界同仁和我们一道做好文库出版工作，让经典名篇"传之其人，通邑大都"，启迪后学，薪火不灭。

社会科学文献出版社

2015 年 8 月

社科文献学术文库学术委员会

（以姓氏笔画为序）

作者简介

尚小明　祖籍陕北，1968 年生于山西石楼县。北京大学历史学博士。现为北京大学历史学系教授。主要从事清代及中国近现代政治、学术研究。著有《学人游幕与清代学术》（增订本）、《清代士人游幕表》、《留日学生与清末新政》、《北大史学系早期发展史研究》、《宋案重审》等，编有《清末立宪运动史料丛刊》（立宪团体卷、国会请愿运动卷、山东谘议局卷、山西谘议局卷）。

内容提要

　　宋教仁案是在民国建立之初临时政府即将过渡至正式政府的复杂局势下，伴随着官僚派与国民党等各种势力的矛盾冲突与激烈斗争而发生的。该案并非像历来所记述的那样，仅指宋教仁被刺一事，而是由收抚共进会、调查"欢迎国会团"、操弄宪法起草、构陷"孙黄宋"、"匿名氏"攻击、低价购买公债、刺杀宋教仁等多个环节次第演进与交错进行而酿成的复杂案件。袁世凯和赵秉钧分别主导和卷入了前四个环节，但均与后三个环节无关。洪述祖在所有环节上都是重要人物，特别是在构陷"孙黄宋"阴谋失败后，假借"燬宋酬勋位"与"债票特别准"，唆使应夔丞杀害了宋教仁。袁世凯虽未主谋杀宋，但在案发后为了避免其以不法手段对付国民党的内情败露，从而影响其竞选正式大总统的前景，一方面故纵洪述祖至青岛德国租界藏匿起来，另一方面竭力阻止赵秉钧出庭自证清白，赵秉钧因此成为袁氏维护自身利益的牺牲品，而国民党试图通过法律途径解决宋案的路子也因此被堵死。袁氏复操纵舆论，将国民党描绘成"藉端破坏者"，并派北洋军南下威临国民党势力较大的长江数省，走投无路的国民党不得不在实力不济的情形下发起二次革命，最终惨遭失败。民国历史走向由此发生重大转折。

Abstract

The Song Jiaoren Case took place in the final days of the provisional government of the Republic of China, a period marked by political turmoil, intrigues and intense rivalry between the feudalists and the Kuomintang (KMT) and other forces. The Song Jiaoren Case is not, as has long been claimed, simply about Song's assassination. It in fact involves a complicated sequence of inter-connected sub-plots, such as appeasing the Gong Jin Hui, the investigation of "Group for Welcoming the Parliament", manipulating the drafting of the constitution, efforts to defame "Sun, Huang and Song", attack by "anonymous writer", buying government bond at a steep discount, and finally, the assassination of Song Jiaoren. While Yuan Shikai and Zhao Bingjun had each played a decisive role in the first four of these sub-plots, neither had anything to do with the latter three. Hong Shuzu, however, was a key player throughout the entire sequence of events. Notably, he was a central figure in efforts, following the failed attempt to defame "Sun, Huang and Song", to goad Ying Kuicheng into agreeing to carry out the killing with promises of "conferral of honor" and "special approval for sales of government bonds". Although Yuan was not the mastermind of the killing, he nonetheless spared no efforts in preventing his tactic of resorting to unlawful means to deal with the KMT from becoming known to the public and hurting his presidential prospects. On one hand, Yuan let Hong Shuzu abscond to Qingdao and hide in the German concession, and on the other hand did everything he could to make sure Zhao Bingjun did not appear in court to prove his innocence, effectively sacrificing Zhao in order to protect himself. This also meant that any possibility of resorting to the law to solve the case was closed off to the KMT. Yuan then continued to manipulate public opinion by portraying KMT as "radical saboteur", and sent Beiyang troops to some of the southern provinces along the Yangtze River where the KMT had substantial influence. Massively outgunned and faced with few choices, the KMT was compelled to initiate the Second Revolution, which was mercilessly quashed. This marked a major turning point in the development trajectory of the Republic of China.

序一

    是书置宋案于民初政治文化演进变异之语境中，依据大量原始资料，剖析新旧杂陈、方生未死之复杂政象，揭示袁世凯政权内部政务系统中"场面应对操控"和"权力运作扩张"明、暗两面之区别，指出前者表现于袁氏借赵秉钧之国民党身份在场面上应对党争，后者则表现于袁氏利用亲信洪述祖以不法手段对付国民党。在此基础上，对宋案成因再行勘探，节节重审，终成一新证据链，实发前人之所未发，甚有助于澄清案情，推进学界对民初政治史之进一步探索。

    小明为学，实事求是，人如其学，学如其人。渠之所以涉足宋案，实有感于百年宋案探究非但未能接近案件真相，至今日反而出现无视宋案基本事实，任意"解构"，曲解历史之现象（如将宋案主谋指向国民党人陈其美、黄兴等），造成国人历史认知混乱。职是之故，小明乃起是正之念，穷数年之心力，博观群览，几将相关史料搜罗殆尽，并深探语境，精析文本，逐字逐句，力钻词义，于错综纠结的史料之中，考校核实，去伪存真，去粗取精，抽丝剥茧，终使案中案外隐情，一一再现。是书以精微辨析之功，得史实确切之效，行文力辨"史实发生"与"社会认知"二者之交互影响及错综复杂之关系。此乃力求史料之真、史实之确之反思性探究，而非"解构性"之主观臆测虚妄之说，实为我国当今史学良性发展之所急需也。

此外尚有一令人感慨之事，是书所用部分核心材料实受益于上世纪 50 年代初吴晗、邵循正、周一良诸先生在清华大学历史系筹建"中国近三十年史资料室"时之收藏。该部分资料旋因院系调整，转归北京大学历史学系，不意六十余年之后，对是书之研究发挥关键作用。足见学术文化积累、传承之必要，于此又多得一例证也。余于及身之年，得见此情此景，实一生难逢之幸事也。

刘桂生

2017 年 12 月 12 日时年八十有八于海淀蓝旗营

序二

余自幼喜读近代史书，工作后因为朱启钤先生掌书记，故对北洋一段历史，尤其对袁世凯其人，有天然之兴趣。往者读尚君关于袁世凯与北京兵变之论文，觉其分析很有道理。后读尚君关于袁世凯与青柳笃恒之论文，亦觉甚好。于是对尚君有了初步印象。再后看到尚君又有一文专论赵秉钧与刺宋无关，一气读完，觉其考辨堪称定论。由是余忽忆及章士钊先生《书赵智庵》一文引朱启钤先生语，其中述及袁获知赵死讯后之反应，大意谓袁急电召朱，欲其接任赵之直隶都督遗缺，朱赴总统府，见袁"形色哀痛，言语仓皇"。余读此段，始信历来所谓袁、赵主谋杀宋，而后袁又将赵毒杀之说，确有可疑。盖袁若杀赵，赵死，无"形色哀痛，言语仓皇"之理也。

因读以上数篇宏文，余渐对尚君有了兴趣。刘桂生先生，余文史馆同仁也。承刘先生见告，知尚君为刘桂生、王晓秋二教授高足，然惜无缘结识。一日，尚君忽因刘桂生先生之介，过余寒舍，以《宋案重审》一大册未刊稿见赠。余细读书稿，觉其对袁世凯、赵秉钧、洪述祖、应夔丞、陈其美诸人在宋案发生前后之言行，皆有细密、清晰之考索，宛若聚米画沙，痕迹宛然。尤为重要者，书中彻底打破过去一直为人所固守的赵秉钧与洪述祖之绝对隶属关系，揭示洪、袁之间其实有着更深密之联系。此实破解宋案之绝大关键，不看透此层关系，便无从理解袁、赵、洪三人关系之微妙，宋案之谜也就无从解开。而尚君所揭示之史实，与袁氏惯以权术待人，且每办一事往往多线用人之做法亦非常吻合。

清王鸣盛于《十七史商榷》自序中尝谓："盖学问之道，求于虚，不如求于实。"尚君此书能将宋案脉络梳理清楚，关键在他能够静下心来认真读书，肯在史料上下发微抉隐之真功夫。盖百年来研究宋案者，无一不读当初租界捕房自应夔丞宅搜出之宋案关键证据，此证据自表面观之，袁、赵、洪、应确在一条线上，实则大家于其中隐秘均不甚了了。唯尚君真正读懂了该批材料，故他能知袁、赵、洪、应一言一行之实际所指为何，宋案谜团因而能够解开。晋陈寿《三国志》有言："读书百遍，而义自见。"若非尚君下过冥思苦想之功，反复辨读、细心揣摩之勤，何能取得如斯成绩？

凡事皆有首尾。民初袁世凯一段乃"北洋政权"历史之首，以后民国许多史事之演进，皆导源于此时。而宋案实北洋派与孙中山革命党彻底决裂之一大关键，是其后南北分裂、护国战争、护法运动等一系列重大事件之源头，故尚君此书不惟解决一宋案问题，于推进北洋史之深入研究亦有极重要意义。北洋史乃吾国史界研究最薄弱环节之一，头绪乱若丝棼，有待厘清之问题正多。尚君此书开了一个好头，以尚君治学之勤与所下功夫之深，余深信其必能有更大之成就。耄耋之年有厚望焉！

刘宗汉

2017 年 12 月 20 日于清河莱圳家园

序三

　　以 1913 年（民国 2 年）3 月宋教仁在上海沪宁火车站被刺杀为中心的所谓宋案，是民国初年震惊中外的中国第一大案，又是民国史上第一要案、第一疑案。可以说它既是民初中国激烈复杂的政治斗争和政治生态的产物，又严重影响了民初中国政局的变化及政治形势的走向。

　　宋案发生至今已有一百多年，但宋案的历史真相至今仍令人感到扑朔迷离，谜团甚多，疑点不少。而对宋案案情和主谋的判断，尚是众说纷纭，甚至出现完全对立的结论：有人说是袁世凯，也有人说是陈其美。因此，当我看到尚小明教授积数年心血精心考证剖析而成的《宋案重审》一书厚厚的书稿时，不禁眼前一亮，当前中国近现代史研究不正需要这样本着求真求实精神，认认真真，踏踏实实，从事实出发，以史料为据，客观科学地去追求历史真相的研究成果吗！

　　读完书稿，我觉得该书不仅为实事求是澄清宋案真相提供了较充分的史料、史实和分析、论证，而且在史学认识论和方法论方面也能给人不少启示。例如，要认识历史事件是错综复杂的，切忌把它简单化和公式化；历史人物是多面多变的，切忌把他们脸谱化和固定化；

史料是混沌粗杂的，切忌不加鉴别，不辨真伪，或随意曲解、误读。

还如必须追踪历史事件的来龙去脉，摸清历史人物之间的真实关系。如书中强调，宋案不等同于刺宋案，它是由于袁世凯与国民党的矛盾分歧，袁世凯有意构陷孙中山、黄兴、宋教仁，鼓励纵容洪述祖、应夔丞打击宋教仁，洪、应两人图谋诬宋、刺宋邀功牟利，以及刺宋后各方反应、案件审理、诸凶犯下场等一系列环节构成，而其中许多环节是一环扣一环、互相关联的，如果孤立考察刺宋一事，则难以认清全案的内幕与真相。

再如如何收集、利用、鉴别、解读和分析史料。首先必须全面掌握和正确解读宋案的全部核心史料，同时还要努力收集和挖掘各种未刊或未曾利用过的新史料。而最重要的是，必须对史料做鉴别、分析和比较，鉴定其真伪与价值，判别其可靠度、可信度，绝不能拿一些明显的谣言或诬陷不实之词来作为标新立异或翻案的依据。

还要把微观考证与宏观考察相结合，必须分析历史事件发生的背景和条件，认清历史事件的本质和主流。如书中尽管不囿旧说，实事求是地考证袁世凯、赵秉钧并非刺宋的直接主谋，但又指出他们在指使洪、应陷害、打击宋教仁过程中应负的责任，更用有力证据批驳了把刺宋责任推给革命派陈其美的说法。另外，尽管书中也认为孙中山革命派在应对宋案中有失误，但又明确指出不能否认二次革命的必然性，更不能否定革命派与袁世凯势力之间围绕宋案斗争和二次革命具有民主与独裁斗争的本质。

当然，要做到以上这些绝非易事，恐怕不下几年苦功夫，不坐几载冷板凳是写不出来的。尚小明在十年前就开始关注民初历史，并着手整理研究北京大学历史学系收藏的"袁世凯秘档"。这批档案原件据说是上世纪50年代初，由清华大学历史系从袁氏心腹幕僚曾彝进处购得的，后随清华历史系合并到北大历史学系带了过来，一直堆放在北大历史学系资料室仓库里，我虽也过问过，但从未整理研究过。

尚小明经过潜心整理钻研，从中发现了许多有价值的史料，如关于袁世凯与有贺长雄交往信件等。他还从中发现了与宋教仁案有重大关系的史料，成为书中解开历史谜团相当关键的新史料。另外，他在北京市档案馆查阅了"国民共进会档案全宗"，发现其中包含当年从上海租界会审公廨移交北京司法机关的不少有关宋案的档案，包括一些从未公布的核心史料。有些虽已公布，但尚未有人认真解读，特别是把这批史料前后贯通，互相印证，加以梳理解读。

尚小明教授在该书写作过程中先后改写了八次，而且每次都把书稿重新打印出来，仔细修改，反复推敲，尽量做到言必有据，引用史料句句有出处，件件有分析。据说有一次他利用假期专门到海南三亚租了一间"三无房间"，即无电话、无电视、无网络，摒弃一切外界交往，闭门埋头著述。经过如此锲而不舍刻苦钻研，至少是五年磨一剑，八易其稿，才完成此书。这在当下学术界普遍急于求成，心态浮躁，而且常受到外界各种压力、干扰、引诱的环境下，对于一个中青年学者来说，确是难能可贵的，我认为也是值得鼓励和提倡的。

至于该书的论证、分析和结论是否都正确，宋案是否能算是真相大白，尘埃落地，我相信读者看完全书后，会做出自己的判断。学者之间也会见仁见智，若有不同意见，也不妨进一步讨论商榷，真理总是越辩越明的。

王晓秋

2017 年 12 月 5 日于北京大学蓝旗营公寓史海遨游斋

目　录

Contents

第一章
百年宋案探究失败史检讨

宋案发生已逾百年，百余年来，无论专业史学研究者，还是普通文史爱好者，对宋案真相的探究从未停止过，并且有愈来愈热之势。照理，历经百余年探究之后，宋案细节应当愈加清晰，离真相揭露应当愈加接近。然而，实际情况却非如此。时至今日，宋案探究至少存在四大问题：一是严谨的学术性探究屈指可数，二是案情分析严重简单化，三是核心证据从未真正受到重视，四是大量已刊未刊史料未被发掘利用。正是由于存在上述严重问题，宋案研究非但没有取得明显进展，反而离真相越来越远，甚至出现是非不分、黑白颠倒等问题。因此，宋案研究已到了需要彻底清理并切实向前推进的时候。

一 严谨的学术性探究屈指可数

记述和探究宋案真相的文字，大体可以分为三类：第一类是各种史学专业书籍当中关于宋案的记述，第二类是各种专业学术期刊当中关于宋案的论述，第三类是各种非专业性书刊及网络文史爱好者对宋案的解读。

第一类数以百计，几乎所有以"中国近代史""中国近世史""近百年中国史""中国近代政治史""革命史""政党史""民国史""北洋军阀史"等命名的书，以及宋教仁、袁世凯、孙中山、黄兴等人传记，都会述及宋案。其篇幅从寥寥数百字，到洋洋数千言，乃至数万言不等。其中比较重要者，中文方面，如谷钟秀《中华民国开国史》、邹鲁《中国国民党史稿》、陈功甫《中国最近三十年史》、魏野畴《中国近世史》、孟世杰《中国近百年史》、李剑农《中国近百年政治史》、郭廷以《近代中国史纲》、林增平《中国近代史》、李守孔《中国近代史》、李云汉《中国近代史》、徐中约《中国近代史》、李侃等编《中国近代史》、胡绳《从鸦片战争到五四运动》、李新与李宗一主编《中华民国史》、张海鹏主编《中国近代通史》、吴玉章《辛亥革命》、黎澍《辛亥革命前后的中国政治》、胡绳武与金冲及《辛亥革命史稿》、张玉法《民国初年的政党》、陈旭麓《近代中国社会的新陈代谢》、朱宗震《民国初年政坛风云》、唐宝林与郑师渠《共和与专制的较量》、来新夏等编《北洋军阀史》、陶菊隐《北洋军阀统治时期史话》、丁中江《北洋军阀史话》、张宪文等编《中华民国史》、朱汉国与杨群主编《中华民国史》、金冲及《二十世纪中国史纲》、吴相湘《宋教仁：中国民主宪政的先驱》、方祖燊《三湘渔父——宋教仁传》、陈旭麓与何泽福《宋教仁》、黄毅《袁氏盗国记》、马震东《袁氏当国史》、陈伯达《介绍窃国大盗袁世凯》、李宗一《袁世凯传》、陈志让《袁世凯》、谢本书《袁世凯与北洋军阀》、唐德刚《袁氏当国》、侯宜杰《袁世凯传》、薛君度《黄兴与中国革命》等。外文方面，如北一辉《支那革命外史》、萱野长知《中华民国革命秘籍》、"大东亚文化会"编《孙文革命战史》、片仓芳和《宋教仁研究：清末民初的政治与思想》、松本英纪《宋教仁之研究》、菊池秀明《末代王朝与近代中国：清末中华民国》、帕特南·威尔

《乱世袁世凯》、欧内斯特·P. 扬《1912—1915 年的袁世凯》、史扶邻《孙中山与中国革命》、刘吉祥（K. S. Liew）《为民主而奋斗：宋教仁与辛亥革命》（*Struggle for Democracy*：*Sung Chiao-jen and the 1911 Chinese Revolution*）等。各书关于宋案的记述，无论篇幅大小，普遍具有一个特点，即首先平铺直叙宋教仁被刺前后情形，然后就谁是刺宋主谋这个核心问题，几乎不加分析，直接表明看法，内容陈陈相因，材料大同小异。说到底，就是偏于记述，而非分析论证，因此，所述结论很难令人信服，甚至难以找到些许可以给人启发之处。

第二类是宋案探究中较值得注意的一类文字，然而其数量非常之少。迄今为止，偏重分析案发原因及案情的专题学术论文，不过寥寥十数篇，如王涵《试论宋教仁之死》（《文汇报》1980 年 12 月 16 日，第 2 版），何泽福《宋教仁与袁世凯》（《上海师范大学学报》1980 年第 3 期），饶怀民《宋教仁血案及其政治风潮》（《湖南师范大学社会科学学报》1987 年第 3 期），廖大伟《论民初帮会与社会的紧张——以共进会与刺宋案为中心》（《史林》2005 年第 1 期）及《袁世凯不是"刺宋"主谋考析》（收入苏智良等主编《袁世凯与北洋军阀》，上海人民出版社，2006），张永《民初宋教仁遇刺案探疑》（《史学月刊》2006 年第 9 期），何廷明等《宋案元凶探渊》（《文山师范高等专科学校学报》2008 年第 1 期），朱怀远《宋教仁被刺案真相考辨》（《民国档案》2010 年第 3 期），侯宜杰《暗杀宋教仁的主谋尚难定论》（《史林》2013 年第 1 期）等。还有一些文字论及宋案发生后的其他相关问题。① 与第

---

① 　著作如刘晓民《法治的迷思——宋教仁案与中国法治困局的历史诠释》（中央编译出版社，2013）；论文如石彦陶《宋案后孙中山并非一贯主张武力倒袁》（《近代史研究》1990 年第 4 期），周兴梁《"宋案"后孙中山对袁世凯的态度》（《历史研究》1991 年第 6 期），石彦陶《孙中山、黄兴对"宋案"态度之比较再研究》（《益阳师专学报》1994 年第 1 期），石彦陶、石胜文《孙中山对"宋案"处置态度演变蠡测》（《社会科学战线》1995 年第 6 期），成方晓《宋教仁遇刺案中的"艳电"考析》（《首都师范大学学报》2009 年第 6 期），杨晓娟、杨月君《试论"宋教仁案"舆论风潮的政治影响》（《河北师范大学学报》2012 年第 3 期）等。

一类著述偏重记述刺宋案的简单经过不同，上列学术论文侧重分析案中重要情节及案发原因，特别是围绕谁是刺宋主谋这个问题，每位撰者都试图提出不同于别人的看法。然而，由于撰者无一例外将案情分析严重简单化，并且忽视新史料的发掘利用，而对既有核心史料又几乎不能准确解读，因此，这些专题论文仅仅在极个别细节分析方面有可取之处，总体论述不具有说服力。此外，日本学界也有几篇与宋案有关的论文，但只是涉及案情而已，基本谈不上研究，如片倉芳和「宋教仁暗杀事件について」（『史叢』第 27 号、1981 年）、渡辺竜策「宋教仁暗殺事件の意味するもの——民初政争の一断面」（『中京大学論叢・教養編』1962 年第 3 号）、樋泉克夫「宋教仁研究ノート－1－」（多摩芸術学園紀要』1980 年第 6 卷）等。

第三类关于宋案的文字近年有不少，文章如卢笛《是谁杀了宋教仁?》（2011 年网文），顾土《政治暗杀的另一层解读：重读宋教仁被刺案》（《书屋》2009 年第 9 期），臧巨凯《袁世凯在"刺宋"案中的涉水深度》（《钟山风雨》2010 年第 1 期），陈自新《"宋教仁被刺案"百年祭》（《文史精华》2013 年第 3 期），纪彭《没有证据，只有利害：宋教仁案究竟谁是凶手》（《国家人文历史》2013 年第 6 期）等；著作则有思公《晚清尽头是民国》，金满楼《退潮的革命：宋教仁的 1913》，张晓波《民国的开端：宋教仁评传》，张耀杰《谁谋杀了宋教仁：政坛悬案背后的党派之争》等。总体而言，这类文字的作者缺乏专业训练，无论史实的把握，还是史料的鉴别利用，都存在很大问题，往往看似分析得头头是道，实则由于缺乏史料支撑，或不能正确解读史料，难以得出有价值的认识。但另一方面，正是由于这类作品的非学术性或通俗性，加之得益于网络传播，其受众远远多于第一、第二类文字。

实际上，业余史学研究者并非完全不可能做出优秀成果，但前提是研究者应当充分占有史料，并以严谨态度为之。从另一角度看，探究宋案的业余之作之所以流行,说到底与专业研究者对这一案件缺乏研究有关。因此,对宋案的研究,确已到了必须深刻反思与实实在在向前推进的时候。

二 案情分析严重简单化

宋案系由宋教仁被刺而引发,因此,对宋案谜团的破解,从一开始就被吸引到"谁是主谋"这样一个问题上。雇用武士英枪杀宋教仁的应夔丞(即应桂馨)刚一被捕,便有人怀疑其背后必有主使之人,谓:"应桂馨与宋先生既无私仇,又非公敌,宋先生有何不利于应?应有何利于宋先生死?即质之应桂馨而亦不能强言为有也。则应桂馨之外,必更有一人焉,为应桂馨之主动可知。"① 又谓:

> 应夔丞与宋渔父生平无握手交,无半面缘,何仇?何怨?应也,宋也,诚风马牛不相及也,胡为乎应乃掷重金、买死士,必得宋而甘心焉?由斯言之,买武士英者,应夔丞也,而买应夔丞者,伊何人乎?②

随着应宅所获大量函电文件内容逐渐披露,内务部秘书洪述祖与应夔丞的诡秘关系曝光于天下。但舆论并不认为洪述祖就是最后的主使人,而是进一步认为洪述祖背后还有主使之人,理由是:

> 彼洪述祖,一卑鄙龌龊之小人,与大政治家宋先生固亦风马牛不相及,宋先生之死生,与彼实了无丝毫之关系,洪又胡为乎

---

① 朴庵:《哀宋先生敬告本党及他党》,罗家伦主编《宋教仁被刺及袁世凯违法大借款史料》(《革命文献》第42、43合辑),台北:兴台印刷厂,1968,第262页。
② 仲材:《刺宋案之六不可解》,《民权报》1913年3月26日,第3页。

> 必死宋先生而后快也？然则，嗾武者为应，嗾应者为洪，而嗾洪者必更有人在也。①

由于洪述祖为赵秉钧之秘书，搜获文件中又有赵、应之间往来函电及赵送应之密码电本一册，因此，舆论很快将矛头指向赵秉钧。而赵又被认为是袁世凯的心腹，于是，袁亦被牵入案中。在国民党方面看来，案情是很清楚的，其机关报《民立报》在1913年4月27日刊登44件证据时，于所加按语中明确指出：

> 宋先生之死，袁、赵死之，非洪、应与武死之也。
> 洪、应二犯仅一器械，武士英更器械之器械，而真正之〈人〉主动（人），乃袁世凯、赵秉钧也。②

这可以说是国民党方面对于宋案的正式研究结论。然而，赵秉钧并不认同这一结论，他于4月28日发表自辩"勘电"，称"去宋之动机起于应之自动，而非别有主动之人"，"中央政府于宋案无涉"。③袁世凯同日也发出"勘电"，明确给赵秉钧以支持。④

两种截然不同的解释，刺激着后来的宋案研究者，以至于绝大多数研究者均把寻找刺宋主谋作为最主要的方向，却一直无法得出令人信服的结论。其中较早一些的著作和那些深受革命史观影响的著者，绝大多数毫无保留地接受国民党方面的研究结论，只不过文字表述略

---

① 《洪述祖有杀宋先生之必要乎》，徐血儿等编《宋教仁血案》，岳麓书社，1986，第168页。
② 《应夔丞致洪述祖密电》（1913年3月21日），见《宋案证据之披露》，《民立报临时增刊》1913年4月27日，第3页。
③ 《赵秉钧为宋案自辩电》（1913年4月28日），朱宗震、杨光辉编《民初政争与二次革命》，上海人民出版社，1983，第260页。
④ 《致上海黄克强先生电》（4月28日），1913年油印件，北京大学历史系藏，第174函；《致上海谭巡阅使电》（4月28日），1913年油印件，北京大学历史系藏，第174函。

有差异而已。如前述谷钟秀、邹鲁、陈功甫、魏野畴、孟世杰、黄毅、马震东、李剑农、吴玉章、陈伯达、胡绳、黎澍、陶菊隐、丁中江、胡绳武、李新、林增平、陈旭麓、郭廷以、吴相湘、方祖燊、李守孔、李云汉、徐中约、张玉法、李侃、李宗一、金冲及、张宪文、来新夏、张海鹏、谢本书、唐宝林、郑师渠、朱汉国、朱宗震、侯宜杰等人所著或主编之书，① 以及沈云龙、王涵、何泽福、饶怀民、刘

---

① 其中，关于国民党党史方面著述，如邹鲁《中国国民党史稿》，上海民智书局，1929，第950—954页；张玉法：《民国初年的政党》，岳麓书社，2004，第161页。关于中国近代通史性著述，如陈功甫《中国最近三十年史》，商务印书馆，1928，第107—108页；魏野畴：《中国近世史》，中江书局，1930，第261—262页；孟世杰：《中国近百年史》下册，百城书局，1932，第12—13页；李剑农：《中国近百年政治史》，商务印书馆，1948，第384—388页；林增平：《中国近代史》，湖南人民出版社，1958，第648页；李守孔：《中国近代史》，台北：三民书局，1974，第218页；郭廷以：《近代中国史纲》，香港中文大学出版社，1980，第433—434页；胡绳：《从鸦片战争到五四运动》，人民出版社，1981，第911—912页；李云汉：《中国近代史》，台北：三民书局，1986，第287—288页；〔美〕徐中约：《中国近代史》，香港中文大学出版社，2001，第481页；李侃等：《中国近代史》，中华书局，2004，第405页；陈旭麓：《近代中国社会的新陈代谢》，上海社会科学院出版社，2006，第361—362页；张海鹏主编《中国近代通史》第6卷，江苏人民出版社，2007，第29—31页；金冲及：《二十世纪中国史纲》第1卷，社会科学文献出版社，2009，第113—114页。关于辛亥革命史、北洋军阀史、民国史方面著述，如吴玉章《辛亥革命》，人民出版社，1969，第165—166页；谷钟秀：《中华民国开国史》，上海泰东图书局，1914，第117—124页；黄毅：《袁氏盗国记》，国民书社，1916，第3页；马震东：《袁氏当国史》，团结出版社，2008，第99—102页；李新、李宗一主编《中华民国史》第2编第1卷，中华书局，1987，第188—194页；张宪文等：《中华民国史》第1卷，南京大学出版社，2006，第136—139页；朱汉国、杨群主编《中华民国史》第1册，四川人民出版社，2006，第43—44页；朱宗震：《民国初年政坛风云》，河南人民出版社，1990，第132—145页；胡绳武、金冲及：《辛亥革命史稿》，上海人民出版社，1991，第507—533页；唐宝林、郑师渠：《共和与专制的较量》，河南人民出版社，1996，第95—106页；陶菊隐：《北洋军阀统治时期史话》，三联书店，1983，第163—172页；丁中江：《北洋军阀史话》第1卷，中国友谊出版公司，1992，第404—407页；来新夏等编《北洋军阀史》，南开大学出版社，2000，第255—259页。传记方面，如吴相湘《宋教仁：中国民主宪政的先驱》，台北：传记文学出版社，1971，第223—224页；方祖燊：《三湘渔父——宋教仁传》，台北：近代中国出版社，1984，第438—504页；陈旭麓、何泽福：《宋教仁》，江苏古籍出版社，1984，第96—100页；陈伯达：《介绍窃国大盗袁世凯》，晋察冀日报社，1946，第44—45页；李宗一：《袁世凯传》，中华书局，1980，第233—243页；谢本书：《袁世凯与北洋军阀》，上海人民出版社，1984，第38—40页；侯宜杰：《袁世凯传》，百花文艺出版社，2003，第283—303页。

大年、朱怀远、袁伟时等人所撰文章，[①] 均将袁、赵视为幕后主使。日本学者萱野长知、片仓芳和、松本英纪、菊池秀明、渡边龙策、樋泉克夫，英国记者帕特南·威尔，美国学者欧内斯特·P. 扬、史扶邻，加拿大籍华人学者陈志让等人论著，还有刘吉祥（国籍不详）的英文著作，也都持同样看法。[②]

美籍华人学者唐德刚实质上也认为袁、赵是杀宋幕后主使，只不过他对二人的杀宋心态及各自背后的考虑进行了区别分析。他说：

> 1913 年初春，在宋氏旅行讲演锋头正健之时，袁即连电召宋来京磋商要政。袁的本意或许就是试"重用之"，不成，再"除之"。可是内阁总理赵秉钧对这个最大的政敌，就是欲先除之而后快。他或许得了袁的必不得已时就"除之"的默许，迫不及待地便悍然提早"除之"了。杀宋之后，风波闹大了，袁可能认为

① 沈云龙：《暗杀宋教仁案的要犯洪述祖》，《现代政治人物述评》（中），台北：文海出版社，1966，第 119—131 页；王涵：《试论宋教仁之死》，《文汇报》1980 年 12 月 16 日，第 2 版；何泽福：《宋教仁与袁世凯》，《上海师范大学学报》1980 年第 3 期，第 71—78 页；饶怀民：《宋教仁血案及其政治风潮》，《湖南师范大学社会科学学报》1987 年第 3 期，第 101—105 页；刘大年：《宋教仁被暗杀案》，《江苏文史资料》第 33 辑《近代要案审判内幕》，中国人民政治协商会议江苏省委员会文史资料委员会，1989，第 1—25 页；朱怀远：《宋教仁被刺案真相考辨》，《民国档案》2010 年第 3 期，第 78—86、126 页；袁伟时：《民国时期的袁世凯：成就与罪错》，《缠斗：方生与未死》，线装书局，2013，第 95 页。

② 萱野長知『中華民国革命秘笈』皇国青年教育協会、1941、188—190 頁；松本英紀『宋教仁の研究』晃洋書房、2001、195—199 頁；片倉芳和『宋教仁研究：清末民初の政治と思想』清流出版、2004、193—226 頁；〔日〕菊池秀明：《末代王朝与近代中国：清末中华民国》，马晓娟译，广西师范大学出版社，2014，第 151—159 页；〔英〕帕特南·威尔：《乱世袁世凯》，中央编译出版社，2014，第 43 页；〔美〕欧内斯特·P. 扬：《1912—1915 年的袁世凯》，张华腾等译，河南人民出版社，2010，第 138—139 页；〔美〕史扶邻：《孙中山与中国革命》，丘权政、符致兴译，山西人民出版社，2010，第 388 页；〔加〕陈志让：《袁世凯传》，湖南人民出版社，2013，第 167—171 页；K. S. Liew, *Struggle for Democracy: Sung Chiao-jen and the 1911 Chinese Revolution*, Berkeley and Losangeles: University of California Press, 1971, pp. 191 –201；片倉芳和「宋教仁暗殺事件について」『史叢』第 27 号、1981 年、19—34 頁；渡辺竜策「宋教仁暗殺事件の意味するもの——民初政争の一断面」『中京大学論叢·教養編』1962 年第 3 号、51—71 頁；樋泉克夫「宋教仁研究ノート‐1‐」『多摩芸術学園紀要』1980 年第 6 巻、25—42 頁。

赵之悍然杀宋，为的只是保持相位的一己私利，而搅乱袁对整个
大局的布置。赵之杀宋，不是体谅领袖苦心，而是投机取巧，为
保持自己总理的位置，不顾主子的困难，而悍然为之，这就不能
饶恕了。因此后来赵也就不得好死了。①

　　另外一些研究者则或多或少受到赵秉钧自我辩解的影响，而又加
以自己的判断，倾向于怀疑或否认袁、赵为杀宋幕后主使。如廖大伟
认为，"从袁世凯的一贯信仰和当时的身份、地位，从宋教仁对袁世
凯构成的威胁程度，从在上海行刺的困难程度，特别是对'主谋说'
原证据的逐条解读考析，我们认为对袁世凯的传统指认是缺乏真实依
据的，是不符合事实的，袁世凯不是'刺宋'主谋，没有主观故意的
痕迹"。② 他认为刺宋乃共进会会长应夔丞所为，洪述祖则充当了鼓
动、纵容应夔丞的角色。③ 但奇怪的是，他对宋案关键人物之一赵秉
钧完全缺而不论，这就让他的分析留下很大的漏洞。张永认为，"根
据具体证据，刺宋是会党头目应夔丞主动提出并策划的，受到洪述祖
的推动"，但"袁世凯、赵秉钧是否知情只能存疑"。④ 侯宜杰最初认
为"暗杀宋教仁的主谋者不是别人，正是堂堂的临时大总统袁世凯和
国务总理赵秉钧"，⑤ 但后来一改前说，认为"研究宋教仁被刺案，
要坚持疑罪从无、无罪推定的原则。缺乏确凿证据，就不能认为赵秉
钧或袁世凯是刺杀宋教仁的主谋"。⑥ 马勇最初认为袁世凯"不择手

---

① 〔美〕唐德刚：《袁氏当国》，广西师范大学出版社，2004，第67—68页。
② 廖大伟：《袁世凯不是"刺宋"主谋考析》，苏智良、张华腾、邵雍主编《袁世凯与
北洋军阀》，上海人民出版社，2006，第569—570页。
③ 廖大伟：《论民初帮会与社会的紧张——以共进会与刺宋案为中心》，《史林》2005
年第1期，第65—75页。
④ 张永：《民初宋教仁遇刺案探疑》，《史学月刊》2006年第9期，第42—49页。
⑤ 侯宜杰：《袁世凯传》，第295页。
⑥ 侯宜杰：《暗杀宋教仁的主谋尚难定论》，《史林》2013年第1期，第125—128页。

段地加害于宋教仁，终于酿成民国史上的第一大血案"，① 但之后也一改前说，认为"这个说法是不对的"，"因宋教仁所要竞选的议会多数，目标只是内阁总理，与袁世凯的大总统地位毫无关联"，"将宋案的责任推给袁世凯是非常表面的看法，根本不知道宋教仁与袁世凯之间的真实关系，不知道袁世凯是多么欣赏宋教仁的才华"，"按照当年法院的判决，宋教仁之死追查到内阁总理赵秉钧，大体上是可信的"。② 张华腾同样进行了自我否定，认为从常理言，"刺杀宋教仁破坏了袁世凯自己在民初极力树立的'合法性'形象，不符合政治家袁世凯的切身利益"；从当时局势看，"袁世凯并不惧怕宋教仁成立内阁，更不会不计较得失地使用暗杀手段"；从法理上看，"尚未有直接证据证明袁世凯为刺杀宋教仁的主使"。他更倾向于认为"宋教仁为陈其美主谋所杀"。③

前述业余探究者对宋案真相也有分析。其中张晓波《民国的开端：宋教仁评传》倾向于怀疑袁、赵并非刺宋主谋，刺宋很可能是应夔丞与洪述祖迎合袁世凯铲除政敌之举。④ 思公《晚清尽头是民国》及金满楼《退潮的革命：宋教仁的1913》认为袁世凯、赵秉钧、陈其美均有嫌疑，而陈其美嫌疑似乎更大。⑤ 张耀杰《谁谋杀了宋教仁：政坛悬案背后的党派之争》则认为陈其美是第一嫌疑人，甚至断定幕后主使就是陈其美。⑥ 需要指出的是，早在宋教仁被刺之初，便有人传言陈其美是幕后主使；20世纪20年代，袁克文在其所著《辛丙秘

① 马勇：《1894—1915：梦想与困惑》，云南人民出版社，2001，第170页。
② 马勇：《重新认识近代中国》，社会科学文献出版社，2013，第305、312页。
③ 张华腾：《中国1913——民初的政治纷争与政治转型》，陕西人民出版社，2015，第83—99页。
④ 张晓波：《民国的开端：宋教仁评传》，光明日报出版社，2013，第16—60页。
⑤ 思公：《晚清尽头是民国》，广西师范大学出版社，2009，第110—202页；金满楼：《退潮的革命：宋教仁的1913》，山西人民出版社，2013，第62—105页。
⑥ 张耀杰：《谁谋杀了宋教仁：政坛悬案背后的党派之争》，团结出版社，2012，第106、122页。

苑》中，也持这种观点；日人北一辉在《支那革命外史》中，更发挥其奇特想象力，声称陈其美是刺宋主谋，而袁世凯和孙中山是"从犯"。[①] 袁克文和北一辉之书均非学术著作，但其观点对后来一些刻意抹黑国民党的人却产生了不小的影响。

应当承认，将寻找刺宋主谋作为宋案研究的主要方向，并没有问题。但须引起研究者高度重视的是，从应宅搜获的函电文件实际上向我们传递了一个极为明确而重要的信息，即"宋案"≠"刺宋案"。宋案案情错综复杂，其中至少应当包括收抚共进会、调查"欢迎国会团"、操弄"宪法起草"、构陷"孙黄宋"、"匿名氏"攻击、低价购买公债，以及刺杀宋教仁等一系列情节或环节。另外，在宋案证据中仅仅提到一次的未遂"除邓"案，对破解宋案谜团亦极为关键。这些情节，环环相扣，次第演进而又交错进行，"刺宋"是宋案最后一个环节，也是整个案情发展的最终结局。因此，倘若我们不对刺宋之前各环节的来龙去脉及其相互之间的演进关系进行详细、深入的考证，刺宋的发生绝无可能得到令人信服的解释。然而，纵观百余年来的宋案研究，研究者无一例外皆将重心放在了刺宋这个环节上，而对此前诸多环节，要么毫不在意，要么轻轻放过。宋案案情实际上被严重简单化，宋案研究之所以一直得不到推进，根本原因即在于此。

上述各环节演进过程牵涉四个关键人物，即袁世凯、赵秉钧、洪述祖、应夔丞，此外还有王阿法、武士英、程经世[②]、朱荫榛等几个相对次要的人物。要破解宋案谜团，就必须结合宋案证据和清末民初政局演变，搞清楚这些人物之间的远近亲疏关系，特别是以下五组人物关系：

---

① 北一辉『支那革命外史』北大辉、1940 年改订版、290—293 页。

② 根据 1913 年 5 月 26 日《大中华民国日报》第 2 页"程经世之趣史"介绍，程经世为京剧名伶程长庚之孙，同文馆德文学生，清末曾为直隶候补道，民初先在总统府任翻译，后于 1912 年 10 月 18 日被国务总理赵秉钧呈请任命为秘书。见《临时大总统令》（1912 年 10 月 18 日），《政府公报》第 171 号，1912 年 10 月 19 日，第 114 页。

  （1）袁世凯和洪述祖的关系；

  （2）洪述祖和应夔丞的关系；

  （3）赵秉钧和应夔丞的关系；

  （4）袁世凯和赵秉钧的关系；

  （5）赵秉钧和洪述祖的关系。

  在重点搞清这五组人物关系的同时，还需要特别注意这几人与宋教仁的关系，以及应夔丞与陈其美的关系，如此方能确定他们各自与宋案案情的牵连程度，从而彻底破解宋案谜团。然而，我们看到，百余年来的宋案探究，除了对袁世凯与宋教仁的关系有较多讨论外，这五组人物关系均极少为研究者深入讨论，甚至完全不被关注。除了一些对宋案进行综合分析的文字外，围绕袁世凯与宋案的关系，仅有廖大伟写过一篇专题论文；而围绕赵秉钧、洪述祖、应夔丞各人与宋案的关系，竟然没有一篇专题论文，无怪乎宋案谜团一直不能解开。

  因此，研究宋案必须考虑案情的复杂性，应当按照案情发展的自然顺序，以厘清案情演变和相关人物之间的关系为讨论重点，步步推进，而不应将案情简单化到直接以探求刺宋主谋为目的，如此方有可能最终破解宋案谜团，确定刺宋主谋。

三 核心证据从未真正受到重视

  宋案研究中最主要的证据，便是案发后租界捕房从应夔丞宅搜获的其与赵秉钧、洪述祖等人往来的函电文件。任何关于宋案的研究，都必须以此项核心证据为基础并结合其他可靠史料来进行，这是破解宋案谜团的不二法则。早在一百多年前，当宋案核心证据刚被搜获、租界会审公廨尚未开始预审之时，《民立报》就发表过一则极有眼光的评论，提醒国民不要受其他因素干扰，应将注意力集中在此项证据上。评论写道：

> 应夔丞虽为无赖子，而其势焰至盛，魄力至大，足以笼罩群小，沟通机关。故自被捕以后，散布谣诼，遍寄匿名信件，冀以淆惑视听，扰乱人意。然宵小伎俩，不过尔尔，国民可勿为所惑也。今日所最当注意者，为应之种种文件及其往来信札，于此求之，不难窥其真相。若误信谣言，多所探测，或专注意于其狡展之供词，反使主犯得从容布置，以逃遁其罪，甚为非计。愿吾国民守镇静之态度，以徐观其后，公理不灭，将来必有水落石出之日也。①

时任国民党上海交通部文事部主任干事及评议部副议长的徐血儿，也撰文提醒国民注意此项证据。他说：

> 先生被刺一案，外间测度主使何人，为辞不一，然多不可凭信，要当以本案所得证据为准也。现本案紧要证据已搜获多件，吾人于证据未发表之先，不欲意为之辞，然闻证据关系甚大，则吾人不可不注意也。吾人现在姑不问元凶首恶之究系何人，若证据发表，罪首已明，则当一是以法律为制裁之具；而国民对于元凶首恶，尤当与众共弃，决不容有一毫姑息之念，以贻民国无穷祸也。②

遗憾的是，一百多年来，宋案核心证据并没有真正受到研究者重视。最明显的表现是，当时所公布的 53 件证据，有相当一部分从没

---

① 宗良：《国民勿为所惑》，《民立报》1913 年 3 月 27 日，第 7 页。
② 血儿：《宋案正言：国民所宜知者如是而已》，《民立报》1913 年 3 月 31 日，第 2 页。

有被后来研究者注意过，而被研究者注意到的证据，则又因种种原因，鲜有准确解释。表1-1是以1913年印行的《前农林总长宋教仁被刺案内应夔丞家搜获函电文件检查报告》（共53件）单行本为据，对百年来研究者利用和解释该项证据情况所做的统计。

表1-1 百年来宋案核心证据利用情况统计

书名或篇名	曾利用或解释过的证据	件数	资料来源
《程应通电宣布之证据》(1913)	第十二、十八、二十、二十五、二十六、二十七、二十八、二十九、三十一、三十四、三十五、三十七、三十九、四十、四十一、四十二、四十三、四十四、四十五、四十六、四十七、四十八件	22	《民立报》1913年4月26日，第11页
《宋案证据之披露》(1913)	第八、十三、二十、二十一、二十五、二十六、二十七、二十八、二十九、三十一、三十五、三十六、三十九、四十、四十一、四十三、四十四、四十五、四十六、四十七、四十八件	21	《民立报临时增刊》1913年4月27日，第2—4页
《宋遯初先生遇害始末记》(1913)	第八、十三、十八、二十、二十一、二十五、二十六、二十七、二十八、二十九、三十一、三十四、三十五、三十六、三十九、四十、四十一、四十三、四十四、四十五、四十六、四十七、四十八件	23	《国民月刊》第1卷第2号，1913年，第12—30页
《铁证》(1913)	第一、五、八、九、十一、十三、十八、十九、二十、二十一、二十三、二十五、二十六、二十七、二十八、三十三、三十五、三十六、三十九、四十、四十一、四十三、四十四、四十五、四十六、四十七、四十八件	27	《中华民报》1913年4月27日，第1—2、12页
《赵秉钧为宋案自辩电》(1913)	第十二、十八、二十、二十五、二十六、二十七、二十八、二十九、三十一、三十四、三十五、三十七、三十九、四十件	14	朱宗震、杨光辉编《民初政争与二次革命》，第257—261页
血儿《驳赵秉钧之通电·铁证如山尚可掩饰耶》(1913)	第十二、十八、二十、二十七、二十八、二十九、三十五、三十九、四十件	9	《民立报》1913年5月2—8日，第2页

书名或篇名	曾利用或解释过的证据	件数	资料来源
至公《刺宋案证据之研究》(1913)	第十八、二十、二十五、二十六、二十七、二十八、二十九、三十一、三十四、三十五、三十七、三十九、四十、四十一、四十二、四十三、四十四、四十五、四十六件	19	《亚细亚日报》1913年4月30日、5月1日，第1页
超然百姓姚之鹤《宋案证据平议》(1913)	第十八、二十五、二十六、二十八、二十九、三十一、三十四、三十五、三十九、四十、四十一、四十三、四十四、四十六件	14	《时事新报》1913年5月2日，第2张第2页；5月5日，第1张第1页；5月12日，第1张第1页
冷眼先生《宋案证据姑记录》(1913)	第五、六、十一、十二、十六、十七、二十、二十五、二十六、二十七、二十八、二十九、三十、三十四、三十九、四十、四十一、四十二、四十六件	19	《大自由报》1913年5月3日，第10—11页
谷钟秀《中华民国开国史》(1914)	第十二、十八、二十、二十五、二十六、二十七、二十八、二十九、三十一、三十四、三十五、三十七、三十九、四十、四十一、四十二、四十三、四十四、四十五、四十六、四十七、四十八件	22	该书，第117—124页
奈良一雄『中華民國大事件と袁世凱』(1915)	第二十五、二十六、二十八、二十九、三十四、三十五、三十七、三十九、四十、四十一、四十三、四十四、四十五、四十六件	13	该书，中东石印局，1915，第15—176页
邹鲁《中国国民党史稿》(1929)	第十二、十八、二十、二十五、二十六、二十七、二十八、二十九、三十一、三十四、三十五、三十七、三十九、四十、四十一、四十二、四十三、四十四、四十五、四十六、四十七、四十八件	22	该书，第950—954页
白蕉《民国初年有关大局之三件大暗杀案》(1934)	第十二、十八、二十、二十五、二十六、二十七、二十八、二十九、三十一、三十四、三十五、三十七、三十九、四十、四十一、四十二、四十三、四十四、四十五、四十六、四十七、四十八件	22	《人文月刊》第5卷第10期，1934年，第12—25页
李剑农《中国近百年政治史》(1942)	第十二、十八、二十、二十五、二十六、二十七、二十八、二十九、三十一、三十四、三十五、三十七、三十九、四十、四十一、四十二、四十三、四十四、四十五、四十六、四十七、四十八件	22	该书，第384—388页

书名或篇名	曾利用或解释过的证据	件数	资料来源
周一匡《宋教仁被刺始末》(1944)	第十二、十八、二十、二十五、二十六、二十七、二十八、二十九、三十一、三十四、三十五、三十七、三十九、四十、四十一、四十二、四十三、四十四、四十五、四十六、四十七、四十八件	22	《锻炼半月刊》1944年第2期，第33—38页
陈志让《袁世凯传》(1960)	第十二、二十五、二十六、三十四、三十五、三十九、四十五、四十六件	8	该书，第168—169页
丁中江《北洋军阀史话》(1964)	第十八、二十五、二十六、二十八、二十九、三十五、三十九、四十一、四十六件	9	该书第1卷，第404—407页
李宗一《袁世凯传》(1980)	第六、十八、二十六、二十八、二十九、三十一、三十五、三十九、四十、四十一、四十三、四十四、四十五、四十六、四十八件	15	该书，第233—243页
陶菊隐《北洋军阀统治时期史话》(1980)	第十八、二十五、二十六、二十八、二十九、三十五、三十九、四十一、四十六、四十七件	10	该书，第163—172页
方祖燊《三湘渔父——宋教仁传》(1980)	第十二、十八、二十、二十五、二十六、二十七、二十八、二十九、三十一、三十四、三十五、三十七、三十九、四十、四十一、四十二、四十三、四十四、四十五、四十六、四十七、四十八件	22	该书，第438—504页
何泽福《宋教仁与袁世凯》(1983)	第二十五、二十六、二十八、四十一、四十三件	5	《上海师范大学学报》1980年第3期，第71—78页
李新、李宗一主编《中华民国史》(1987)	第十八、二十、二十五、二十六、二十八、二十九、三十一、三十五、三十九、四十、四十一、四十三、四十五、四十六、四十八件	15	该书第2编第1卷，第188—194页
饶怀民《宋教仁血案及其政治风潮》(1987)	第三十五、三十九、四十一、四十三、四十五、四十六件	6	《湖南师范大学社会科学学报》1987年第3期，第101—105页
胡绳武、金冲及《辛亥革命史稿》(1991)	第十八、二十、二十五、二十六、二十八、二十九、三十一、三十五、三十七、三十九、四十、四十一、四十三、四十四、四十五、四十六件	16	该书，第507—533页
侯宜杰《袁世凯传》(2003)	第十二、十八、二十五、二十六、二十八、二十九、三十一、三十五、三十七、三十九、四十、四十一、四十三、四十四、四十五、四十六件	16	该书，第283—303页

书名或篇名	曾利用或解释过的证据	件数	资料来源
廖大伟《论民初帮会与社会的紧张——以共进会与刺宋案为中心》(2005)	第一、二、六、九、十八、二十八、四十、四十一、四十三、四十四件	10	《史林》2005 年第 1 期,第 65—75 页
廖大伟《袁世凯不是"刺宋"主谋考析》(2006)	第二、四、五、九、十二、十三、十五、二十九、三十一、三十五、三十六、三十九、四十、四十一、四十三、四十四、四十五、四十六、四十七、五十件	20	苏智良、张华腾、邵雍主编《袁世凯与北洋军阀》,第 569—570 页
张永《民初宋教仁遇刺案探疑》(2006)	第五、七、十六、二十五、二十六、二十八、二十九、三十一、三十二、三十四、三十五、三十六、三十九、四十、四十一、四十三、四十四、四十五、四十六、四十八件	20	《史学月刊》2006 年第 9 期,第 42—49 页
思公《晚清尽头是民国》(2009)	第一、二、五、六、八、九、十、十四、十八、二十、二十一、二十四、二十五、二十六、二十七、二十八、二十九、三十一、三十四、三十五、三十六、三十七、三十八、三十九、四十件	25	该书,第 109—202 页
朱怀远《宋教仁被刺案真相考辨》(2010)	第四、七、九、十二、十五、二十五、二十六、二十八、二十九、三十一、三十二、三十五、三十六、三十七、三十八、三十九、四十、四十一、四十二、四十三、四十四、四十五、四十六、四十八件	24	《民国档案》2010 年第 3 期,第 78—87 页
卢笛《是谁杀了宋教仁?》(2011)	第十八、二十、二十五、二十六、二十七、二十八、二十九、三十一、三十四、三十五、三十七、三十九、四十、四十一、四十二、四十三、四十四、四十五、四十六、四十八件	20	2011 年网络文章
张耀杰《谁谋杀了宋教仁:政坛悬案背后的党派之争》(2012)	第一、二、三、四、五、六、七、八、九、十一、十二、十三、十四、十五、十八、十九、二十、二十一、二十二、二十三、二十四、二十五、二十六、二十七、二十八、二十九、三十、三十一、三十二、三十四、三十五、三十六、三十七、三十八、三十九、四十、四十一、四十二、四十三、四十四、四十五、四十六、四十七、四十八、五十二件	45	该书,第 137—187 页

书名或篇名	曾利用或解释过的证据	件数	资料来源
金满楼《退潮的革命：宋教仁的1913》(2013)	第二十八、三十二、三十四、三十五、三十六、三十七、三十八、三十九、四十、四十一、四十二、四十三、四十四、四十五、四十六件	15	该书，第3—97页
张晓波《民国的开端：宋教仁评传》(2013)	第十八、二十五、二十六、二十八、二十九、三十一、三十四、三十五、三十六、三十九、四十、四十一、四十三、四十四、四十五、四十六、四十八件	17	该书，第35—52页

在表1-1中，《程应通电宣布之证据》刊登于1913年4月26日《民立报》，共撮要罗列函电22件。4月27日，该报又刊登《宋案证据之披露》，公布函电44件，并为其中21件附加按语。以上两篇文字成为后来研究者征引宋案证据最主要的来源。其中，谷钟秀《中华民国开国史》、邹鲁《中国国民党史稿》、李剑农《中国近百年政治史》、白蕉《民国初年有关大局之三件大暗杀案》、方祖燊《三湘渔父——宋教仁传》等，完全照录《程应通电宣布之证据》。其他著述所用宋案证据，也大体不出上述两篇文字范围。其实，当时还有其他一些报纸刊登过宋案证据，如《申报》从5月初开始分13次连载《宋案证据全录》53件，[①]《顺天时报》随后也分16次连载了《宋案

---

① 《宋案证据全录》，《申报》1913年5月1日，第1页；《宋案证据全录（二）》，《申报》1913年5月2日，第1页；《宋案证据全录（三）》，《申报》1913年5月3日，第1—2页；《宋案证据全录（四）》，《申报》1913年5月4日，第1—2页；《宋案证据全录（五）》，《申报》1913年5月5日，第1页；《宋案证据全录（六）》，《申报》1913年5月6日，第1—2页；《宋案证据全录（七）》，《申报》1913年5月7日，第1—2页；《宋案证据全录（八）》，《申报》1913年5月8日，第1—2页；《宋案证据全录（九）》，《申报》1913年5月9日，第1—2页；《宋案证据全录（十）》，《申报》1913年5月10日，第1页；《宋案证据全录（十一）》，《申报》1913年5月11日，第2页；《宋案证据全录（十二）》，《申报》1913年5月12日，第1—2页；《宋案证据全录（十三）》，《申报》1913年5月13日，第1页。

证据全录》53 件。① 特别需要注意的是，关于这 53 件证据，还有一个最权威的版本，即当年由接收和检查证据的江苏都督程德全等刊印的《前农林总长宋教仁被刺案内应夔丞家搜获函电文件检查报告》单行本。但令人吃惊的是，百余年来鲜有研究者征引《申报》和《顺天时报》所刊《宋案证据全录》，至于单行本，更是未见一人征引。上述 53 件证据中，有多件又各自包含若干份文件，实际共有文件 73 份，包括书信 35 封，电报 31 封，电码本 2 册，呈文 1 篇，委任状 1 件，命令、训令各 1 道，宣告文 1 篇。在这 73 份文件中，只有不到 30 份被反复征引，其中大部分还不能予以正确解释。② 至于剩余 40 余份，虽然并不都与宋案有关，但仍有相当一部分为探究宋案谜团所不可或缺，甚至是极为关键的证据。这些文件之所以一直被忽视，根本原因就在于研究者错误地将"宋案"简单化为"刺宋案"，换言之，这些文件从一开始就被认为与"刺宋案"无关，因而被弃之一旁。然而，正如上文已经讲过的那样，宋案实际上是由多个复杂环节构成的，没有对刺宋之前各环节的深入解析，刺宋的发生便不能得到圆满解释，因此，那些被忽视的文件毫无疑问应当引起研究者高度重视。

---

① 《宋案证据全录（一）》，《顺天时报》1913 年 5 月 6 日，第 4 页；《宋案证据全录（二）》，《顺天时报》1913 年 5 月 7 日，第 4 页；《宋案证据全录（三）》，《顺天时报》1913 年 5 月 8 日，第 4 页；《宋案证据全录（四）》，《顺天时报》1913 年 5 月 9 日，第 4 页；《宋案证据全录（五）》，《顺天时报》1913 年 5 月 10 日，第 4 页；《宋案证据全录（六）》，《顺天时报》1913 年 5 月 11 日，第 4 页；《宋案证据全录（七）》，《顺天时报》1913 年 5 月 13 日，第 4 页；《宋案证据全录（八）》，《顺天时报》1913 年 5 月 14 日，第 4 页；《宋案证据全录（九）》，《顺天时报》1913 年 5 月 15 日，第 4 页；《宋案证据全录（十）》，《顺天时报》1913 年 5 月 16 日，第 4 页；《宋案证据全录（十一）》，《顺天时报》1913 年 5 月 17 日，第 4 页；《宋案证据全录（十二）》，《顺天时报》1913 年 5 月 18 日，第 4 页；《宋案证据全录（十三）》，《顺天时报》1913 年 5 月 20 日，第 4 页；《宋案证据全录（十四）》，《顺天时报》1913 年 5 月 21 日，第 4 页；《宋案证据全录（十五）》，《顺天时报》1913 年 5 月 22 日，第 4 页；《宋案证据全录（十六）》，《顺天时报》1913 年 5 月 23 日，第 4 页。

② 个别著作，如张耀杰《谁谋杀了宋教仁：政坛悬案背后的党派之争》，虽然征引证据超过 40 件，但实际上只是抄录证据，并对一些无关紧要的背景性故事进行演绎而已，对证据本身的内涵基本不能理解，更不能揭示各项证据之间的内在关联。

从证据解释角度看，无论国民党方面，还是袁世凯方面，最初都只是有选择地抓住那些自认为能够证明己方观点的证据攻击对方，或为自己辩护，甚至为达目的不惜曲解证据，而未能冷静、全面、客观地解释各项证据。就连其他党派，乃至一些与政治不沾边的人，也都被裹挟进双方的攻防大战之中，要么支持国民党，要么支持袁、赵，要么貌似公允而实则有所偏袒，未能以独立公正的态度对相关证据进行系统研究，进而做出令人信服的解释。随着宋案当事人陆续死亡，以及时过境迁，后来的研究者本当对宋案证据给予充分重视，重新审视，可事实却非如此。迄今的各种研究，不论专业的还是业余的，不论极力固守旧说的还是尝试提出新说的，虽然或多或少都会论及某些证据，但误解、曲解、错解比比皆是，从未有人以严谨扎实的态度全面系统地疏解过相关证据。相比较而言，廖大伟、张永、朱怀远三人对证据解释更为重视一些，可惜他们所做的解释都太过简略，许多内涵未能揭示出来，尤其未能揭示各项证据之间的内在关联，错误的解释亦非常之多；而且有许多件重要证据在他们看来与宋案并无关系，故完全没有提及。因此，说宋案核心证据百余年来从未真正受到研究者重视，并不为过。

尚需注意的是，《民立报》记者当初对国民"专注意于其狡展之供词"，而轻视或忽视应宅搜获证据的担心，竟然在百年之后的一些宋案研究者，特别是业余研究者身上表现了出来。例如，思公、卢笛、金满楼、张耀杰等，虽然也利用了一些证据，但基本上是证据的罗列和简单介绍，未能得其真意，而且往往从应夔丞和武士英的口供出发，提出问题，解释宋案，具有明显的重口供轻证据的倾向，而不是利用更可靠的证据来判断口供的真实性。至于前引唐德刚对刺宋案的解释，则完全是脱离证据的空洞的心理分析，虽然讲得天花乱坠，实际上不具有学术意义。

如果说宋案研究长期得不到推进，是由于研究者对宋案核心证据缺乏足够重视的话，那么重口供而轻证据、重空论而轻实证的一个严重后果，便是宋案研究离真相越来越远，这是我们需要高度警惕的。

四　大量已刊未刊史料未被发掘利用

研究宋案，资料并不缺乏。有关宋案的资料，大体可分为四类：一原始档案，二各种史料集，三各种报纸，四私家记述。其中有大量极有价值的史料，研究者迄今未加重视，或竟全然不知。

1. 原始档案

有关宋案的原始档案，就笔者所掌握的情况，主要收藏在北京市档案馆和北京大学历史学系图书馆。

在牵涉宋案的几个关键人物中，洪述祖是最后一个死去的，他于1917 年 4 月在上海公共租界被捕，1918 年 4 月被提解至北京审讯，故宋案相关证据亦由上海租界会审公廨全部移交至北京，[①] 此即北京市档案馆现今所藏相关案卷的由来。这是关于宋案最重要的一部分档案，其内容主要包括三大方面：①洪述祖、应夔丞之间往来的大部分函电原件及电局译件；②应夔丞个人履历及由其担任会长的共进会各项活动的相关文件；③1918—1919 年司法机关提解、审讯及判决洪述祖绞刑的相关文件。

北京大学历史学系所藏有关宋案密档，则为该系所藏袁世凯密档之一部分。根据清华大学校史档案记载，袁氏密档最初是 20 世纪 50年代初，由清华大学历史系自袁氏心腹幕僚曾彝进处购得，[②] 后因院

---

① 《京师地检厅吊阅宋案卷宗》，《申报》1918 年 6 月 28 日，第 10 页。
② 清华大学校史研究室编《清华大学史料选编》第 5 卷上册，清华大学出版社，2005，第 345 页。

系调整清华大学历史系合并于北大，该部分档案遂转归北京大学历史学系收藏。其中与宋案有关的档案主要包括以下几个方面：①宋案相关电文，如袁世凯与黄兴、谭人凤、黎元洪、岑春煊等往来电文，国务院请禁宋案谣言电文，蔡锷等部分地方都督关于宋案之通电等。②赵秉钧和政府方面自辩之相关文件，如赵秉钧自辩"勘电"底稿，总统府、国务院"宋案证据逐条辨明书"稿本，"宋教仁被杀真相"稿本，袁世凯手定赵秉钧拒绝出庭对质"真电"底稿等。③赵秉钧呈请解职文底稿及批示底稿等。④有关"血光党"之文件，如军政执法总长陆建章给袁世凯的呈文、"血光党纪闻"稿本等。⑤袁世凯方面自造之宣传品，如《一个军官的谈话》《呜呼，国民党之自杀政策》《解剖孙逸仙》等。

以上两处藏档，一以洪、应为中心，一以袁、赵为中心，恰好可以互补。其中有部分档案内容在当时或后来已经公开，但还有相当一部分至今不曾公开，也从未见研究者利用。

此外，日本外交史料馆也藏有一些相关档案，内容主要是日本驻华外交官等给其本国政府的报告，包括案发后中国的政情、案情演变、各方动态等。其中有些较为重要的史料，如日本驻上海总领事有吉明对孙中山的访谈等，已被译成中文，收入《日本外交文书选译——关于辛亥革命》。

2. 史料集

到目前为止，已经印行的专门或集中记录宋案的史料集，主要有以下各种：

（1）《前农林总长宋教仁被刺案内应夔丞家搜获函电文件检查报告》（1913 年铅印本）；

（2）徐血儿、叶楚伧编《宋渔父》（上海民立报馆，1913）；

（3）杞忧子编《宋渔父》（上海杞忧书社，1913）；

（4）沈翰编《宋遯初被刺始末记》（上海普及书局，1913）；

（5）杞人氏述《宋教仁被害记》（石印本，1913）；

（6）北海后身编《桃园痛史》（上海群学书社，1913）；

（7）西湖哀时客编《渔父痛史》（长沙拾雅书局，1913）；

（8）姜泣群编述《渔父先生雄辩集》（附《举国同声哭》）（中华艺文社，1913）；

（9）姜泣群编述《渔父恨史》（中华艺文社，1913）；

（10）罗家伦主编《宋教仁被刺及袁世凯违法大借款史料》（《革命文献》第42、43合辑，台北：兴台印刷厂，1968）；

（11）朱宗震、杨光辉编《民初政争与二次革命》（上海人民出版社，1983）；

（12）章伯锋、李宗一主编《北洋军阀》第2卷（武汉出版社，1990）。

以上史料集所收，除部分应宅所获原始证据外，大部分系录自当时报刊，内容包括案情报道、相关函电、新闻评论等，多为当时极易看到的材料，但也有少量罕见史料，如《宋教仁被刺及袁世凯违法大借款史料》所收中国国民党党史会藏《应夔丞致言仲达书》就非常重要，在当时并未见披露，后来也未见研究者利用。

3. 报纸

从数量上看，报纸所载有关宋案资料最为丰富。上述各种史料集虽然收录了一些，但由于编者无一例外系站在国民党立场选录资料，因此并没有能够如实反映宋案的复杂情况。这就要求研究者必须以开放、包容、公正的心态，广泛搜集当时各种背景、立场的报纸中关于宋案的报道与评论。最低限度应当对以下20余种报纸的相关资料进行细致的搜罗分析。

（1）北京：《民主报》、《亚细亚日报》、《中国日报》（后改名

《大中华民国日报》）、《国报》、《大自由报》、《新中国报》、《新纪元报》、《顺天时报》。

（2）天津：《大公报》。

（3）上海：《申报》《新闻报》《时报》《时事新报》《民立报》《民权报》《中华民报》《神州日报》《大共和日报》。

（4）奉天：《盛京时报》。

（5）长沙：《长沙日报》。

（6）南洋：《振南日报》《南洋总汇新报》。

上列报纸既包括立场中性的，也包括国民党或袁世凯方面的，此外还有其他党派、海外华侨及日人所办的。其中只有《民立报》《申报》《大公报》《神州日报》等少数几种报纸常为研究者征引，其他报纸甚少受到关注，还有一部分报纸从未被注意。即使对这少数几种报纸的征引，也是零星的，而非系统的。到目前为止，可以说还没有一人系统搜罗分析过上述 20 余种报纸中关于宋案的各种资料。其中有不少材料对于破解宋案谜团极为关键，如《民立报》曾刊登驻北京记者"4 月 1 日特记"，记述洪述祖与应夔丞之关系及发现宋案始末，透露了不少内幕。① 又如，各报曾刊登不少当时人对宋案证据的分析，像至公《刺宋案证据之研究》、匿名氏《宋案证据之研究》、超然百姓姚之鹤《宋案证据平议》等，多能给人启发，但并未见后来研究者搜集利用。

4. 私家记述

这类资料不多，主要有陆惠生《宋案破获始末记》、言敦源及程经世合撰《公出日记》、叶迦《辨音室闲话》、张国淦《北洋述闻》、袁克文《辛丙秘苑》、周南陔《宋教仁被刺之秘密》、《张溥泉先生回

---

① 《举国同声一哭之宋先生·宋先生案之一线光明》，《民立报》1913 年 4 月 5 日，第 7—8 页。

忆录》、《吴景濂自述年谱》等。其中陆、叶所记从未引起研究者注意。其他人所记虽然常被研究者征引，但由于征引者对相关资料掌握不够，因此对这类资料中关于宋案的记述往往不能鉴别真伪，并做出准确的解释。此外，傅增湘《记洪述祖遗事》，对于了解洪述祖的经历、性格及为人处事极有价值，但鲜见研究者利用。

综上，关于宋案，尚有相当多已经公开及尚未公开的资料未被研究者利用。占有资料方面的不足及偏差，往往导致研究者偏听偏信，缺乏比较、鉴别，从而难以做出准确可信的判断。以当年国民党方面对宋案核心证据的解释为例，迄今还未见有研究者系统分析过其中哪些说法可以成立，哪些说法不能成立。再以赵秉钧自辩"勘电"为例，迄今也未见有研究者具体分析过其中哪些说法是真言，哪些说法是谎言；而对徐血儿批驳"勘电"的那篇著名文字，同样未见有研究者认真辨析过其中何者可以成立，何者属于误解。诸如此类难题，还有许许多多，未经深入分析。可以说，宋案研究虽然历经百余年，但其内幕基本上还是一片混沌。而要改变这一状况，必须坚持三个原则、一条思路。三个原则，一是从广泛搜集整理各种已刊资料出发，同时努力挖掘未刊资料，然后在对各种资料的可靠性进行严格鉴别的基础上，系统阐释利用；二是要将史实考证与当时政情变化紧密结合，特别要注意宋案发生于临时政府即将结束、正式政府将要建立这样一个特殊背景之下，将案情演变与政情演变紧密结合起来分析；三是要认识到，任何一个历史事件都有明暗两面，宋案也不例外，因此，研究宋案不能停留于对表面现象的分析，而应努力根据可靠的史实与史料，揭示表象背后的历史真相。一条思路，就是要明确"宋案"不等于"刺宋案"，避免将"宋案"简单化为乃至等同于"刺宋案"，应按照案情演变的自然顺序，逐一研究各个案情及其内在关联，并将宋教仁被刺后各方的表现置于宋案全局当中来分析。如此，研究工作方能取得突破，宋案谜团方有望破解。

第二章

破解宋案谜团核心史料

　　无论研究何种历史问题，首先必须注意核心史料的掌握和利用，不清楚所要研究的问题有哪些核心史料，或者轻视乃至无视核心史料，所做研究工作就不能被称为专业、严谨的学术研究，所得结论自然也就经不起检验。对宋案研究而言，史料并不缺乏，其中可称为核心史料、对于破解该案谜团可起到关键作用者，主要有以下五种。

一　京师警察厅总监王治馨在追悼
宋教仁大会上的演说

　　按照史料面世时间，京师警察厅总监王治馨在追悼宋教仁大会上演说词的披露，比江苏都督程德全、民政长应德闳于 1913 年 4 月 25 日深夜通电撮要宣布宋案证据，还要早近一个月，因此理应首先注意。

　　在宋教仁遇刺一周后，北京国民党本部于 1913 年 3 月 28 日开会商讨应对策略，3 月 30 日下午又在湖广会馆举行追悼大会，京师警察厅总监王治馨代表国务总理兼内务总长赵秉钧出席，并发表演说。在此之前，凶犯应夔丞、武士英已分别于 3 月 24 日凌晨及上午被抓获，与应夔丞关系密切的洪述祖则于 3 月 26 日晨由北京出逃至天津，两天后乘火车南下，辗转至青岛德国租界藏匿。由于洪述祖为内务部秘书，赵秉钧不可避免地受到猜疑。3 月 29 日，共和党《亚细亚日报》突然发出如下一则关于 3 月 28 日国民党本部会议的报道：

> 张继氏日前在该党本部对于钝初死事之演说，洋洋千言，大略谓：钝初之死，据外间消息，实为应夔丞所指使。应本上海流氓，虽为我们同盟会人物，但此人近恐已为人收买，故吾人对于应夔丞之外，仍须根究主使之人云云。其词中并及于现总理赵秉钧云。①

这则报道实际上暗示赵秉钧为刺宋幕后主使。《亚细亚日报》同时又报道，赵秉钧对于国民党中有人影射他与刺宋案有牵连，大为愤慨，于 3 月 28 日下午面见袁世凯，要求辞职到上海与凶手对质，表示：

> 我不愿为总理，实以总统委托，不敢放弃国民责任。受职以来，朝夕劳苦，发白齿摇。不意区区苦衷，无人见谅。现在宋钝初一案，外间某党竟疑秉钧主使，此事毫无公理，秉钧万难缄默，拟请即行辞职，前往上海，与凶手对质，以期水落石出。②

国民党本部追悼宋教仁的大会，就是在这样一种微妙时刻，于 3

---

① 《一塌糊涂之刺宋案·张博［溥］泉之演说》，《亚细亚日报》1913 年 3 月 29 日，第 2 页。
② 《一塌糊涂之刺宋案·赵总理之愤慨》，《亚细亚日报》1913 年 3 月 29 日，第 2 页。

月 30 日下午在湖广会馆举行。这让赵秉钧颇为踌躇，因他挂名国民党籍，又身任国务总理兼负责治安的内务总长，若不参加追悼会，不但无法向外界交代，也对不住自称与他关系甚为融洽的宋教仁在天之灵；更严重的是，外界将很可能因此愈加怀疑宋之被刺与他有关。但若参加追悼会，则难免有些尴尬，身被嫌疑的他，显然不能装聋作哑，若无其事；而若解释，则凭何取信于人？故由同样挂名国民党籍的京师警察厅总监王治馨代为出席追悼会，就成为赵熟虑之后的抉择。王所任职直隶于赵，又与赵为"烟友"，二人关系极为密切，[①] 由王治馨在追悼会上表明缉拿凶手的决心，也就等同于赵秉钧向国民党表明了自己对处理宋案的态度；同时，派代表而非亲自出席追悼会，又表达了他对国民党有人怀疑他为幕后主使人的不满。

对于王治馨在追悼会上的演说内容，当时各报多有报道，但详略不一，较为完整者如 3 月 31 日《大中华民国日报》记道：

> 昨日（三十号）国民党为宋教仁在湖广馆开追悼会，党员赵智庵派京师警察（总）监王治馨代表莅会，其演说词大致谓：赵与宋有密切之关系，其关系即由政党内阁而生。自宋被刺后，上海拿获凶犯为应夔丞，应与内务部秘书洪述祖又有密切关系，不仅外间报纸啧啧，即总统亦不免疑赵，而赵则以洪述祖时往总统府，又不免疑总统授意。及前日赵与总统面谈，彼此皆坦然无私，唯总统说：洪述祖曾有一次说及总统行政诸多掣肘，皆由反对党之政见不同，何不收拾一二人，以警其余。总统答以反对既为党，则非一二人之故，如此办法，实属不合云云。现在既闹出

---

① 《中央新闻贾祸之文字·看看赵秉钧之大事记》，《神州日报》1912 年 6 月 9 日，第 1 页。

此种乱子，难保非洪述祖藉此为迎合意旨之媒。唯有极力拿治，以对死者。鄙人现为警察长，已搜出证据多端，另抄一本，皆洪与应之秘密通信，可交吴莲伯，供党员参考，并通电各省都督，捉拿洪述祖，以期水落石出云。①

末尾有记者按语："王所言如此，当时会场万目万耳，同见共闻。"演说中所云"吴莲伯"，即吴景濂，国民党重要人物，时任临时参议会议长。由"前日赵与总统面谈"云云，可知袁世凯是在3月28日，也就是赵秉钧怒气汹汹去总统府要求辞职之时，向赵透露了洪述祖曾建议"收拾"反对党一二人这一秘密。

3月31日，《顺天时报》也对王治馨演说内容进行了报道，意思与《大中华民国日报》所记相同，但文字有些差异：

> 日昨国民党本部在湖广会馆为宋教仁先生开追悼会……巡警总监王治馨君代表赵总理到会演说，略谓：赵总理对于宋先生之死异常哀痛，盖由赵与宋实有特别关系。当唐内阁倒后，宋首倡政党内阁之议，第一赞成者即为赵总理。是时，宋时往赵第，昼夜筹商此事，惜袁总统惑于宵小之言，未能达到目的。因有此历史，故赵之哀痛尤甚于他人。惟近来外间因洪述祖为内部秘书，应夔丞又为洪之密友，故颇疑赵，即总统亦不能无疑。故赵于日前曾向总统辞职，并声明洪某系唐前总理荐来，与己并无关系。袁总统始言，前次洪某来总统府谒见时，曾进言谓：民党对公多方束缚牵制，何妨择其首要者除一二人，以为惩警。予当答以彼等一方面捣乱，已足破坏民国，吾何忍更为捣乱。想系渠误会政府宗旨，致出此等不法手段。于是，彼此疑团乃尽冰释……故赵

---

① 《关于刺宋案演说中之要闻》，《大中华民国日报》1913年3月31日，第2页。

总理今以二事自任：一务期捉到此案正凶，尽法惩治；二尽力促成政党内阁，以明心迹而慰宋君之灵云云。①

4月1日《民立报》《民主报》也对王治馨演说进行了报道，其中《民立报》所载演说内容与《大中华民国日报》略同，②《民主报》所载演说内容则与《顺天时报》略同。③

此外，还有两则材料，披露了王治馨演说前后的一些内幕，可作为了解当时情形的补助。一则是时任国务院秘书长张国淦的记述，他说：

> 宋案出后，在京国民党开会，要求赵秉钧到会说明，赵派京兆伊王治馨代表前往。党员群起质问，王答词中有"杀宋决非总理，总理不能负责，此责自有人负"云云，登载各报。次日，袁以此剪呈报纸给我看，说："如此措辞，太不检点，王治馨可恶，赵总理何以任其乱说，登报后也不声明更正。"言时词色甚厉。在我所得于府方者如此。④

照此则材料来看，王治馨在宋教仁追悼会上除了发表前述演说词外，还曾受到与会国民党人质问，因此才有"杀宋决非总理，总理不能负责，此责自有人负"的答复。王治馨显然是因为赵秉钧对他讲过洪述祖曾向袁世凯献策"收拾"反对党一二人之事，断定赵与宋教仁被刺无关，才有这样的答复。但他的答复背离了演说词中同时为袁、赵辩护的本旨，暗示袁世凯应当为宋死负责，忘了赵秉

---

① 《国民党哀悼宋教仁大会之情形》，《顺天时报》1913年3月31日，第2页。
② 《北京电报》（1913年3月31日），《民立报》1913年4月1日，第3页。
③ 《宋案破获后之各方面观·补志警察厅总监王治馨君代表赵总理莅国民党追悼宋先生演说词》，《民主报》1913年4月1日，第3页。
④ 张国淦：《北洋述闻》，上海书店出版社，1998，第48页。

钧对他所言还是袁在宋死之后忆及洪述祖往事，主动告诉赵秉钧的。因此，袁世凯非常恼怒，斥责王治馨讲话太不检点，并怪罪赵秉钧不该让王治馨乱讲。

另一则是国民党本部负责人之一张继的回忆，他说：

> 三月二十九日……晚赴醉琼林曾可楼约。偕王伊文、程仲渔访赵治安宅，王奇裁亦来。王君云："洪述祖于南行之先，见总统一次，说现在国事艰难，总统种种为难，不过是二三反对人所致，如能设法剪除，岂不甚好！"袁曰："一面捣乱尚不了，两面捣乱乎？"话止如此。①

按此则材料中，"赵治安""王奇裁""程仲渔"分别为赵秉钧、王治馨、程克。据《民立报》北京特派员报道，《亚细亚日报》于3月29日刊登张继在国民党本部演说宋案疑及赵秉钧，以及赵因此决意辞职的消息后，张继立刻否认，认为共和党报纸造谣，于当晚邀请该特派员"同访赵总理，面揭该报之诬，兼探赵辞职确否"，② 此即张继回忆录所记3月29日晚拜访赵秉钧的由来。同去的"王伊文"就是那位特派员，③ 本名王靖方，与赵秉钧、程克均为河南同乡。由张继所记可知，赵秉钧为了证明自己是清白的，在张继等来访前就已经将3月28日下午袁世凯对他所讲的话透露给王治馨，故3月29日晚张继来赵宅访问时，正在赵宅的王治馨为了给赵辩护，向张继复述了一遍，其文词与王治馨隔天在宋教仁追悼大会上的演说大体相同，可与演说内容互相印证。

---

① 《张溥泉先生回忆录·日记》，沈云龙主编《近代中国史料丛刊三编》第3辑，台北：文海出版社，1985，第11页。

② 《北京电报》（1913年3月30日），《民立报》1913年3月31日，第3页。

③ 〔日〕田原天南编《清末民初中国官绅人民录》，台北：文海出版社，1973，第56页。

综合以上信息，王治馨演说内容的可靠性毋庸置疑，赵秉钧既于微妙时刻选择王治馨代表他出席宋教仁追悼大会，则王必为其所信任之人无疑，且为其可以推心置腹交流的对象。赵必预先向王交代在追悼会上应当表达何种意思。其中3月28日袁世凯与赵秉钧面谈时所言，应即赵秉钧授意王治馨演说内容之一，这从3月29日王治馨在赵宅提前向张继等人透露，并在3月30日演说中再次讲到相关内容可以得到证明。赵秉钧的目的，无非借王治馨的演说，传达自己和总统都是清白的信息，但他没想到，王治馨出言不谨，光顾着为赵辩护，结果让袁陷入了被动。故王之演说词披露后，《民权报》有"王治馨在国民党演说失辞，袁世凯闻之，极为焦灼……与赵秉钧均痛责王措词不谨"之消息。[①]《民主报》则谓"国民党在湖广会馆开追悼宋先生大会，巡警总监王治馨代表赵总理莅会演说，将政府与冯[洪]、应二人之关系情形流露词表，赵总理闻知愈不自安，一面责备王治馨，一面复向袁总统前坚请辞职"。[②] 所谓赵"痛责王""责备王"，应是责备其不该撇开袁单为赵辩护，而不是责备其将袁对赵所透露的内幕公之于众。

王治馨演说词最大的价值，在于其中透露了诸多与宋案相关的重大信息，为分析赵秉钧与宋教仁之关系，洪述祖与袁、赵之关系，以及袁、赵二人之关系，提供了极为重要可靠的依据。特别是其中透露洪述祖曾向袁世凯建议"收拾"反对党一二人，这究竟意味着什么，应成为宋案研究的核心问题之一。在后面的分析中，我们会看到，王治馨演说词成为破解宋案谜团的关键证据之一。

---

① 《北京专电》，《民权报》1913年4月4日，第3页。
② 《宋案破获后之各方面观·赵总理辞职之原因》，《民主报》1913年4月2日，第6页。

二　宋教仁被刺案内应宅所获函电
文件检查报告

这是宋案各种史料当中最直接、最核心也是最有价值的部分。应夔丞、武士英分别在上海英、法租界被抓获后，捕房从应宅起获大量证据，其中最为重要者，便是洪述祖与应夔丞的往来函电。紧接着，捕房会同前沪军都督陈其美，至上海电报局查阅应、洪往来电报底稿，以为补充、校译。经过会审公堂预审，明确二犯暗杀成立，遂于4月16—18日先后将二犯及相关证物移交中方。在对证据进行仔细点验并加说明文字后，江苏都督程德全和民政长应德闳于4月25日深夜向全国发表"有电"，正式撮要宣布宋案证据。随后又将53件证据以铜版纸刷印，这就是《前农林总长宋教仁被刺案内应夔丞家搜获函电文件检查报告》。

在宋案证据正式公布前，各种关于案情的传闻早已充斥外间，来源不一，真伪难辨。因此，应宅所获函电文件究竟可以暴露出怎样的内幕，就成为各方关注的焦点。但这些函电文件能否作为"铁证"，必须以其真实性和完整性为前提，为此，就需要对该项证据的搜查、移交、保管与宣布各个环节进行具体考察，并对其真实性做出判断。

1. 证据搜查

宋教仁于1913年3月20日在沪宁火车站遇刺后第3天，即3月24日0时30分左右，凶犯应夔丞由英租界总巡率领巡捕多名，在迎春坊三弄妓女李桂玉家抓获，并押解至捕房。① 待至天明，捕房派巡捕押解应夔丞至法租界其住宅查抄，是为第一次搜查。《民主报》对

---

① 《宋先生被刺之痛史·凶犯拿获之详情》，《民主报》1913年4月2日，第6页。

搜查情况有如下报道：

> 应家住新北门外文元坊，门首有一长而大之牌，上书"江苏巡查长公署"数字，余一牌为"中华民国共进会机关部"，盖应亦为共进会会长。共进会则从前之哥老会所改组者也。既至应家，分派巡捕多人，先行把守，入内检查。有二室最为紧要，查出公文信件甚多，只将信面略阅一遍，至其中作何语，则未及细阅，由法总巡封完，担负保存责任。尚有一铁箱未启，其钥匙存法总巡处。①

由于应宅所在文元坊属法租界管辖范围，因此搜查主要由法总巡及法捕房负责。3月25日下午及26日下午，法捕房及英捕房又先后对应宅进行了第二、第三次搜查。《民立报》有如下报道：

> 昨日（指3月25日——引者）下午四时，法捕房捕头蓝君，带同译员赵振生，偕国民党一人，并西探三名，华捕四名，续至拱宸门外文元坊北弄第二号应桂馨住宅，入内搜查。应之门首，悬有牌子三扇，一为"中华民国共进会机关部"，一为"江苏驻沪巡查长公署"，一为"文汇公司经租处"。入门后，即派华捕两名、安南捕两名驻守大门，禁止闲人出入。蓝君等入内，仅搜查房屋两间，所得公文凭据甚多。后抬出红漆皮箱一只，上有长春栈封条，带回捕房。并抄得极要之证物，则六响手枪一把是也。该枪内尚存子弹三枚，未曾放出，当日在站前后共放出三弹。② 拆验其中之枪弹，则与宋君所受之子弹同式，此其最要之

---

① 《宋先生被刺之痛史·凶犯拿获之详情》，《民主报》1913年4月2日，第7页。

② 按此处报道有误，由后来实际移交证物可知，该枪内存留子弹两枚，当日武士英在沪宁车站放出三枚，因此该枪应为五响手枪。

第二章　破解宋案谜团核心史料

证据矣。又闻是日检查时，卜总巡及陈交涉使与王宠惠君、陆惠生君亦至。应夔丞亦由捕房用手拷拷住送来，见人犹逐一点头，如无其事。检查时，陈交涉使不许他人跟随入内，国民党员与之力争，乃仅许一人，其人则陆惠生君也。至于应家内，巡捕看守甚严，即水龙皮带等亦均配好，以防凶徒纵火。计应之住宅共有楼房五幢，厢房两幢，其家人口甚多，法捕房搜查毕，即将其家之男妇一干人带入捕房中……连来客共计二十六人，俟将来审明后分别拘留、释放。至昨日（指3月26日——引者）下午四时，又经法副领事李君偕同蓝总巡并赵翻译等至应宅搜查，抄出外国式、中国式箱子各一只，内储要件甚多，亦即带回捕房，留候检视；一面仍饬各捕看守前后门，候再查究。①

其中3月26日下午第三次搜查情况，《民立报》另有更详细的报道，说是日"下午两点三十分钟，英捕房卜总巡谕饬西探头目阿姆斯脱郎（又译作安姆斯脱郎），带同西探至法捕房，向捕头蓝维霭君声请会同至应桂馨家第三次搜检证物。蓝君诺之，即偕同译员赵振生、西探二名、华探四名至应处，又搜得手枪一支，子弹两封，约十余粒，暨共进会簿据数本，皆有入会人名登载，秘密收藏者，亦为案中要紧证据，由应在捕房供认指出，前往吊取者也"。② 对于从应宅拘押的26人，法捕房将其分为来客与眷属异室看守，然后对来客逐一审认，发现当中有一身材短小、身着新服之人，颇为可疑，遂派人至沪宁车站觅得当时曾见凶手面目者一人至，经辨认，确认其人就是刺宋凶手，姓武，名士英，山西人，又名吴福铭。武亦供认不讳，当即签字确认。

---

① 《应桂馨家屋之搜查》，《民立报》1913年3月26日，第10页。
② 《宋先生在天之灵（三）·第三次之搜查证物》，《民立报》1913年3月27日，第10页。

·035·

从上述情形来看，搜查过程中捕房首先对应宅进行了严密封锁，禁止闲杂人等出入。参与搜查的既有法捕房，又有英捕房；既有西探，又有华捕、安南捕；既有政府官员，又有国民党代表。而且在三天内进行了三次搜查，应该说是很彻底的。不仅如此，搜查结束后，应宅依旧派捕看守，"所有应之家人，除佣仆购物外，不得自由出入"。① 又据《顺天时报》报道，应夒丞被拘押约两个小时后，即24日凌晨"二时许，即有应之党羽纷纷以电话警告，令将家中所藏信件、军械藏匿。此电话均为捕房中人所接，因将室中所有重要对象一一搜出，其余均加以封识"。② 可见，由于搜查及时，避免了应夒丞党徒与其家人内外串通，隐匿、销毁证据。英、法两捕房将宋教仁遇刺"视为非常重大之案件，故于其种种人证皆极注意。其最关紧要者，则凶犯行刺前后关于此案之往来电报也。故中西官预约会同查看，会同签字，封固保存，尤为此案搜检证据最紧要之关键也"。③ 总的来说，宋案搜查证据环节，并无明显漏洞，故无论政府方面、国民党方面，还是外间舆论，此后均未就此环节提出异议。

2. 证据移交

宋教仁遇刺系在华界所属沪宁火车站，而应、武二犯被擒分别在英、法两国租界，故二犯应在何处审理，中外意见不一。上海地方检察厅"以起案地点系在铁路华界，不涉租界范围，且敢暗杀民国伟人，不法已极，亟应并解地方官，按律严办"。英捕房意见则"以年来暗杀迭见，迄未一破，今既自罹法网，应将各人证移送英廨，归案澈究"。法捕房又提出"应家宅、羽党均在法界，自应先由法界讯明，

---

① 《宋钝初先生被刺案之近情·应桂馨之住宅》，《民主报》1913 年 3 月 31 日，第 6 页。
② 《刺毙宋钝初凶犯志闻·武士英之就捕》，《顺天时报》1913 年 4 月 1 日，第 4 页。
③ 东方：《宋案之紧要关键》，《民立报》1913 年 3 月 30 日，第 12 页。

再行核办"。① 最后经协商，决定先由英、法公廨会审讯明，再移交华界法庭审理。

从 3 月 31 日起，至 4 月 12 日止，英、法公廨先后对二犯进行了七次预审。其间，因审讯需要，会审公堂曾启视应宅所搜出铁箱内证物。为防止证据调包，国民党及政府方面代表进行了严密防范。铁箱启封时，"上海国民党交通部公推陆惠生君等前往监视。其铁箱中所贮藏之物件，一一以簿列号登记之；其重要之证据，程雪楼、黄克强两君暨交通部之特派员陆君，均于其上捺印，预防未来之更换也"。② 至第七次预审时，"经总西探阿姆斯脱郎偕同法捕头将所有英、法两捕房在应犯家抄获之文件证据尽行送案，计黑皮箱一只（箱面贴有上海新长春栈字样），油纸包四个，大木箱一只"。③ 于是进入证据检点、移交阶段。政府代表德雷斯律师提出"此案原□且系江苏都督，堂上既欲移交，应请即刻将此案移交苏都督办理"，并提醒公堂"捕房保护此案证据如何竭力慎重，外人并无间言。将来将证据缴呈，亦请公堂照捕房办理，不使外人有间言"。④ 4 月 14 日，公堂召集各方代表，当场对证物进行检查，以备移交。《时事新报》详细记录了点交情况：

> 昨日午后，英美总巡捕房总巡卜罗斯君，西探头目安姆斯脱郎，捕房刑事检查员侃克律师，·将木箱一只、皮箱一只、油纸包四个送廨，并由华探目李星福偕同一百三十六号等两西探，将罪犯应桂馨押乘汽车赴廨，继而中国政府代表德雷斯律师，宋先生家属代表佑尼干、梅吉言两律师，应桂馨代表渥沛、爱理思、罗

---

① 《宋案破获后之各方面观·中西法庭之协力》，《民主报》1913 年 4 月 4 日，第 6 页。
② 《关于刺宋案之种种·应夔丞铁箱中余闻》，《大中华民国日报》1913 年 4 月 5 日，第 2 页。
③ 《宋案大放光明·第七次预审详情》，《民主报》1913 年 4 月 17 日，第 6 页。
④ 《宋案大放光明·第七次预审详情》，《民主报》1913 年 4 月 17 日，第 6 页。

礼士三律师，先后莅廨。经正会审官关炯之会同英康副领事康斯定君、驻廨检查西员司匹林非而（又译作"司璧林斐""史璧灵斐"——引者）君，在领事间内检点文件。关防严密，不准傍听。周围预派荷枪西捕四名、印捕十六名及中西包探十余名，由驻廨八十五号西捕头督率巡逻。当由安西探头在领事间内将油纸包先拆一包，由关谳员与英领督同两造律师分件检视，编列字号，直至五下半钟，只点一包。因为时已宴〔晏〕，中西官会商之下，谕将此项要件油纸包带回捕房，应桂馨还押，候今日由原、被律师自至总巡捕房接续检点编号，以省周折。至移归内地法庭之地点，须候领事团议决后，即行并解，归案讯办。故昨日尚无确实解送之地点也。①

检核时，凡与应夔丞"有牵连关系处，均令伊自行指证明晰。因关防严密，禁人旁听，即录供吏亦不准入内，无从知其内容"。②

4月16日下午4时，武士英由法国巡捕两人押送至上海县模范监狱临时监禁，同时法捕房向上海地方检察厅移交了在应桂馨家抄出之板箱一只、皮箱一只，由检察厅当场妥收。板箱内系装证据文件各物，皮箱内则系衣服。移交后仍将板箱外用火漆盖印，封固严密。③ 4月17日晚，应夔丞由英捕房荷枪移解至南市，步兵第六十一团团长陈其蔚率兵迎提，警厅亦派人荷枪护解，押入江苏海运局该团营仓关押，禁止家属及闲人探视。④ 4月18日，武士英亦被押解至海运局营

---

① 《刺宋案第一次检点文件》，《时事新报》1913年4月15日，第3张第2页。
② 《宋案大放光明·第七次预审详情》，《民主报》1913年4月17日，第7页。
③ 《宋案裁判之提交》，《民主报》1913年4月18日，第6页；《宋案大放光明·凶犯之引渡》，《民主报》1913年4月19日，第6页。
④ 《宋案大放光明·凶犯之引渡》，《民主报》1913年4月19日，第6页。

仓，与应夔丞分别管押。① 同日，总巡捕房向江苏都督程德全的代表吴佩潢、陆惠生移交了总巡捕房及驻廨检察处保存的各项文件，各报对这一过程进行了极为详细的报道：

> 自凶犯应桂馨由英捕房押解南市羁禁海运局营仓后，所有总巡捕房及驻廨检察处保存之各项文件，因当日不及点交，故于昨晨十点半钟，奉江苏程都督特派代表陆惠生、吴佩潢二君莅廨接收，并由中国国家代表德雷斯、捕房代表侃克、被告代表爱理思三律师，亦均到堂候示。旋由五十号西探总目安姆斯脱郎与检察西员史璧灵斐君，各将保存要件呈堂。关谳员即会同英康副领事升座楼下公堂，当将各种文件用皮纸包固，火漆烙印，并有木箱一只，因无铰链锁匙，故由谳员加贴本廨封条四张，连同公文一角、印批一纸，一并检交陆、吴两代表查收，即由陆、吴二君呈出收条各一纸交与关君，附卷备查。旋因陆、吴二君以各项要件门类纷杂，虽均封固盖印，然非一一点交，不足以昭慎重，要请关君同往陈交涉处，当面交待。关君允之，遂与安西探目、史检察员会同陆、吴二君，各乘汽车，将前项文件一并送至交涉使署，当面点交毕，始各分道而返。兹将移交文件清单一纸照录于下。计开检察处保存各件：纸盒一只，内储呈堂各项电报密本文件一包，共计二十三件；信函文件一包，共五十六件；枪子壳二枚，手枪一支，内有子弹两颗；图章六件，照片一方，京江第一法庭致各报馆信函四十二封。计开总巡捕房保存各件：紫木箱一只、文件五包。②

---

① 《宋案应武二犯移解后之种种·武士英移押海运局》，《时报》1913 年 4 月 19 日，第 7 页。

② 《宋先生遇害记念六·证据物之移交》，《民立报》1913 年 4 月 19 日，第 10 页；《宋教仁被害案二十八志·公堂点交紧要文件》，《新闻报》1913 年 4 月 19 日，第 3 张第 1 页。

各项证物送至江苏交涉使署后，都督程德全、民政长应德闳、上海地方审检两厅长，以及伍廷芳、王宠惠、黄兴、陈其美、黄膺白、陆惠生、吴佩潢诸人，于4月18日先后到交涉使署办事处，与交涉使陈贻范一起将英公廨交来证物，分别启视，公同研究，并逐一拍照。所有在公堂讯问时当众揭晓之密电码等，以及子弹、手枪等物俱在。① 同日，检察厅厅长陈英奉程德全之命，将法捕房在应桂馨家抄出的木板箱解送至交涉使署所在洋务局，报纸对此过程亦有详细报道：

> 法捕房前在文元坊应桂馨家抄出之木板箱一只，内容秘密。自解检察厅后，陈厅长饬另储妥当房屋之内，派警看守，防护周至。前日已奉江苏都督程君饬，将该板箱解送洋务局。陈厅长发电司法部请示后，昨晨陈厅长会同审判厅长黄涵之君，先备汽车二辆，停候福佑门外，陈、黄二君亲自督同巡长梅南枝君、司法巡警郝云、余涛，带同警备队二十余名，荷枪押解。先用电话知照，法捕房亦派西捕照料。陈、黄二君乘汽车一辆，木箱储放一辆。出城时，有见该箱似洋布木箱形式，颇极沉重，箱上有法捕房封条及检察厅封条种种。及至洋务局，由黄、陈二君面交程德全、黄兴、陈其美、伍廷芳、陈贻范五君验收。当时程都督即请当场启视，黄兴、陈其美二君阻之，候今日当众订定时刻，到场启视宣布……日昨法领事署尚要求查阅，陈厅长以内均要件，厅中未便启封，或派封固人到庭公同开看，以昭大公云云。现由聂谳员与李副领事会商办法，再行移覆。②

---

① 《宋先生遇害记念六·交涉署之会验》，《民立报》1913年4月19日，第10页；《宋案移解记·检收证据》，《民主报》1913年4月21日，第6页。
② 《刺宋案犯引渡后之面面观·检察厅移解文件》，《申报》1913年4月19日，第10页。

4 月 20 日，陈贻范又邀请黄兴、程德全、王宠惠、伍廷芳等人，在办事处做第二次会验。①

由上述报道可知，证据移交极为慎重，程序相当严密。移交前先由捕房、被告及政府代表共同在公堂对证物进行检查，牵涉应夔丞处还由其自行指证明晰，然后严密封固，用汽车载回捕房。向中方代表移交时，再次呈堂，由各代表将各种文件用皮纸包固，火漆烙印，无锁木箱则由谳员加贴公廨封条，然后连同移交公文一并交与接收代表。两名接收代表则各出收条一张，交与公廨正审官，并请其一同护送证物到交涉使署，当面点交。由法捕房移交到检察厅的木板箱，在解送洋务局时，也是相当谨慎，先由检察厅厅长发电司法部请示同意，然后会同审判厅厅长亲自督同警察队荷枪押解。木箱上除了法捕房封条外，又加贴检察厅封条。至洋务局后，当面交与程德全、黄兴、陈其美、伍廷芳、陈贻范五人验收。正是由于证据移交相当慎重，程序极为严密，故此环节亦未引起任何一方异议。

3. 证据保管

应宅所获证物最初由总巡捕房总巡卜罗斯负责保管，卜总巡对此项工作极为重视，据《民立报》报道：

> 总巡捕房在应桂馨家所获之紧要文件均存在卜总巡之办公室内，卜君以此项文件关系重大，亟应严密防范，除将室门钥匙随身收藏外，无论何人，一概不准擅入，并于每晚特派印捕一名，荷枪彻夜看守，以昭郑重。甚至平时每日清晨例有出店先行入室收拾者，现亦须俟卜君于九时莅止后，亲自启锁，始可入内洒

---

① 《宋先生遇害记念九·证据物已经摄影》，《民立报》1913 年 4 月 22 日，第 10 页；《宋案详志·紧要证物之摄影》，《振南日报》1913 年 5 月 2 日，第 5 页。

扫。此可见卜总巡对于此案证据非常慎重矣。[1]

证物移交中方后，依旧严密保存。法捕房移交检察厅的板箱仍用火漆盖印封固严密，由检厅辟室，妥慎保管，室外置皮带及水车，以防火患。[2] 英捕房移交的证物则保存在海运局，封于一大铁柜内。由于各项证物系程德全、黄兴、陈其美等接收，而黄、陈与宋教仁同属国民党，故舆论有质疑声音。如共和党《亚细亚日报》有评论写道：

> 自宋案发生后，南方人士因此案真象未易显露，颇多疑虑。国民党人则欲利用此机会，以为政治上之运用。即彼总统失败、投身实业界之孙中山，近日亦复野心勃勃，在上海宣言带兵北上。现在此案中吴（即吴福铭，亦即武士英——引者）、应二要犯以及种种证据，均已移交中国法庭，闻应夔丞之最要证据，均贮一大铁柜中，其间有应与政府交涉之函件，亦有应与国民党要人交涉之函件。闻现在保管此柜者，乃为黄克强、陈其美、王宠惠、伍廷芳等，此诸人皆隶名党籍，则将来此案果能成为信谳与否，尚属难言。[3]

这种带有一定猜度性质的论调显系针对国民党而发，认为国民党人欲利用宋案发生之机谋取政治利益，由此怀疑证物由国民党人保管，宋案将来能否成为"信谳"是个问题。然而，这样的怀疑并无确实根据。关于证物移交交涉使署后的保管情况，曾有人以"良心"为名，在攻击国民党甚烈的《国报》上发文写道：

---

① 《宋先生在天之灵·捕房之注意罪犯证物》，《民立报》1913 年 3 月 30 日，第 11 页。
② 《宋案大放光明·凶犯之引渡》，《民主报》1913 年 4 月 19 日，第 6 页。
③ 《宋案之过去历史》，《亚细亚日报》1913 年 4 月 23 日，第 2 页。

平心论之，黄之良心尚未丧尽；陈英士以与应有多年密切关系，惧急治之，并发其覆，故力持稳和态度；惟孙文似中酒发狂，要亦因少数人之播弄；日为傀儡而不悟其人为何，则戴天仇、何海鸣、陆炜苏（即陆惠生——引者）、吴润斋（即吴佩潢——引者）等败类是也。黄膺白意气亦甚盛。前因武士英暴毙，多人在沪北洋务局会议处置各项证据事。各项证据俱保存在大铁柜内，其锁匙为吴润斋所收执，不知何故，陈英士语侵吴，吴不怿，即以锁匙缴还程都督，陆炜苏向程索取，程不与，陆愤然曰："吾只信吴润斋，他人俱不可信。"程笑语之曰："然则吾亦不可信乎？"陆曰："现在除了我皆不可信。"程曰："还是阁下好，我则连自己也不信，惟锁匙终不能交与阁下。"陆曰："请以手枪奉敬。"程仍不为动，曰："听便，听便。"遂不欢而散……程都督在沪不能自由发一言，又无机会回宁，其所受苦痛不可言状，日惟硬留应省长为伴，迨法庭问题解决，始有可行之势。然恐程、应不拿定主意，将有不能安然离沪之情状。国民党之穷凶极恶，亦可知矣。①

"良心"自称"尝挂籍于旧同盟会"，与宋教仁"略有声气之雅"，因对宋案发生后国民党的政策不满，故作此文，"聊示长言当哭之意"。但就是这样一篇攻击国民党人的文字，当中透露出宋案证据移交中方后，保存证据的大铁柜钥匙实际由江苏都督程德全掌握，而非由黄兴、陈其美等国民党人掌握。当5月下旬准备预审时，上海地方审判厅代理厅长张清樾和检察厅厅长蔡季平因保存暗杀凶器之大铁箱钥匙"由程君携往南京"，曾发电请程德全派员到上海来会检，程

---

① 良心：《鸣呼，国民党之自杀政策》，1913 年油印件，北京大学历史学系藏，第174 函。

德全于 5 月 24 日复电云："宋案证物已将铁箱钥匙备具正式公函送交贵厅检收在案，此次公判即无须派员会检。"① 这也证实了铁箱钥匙确系由程德全保管。且程德全并非黄兴、陈其美等人傀儡，即便陆惠生以手枪威胁，索要钥匙，程也没有交出。曾有西报传言程德全已被国民党人"软禁在沪"，又说"德全志在为南方之总统"，"上海诸领袖请程都督协助建设新政府于南京，程未之允"云云。程德全为此特别致函报纸予以更正，表示"此等谰言，本不足辨，惟现值人心不靖，诚恐淆惑听闻，请登报声明，并无其事"。② 其实，大铁柜钥匙即便掌握在黄兴、陈其美等人手中，他们也没有机会作弊，因在租界预审期间，主要证据已经启视，为原、被告律师及政府代表律师还有程德全、黄兴等所见；而在移交环节，又众目睽睽，对证物逐一点交，并加封固，国民党代表也参加了接收，如动手脚，岂有不被发现之理。黄兴、陈其美等若真有争夺钥匙之事，也是为了防止有人作弊，而不是为了自己作弊。怀疑或担心黄、陈等人欲对证据下手，实际上是先入为主，视二人为刺宋幕后主使（当时有此谣言），而二人与宋案究竟有无关系，自非有确实证据，不能妄下结论。因此，就证据保管而言，实际上并无可疑之处。

4. 证据宣布

租界会审期间，因捕房律师与被告律师讯明案情需要，曾将应宅搜获证物当堂启视传阅，并于双方问答辩难中提及部分重要证据，但公堂并未公开宣布，除两造律师外，只有主审官、政府代表，以及程德全、黄兴等少数人了解其内容。尽管如此，仍有部分证据外露，只是内容并不完全准确。如消息灵通的《民主报》曾准确报道证据中有

---

① 《宋案闻审之预备·检出暗杀之凶器》，《民主报》1913 年 5 月 30 日，第 6 页。

② 《程都督更正西报流言》，《申报》1913 年 5 月 1 日，第 1 页。

一电，电文曰："燬宋酬勋位。"① 《大中华民国日报》曾报道 3 月 17
日有一封北京来电，内容为"宋事从速进行"，意思正确，但文字不
太准确。② 《顺天时报》则根据双方律师辩护时所述，罗列出如下九
条证据："（一）洪述祖为□□□请应桂馨迅即赴京受委任电。（二）
十二月十二号□□□与应桂馨电，内有'如此事能于各方面均无痕
迹，余将敬以谢君'等语。（三）电谓：'十日内某人必去，否则必
死之。'（四）电谓：'此问题重大，如果有效，其中必有激烈文章，
读毕付丙。'（五）电谓：'紧要文章已露一句，未下手时速电余款
数。'（六）电述一某姓之交涉事。（七）三月十八号电谓：'事须速
行，空言无济，为人所笑。'（八）三月十九号电谓：'事宜即行。'
（九）为应桂馨致北京函，谓'宋以巨款巩固势力'。"③ 其中有些与
后来正式宣布的证据文字相当接近，有些差别较大。对租界会审公堂
未公开宣布证据，外间颇有不满。《民权报》曾就此发表评论道：

> 法庭何以公开审判？以征信于国民也。会审公堂为上海租界
> 特有之公堂，即不欲征信于国民，亦应征信于上海市民也。上海
> 为各文明国人士会聚之地，宋先生被刺案为世界人道上所最可悲
> 之事，公堂审判此案，当然公开。今既公开矣，则一切证据之辩
> 论，亦当然应当使听审者明白其真象。而既不宣布证据，亦不公
> 开辩论，以至要之犯罪证据，乃仅以传观了之，然则公堂其以此
> 案关系中国政府，于中华民国太不名誉，故不愿宣布之耶？苟然
> 也，则会审公堂误矣。④

---

① 《主使杀人者之权力何其大耶》，《民主报》1913 年 4 月 10 日，第 2 页。
② 上海特派员通信：《关于宋案之要闻种种》，《大中华民国日报》1913 年 4 月 3 日，
第 2 页。
③ 《宋案第四次会审记·证据之片鳞只甲》，《顺天时报》1913 年 4 月 16 日，第 4 页。
④ 天仇：《胆大小毛贼·应桂馨胡说乱道》，《民权报》1913 年 4 月 12 日，第 10 版。

证据移交中方后，因其内容主要为应夔丞与内务部秘书洪述祖往来函电，故必要洪述祖到案，才有可能定谳。但洪述祖此时已闻风潜逃至德人所管辖之青岛，而德国总督"必索取证据后，始允交洪犯至沪，受法庭审判"。故 4 月 23 日程德全会同黄兴、伍廷芳、王宠惠等齐集交涉使署检验物证，决定将应、洪往来函电要件寄至都中，俾得凭证索取洪述祖早日归案讯办。① 众人"以此项证据关系匪轻"，"似未便将原物寄交"，最后由黄兴等提议"将此项证据制成铜板，印刷多份，分寄北京总统府及内务部、司法部各机关"，"其字迹与字码永远可以保存"。遂由陈贻范招一摄影师，在交涉署当众将重要文件分别摄影，原物则"暂存在交涉使办公处妥为保存"。②

4 月 25 日，上海《时事新报》率先公布 10 件关键证据。③ 当晚 12 时，程德全、应德闳通电大总统、参议院、众议院、国务院，报告了案发以来租界会审应、武二犯，引渡二犯，移交证物，以及程、应会同上海地方检察厅厅长等检查、拍印证据情形，并将主要证据"撮要报告"，共罗列了 22 件。电曰：

大总统、参议院、众议院、国务院鉴：前农林总长宋教仁被害身故一案，经上海公共租界会审公堂暨法租界会审公堂，分别预审，暗杀明确，于本月十六、十七两日，先后将凶犯武士英即吴福铭，应桂馨即应夔丞，解交前来。又于十八日由公共租界会审公堂，呈送在应犯家内，由英法捕房总巡等搜获之凶器，五响手枪一支，内有枪弹两个，外枪弹壳两个，密电本三本，封固函电证据两包，皮箱一口；另由公共租界捕房总巡，当堂移交在应

---

① 《宋案移解后之消息·索取洪犯之证据》，《民主报》1913 年 4 月 24 日，第 6 页。
② 《宋案移解后之消息·印刷逆证之办法》，《民主报》1913 年 4 月 24 日，第 6 页；《暗杀宋之证据已制成铜版》，《顺天时报》1913 年 4 月 27 日，第 4 页。
③ 《专电》，《时事新报》1913 年 4 月 25 日，第 1 张第 2 页。

犯家内搜获之函电证据五包，并据上海地方检察厅长陈英，将法
捕房在应犯家内搜获之函电簿籍证据一大木箱，手皮包一个，送
交汇检。当经分别接收，将凶犯严密看管。后又将前于三月二十
九日在电报沪局查阅洪、应两犯最近往来电底，调取校译，连日
由德全、德闿会同地方检察厅长陈英等员，在驻沪交涉员署内，
执行检查手续。德全、德闿均为地方长官，按照法律，本有执行
检查事务之职权，加以三月二十二日奉大总统令，自应将此案证
据逐细检查，以期穷究主名，务得确情。所有关于本案紧要各证
据，公同盖印，并拍印照片。除将一切证据妥慎保存外，兹特先
撮要报告。（下略）①

4月27日，"《民权报》抄证据43件，送各报登载"，随即《中
华民报》于当日刊登《铁证》，公布了43件函电文件，并"送铜版
印件，要求非国民党各报同登"。②《民立报》《神州日报》也在当日
各自刊登《宋案证据之披露》，前者公布了44件，后者公布了43
件。③ 随后几日，《申报》和《顺天时报》又先后连载《宋案证据全
录》，均为53件。④

宋案主要证据由此大白于天下，举国为之震动。需要指出的是，
在程、应通电发出前一天，枪手武士英突然在狱中死亡，一时谣言四
起，《神州日报》为此发表评论，提醒当事者应尽快将宋案证据全数
公开，否则人心将更疑惑。其言曰：

---

① 《上海程都督应民政长来电》（4月26日），1913年油印件，北京大学历史学系藏，
第174函。

② 《上海专电·关于宋案种种》，《新纪元报》1913年4月28日，第2页；《铁证》，
《中华民报》1913年4月27日，第12页。

③ 《宋案证据之披露》，《民立报临时增刊》1913年4月27日，第2—4页；《宋案证据
之披露》，《神州日报》1913年4月27日，第5—6页。

④ 参见本书第18页注1和第19页注1。

凡应犯家中搜出之罪证，尤当及今从速宣布，尤不可不及今将搜得之物全数表示，以供研求，俾其真际豁露，不致再为造谣者利用，此固确不可易之办法也。若必掩此露彼，但为断章取义之宣布，不使事外之人窥见全体，则人心之疑，必且加甚，此案即欲祈成信谳，其戛戛乎其难矣。此又吾人所敢为当事忠告者也。①

证据宣布后，由于程、应通电中有"撮要报告"字样，舆论果然纷纷提出质疑。就在 4 月 27 日至 28 日，一篇题为《宋案证据之研究》的文字，在《时事新报》《神州日报》《大共和日报》《申报》《时报》《民报》《民声报》等多家报纸刊出，随后几日又被《大自由报》《国报》《新世纪报》等转载。其中写道：

应夔丞家内所搜出之物件甚多，在理应一律宣布，无论其关系宋案与否，庶足以息群疑而见真际。若有所宣布，有所不宣布，则所不宣布者果属何物？有何原因而不宣布？由是所宣布者亦不足以坚国人十分之信心。此关于宣布宋案证据一定不易之理也。②

国民党《大中华民国日报》称该篇文字为"袁党公布"，③ 然而，

————————

① 善灯：《宋案之疑云突起》，《神州日报》1913 年 4 月 25 日，第 1 页。

② 按各报所载同题文章分见《时事新报》1913 年 4 月 27 日，第 1 张第 1 页；《神州日报》1913 年 4 月 27 日，第 1 页；《大共和日报》1913 年 4 月 27 日，第 1 页；《申报》1913 年 4 月 28 日，第 11 页；《时报》1913 年 4 月 28 日，第 1 页；《新世纪报》1913 年 5 月 1 日，第 2 页。该篇文字又见《大自由报》与《国报》，其中《大自由报》题为《上海报纸之申公论》，刊于 1913 年 4 月 30 日第 3 页；《国报》题为《上海民报宋案证据之研究》，刊于 1913 年 5 月 1 日第 2 页。

③ 《本馆上海专电》（二十七日下午四点四十分发，本日下午十一点到），《大中华民国日报》1913 年 4 月 28 日，第 2 页。

文中观点实际上代表了当时不少人的疑问。如《亚细亚日报》指出："程督来电所纪应、洪之来往函电，均系断章取义，线索不清，而据沪上一方面之报告，其中不免有所偏重。闻所纪各电，政府多已抄得全文，其中有关系共进会者，有关于欢迎国会团者，有关于宋教仁所办提票及其骗案者，而程督之报告，仅其疑似之词，归纳于刺宋之一系，其中是非真象，当由全体之确据有以证据之，甚未可以片面之截取文词，即用以断斯狱也。"① 这实际是批评程德全等人在宣布证据时回避了宋案的复杂性，仅公布了疑似与"刺宋"有关的证据。又如，"超然百姓姚之鹤"发文写道："今者证据已由程、应二公以行政官之手续择要宣布，似此案之真相可以全形毕露矣。然而，今日一般舆论，对于该项证据，甲派之周内，乙派之辨护，观连日本埠各报所载，仍有绝对相反之点者，何哉？盖应犯家中所存之证据，阅程、应通电有'择要宣布'之语，则原件必不仅止此数可知。且就所布各件言之，字句费解及言词闪铄、不甚明了者复居其半。综是各因，遂生出一种汉儒门户解经之现象。此实今日甲、乙两派相持之故也。"② 这是将各件证据言词之闪铄、费解及各派对该项证据的不同解释，归因于证据原件未能全数公布。《时事新报》驻京记者禅那也写道："程督既通电后，国民党派皆以为证据确凿，政府万不能逃其罪者；而非国民党派谓程督在沪已失其自由，围绕于其旁者皆国民党人，其发电时必经国民党之手，其应夒丞铁箱中之证据尚不止此，其关于非政府一方面证据尚多，此电专摘其与政府关连者，断章取义，不完不备，不过欲坐实政府之罪耳。而所谓证据者，亦属于应与洪之关系，非赵与洪之关系，不能据洪、应一方面之词，硬坐为赵罪。此又程电通告

---

① 《宋案证据披露后之各方面》，《亚细亚日报》1913 年 4 月 29 日，第 3 页。
② 超然百姓姚之鹤：《宋案证据平议》，《时事新报》1913 年 5 月 2 日，第 2 张第 2 页。按此篇又见连载于《神州日报》1913 年 5 月 4 日第 5 页、5 月 5 日第 5 页、5 月 6 日第 5 页、5 月 7 日第 5 页、5 月 14 日第 5 页、5 月 15 日第 5 页，以及《大自由报》1913 年 5 月 11 日第 10 页、5 月 24 日第 10 页、5 月 25 日第 10 页。

后舆论之一班也。"① 这又是明确指控国民党为"坐实政府之罪"，在宣布证据过程中作弊，甚至说4月25日通电"非程、应手笔，乃黄兴辈强迫影射者"。② 而署名"剑农"者，则在其文章中批评程德全等以主观意思宣布证据，并对未来审判能否顺利进行表示担忧。其言曰："至近来处理此案之手续，其最荒谬可笑者，则证据不完全是也。夫应犯家中所抄出之物，较之四十三件之书面，奚啻倍蓰，若谓其他各件皆无关本案，则此事纯属主观，又乌可之［以］行政官之自由意思为之？然则各报所传证物中牵连某伟人丑事多为程督所燬，或非子虚也耶？近日洪述祖将引渡矣，将来辩论公开之际，设洪、应二氏坚以证据不完为词而拒绝审判，则判决此案尚待搜罗证据，程都督咨京之五十三件尚未宣布者，容有一二可定爰书乎？"③

上述观点实质上是怀疑程、应及黄兴、陈其美等有意隐瞒、割裂证据，以达其不可告人之目的。对处于受怀疑地位的政府方面及其支持者来说，很容易因抵触情绪而产生此种怀疑。然而，证据搜查、移交、保存及检查、拍照等各个环节，均有多方代表参与，且程序极为严密，丝毫不存在程、应及黄、陈等人舞弊的可能。宋案证据之所以最终只公布了53件，是因为程德全等人认为，从应宅搜出的其他大量文件，主要是关于共进会本身方面的，"与宋案无涉"，应"免于牵连"，于是只检核、宣布了"有关于此案信函证据"，"以为法律准绳"。④ 程德全等做出如此判断固然带有主观色彩，但不能因此判定程等作弊。即便是那位以国民党人名义攻击国民党的"良心"先生，也承认："涉黄之函虽有其他关系，与案［杀］宋案却亦无涉，在余并不主张列入通电内。"⑤ 而不论从程、应通电发表后紧接着公布的宋案

---

① 本馆驻京记者禅那：《宋案悬谈》，《时事新报》1913年5月6日，第1张第1页。
② 许儒恪整理《许宝蘅日记》（二），中华书局，2010，第438页。
③ 剑农：《宋案平议》，《新中国报》1913年5月25日，第2页。
④ 《程都督之态度》，姜泣群编述《渔父恨史》，中华艺文社，1913，第32页。
⑤ 良心：《呜呼，国民党之自杀政策》，1913年油印件，北京大学历史学系藏，第174函。

53 件证据检查报告来看，还是从今天在北京市档案馆依然可以看到的当时不曾公布的其他从应宅搜获的文件来看，程、应等人确无隐瞒、割裂证据之故意，反倒是有不少反映政府与应夔丞密切关系的文件，因程、应及黄、陈等误认为与宋案无关而未予公布。①

应夔丞为宋案主犯之一并无疑义，其人与袁世凯、赵秉钧、洪述祖、黄兴、陈其美等均有关系，故应宅搜获证据实为破解宋案关键。从搜查、移交、保存到宣布各环节来看，"检查报告"所列 53 件证据虽然不够完整，但其真实性不容怀疑，故其时无论是国民党及其支持者对政府的攻击，还是袁世凯、赵秉钧及政府支持者的辩解，均以该部分函电文件为最主要的依据，只是各方解读存在歧义而已。当时及后来一般关心宋案者对案情的分析，也是以该部分函电文件为最主要的依据。立足这一点便可明白，宋教仁被刺后至证据披露前出现的多封匿名信件，其实大多是应夔丞本人及其共进会党徒为混淆视听而玩弄的伎俩。② 该会党徒极众，仅上海总部各科职员就有五六十人，其中文牍科有一等科员、二等科员及额外科员共 10 人，加上科长程海平，共 11 人。③ 应夔丞还委任 18 人任总部巡缉员，规定"军政各界发生大事件，应即电报本长，以便直报中央"，"遇有地方重要案件，应准合同该管地方官并报都督，以便会商办理"。④ 他们中的大多数人

---

① 参阅本章第四小节。

② 《奇怪之信件》，《民立报》1913 年 3 月 25 日，第 10 页；《宋钝初先生被刺始末记（续）·奇怪之信件及其观察》，《民主报》1913 年 3 月 28 日，第 7 页；《关于刺宋案之种种·上海又发现匿名信》，《大中华民国日报》1913 年 4 月 5 日，第 2 页；《大案破获后之各方面观·荒谬离奇之信件又发现》，《民主报》1913 年 4 月 6 日，第 6 页；《浙江亦发现匿名怪函》，《大中华民国日报》1913 年 4 月 7 日，第 2 页；《宋先生遇害记九·又一奇奇怪怪之函件》，《民立报》1913 年 4 月 2 日，第 10 页；《宋案大放光明·又一奇怪之信件发现》，《民主报》1913 年 4 月 8 日，第 6 页。

③ 《请委任总机关内部各职员分科办事由底稿》（1912 年），北京市档案馆藏，国民共进会全宗，J222 - 001 - 00030。

④ 《委任本署各巡缉员通稿》（共 18 员名单附，1912 年 12 月 9 日），北京市档案馆藏，国民共进会全宗，J222 - 001 - 00004。

虽未直接参与刺宋，却可在应夔丞被捕后造出种种谣言，以淆乱视听。事实上，当时曾有报道称："主唆行刺首犯应夔丞系共进会会长，自英法捕房缉获之后，该会中人皆无知识，日来百般计议，咸欲代应设法卸罪，以致外间谣言纷起。"① 各种匿名信件就是在这种情形下出现的，除了可以反映应党势力之大外，对于破解宋案本身并无多大价值。

但有一封信需要格外重视，这就是宋教仁去世次日（3 月 23 日），亦即应夔丞被捕前一天，由应本人署名向国务院发出的那一封。在信中，应夔丞声称他发现了一种叫作《监督议院政府神圣裁判机关简明宣告文》的匿名印刷品，并将该印刷品随信寄至国务院。宣告文将各党各派重要人物如孙中山、黄兴、宋教仁、梁启超、张謇、汪荣宝、李烈钧、朱瑞，以及袁世凯、黎元洪、赵秉钧等均列为所谓欲加"惩创"的对象，并宣称对宋教仁"先行即时执行"死刑。② 然而，在捕房随后搜查应宅时，发现相同的印刷品还有 42 件，均已装入信封，准备以"京江第一法庭"名义寄往各报馆。真相至此大白，原来该宣告文是应夔丞自造的，其目的也是淆乱视听，干扰捕房破案。不过因出自应夔丞之手，内容包含诸多玄机，对破解宋案谜团极为重要，故应引起研究者高度重视。

宋案证据宣布后，应犯及其死党仍挖空心思，力图伪造证据，帮应脱罪。前引"剑农"一文曾基于对已公布宋案证据完整性的怀疑，设想将来辩论公开之际，若洪、应二氏坚以证据不完整为词拒绝审判，则该当如何。这一幕虽然因为引渡洪述祖失败未能在其身上应验，却在应夔丞身上令人惊奇地发生了。先是 1913 年 4 月 11 日租界会审公廨第六次预审时，应夔丞所聘律师爱理斯问应："除呈堂证据

---

① 《程都督之态度》，姜泣群编述《渔父恨史》，第 32 页。
② 《刺宋奸徒之函件》，《民主报》1913 年 3 月 28 日，第 6 页。

外，汝想还有何种?"应答："没有完全。"① 5 月 30 日上海地方审判厅预审应夔丞时，应忽然改口对检察长言："厅中以桂馨为宋案之教唆犯，其是否教唆暂勿申辩，惟所获证据尚未完全；于证据完全之时，即判决余罪，虽死甘心。"检察长问："尚有证据在何处?"应答："在余家中办事室写字台下之白皮箱内。"② 检察官得闻是言，欣喜若狂，如获至宝，退庭后即拟前往查抄。但因应宅在法租界文元坊，不便越界查抄，遂函商法捕房，由蓝总巡禀明法领事前往查抄。在该室写字台下果然发现白皮箱一只，内中满藏文件，当即取回捕房，"箱中文件内有各种委任状多张，秘密信十余封。最诧异者，内有一函，系某君托应暗杀宋教仁，应不允，作函答复，并附有底稿一纸，书写甚为端正，特用绿色皮包保护，藏于箱中上层。尚有稿簿两本，所叙之事与前日获得证据均属相反"。③ 看到这些新出现的"证据"，或许有人会因其内容与程、应披露证据正好相反而产生疑惑，但当我们了解捕房当初对应宅的搜查及时而彻底之后，便可判定，时隔两个多月才出现在应宅白箱中完全有利于应之所谓证据，必定为其死党所伪造。④ 果然，当蓝总巡欲将白箱转送上海地方检察厅时，法领事招蓝总巡到署，问道："日前捕房往抄证物，已经抄尽，今日何尚有证物在应家中?"蓝答称："日前往抄，非（仅）法捕房方面之人，尚有英捕卜总巡率包探等会同往查，当时写字台下并无白皮箱。"

---

①　《宋遯初先生遇害始末记（续）》，《国民月刊》第 1 卷第 2 号，1913 年，第 6 页。

②　《审理中之宋案（廿八）·胆敢捏造证物》，《民权报》1913 年 6 月 1 日，第 10 页。

③　《公判中之宋案·假造证据心劳日拙》，《民立报》1913 年 6 月 11 日，第 10 页；《宋案最近之种种·白皮箱之离奇怪诞》，《大中华民国日报》1913 年 6 月 15 日，第 2 页。

④　按当时亦有人将此事与洪述祖联系起来。先是 5 月下旬，有报纸报道："日来盛传洪述祖由青岛派心腹人挟资二万元来申，密交应犯家属，要求转嘱应犯，在法庭中不可供与洪同谋，如果坚持到底，将来另有特别抚恤。"（《宋案汇志·应犯防禁甚严》，《神州日报》1913 年 5 月 22 日，第 6 页）数日后，即有报纸报道白皮箱中发现假证据，并谓："洪述祖等前日密派心腹到申运动……兹悉此事业已败露。"（《宋案汇志·运动败露》，《神州日报》1913 年 6 月 1 日，第 6 页）可见当时舆论认为白皮箱中假证据是洪述祖心腹和应夔丞死党合谋捏造的。

法领事即用电话请卜总巡到署会谈，卜曰："此箱系不可靠，当时余等往抄，所有抽屉中及箱中，凡关于文件，一并收罗，毫无遗漏，余等各具结。"于是，法领事嘱卜、蓝二人具结，将该箱扣存捕房中。应党虽力为运动，试图将此白箱转移至检厅作证，但法领事以"箱内之物，皆系捏造"，拒绝转交检厅。① 当时有评论道：

> 第二批证物之发现，何人为告发者乎？即极刁滑之应犯桂馨也……嘻，怪哉！应犯杀人，犹恐其证据不完全，乃更自己告发第二批之证据，使之完全，以求速死，此种事至愚者弗为，而应犯为之，其愚诚不可及。虽然，应犯奸刁异常，其自首之证物，必为捏造无疑，捏造之所以嫁祸他人、倾陷他人也。人心险恶，法纪何存。此可见应党势力之大，私造证物，以逞诡谋，奸人伎俩，无所不用其极，乃检长闻之，忻喜若狂，何哉？②

应宅所获函电文件，大多有应夔丞亲笔注语，"标明收发月日，已复未复，已办未办，秩然不紊"。③ 程德全对此很是赞赏，"盛称应夔丞能干，谓其文笔几类太史公，盖以各罪证上他人未能了解之处，应皆亲加注释，或更系时地，或略于彼者详于此，使见者参互了解，不费思索，可省审判官无穷推索之脑力也"。④ 应夔丞的这些批注的确对理解相关函电有所帮助，但因过于简略，并且仍有不少函电未加批注，研究者长期不能准确理解，所以这些批注对于推索案情的帮助实际上是很有限的，程德全所言不免有些夸张。另外，作为刺宋主要嫌犯，应夔丞的这一保存证据的做法很不寻常，在当时曾引发疑问，如

① 《审理中之宋案（廿八）·胆敢捏造证物》，《民权报》1913年6月1日，第10页。
② 冠吾：《逆造证物》，《民权报》1913年6月1日，第10页。
③ 叶迦：《辨音室闲话·宋案一》，《大公晚报》1944年9月2日，第2页。
④ 《制造专制乎制造共和乎》，《神州日报》1913年4月30日，第1页。

5 月 12 日《国报》写道：

> 昨有自上海来者，谈及宋案之种种证据，谓近来国民党各报皆据此证据加以评判，语甚激烈，而上海之人对于此种证据，多谓应本青红帮首领，是杀人不转眼者，其手下凶狼之辈何患无人，乃贸然求之局外，致被泄露，真不可解。且往来函电皆有应手注数语，此何等事。函电本不可留存，即留存之，何必逐节注明，一若预知此案必破，恐人不能解者，更不可思议矣。且应行暗杀已非一次，秘密手续应岂不明白，今忽如此疏忽，前后若判两人，故上海一般舆论尚抱疑团也。①

这一疑问其实不难解释。宋教仁被刺若为应夔丞单方面所为，则其杀人后自然不需要存留相关函电。但事实是，应夔丞杀宋背后尚有主使之人，则存留相关函电对应夔丞而言就很有必要：一方面手握主使者把柄，一旦案情暴露，有可卸罪之地；另一方面，案情若不暴露，则可据此索取回报。由此可见其人心思颇为缜密。而他之所以敢冒此风险，如熊希龄所言，"固由于恃居租界，且为匪首，胆大而无所畏"。②

总之，应宅所获函电文件不仅自身真实性、可靠性不容置疑，而且可以之为基本依据来判断该项证据正式披露前后出现的其他各种文字记述的真伪、可信程度及真实内涵。该项证据是研究宋案最基本也是最核心的材料，任何研究者，倘若无视或轻视该项证据，便是无视或轻视宋案基本事实，其研究便不能称为严谨科学的研究，离宋案真相也就会越来越远。

---

① 《宋案之疑点》，《国报》1913 年 5 月 12 日，第 2 页。
② 《为宋案一事致向乃祺函》（1913 年 5 月 26 日），周秋光编《熊希龄集》第 3 册，湖南人民出版社，2008，第 526 页。

三　赵秉钧自辩电函及与记者谈话

在宋案中，身为国务总理兼内务总长的赵秉钧，不仅是洪述祖的顶头上司，而且在应宅起获证据中，发现他与应夔丞亦有往来，特别是他曾送给应夔丞密码电本一册，供其使用，由此他被国民党人及多数舆论怀疑为刺宋幕后主使，一时南北舆论群起而攻之，并牵及袁世凯。时至今日，绝大多数人仍然认为他与刺宋案脱不了干系，却一直无法用可靠史料加以证明。

程德全、应德闳于4月25日深夜通电宣布证据后，赵秉钧很快于4月28日发出著名的"勘电"，以答复程、应"有电"的形式，就宋案主要证据逐条予以辩驳，以证明自己及政府与刺宋案无关。"勘电"的发出引起很大争议，有批驳者，也有支持者，宋案由此变得更加扑朔迷离。其实，人们对"勘电"的认识，从一开始就陷入了误区，不论批驳者还是支持者，都因为"勘电"系以赵秉钧名义发出，而将其完全视为赵秉钧个人真实意思的表达。但实际上，由于袁世凯亦被指为刺宋案嫌疑人，而他和赵秉钧所处政治地位不同，与宋案关联程度亦不同，这就决定了赵秉钧在辩护时，不可能只顾自己而不考虑袁之意思，袁亦不可能任由赵自辩而不考虑自己的处境。袁世凯在4月28日给谭人凤的电报中有"昨据程都督等报告各项证据，约同幕僚详加讨论"等语，[①] 可见他非常关心该项证据。故《民立报》5月2日"北京电报"有赵秉钧"勘电""稿出总统府秘书之手"的说法。[②] 5月3日该报"北京电报"更点明"勘电""系袁府秘书张一麐手笔"，并说电稿拟好后，于"勘"日"深夜一二时由袁府马队叩

---

① 《致上海谭巡阅使电》（4月28日），1913年油印件，北京大学历史学系藏，第174函。

② 《北京电报》，《民立报》1913年5月2日，第5页。

各报馆门投送"。① 而《大中华民国日报》稍后又有另外一说，谓：

> 日前赵秉钧因宋案证据宣布，曾通电自辩，捉刀者系总统府
> 秘书余东屏。余脱稿后，即由总统府拍发，事后始送赵阅。赵阅
> 后大呼："糟了！糟了！"缘原电所谓发给应桂馨五万元公费内务
> 部有案可稽，其实内务部并无片纸只字，既有此电，又须另造一
> 宗案卷，恐难掩阖署人耳目，必至欲盖弥彰，故赵大不赞成。余
> 屏东可谓费力不讨好也。②

不管"勘电"的具体起草人事是谁，这些消息均说明，总统府不
可能任由赵秉钧完全按其意思辩驳。当然，总统府完全不考虑赵之意
思，不经其阅便以其名义将电报发出，也是不可能的。准确的理解应
当是："勘电"虽以赵之名义发出，其实很大程度上也反映袁之想法，
它是袁、赵二人协商的结果，而这是由他们在政府中的不同角色和他
们与宋案的不同牵连程度所决定的。

因此，搞清楚"勘电"中与赵秉钧直接关联的部分是否为其真实
意思的表达，就成为准确把握赵秉钧这个角色，以至最终破解宋案谜
团的一个关键。而北京大学历史学系所藏"勘电"底稿的发现，为这
一突破提供了可能。

北京大学历史学系所藏"勘电"底稿有两个版本，姑且称之为
"勘电甲"与"勘电乙"。"勘电甲"和"勘电乙"的区别在于，前
者为最原始的底稿，后者则是将前者的一些字句修改及前后段落调整
誊清而形成的稿子，但有些修改"勘电乙"并未敲定，依旧保留了
"勘电甲"的修改原样，所以它仍是底稿，而非定稿清样。不过，

---

① 《北京电报》，《民立报》1913 年 5 月 3 日，第 3 页。
② 《赵秉钧通电之捉刀人》，《大中华民国日报》1913 年 5 月 13 日，第 2 页。

"勘电乙"与最终发出的"勘电"比较，内容上基本已无区别，因此，我们只需要将"勘电甲"与最终发出的"勘电"定稿逐字逐句比对，就可以看出其变化，并由此进一步分析这些变化背后的含义。在本书以后的论述中，读者将会看到，"勘电"底稿对厘清宋案的一些重要情节具有关键作用。

宋案证据于4月25日深夜正式公布后，5月4日，岑春煊、伍廷芳、李经羲、谭人凤等发表通电，指出"宋案词连政府，洪犯固宜速求引渡，归案迅办，赵总理既涉嫌疑，届时亦应出庭受质，方能表白。政府固不便强辞辩护，抗不受理"。[①]5月6日，上海地方检察厅发出传票两张，请求北京地方检察厅协助传唤国务总理赵秉钧及其秘书程经世赴沪出庭对质。[②]赵秉钧随即于5月11日公开复电，对岑春煊等人通电给予拒驳，提出三条理由，表示自己不能出庭对质，态度强硬，措辞坚决，这就是"真电"。

与"堪电"一样，"真电"也是以赵秉钧名义发出，故一般论者很容易将其视为赵秉钧本人意思之表达。而实际上，由当时新闻报道可知，袁世凯对于赵秉钧如何应对赴沪对质一事非常关心。有报道说，传票到京后，政府连日密议，拟出抵制三策。一"系强硬办法"，即"仍用通电，辨明赵秉钧毫无嫌疑，不能到案"。二"系拖延办法"，即"驳覆上海检察厅手续不合"，强调"须有武士英之供，始能指应夔丞为嫌疑；有应夔丞之供，始能指洪述祖为嫌疑；有洪述祖之供，始能指赵秉钧为嫌疑；洪述祖既未到案，即不能以'嫌疑'二字指赵秉钧，无到案之必要，一面不令洪述祖到案"。三"系釜底抽薪办法"，即"令赵秉钧装病（即近日所传牙痛），暂不到案；一面

---

① 《岑春煊等主张和平解决通电》（1913年5月4日），朱宗震、杨光辉编《民初政争与二次革命》，第329页。

② 《上海检察厅上北京地方检察厅电》，《大中华民国日报》1913年5月13日，第2页。

撤换承书［办］此案人员，必令政府一鼻孔出气之人布满上海地方审检两厅，然后赵到案一讯，即洗刷净尽"。① 又有报道说，传票到京后，"赵秉钧挈其秘书程经世同诣袁世凯，会商抗传到案、嫁罪他人办法，密谈甚久"。② 还有报道说，"赵秉钧自闻上海地方检察厅出票传提后，异常惶恐，常咄咄自语，谓'不意我落得如此下场'"，"经总统府某秘书献计，决意抗传不到，即由某代拟通电稿，略谓：洪、应函中有诬捏克强拨抵公债语，以其影戤伟人，藉词招摇，世人无信之者。牵引赵秉钧亦与此同，黄无嫌疑，秉钧何独不然。现居京养疴，到沪甚危险，殊无赴厅投案必要云云"。③ 这些报道多在赵秉钧"真电"发出后出现，其情节多为电报内容之反映，但也可以看出袁世凯对于此事非常重视。而北京大学历史学系所藏"真电"底稿的发现，恰好可以证实这一点。该底稿后有"五月十日清""已缮送呈"字样，说明此电最终由袁世凯定稿。由该底稿笔迹也可看出，袁世凯的确亲笔对电文进行了多处修改。将该底稿与最终发出之"真电"字句比较，可发现二者差别甚大，透过这些字句差别，我们将会看到袁、赵二人在应对出庭对质一事上既有共同目的，又有不同考虑，并可由此注意到袁、赵关系中一些很值得注意的特点。

在宋案研究中，有关赵秉钧的关键资料最为缺乏，"勘""真"二电底稿的发现，虽然不能直接揭开宋教仁被刺之谜，但对于推进宋案研究仍具有重要意义。其最主要之价值在于促使研究者严肃、认真、细致地去探究赵秉钧和袁世凯之间的复杂关系。一直以来，人们将赵秉钧视为袁世凯的亲信，从而将二人共同视为刺宋案的幕后主使。其实，即便赵秉钧为袁世凯之心腹，也不能由此得出其为杀宋嫌

① 《政府对于上海票传赵秉钧之抵制策》，《大中华民国日报》1913年5月13日，第1—2页。
② 《北京电报》，《民立报》1913年5月16日，第5页。
③ 《北京电报》，《民立报》1913年5月14日，第2页。

疑人的必然性认识。要判断赵秉钧在宋案中究竟扮演怎样一个角色，必须结合宋案基本史料，对他与袁世凯的关系进行更加细致的分析。袁、赵在政府中的地位不同，与宋案的关联程度也不同，这就决定了他们在处理宋案问题上的想法不可能完全相同。在二人关系中，袁世凯无疑是强势一方，这就使赵秉钧不能完全按自己的意思来应对宋案。"勘""真"二电底稿的发现充分反映了这一点。这就提醒我们，对赵秉钧所公开发表的"勘""真"二电一类的辩驳文字，不能只做单纯字面的理解，而应细致辨析其中何者为其真实意思之表达，何者为其言不由衷之发露，如此方能把握一个真实的赵秉钧。

除通电自辩外，赵秉钧在刺宋案发生后，还曾于4月12日及4月29日在私邸分别接受北京《民立报》《新纪元报》记者访谈，又于5月初发表《赵秉钧为宋案致北京〈民立报〉记者函》。4月12日北京《民立报》记者对赵秉钧的访谈并未见《民立报》刊登，而是刊登在《神州日报》上，①内容主要涉及赵、洪关系及洪担任内务部秘书情况，应夔丞接受招抚及来京见赵情况，以及赵送应密码电本情况等。此次访谈是在宋案证据正式公布前半月进行的，赵秉钧在访谈中所言是否属实，将要经受宋案证据检验，而随后宋案证据及其他相关材料陆续披露，证实了赵在访谈中所言绝大部分是可信的。4月29日《新纪元报》记者对赵秉钧的访谈，则是在宋案证据正式公布三天后进行的。此前一天赵秉钧刚刚发表自辩"勘电"，针对程、应所宣布的证据逐条进行了辩驳，对《新纪元报》记者的谈话，可以说是对"勘电"的补充。访谈前记者向赵提到"宋案证据发表后，人言鼎沸"，问赵："公能有问必答，直言无隐否？"赵曰："能。"访谈涉及赵宋关系、赵洪关系及赵应关系，与4月12日北京《民立报》记者访谈内容相比较，更多是针对已经公布的宋案证据中涉及的问题，如洪在

---

① 《宋案旁征（五）·赵总理私邸之一席话》，《神州日报》1913年4月18日，第4页。

政府应对欢迎国会团一事中的表现，洪所收"应密"电报有无译呈赵秉钧等。① 结合宋案证据及其他材料，可知赵在此次访谈中所言基本属实，但也有刻意隐瞒之处。至于《赵秉钧为宋案致北京〈民立报〉记者函》，也未见《民立报》刊登，而是刊登在《新闻报》上，另外又以《赵总理致某都督函》等为标题，在其他报纸刊登。② 其内容同样是为了补充"勘电"，涉及赵宋交情、应夔丞与洪述祖之历史等，与上述两次访谈内容相比，既有雷同之处，又有所补充。以上三篇文字，都是研究赵秉钧其人及宋案内幕极为重要的材料，可惜鲜有研究者注意及此。

四　共进会相关已刊未刊文件

宋案正凶应夔丞系共进会会长，收抚共进会又是宋案的起始环节，因此，掌握共进会相关文件，不仅为了解应夔丞本人所必需，而且为理解与解释宋案发展过程中诸多重要环节所必需。

与宋案相关的共进会文件可分为已刊与未刊两部分。已刊部分见于当时许多报纸。如《民立报》1913 年 4 月 5 日所登《宋先生案之一线光明》，就搜罗了不少关于洪、应结纳过程的函电，非常重要。③《时报》则于 4 月 9 日、11 日以《北京发表任用应夔丞之始末》为

---

① 《赵总理之谈话》，《新纪元报》1913 年 4 月 30 日，第 3 页。按该访谈内容又见于《大自由报》及《大共和日报》，其中《大自由报》刊于 1913 年 5 月 1 日第 3 页，题为《赵总理一夕问答》；《大共和日报》刊于 1913 年 5 月 7 日第 4 页，题为《赵总理与新闻记者之谈话》。

② 《赵秉钧为宋案致北京〈民立报〉记者函》，《新闻报》1913 年 5 月 7 日，第 1 张第 3 页。按该篇文字又见于《大自由报》《新中国报》《亚细亚日报》《大共和日报》，除《大自由报》题为《赵总理致某都督书》外，其余均题为《赵总理致某都督函》，其中《大自由报》刊于 1913 年 5 月 4 日第 10 页，《新中国报》刊于 1913 年 5 月 4 日第 7 页，《亚细亚日报》刊于 1913 年 5 月 7 日第 3 页，《大共和日报》刊于 1913 年 5 月 11 日第 3 页。

③ 《举国同声一哭之宋先生·宋先生案之一线光明》，《民立报》1913 年 4 月 5 日，第 7—8 页。

题，连载相关文件。①《盛京时报》也于 4 月 10 日至 12 日以《任用应夔丞之始末》为题，连载相关文件。② 这些文件是由政府方面公布的，王治馨在宋教仁追悼大会上演说时曾说，"鄙人现为警察长，已搜出证据多端，另抄一本，皆洪与应之秘密通信，可交吴莲伯供党员参考"，所指应当就是这部分文件。其中重要者如下：

（1）元年十月十六日程德全致袁大总统电；

（2）元年十二月八日洪函；

（3）元年十二月十五日应夔丞致洪荫之函；

（4）二年元旦洪函；

（5）元旦应夔丞致洪荫之函；

（6）应夔丞印领；

（7）二年一月二十日洪述祖请假呈；

（8）二年一月十五日国务院公函。

遗憾的是，这些文件虽然早已公开，却鲜见研究者将其视为与宋案有密切关系之材料而加以利用。

有关共进会的更多文件，掌握在应夔丞手中。应夔丞被捕后，捕房从其家中搜出了相关文件，租界预审结束后，这些文件连同其他宋案文件一并移交给了中方。但在程德全、应德闳以及黄兴等人看来，这些文件与刺宋并无直接关联，因此，相关文件仅在公开印行的《前农林总长宋教仁被刺案内应夔丞家搜获函电文件检查报告》中略有涉及，绝大部分并未正式公布。但实际上，在这些尚未正式公开的文件中，有不少对宋案研究极有帮助，特别是以下 24 件，应当引起研究者高度重视：

---

① 《北京发表任用应夔丞之始末》，《时报》1913 年 4 月 9 日，第 3—4 页；《北京发表任用应夔丞之始末（续）》，《时报》1913 年 4 月 11 日，第 3—4 页。

② 《任用应夔丞之始末》，《盛京时报》1913 年 4 月 10 日，第 3 页；《任用应夔丞之始末（续）》，《盛京时报》1913 年 4 月 11 日，第 3 页；《任用应夔丞之始末（续）》，《盛京时报》1913 年 4 月 12 日，第 3 页。

（1）应夔丞就身史及革命时经历上大总统呈文底稿一（1912 年）；

（2）应夔丞就身史及革命时经历上大总统呈文底稿二（1912 年）；

（3）江苏都督程德全致应夔丞函（1912 年 6 月 21 日）；

（4）中华国民共进会草章（1912 年 7 月）；

（5）共进会呈请各省都督立案由（1912 年 7 月 22 日）；

（6）请委任总机关内部各职员分科办事由底稿（1912 年）；

（7）共进会机关部全体职员上会长应夔丞呈（1912 年 10 月 21 日）；

（8）杭州共进会总务科杭辛斋致应夔丞函（1912 年□月 8 日）；

（9）应夔丞上浙江都督朱瑞函底稿（1912 年 12 月 1 日）；

（10）委任本署各巡缉员通稿（1912 年 12 月 9 日）；

（11）共进会总机关部某致昆山某函（1912 年□月 13 日）；

（12）特任驻沪江苏巡查长前大总统府庶务长管领禁卫军调任大本营应夔丞劝谕秘密各党会训词（1912 年 12 月 18 日）；

（13）戴天仇致应夔臣手简；

（14）应夔丞请拨款辅助巡查署上黎副总统呈文（1913 年 1 月 10 日）；

（15）应夔丞为党人论功行赏事上大总统呈文（1913 年 1 月 10 日）；

（16）应夔丞条陈取缔会党上大总统呈文（1913 年 1 月 14 日）；

（17）应夔丞致杭辛斋书（1913 年 1 月 25 日）；

（18）特任驻沪巡查长应夔丞为呈领二年正月至三月计三个月巡署公费银六千员由底稿（1913 年 2 月）；

（19）藤木商会致应夔丞函（1913 年 2 月 23 日）；

（20）应夔丞致吴乃文函（1913 年 3 月 7 日）；

（21）藤木商会致应夔丞函（1913 年 3 月 15 日）；

（22）特任驻沪巡查长应夔丞通告（1913 年 3 月 13 日）；

（23）特任驻沪巡查长应夔丞劝告共进会总支分部各会员训词（1913 年 3 月 18 日）；

（24）委任本署探访员虞震寰、蒋瑞森、陈□□承缉行刺本党宋遯初君之凶手信牌稿（1913 年 3 月 21 日）。①

由于洪述祖后来由上海提解至北京审讯，上述应宅搜获共进会文件亦一并移交给北京司法机关，现收藏于北京市档案馆。这些尚未引起研究者注意的文件，将会对深入认识应夔丞其人及其与袁、赵、洪之间的关系，起到重要作用，进而为破解宋案谜团发挥关键作用。

五　几种关键的私家记述

有关宋案的私家记述中，可以对破解某方面案情起到关键作用的，主要有以下四种。

第一种是叶迦《辨音室闲话》。撰者在民初曾为江苏民政长应德闳幕僚，后任职于总统府政事堂机要局第三科，是局长张一麐的属下，主要负责与各部院局接洽，传递总统批阅文电。②《辨音室闲话》包括清末民初掌故 48 篇，从 1944 年 9 月起在《大公晚报》连载。开篇有小引一段，曰："甲申之夏，息影郊居。昼长无事，追录见闻。信笔直书，不加雕琢。野史杂言，本无关于著述；卑词巽语，期有益于观听。适老友索稿，举以相付，命曰《辨音室闲话》。"③《辨音室闲话》关于宋案共有两篇文字，即"宋案一"与"宋案二"，每篇不过寥寥数百字。④ 其中有两方面的记述为其他史料所未载，对了解宋案甚有帮助。一是作者曾亲自参与应宅搜获函电文件的编校工作，对这些文件的保存状态有直观认识，有助于我们了解应夔丞其人。二是

---

① 按共进会档案虽然已经过北京市档案馆初步整理，但标题与内容往往不甚相符，以上文件标题大多系笔者根据文件内容自行拟定，特此说明。

② 叶迦：《辨音室闲话·纪政事堂处理文件》，《大公晚报》1944 年 10 月 25 日，第 2 页。

③ 叶迦：《辨音室闲话·宋案一》，《大公晚报》1944 年 9 月 2 日，第 2 页。

④ 叶迦：《辨音室闲话·宋案一》，《大公晚报》1944 年 9 月 2 日，第 2 页；叶迦：《辨音室闲话·宋案二》，《大公晚报》1944 年 9 月 3 日，第 2 页。

1915 年张一麐由政事堂机要局局长调任教育总长时，作者曾应张一麐之请帮忙整理张所经手之各种密件，其中就包括应夔丞给袁世凯请求办报的呈文，以及应夔丞向中央领取津贴的收据等。这不仅可以帮助我们了解应夔丞与中央的关系，而且坐实张一麐与宋案某些环节确有关系。

第二种是张继《张溥泉先生回忆录》。撰者是 1912 年同盟会改组为国民党后北京国民党本部主要负责人之一。宋教仁被刺后不久，国民党本部开会商讨应对之策，共和党《亚细亚日报》忽然刊登消息，说张继曾在会上发表演说，影射国务总理赵秉钧脱不了干系，结果引起赵秉钧强烈不满，向袁世凯提出辞职。张继为了说明《亚细亚日报》的报道是诬捏，特地带领《民立报》记者去赵秉钧家拜访。结果，他在赵宅不仅见到了赵本人，而且见到了赵的心腹、京师警察厅总监王治馨。从为人豪爽的王治馨口中，张继了解到了宋教仁被刺前后洪述祖与袁世凯互动的一些情节，以及宋教仁被刺后赵秉钧的一些反应。[1]《张溥泉先生回忆录》虽然在细节上有不甚准确之处，但结合其他史料判断，所记基本史实还是可信的，对厘清宋案情节极有帮助。

第三种是张国淦《北洋述闻》。撰者在宋案发生时任国务院秘书长，赵秉钧是他的顶头上司，但他不是赵秉钧的心腹。[2] 他系黎元洪所荐，故与袁世凯的关系也不密切。[3] 因此，他不可能掌握宋案机密，但他的位置使他能够参加国务院的某些会议，从而有机会观察到一些相关人物，尤其是赵秉钧的表现。惟因处于旁观者位置，他的描述是客观的，如对袁宋关系及赵宋关系的描述，对宋教仁被刺后赵秉钧及国务院内其他人反应的描述，以及对赵秉钧面临外间攻击时的反应的

---

[1]　《张溥泉先生回忆录·日记》，第 11—12 页。
[2]　《国务院秘书长之逐鹿谈》，《神州日报》1912 年 10 月 14 日，第 4 页。
[3]　本馆驻京特派员涸鲋：《国务院人物考》，《民立报》1913 年 7 月 7 日，第 7 页。

描述，等等。因为撰者并不真正了解内幕，这些客观描述会让读者感到很难理解，但其真实性也恰在于此。结合其他可靠史料，我们一方面可以证实其所记述的真实性，另一方面也可以根据其所记述剖析宋案的某些情节。

第四种是陆惠生《宋案破获始末记》。撰者是国民党人，陈其美手下干员，英、法探捕抓获应夔丞和武士英就是由他亲自引导的。与他一同参与抓捕行动的，还有周南陔和王金发等，但当时各报均未披露姓名。周南陔在事隔20多年后，曾有一口述，但细节与当年各报所述多有出入。① 陆惠生《宋案破获始末记》则是写于抓捕行动结束两三个月后，以第一人称详细记述了当时如何从王阿法处得到应夔丞线索和从六野旅馆得到武士英线索，以及如何确定应夔丞为嫌犯，还有抓捕应夔丞、武士英的具体经过等，其准确性和可靠性非常值得注意。只是这篇文字当时并未见诸报端，后来也从未见有研究者征引。目前所见唯一纸版，是大正2年（1913）6月由日本中华民国通信社发行、东京国文社印刷的，与萱野长知『支那時局の真相を披瀝して我邦の識者に訴ふ』合订为一册。

除以上四种外，还有一种私家记述尤其受到宋案研究者注意，这就是袁克文的《辛丙秘苑》。该书成于20世纪20年代，撰者是袁世凯次子，书中对于谁是刺杀宋教仁的幕后主使，赵秉钧如何被人毒死，应夔丞如何被袁世凯派人刺死，以及袁世凯对宋教仁被刺的反应，等等，都提供了许多细节。撰者在序言中称，清末民初数年间，"大事逸闻不传于外者多矣，不佞以所见知笔之于书，既以存先公之苦心，且以矫外间之浮议，或招怨毒，非所计也"。又称：

---

① 周南陔口述《宋教仁被刺之秘密》，章伯锋、李宗一主编《北洋军阀》（二），武汉出版社，1990，第115—124页。

不佞作《辛丙秘苑》，本于见知，事之惝恍有疑者，不书也。人有关于书中之一事者，或有其近为之辩掩，亦理之定、情之常，予无用从其辩而辩焉，读予作者不可以予无言而遽疑为事诬辞穷。故预为声言，无论如（何）驳难，俱不一答，阅者谅焉，驳难者亦谅焉。①

真理越辩越明。袁克文一方面声称所述"本于见知"，另一方面却对有可能遭到的质疑事先声明不予回应，这样的态度实际上反映出其对于书中所述并不自信。事实上，袁克文对清末民初不少大事的记述，都有一个明确目的，就是为其父袁世凯辩护，对宋案的记述也多是如此，甚至不惜为此杜撰情节，透过其他可靠史料，我们很容易就可以证明这一点。而作为袁世凯之子，书中对袁世凯本人的某些观察和描述，是其他史料难以呈现的，自然有可取之处。因此，对研究宋案而言，能否立足于更可靠的史料和史实来鉴别该书所述真伪，是很重要的一个问题。

有关宋案的核心史料，除以上所述外，相关人物如王阿法、武士英、应夔丞、洪述祖等人口供或讯问记录亦需注意。其中王阿法是证人，其证词虽然在个别细节上有前后不一致之处，但所述基本事实是可靠的。武士英是枪手，他对受雇于应夔丞刺杀宋教仁的过程，所供基本属实。虽然他受应党唆使，一度试图翻供，否认他与应夔丞相识，但在应宅被捕这一事实，让他的翻供成为笑柄。应夔丞的供述涉及共进会、国民党和宋案等多方面，真真假假，虚虚实实，需要根据其他可靠史料加以鉴别使用。最需要注意的是洪述祖的口供，他是宋案最关键的人物，又是最后一个伏法的。许多探究宋案者因为洪是当事人，故而特别注意依据其供述来解读宋案，但实际上，洪被捕时，

---

① 袁克文：《〈辛丙秘苑〉启》，《辛丙秘苑》，上海书店出版社，2000，卷首。

武士英、应夔丞、赵秉钧和袁世凯等均已死去。洪为了逃避罪责，将责任推到已经死去的人身上，对供述内容进行了长达数年的精心准备，表面上看其所供合情合理，实则极尽捏造事实、编造谎言之能事，除少数几处无关紧要的细节外，涉及案情之处基本是不可靠的，这一点通过认真细致解读宋案核心史料，可以得到充分证明。因此，厘清宋案的一个关键，是从案件发展演变过程中形成的最原始的证据出发，鉴别洪述祖口供的真实性，而不能从后出的洪述祖口供出发，试图否认原始证据的可靠性。

第三章

袁赵洪应亲疏关系之形成

　　宋案各环节共牵涉四个关键人物，即袁世凯、赵秉钧、洪述祖与应夔丞。其中，应夔丞曾于辛亥鼎革之际，在沪军都督陈其美手下担任谍报科科长，与陈关系一度很密切，故一直有一种观点，认为宋教仁被刺，陈其美实为幕后主使。果真如此，则陈当然也是宋案关键人物。然而，此种看法实属无稽，本书附录将会专门讨论这一问题，本章暂不论及。在袁、赵、洪、应四人中，洪、应二人与宋案各环节自始至终皆有牵涉，袁、赵二人与宋案各环节的关系则有些扑朔迷离。故研究宋案，首先应结合案情及其他相关记载，还原袁、赵、洪、应之间的亲疏远近关系，从而作为判断各人与宋案各环节牵涉程度的主要依据之一。而要搞清楚这几人的复杂关系，就必须追溯洪、应二人的历史，这一工作迄今尚未有研究者认真做过。

一　洪应案前"真史"追溯

　　洪述祖与应夔丞的人生轨迹，原本毫无交集。要了解二人如何走到一起，首先必须对他们各自的过往经历加以考察，以见其遭际、性格与行事风格等，进而确定是哪些因素促使二人最终走到了一起。

1. 洪述祖之历史

洪述祖这个名字在宋案发生前，可以说知者甚少。迨宋教仁被刺，洪述祖暴露，各报方揭载其历史，然多语焉不详，错讹连连，又时以谩骂之词加之。如《民立报》说他"为人奸狠阴毒，不容于社会，在京之常州同乡，无不恨之次骨，素有'洪杀胚'之绰号"。[1]又说："洪挠［述］祖本为官场之一大流氓，犯案累累……惟恃其能言善辩，又善逢迎之技，故至今漏网。其人劣迹散见近人小说中，如《官场现形记》《二十年目睹之怪现状》《卖国奴》《无耻奴》数种，大半写其历史，其万恶不赦，可想而知。大概洪述祖可谓满清一代龌龊官僚之代表，宜其遇事生风，交结匪类，忍心害理，残杀正人矣。"[2]《民主报》则说："此丑也者，实一乡之秽物，中国之公敌，而禽兽中之不衣冠者也……闻述祖亦号印之，凡四十岁以上之人，闻以洪印之三字连举者，无不知其为怪物，为恶物，今竟酿成此丑之罪恶者，则彼先人之大名为之，而其先人亦当衔恨于九原。"[3]诸如此类文字还有不少，皆于宋教仁被刺后忽现报端，流传至今，不但无助于了解洪述祖的真实历史，反而对后来研究者客观评价其人造成困扰。故欲了解洪述祖的真历史，就必须撇开这类丑化、谩骂文字，尽可能

---

① 《宋先生在天之灵·凶手就缚（五）·洪杀胚之丑史》，《民立报》1913 年 3 月 29 日，第 11 页。

② 《宋先生在天之灵·凶手就缚（五）·述祖之捕获》，《民立报》1913 年 3 月 31 日，第 10 页。

③ 《宋案破获后之各方面观·洪述祖解京风说（附洪贼历史）》，《民主报》1913 年 4 月 1 日，第 6 页。

从可靠史料入手，以客观态度记述之。①

洪述祖（1859—1919），原名洪熙，江苏阳湖（今属常州）人，字荫之（又作荫芝、引之、印之）。从现在所见史料来看，洪熙这个名字主要用于光绪二十一年（1895）前，此后逐渐改称洪述祖。这一变化一直不为人所注意，故宋案发生后，时人追溯其历史时，从未提到过洪述祖即洪熙。洪述祖前后阶段的历史就这样被割裂开来，洪述祖不为人所了解，与此有直接关系。

不过，洪述祖的高祖却是很多人都知道的，这就是乾嘉著名学者、大名鼎鼎的洪亮吉。② 其曾祖名洪饴孙，也是著名学者；祖父名洪谷曾，是国子监生；生父名洪彦先，曾官阳湖候选训导。③ 咸丰十年（1860）太平军攻陷常州时，洪彦先死于巷战，洪家十七口皆投门前花桥后河以殉，当时洪述祖方生九月，与其母张氏被人救起。④

洪述祖的幼年生活是很孤苦的。其母被救后，即投娘家，渡江而北，转徙数年，靠纺绩度日，抚育遗孤。虽然生计艰难，但张氏对洪述祖的教育丝毫没有放松，时时以高祖洪亮吉母亲蒋氏督催幼年洪亮吉读书的故事勉励他，希望他日后也能够成为一名学者。洪述祖曾有文字记述他6岁以后母亲督学情形，谓：

> 不孝六岁，太宜人令赴邻塾，授《礼记》"中庸""大学"二篇，日数行。夜篝灯，就短足几，太宜人且织且督课，书声、

① 按洪述祖虽然是宋案关键人物，但让人不解的是，百余年来并无一人详细研究其历史。目前所见唯一一篇以严谨态度考察洪述祖经历的文章，是沈云龙的《暗杀宋教仁的要犯洪述祖》[《现代政治人物述评》（中），第119—131页]，然其关注重点在刺宋案，关于洪述祖的早期经历，仅以数千字讲述数事而已，洪述祖的绝大部分经历在该文中并未提及。
② 薛绍元：《洪节母张太宜人传》，洪熙辑《洪节母征诗启》，光绪年间铅印本。
③ 吕培等编《洪北江先生年谱》（北京图书馆藏珍本年谱丛刊第116册），北京图书馆出版社，1999，第376—436页；李兆洛：《洪饴孙墓志铭》，《养一斋集》卷一〇；戴伯元：《洪深家世考》，《常州文史资料》第15辑，政协常州市文史资料委员会，1998，第87页。
④ 洪熙：《皇清诰封宜人旌表节义洪母张太宜人行略》，洪熙辑《洪节母征诗启》。

机声相应和，恒至漏数下不止。邻里悯太宜人劳苦，劝以不孝学贾，可得饱食，且速成。太宜人婉谢之曰："此子大宗一线也，忍令其坠先绪乎？且抚孤吾分内事，何敢以为苦。儿学不成，乃吾苦耳。"遂详述《机声镫影图》事。《机声镫影图》者，先高王父编修君（即洪亮吉——引者）为母蒋太宜人作也。编修君学行为海内宗仰，故太宜人每以为勖。闻者咸感叹去，至有泣下者。继而江南北悉平，宦游戚串稍与故乡通耗，不孝姑母刘随宦于皖，迎太宜人挈不孝往。姑死返常州，依先季父君沐先生于北岸里，不孝由是得从季父传习经义，太宜人所至操作如故。①

洪述祖口中所谓"季父君沐先生"，是指其叔父洪彦哲。关于洪述祖由安徽姑母家返回常州后的读书情况，他后来在《如水斋读书志闻》自叙中是这样记述的：

> 同治己巳，述祖年十一，自皖之贵池还里，依季父君沐先生居北岸汤氏宅，从薛孝廉佳先生授读《毛诗》，日以陆德明《释文》写注于下，《尚书》则以王西庄《后案》讲解。夜归，季父又自授《段氏说文》数十字。童稚无知，新［苦］其繁重，不甚解也。季父每过塾中，纵论经史，薛师辄有问难，娓娓至数小时不休。述祖课毕旁听，虽不知其所以然，而耳习能详，颇多记忆。少长，为制艺词赋所溺，未暇及此。迨弱冠补弟子员，得昆山顾氏《日知录》、高邮王氏《经义述闻》二书，日夜读之，证以童塾旧闻，时有触悟。恨季父久殁，无从就正。又馆食无定，不能时从薛师质疑，或于岁暮相过，偶一商榷而已。是编经义各条，追忆季父、薛师旧说为多，间有己获，不更标异，名曰《读

---

① 洪熙：《皇清诰封宜人旌表节义洪母张太宜人行略》，洪熙辑《洪节母征诗启》。

书志闻》，写藏箧中，久未编校。①

　　由洪述祖自叙可知，其少年至青年时期，走的也是当时一般读书人的路子，参加科举考试，但并不顺利。虚龄 20 岁中秀才后，到光绪十二年（1886）为止，"四试乡闱"均不售，于是囊笔外出，以游幕为生。其人头顶名人之后的光环，"富于权谋，长于公牍文字，又擅长交际"，② 曾先后佐理江西学政陈宝琛、江西巡抚潘霨、钦差大臣督办福建军务左宗棠及台湾巡抚刘铭传幕府。③ 其中在刘铭传幕府最久。光绪十四年（1888），台湾商务局在英国订造的"驾时""斯美"两艘快船行将造竣，刘铭传命洪述祖带领约百人，乘法国公司轮船前往英国纽卡斯尔验收。④ 事后刘铭传发现洪述祖有借机侵吞公款情节，遂上奏揭参，将其革职，并下淡水县监狱。⑤

　　光绪十九年（1893），洪述祖被系狱 5 年后重获自由。次年，他北上天津，投靠同乡津海关道盛宣怀。时值中日战事将发，洪述祖两次被盛宣怀派赴朝鲜，办理电报事务。就是在朝鲜，洪述祖结识了时任总理交涉通商事务委员袁世凯。⑥ 平壤之役，清军大败，一路退过鸭绿江，朝鲜尽失，主帅叶志超及盛军统领卫汝贵皆被朝廷严惩。洪亲历平壤之役，又先后为卫汝贵、叶志超幕客，战后遂有传言，谓日

---

　　① 洪熙：《如水斋读书志闻》，宣统元年阳湖洪氏排印本，"叙"，第 1 页。

　　② 薛大可：《苍松阁笔记·刺杀宋教仁之内幕》，《和平日报》1948 年 6 月 27 日，第 5 页。

　　③ 洪熙：《皇清诰封宜人旌表节义洪母张太宜人行略》，洪熙辑《洪节母征诗启》。

　　④ 《出洋驾船》，《申报》1888 年 3 月 14 日，第 1 页；《快船述闻》，《申报》1888 年 5 月 13 日，第 2 页。

　　⑤ 《刘铭传奏为押船委员洪熙购料收回用请旨革职事》，洪安宝总编《清宫台湾巡抚史料》（下），台北："故宫博物院"，2006，第 237 页；《台湾巡抚邵友濂奏为查明已革候选知县洪熙实系家产尽绝主龠免侵挪公项事》（光绪十八年），中国第一历史档案馆藏，朱批奏折，04 - 01 - 36 - 0077 - 037。

　　⑥ 《电报》［光绪二十年六月初十日（1894 年 7 月 12 日）去电］，陈旭麓、顾廷龙、汪熙主编《甲午中日战争》下册（盛宣怀档案资料选辑之三），上海人民出版社，1982，第 515 页；驻守高等检察厅司法警察巡官报告审理情形》（1918 年 11 月 8 日），北京市档案馆藏，北平市警察局全宗，J181 - 017 - 01771。

本出兵朝鲜系洪述祖与袁世凯劝叶志超进驻平壤所招致，又谓平壤之失系洪竖白旗投降所致，卫汝贵一路败退亦系洪为主谋。种种不齿之事，皆加诸洪身，初时尚为口耳相传，官私书籍皆未见记述，渐渐的，洪述祖的所谓"丑史"，成了小说家的创作素材，苏同《无耻奴》中的主人公"江念祖"，就是以洪述祖为原型塑造的。迨民初刺宋案发生，报纸、笔记又纷纷揭载洪述祖的所谓"丑史"，然大多为不经之谈，与史实相去甚远。① 不过，这些流言还是给洪述祖以后的生活带来了不小的影响。刘厚生《张謇传记》曾写道："中日战争时，盛宣怀派述祖为前敌行营电报局长，因得卫汝贵之信任。汝贵失律正法后，述祖颇受恶名，非其罪也；但述祖因此极不得意。"②

战后洪述祖回到了江苏，一度在镇江以行医养家糊口，后又往上海谋生。或许是希望不受外间流传的各种谤言困扰，他渐渐不再使用洪熙这个名字，而改用洪述祖之名。其时，维新思潮兴起，洪述祖与维新派人士多有往来。他曾与陈衍、陈季同等创刊《求是报》，译述格致实学以及法律规则之书，任总理；③ 与陈季同、林崣等创办大中公司，谋划招股筹建苏沪铁路；④ 支持汪康年、梁启超等发起不缠足会，担任董事；⑤ 主张戒烟，积极参与戒烟公会活动；⑥ 还针对以往武备弊病，提出建立"新兵营"的改革主张。⑦

---

① 参阅拙文《洪述祖甲午"丑史"辩诬》，《史林》2015 年第 5 期。

② 刘厚生：《张謇传记》，上海书店出版社，1985 年影印版，第 228 页。

③ 陈声暨、王真编《石遗先生年谱》，沈云龙主编《近代中国史料丛刊》第 28 辑，台北：文海出版社，1968，第 97—98 页。

④ 《致王夔帅函》（三月十六日发）、《上香帅书》（三月廿一日），北京大学历史系近代史教研室整理《盛宣怀未刊信稿》，中华书局，1960，第 2—3、5 页。

⑤ 《不缠足会董事姓氏》，《时务报》第 35 册，光绪二十三年七月十一日，中华书局，1991 年影印版，第 2410 页；上海图书馆编《汪康年师友书札》（二），上海古籍出版社，1986，第 1283 页。

⑥ 阳湖洪述祖：《戒烟公会章程后叙》，《求是报》第 4 册，光绪二十三年十月初五日。

⑦ 洪述祖：《拟练新兵营章程》《拟练新兵营章程（续）》，《求是报》第 10 册，光绪二十三年十二月初五日；第 11 册，光绪二十四年正月二十五日。

戊戌以后，洪述祖一度为南洋正律法官、三品顶戴英国头等律师担文延办文案，"时时假讼事婪索金钱，高下从心，沪上人人侧目"。① 旋又为苏松太兵备道兼江海关监督余联沅延入幕府，"会办海防营务事宜"，② 颇得余之信任，人有"小道"之称。③ 其间他曾参与筹划"东南互保"相关事宜。④ 及余联沅署理浙江巡抚，洪述祖仍佐其幕，权力极大，傅增湘说他"把持浙政，声势赫奕，有'二巡抚'之称"。⑤ 其间他曾协助余联沅与法国驻上海总领事白藻泰及该国浙省总主教赵保禄等交涉，将浙江全省新旧天主教案及耶稣教案一律议结。⑥

光绪二十八年（1902）秋，上谕准许洪述祖开复原官，以候选知县分发湖北。⑦ 他在湖北两年多，曾担任汉口清丈局坐办、汉口厘局交涉文案兼办鄂中洋务交涉、汉阳府夏口厅发审委员等，特别是曾任汉口警察第二局总办，经历了汉口警察从无到有的创办过程。⑧ 光绪三十年（1904），他还曾受鄂抚端方之命，与都司黎元洪等带勇乘轮赴湘，将在湖南抓获的著名会党首领曾幗漳提解至鄂正法。洪述

---

① 《金陵官报》，《申报》1899 年 4 月 1 日，第 9 页；徐血儿等编《宋教仁血案》，第 67 页。

② 《委办营务》，《申报》1900 年 7 月 6 日，第 3 页。

③ 《宋案裁判之提交·洪贼之旧史》，《民主报》1913 年 4 月 18 日，第 6 页。

④ 沈曾植：《海日楼家书》（第七十九函），上海图书馆历史文献研究所编《历史文献》（六），上海古籍出版社，2004，第 231 页；余正起：《回忆先祖余公联沅》，《孝感市文史资料》第 3 辑，政协孝感市文史资料编委会，1986，第 97 页。

⑤ 傅增湘：《记洪述祖遗事》，中国社会科学院近代史研究所近代史资料编辑部编《近代史资料》总 80 号，中国社会科学出版社，1992，第 114 页。

⑥ 《署理浙江巡抚余联沅奏报议结浙江新旧教案情形摺》（光绪二十七年正月二十八日），中国第一历史档案馆、福建师范大学历史系编《清末教案》（三），中华书局，1998，第 12—13 页。

⑦ 《谕旨恭录》，《申报》1902 年 10 月 8 日，第 1 页；《分发人员验看名单》，《申报》1902 年 10 月 9 日，第 3 页。

⑧ 《欢迎国会团与洪述祖》，《大中华民国日报》1913 年 3 月 29 日，第 2 页；《鄂省官场纪事》，《申报》1903 年 11 月 3 日，第 2 页；《鄂省官场纪事》，《申报》1904 年 6 月 20 日，第 2 页；《汉口冯丞来电》（甲辰三月廿一日来），虞和平主编《近代史所藏清代名人稿本抄本·张之洞档九十七》，大象出版社，2013 年影印本，第 415 页；《委员清道》，《申报》1903 年 11 月 24 日，第 2 页；《汉阳官事》，《申报》1905 年 4 月 27 日，第 18 页。

祖与黎元洪相识，应当就在此时。事后两江总督魏光焘和已调署江苏巡抚的端方奏保洪述祖免补本班，以同知仍留原省补用，奉旨依议。① 光绪三十一年（1905）正月武昌盐法道继昌调任江汉关道后，整顿警务，因洪述祖"兼差重叠，气焰甚张"，"将洪所办各要差一律撤委，并拟详参，经人缓颊始止"。② 洪述祖见不能立足，遂于4月自汉口警察第二局总办职任告退，结束了其在湖北两年多的工作。③

辞去汉口警察第二局总办职务后，洪述祖凭借私人关系又重返上海。其时，正值安徽绅商筹筑全省铁路，该省京官呈文商部请奏明朝廷派李经方为总办，奉旨依议。④ 李经方遂在沪设立安徽全省铁路驻沪通信接待所，自九月初一日（9月29日）起办公。⑤ 洪述祖受命担任驻沪坐办，于是年底协助李经方谋划创立苏、浙、闽、赣、皖五省铁路总会，但因信用不孚，各方态度消极，未有结果。⑥

除协助李经方办理安徽铁路事宜外，据陈去病记述，洪述祖还帮助李经方在沪经理房地产事务。刺宋案发生后，陈曾撰《洪述祖丑史补遗》一篇记述其事，并及洪当时在沪生活情况：

> 洪荫之者，安徽省徽州府歙县西乡之西坑人也……至丁未来上海，因以安徽同乡名义，结识李伯行经方。时李方经营沪宁车

---

① 《江督魏制军苏抚端中丞会奏拿获枭会首要择尤酌保摺》，《申报》1904年9月9日，第2页；秦国经主编《清代官员履历档案全编》（八），华东师范大学出版社，1997年影印本，第1页。

② 《洪述祖运动未成》，《申报》1905年9月20日，第3页。

③ 《汉阳官事》，《申报》1905年4月27日，第18页。

④ 《商部奏安徽绅士筹办全省铁路并请派员总办应准先予立案摺》，《申报》1905年8月18日，第9—10页。

⑤ 《安徽全省铁路驻沪通信接待所》，《申报》1905年8月24日，第5页。

⑥ 《苏省商学界对于李京卿创议五省铁路总会之意见》，《申报》1905年12月8日，第3页。

站东首之爱而近路一带房屋，乃即嘱洪为之监督，并经理放租事宜。于是洪遽择其善者为己住宅，而以旁舍出租。时余方偕同志组织国学保存会，设藏书楼以供人士披览，其屋即从洪租得也。洪既与余等为邻，又见琳琅满室，车马骈阗，便思托人介绍，欲以书籍相寄。奈为同人所拒，洪竟无如之何。每当夕阳西下，仅与其私人徘徊于藏书楼之门外，约略有所刺探，作一二不满之语而已。然其人虽被摈，其家仅与余等隔一垣，故诸凡琐屑事辄有所闻，今亦不暇详纪。惟有一事，足见其人之凶暴者，则虐待家中奴婢是。时其家约有奴婢多名，年约二十许，暇时则露台作娇态，调笑谑浪，又无所不至。杂唱男女相悦之词，至为淫俚俗鄙，不堪入耳，几不识人间有廉耻事者。然一经呼唤，辄翩然而入。入来片时，即又闻呼叱声、枰击声、鞭挞声与哀号声，纷然迭起。久之，余或登楼检书，则往往闻啜泣声，唏嘘犹未已也。①

光绪三十三年（1907）夏，李经方出任驻英公使，所定随员名单中本有洪述祖，"嗣以不孚舆论，遂行撤去"。②先是在光绪三十一年或三十二年，洪述祖便已在奉天捐得道员双月选用，接着又捐三班分指直隶试用，于光绪三十三年九月二十八日（1907年11月3日）验看，十月初五日（11月10日）由吏部带赴内阁，经钦派王大臣验放，奉旨照例发往直隶，于十月二十三日（11月28日）到省。③直隶总督杨士骧先后札委他担任全省水利总局会办、洋务局会办、印花

---

① 郭长海、郭君兮编《陈去病诗文集（补编）》，社会科学文献出版社，2009，第1320—1321页。

② 《李钦使随员名单》，《申报》1907年6月28日，第10页。

③ 秦国经主编《清代官员履历档案全编》（八），第1页。

税局会办、度量权衡局会办等多个差使。① 一年试用期满甄别，杨士骧给他的考语是"精明干练，颇知大体，堪列优等"，奏请留省补用。② 宣统元年（1909）杨士骧病死任上。是年冬，护理直督崔永安任命洪述祖为中德合资井陉矿务局总办。③ 洪到任后，曾代表井陉矿务局就京汉铁路运煤减价事与邮传部交涉，态度强硬，引起邮传部强烈不满。④ 又与法国东方汇理银行于宣统二年五月签署抵押借款合同，准借库平海关白宝银 75 万两，以发行三批债票为担保，每批 25 万两。"为使债票更有担保起见，矿务局将该局井陉县或其他地方现有或日后取得之各种动产与不动产抵押给银行及其继承人或转受人。"⑤ 此举在当时曾引起舆论质疑。宣统二年十一月初二日（1910 年 12 月 3 日），洪述祖被直督陈夔龙以"声名平常，罔知自爱，心粗胆大，办事荒谬"为由，奏请革职。⑥ 而据报纸披露，洪被革职的真正原因是他在办矿过程中有牟利行为，"私与德人（实为法人——引者）订立合同，借款七十五万两，但顾回扣之小利，竟忘将来之大害"。⑦

革职后的洪述祖居留天津，与曾经长期担任袁世凯幕僚的傅增湘交往密切。傅增湘也曾提到洪述祖"以管井陉矿局，擅贷外债，

---

① 秦国经主编《清代官员履历档案全编》（八），第 1 页；《札委会办》，《大公报》1907 年 11 月 28 日，第 4 页；《纪印花税局开办》，《大公报》1908 年 4 月 3 日，第 4 页；《直隶局所学堂职员一览表》，《大公报》1909 年 1 月 10 日，第 2 张第 4 页；《直隶局所学堂职员一览表》，《大公报》1909 年 1 月 14 日，第 2 张第 4 页；《札委差事》，《大公报》1909 年 2 月 17 日，第 4 页。

② 《直隶总督杨士骧奏为试用道洪述祖期满甄别事》（宣统元年四月二十八日），中国第一历史档案馆藏，朱批奏折，04-01-12-0675-080。

③ 《护直督之人材》，《中国报》1909 年 12 月 18 日，第 3 页。

④ 《外务部收邮传部咨（井陉煤矿运费减价事请饬该总办洪述祖持平商议）》（宣统二年五月二十九日），中研院近代史研究所编《矿务档》，台北：中研院近代史研究所，1960 年影印本，第 670—673 页。

⑤ 王铁崖编《中外旧约章汇编》（二），三联书店，1959，第 601 页。

⑥ 《直隶总督陈夔龙奏为考查候补道洪述祖等声名平常各员事》（宣统二年十一月初二日），中国第一历史档案馆藏，录副奏折，03-7447-009。

⑦ 《直隶四大矿交涉记》，马鸿谟编《民呼、民吁、民立报选辑（1909.5—1910.12）》，河南人民出版社，1982，第 580 页。

为陈督部筱石（夒龙）所劾罢"，并说他曾去安慰洪述祖，不料洪述祖一点也不沮丧，反而说："吾自推命运，今岁当得奇祸，兹以官事褫职，殊可喜也。"[①] 傅增湘还详细描述了洪述祖在天津的奢华生活，谓：

> 光宣之交，（述祖）以道员待补于津门，与余相谂，颇至倾挹，文宴过从，月必数集，狂言怪论，恒惊座人。性嗜奢华，精治肴馔，厨夫月给，等于幕宾。尝谓：生我者父母，养我者厨子，虽置之五伦之一可也。治第于河北车驿之右，与颜韵伯（清末天津画家——引者）望衡而居。高楼华厦，陈设精丽，曾导余周览内外，庖湢皆列，咸有思致。家有四妾，惧其逸也，设为重门，出则严扃，携钥而去，令其竹戏（打麻将）以遣日。楼巅有平台，而高其垣及肩，谓以便家人凭眺，而御者不得窥其姝丽，以内楼正对车室也。此皆其亲以语余者。然亦多雅嗜，书画文籍，鉴别殊精。今箧中所藏钞本《楚梼杌》《忠烈事实》二书，犹君所持赠，云居闽中时得之傅节子家，知余好明季野史，谓此君家物，可传刻之。[②]

照傅增湘所描述的情形来看，洪述祖在井陉矿务局总办任上想必捞了不少钱。朱德裳尝谓："友人顾巨六曾与之（指洪述祖——引者）同乘兵轮至津门，目睹其舟中一切侈靡，非贵公子无此气概。"[③] 又有报道说，洪述祖在天津宿纬路所建楼房有大小60余间，"地价值洋二万八千之谱"。[④]

---

① 傅增湘：《记洪述祖遗事》，《近代史资料》总80号，第115页。
② 傅增湘：《记洪述祖遗事》，《近代史资料》总80号，第114—115页。
③ 朱德裳：《三十年闻见录》，岳麓书社，1985，第43页。
④ 《保管洪述祖天津房屋》，《新闻报》1917年6月15日，第3张第1页。

另外，宣统元年袁世凯的心腹、民政部右侍郎赵秉钧退职后，也居住天津。有报道说，赵"与洪曾有翰墨缘"。①

辛亥武昌起义爆发不久，清廷起用袁世凯为内阁总理，袁以赵秉钧为民政部首领，赵又任洪为秘书，参与机要。②洪曾率先草拟所谓清帝"退位诏稿"，并为袁谋划南北议和之事。不久洪南下上海，时唐绍仪为北方议和代表，"洪以旧识，日造唐之门献策，唐颇采纳"。③洪因此常以"革命元勋"自居。1912年3月底，唐绍仪出任国务总理，以赵秉钧任内务总长。不久，赵又因唐之推荐，任洪为内务部秘书。④但洪并不安于本职，且因揽权舞弊，与内务部同僚矛盾重重。数月后，应洪之请求，赵秉钧派其调查东南水上警察事宜，洪离京赴沪，从而与共进会会长应夔丞建立了联系，宋案即缘此而生，详情请阅本书以下各章节。

2. 应夔丞之历史

应夔丞（1865—1914），又作应夔臣，原名义衡，又名秉钧，字桂馨，浙江宁波府鄞县籍。父应忠才，又名应文森或应文生，本是一名石匠（一说是木匠），后因在上海贩卖地皮发家。⑤岳父薛培榕，字梅溪，浙江平湖人。光绪八年（1882）曾随吴长庆赴朝鲜平定"壬午兵变"，后为江苏候补知县。十一年，两广总督张之洞"奏派创设广东枪弹厂及钱局工程"。⑥十五年，张之洞任湖广总督，又奏调薛培

---

① 《北京电报》，《民立报》1913年3月29日，第6页。
② 《国务总理内务总长赵秉钧拟将内务部秘书洪述祖等均进叙四等请鉴核施行文》（1912年12月14日），《政府公报》第275号，1913年2月10日，第168页。
③ 《刺宋案之近闻·再志洪述祖之略历》，《亚细亚日报》1913年4月2日，第2页。
④ 《赵总理之谈话》，《新纪元报》1913年4月30日，第3页。
⑤ 《应桂馨历史考证》，徐血儿等编《宋教仁血案》，第59页。
⑥ 《调蔡锡勇等赴鄂差委片》（光绪十五年十月二十二日），苑书义等主编《张之洞全集》（一），河北人民出版社，1998，第752页。

榕等赴鄂差委，奉旨允准，旋为两广总督李瀚章奏留。①

　　应夔丞自幼肄业上海梅溪书院，光绪十三年（1887）出院后，随从工程专家英国人金斯美学习工程绘图。十五年，他随岳父薛培榕到湖北，办理汉阳炼钢厂工程，"钱"和"枪"成为他早年接触到的两样最重要的东西。在汉阳，应夔丞因与美国工程师在建筑钢铁熔炉问题上意见冲突，奉张之洞之命调回武昌监修两湖书院。旋又因上呈不合程式被斥，赴江西佐南昌知府曹朗川幕，发奋学习刑名之学。十七年报捐县丞，指省到赣，巡抚德馨委充巡捕差。同年又改指安徽，巡抚沈秉钧委充支应局兼报销差。十八年兼带福安官轮监澄轮船。十九年调芜湖，管带皖南缉捕营。二十年春辞职赴沪，劝办赈捐。以上为甲午之前应夔丞的履历，除以县丞改指安徽及辞职赴沪两条见于《申报》报道外，② 其他经历均未见公开史料记载，惟在1912年秋应夔丞向袁世凯报告其革命功绩时所呈履历底稿中曾记之。③

　　光绪二十年（1894）以后的应夔丞，经历相当复杂，呈现两副截然不同的面孔。在官绅及一般社会上人乃至洋人眼中，应夔丞劣迹斑斑，臭名昭著，是上海及江浙一带无人不知、无人不晓的地痞流氓。他"性挥霍，好结纳"，曾开设祥园烟馆及桂仙戏园，与社会上各色人等均有交往，特别是"浙江及太湖亡命之徒多乐就之，盖应不吝接济若辈也"。④ 由于社会关系错综复杂，不断有矛盾冲突事件发生。从光绪二十四年起，仅《申报》具体报道过的应夔丞被控案件，就有十

---

　　① 《保荐人才摺》（光绪二十一年十二月二十九日），苑书义等主编《张之洞全集》（二），第1120页。

　　② 《皖垣官报》，《申报》1893年7月3日，第9页；《安徽官报》，《申报》1894年4月10日，第9页。

　　③ 《应夔丞就身史及革命时经历上大总统呈文底稿二》（1912年），北京市档案馆藏，国民共进会全宗，J222-001-00006。

　　④ 《应桂馨之历史》，徐血儿等编《宋教仁血案》，第58页。

余起。① 特别是光绪三十一年秋应桂馨被控与朱海郎、王妙红二人诬告钱毛毛敲诈一案，因朱、王等查系巨匪范高头党羽，牵连出应夔丞私通范高头一案。经过半年多二十余次讯问，英美租界公廨判定将应夔丞逐出租界。② 应夔丞被逐后，遁至苏州，捐一候补知县。适逢袁世凯之弟袁干卿以道员分发到苏，巡抚陈夔龙"委长督练公所，气焰之盛，陈为慑服"。袁先是委任应夔丞为督练公所科长，紧接着因当时江苏有办印花税之议，又"建议先立印刷局，力荐应桂馨为提调……官绅无不哗然"。③ 苏绅汪钟霖为此上书陈夔龙，指出应夔丞"专与流氓为伍"，"劣迹昭著，无人不知"，反对任用其为官印刷局坐办，谓：

> 官印刷所者，实拥财政、民政最高之权位，而又与图书、教育相关，将来于地方行政极有影响。今应以开戏馆、通枭匪之人，用为督练公所科长，已可为军事界一哭；乃又派为官印刷所坐办委员，贤者羞与同列姑不必论，即如此项重要政权，一旦潜移默操于其手，此辈岂知自爱，流毒何所不至，言之尤切杞忧。况人方驱逐，我独重用，则外人之视我江苏何如？视我江苏官场

① 《枝节何多》，《申报》1898年12月9日，第9页；《伶人控案》，《申报》1900年6月2日，第3页；《英美租界公堂琐案》，《申报》1900年7月28日，第9页；《法租界公堂琐案》，《申报》1900年8月1日，第9页；《戏园控案》，《申报》1900年8月13日，第3页；《英美租界公堂琐案》，《申报》1900年8月14日，第9页；《英美租界公堂琐案》，《申报》1900年8月25日，第3页；《海淫判罚》，《申报》1900年10月4日，第3页；《英美租界公堂会讯案》，《申报》1900年12月22日，第3页；《会讯诬控拆梢案》，《申报》1905年11月11日，第17页；《不准交保》，《申报》1905年11月14日，第9页；《英美公廨早堂案》，《申报》1906年4月5日，第18页；《搜查私藏军火》，《申报》1906年6月15日，第17页；《宁波府教育会呈道府禀（为崇义学堂事）》，《申报》1908年9月17日，第11页；《应桂馨又被控告》，《申报》1910年4月23日，第19页。
② 《不准交保》，《申报》1905年11月14日，第9页；《通匪案将次定拟》，《申报》1906年7月14日，第18页。
③ 《袁干卿与应桂馨之朋比》，《大中华民国日报》1913年4月18日，第2页。

又何如？且于大公祖知人之明其谓之何？①

　　汪钟霖希望陈夔龙"俯采舆论，另派贤员，妥筹办法，以肃观听"。② 彭福孙、潘祖年、袁希涛、王同愈等 22 人也上书陈夔龙，反对任用应夔丞，要求将应"押解上海，归案讯办"。③ 同时又有人以"江苏一份子"名义，在《申报》刊登公启，揭露应夔丞之种种罪案。④ 迫于压力，陈夔龙只好将应夔丞印刷局坐办一职撤去，令长洲知县苏静庵提究应夔丞，并移文上海县及英租界调取应夔丞案卷，以凭核办。⑤ 应被撤差后，"自知罪重，因即连夜逃遁"。⑥ 两江总督端方"电请苏抚赶饬缉拿"，陈夔龙遂"加饬府县并通行各属一体协拿"，并饬按察使朱家宝"转饬保委（应桂馨）之袁某限期交案"。⑦ 上海道也咨请江汉关道一体缉拿，并由江汉关道桑铁珊照会各国驻汉领事，在租界内协缉。⑧ 应逃走后，匿迹浙江鄞县密岩地方，与其父办理崇义学堂，又因"横行乡里，强占民间田产"，被该县教育分会告至省城教育总会。浙江提学使下令停办该校，应夔丞使人登报，称鄞县劝学所总董张传保受贿 400 元。宁波府教育会为此向道府控告应夔丞污蔑总董，请提应夔丞到案，"澈查受贿有无实据，否则治以应得之罪，俾匪类无横行之患，学董洗不洁之名"。⑨ 宣统元年秋，应夔丞至河南，仍以知县候补，但不久又被巡抚吴重熹以"人不安分，声

---

① 《苏绅上苏抚禀》，《申报》1906 年 12 月 1 日，第 9 页。
② 《苏绅上苏抚禀》，《申报》1906 年 12 月 1 日，第 9 页。
③ 《苏绅上陈中丞公函（为应桂馨事）》，《申报》1906 年 12 月 6 日，第 4 页。
④ 江苏一份子：《来函》，《申报》1906 年 12 月 11 日，第 9 页。
⑤ 《饬提应桂馨案卷》（苏州），《申报》1906 年 12 月 7 日，第 4 页。
⑥ 《四志查办应桂馨》（苏州），《申报》1906 年 12 月 8 日，第 4 页。
⑦ 《江督电饬严缉应桂馨》（苏州），《申报》1906 年 12 月 20 日，第 4 页。
⑧ 《照会协缉巨匪》（汉口），《申报》1907 年 7 月 1 日，第 12 页。
⑨ 《鄞县学界之恶现象》（浙江），《申报》1908 年 8 月 11 日，第 11 页；《宁波府教育会呈道府禀（为崇义学堂事）》，《申报》1908 年 9 月 17 日，第 26—27 页。

名恶劣"为由，奏请"即行革职"。①

然而，在上述斑斑劣迹的后面，应夔丞还有一副面孔——反清革命志士。按照应夔丞自述，从光绪二十年起，他就投身革命了。当时他任皖南缉捕营管带，缉获了到长江流域运动革命的龚照，"允为同志"，将其释放，并听从龚照劝说，弃官同赴香港，"领放孙逸仙先生所立洪门与中山同心堂票布，周历日本。廿三年回至上海，变卖家产，约同日本人邓十一郎等，前赴浙洋南田岛制造炸弹，未成，即在该岛筹备接囤军械，一面在上海设置文汇地产公司，藉筹经费，接济汉口唐在［才］常。事败，册籍被收，改名应秉钧"。② 后因在上海"运大批军火接济党人"，为工部局指控，被驱逐出租界。于是，应回到宁波，"以十万建崇义学堂于鄞"，借学堂掩护革命党人。"广州之役，与陈其美济械济师，败后逃匿沪寓者数十人。"自河南罢官后，又回上海，"因决发难长江，资张振武饷械。会鄂乞款，急无以应，又以沪屋值七万者拍卖万三千金济之"。③

辛亥上海光复，"凡保内地，克制局，守武库，据县署，抚狱囚，设临时司令部，皆密与各党协筹"。迨沪军都督府成立，应任谍报科科长，"以沪为中外枢纽，凡交涉、捕获、检查皆力任之"。④ 孙中山回国抵沪，"所有上海一切房租、供应万余金，皆夔一人独任"。1912年1月1日，护送孙中山由上海到南京就任临时大总统，遂留任总统府卫队长，不久又兼庶务长，时临时政府"仅分秘书、庶务两处，诸部未设，故除文电外，余皆（夔丞）之庶务处主之……旋兼内藏库，

① 《宣统政纪》卷二十九，宣统二年春正月戊申，中华书局，1987，第525页；《上谕》，《申报》1910年2月14日，第3页。
② 《应夔丞就身史及革命时经历上大总统呈文底稿二》（1912年），北京市档案馆藏，国民共进会全宗，J222-001-00006。
③ 《应夔丞就身史及革命时经历上大总统呈文底稿一》（1912年），北京市档案馆藏，国民共进会全宗，J222-001-00022。
④ 《应夔丞就身史及革命时经历上大总统呈文底稿一》（1912年），北京市档案馆藏，国民共进会全宗，J222-001-00022。

时无财政部，库权颇重，奈空如洗，勉获支持"。①

以上均为应夔丞在革命之后为"叙勋"而向中央呈送之自述革命经历中所述。此外，应夔丞还在给副总统黎元洪的一道呈文中陈述其功绩道：

> □□从事革命十有余年，自闻武昌建义首，与陈英士等利用各党，并立合谋先安内地，然后光复上海要地，故促孙中山先生归国。各国在沪领事均未承认我为战事团体，□□力谋于法，得以承认在先。即设行馆，合各党合组南京政府，惨淡经营，得有今日。追原厥故，实得力于各党草昧英杰效事之忠，即前清之视为帮匪者，均得群驱效用，以服指挥。②（□□代夔丞二字）

不难看出，应夔丞自视劳苦功高，直以革命领袖自居，所言不免有不实或夸大之处。一度与应夔丞关系密切的陈其美也曾提到应夔丞赞助及参与革命之事，但要客观得多。他说：

> 余在沪组织革命机关，如有机密事件，借彼（指应文生、应夔丞父子——引者）房屋住宿。昔于右任君鼓吹革命，为英租界逐出时，亦曾借居其屋，与应文生相识。③ 武昌起义后，应即以

---

① 《应夔丞就身史及革命时经历上大总统呈文底稿二》（1912 年），北京市档案馆藏，国民共进会全宗，J222 - 001 - 00006。

② 《应夔丞请拨款辅助巡查署上黎副总统呈文》（1913 年 1 月 10 日），北京市档案馆藏，国民共进会全宗，J222 - 001 - 00022。

③ 按关于于右任与应氏父子的关系，程沧波后来根据于右任所述记道："于先生告我：某次他吃巡捕房官司，押在巡捕房看守所，与他同房的人，便是应桂馨的父亲。在牢房相处数月，这位老应先生，对于先生十分敬慕，出狱后变成朋友，于先生清末民初在沪所住大铁滨房子，便是老应先生借租的。于先生有时穷困，付不出房租，老应先生从不催收房租，大概所欠房租是可观的数字。老应桂馨因重视于先生，便把儿子桂馨引见于先生，请于先生照应，后来应桂馨先到沪军都督府，后由沪军都督府到南京临时总统府充卫队长，都是于先生的渊源。宋案发生后，真相渐明，于先生的悲哀怅憾是创巨痛深。"《续论"宋教仁与民初国会"》，林建刚编《程沧波文存》，华龄出版社，2011，第 167 页。

关于革命事来机关部报告，以致上海光复后，即以谍报科长相委。迨后孙中山先生未任总统之前，在申由沪都督府招待一切，即派谍报、庶务两科，每日前往照料。孙往南京，即在沪组织卫队，护送到任。初时以为到宁即返，后孙先生即以卫队司令相委，继庶务长缪姓事出，即任庶务事。应办菜每席开支银五元，后减至一元菜，菜与五元相等，遂知其弊，即斥革。①

应夔丞被总统府斥革，还有一说，系因他"吸烟败露，不容于总统府"。② 此后，他曾被派至下关任兵站站长，但不久又被撤差。1912年3月21日，应夔丞在《申报》刊登启事，历数其自辛亥鼎革以来的功劳，谓：

> 自志士昌言革命，即从诸君子后奔走国难有日。迨武汉倡义，沪滨继起，夔膺沪督府谍报科之职。正值南京战事吃紧，外交团亦未承认，凡侦探军情、缉搜军火，种种设施，有关身命，夔夙以冒险为天职，牺牲一身，本不自惜。嗣幸金陵光复，奉沪都督命，随护孙总统赴宁。时宁垣甫遭烽燹，兵匪不分，闾阎骚扰，不得不于镇静之中出以强毅，论者不察，辄有微词，（夔）以大局为重，毁誉所不敢计。及总统府成立，以夔领警卫军并庶务长，兼管内藏库，以半月之时间，成立五科十二股，暨外交、财政、法制院各部，规画仔置，颇费经营。任事匝月，适大本营有兵站局之设，总局长不以夔为不才，使承乏兵站。受事未几，即因津浦路线节节阻滞，大为行军之累，爰直达徐州，设法通车，进至利国。交通既便，南北一家。讵料北来军队以护路为

---

① 《宋先生在天之灵·应桂馨之历史（二）》，《民立报》1913年3月29日，第11页。
② 东方福尔摩斯：《宋案之研究（其二）》，《神州日报》1913年3月28日，第1页。

名，自济南扎至固镇，南北兵队同在一处，未免猜疑，当商徐菊人督办，蒙允撤退。其时，徐州山顶尚高悬外国旗帜，幸津浦工程师深明大义，藉以一言解决，立即撤除，并与北段张提督（即张勋——引者）约，指定利国以上之渭河为界，南北过军均须彼此知照，订明界碑，俾各遵守。事甫就绪，奉总监因事召回，不意舟车劳顿，忽抱采薪，事与愿违，殊乖委任，遂决计辞职，并请将下关兵站酌改名义，直辖总站，幸获仔肩尽卸，藉得养疴。至于局外闲评，在知事理、有经验者自能见及，悠悠之口，听之可也。谨白。①

启事未提其被斥退之事，而自称因病"辞职"，但言辞中又流露出对外间物议的不满。不久，南京临时政府北迁，应夔丞又回到上海，联络长江上下游青帮、红帮及公口党徒，于1912年6月中旬成立中华国民共进会总机关部，7月1日举行成立大会，②应夔丞自任会长，并呈请内务部及各省都督备案。呈文云：

> 窃维民国初基，首重改良社会。前清时代，有所谓秘密结社，其团体甚大、结合甚坚、昭昭在人耳目者，当以青红、公口为最……去岁武汉首义，各省景从，三党之人，尤多死力。顾自大功告成，即亦退处田间，不与他党争权利，侠义之风，于今为烈。惟是民国既定，素愿已偿，不再事秘密之行为，又实无解散

① 《应夔丞启事》，《申报》1912年3月21日，第4页。按"北来军队"当指张勋所部。南京临时政府建立后，因张勋盘踞徐州，临时政府决定派联军北伐，以徐宝山任江北第二军司令长，率军占领宿迁，与浙、粤两军会商方略，进攻徐州。袁世凯致电张勋，令其停战。北伐联军与张勋各派代表谈判，达成停战协议。张勋让出徐州，退至山东境内。见《专电》，《申报》1912年2月6日，第2页；《张勋联络联军之进行》，《申报》1912年2月13日，第3页；《专电》，《申报》1912年2月21日，第1页。
② 《中华国民共进会广告》，《申报》1912年6月17日，第4页；上海市档案馆编《辛亥革命与上海——上海公共租界工部局档案选译》，中西书局，2011，第232页。

之良法，是以一二志士注重国民生计、道德，集三党重要人物，发起是会，并拟联合曾抱同一宗旨之南北各社会，组织纯粹民党，实行取缔会员。各处支部成立后，不准私开香堂，另立码头，涮除其旧染之习惯，免致与民国法律相抵触，总期力图改良，维持国内和平，增进国民道德。经三党公决，规定草章，表明宗旨，名为中华国民共进会。现在总机关部业经成立，除就近呈请沪都督转咨内务部并呈各省都督立案外，各行检具草章及会证，呈请大都督察核，令行民政司通饬各县民政长一体备案施行。民国前途幸甚。①

按照共进会草章，其宗旨有八："一、灌输国家思想；一、维持地方秩序；一、改良社会习惯；一、增进国民道德；一、主张世界和平；一、筹备平民生计；一、振兴工商实业；一、提倡尚武精神。"职员包括会长一员，副会长三员，评议员无定额，文牍科、纠察科、宣讲科、庶务科各有干事六员，调查科、交际科各有干事九员，统计科有干事三员。② 共进会总机关部设于上海，很快便"依据浙江为发生地点，然后蔓延各省各地"。会员入会实行"开放主义"，特别注意吸收军队中人入会。除了在广东受到都督胡汉民反对外，在其他各省立案大多通过。③ 然而，共进会成立后，并没有按其宗旨行事。应夔丞"自以有功民国，骄恣跋扈，为害地方"，共进会党徒"所至骚扰，民不安枕"。④ 特别是在浙江，"自共进会发现后，不数月间，匪

---

① 《共进会呈请各省都督立案由》（1912年7月22日），北京市档案馆藏，国民共进会全宗，J222 - 001 - 00030。

② 《中华国民共进会草章》（1912年7月），北京市档案馆藏，国民共进会全宗，J222 - 001 - 00002。

③ 《共进会总机关部某致昆山某函》（1912年□月13日），北京市档案馆藏，国民共进会全宗，J222 - 001 - 00004。

④ 《宋教仁被害案十六志·京津人之宋案谈》，《新闻报》1913年4月7日，第3张第1版；本馆驻京记者禅那：《宋案悬谈》，《时事新报》1913年5月6日，第1张第1页。

类蔓延""无一处无该会会员之扰乱，更无一案不与该会有关系，小者恃强敲诈，愚弄乡民，大者开堂放票，聚赌敛钱，甚至明目张胆，确为叛乱，谣诼纷起，闾阎恐慌"，其"暴凶行为，如虎如狼，地方官等于虚设，警察局绝不顾问"。① 1912 年 9 月 24 日，顾斌与鄂军马队副官严正朝、连长陈起胜等起事，被黎元洪镇压，经查，主谋系何海鸣、王宪章、应夔丞等，指挥机关本部设在上海。② 其中，何海鸣因在《大江报》上鼓吹"无政府主义"，已经于 8 月 9 日遭到副总统黎元洪通缉。③ 应夔丞则于事发后潜逃，遭到黎元洪严电通缉。④

　　早在南京临时参议院北迁之时，"南北各省党会林立，意见分歧，殊难取缔"，就已成为袁世凯"最抱隐忧"的事情之一。⑤ 共进会成立后，立刻有人密报袁世凯："长江青红帮、哥（老）会、盐枭等新设共进会，闻已 30 万人，皆非善类，可否设法早防。"⑥ 迨武昌发生鄂军马队暴动，袁世凯很快于 9 月 29 日颁布了严禁秘密结社的通令，令云："查近日沿江海各地方，尚有巧立会社种种名目，一切组织均取秘密，既无宗旨，又无政纲，惟日以号召党徒为事……此等秘密之集会结社，若不事先预防，小之则流毒社会，大之且危及国家。应由各省都督、民政长，督饬军警，严行查访各该地方，如有秘密组织，意图聚众骚扰者，不问是何名称，均即按照刑律，命令解散。"⑦ 11

---

　　① 《余杭现曙光·解散匪会弭巨患》，《民权报》1912 年 12 月 10 日，第 7 页；《伤心苦水滨·共进会大不长进》，《民权报》1912 年 11 月 12 日，第 7 页。

　　② 《黎元洪镇压马队暴动致内务部咨文》（1912 年 10 月），朱宗震、杨光辉编《民初政争与二次革命》，第 163—165 页。

　　③ 《黎元洪通缉何海鸣电》（1912 年 8 月 9 日），朱宗震、杨光辉编《民初政争与二次革命》，第 109 页。

　　④ 《特约路透武昌电》（1912 年 10 月 5 日发），《神州日报》1912 年 10 月 6 日，第 2 页。

　　⑤ 《燕京客谈片片》，《神州日报》1912 年 4 月 13 日，第 3 页。

　　⑥ 钱基博整理编纂《复堂师友手札菁华》，人民文学出版社，2014，第 1308 页。

　　⑦ 《临时大总统令》（1912 年 9 月 29 日），《政府公报》第 153 号，1912 年 9 月 30 日，第 193 页。

月11日，袁世凯又颁发布告，再次督促各省都督、民政长严惩秘密结会之风，同时表示："凡以前秘密结会，如能知悔，自首解散者，均准不究既往；其有愿组织社会者，但能不背法律，不扰公安，自应在保护之列。"①

共进会成立两个月后，即1912年9月，江苏都督程德全以上海"军人之入于该会者甚众"，颇为担心，令上海民政长详细调查其情形，旋"通令沪防各军队，查禁军人，不得擅入共进会，如有已入者，应即脱除"。②10月底，程德全又发出训令，略谓："现闻上海、南京、江阴、丹阳等处有一班无业流氓，每亦假共进会名义，集会聚议，希图煽惑，且必以茶楼酒市为会场，非但有失社会体例，且亦迹近嚣张，仰即随时留意，如遇有此等社会情事，务宜妥为解散。"③12月中旬，程德全再次以共进会时有开设香堂、私立码头、散放票布等事，特发训令给混成旅李旅长，"通饬水陆各营，如果查有共进会所，应即勒令解散，禁止设立，以保公安"。④

在浙江，都督朱瑞迭接各地呈报共进会为非作歹，殊为震怒，于12月初呈报大总统，并通令各路水陆巡防统领、各独立营队、各要塞司令官、各县知事等，"自文到之日起，无论城乡镇市，凡有共进会，一律查禁解散"。⑤舆论对朱瑞此举大加赞赏，称其所为系"除暴安良"。⑥应夔丞却致函朱瑞，颇有不满，称"共进会组织之主旨，无非欲改良社会……不意反遭庸俗嫉视，致集众矢之的"，又称"取销之手续，不必威之以兵力，尊之以府令"，对于各处所发抢劫之案、

---

① 《元年十一月十一日临时大总统第一号布告》，北京市档案馆藏，国民共进会全宗，J222 - 001 - 00004。

② 《程督饬查共进会》，《民权报》1912年9月22日，第10页；《军人入党禁逾严》，《民权报》1912年10月5日，第10页。

③ 《假冒共进会》，《民权报》1912年10月28日，第9页。

④ 《共进会快快解散》，《民权报》1912年12月14日，第10页。

⑤ 《余杭现曙光·解散匪会弭巨患》，《民权报》1912年12月10日，第7页。

⑥ 《朱都督除暴安良》，《民权报》1912年12月23日，第9页。

骚扰之事，"但当问其匪不匪，不当论其会不会"。① 朱瑞毫不让步，复书质问道："足下组织共进会之初，其宗旨在改良三帮，用意未尝不善。但当就旧有三帮洗濯而淬厉之，俾得勉为良善，今乃推波助澜，遍设党会，驱无知之民与亡命之徒，入鲍鱼之肆，久而与之俱化。是莠者未进为良，而良者先化为莠，无惑乎匪势蔓延，荆棘遍地……试问所请改良旧习者何在？"②

面对中央和江浙地方当局要求解散共进会的压力，还有被国民党抛弃的困境，共进会内部要求会长应夔丞尽快提出对策。其总机关部全体职员呈文应夔丞云：

> 本会人数众多，聚易散难，即欲解散，必求一妥善之法，特恐会颇难取消，而三党仍难渐灭，解散后聚而为匪，转流毒于社会。当兹千钧一发，未识会长以何长策，挽此狂澜？事机危迫，请速示覆，以便遵办，而全大局。③

正当应夔丞陷入内外交困之时，洪述祖恰好因公南下，在洪述祖引介下，应夔丞投向袁世凯，洪、应二人由此建立起诡秘关系，从而生出一系列变端。需要特别指出的是，应夔丞最终倒向袁世凯，与1912 年 8 月新组建的国民党未能接纳共进会有直接的关系。尽管应夔丞等帮会人员在清末曾参与革命，并在上海光复及南京临时政府建立过程中做出过贡献，尽管作为国民党主要领导人之一的陈其美在共进会成立时曾予以支持，但在南北调和的大背景下，国民党最终还是因共进会未能改变旧式帮会做法，选择了与其分道扬镳，从而将应夔丞

---

① 《应夔丞上浙江都督朱瑞函底稿》（1912 年 12 月 1 日），北京市档案馆藏，国民共进会全宗，J222 - 001 - 00013。
② 《应夔丞快些回头》，《民权报》1912 年 12 月 10 日，第 9 页。
③ 《共进会机关部全体职员上会长应夔丞呈》（1912 年 10 月 21 日），北京市档案馆藏，国民共进会全宗，J222 - 001 - 00027。

推向袁世凯一方。从后来历史的发展来看，这实在是国民党的失策，是血的教训。

二　袁洪特殊关系由来

作为宋案中的两个关键人物，洪述祖与袁世凯是如何结识的，二人关系如何，是解开宋案谜团首先必须研究的问题，但这个问题并未见有人详细研究过。根据现有资料，洪述祖和袁世凯初次见面，是甲午战争爆发前在汉城。其时袁世凯担任清廷驻朝鲜总理交涉通商事宜委员，洪述祖则于是年五月二十七日（6月30日）被津海关道盛宣怀派赴朝鲜，协助电报局总办李毓森工作。他于六月初一日（7月3日）到达汉城后，很快被李毓森派往汉城以北至开城一线办理电线事务。六月十七日（7月19日），洪述祖完成任务后由仁川启程返回天津，合计在汉城及开城一线工作仅二十余日。[1] 其间，盛宣怀得知袁世凯健康欠佳，曾于六月初十日（7月12日）致电表示关切，并告诉袁世凯，"洪引之（即洪述祖，当时名洪熙——引者）医甚精，可备诊"。[2] 据此，在洪述祖短暂的汉城工作期间，他与袁世凯应当见过面。1918年11月洪述祖在京师高等审判厅作供时也说："唐绍仪作驻高丽帮办军务之时，我随唐绍仪办事，彼时袁世凯作驻高丽办事大臣，因此与袁世凯相识。"[3] 可证洪述祖的确早在甲午战争爆发前已经与袁世凯、唐绍仪相识。只不过唐绍仪当时为驻朝鲜总领事，而非"驻高丽帮办军务"；洪述祖系随汉城电报局总办李毓森办事，而非随唐绍仪办事。

---

① 参阅拙文《洪述祖甲午"丑史"辩诬》，《史林》2015年第5期。
② 《电报》[光绪二十年六月初十日（1894年7月12日）去电]，陈旭麓、顾廷龙、汪熙主编《甲午中日战争》下册，第515页。
③ 《驻守高等检察厅司法警察巡官报告审理情形》（1918年11月8日），北京市档案馆藏，北平市警察局全宗，J181-017-01771。

　　在洪述祖返回天津的同时，袁世凯也受命回国。不久，中日战争爆发，洪述祖被盛宣怀第二次派赴朝鲜工作。他于七月二十七日（8月 27 日）抵达平壤，除办理电报事务外，不久又被先前从汉城以南牙山败退至平壤的叶志超延入幕府。① 袁世凯则奉命到奉天办理后路转运事宜。八月十七日（9 月 16 日），平壤失守。九月初，袁世凯在奉天凤凰城碰到了身负枪伤、败退回来的洪述祖，二人再次相见。袁世凯当时曾致函盛宣怀请多关照洪述祖，称："该令才识极佳，殊切佩服，惜不能挽之以资佐……此次险极，务乞垂怜优惠，以劝勤事者。"② 可见袁世凯对洪述祖印象甚佳，而且非常欣赏其才干，不过盛宣怀并未施以援手。此后，二人命运迥殊，洪述祖长期以幕僚或候补官员混迹于上海、江苏、湖北等地，袁世凯则平步青云，官至直隶总督兼北洋大臣。光绪三十三年（1907）底，洪述祖以试用道至直隶候补，先后被总督杨士骧委任会办直隶全省水利总局、洋务局、印花税局、度量权衡局等事宜，后又任井陉矿务局总办。其时袁世凯已升任外务部尚书。三十四年（1908）底，袁世凯被清廷罢免，回到河南原籍。宣统二年（1910）底，洪述祖亦被直隶总督陈夔龙奏请革职。在此期间二人仍偶有联系。

　　迨至武昌起义爆发，清廷请袁世凯出山，洪、袁关系开始紧密起来。先是宣统三年（1911）秋，四川爆发保路运动，反对铁路干线国有政策，清廷不得不于九月初五日（10 月 26 日）将邮传部大臣盛宣怀罢免，代之以唐绍仪。③ 由于唐绍仪为"袁之私人"，清廷的这一举动被时人视为"政府欲以内阁总理畀袁，冀其与革党议和，商定满意之改革办法，以平乱事而保朝廷"，故唐绍仪"允否赴任，颇为人

---

　　① 《倭韩军务要电钞存》［光绪二十年八月初九（1894 年 9 月 8 日）来电］，陈旭麓、顾廷龙、汪熙主编《甲午中日战争》上册，第 136 页。
　　② 《致总理后路转运事宜盛宣怀函》［光绪二十年九月初五日（1894 年 10 月 3 日）］，骆宝善、刘路生主编《袁世凯全集》第 3 卷，河南大学出版社，2013，第 438 页。
　　③ 钱实甫编《清代职官年表》第 1 册，中华书局，2005，第 331 页。

所注意"。①

其时，赵凤昌等正谋划乘势推倒清廷。他们准备在上海成立临时国会，然后"电达驻京公使……照会驻沪各领事……请其电达各国政府，要求承认"，并准备讨论"国旗、正朔、财政"等问题，同时设法与袁世凯接洽。②九月初六日（10月27日），赵凤昌致密电与唐绍仪，建议其不要就任清廷邮传部尚书。电云：

> 大事计旦夕即定，公宜缓到任。如到任，宫廷闻警迁避时，公须对付各使，杜其狡谋，以报将来中国，同深叩祷。昌。（初六午发）③

所谓"大事计旦夕即定"，意思是成立临时国会之事很快就可决定。由电文措辞可知，赵凤昌此前向唐绍仪提到过该计划。唐绍仪在清末官至外务部右侍郎，与各主要国家的驻华外交官都打过交道，故一旦临时国会成立，与北方外交团商讨承认临时国会最合适的人选莫过于唐绍仪。但唐若出山就任清廷邮传部尚书，就不便承担此项重任了，故而赵凤昌要其"缓到任"。

赵凤昌是洪述祖的表兄，唐与洪又保持着密切关系，因此之故，赵、唐之间的秘密互动，洪述祖一清二楚。对已被清廷革职的洪述祖来说，武昌起义后出现的混乱局面，给他提供了一个可以重新出人头地的难得的机会，因此他非常主动地加入了推倒清廷的秘密活动，并表现出了高人一筹的胆略。十月初一日（11月21日），洪述祖密函赵凤昌：

---

① 《专电》，《申报》1911年10月28日，第4页。
② 国家图书馆善本部编《赵凤昌藏札》（十），国家图书馆出版社，2009，第443、447页。
③ 《赵凤昌致天津唐绍仪电》（1911年10月27日），上海社会科学院历史研究所编《辛亥革命在上海史料选辑》，上海人民出版社，1966，第1052页。

　　竹哥鉴：上月初在少川（即唐绍仪——引者）处，读吾哥密
电。次日弟草一诏稿，托人转说前途，迄未有效。直至项城入
京，方以此稿抄两份分途达之。（少川之力）项城甚为赞成，而
难于启齿，不得已开少川之缺（非开缺不肯行），于廿七日入都
商定办法。弟廿八入都，于廿八日少川自往晤老庆，反复言之。
老庆亦谈之，声泪并下，然亦不能独断，允于次早决定。不料一
夜之后（想必与载沣等密商矣），廿九早，全局又翻，说恐怕国
民专要共和云云。菊人、项城均力争不得。项城退直，焦急万
分。少川代谋，即以此宗旨由项城奏请施行（约五日内即可见），
倘不允，即日辞职，以去就争之。事机千载一时，南中切勿松
动。（惟到沪议政员，殊难其人，以少川来，南中人愿否？乞密
示。）手此密布，即请道安。敝寓天津宿纬路。弟述祖顿首。十
月朔日。①

　　函中所谓"上月初在少川处，读吾哥密电"，即指前引九月初六
日（10 月 27 日）赵凤昌致唐绍仪之电。"次日弟草一诏稿"，是指洪
述祖草拟的所谓清帝"退位诏稿"，系以隆裕皇太后语气昭告天下。
稿曰：

　　宣统三年　　月　　日钦奉皇太后懿旨：盖闻天下者，天下之
天下……此次武昌兵变，固由不肖疆吏所逼而起，而不及一月，
各省云合响应，足见政治之窳败，人心之积愤，已达极点。及
此改良，组织完全宪政，未始非中国剥极而复之机。余与皇帝
仰体列圣爱民如子之心，实不愿以改革政治妨害民命……自念
余一妇人，皇帝方在冲龄，忝居臣民之上，不能绥辑万方，已

---

　　①　《述祖致竹哥》（1911 年 11 月 21 日），《赵凤昌藏札》（十），第 520—521 页。

为疚心，何忍再使生灵涂炭。兹著派□□□为暂任代表议政员，即日择地与全国国民妥议宪政。自宣布此次谕旨之后，立即停止战事，无论官军民军，不得再发一弹，再血一刃。所派赴鄂各军，克日撤回，军械、子弹收储勿用，以副朝廷弭兵安民之至意。所议宪法，但求于中国土地人民多所保全，无论君主立宪、民主列［立］宪，余与皇帝均乐观厥成……宣布海内，咸使闻知。①

诏稿最关键之处是主张派"暂任代表议政员"，"即日择地与全国国民妥议宪政"，实质上就是主张召开国民会议来决定国体与政体。诏稿中虽然没有"退位"二字，但皇太后与皇帝若同意下此诏书，则其中"无论君主立宪、民主列［立］宪，余与皇帝均乐观厥成"一句，实际上意味着清帝同意退位。

洪述祖草拟诏稿并提出上述主张的目的，实际上是要与赵凤昌等人在上海成立临时国会之举遥相呼应，一外一内，密切配合，乘乱将清廷推倒，故他在给赵凤昌的信中特别强调"事机千载一时，南中切勿松动"。

根据洪致赵函，他拟好诏稿后，便开始游说清廷当局，但一直没

---

① 《宣统三年皇太后懿旨》，《赵凤昌藏札》（十），第522—527页。按该"懿旨"又见中国人民政治协商会议全国委员会文史资料研究委员会编《辛亥革命回忆录》（六），文史资料出版社，1981，第346—347页，题名《洪述祖所拟退位诏书原稿》。关于这个"诏稿"的草拟，曾任袁世凯谘议的唐在礼后来回忆："据说最早的退位诏书是直隶候补道员洪述祖所拟的。洪与民政大臣赵秉钧的交情、关系都很深密，他是赵的亲信秘书。他就是夤缘着赵的关系，得到袁的赏识，那个诏书就是洪到袁的私邸去，由袁面授要意，而后由洪着意撰写的。内容较为冗长，开宗明义纵论上下古今，然后以停战议宪为要旨，说明'但求于中国土地人民多所保全，无论君主立宪，民主立宪，余（隆裕自称）与皇帝均乐观厥成'。并未明诏退位，文字少输迁娓，有欠捷当。"［唐在礼：《辛亥革命前后我所亲历的大事》，《辛亥革命回忆录》（六），第338页］唐在礼的这些说法与事实多不相符。洪述祖实际上在袁世凯入京之前已拟就诏稿，袁世凯入京后，洪述祖通过唐绍仪将诏稿递至袁世凯手中。至于唐在礼说洪"就是夤缘着赵的关系，得到袁的赏识"，亦不够准确。洪、袁二人早在甲午年间便已相识，并且当时袁便对洪的才能极为赏识，以后二人亦保持着联系。

有效果。迨"项城入京",也就是 11 月 13 日袁世凯入京就任内阁总理大臣后,洪述祖又将诏稿抄写两份,在唐绍仪帮助下分途送至袁世凯手中。袁世凯此时虽然对外声称主张君主立宪,实际上并不绝对排斥共和,洪述祖所拟诏稿宗旨甚合袁之意思,只是袁身为内阁总理大臣,难以向清廷启齿,遂于九月二十六日(11 月 16 日)任命杨士琦为邮传部大臣,将唐绍仪开缺,① 以方便其以局外人身份入都商议办法。九月二十七日(11 月 17 日)唐绍仪入都。二十八日(18 日)洪述祖亦入都,当日,唐绍仪往劝庆亲王奕劻,似有所松动,但一夜之后,因奕劻等"恐怕国民专要共和",又拒绝国民会议,徐世昌、袁世凯"均力争不得"。据《泰晤士报》驻京记者莫理循从袁世凯机要秘书蔡廷幹处得到的消息,阻力主要来自载泽、毓朗和良弼等几个满族亲贵。② 在此情形下,唐绍仪献议,由袁世凯以洪述祖所拟"诏稿"宗旨奏请施行,"倘不允,即日辞职,以去就争之",以此向清廷施加压力。至于北方参加国民会议的"议政员"人选,洪述祖提议由唐绍仪出任,询问南方是否同意。

草拟清帝"退位诏稿"对洪述祖而言是极具纪念意义的事情,为此,他将当时所用砚台命名为"共和砚",请人以篆书刻于砚台一侧,落款云:"壬子十月观川居士属陶心如补篆并刻。""观川居士"即洪述祖,"陶心如"指书画家陶洙。又于砚台另一侧刻以隶书,云:"辛亥九月砚得主,共和诏书起于此,勒铭左侧志不忘,中华男子洪述祖。"③ 可见洪述祖极以此事为荣耀。

洪述祖、唐绍仪等的上述谋划虽然没有取得理想的结果,但

---

① 《专电》,《申报》1911 年 11 月 18 日,第 2 页。

② 《致达·迪·布拉姆函》(北京,1911 年 11 月 28 日),〔澳〕骆惠敏编《清末民初政情内幕——〈泰晤士报〉驻北京记者、袁世凯政治顾问乔·厄·莫理循书信集》(上),刘桂梁等译,知识出版社,1986,第 801—802 页。

③ 此砚现藏常州市博物馆,为星座纹歙砚,黑色方形,边长 33 厘米,厚 6.7 厘米,除两侧刻有文字外,底部有八卦图案。

洪的胆识谋略和在沟通南北方面的作用已经得到展示。在随后的南北议和当中，洪述祖竭力为袁世凯出谋划策，起到了重要作用。此中内幕，张国淦在《辛亥革命史料》"南北议和"一节中曾有记述：

> 据赵秉钧言："唐绍仪到京，住东交民巷六国饭店。直隶候补道洪述祖，在北洋时与唐有旧，力劝其不就邮传大臣职务，乘此机会仿照美、法，将中国帝制改造民主。其进行，一方面挟北方势力，与南方接洽；一方面借南方势力，以胁制北方。其对于宫廷、亲贵、外交、党人，都有运用方法，照此做去，能使清帝退位。清廷无人，推倒并不甚难，可与宫保（袁）详密商定，创建共和局面，宫保为第一任大总统，公为新国内阁总理"云云。后来大都不出其策划。此民元年赵秉钧在国务院称赞洪述祖之才言之，似有过誉之处。此事外间绝少知者，除赵以外，惟国务院秘书程经世言洪曾劝唐不任职，未言其他。①

另外在《孙中山与袁世凯的斗争》一文中，张国淦也讲到了此事，并说："民国元年赵秉钧在国务院向我推誉洪述祖的时候，曾告诉我，洪述祖替袁世凯所想的办法，也是袁世凯自己所采取的办法。"②张国淦民初曾任国务院秘书长，其所述得自国务总理赵秉钧，而赵与袁、洪皆有密切关系，也是南北议和中袁方的重要人物，故能得其内幕。不过张国淦所记细节亦有不确之处，如洪述祖直隶候补道之职当时已被革去，洪与唐相识也非在北洋时，而是早在唐绍仪甲午

---

① 张国淦：《辛亥革命史料》，上海龙门联合书局，1958，第289页。
② 张国淦：《孙中山与袁世凯的斗争》，中国科学院历史研究所第三所编《近代史资料》总7号，科学出版社，1955，第124—125页。

年任职朝鲜时期。

关于洪述祖协助袁、赵谋划南北议和，以及北方确定唐绍仪为议和代表的过程，赵凤昌之子赵尊岳亦有一段记述。其言曰：

> 天下政事相敌，不出和战两途。袁于此彷徨失措间，亦不得不谋与南中传递消息也。会袁部赵秉钧知其属洪述祖与余家为乡戚，又知余家阴策革命事，因由洪以私函来窥意旨。先公立示之孙、黄，佥曰：今日但求覆清，以行共和，不战而胜，奚不可为？且足补南军之拙，惟当得其人而语之耳。于是先公举唐绍仪，谓其能通治体，有权识，既为袁之故旧亲信，又凤厚于私交，倘得唐来，事必易与。孙、黄虽不识唐，以信所言，即加赞许。先公遂缘唐之乡人同学上海电报局长唐元湛密达京师，与唐通款曲，请为国家戮力，南来协商大计。唐固机智，窥情事之推迁，知安危之所系，甘以身许。袁知计售，私心为幸，即命冯观望于武汉，武汉之围，由以少解。实则武汉苟涉疏虞，南京亦失屏蔽，和固不仅利袁，抑且大有利于南中也。然袁左右无可使者，既知南中属意于唐，终任之为议和代表。[①]

由此可知洪述祖背后有赵秉钧在推动，而赵秉钧背后则是袁氏。至于赵凤昌建议孙、黄与唐绍仪协商大计，则应当是接受了洪述祖等人的建议。

宣统三年十月十九日（1911 年 12 月 9 日），唐绍仪作为北方议和全权代表，自北京出发南下，在汉口停留数日后前赴上海，与民军代

---

① 赵尊岳：《惜阴堂辛亥革命记》，中国社会科学院近代史研究所近代史资料编辑组编《近代史资料》总 53 号，中国社会科学出版社，1983，第 78 页。

表伍廷芳等议和。张国淦作为参与和谈的湖北代表，与唐绍仪等同行到沪。关于双方谈判情形，张国淦曾有如下一段记述：

> 伍、唐同乡老友，共和主张，又同在一条路线。有赵凤昌者，曾在张文襄幕，与伍、唐俱旧识，有策略，此次革命，活动甚力。赵住上海南洋路，伍、唐遂假其寓所，每夜同往聚谈。在议场时，板起面孔，十足官话，及到赵处，即共同研究如何对付北方，以达到目的。赵参与密议，且在沪久，革命党人及江浙知名人士，尤其张、汤等，皆能联络。据魏宸组告余："所有和议中主张及致北方电，俱是夜间在赵寓双方商洽，精卫（汪兆铭）与本人（魏自谓）常到彼处，皙子（杨度）则未参加，而袁内阁与唐，亦先有秘密私电往还，均从促成共和着手"云云。①

此段记述没有提及洪述祖，但据《亚细亚日报》载："唐绍仪以和议至沪，洪以旧识，日造唐之门献策，唐颇采纳。"② 与赵凤昌极为熟识的刘厚生在《张謇传记》里亦写道："唐绍仪在上海议和时，赵凤昌参与机密，述祖常至凤昌家中，效奔走之劳。"③ 可知洪述祖亦南下参与了和谈。之前洪便与赵、唐密谋推倒清廷，此时南下参与和谈，亦是可以想见之事。

南北议和结束，袁世凯就任临时大总统后，唐绍仪任国务总理，向内务总长赵秉钧推荐洪述祖任秘书。而据洪述祖1917年在上海租界会审公廨所供，他1912年"上半载在前总统袁世凯处为随员，下

---

① 张国淦：《辛亥革命史料》，第292页。
② 《刺宋案之近闻·再志洪述祖之略历》，《亚细亚日报》1913年4月2日，第2页。
③ 刘厚生：《张謇传记》，第228页。

半年在内务部为秘书"。① 又供称："内务部共有秘书官四人，职任并无大小，同于是年六月十四日接到命令，其时我尚兼充总统府内务部顾问。"② 1918 年接受京师高等审判厅询问时，洪述祖再次提到，他从南方回到北京后，系经袁总统介绍，令其为内务部秘书，并委为总统府顾问。③ 总统府聘请顾问都是有记载的，但从目前所见资料看，尚未发现聘请洪述祖为总统府顾问的可靠记载。因此，洪述祖所谓袁世凯委其为总统府顾问，很可能并非正式委任，而是因私人关系不时让其出谋划策，这恰恰反映了袁、洪关系非同一般，并且符合袁世凯"每办一事，往往多线用人"的做法。④ 1913 年 2 月，洪述祖"蒙大总统特予三等嘉禾章，为各部秘书中之最著特色者"，⑤ "诚以洪劳苦功高，独著勋绩，非其他各部秘书所可比拟也"。⑥ 按《勋章令》规定，大勋章为大总统所佩戴，大勋章以下为嘉禾章，分一至九等，授予"有勋劳于国家者"，或"有功绩于学问及事业者"。⑦ 各部秘书人数众多，洪述祖是唯一被授予三等嘉禾章者，足见其地位非普通秘书可比。

　　袁、洪特殊关系的一个重要表现，是洪述祖一方面担任内务部秘书，另一方面肩负着替袁世凯秘密监视内务总长赵秉钧之责任。一般均将赵秉钧视为袁世凯的亲信，但据刘厚生讲，南北议和期间，袁世凯因为警察首领赵秉钧未能事先防范而导致他在东安门被炸弹袭击，加之他怀疑赵秉钧思想上忠于清室，恐不能按其意旨行事，故而对赵秉钧并不十分信任，就任临时大总统后便另组特务机构，洪述祖是组

---

① 《洪述祖之供词》，《申报》1917 年 8 月 1 日，第 10 页。
② 《洪述祖供词（二）》，《申报》1917 年 8 月 2 日，第 10 页。
③ 《驻守高等检察厅司法警察巡官报告审理情形》（1918 年 11 月 8 日），北京市档案馆藏，北平市警察局全宗，J181-017-01771。
④ 参阅本书刘宗汉"序二"。
⑤ 《洪述祖赴沪之秘密》，《大中华民国日报》1913 年 3 月 28 日，第 3 页。
⑥ 《欢迎国会团与洪述祖》，《大中华民国日报》1913 年 3 月 29 日，第 2 页。
⑦ 《大总统公布勋章令》，《神州日报》1912 年 8 月 6 日，第 1 页。

长之一，负有监视赵秉钧之使命。① 在《张謇传记》中，刘厚生写道：

> 世凯做了临时总统之后，自己另外组织特务机构，化整为零，成为若干组，每组八人至十人，或五、六人不等，均由自己直接指挥。并命令其中每一个组长，暗中监察赵秉钧本人及其所管辖各特务之举动与行为，秘密报告。至于在北京、天津之官吏与军人，亦在世凯直接指挥特务监察范围之内。所以主持暗杀宋教仁之指挥者洪述祖，即是世凯部下小组组长之一。②

刘厚生又写道："据我所知，袁世凯自任总统后，即招募许多特务人才，组织特务小组二十余个单位，都由世凯自己指挥，其中颇有原在赵秉钧部下当差的人物。洪述祖或者走别的路子，投到此二十个小组之中，做了一个组长。"③ 此种内幕，虽然仅见于刘厚生之记述，但因刘厚生与当时南北政界重要人物多有接触，与洪述祖亦很熟悉，不能完全以空穴来风视之。除刘厚生所述外，袁世凯对赵秉钧产生戒备心理更为重要的原因，当与清末民初政治的剧烈演变息息相关。袁

---

① 按刘厚生在《张謇传记》中曾就袁世凯对赵秉钧心存疑虑的原因有一段叙述，他说："据我所知，袁世凯自从彰德洹上村受清廷上谕到北京组织内阁之后，因在东安门被炸，虽未受伤，亦颇受惊。他开始感觉平素最信任的警察首领赵秉钧，表面上虽颇恭顺，而赵的思想或能力将来是否能听从他的意旨，不免怀疑。其怀疑之第一点，即是世凯本人此次受炸，秉钧未能先事预防；其第二点，即世凯特派胡惟德、赵秉钧、梁士诒三人向隆裕太后陈说清室必须退位之理由时，隆裕太后一面应允退位，同时掩面大哭，口呼：'梁士诒啊，赵秉钧啊，胡惟德啊，我们母子二人的性命，都在你三人手中。你们回去，好好对袁世凯说，务要保全我们母子二人的性命啊。'赵秉钧首先大哭，誓言保驾。而梁、胡二人虽颇伤感，但不如赵之痛切。此种情形，梁士诒于无意中向世凯陈述。假如世凯是有意识、有修养的人，听到赵秉钧这种情形，只有尊重其人格，而逾加信任。但世凯不然，怀疑其将来不甚可靠。世凯所以不信任赵秉钧的理由，因为他于清室表示忠心，即是将来不愿意自己做皇帝的一种绊脚石。"见刘厚生《张謇传记》，第204页。
② 刘厚生：《张謇传记》，第204页。
③ 刘厚生：《张謇传记》，第228页。

任直隶总督时期，赵是助其办理警政的得力干将；武昌起义后，清廷被迫起用袁担任内阁总理大臣，赵受命担任民政部首领。彼时的赵秉钧，虽然如刘厚生所说，已不能让袁氏完全放心，但总体上仍可说是袁的"心腹人物"。随着民国建立，党派林立，各党各派的角逐较之清末更加公开激烈，身为临时大总统的袁世凯，在羽翼未丰之时，需要谨慎应对复杂局面。赵秉钧性格圆滑周至，颇能周旋于各方势力之间，因此，袁世凯很需要他来充当"场面人物"，但同时袁对他也就不可能再像往日那样放心。特别是赵秉钧加入了同盟会（后改组为国民党）这个对袁独揽大权构成最大威胁的政党，[1] 并"时常劝袁总统不妨让出一部分事业，请新人物大家帮忙，请他们历练历练"，[2] 这就使袁对其不能不加以戒备，利用洪述祖在内务部监视赵秉钧，也就不足为怪了。准确把握袁、赵、洪三人的微妙关系，对于判断各人与宋案可能的牵连程度甚为重要。

关于袁、洪特殊关系，还有一些不实说法流行。如蔡东藩《民国通俗演义》说袁世凯除正室外，还有姬妾 15 人，其中六姨太洪氏，"乃是宋案正凶洪述祖的胞妹"，极受袁氏宠爱。[3] 一些野史、小说当中也多有类似说法。如《申报》就曾刊登广告，介绍一部题为《洪宪宫闱秘史》的书，称"书中以洪妃（即洪述祖之妹）尤为全书出类拔萃之人才，又为袁氏始终擅专宠之人，读之令人拍案叫绝。卷首冠以彩色铜版各妃肖像多帧，栩栩欲活，外间从未见过，并有当代文豪李定夷及李涵秋先生等序文"。[4] 此《洪宪宫闱秘史》，即《洪宪宫闱艳史演义》，书中有"洪述祖恃妹为奥援"一节，称"洪幼年失怙，依寡母以居，无弟昆行（或云曾有一从兄），仅一弱妹"。袁世

---

① 　退生：《国民党必亡中国之铁证》，《国报》1913 年 5 月 6 日，第 1 页。

② 　黄远庸：《最近之北京·赵智庵之谈话》（1913 年 8 月 23 日），《远生遗著》卷 3，商务印书馆，1984 年影印版，第 179 页。

③ 　蔡东藩：《民国通俗演义》（三），中华书局，1973，第 386 页。

④ 　《洪宪宫闱秘史》，《申报》1918 年 7 月 24 日，第 14 页。

凯在小站练兵时，洪述祖正在天津某洋行为练习生，因承办军装皮件而得与袁接近。其时洪"妹已十九龄矣，貌极妍丽，性质尤狡黠，能以目听，以眉视，工口给，每出一言，辄令人解颐"。洪述祖乘机将胞妹赠予袁世凯为六姨太，"袁爱屋及乌，对于洪亦特别青睐"，"洪妹随袁二十年，而自初至终，迄未失宠"。[①] 袁世凯小站练兵是光绪二十一年（1895）以后的事，而如前所述，洪述祖与袁世凯早在甲午战争爆发前就在朝鲜认识了。另据袁克文《诸庶母传》，袁世凯共有九房姨太，其中并无洪氏，六姨太叶氏，系江苏丹徒人。[②] 更能说明事实的是，洪述祖 9 个月大的时候，其父便在咸丰十年太平军进攻常州时战死，洪述祖有妹妹的可能性不大，即便有也早就死了，因常州城陷前洪家 17 口人联袂投水，除了洪述祖和其母被人救起外，其余均已遇难，根本不可能有一个到甲午战后才 19 岁的妹妹。洪述祖后来为其母撰写行略，详述母子二人相依为命的生活，当中也未提到其有个妹妹。[③] 因此，说袁世凯有个宠妾乃洪述祖胞妹，不过是坊间谣传、杜撰而已。但此种传说能够流行，正反映了袁、洪关系非同一般。

辛亥鼎革前后的一系列隐秘史实表明，洪述祖不但是北方与南方（通过赵凤昌）联系的中间人之一，而且率先拟出清帝"退位诏稿"，主张召集国民会议以确定国体，并在南北议和过程中为袁世凯一方出谋划策，发挥了较为重要的作用。袁世凯原本在甲午年与洪述祖相识之初，便对其才识非常欣赏，辛亥鼎革之际洪述祖的谋划，更让袁世凯对其刮目相看。在袁世凯走向权力顶峰的过程中，洪述祖是有功劳的，这是二人能够结成特殊关系的基础。

---

① 天忏生：《洪宪宫闱艳史演义》，中国戏剧出版社，2000，第213—214 页。

② 袁克文：《诸庶母传》，《辛丙秘苑》，第34—36 页。

③ 江苏忠义局编《昭忠录》卷五十，江苏忠义局同治四年至十三年刻本，第13 页；洪述祖：《皇清诰封宜人旌表节义洪母张太宜人行略》，洪熙辑《洪节母征诗启》。

宋案发生前的洪述祖说到底只是内务部的一个秘书，却可以"时往总统府"，[①]"声势炫耀"，使得"各部司员同为侧目"，以至于听说其人与宋教仁被刺有涉后"人人称快"，[②] 足见洪与袁不同寻常的关系，已经招致许多人的忌恨。这样一种最高统治者和"小人物"之间的关系，看似不可思议，实则与传统中国政治的实际运作十分相符。政府运转首先要解决人事问题，其中往往包含两个方面。一方面，当权者需要综合考虑各种因素，平衡各种力量，通过安排"场面人物"来组织政府，使政府得以运转；另一方面，当权者为了达其真正所欲达到的目的，又需要通过安排"内线人物"来进行幕后政治运作。场面上的运转需要"红人"，幕后运作需要"私人"。洪述祖声名不佳，属于"小人"之流，郑孝胥称之为"小有才之邪人"，[③] 严复亦称其人"固险诐士"。[④] 袁氏无法堂而皇之让其担当大任，却可以其为"私人"，在幕后对付异己分子或潜在对手。但用"小人"者，往往又要冒受制于"小人"之风险，这是分析袁世凯与洪述祖的关系，特别是分析洪述祖的所作所为给袁世凯所带来的负面影响时需要特别注意的。

三 洪假收抚共进会与应建立诡秘关系

洪、应二人在辛亥鼎革以前的经历虽然没有交集，却有许多惊人的相似之处。应夔丞是浙江人，但绝大部分时间在上海活动，洪述祖是江苏人，也长期在上海生活。应夔丞曾在安徽担任缉捕差使，洪述祖则在汉口担任过警察局局长。应夔丞在江苏、河南两次被清廷革

---

① 《关于刺宋案演说中之要闻》，《大中华民国日报》1913 年 3 月 31 日，第 2 页。
② 《专电·北京》（1913 年 4 月 1 日到），《新闻报》1913 年 4 月 2 日，第 1 张第 2 页。
③ 劳祖德整理《郑孝胥日记》（一），中华书局，1993，第 601 页。
④ 汪征鲁、方宝川、马勇主编《严复全集》第 8 卷，福建教育出版社，2014，第288 页。

职，洪述祖则在台湾和直隶两次被清廷革职；特别是二人都曾因陈夔龙奏参而革职，应夔丞是在陈任江苏巡抚时，洪述祖则在陈任直隶总督时。辛亥鼎革时，二人又都参加了推倒清廷的活动。所有这些，使二人有了不少共同语言。尤其重要的是，二人都自认为有功于民国，却未被授予相匹配的职位，因而心怀不满，这就使他们很容易为牟取私利走到一起。而在性格上，二人也很类似，都是"素不安分"之人。洪述祖"最长于口辩"，"心术险狠，尤有敢作敢为之胆量"，其"才足以济其奸"，① 应夔丞则"口才甚辩"，"夙以冒险为天职"，② 这就使他们容易一拍即合。随着洪述祖担任内务部秘书，二人的人生轨迹出现了交集的契机，原因是袁世凯就任临时大总统后，深感"南北各省党会林立，意见分歧，殊难取缔"，③ 应夔丞作为长江流域帮会头目，"屡以共进会名义恫吓政府"，④ 于地方治安影响甚大，而整治地方治安恰为内务部职责。于是，洪、应二人借政府欲解散共进会之机，逐渐走到一起，并为了各自的私利展开合作。

二人合作首先出于洪述祖之主动。先是，洪述祖在1912年6月担任内务部秘书后，因招权纳贿，擅自"挖补公文"，任用私人，大受同僚攻击，也引起总长赵秉钧不满（详后文）。恰好其时赵秉钧正准备整顿侦探局所，计划于北京设"中央侦探总局"，于各江海要卡、通商码头及各边省分设支局，"于东亚各国著名通商口岸分设侦探"，"以期办事灵活"。⑤ 洪述祖遂"请派赴东南调查水上警察，藉以出京；赵亦冀其离部也，遂漫许之"。⑥ 赵秉钧后来曾在致北京《民立

① 《欢迎国会团与洪述祖》，《大中华民国日报》1913年3月29日，第2页。
② 《应夔丞启事》，《申报》1912年3月21日，第4页。
③ 《燕京客谈片片》，《神州日报》1912年4月13日，第3页。
④ 《宋案之过去历史》，《亚细亚日报》1913年4月23日，第2页。
⑤ 《京华短信汇录（二）》《都门杂俎（三）》，《神州日报》1912年6月18日、8月24日，第3页。
⑥ 《宋先生案之一线光明·洪述祖之经历》（北京本报4月1日特记），《民立报》1913年4月5日，第7页。

报》记者函中提到此事，有"洪任秘书以来，到部未久，即有各报攻击，洪拟引退，旋委调查水上警察差"等话。① 《神州日报》对此亦有记述，谓：

> 洪到部后，招权纳贿，无所不为，其名誉甚劣，同署皆反对之，洪亦不能安于位，遂拟出京一次，暂避风潮，且要求赵总理委一外差，以全面子。时南方正倡办水上警察，赵总理即派洪赴长江各省调查水上警察，并预先支给两月薪俸，以为洪之此去，必不再回署也。②

调查长江各省水上警察是赵秉钧赋予洪述祖的职责，但从洪述祖南下后的活动来看，他实际上还负有袁世凯授予他的使命，即收抚共进会。《亚细亚日报》说他是"自告奋勇"，"往沪劝其投诚"。③ 当然，这两项使命有着共同的目标，即整顿沿江沿海的治安问题，而当时对沿江沿海治安构成威胁的主要势力之一，便是以应夔丞为会长，由青红帮和公口等秘密社会改组而来的共进会，其党徒遍布上海、浙江、江苏乃至湖北、四川等长江流域许多地方。因此，洪述祖要完成其使命，就不能不与应夔丞打交道。然而，洪述祖与应夔丞并不相识，于是便有了介绍人、时任总统府军事顾问张绍曾的出现。刺宋案发生后从应宅搜获的第一件证据，便是张绍曾的亲笔介绍信，写于1912年9月17日，由洪述祖带往上海面交应夔丞。至于张、应结交，则是在1912年4月初，当时张绍曾奉袁世凯之命担任长江宣抚大臣，应夔丞"因贾宾卿统制之介绍，力任助理"，二人同赴扬州商办"取

---

① 《赵秉钧为宋案致北京〈民立报〉记者函》，《新闻报》1913年5月7日，第1张第3页。

② 《宋案旁征（一）·洪述祖》，《神州日报》1913年4月4日，第3页。

③ 《宋案之过去历史》，《亚细亚日报》1913年4月23日，第2页。

消扬州分府，并策江浙统一"。① 扬州都督徐宝山很快致电袁世凯，同意"取销扬州分府，以为中央统一先从省治统一之倡"。② 是年6月，应夔丞筹备成立共进会，得到张绍曾支持，名列19位发起人之一。③ 在介绍信中，张绍曾写道：

> 兹有内务部秘书长洪述祖先生南下公干，因不知台端住址，特函介绍。洪君于民国之建设多所规画，当道咸依赖之，倘来造访，或有就商事件，务请照拂一切。④

根据《大公报》"车站纪事"，洪述祖于9月20日离津南下，⑤ 去见应夔丞，由此开始二人的合作。需要特别指出的是，其时各部只有"秘书"，并无"秘书长"名目，⑥ 张绍曾介绍信称洪述祖为"内务部秘书长"，有三种可能：一是张绍曾并不知各部没有秘书长名目，全凭洪自我介绍；二是张绍曾虽知各部无秘书长名目，但因洪自称秘书长，也就不便于信中揭破；三是张绍曾自以为洪述祖为秘书长，而洪亦不予纠正。总之，"秘书长"一职必为洪认可无疑，可知洪与应结交，一开始便有招摇撞骗嫌疑。在洪述祖返回北京大约半个月后，应夔丞曾有一电给洪，称"致前中央特派员"，⑦ 可知洪此次南下，还有一个响亮的名头——中央特派员。

---

① 《应夔丞就身史及革命时经历上大总统呈文底稿一》（1912年），北京市档案馆藏，国民共进会全宗，J222 - 001 - 00022。

② 《公电》，《申报》1912年4月18日，第2页；《扬州徐宝山电》，《申报》1912年5月2日，第2页。

③ 《中华民国共进会广告》，《申报》1912年6月15日，第3页。

④ 《第一件 张绍曾寄应夔丞信两纸信封一个》（1912年9月17日），《前农林总长宋教仁被刺案内应夔丞家搜获函电文件检查报告》，第7页。

⑤ 《车站纪事》，《大公报》1912年9月21日，第7页。

⑥ 《赵总理致某督书》，《大自由报》1913年5月4日，第10页。

⑦ 《第四件 洪述祖应夔丞往来电稿一纸》（1912年11月2日发四等电），《前农林总长宋教仁被刺案内应夔丞家搜获函电文件检查报告》，第8页。

　　洪敢如此张扬，是有资本的。张绍曾介绍信中所谓"当道咸依赖之"，听起来虽像旧时褒奖人物时惯用的陈词滥调，但从前述辛亥鼎革时期袁、洪特殊关系的建立，以及日后洪述祖的行事来看，其人确可通天。此时的洪述祖在应夔丞眼中，不仅是"名门之后""革命元勋"，① 而且是"内务部秘书长""中央特派员"，而应夔丞则正陷于内外交困当中。就在洪述祖南下后不久，湖北发生马队暴动事件，副总统黎元洪查出应夔丞为主谋之一，通电缉拿。紧接着，袁世凯又下令解散秘密集会结社，江苏都督程德全和浙江都督朱瑞随即对共进会采取严厉取缔措施。与此同时，共进会内部也要求应夔丞尽快拿出应对办法。在此情形下，洪述祖大驾光临，就如救命稻草。可以想见，应夔丞必定会异常接待，其内心也很难不生出"攀龙附凤"之想，从而达到"咸鱼翻身"之目的。而对洪述祖来说，完成"公干"离不开应夔丞配合，同时应夔丞在江浙、上海一带党羽众多，颇有势力，也很容易让洪述祖生出借收抚应夔丞博取功劳，并借机渔利的想法。于是，二人很快称兄道弟，达成默契。

　　先是 10 月初，应夔丞主动采取配合措施，以"中华民国共进会总机关部"名义发布通告，表示将派员前往各支部严密检查有无前清时代开香堂、立码头、放票布种种秘密行为，"有犯必惩"。② 紧接着洪述祖予以呼应，采取了一个重要步骤，就是向程德全推荐应夔丞担任"江苏驻沪巡查长"，从而使其接受江苏都督和内务部管辖。③ 需要指出的是，在收抚应夔丞一事上，前沪军都督陈其美也曾予以支持。陈其美于 9 月在北京面见袁世凯时，后者曾谈及共进会"时常闹

---

　　① 《赵总理之谈话》，《新纪元报》1913 年 4 月 30 日，第 3 页。

　　② 《中华民国共进会总机关部通告》，《申报》1912 年 10 月 8 日，第 1 页。

　　③ 《第七件　江苏都督委任状一纸训令一件》（1912 年 10 月 16 日），《前农林总长宋教仁被刺案内应夔丞家搜获函电文件检查报告》，第 10 页；《宋案旁征（五）·赵总理私邸之一席话》，《神州日报》1913 年 4 月 18 日，第 4 页。

事"，嘱陈其美"南返时便中调查"。① 陈于 10 月中旬返回上海，适逢程德全准备召应夔丞到南京见面，应"恐有意外事，不敢往"，请求陈其美发一电试探程德全之用意。陈其美遂致电程德全，表示"应聪明有才，若驾驭有方，亦可用"，"请饬应将共进会内容切实整顿"。② 不料刺宋案发生后，程德全之秘书长罗良鉴对外宣称应夔丞任"江苏驻沪巡查长"系陈其美推荐，从而招致陈其美不满，引发一段小小风波。③

由于应夔丞不敢独自往见程德全，洪述祖遂于 10 月 16 日亲自带领应夔丞前往南京，与程德全"面议取缔之策"。④ 程德全当即签署委任状，委任应夔丞为"江苏驻沪巡查长"。⑤ 另据《大中华民国日

① 《陈其美与应桂馨相识之颠末》，《盛京时报》1913 年 4 月 8 日，第 3 页。
② 《宋先生在天之灵·应桂馨之历史（二）》，《民立报》1913 年 3 月 29 日，第 11 页。
③ 按宋教仁被刺后，程德全于 3 月 25 日到上海查案，在黄兴寓所与孙中山、陈其美、于右任、陈贻范等会谈。陈其美问程德全："应桂馨之江苏巡查长是否曾有委任状？"程都督当即答称："有的。"某君问："何以委他？"程都督答："唉……这是内务部洪荫芝，就是洪述祖所保荐的。"不料次日，上海新闻社又发出一篇采访程德全秘书长罗良鉴的问答词，说应夔丞任江苏驻沪巡查长是陈其美保荐的，问答内容如下："某问：'应桂馨住宅门首钉有江苏巡查长牌，是否假冒招摇，抑曾果有此项委任？'罗答：'都督与应从未相识，因应曾在沪军都督府充谍报科科长，后又充南京总统府侦探等事，继在苏宁上海各部纠合帮匪，办理共进会，连出巨案，都督欲传至宁辕正法（时在去年下半年），应未敢来。嗣都督接陈英士君来电云：应办共进会，苟处置得当，亦可以静地方。应如来宁，幸勿为难等情。继应□来宁，陈君又保举为驻沪巡查事宜，其用意在取缔共进会会员不轨起见。应得委任后，在宁垣即悬牌招摇，曾由都督饬警除毁。不料近在沪竟设办公处，表面上极似都督府中一行政机关，其实都督尚未知悉。总之，都督之派应为驻沪巡查，不过凭陈君之保荐，至陈君如何荐应，均不得而知'云云。"（《宋先生在天之灵·罗良鉴荒谬之谈》，《民立报》1913 年 3 月 27 日，第 10 页）陈其美看到问答词后很不高兴，"严重诘问罗良鉴，并言：'去年程君有电招应至宁，应因惧罪，乞恩于我，欲以一电探其意思，此事诚有之。至所谓共进会处置得当云，究是何人之语。现在此项往来电文尚在，都督当时果有欲正法之言与否，又我覆电果有保应之语与否，不难检查。'罗不能答，乃谓并无此语，一味狡赖"（《宋先生在天之灵·陈英士与罗良鉴交涉》，《民立报》1913 年 3 月 28 日，第 10 页）。旋陈其美在黄兴宅又见程德全，再询其事，程德全仍答称系洪述祖保荐，罗良鉴也在黄兴宅承认陈其美"并未请委应为巡查长"，风波遂息。见《宋先生在天之灵·应桂馨之历史（二）》，《民立报》1913 年 3 月 29 日，第 11 页。
④ 《宋先生在天之灵·应桂馨之历史（二）》，《民立报》1913 年 3 月 29 日，第 11 页。
⑤ 《第七件　江苏都督委任状一纸训令一件》（1912 年 10 月 16 日），《前农林总长宋教仁被刺案内应夔丞家搜获函电文件检查报告》，第 10 页。

报》披露，应夔丞获得"江苏驻沪巡查长"委任状，背后应当还有总统府秘书张一麐及其弟张一爵的功劳。张一爵当时正任江苏都督府承政处处长，张一麐"函命"其弟为应"说项"，张一爵即在程德全前"鼎力玉成其事"，后应夔丞北上见袁，张一爵又亲自送至天津。[1]就在应夔丞被任命为江苏驻沪巡查长当日，洪述祖致电赵秉钧，汇报了收抚应夔丞的情况。电云：

> 北京赵总理鉴：应夔丞蒙大总统力为剖白尽言，感激图报。尊谕如何安置一节，今日带同到宁见程都督面商办法，已先委任为驻沪巡查长。惟川、鄂、江、皖、浙会党众多，请中央加委长江上下游巡查名目，筹助经费，以便随时取缔。除由程都督电陈大总统外，余俟回京面陈。明日北上，附闻。述祖。铣。[2]

由电文首句"应夔丞蒙大总统力为剖白尽言"所透露的信息来看，洪述祖积极奔走收抚应夔丞之事，背后实际上有袁世凯在主导，洪述祖也好，张一麐也好，都是具体执行人。也可以说是张一麐通过其弟张一爵从内部做程德全的工作，洪述祖从外部做程德全的工作，再加上陈其美从中缓颊，程德全这才同意任命应夔丞为"江苏驻沪巡查长"。至于赵秉钧，所关心的是"如何安置"应夔丞的问题。洪述祖此电即是向赵报告程德全安置应夔丞的情况，同时进一步提出"请中央加委长江上下游巡查名目，筹助经费，以便随时取缔"的要求。可以说，洪述祖借机谋利的企图在此已露出苗头。

程德全也很清楚，收抚应夔丞是袁世凯在主导，因此，他在事情办妥后，立刻密电袁世凯，报告相关情况，并提出江苏财政支绌，请

---

[1] 《应夔丞在宁轶事谭》，《大中华民国日报》1913年4月14日，第3页。

[2] 《宋案旁征（五）·赵总理私邸之一席话》，《神州日报》1913年4月18日，第4页。

中央每月给应夔丞补贴巡查长公费 2000 元。电云：

> 大总统钧鉴：今晨洪述祖挈应夔丞至宁谒见，当即勖以大义。应亦自承情愿效力，设法取缔共进会，如有违背法律、扰害治安之事，伊愿负担保之责；其有以会中名义开山堂、放票布者，官府查拿惩办，伊亦侦察密报。至武汉党徒，亦令其赶速设法，密为解散。现已委应夔丞驻沪巡查长。查去年上海光复后，应夔丞垫用款项实属不资，据称亏累十七万余，察其情形，似非月给三千元不能应付。此间因财政支绌，现议许月给巡查公费千元，其余能否由中央筹给，俟述祖到京面陈详细情形。先此电达，乞秘勿宣。德全。叶。印。①

10 月 17 日，洪述祖启程北上。18 日，袁世凯复电程德全，对其处置办法表示赞同。电云：

> 叶电悉。尽筹周至，掺纵咸宜，造福江域，诚非浅鲜，莫名慰佩。不敷之两千元，可由中央拨付。惟此人叠接武昌文电通缉，须加特赦，统俟洪述祖回京再商办法。②

由于应夔丞当时正为黎元洪所通缉，程德全若要收用其人，并请中央分担经费，就必须请黎元洪取消通缉令，然后由中央下令特赦，这样才名正言顺，故袁世凯请洪述祖回京后再商办法。

洪述祖回京后，很快就于 10 月 24 日给应夔丞发出一信。这是洪述祖写给应夔丞的第一封信，但对应已经以"老弟"相称，而自称

---

① 《程德全保应原电》（1912 年 10 月 16 日），《民权报》1913 年 4 月 8 日，第 7 版。
② 《程德全密电稿》（未刊），转引自李宗一《袁世凯传》，第 238 页。

"小兄"，可见二人经过一个月的接触，已经建立起很亲密的关系。叶迦《辨音室闲话》有洪"南下遇应，遂结金兰之谊"之说。[1] 在信中，洪述祖写道：

> 夔丞老弟足下：别后廿日到津，廿二入都。张绍曾早已出京，吾弟手书只好交邮局挂号寄去矣。中央加委一层，总理甚赞成，明后弟见大总统后再定……吾弟手函望补寄，因要叙勋，非如此不可也……手颂大安。小兄述祖手启。廿四。[2]

同日，洪述祖又给应夔丞发出如下一电：

> 文元坊应夔丞：川申［密］。事妥，俟黎处取消前电，即当正式委任。张出京，信件邮递。蟹买寄否？李务期于成。乞电复。荫。二十四。[3]

以上一函一电，有三层意思需特别注意。①函中所谓"中央加委一层"，是指除由程德全委任应夔丞为"江苏驻沪巡查长"外，另"请中央加委长江上下游巡查名目"。当然，前提依然是黎元洪所发通缉令要取消。由函可知，洪述祖在上海或南京时就对应夔丞有过承诺，故返京后便在赵总理前提出此事，"总理甚赞成"，于是洪又告应"明后弟见大总统后再定"。也就是说，加委职务能否实现，最终取决于袁世凯。电文所云"事妥，俟黎处取消前电，即当正式委任"，也是指"中央加委"应夔丞事。黎处"前电"，即黎元洪所发之通缉应

---

① 叶迦：《辨音室闲话·宋案二》，《大公晚报》1944 年 9 月 3 日，第 2 页。
② 《第二件　洪述祖寄应夔丞信两纸》（1912 年 10 月 24 日），《前农林总长宋教仁被刺案内应夔丞家搜获函电文件检查报告》，第 7 页。
③ 《第三十二件　应夔丞妻致应夔丞信一纸抄电二纸》之《抄电一》（1912 年 10 月 24 日），《前农林总长宋教仁被刺案内应夔丞家搜获函电文件检查报告》，第 26 页。

夔丞电令。②洪述祖于函中忽然提及"叙勋"一事，同样说明他在上海与应夔丞谈过此事。洪要应补寄的所谓"手函"，也就是应夔丞的"自叙履历"，① 为"叙勋"所必需。此事揭示了一个重要信息，即给应夔丞以奖赏从一开始就是洪、应交流的一个话题。"叙勋"既是对应夔丞在辛亥鼎革时所做贡献加以肯定，又可视为中央对应夔丞投诚的奖赏。洪述祖后来在谋划刺宋过程中向应夔丞提出"熠宋酬勋位"，② 其由头应当就在于此，而非突发异想，详细讨论见以下相关章节。③电文中询问"蟹买寄否"，说明洪述祖在上海曾经嘱咐应夔丞买蟹寄京。洪述祖发电时，还未见应夔丞将蟹寄来，故于电文中特别问及此事。实则洪述祖一离开上海，应夔丞便着手办理此事，于 10 月 20 日将"螃蟹四大箩，计重三百六十斤"，委托津浦铁路局于"二十一日早车递至北京"。箩外书"寄交北京椿树胡同内务部洪寓洪荫芝先生代呈总统"字样。③ 原来，洪述祖催促应夔丞寄蟹到京，是要给总统送礼，其用意自然是为了将特赦、加委职任及叙勋诸事顺利办妥。洪述祖为应夔丞办事，可谓挖空心思。

到了 10 月 29 日，洪述祖又给应夔丞发去一信，报告事情最新进展情况：

> 夔丞老弟足下：廿三到京，于廿四发电，用"川密本"，不知足下能查得明白否？连日为足下之事，请大总统特下赦令，又请黎副总统取消通缉之案，幸目的均已达到。兹将程都督转来黎电录请察阅，即此可见鄙人之苦心矣。至大总统听见鄙人陈述各

---

① 《宋案之过去历史》，《亚细亚日报》1913 年 4 月 23 日，第 2 页。

② 《第三十九件　洪述祖寄应夔丞电底一纸》（1912 年 3 月 13 日下午 3 点 14 分上海电报局收到北京发寄四等第 2625 号电报），《前农林总长宋教仁被刺案内应夔丞家搜获函电文件检查报告》，第 31 页。

③ 《宋先生在天之灵·看尔横行到几时》，《民立报》1913 年 3 月 31 日，第 10 页；《宋案破获后之各方面观·洪应结纳之经过》，《民主报》1913 年 4 月 6 日，第 6 页。

节，甚为许可，日昨传谕，嘱鄙人函知足下，将各项成绩可以办至若何，具一条陈前来。譬如共进会成之处决无扰害治安为一项，如裁兵可以省饷为一项，种种界限手段效验，由足下自具说帖，寄由兄处转陈大总统，可以据以任命或委任，缘说歹话人多，有此则大总统易于措辞也。连前之表叙革命时之一书，分作一淘寄来更好。手颂勋安。愚兄述祖手启。十月二十九日。①

此函首句"廿三到京"与前引 10 月 24 日函首句"廿二入都"说法互异。查《大公报》"车站纪事"，洪述祖"由津晋京"是 10 月 22 日，②"廿三到京"之说不确。10 月 29 日函首句表明，洪、应通电始于 1912 年 10 月 24 日，使用的是"川密本"。"川密本"为洪述祖所掌握，洪别号"观川居士"，故称所用电本为"川密本"或"川密电本"。由 10 月 29 日函可知，洪在沪"公干"期间已将"川密电本"交与应夔丞，回京后便开始互通密电，第一电即前引洪述祖询问"蟹买寄否"之电。应夔丞后来因刺宋案被捕，从其宅中也搜出了该电本，封面书有"川密电本"四字，系洪述祖字迹，内第一页右上角盖有"洪氏观川居士沽上草堂之印"十二字阳文篆字图章。③ 洪述祖在沪与应夔丞接触不久便将"川密电本"交与应夔丞使用，说明其时二人已经走得很近，且在二人关系中，洪述祖处于更加主动位置。

10 月 29 日函所露信息还表明，洪述祖返京后仅仅一周，事情便大获成功，不仅黎副总统同意取消通缉令，袁大总统也下了特赦令。洪述祖为此特别将 10 月 27 日由程德全处转来的黎元洪复电又转发给应夔丞，并说"即此可见鄙人之苦心矣"，颇有要应感恩之意。电云：

---

① 《第五件　洪述祖寄应夔丞信三纸附三纸》（1912 年 10 月 29 日），《前农林总长宋教仁被刺案内应夔丞家搜获函电文件检查报告》，第 8—9 页。

② 《车站纪事》，《大公报》1912 年 10 月 23 日，第 5 页。

③ 《第三件　川密电码一本》，《前农林总长宋教仁被刺案内应夔丞家搜获函电文件检查报告》，第 8 页。

北京内务部洪述祖君鉴：华密。前得敬电，当即达知黎公。兹接复电，文曰：有电悉。应夔臣既愿效力自赎，亦能担保共进会无违背法律扰害治安之事，且赶速设法解散武汉党徒，是其悔过自新，实为难得。尊处办法极是。敝处以前通缉之案，自应取销。除通电外，特此奉复。元洪。宥等语。特闻。程德全。沁。印。①

由此电可知，洪述祖系通过程德全出面，请黎元洪取消了通缉令。"前得敬电"是指 10 月 24 日洪述祖致程德全之电（24 日为"敬日"），电文今不得见，但内容必系请程德全出面运动黎元洪取消应夔丞通缉令。"有电悉"之"有电"，是指程德全接到洪述祖 10 月 24 日来电后，随即于 10 月 25 日致电黎元洪，游说其取消通缉令（25 日为"有日"）。黎元洪接到程德全"有电"后，很快就于 10 月 26 日回复"宥电"（26 日为"宥日"），表示"应夔丞既愿效力自赎"，"以前通缉之案，自应取销"。程德全随即于 10 月 27 日向洪述祖发出"沁电"（27 日为"沁日"），转发了黎元洪来电。

至此，洪述祖帮应夔丞办成了一个小小的内务部秘书似乎根本不可能办成的一件大事，不仅使应夔丞得以由一名通缉犯堂而皇之就任江苏驻沪巡查长，而且为下一步请求"中央加委"职任排除了障碍。倘若不是袁世凯在幕后主导此事，不是洪述祖与袁世凯有着特殊关系，恐怕这件事很难办成。尤其值得注意的是，洪、应结识仅仅月余，洪却如此卖力地为应办事，根本不像办理"公干"之人，不禁让人感觉到二人关系之诡秘，而后来事情的发展，也证实了二人关系的确不同寻常。

---

① 《第六件 洪述祖寄应夔丞信一纸》（1912 年 10 月 30 日）附《南京程都督来电》（1912 年 10 月 27 日申刻到），《前农林总长宋教仁被刺案内应夔丞家搜获函电文件检查报告》，第 10 页。按洪述祖收到《南京程都督来电》在 10 月 27 日，10 月 29 日洪述祖致应夔丞函提到将此电转应察阅，但发信时忘了将电文封入，故 10 月 30 日洪述祖又特发一函，将此电补寄。应夔丞接到洪述祖转来该电已在 11 月 4 日。

四　应经洪邀入京见袁

在帮助应夔丞取消通缉令，顺利就任江苏驻沪巡查长之后，洪述祖继续为其活动"中央加委"职任及"叙勋"之事。由 10 月 29 日信可知，洪述祖先在袁世凯面前为应夔丞讲了不少好话，得到袁世凯许可，令洪述祖转嘱应夔丞就如何解散共进会"具一条陈前来"。于是，洪在函中具体指导应夔丞应如何撰写禀帖，写成后由他转陈大总统，"缘说歹话人多"，有了这个说帖，大总统就好为应夔丞说话，并据以"任命或委任"职务。这里当然是指在"江苏驻沪巡查长"之外，由中央另外"加委"职务。函中所谓"前之表叙革命时之一书"，即应夔丞自叙革命履历，也就是 10 月 24 日函中所谓"手函"，为"叙勋"所需要，故洪述祖再次要其连同禀帖一并寄来。其底稿现存北京市档案馆共进会档案中，共有两份，均为手稿。其中一份开头有应夔丞所写如下一段文字：

> 为叠获洪君来书，催报功绩，并筹备江南治安计，嘱予呈报中峰。鄙言无志出山，更无功可叙，官治计画又与政府所定者不同，欲置之不答。今中峰情殷求治，虚心以求，由赵总理叠令洪君婉词询商，又两电来催，顷复专使坐索回件。予固却不获，但自问光复无功，学浅才疏，既奉诚意下问，欲将上年所经事实，摘叙以陈，并不加以□藻，即烦洪君改润转递。①

体察此段文字内涵，"中峰"即袁世凯，"催报功绩"指洪述祖

---

① 《应夔丞就身史及革命时经历上大总统呈文底稿二》（1912 年），北京市档案馆藏，国民共进会全宗，J222 - 001 - 00006。

要应提供革命履历，"筹备江南治安"则为洪述祖要应夔丞呈递条陈或禀帖之目的。可以看出，洪述祖办事态度非常积极，他甚至开始谋划应夔丞到京城与袁世凯见面之事。就在 10 月 29 日"公事信"后，洪述祖特别加一"私函"，一方面告诉应夔丞螃蟹已经收到，"惜已死过半，不便送总统，仅检送二大篓与总理而已"，另一方面建议应夔丞来京一行。函中写道：

> 最好吾弟来京一行，轻车减从，一见大总统、总理，必能赏识。如必需款成行，可用电来说其所以然（此电止说此事，不夹别事及私事），由我转呈，或者能稍发，亦未可知。大总统前说允发，而日来大借款不成，京中穷极，应须原谅。①

由"大总统前说允发"一句，可知洪述祖之前向总统提过给应夔丞发款之事，并得到允诺，这才在"私函"中为催促应夔丞来京，告诉应夔丞可设法由中央发给其一笔款子，并教给应夔丞应当如何操作此事，具体讲就是由应夔丞向中央专门发一电报说明需款缘由，然后由洪述祖转呈大总统。洪特别叮嘱，"此电止说此事，不夹别事及私事"，一方面是要向中央表示专门请款之意，以示郑重，另一方面是为了将此举装饰为"公事"行为，掩盖其图谋私利的动机。但无论如何，洪述祖借机谋利之心，已昭然若揭。

10 月 30 日，洪述祖又寄一信与应夔丞，询问："日来情形若何，能北来一行否？至盼覆示。"② 11 月 1 日，洪述祖再写一信与应夔丞，此信没有通过邮局寄送，而是由洪述祖专门派一名叫"刘松"的人乘

---

① 《第五件　洪述祖寄应夔丞信三纸附三纸》（1912 年 10 月 29 日），《前农林总长宋教仁被刺案内应夔丞家搜获函电文件检查报告》，第 9 页。

② 《第六件　洪述祖寄应夔丞信一纸钞南京电一纸》（1912 年 10 月 30 日），《前农林总长宋教仁被刺案内应夔丞家搜获函电文件检查报告》，第 10 页。

船送往上海。信中写道：

> 吾弟来信如系公言，可由书记缮楷（以便上呈），除你我私信方亲笔也（余外均预备送大总统阅）……足下何日北上（能来与否，速商办法），乞示。①

由此信来看，洪述祖显然欲借办公事之机以逞私谋，故特别与应夔丞约定，以是否"亲笔"来区分"公言""私信"，有防备泄密之意。事实上，洪述祖10月29日函就已经采取将"公事信"与"私函"区分的做法，"公事信"谈特赦应夔丞及加委职任之事，"私函"则谈索款之事。这说明洪述祖确有借办公事之机获取金钱利益的目的。同时，"除你我私信方亲笔也"一句还告诉我们，此后洪、应之间往来信函，凡属二人"亲笔者"，均为"私信"，非第三人所知，这一点对于判断袁世凯、赵秉钧与后来宋案各环节是否有关，具有极重要的意义。而由"余外均预备送大总统阅"一句可知，即便是公事，洪述祖也是直接向袁世凯报告，而不是向其顶头上司赵秉钧报告，这就进一步证实了袁、洪之间有着极为密切的关系，而赵秉钧在很多事情的处理上，不过是边缘人，甚至可能完全不知。

11月4日，洪述祖又电告应夔丞："总统（盼）（真心）弟北上，允准三万。"② 这是洪述祖在6天当中第四次催促应夔丞北上。此后20多日当中，洪、应之间仍有函电往来，但今已不可得见，仅在11月29日洪述祖致应夔丞函中，有"续又接到金陵所发来函并报告各

---

① 《第八件　洪述祖寄应夔丞信一纸》（1912年11月1日），《前农林总长宋教仁被刺案内应夔丞家搜获函电文件检查报告》，第11页。

② 《第四件　洪述祖应夔丞往来电稿一纸》，《前农林总长宋教仁被刺案内应夔丞家搜获函电文件检查报告》，第8页。按此件包括两电，一为11月2日应夔丞致洪述祖电，一为11月4日洪述祖致应夔丞电。11月4日电文内，"盼""真心"等字，原本加有括弧，当是怀疑译文有误。从内涵看，似应为"总统真心盼弟北上，允准三万"。

件，当即先后亲呈总统"等语，揣其意应是关于共进会或南方治安方面之公事。其间，洪述祖一直在筹划应夔丞来京及向中央索款之事。就在 11 月 29 日函中，洪述祖告知应夔丞，"连日俄蒙事忙，今日国务院会议始决定三万之款准发"，并催促应夔丞赶快到京，说："总统极盼吾弟速来……惟接此信后，望由津浦路克日前来，一谒总统，并领取款项，即行回南，亦无不可，务祈注意为盼。"① 可见，经过洪述祖活动，袁世凯已同意应夔丞来京见面，国务院亦同意给其发款 3 万元，这笔款子当然是应夔丞依照洪述祖的建议向中央提出，而后经洪述祖活动得到总统允诺，再提请国务院讨论通过。

然而，洪述祖发出 11 月 29 日函后，却没有看到应夔丞有迅速来京之意。于是，12 月 11 日，洪述祖改用"川密本"发出如下一电：

> 文元坊应夔丞：确有委任发，迅即自行来领，何日到京，先覆电。荫。②

所谓"确有委任发"，是指"中央加委"应夔丞职务，确有"委任状"要发给应夔丞。洪述祖想通过此事，催促应夔丞到京，但实际上此时中央尚未正式讨论"加委"应夔丞职务之事。洪述祖此举实际上是在诓骗应夔丞，其行事作风在此已开始暴露，更在以后屡屡表现出来，这是破解宋案时需要特别注意的。

此时，在共进会内部，对于应夔丞应否北上进京，有不同声音。杭州支部总务科科长杭辛斋专门致函应夔丞，提醒其小心上了袁世凯的当，最好不要"轻蹈虎口"。函云：

---

① 《第九件 洪述祖寄应夔丞信三纸》（1912 年 11 月 29 日），《前农林总长宋教仁被刺案内应夔丞家搜获函电文件检查报告》，第 11—12 页。
② 《第十件 洪述祖致应夔丞电一纸》（1912 年 12 月 11 日川密），《前农林总长宋教仁被刺案内应夔丞家搜获函电文件检查报告》，第 12 页。

长者北上，未知何日首途，第据愚见揣度，似宜稍作回翔，再定进止。老袁［袁］向无信义，甘言更不足恃，相处十年，久悉素行，非有切实后盾，幸勿轻蹈虎口。是所盼祷。①

杭辛斋（1869—1924）是浙江海宁人，与袁世凯相交甚早。光绪二十八年（1902）袁任直隶总督时开办北洋官报局，杭即被委任提调之职。② 以后杭又在京创办《大华报》《京话日报》，"以遇事敢言，触项城之忌，以妄议朝政之罪，处递籍禁锢之罪"。一年后开释，适逢沪杭铁路因借款争执，杭"为公益起见，极端反抗"。袁时任外务部尚书，"逮杭下狱"，事平"解回原籍"。因与袁相处多年，了解袁为人"向无信义"，故杭要应谨慎行事。③

应夔丞迟迟不愿北上，很可能是因为他内心有所担忧。但在收到洪述祖12月11日来电后，他最终还是决定北上。行前，应夔丞采取了一系列动作。首先是于12月15日在《申报》刊登启事，通知"前在南京大本营下关兵站各职员"，务于20日前携带委状至上海文元坊其住宅，"亲自开具详细履历，以便汇案呈报请奖"。④ 同日，他致函洪述祖，称浙江多事皆都督朱瑞解散共进会所致，对其深表不满，这实际上是为共进会扰乱治安寻找理由。同时，应夔丞向洪述祖通报，自己将乘12月18日快车北上，"带团长、师长、连长各一员，小使一人，妾一，书记二"，并请洪约内务部"预派警探三四人来站照料，

---

① 《杭州共进会总务科杭辛斋致应夔丞函》（1912年□月□日），北京市档案馆藏，国民共进会全宗，J222 - 001 - 00001。此函封皮有"辛缄　初八日"字样，应写于1912年11月8日或12月8日。函末有毛笔批注："杭部总务科杭辛斋君来信。"

② 《北洋官报委员名单》，《新闻报》1902年11月26日，第1页。

③ 《杭辛斋无辜被捕》，《顺天时报》1915年11月19日，第2页；《杭辛斋逝世后之消息（附杭君履历）》，《申报》1924年1月26日，第13页。

④ 《应夔丞启事》，《申报》1912年12月15日，第1页。

免生他虞"。① 12 月 18 日，应夔丞又发出"劝谕秘密各党会训词"，并申报中央及江苏都督程德全。训词劝谕党会中人，民国"成败兴亡，各有责任，不独个人应遵循于民国法律之中，亦当展转劝导他人，切不可逾越于民国法律之外，庶几共和巩固，一致进行，国富民强，蒸蒸日上"。② 很明显，这是应夔丞在北上见袁之前，向政府表示投诚之意。同日，洪述祖向赵秉钧报告，"应夔丞……明日到津，述自往挈之"，请"派数人为之照料"。③

根据《大公报》"车站纪事"，洪述祖于 12 月 19 日"由京来津"，④ 显然是去迎接应夔丞的。应夔丞到京后，住进了金台旅馆。洪述祖"知应为人贪狠狡黠，敢为不义……欲买应为死党，且可假应凶威以骗钱财"，"应亦利用洪可以绍见政府诸公"，于是二人"日相往来，聚谈甚洽"。⑤

接下来，在洪述祖引介下，应夔丞见到了袁世凯，具体时间尚待考证，大约在其到京两三天内。⑥《谒见总统之暂行礼则》第二条规定："内外官吏及地方长官之代表因公谒见者，由国务总理或该管总长请示，定期偕同进见。"又第三条规定："官吏因受任命谒见者，遇

---

① 《应夔丞致洪述祖函》（1912 年 12 月 15 日），见《宋先生案之一线光明·应夔丞入京》（北京本报 4 月 1 日特记），《民立报》1913 年 4 月 5 日，第 7 页；《应夔丞致洪荫之函》（1912 年 12 月 15 日），见《北京发表任用应夔丞之始末》，《时报》1913 年 4 月 9 日，第 3 页；《应夔丞致洪荫之函》（1912 年 12 月 15 日），见《任用应夔丞之始末》，《盛京时报》1913 年 4 月 10 日，第 3 页。

② 《特任驻沪江苏巡查长前大总统府庶务长管领禁卫军调任大本营应夔丞劝谕秘密各党会训词》（1912 年 12 月 18 日），北京市档案馆藏，国民共进会全宗，J222 - 001 - 00001。按训词末有应夔丞亲笔批注，"已申中央并程都督备查，此记"，并盖有应夔丞印。

③ 《宋先生案之一线光明·应夔丞入京》（北京本报 4 月 1 日特记），《民立报》1913 年 4 月 5 日，第 7 页；《元年十二月十八日洪函》（1912 年 12 月 18 日），见《北京发表任用应夔丞之始末》，《时报》1913 年 4 月 9 日，第 3 页；《元年十二月十八日洪函》（1912 年 12 月 18 日），见《任用应夔丞之始末》，《盛京时报》1913 年 4 月 10 日，第 3 页。

④ 《车站纪事》，《大公报》1912 年 12 月 21 日，第 7 页。

⑤ 《洪述祖之近事述闻》，《盛京时报》1913 年 4 月 5 日，第 3 页。

⑥ 《宋先生案之一线光明·应犯之豹变》（北京本报 4 月 1 日特记），《民立报》1913 年 4 月 5 日，第 7 页。

国务总理或该管总长进见时，随同进见，亦得由总理或总长特别请示，定期偕同进见。"[1] 赵秉钧系国务总理兼内务总长，是洪述祖和应夔丞的上司，照理，不论洪述祖还是应夔丞要见袁世凯，都得由赵秉钧事先请示，然后定期偕同进见。然而，应夔丞进见袁世凯却是由洪述祖引介，赵秉钧只是在应夔丞见过总统之后，才于 1 月 12 日应夔丞来访时与其见过一面。[2] 这当然是因为洪、袁之间有着特殊关系，洪可以"时往总统府"。至于总统府方面，负责接待应夔丞的，应当是袁的心腹秘书张一麐，这从应夔丞呈交袁世凯的相关密件一直保留在张一麐处，可以得到证明。张一麐后来由政事堂机要局局长调任教育总长时，曾邀同叶迦一起整理这些密件。[3]

至于袁、应见面详情，当时及事后均未见有报道，惟赵秉钧于刺宋案发生后，曾在给北京《民立报》记者函中，说应夔丞"北上谒见大总统，力言共进会党均系青红两帮，抚无可抚，诛无可诛，惟宜设法解散，以杀其势，曾经开具条款，请领解散经费，当经总统批给五万元"。[4]

在袁世凯决定批给应夔丞 5 万元后，赵秉钧随即于 12 月 29 日留函给洪述祖，告知"应君事，款准发"，"请属具呈，说明办法，以便筹拨"。[5] 洪述祖于 12 月 30 日看到赵秉钧留函后，当即转告应夔丞"速行照办"。[6] 隔天，也就是 1913 年元旦，应夔丞复函洪述祖道：

---

① 《谒见总统之暂行礼则》，《神州日报》1912 年 5 月 1 日，第 1 页。

② 《宋案旁征（五）·赵总理私邸之一席话》，《神州日报》1913 年 4 月 18 日，第 4 页。

③ 叶迦：《辨音室闲话·宋案一》，《大公晚报》1944 年 9 月 2 日，第 2 页。

④ 《赵秉钧为宋案致北京〈民立报〉记者函》，《新闻报》1913 年 5 月 7 日，第 1 张第 3 页。

⑤ 《第十二件　赵总理致洪述祖信四纸信封一个洪致应夔丞信一纸》（1912 年 12 月），《前农林总长宋教仁被刺案内应夔丞家搜获函电文件检查报告》，第 13 页。按此件证据共收信四封，写信时间不一，按排列顺序，此处所引为第三信，写信时间为 1912 年 12 月 29 日。

⑥ 《第十二件　赵总理致洪述祖信四纸信封一个洪致应夔丞信一纸》（1912 年 12 月），《前农林总长宋教仁被刺案内应夔丞家搜获函电文件检查报告》，第 13 页。同上注，此处所引为第四信，写信时间为 1912 年 12 月 30 日。

荫之老伯大人复鉴：转奉赵公谕敬悉。遵将领纸、略折先行缮呈。因南边桃园及常属电报又有大股窃发，除已分别电令妥员协同当地得力军警，主张解散，俾免成群；夔缘冬防吃紧，万难久滞，望呈极峰，使夔及早南旋。一切条议，已拟定缮竣，即呈。此上元吉大安。世愚侄夔丞谨上。①

同日，洪述祖复函赵秉钧，将应夔丞领纸及说明节略送呈，并请赵秉钧代呈大总统。函云：

总理尊鉴：顷应夔丞遵谕送上领纸及说明节略粘附一件，呈请察收，代呈大总统批发，以便早日南旋，维持冬防……应君寓金台（旅）馆三十六号，泽农派伺有人，随时可传唤也。述祖二日回津，三日即返，附陈。敬叩岁朝万福。述祖谨启。元旦。②

以上两函中所谓"领纸"，是指应夔丞亲自书写的领取 5 万元款项的凭证，相当于收据，内容如下：

具印领状。前临时大总统府庶务长兼管内藏库，管领禁卫军调任大本营兼办兵站事宜，现任驻沪巡查兼管江苏全省巡查长应夔丞，今领到大总统颁洋银五万元，所有一切应行开支，另具节略，粘呈钧核。所领是实，须至印领者。③

---

① 《元旦应夔丞致洪荫之函》（1913 年 1 月 1 日），见《北京发表任用应夔丞之始末（续）》，《时报》1913 年 4 月 11 日，第 3 页。

② 《二年元旦洪函》（1913 年 1 月 1 日），见《北京发表任用应夔丞之始末（续）》，《时报》1913 年 4 月 11 日，第 3 页。

③ 《宋先生案之一线光明·应到京后之行动》（北京本报 4 月 1 日特记），《民立报》1913 年 4 月 5 日，第 7 页；《应夔丞印领》，见《北京发表任用应夔丞之始末（续）》，《时报》1913 年 4 月 11 日，第 3 页。

两函中提到的"略折"或"说明节略"，是指应夔丞当时所写关于 5 万元款项使用计划的说明，主要包括如下四个方面：

> 一、解散未统一以前所组织之锻翅、翦羽两党，使其各安生业，消患无形；一、安置青红两帮首领以及秘密各党会重要人物，使其潜移默化，赞助共和；一、抚恤夔丞以前死难各同志；一、慰劳夔丞历年组织机关各员。①

需要指出的是，洪述祖在 11 月 29 日函中告诉应夔丞国务院决定发款 3 万元，但实际上应夔丞最后拿到了 5 万元，赵秉钧在致北京《民立报》记者函中也说"当经总统批给五万元"，这样就比原来国务院批准的 3 万元多出整整 2 万元。赵秉钧后来在自辩"勘电"底稿中写到此事时，曾似就"三"字涂改为"五"，又似就"五"字涂改为"三"，说明应夔丞实际领取款项与国务院决定发给款项确不相同，因而下笔时有些犹豫。② 尽管多出的 2 万元并非由洪述祖直接争取而来，但筹划应夔丞面见袁世凯及索取款项主要由洪述祖操办，应夔丞自然不能一声不吭将 2 万元揣入兜中。至于二人如何瓜分，就不得而知了。不过，洪述祖后来与应夔丞合谋以购买所谓"宋犯骗案刑事提票"向中央索款时，在给应的密电中有"仍旧折三分一"之语，③ 则此次二人借中央收抚共进会之机所得款项，极有可能就是按照这个比

---

① 《宋先生案之一线光明·应到京后之行动》（北京本报 4 月 1 日特记），《民立报》1913 年 4 月 5 日，第 7 页；《应夔丞节略》，见《任用应夔丞之始末（续）》，《盛京时报》1913 年 4 月 11 日，第 3 页；《应夔丞节略》，见《北京发表任用应夔丞之始末（续）》，《时报》1913 年 4 月 11 日，第 3 页。

② 《国务总理赵秉钧自辩勘电底稿》（1913 年 4 月底），稿本，北京大学历史学系藏，第 174 函。

③ 《第三十二件　应夔丞妻致应夔丞信一纸（1913 年 3 月 8 日）抄电二纸》之《抄电二》（1913 年□月 5 日），《前农林总长宋教仁被刺案内应夔丞家搜获函电文件检查报告》，第 26 页。

例来瓜分的。至于瓜分基数为 2 万元、3 万元、5 万元，还是其他数目，就不得而知了。《神州日报》曾引国民党某君说法，谓"据其所知，共进会各部应仅共给发彼等数千元，所谓领五万，十九皆应、洪朋分自肥"。① 总之，二人合作牟利，至此首战告捷。经过此事，应夔丞对政府之态度亦大为改变，刚到北京时，与友人同席，"谈次大骂现政府。越二三日，又同席，则应盛称当道功业，盖……得钱而遂满足"。②

除上述 5 万元外，如前所述，袁世凯还应江苏都督程德全电请，特别允准每月再给应夔丞 2000 元，作为其担任江苏驻沪巡查长的津贴。关于这笔钱，应夔丞在北上前曾托在江苏都督府担任承政处处长的张一麐之弟张一爵帮忙领取，张一爵为此于 11 月 29 日致电张一麐，请"即日汇交"。电曰：

> 北京总统府秘书处张仲仁君鉴：统密。应夔丞本拟北上，因冬防吃紧，暂令缓行。中央补助月费将近两月，共该若干，务希商明赵总理，即日汇交。请即电覆为盼。爵。艳。③

由于应夔丞并未告知张一爵"该费若干"，张一爵也表示自己"无从查悉"，④ 因此他寄给张一麐的电报中并没有提及领取津贴的具体数目，也因此，这件事直至应夔丞北上仍未办成。应夔丞到京后接

---

① 《造专制乎造共和乎（续）》，《神州日报》1913 年 5 月 1 日，第 1 页。

② 《宋先生案之一线光明·应犯之豹变》（北京本报 4 月 1 日特记），《民立报》1913 年 4 月 5 日，第 7 页。

③ 《张一爵致应夔丞函附致北京电稿》（1912 年 11 月 29 日），北京市档案馆藏，国民共进会全宗，J222－001－00002。按原函落款只写"29 号"，所附电文也是"艳"日即 29 日发出。应夔丞被任命为江苏驻沪巡查长是 10 月 16 日，电稿中又有"中央补助月费将近两月"之说，由此可知张一爵系 11 月 29 日寄电北京，并于同日写信将电稿转寄应夔丞。

④ 《张一爵致应夔丞函附致北京电稿》（1912 年 11 月 29 日），北京市档案馆藏，国民共进会全宗，J222－001－00002。

续办理，但当他于 1912 年 12 月底准备领取该项津贴时，因为手续问题，在赵秉钧那里遇到了麻烦。① 后在洪述祖居中协调和内务部次长言敦源帮助下，方于 1913 年 1 月 9 日领到 1912 年 10 月、11 月、12 月三个月共计 6000 元津贴。② 应夔丞则在张一麐处留下 3 张领款收据，每张 2000 元。③ 此次领款直接关系到如何看待赵秉钧与洪述祖及应夔丞的关系，是宋案研究中一个必须解决的问题，下章将会详论。至于言敦源，洪述祖在 1913 年 1 月 5 日给应夔丞的信中，曾特别叮嘱他离京前要去言敦源处表达谢意，因"此次渠甚力也"。④ 言敦源与洪述祖有戚谊，洪述祖后来因刺宋案逃匿青岛，袁世凯曾派其赴青岛进行秘密活动，言敦源由此成为宋案中的一个神秘人物，此是后话。

应夔丞成功领取津贴次日，即 1913 年 1 月 10 日，他又给留守湖北的副总统黎元洪上了一道呈文，除了报告自己与帮会的革命功绩外，特别将袁世凯对他的支持搬了出来，说"现蒙大总统以巡查之事相属，月由公府拨费二千，江督亦月拨一千；其对于东南各会党，每有关系各省者，应由各省分任筹拨，以资办理；其临时发生特别事项，另筹济用"。应夔丞还告诉黎元洪，他已派沈翔云赴湖北陈述一切，请求湖北"按照江苏成案，量予辅助每月公费千元，临时特别另应随时随事呈报核拨，以资筹办；如蒙俯允，恳乞先将认数电报中央，以期内外接洽，同条共贯，营警相联，气求声应；将来上游遇有

---

　　① 《第十二件　赵总理致洪述祖信四纸信封一个洪致应夔丞信一纸》（1912 年 12 月），《前农林总长宋教仁被刺案内应夔丞家搜获函电文件检查报告》，第 13 页。
　　② 《第十二件　赵总理致洪述祖信四纸信封一个洪致应夔丞信一纸》（1912 年 12 月）、《第十三件　洪述祖致应夔丞信一纸》（1913 年 1 月 5 日），《前农林总长宋教仁被刺案内应夔丞家搜获函电文件检查报告》，第 13、14 页；叶迦：《辨音室闲话·宋案一》，《大公晚报》1944 年 9 月 2 日，第 2 页。
　　③ 叶迦：《辨音室闲话·宋案一》，《大公晚报》1944 年 9 月 2 日，第 2 页。
　　④ 《第十三件　洪述祖致应夔丞信一纸》（1913 年 1 月 5 日），《前农林总长宋教仁被刺案内应夔丞家搜获函电文件检查报告》，第 14 页。

事故发生，必资兵力者，再随时电请拨调应用，侦有消息，亦随时驰陈"。① 可以看出，应夔丞不只把自己当成"江苏驻沪巡查长"，他还想利用共进会势力蔓延长江上游，开口向黎元洪索要经费，并欲插手长江上游"巡查"事务，仿佛中央已经同意加委其职务。同日，应夔丞又以"现任驻沪巡查长兼江苏巡查长"名义给大总统上一呈文，请求给会党人士论功行赏。文云：

> 伏思革故鼎新，国民天职，凡在同志，初无他求，乃蒙大总统追录微劳，以宏奖励，下风引领，薄海同钦。（夔丞）从事革命越十余年，出死入生，备尝艰险。现幸共和成立，咸登春台。同时戮力诸人，已邀大总统特奖者固多，而雨露未及者亦所不免，其中或已暴骨寒磷，未返于期之首，或且逃名穷谷，思潜子推之踪。倘不据实直陈，实深负我大总统褒奖忠贤之至意。谨将从前任事效忠著绩各人员，分别生死，缮开履历，并酌其劳绩，分别拟议清折，呈乞大总统俯赐照准，特予除授，令行陆军部遵照，并请将已死各员清折，交稽勋局查案办理。②

袁世凯将应夔丞呈文交稽勋局办理。1 月 29 日，稽勋局回复国务院，指出"应夔丞所呈革命人员正副册折各件，除已故各员清折外，其余开列各员均注重论功行赏，补授实官，非本局权限所在，未便越俎"，因此交由陆军部核办。陆军部则函复江苏都督程德全，指出"个人及公私团体呈请补官，早经本部通告取缔，并刊登公报"，"该巡查长既非地方行政首长，又非本部直辖军队司令长官，无汇送补官

---

① 《应夔丞请拨款辅助巡查署上黎副总统呈文》（1913 年 1 月 10 日），北京市档案馆藏，国民共进会全宗，J222－001－00022。

② 《应夔丞为党人论功行赏事上大总统呈文》（1913 年 1 月 10 日），北京市档案馆藏，国民共进会全宗，J222－001－00022。

履历之责任，且察核呈词，其沥叙各员事实，复多属稽勋范围，与按职补官之定章不符"，因此，要应夔丞"静候稽勋局核办"，并将原呈及清折、履历等"相应粘钞"，发还给应。① 关于此事，后来报纸曾有一些说法，如《亚细亚日报》说应夔丞"统一后曾来北京一次，谒袁总统，当开呈其同志数十名，要求交稽勋局，并自求赏给少将，皆未得请，愤怒而去"。②《神州日报》则说"应到京后，由洪述祖介绍，谒见赵总理，力言其南方之功及其势力，始而要求勋四位，政府拒之，后又要求少将，政府又拒之"。③ 由于应夔丞所开清折至今未见，他究竟提出了何种具体要求不得而知，因此这些说法也就只好存疑。

1913 年 1 月 12 日，应夔丞面谒赵秉钧，请求发给国务院密码电本。两天后，赵秉钧派人到金台旅馆，将"应密电本"一册交给他，电本面页书有"北京国务院应密　民国二年一月十四日"十六字。赵秉钧并写一便函与应夔丞，谓："密码送请检收，以后有电直寄国务院赵可也。"④ 这是如何看待此后赵、应关系的又一大关键问题，将在下章重点考察。1 月 14 日，应夔丞再次呈文大总统，就消弭会党隐患陈述意见。呈云：

> 窃以为东南各会，昔为密党，今为齐民，革命多资其力，群英半出其中。未议其劳，转以为罪，似失事理之平。况党杂人多，抚或可行，激则生变。愚以为宜以统一为钤束，扬激为

---

① 《江苏都督程德全给驻沪巡查长应夔丞训令》（1913 年 3 月 17 日），北京市档案馆藏，国民共进会全宗，J222 - 001 - 00002；《国务院日记》（1913 年 1 月 29 日），《神州日报》1913 年 2 月 9 日，第 5 页。

② 《刺宋案破获后之各方面·应夔生［丞］之历史》，《亚细亚日报》1913 年 3 月 27 日，第 2 页。

③ 《宋案旁征（一）·应桂馨》，《神州日报》1913 年 4 月 4 日，第 3 页。

④ 《第十八件　赵总理致应夔丞信一纸信封一个国务院应密电码一本》（1913 年 1 月 14 日），《前农林总长宋教仁被刺案内应夔丞家搜获函电文件检查报告》，第 16 页。

维持，再以生计为最后之解决，自可弭患无形，渐进于和平之治矣。策之约四：一、源流。查会党起源，率皆明末孤臣因前此已有之民间党会，与之结合，以排满为主。……累次革命，牺牲会党之生命固多，而此次成功，藉手会党之力尤最。为今之计，聚歼既无此理，遣归亦属无方，再四熟筹，惟有先谋治标，徐图治本，庶可循序程功。二、开放。……现宜由大总统酌定办法，明发命令，如勒限缴销票布，禁开山堂及收徒等事，特订取缔专章。……三、办法。开放后由（夔丞）体察各会内状，酌定统一专章，使其宗旨习惯默化潜移，偕之大道，并选各党有权力而明干者，分布各要地，侦查各党行为，随时惩劝。如有重要警信，立即密报中央。平时按旬报告，遇有事变发生，必须兵力制止者，随时会商该省都督，指调营警，或侦缉人役，协力剿办。由中央酌派一员，随时查察，俾外情如何，得以深悉，便于遥制。自川、豫以迄闽、广皆在范围之内，而以上海为枢纽。应请大总统任命为中央特派驻沪巡查总长，以资控制。一切办法，续拟专章，呈请核行。四、生计。……生计一事，于党会上固为最后解决之方，于民生上亦为当然维持之事……拟请准由（夔丞）于国内可以经营实业之地，随时酌宜，呈明中央，力为组织，以浚大利而裕民生。……民国二年元月十四日。①

此呈即洪述祖屡次三番要应夔丞呈递之"筹备江南治安"条陈，是为了方便袁世凯向国务院提出给应夔丞加委职任的铺垫。《大中华民国日报》曾刊登此呈，落款时间为 1913 年 1 月 15 日，② 但据该呈

---

① 《应夔丞条陈取缔会党上大总统呈文》（1913 年 1 月 14 日），北京市档案馆藏，国民共进会全宗，J222 - 001 - 00006。

② 《应夔丞请任命驻沪巡查总长呈》，《大中华民国日报》1913 年 4 月 3 日，第 7 页。

原件，落款时间为 1 月 14 日，并盖有应夔丞印章。关于此呈递交，洪述祖在 1 月 5 日函中就曾转告应夔丞："顷间总理谕嘱吾弟开一南边手折办法，明日面交（即如何解散及取缔之法等事）。"可能因为时间太紧，加之应夔丞当时正忙于办理领取江苏驻沪巡查长津贴手续，故他并未即刻回复，而是在来信旁注云："俟手续交清，即照交条程［陈］并□（此字不明，似系'拜'字——原注）可也。"① 隔天，洪述祖又有一函致应夔丞，转达赵秉钧之意，谓："总统属开办法，已说明礼拜二送去，切勿误。"② 结合以上两函，可知赵秉钧嘱应夔丞所开之"手折"，实系"总统属开"，与 1912 年 11 月 29 日洪述祖致应夔丞函中转述总统要应夔丞"具一条陈前来"云云，遥相呼应。1 月 9 日，即应夔丞成功领取津贴当天，洪述祖又写信问应夔丞："总理处手折已否面递？"③ 可知应夔丞并未于 1 月 7 日礼拜二前及时将手折交赵秉钧转呈总统。直至 1 月 14 日，应夔丞方将上大总统呈文写好，于 15 日由洪述祖正式上呈。

呈文中最令人吃惊者，应夔丞竟然主动要求大总统任命其为"中央特派驻沪巡查总长"。显然，袁世凯、洪述祖和应夔丞很可能已经就此达成一致，因此应夔丞才敢提出此一要求，以便袁世凯向内务部提出加委此项职务。前引 1 月 10 日应夔丞给黎元洪呈文中就有"现蒙大总统以巡查之事相属"，说明这种可能是存在的。呈文由洪述祖转呈大总统，然后交国务院商议，国务院又发函内务部，请查核办理。出乎袁、洪、应预料，国务总理兼内务总长赵秉钧以"碍难照

---

　　① 《第十三件　洪述祖致应夔丞信一纸》（1913 年 1 月 5 日），《前农林总长宋教仁被刺案内应夔丞家搜获函电文件检查报告》，第 14 页。

　　② 《第十五件　洪述祖致应夔丞信三纸》（1913 年 1 月 6 日），《前农林总长宋教仁被刺案内应夔丞家搜获函电文件检查报告》，第 14 页。按此函未写日期，但函中有"礼拜二送去"一语，礼拜二系 1 月 7 日，故推断此函写于 1 月 6 日。

　　③ 《第十四件　洪述祖致应夔丞信一纸》（1913 年 1 月 9 日），《前农林总长宋教仁被刺案内应夔丞家搜获函电文件检查报告》，第 14 页。

准”四字批复，① 拒绝了应夔丞的要求。查 1912 年 10 月 24 日洪述祖致应夔丞第一函，其中有“中央加委一层，总理甚赞成”之语，何以此时赵秉钧忽然改变主意？其实，看看应夔丞的呈文，不仅要求中央同意其管辖自川、豫以迄闽、广广大范围内的党会，还要求中央同意其在国内适宜之地经营实业，胃口大得很。照此办去，政府不但不能收服应夔丞，反而会令其势力大涨，以致难以驾驭，难怪内务部不给袁世凯面子，驳回了应夔丞的要求。还有一个极重要的原因，就是在中央已经赦免应夔丞，并且确认由其担任江苏驻沪巡查长的情况下，共进会党徒在苏、沪一带依然不能安分守己，这就让中央对应夔丞不能不有所警惕，防止其势力过大。赵秉钧后来在自辩“勘电”中有一段话专门解释政府在收抚应夔丞一事上的考虑。他说：

> 及该应夔丞在宁委充巡缉差使，政府准浙江朱都督电称，共进会在苏、沪一带有不法情事。十一月廿日奉大总统电饬程都督密查。程都督于十二月五日歌电查复，有“应夔丞投效以来，于苏境伏莽尚能力求消弭，惟此间裁遣军队已近六万，生计所迫，隐患殊多，必尽责诸一人，或亦力有未逮”等语。是政府于应夔丞使贪使诈，良非得已，而防闲之意，迄未稍疏。且综观上列各电，应夔丞之赦免与任用，在程都督不过藉安反侧之心，在政府亦只允从疆吏之请，始终并无成见，事理昭然。②

可知政府对于应夔丞及其党徒，一方面不能不设法收抚，另一方面又不能不时刻防备，真成了烫手山药。

---

① 《国务院公函》（二年内字三十九号），见《任用应夔丞之始末（续）》，《盛京时报》1913 年 4 月 12 日，第 3 页；《国务院公函》（二年内字三十九号），见《北京发表任用应夔丞之始末（续）》，《时报》1913 年 4 月 11 日，第 3 页。

② 《致武昌黎副总统各省都督民政长电》（4 月 28 日），1913 年油印件，北京大学历史学系藏，第 174 函。

应夔丞在京期间，还给袁世凯上过一呈，"请求办一报纸"，并为此"索款六万元"，但未获袁世凯同意。原呈及"办报简章"均存机要秘书张一麐处。[1] 虽然今已不可得见，但从应夔丞这一举动可以看出，他曾想拥有自己的喉舌。洪、应后来收买报纸，试图操纵舆论，可以说在此时已露端倪。

尽管未能得到"中央特派驻沪巡查总长"的委任，应夔丞此行还是收获颇丰，心情也很不错。1913 年 1 月 21 日，应夔丞写信给妻子，通知 1 月 22 日他将由北京乘火车直接到南京，23 日晚到南京后再转车回上海。信中有"此间诸事都大顺大吉，凡百如意"等话。[2] 回到上海后，应夔丞即"自命为特任巡查总长"，外间所有与应函件，上款皆称"总长"，应夔丞自己所发函件封面则皆书"特任巡查总署缄"等字，其招摇欺诈，可见一斑。[3]

从 1912 年 9 月 20 日洪述祖南下首次与应夔丞相见，到 1913 年 1 月 22 日应夔丞离京南下，中间不过短短四个月时间。就在这四个月当中，宋案的几个关键人物袁世凯、赵秉钧、洪述祖、应夔丞一一现身，相互之间的亲疏关系也透过中央收抚应夔丞及共进会一事呈现出来。洪述祖无疑是总统私人，中央收抚应夔丞主要由袁世凯通过赵秉钧之秘书洪述祖来办理，洪述祖不仅向程德全保荐应夔丞为江苏驻沪巡查长，而且通过程德全与黎元洪交涉，促使后者取消了应夔丞通缉令，而后才有袁世凯下令特赦应夔丞之事。应夔丞到京后面见总统、总理，全都由洪居中介绍。应夔丞领取 5 万元共进会遣散费及每月 2000 元江苏驻沪巡查长津贴，也都由洪居中协调办理。洪结识应不过数月，便如此卖力地为应夔丞之事活动，为应与中央的关系牵线搭

---

[1]　叶迦：《辨音室闲话·宋案一》，《大公晚报》1944 年 9 月 2 日，第 2 页。
[2]　《第十九件　应夔丞信两纸又一纸》（1913 年 1 月 21 日），《前农林总长宋教仁被刺案内应夔丞家搜获函电文件检查报告》，第 16 页。
[3]　《宋案破获后之各方面观·应桂馨之近事》，《民主报》1913 年 4 月 4 日，第 6 页。

桥，并且在结识不久便将其所用"川密电本"交与应夔丞使用，不能不让人感觉二人关系之诡秘。袁、应虽然也是刚刚认识，但由于解决长江中下游会党扰害社会治安问题需要应夔丞配合，故袁对应实行的是安抚与收买策略，不但赦免其罪，而且给其经费，还计划在"江苏驻沪巡查长"之外加委"中央特派驻沪巡查总长"职务，只不过未能获得国务总理兼内务总长赵秉钧同意。

洪、袁之间及洪、应之间的紧密关系至此已清晰显现出来，袁、应通过洪述祖牵线搭桥，也建立起了关系。在袁、赵、洪、应四人中，袁、洪是一个关系圈，洪、应是一个关系圈，两圈交叉，洪述祖成为关键人物，赵则处于两个关系圈边缘略微偏向袁世凯一侧。宋案后来的发展情节虽然复杂，但其基本走向在很大程度上已经由此时所确立的人物关系决定。

五　赵与洪应之疏离关系

从中央收抚应夔丞及共进会的来龙去脉可以看出，收抚计划的提出与赵秉钧没有什么关系；程德全任命应夔丞为江苏驻沪巡查长、黎元洪取消应夔丞通缉令、总统颁布应夔丞特赦令，以及洪述祖邀请应夔丞入京，也与赵没有直接关系。这从赵1913年4月12日向北京《民立报》记者所述收抚应夔丞的过程也可以明显看出。他说：

> 至应夔丞，则由程雪楼（即程德全——引者）推荐。总统以黎副总统曾拿办其人，不之许。雪楼复与黎副总统商酌，谓其与青红帮会党甚稔，宜羁縻之。副总统乃电中央，请量予酌用。程雪楼复来书，谓愿担任经费，使为巡查，逐渐解散共进会。既而程雪楼复来书，谓此人殊爱面子，可令之一见总统。及应夔丞来，乃大摆架子，先通告内务部，谓其带来旅长一名，队长若干

名，小妾一名，军刀若干把，属内务部招待之。到京后住金台旅
馆。此本年一月内事也。①

　　赵秉钧未提洪述祖，但实际上如前所述，上述各事背后最主要的
推动者便是洪述祖，而洪述祖则是奉袁世凯之命行事。赵说袁对程德
全推荐应夔丞"不之许"，其实是为袁掩饰，实则如前引电文，袁对
程之处置办法完全赞同。赵秉钧拨付应夔丞的5万元遣散费，以及每
月2000元的江苏驻沪巡查长津贴，不过是在袁世凯做出决定后例行
公事而已。赵秉钧应应夔丞之请求发给其密码电本，也不过是公事公
办。这两件事在刺宋案发生后，被国民党人紧抓不放，认为赵、应之
间有着不可告人的秘密，是完全没有根据的。下面的章节中将会详细
讨论这些问题。

　　至于赵、洪关系，由于洪为赵之秘书，刺宋案发生后，许多人将
洪视为赵之私人，并由此怀疑赵为幕后主使，赵因此百余年来一直无
法摆脱嫌疑。然而，这种仅仅建立在表面人事关系基础上的推断实在
太过简单，也太危险。而严格从证据来看，赵是不是杀宋主谋姑且不
论，单就赵、洪关系来看，也绝非如当时及后来绝大多数人所以为的
那样。让我们首先来看赵秉钧本人是如何说明他与洪述祖的关系的。
先是1913年4月12日，赵秉钧对来访的北京《民立报》记者说道：

　　　　余向不识洪。前年革命时，唐少川（即唐绍仪——引者）与
　　洪往来颇密，吾时住天津，耳其名，然终未识面也。乃吾任内务
　　部，少川荐洪为秘书长，谓洪于革命有殊勋，姑位置之。此余识
　　洪之始。此后洪寓与余私邸不远，偶来余秘书室闲谭，向不曾办

---

① 《宋案旁征（五）·赵总理私邸之一席话》，《神州日报》1913年4月18日，第4页。

公事，余亦奉以干修而已。①

1913 年 4 月 25 日，程、应通电宣布宋案证据后，赵秉钧除了于 4 月 28 日发出"勘电"，辩解自己与政府同刺宋案无关外，又于 4 月 29 日特别就他和洪述祖的关系等问题与《新纪元报》记者有如下问答：

> 问：君与洪述祖关系如何？
> 答：余不识洪，少川总揆属余位置，因畀秘书。
> 问：洪氏在部势力何如？
> 答：洪既新进，且嫌位卑，仅领干修，不常视事。余亦谓系革命元勋（洪常自称，少川亦为余言之），不以部务相烦。
> 问：正月间君委洪南下有诸？
> 答：否。余不以部务属洪，洪亦自称不愿拘于寻常公事。正月间洪请假赴津，余方利其去部，立予批准，初不识其潜行赴沪也。②

此段对话中最后一问一答所说洪述祖 1913 年 1 月南下之事，与宋案的另一重要环节——调查欢迎国会团有关，将在本书下章详细讨论，此处暂不涉及。可能赵秉钧觉得仅仅接受记者访谈还不能完全讲清二人关系，故他紧接着又于 5 月初公开发表致北京《民立报》记者函，第三次就他和洪述祖的关系做出说明：

> 若洪述祖者，与鄙人素不相识，闻其与赵凤昌至亲，赵君在沪与起义诸巨子踪迹甚密，故洪颇预闻革命之事。辛亥年春（应

---

① 《宋案旁征（五）·赵总理私邸之一席话》，《神州日报》1913 年 4 月 18 日，第 4 页。
② 《赵总理之谈话》，《新纪元报》1913 年 4 月 30 日，第 3 页。

为辛亥年秋——引者），唐绍仪请开邮传部尚书缺，即系接洪之电报。唐寓天津，外间传说是事及武汉事起清室退位诏即出于洪之手。唐以洪赞助共和，不为无功，因荐与鄙人，意欲为内务部秘书长。参议院所定官制，各部无秘书长名目，唐君云即秘书亦可。当即委任是职。洪任秘书以来，到部未久，即有各报攻击，洪拟引退，旋委调查水上警察差。嗣后并未到部办事。洪屡屡患病，请假就医，有时在津，有时到沪，请假呈文俱存在署中有案。此洪述祖来历之实在情形也。①

由于赵秉钧身居高位，又是洪述祖的顶头上司，革命党人对于他的上述公开说明，当然不会相信，认为"此种谈话，无非欲以一手掩尽天下之目"，"盖赵于洪破案时，则一味将自己与洪关系说得极浅，以便洗脱；于证据宣布之后，则一味将一切主使关系，又全然卸之洪述祖身上，虽前后自相矛盾亦所不顾，左支右吾，情见势绌矣"。② 但我们作为百余年后与宋案毫无利害关系之人，则应实事求是，看看赵秉钧所言是否属实。首先有两个基本史实需要澄清。

第一，赵、洪二人何时相识。按照赵秉钧的说法，在洪述祖到内务部任秘书之前，他与洪述祖并不相识。洪述祖 1918 年在京师高等审判厅接受法官讯问时，也有过与赵秉钧一致的说法：

> 问：你怎么认识的赵秉钧？答：我先不认识赵秉钧，我将所以认识的缘由陈述陈述。当初我与唐绍仪是邻居，唐绍仪作驻高丽帮办军务之时，我随唐绍仪办事，彼时袁世凯作驻高丽办事大

---

① 《赵秉钧为宋案致北京〈民立报〉记者函》，《新闻报》1913 年 5 月 7 日，第 1 张第 3 页。

② 血儿：《驳赵秉钧之通电·铁证如山尚可掩饰耶（三续）》，《民立报》1913 年 5 月 5 日，第 2 页。

臣，因此与袁相识。后来革命起义……后经袁总统介绍，令我为内务部秘书，并委为总统府顾问，由是才认识赵秉钧。①

然而，事实并非如此。经查，1912年12月14日，赵秉钧在一份拟将内务部秘书洪述祖等4人官等由五等进叙为四等的呈文中写道："查该秘书洪述祖等，自去岁北京内务部未经成立之先，即随同本总长经理各项机密要件，为时已越年余，奋勉从公，极著劳勚。"② 由"为时已越年余"可知，洪述祖早在宣统三年（1911）11月赵秉钧出任袁内阁民政部首领期间，便已在赵之手下任职，且既"经理各项机密要件"，则二人当时关系应很密切，说洪当时为赵之私人亦无不可。《民立报》也曾有报道说："武汉起义，洪时在上海，和使南来，洪遂乘机入都，游说于各要津。时赵智庵任前清民政部，荫芝投刺进谒，抵掌而谈，颇得赵旨，赵爱其才，引为己用。时正南北纷扰，亟谋统一，故赵智庵事事与之筹画，颇资臂助，并任以秘书一席。"③ 其中"武汉起义，洪时在上海，和使南来"云云与史实不符，当时洪述祖在天津，他也不是因为"和使南来"才入都活动，而是在看到赵凤昌给唐绍仪的密电后才加入推倒清廷的秘密活动中。这些情节在前文讨论洪述祖与袁世凯的特殊关系时已有所述。至于《民立报》所述其他情节，则应属实情，可与赵秉钧1912年12月14日呈文相互印证。甚至有记载说，洪、赵二人在赵出任袁内阁民政部首领之前就已经熟识，当时"洪述祖在津，家住宿纬路"，赵秉钧亦在津闲居，"与洪

---

① 《驻守高等检察厅司法警察巡官报告审理情形》（1918年11月8日），北京市档案馆藏，北平市警察局全宗，J181－017－01771。

② 《国务总理内务总长赵秉钧拟将内务部秘书洪述祖等均进叙四等请鉴核施行文》（1912年12月14日），《政府公报》第275号，1913年2月10日，第406页。

③ 《未得正犯真不甘心·宋先生遇害记（十）·洪杀胚之鬼脸》，《民立报》1913年4月3日，第11页。

曾有翰墨缘"。[1] 还有记载说，洪罢直隶候补道后，"在天津宿纬路购地营屋，备极崇宏。南北统一之际，日与赵智庵等作诗酒之会，因为赵所倚重"。[2] 赵秉钧之所以在刺宋案发生后竭力掩盖其早就与洪述祖熟识的事实，显然是想把他与洪述祖的关系"说得极浅"，如此他的辩解才有说服力。此为一般人之心理，并不意味着赵秉钧就是刺宋案幕后主使。但这样一来，反而会增加其自身嫌疑。至于洪述祖后来在法庭上所说，主要目的是把"燃宋"责任推到已经死去的赵秉钧身上，因此，他同样需要把他与赵秉钧的关系"说得极浅"，故他对担任内务部秘书前已在前清民政部为赵秉钧"经理各项机密要件"，亦一字不提。

第二，洪述祖任内务部秘书究竟由谁推荐。按照赵秉钧在刺宋案发生后公开的说法，洪述祖系国务总理唐绍仪所荐，当时各种报道也都这样讲，包括唐绍仪本人在内，并无异议。但唐绍仪1917年在上海租界会审公廨出庭作证时，却又说："我为总理时，洪述祖并不在内务部为秘书。"[3] 这极易让人误解为洪述祖担任内务部秘书并非他所推荐。而洪述祖在1918年接受京师高等审判厅讯问时，又有袁总统令其为内务部秘书之说，似乎印证了唐绍仪的说法。然而，实际情况可能要复杂得多。经查，唐绍仪正式卸任国务总理是1912年6月27日，其中6月17日至29日由外交总长陆徵祥代理，[4] 而洪述祖被批准为内务部秘书是6月20日，[5] 大概因为距唐绍仪正式卸任只有一周，唐已出走天津，由陆徵祥兼代国务总理，而唐又不想卷入宋案，

① 《北京电报》，《民立报》1913年3月29日，第6页。
② 《宋先生在天之灵·凶手就缚（五）·洪杀胚之丑史》，《民立报》1913年3月29日，第11页。
③ 《公廨第二次预审洪述祖》，《申报》1917年6月1日，第10页。
④ 刘寿林等编《民国职官年表》，中华书局，1995，第5页。
⑤ 《临时大总统令》（1912年6月20日），《政府公报》第54号，1912年6月23日，第20页。

遂在会审公廨有那样的说法。但这并不能推翻他曾经推荐洪担任内务部秘书的事实，否则他应当在赵秉钧的说法出现之初便予以否认，而不是在赵秉钧死去几年之后才试图否认。因此，赵秉钧的说法应是可靠的。《神州日报》还曾对唐绍仪推荐洪述祖的具体情形有如下记述：

> 前年清帝未退位时，洪曾手草退位诏书进之庆邸，力言清室退位之利，否则必亡。此为洪有功民国之一事。及至南北统一，以唐少川为国务总理，有人荐洪为国务院秘书长，唐亦允之，惟以魏宸组为南京政府之人物，一切皆能接洽，洪之秘书长遂为魏所夺去。唐总理因无洪之位置，乃荐洪于赵总理，赵时为内务总长。及官制发表，无秘书长之名，赵请于唐，唐曰：给他一秘书可也。此为洪述祖入内务部之始。①

此段关于唐推荐洪任内务部秘书的记述，恰可与赵本人的解释相印证，且符合当时国务院人事安排的实际情况，可信度甚高。

至于袁世凯插手内务部用人，令洪述祖任秘书，也是有可能的。内务部参事顾鳌就是由袁世凯插手安排的，《神州日报》曾有报道，谓："前民政部金事顾鳌，去年因反对共和，在上海拘禁。回京后得汪荣宝、章宗祥介绍于总统，极力揄扬，谓顾劳苦功高，不可不优予位置。总统已面谕赵总长将顾位置于内务部中，谅必有司长、科长之望矣。"② 赵秉钧之所以不提袁推荐洪担任内务部秘书之事，可能是因为那样会把袁世凯直接牵连到刺宋案当中来，这恐怕是他不敢的。袁世凯身为大总统，亲自出面向内务部推荐洪述祖为秘书，极有可能是为了让洪述祖就近监视赵秉钧，就如同刘厚生在《张謇传记》中所讲

---

① 《宋案旁征（一）·洪述祖》，《神州日报》1913 年 4 月 4 日，第 3 页。

② 《北京政海春潮记（十六）》，《神州日报》1913 年 5 月 14 日，第 4 页。

的那样。当然，袁世凯本人是不会承认这一点的，宋教仁被刺后袁就更不可能承认这一点，而是要竭力撇清他与洪述祖的关系，故他曾对总统府某君说："洪述祖虽为内务部秘书，其人之卑劣，久已著名。余尝谓北方有洪述祖，南方有赵凤昌。此次洪述祖之任内务部秘书，实系唐少川所荐，智庵平日亦不甚信任之。"①

　　虽然史实表明，赵秉钧在前清时期便与洪述祖交往密切，但另一方面，我们又不能不承认，鼎革以后，赵、洪二人关系发生了很大变化，逐渐疏远起来。赵秉钧说洪述祖到内务部后"向不曾办公事"，"仅领干修，不常视事"，又说"余不以部务属洪，洪亦自称不愿拘于寻常公事"云云，基本与事实相符。②

　　更值得注意的是，赵、洪之间开始产生矛盾，关系逐渐变得很不融洽，其原因首先是洪述祖到部后"汲引私人，大受同事攻击"，③让赵秉钧很不满意。《民立报》曾详细报道洪述祖在内务部的所作

————————

　　① 《袁世凯疑心暗鬼》，姜泣群编述《渔父雄辩集》（附《举国同声哭》），中华艺文社，1913，第9页。

　　② 按洪述祖于1912年6月任内务部秘书，刺宋案发生后，京中妓女苏佩秋曾追述洪述祖供职内务部期间与她的交往，可知洪当时经常在外放荡，过着奢侈糜烂的生活，赵秉钧所言不虚。苏佩秋云："至去年六月间，洪老头常到桂荷，或叫条，或打牌，又往伊宅内叫过一回条子。他住城里椿树胡同，我同他太太打过一次牌。他这几月内在我身上狠花几个钱。到年底时候，他对我说要带我到上海逛一次，彼时我由班子里将要上车，我欠的年帐并班子的押帐均无法清还，我对他说不能出外，他允许给我还二百元帐，并一百元押帐，又给我家里二百元过年，说明带我去，往返只十天功夫。"（北京特派员函：《举国同声一哭之宋先生·苏佩秋口中之洪述祖》，《民立报》1913年4月11日，第6页）更有力的证据是，查阅《大公报》"车站纪事"，从1912年6月中旬洪述祖担任内务部秘书，到1913年3月20日宋教仁被刺，当中除去1912年9—10月洪曾南下上海一个月，1913年1月洪曾南下上海约10天外，7个多月内，洪述祖至少往返津京38次，每次回津，少则待一日，多则三五日，乃至更长。很显然，这并不是一个正常的、安于职守且为赵所信任的内务部秘书应有的表现。如果不是凭借着与袁世凯有特殊关系，洪述祖怎敢如此不把赵秉钧放在眼里。见《车站纪事》，《大公报》1912年6月19日第6页，8月15日第7页，8月31日第3张第7页，9月8日第6页，9月21日第7页，10月22日第6页，10月23日第5页，11月1、4、13日第6页；11月15、17、19、24、26日第7页，12月5日第6页，12月21日第7页，12月23日第6页；1913年1月3、5、12日第7页，1月15、16、19、20、23日第6页，2月12、24日第6页，3月1、9、16、18日第6页。

　　③ 《北京电报》，《民立报》1913年3月29日，第6页。

所为：

> 京函：内务部金事陈以丰，系前清副都御使陈名侃之子，内务部秘书洪述祖之私人。陈前在民政部时，声名极为恶劣，是以此次补金事后，先分警政司，警政司拒绝之，继改职方、卫生司，又拒之。赵总长不得已，遂将陈派充会计科科员，陈又不愿屈就，不知如何运动，竟得统计科科长，于是总务厅人员咸抱不平，往质问次长荣竹农（即荣勋——引者）。荣答以此系总长之意。各员又往询赵总长，赵大为愕然，当答以不知此事，即由电话询之荣次长，问以陈以丰何以改派统计科长，何以与原分科之单不符。荣次长答以此系秘书洪述祖传奉总长之话，并非次长所擅改。赵始知洪述祖揽权舞弊，撞骗招摇，颇为震怒，当宣言于众谓：此次分科各员一律取消，听候再行改派，以息人言。一面又下一命令，以后秘书不准传话，所有公牍均以总长亲自盖章为凭。当时众怒稍平，遂各散去。日来各司员秘密调查，洪述祖自开部以来，劣迹甚多，每日必在大李纱帽胡同醒春居为会议之地，有包办科长之说，此次援引金事至八人之多，实为内务部之一大蠹贼，非要求赵总长将洪撤退不可，恐风潮正未已也。①

其他各报也都纷纷报道并抨击洪述祖。如《大中华民国日报》说洪述祖"到部后，揽权纳贿，任意招摇，日在大李纱帽胡同醒春居、石头胡同武林金并某孀妇处与某某等秘密谈话，其声名之恶劣，固通国皆知。旋以其私人陈以丰、陶洙、陶毅均位置金事，以至引起阖署辞职之风潮。后又伪传赵总长之面谕，欺蒙荣次长，复从中播弄是

---

① 《内务部之风潮·洪述祖舞弊》，《民立报》1912年9月3日，第7页。

非，以至赵、荣不洽，荣之左迁蒙藏局，即由洪之倾轧也"。① 《神州日报》"北京专电"则谓："内务部佥事汪曾武等具呈于赵总长，控告秘书洪述祖劣迹多款，并谓其串通次长将总长已签押之部令私自挖改，赵阅呈大怒，谓：'谁敢改我公事，我定不答应。'"② 此外，《亚细亚日报》说赵命洪"充内务部秘书，而意见终不洽。洪屡献策于赵，赵不能纳"。③ 《大公报》亦谓："赵本鄙洪之为人，以敷衍唐少川之故，不得已而用之。洪自负多谋，屡屡献策于赵，赵置不理，洪大为觖望，乃时时詈赵。"④ 这些都反映出洪述祖与赵秉钧及内务部同僚关系紧张。洪述祖正是因为大受同僚及报纸攻击，在内务部难以立足，这才请求赵秉钧派其出京至东南调查水上警察，从而觅得机会与共进会会长应夔丞接上了头。《民主报》说洪述祖"手段通天，挖抽公文之罪不惟不宣，且得优差而出，名曰暂避同官之讥评"，⑤ 指的就是洪南下"公干"这件事。

另外，洪述祖在南北议和推倒清廷的过程中，曾起到一定的作用，常以"革命元勋""共和功臣"自居，但鼎革后职位却无变化，只是由前清民政部秘书改任民国内务部秘书而已。这让洪难以接受，因此"鄙秘书事，小居恒怏怏，不理部事"，而赵秉钧"亦心鄙其人"。⑥ 故洪"平日在部办事之日甚少，其踪迹频奔驰京沪［津］间，车站往来人物表中，一月恒见其姓名，可以证之"。⑦ 以上情形在前引

---

① 《欢迎国会团与洪述祖》，《大中华民国日报》1913 年 3 月 29 日，第 2 页。

② 《北京专电·洪述祖之罪案》（1912 年 9 月 6 日发），《神州日报》1912 年 9 月 7 日，第 2 页。

③ 《再志洪述祖之略历》，《亚细亚日报》1913 年 4 月 2 日，第 2 页。

④ 《洪述祖在逃被获之消息》，《大公报》1913 年 4 月 1 日，第 4 页。

⑤ 《宋案破获后之各方面观·洪述祖解京风说（附洪贼历史）》，《民主报》1913 年 4 月 1 日，第 6 页。

⑥ 《宋先生案之一线光明·洪述祖之经历》（北京本报 4 月 1 日特记），《民立报》1913 年 4 月 5 日，第 7 页。

⑦ 《欢迎国会团与洪述祖》，《大中华民国日报》1913 年 3 月 29 日，第 2 页。

赵秉钧所言中屡有所及，可以说比较真实地反映了赵、洪二人的关系。此外，洪述祖身为内务部秘书，却"时往总统府"，难免会让赵秉钧心生疑忌与不快，这也从另一角度反映出洪、赵关系远不如洪、袁关系。

　　总之，洪、赵关系在鼎革后赵任内务总长时期并不融洽。收抚应夔丞与共进会本属内务部职权范围之事，洪却利用其与袁的特殊关系，在一些问题上私下运动其事，赵与洪之疏离关系于此已可明显看出。应送给总统的四篓螃蟹因"已死过半，不便送总统"，洪却"检送二大篓与总理"，更可见袁、赵在洪心目中地位之差别。1913 年 1 月初应夔丞即将南下时，洪述祖反复叮嘱其行前到总统处及内务部次长言敦源处辞行，以示谢意，却未叮嘱其到赵秉钧处辞行。洪、赵之间的这种疏离关系，决定了洪述祖不会将刺宋这样的机密事情向赵通报，这一点对分析宋案至关重要。

第四章

洪应合谋诬宋及杀宋惨剧之酿成

当应夔丞 1913 年 1 月 14 日从赵秉钧那里得到"应密电本"后，他的主要任务便是履行承诺，解散共进会。倘若事情一直朝着这个方向发展，那么，无论应夔丞最终能否解散共进会，刺宋之事都可能不会发生，因共进会解散与否与国民党并没有特别关系，与宋教仁更毫无关联。然而，由少数激进派国民党人组织的"欢迎国会团"在上海忽然出现，成为事件的转折，不仅惊动了临时大总统袁世凯，而且将国民党领袖牵连进来，宋案由此继续向前演进，并最终酿成洪、应杀宋惨剧。

一　沪上突现"欢迎国会团"与袁之应对

沪上欢迎国会团之出现，倡自国民党激进派所办《民权报》记者尹仲材、何海鸣等。先是 1912 年 9 月 11 日，尹仲材于该报发表《正式国会之殷鉴》一文，批评南京临时参议院迁至北京后被军警威胁与"放任弹劾权"，称"参议院北迁之失败，可以为将来正式国会之殷鉴"，提出将来正式国会"当然自行集会于其他地点"。① 次日，尹仲材又发表《自行集会与集会地点》一文，称"前此参议院北迁，如弱主受制于悍仆"，因此第一届正式国会应"自行召集，并自行择定相当集会地点"，提议"先开预备会于上海，随即开成立会于南京"。② 紧接着，何海鸣发表《参议院之末路——正式国会之殷鉴》一文，对尹仲材之主张表达"美满之同情"。③不过，由于其时距离第一届正式国会议员选举为时尚早，加之孙、黄相继北上，与袁世凯共商国政，相谈甚欢，尹、何之主张在当时并未引起若何反响。

进入 1912 年 12 月后，随着国会议员选举工作展开，主张自行召集国会者开始有所行动。12 月 7 日，《申报》刊登消息，谓詹大悲"以国会开会在即，宪法问题关系重大，与诸同志商办'政法学会'及'欢迎国会团'，欲至各省发起协会，集合人才，为研究宪法草案之预备，故定不日起程，至皖、鄂各省设法联络"。④ 这应当是"欢迎国会团"名词首次出现。1913 年 1 月 1 日，尹仲材等发表了由何海鸣主笔草拟的《欢迎国会团第一次宣言书》，⑤ 提出该团"以保持立法机关之安全，预防临时政府之纷扰，欢迎第一届正式国会议员开预备会于上海，自择集会所在地为宗旨"，强调共和国民有选择国会地点之自由，由于"参议院北迁失败，陷入于武力世界之漩涡中，故有今日之萎靡不振，则将来正式国会之议员选齐后，当然自行集会于其

---

① 仲材：《正式国会之殷鉴》，《民权报》1912 年 9 月 11 日，第 1 页。
② 仲材：《自行集会与集会地点》，《民权报》1912 年 9 月 12 日，第 2 页。
③ 海鸣：《参议院之末路——正式国会之殷鉴》，《民权报》1912 年 9 月 19 日，第 2 页。
④ 《詹大悲将次离沪》，《申报》1912 年 12 月 7 日，第 7 页。
⑤ 海鸣：《再论国会自行集会与另择地点之理由——答孙毓筠》，《民权报》1913 年 1 月 5 日，第 2 页。

他地点，庶得尽立法之职权，而组织最强固之宪法"。① 同时，尹仲材等在上海拱宸门外法租界诸家桥宝安里设立欢迎国会团事务所，派团员与沪上各党会接洽，并议决三种进行方法："（一）由各党会公函分寄各支部机关处联合；（二）用该团名义通告各团体；（三）由个人名义加入公函为之介绍。"②

欢迎国会团在上海出现后，"长江一带闻风响应者，日有其人"。③ 其中"有一班激进派鼓动迁都之议"，以致有人认为，"欢迎国会团发生，名为欢迎国会，实则主张迁都"。④ 并有报道说："上海欢迎国会团对于迁都一事主张甚力，然恐多数人不解迁都之理由，致招反对，故该发起人现将其主张之理由，用腾〔誊〕写版刷印数千份，赠送在京之要人，以供研究。"⑤ 更引人注目的是，在京"辛亥同志团诸志士发起一'国会地点研究会'，以为后盾"，"所抱宗旨与欢迎团大略相同"，以致论者惊呼："前日所目为上海部分地方人士之意见者，今竟蔓延全国，且发见于政府肘腋之下矣。"⑥ 甚至有舆论认为，"国会地点研究会"就是由欢迎国会团改名而来，"其意并不在实行研究，盖不过藉此以动摇人心，以便其阻止议员北来之举，其主旨仍丝毫未变，国会决意拉往南京，国都亦即在南京建设，又有建都武昌之说"；并谓"该团现在已在各要埠组织会所，四面派人运动，上海、汉口、浦口三处均已派有人，实行截阻议员北来；更有昌言某

---

① 《欢迎国会团第一次宣言书并驳书》，1913年油印本，第15、3—4页。按此件在北京大学历史学系藏档第 B120 函内，其中包括《欢迎国会团第一次宣言书》（附《欢迎国会团暂时规约摘录》）、《驳欢迎国会团第一次宣言书》两篇，合订为一册，最后一页有毛笔所书"三月十三日订"六字。

② 《欢迎国会团纪闻》，《民权报》1913年1月5日，第10页。

③ 《总统选举问题之商榷》，《中国日报》1913年1月27日，第2页。

④ 《总统总理之密议》，《顺天时报》1913年1月16日，第7页；燕侠：《时评·国会地点研究会》，《顺天时报》1913年2月12日，第2页。

⑤ 《主张迁都之印刷物》，《顺天时报》1913年2月5日，第7页。

⑥ 《国会地点研究会内容》，《民主报》1913年2月11日，第6页；燕侠：《时评·国会地点研究会》，《顺天时报》1913年2月12日，第2页。

某等省军队已为其运动成熟，极愿助彼成事者"。①

对于部分国民党人发起欢迎国会团，时人还有更深一层的观察，认为其目的在于预防袁世凯走向独裁。如日人所办《顺天时报》就此分析道：

> 上海有人近日设立欢迎国会团……兹据政界消息，该会设立旨意，决非一个单纯欢迎正式国会之团体，实系对于袁总统一派将来之态度为预备反抗所设立者。至设立该团者，多属国民党人物，如属于共和党、民主党者，毫不加入。窥其原因，则目下国会开设日近，宪法问题陆续纷起，议论嚣然。观总统一派所主张编订宪法根本主义，与《临时约法》精神大异，最大行政权全在总统之手，如国务总理将来不过一傀儡耳。如此，与革命精神实为背驰，名为总统，为共和，其实不异君主专制政治。故国民党中凡属旧同盟会者，或恐万一有如此异事，故先于上海设立欢迎国会团，纠合多数同志，其中使南省都督带有兵力者务多加入，养成实力，以待他日之用。故若袁氏将来态度平和稳健，所编宪法与《临时约法》大同小异，则不足深忧；万一袁氏若欲以威力压服政界，用老辣手段编订利己的宪法，蹂躏共和之大精神，为欢迎国会团者断然反对，再演出南北对峙之奇态，亦未可知。该团体意实如此，其前途亦不可轻视云。②

还有人指出，欢迎国会团之出现，其实是为了在选举正式大总统时，议员能够不受袁派之影响，自由投票。如共和党《亚细亚日报》分析道：

---

① 《不如此岂可以招乱速亡》，《新纪元报》1913 年 2 月 12 日，第 2 页。
② 《上海欢迎国会团之前途》，《顺天时报》1913 年 1 月 13 日，第 3 页。

各野心家知议员虽得多数，然于北京投选举大总统票，欲舍袁而投他人，事亦不易，故特欢迎国会于南京，以便投票时无所顾虑。即令投票之后，大总统非袁而为他人，北方军民不服，亦可以办成南北分立，为最后之结果。且以为既已举定非袁，亦不患北方军民之不服，即袁亦不能于名义既去之后，别有何种方法以谋对待，其结果并不至于南北分立云云。①

组织欢迎国会团之议发起后，国民党内温和派人物、前安徽都督孙毓筠首先于 1 月 3 日通电反对，认为"斯议之发生，影响于民国前途安危者至巨"，"南北意见，自孙黄入都后渐已消融，国民方相庆幸，以为国家政治从此可期统一……而斯说一倡，徒令南北人心，又生一重恶感，影响所及，大之则有全国分裂之忧，小之亦启扰乱公安之渐"。他呼吁各省新选议员，"务以法定集会期限齐至北京，勿为此种非法之言论所愚，以破坏我新造之民国"。② 孙毓筠之后，各省都督纷纷发表通电，"言词激烈，群起反对"，"如奉、吉、黑三省及晋、汴、鲁、陕、甘、新、鄂、湘、滇、浙等省均极端不以为然，请大总统迅筹解散办法，以维大局，其中并多主张以武力对待者"。③ 直隶都督冯国璋之通电措辞尤为激烈，他斥责该团人员"其罪既不容诛，其心尤不可问"，声言"国璋嫉恶如仇，爱国若命，凡有敢鼓簧其僻辞邪说，冀以动摇国本、蛊惑人心者，惟有执法以随其后"。④

欢迎国会团方面，何海鸣于 1 月 5 日发表《再论国会自行集会与另择地点之理由——答孙毓筠》，指出："本报往者之所主张，与夫上

---

①　《正式大总统袁耶黎耶黄耶》，《亚细亚日报》1913 年 1 月 28 日，第 2 页。
②　《孙毓筠反对迁移国会地点通电》（1913 年 1 月 3 日），朱宗震、杨光辉编《民初政争与二次革命》，第 221—223 页。
③　《大总统对待欢迎国会团之办法》，《大公报》1913 年 1 月 26 日，第 3 页；《各都督不赞同欢迎国会团》，《大公报》1913 年 1 月 30 日，第 5 页。
④　《直督冯国璋电》，《国会丛报》1913 年第 1 期，第 6 页。

海欢迎国会团之倡议，第一届正式国会当然自行召集，并自行择定集会地点，先开预备会于上海，随即开成立会于南京，以保持立法机关之安全，预防北京军警之干涉，使议员得自由议定宪法，选举总统，以达真正共和之目的。"① 接着又发表《三论国会自行集会——答老圃》与《咄咄冯国璋之国法》两文，反驳"老圃"（即杨荫杭）对欢迎国会团违背《临时约法》的批评，斥责冯国璋为"袁家之走狗"，其"口吻在在露出狞牙狰齿，启干涉立法之先声，尤足征欢迎国会团之主张确有见解"。② 尹仲材也发表文章，斥责孙毓筠"素有神经病"，又斥责孙毓筠与川督胡景伊之通电反对是"盲心而不盲目"，老圃之反对则"并其目亦盲之"。③

欢迎国会团声势渐长之时，孙中山正在上海。到了 1 月下旬，黄兴忽然坚辞汉粤川铁路督办之职，也来到上海。④ 于是，"道路传闻孙、黄与该团有何等之关系"，或谓该团表面发起人为何海鸣等，"而内部主动者则为民国某伟人"。⑤《神州日报》甚至说："闻该团系某党徒所组织，因此次国会选举，其党徒仍欲继任总统，不惜以金银作代价，暗使一班无赖设欢迎国会团于法租界宝安里，日来竟集有团员数十人，要挟各团体具函，分赴各埠，大肆运动，仍欲在南京自行召集国会，破坏《约法》第五十三条，经程都督切实劝谕，仍不肯实行解散。"⑥ 实则欢迎国会团乃国民党中激烈派如何海鸣、尹仲材等

① 海鸣：《再论国会自行集会与另择地点之理由——答孙毓筠》，《民权报》1913 年 1 月 5 日，第 2 页。

② 海鸣：《三论国会自行集会——答老圃》，《民权报》1913 年 1 月 20 日，第 2 页；海鸣：《咄咄冯国璋之国法》，《民权报》1913 年 1 月 22 日，第 9 页。

③ 仲材：《孙毓筠之通电》，《民权报》1913 年 1 月 5 日，第 6 页；仲材：《斥反对国会自行集会之盲谈》，《民权报》1913 年 1 月 20 日，第 3、6 页。

④ 毛注青：《黄兴年谱》，湖南人民出版社，1980，第 217 页。

⑤ 天武：《论欢迎国会团》，《亚细亚日报》1913 年 1 月 27 日，第 1 页；《欢迎国会团之发起人》，《顺天时报》1913 年 1 月 31 日，第 7 页。

⑥《程都督何以处之》，《神州日报》1913 年 2 月 1 日，第 6 页。

"南方一部分人士所提倡"，孙、黄及国民党本部"并未与闻"。①孙中山不但没有参与欢迎国会团，而且据《大公报》报道，他对欢迎国会团的主张并不赞同，曾在1月中旬密电袁世凯，提出应对办法，略谓："此项团体并非有破坏现状，实系特别注重将来之宪法起见，请大总统即以将来宪法问题订明意见，预行宣布，则此项团体即可无形消减；若必强迫解散，则恐反对大总统之嫌疑愈深，风潮必益激烈。"②

由于国民党在其时正在进行的国会议员选举中形势大好，欢迎国会团忽然出现引起袁世凯高度紧张，特别是"其势力渐次扩充，重要人物加入该团者亦复不少，声气所加，有向北趋进之势，总统睹之，如眼中刺，殊为注意"。③据《顺天时报》报道，1月13日下午，"曾有重要人物面谒大总统，关于此事觇大总统之意见"。④此"重要人物"很可能就是孙毓筠，据《神州日报》所登《总统府日记》，当日孙毓筠曾"到府请谒，并呈条陈一封"。⑤同日，大总统"特召赵总理至府开密会议"，"参预者惟梁秘书一人"，所议大略："一、对于该团体必须速即设法解散，以免有碍正式国会之成立；二、对于鼓吹迁都之激进者流，必须急行设法取缔，免摇国本。"⑥1月16日，总统"以上海何海鸣、詹大悲、戴天仇诸人发起欢迎国会团……实为分离南北之危机，虽经孙少侯（即孙毓筠——引者）通电各省取消此议，然尚有大张旗鼓之势"，故又约见赵秉钧、梁士诒、段祺瑞诸人，"在府秘密会议"，商讨应对办法。⑦1月19日，袁世凯决定派人到各

① 《国民党对欢迎国会团之意见》，《顺天时报》1913年1月20日，第2页。
② 《孙黎对于大总统之规劝》，《大公报》1913年1月16日，第3页。
③ 《欢迎国会团之不可藐视》，《顺天时报》1913年1月25日，第7页。
④ 《欢迎国会团续志》，《顺天时报》1913年1月14日，第7页。
⑤ 《总统府日记》（1913年1月13日），《神州日报》1913年1月23日，第5页。
⑥ 《大总统与赵总理之密议》，《大公报》1913年1月15日，第3—4页；《总统总理之密议》，《顺天时报》1913年1月16日，第7页。
⑦ 《欢迎国会团·军警联合会》，《中国日报》1913年1月17日，第2页。

地方，采取"和平劝散办法"，谓："此项团体系纯为反对本总统一人而发，若遽强迫解散，不惟愈增恶感，而本总统心迹益难表白，拟先由劝慰入手。"① 1月20日，袁世凯电饬江苏都督程德全"秘密调查该会中人物，并如有异才，电召北京，任以重职；或先由军警解散，倘伊等不肯解散，即当捕获，以内乱罪论"。②

1月21日，国务院接到"大总统特交议定对付上海欢迎国会团之办法一件"，交各国务员讨论。内容略分四项："（一）调查该团员之才具优长者，召其来京，或在各本省分别录用；（二）分饬江苏等省都督，设法劝令解散；（三）预先解释该团所倡政见与时事背谬并有关国本、妨碍边局之点，出示通告；（四）如以上三项于实行后，或有抗违及其他之窒碍，即行捕获，治以淆乱国本之罪，惟须电请中央等因。"③ 这四条基本上是1月20日袁世凯致程德全电报内容的具体化。

1月22日，总统府接到江苏都督程德全复电，报告劝导欢迎国会团解散失败。电云：

> 遵令去函，剀切劝导，并令即日解散。旋据该团呈称：查《临时约法》第四条，人民有集会结社之自由，是某等组织之团体，并无违犯《约法》，且宗旨纯为欢迎国会之召集，绝无反对大总统之行为。至迁都一节，关系全国，须经将来国会议决，尤非某等所敢干预。贵都督谕令解散之处未便遵行等因。相应据情电复，究应如何办理，仍乞示遵。④

---

① 《大总统拟劝解欢迎国会团》，《大公报》1913年1月20日，第3页。
② 《总统对于欢迎国会团之种种》，《顺天时报》1913年1月21日，第7页。
③ 《大总统交议对付欢迎国会团办法》，《大公报》1913年1月23日，第2页。
④ 《程都督电告欢迎国会团宗旨》，《大公报》1913年1月25日，第5页。

同日，程德全又致电总统府，反对以强力解散欢迎国会团，指出："上海发起之欢迎国会团，本少数人无意识之举动，凡持稳健者决不赞成，而直督冯华甫（即冯国璋——引者）日前曾因此事通电全国，虽系为维持大局起见，然详参其意旨，似将拟以强力解散。伏思此事既系少数人之私见，即无妨以和平解散，断无须施用强迫，致滋他故。请大总统、政府诸公务须审虑周详，决不可操切从事，反使此激烈派有所措词云。"①

袁世凯也意识到还是和平处理为好，一方面密电湖南、湖北、广东、江苏、浙江、安徽、江西七省都督，"迅速设法解散，以维大局"；另一方面听从孙毓筠的建议，电约黄兴"来京面商要政，并调和南北感情"。②黄兴复电声明："克强此次辞铁路督办之职，实因旧病复作之故，并无他意，乃外间有传克强此次辞职来沪，与欢迎国会团有关系，乱言惑众，用意安在。"表示"一俟贱疾稍愈，即行北来"。③袁世凯又请孙中山在沪就近劝解，解散该团，以便国会能在北京顺利召开。孙中山于2月7日复电："此间人士组织欢迎国会团，只为欢迎国会议员，激发人心起见，缘无别故，文更未加入其间，非所闻问。惟当兹国势危急、强邻进窥之际，既承嘱命，自当相机向与文相识者妥为开导，以副雅命。"④

欢迎国会团在上海突然出现，给袁世凯带来了不小的恐慌，但对洪述祖、应夔丞而言，却是难得的出头表现自己的机会。由此，宋案开始向下一个环节发展。

---

①　《程都督对于冯督通电之忠告》，《大公报》1913年1月23日，第5页。

②　《总统纪事》，《大共和日报》1913年1月25日，第3页；《袁总统与黄克强》，《中国日报》1913年1月26日，第2页。

③　《黄克强来电之声明》，《顺天时报》1913年2月13日，第3页。

④　《燕京新见闻·孙先生之坦白》，《民立报》1913年2月13日，第7页。

二 洪受袁命南下暗查"欢迎国会团"

欢迎国会团出现给袁世凯造成的恐慌，以及袁世凯竭力应对，让洪述祖、应夔丞看到了再次合作的机会。本来，在 1 月 15 日之后，应夔丞在京已经无事，可他却没有即刻南下，而是继续停留了一周。在此期间，因袁世凯对欢迎国会团的出现"非常震动"，欲派人采取和平劝散办法，洪述祖遂"乘机运动当局"，① 并如愿以偿获得袁世凯"特委"，调查欢迎国会团真相。洪述祖显然在袁世凯面前提到应夔丞是可用之人，得到袁世凯认可，于是，洪述祖在第一时间打电话给应夔丞，将获得总统"特委"的消息告知，时间在 1 月 20 日或 21 日。二人遂决定"秘密结约，以便进行"。②

1 月 22 日晚，洪述祖偕同京妓苏佩秋及应夔丞登上了南下的火车，1 月 24 日早到达上海。③ 洪、应二人借政府欲解散欢迎国会团之机，处心积虑对付国民党人并攫取私利的阴谋，就此拉开帷幕。1 月 26 日，应夔丞向国务院发出"径电"，这是目前所见他以"应密"电码向国务院发出的第一封电报，内容为：

---

① 《宋先生在天之灵·凶手就缚（五）·洪杀胚之丑史》，《民立报》1913 年 3 月 29 日，第 11 页。

② 《第十九件 应夔丞信两纸又一纸》（1913 年 1 月 21 日），《前农林总长宋教仁被刺案内应夔丞家搜获函电文件检查报告》，第 16 页。

③ 按洪述祖此次南下经过，苏佩秋在刺宋案发生后回顾说："我同我娘说好，允许同洪老头到上海去，遂于去年十二月十六日（即 1913 年 1 月 22 日——引者）由京坐晚车起身，当日到天津，住在离新车站不远洪老头的家内，是新楼房，我记不得叫甚么街巷。他家并无眷属，有一个家人叫刘玉看门。住了一宿，次日午后一点钟坐津浦铁路头等车走了一天一宿，到浦口，即刻过江到南京，住在第一楼饭庄。早晨在饭庄随便吃饭，他叫我叫了些条子，说我是他的太太。晚上第一楼掌柜请洪老头吃饭，有我，同座还有两位，是掌柜的朋友，我记不得姓名。饭后即坐沪宁火车，于次早八时到上海，住孟渊旅馆二层楼上。"见北京特派员函《举国同声一哭之宋先生·苏佩秋口中之洪述祖》，《民立报》1913 年 4 月 11 日，第 6 页。

　　北京国务院鉴：应密。洪正有事苏宁，准卅一号回淮运司，翌日来京……国会盲争，真相已得，洪回面详。夔。径。①

　　所谓"国会盲争"也就是"国会暗争"。此电意思是说，欢迎国会团真相已得，详情将由洪述祖回京后当面汇报。国民党上海交通部所刊《国民月刊》于此电后附加按语道："所谓'国会盲争，真相已得'者，盖其杀机已动矣。"② 显然与事实相去甚远。而《民立报》的解释则甚准确，谓："此电系洪述祖来沪时应夔丞所发，所谓'国会盲争，真象已得'者，洪之南下本为解散欢迎国会团而来，故下有'洪回面详'语也。"③ 共和党《亚细亚日报》提出了另外一种解释，谓："此即欢迎国会团起点。应、洪一面发起欢迎国会团，一面又以解散自任，故有此电之报告。"④ 这种解释意在说明应、洪自导自演了欢迎国会团，以欺骗政府。但实际上，欢迎国会团系国民党内激烈分子如何海鸣、尹仲材等发起，与洪述祖毫无关系，与应夔丞的关系则有点微妙。应夔丞与何海鸣等的确很熟悉，欢迎国会团事务所所在的拱宸门外法租界，也是应夔丞家所在地界。欢迎国会团发起之初，上海有 26 个团体曾组织"旅沪团体联合部"，支持欢迎国会团，共进会是其中之一。后来在应宅搜获文件中，也发现有《欢迎国会团第一次宣言书》。⑤ 在孙毓筠、冯国璋、胡景伊等通电反对，以及政府电饬苏督解散该团消息传出后，该"联合部"曾计划发表通电以应对，并为

---

　　① 《第二十件　北京寄洪荫芝电一纸》（1913 年 1 月 25 日晚 12 时北京来电）《复电稿一纸》（1913 年 1 月 26 日上午 7 时发），《前农林总长宋教仁被刺案内应夔丞家搜获函电文件检查报告》，第 17 页。

　　② 《宋遯初先生遇害始末记（续）》，《国民月刊》第 1 卷第 2 号，1913 年，第 13 页。

　　③ 《应夔丞致赵秉钧密电》（1913 年 1 月 25 日），见《宋案证据之披露》，《民立报临时增刊》1913 年 4 月 27 日，第 2 页。

　　④ 至公：《刺宋案证据之研究》，《亚细亚日报》1913 年 4 月 30 日，第 1 页。

　　⑤ 《欢迎国会团第一次宣言书》，北京市档案馆藏，国民共进会全宗，J222 - 001 - 00005。

此于 1 月 23 日致函包括共进会在内各团体，请列名赞助，时间恰好在洪、应南下到达上海前一天。① 由于上述原因，洪、应对欢迎国会团的动向及真相很快便得以了解，并向国务院报告。至于"径电"与国务总理赵秉钧的关系，将在后面分析，此处暂且不论。

继 1 月 26 日发出"应密径电"后，1 月 27 日，应夔丞又向国务总理赵秉钧发出一封 1 月 25 日晚写就的信件，信中写道：

> 应〇〇上言：所事已于宁、申查有实在。项得湘、鄂回电，其中尚别有举动，离奇怪诞，十色五光，妙［好］在运用未能一气，措致尚易为力耳。详情另密陈。中山先生同马君武先生游东瀛，足见高人深致。项读《民立报》所载，适洪老伯来沪，询以究竟，彼亦茫然，幸事实相离。但既有是因，不得不始终慎之。因悉府中每有人员泄露机要，可否要求极峰于见客时，如有机事商量，总宜屏却左右为妥，则捉影捕风，尽可消弭矣。（〇〇代夔丞二字）②

此信第一句是说南京、上海欢迎国会团的情况已经查实。第二句指欢迎国会团在湘、鄂"尚别有举动"，好在各处"运用未能一气"，还比较容易应对。第三句"详情另密陈"，与前引 1 月 26 日"应密径电"所谓"洪回面详"相呼应。第四句"中山先生"云云，是对孙中山东游日本的举动表示赞赏。其实，当时还只是有消息说孙中山将访问日本，实际成行是在半个月后，即 2 月 11 日；随行人员有马君武、戴季陶等。③ 由于当时传言孙中山与欢迎国会团有密切关系，而

---

① 《旅沪团体联合部致国民共进会函》（1913 年 1 月 23 日），北京市档案馆藏，国民共进会全宗，J222－001－00011。

② 《第二十一件 应夔丞致朱经田信稿一纸钞致赵总理信稿一纸》（1913 年 1 月 25 日），《前农林总长宋教仁被刺案内应夔丞家搜获函电文件检查报告》，第 18 页。

③ 陈锡祺主编《孙中山年谱长编》，中华书局，1991，第 766—767 页。

事实上孙中山对欢迎国会团的主张并不赞同,① 因此他离沪赴日在外界看来颇具深意。如《新纪元报》谓:"欢迎国会团一举,因大半尽属某党派人物,于是外间物议,颇有议其党魁孙、黄二人者。孙中山具负高明,不肯为此无谓之举动,而劝止又不可,不劝止又难逃物议,遂乘势驶赴东瀛,以表明心迹。"②《大公报》亦谓:"孙中山既表明决无争竞正式总统之心,其对于上海发起之欢迎国会团甚不赞成,已连次电京主张解散。其此次之赴东瀛,即为避嫌疑起见,并闻偕行者有戴天仇、詹大悲两人,为发起欢迎国会最有势力之人,中山力邀出国,即消弭该团势力之意。此外虽尚有盲动之人,即易解散矣。"③ 第五句"顷读《民立报》所载"云云,是指 1 月 25 日《民立报》所登一则与解散欢迎国会团有关的专电,内容如下:

> 闻内务部秘书洪述祖见袁总统不悦欢迎国会团,说袁出巨款,交伊赴沪,担任解散该团。昨已请假,不日南行。④

《民立报》刊登此电时,洪述祖实际上已经与应夔丞到了上海。应夔丞看到此电后,向"洪老伯"也就是洪述祖"询以究竟"。由于二人正合力调查欢迎国会团真相,应夔丞所询问者,必非洪"担任解散该团"是怎么回事,而是问洪"巨款"究竟是怎么回事,可见应对洪有无从袁世凯那里获得"巨款"十分关心,而洪则因未从袁世凯那里获得"巨款",对《民立报》所言感到"茫然"。"幸事实相离"是指洪携"巨款"非事实,而不是指洪南下图谋解散欢迎国会团非事实。尽管《民立报》所载洪携"巨款"与事实不符,但该报能如此

---

① 陈锡祺主编《孙中山年谱长编》,第 762 页。
② 《黄克强亦避嫌疑》,《新纪元报》1913 年 2 月 13 日,第 2 页。
③ 《孙中山消弭欢迎国会团之用意》,《大公报》1913 年 2 月 17 日,第 4 页。
④ 《北京电报》,《民立报》1913 年 1 月 25 日,第 5 页。

之快获知洪南下消息及目的，应夔丞认为可能是总统府有人泄露了机密，因此第六、七两句，应夔丞一方面表示办理此事要"始终慎之"，另一方面要赵秉钧提醒袁世凯（也就是"极峰"），在见客商量机密事情时，要注意保密。应夔丞的这一提醒让我们知道，解散欢迎国会团系总统府主动发起，同时也透露出"袁世凯与洪、应曾商量机事，事后恐府中人员泄露，故见《民立报》之专电而惧，告总理使专求总统注意也"。① 所谓"机事"，即设法解散欢迎国会团。洪述祖见消息走漏，曾于 1 月 29 日致函《民立报》请求更正，谓"此次南下，与无锡荣氏结儿女姻亲，并无携袁款解散欢迎国会团事"，② 然而这不过是掩人耳目而已。

洪述祖此次南下约停留一个星期。1 月 31 日，洪述祖离开上海。行前一天，应夔丞给大总统写了一份呈文，托洪述祖转递，题曰《制定宪法之必要》，专门阐述制定宪法应赋予大总统"解散议会之权"，呈文末并表示已经采取办法以达到这一目的。③ 2 月 1 日洪述祖到达天津，2 月 2 日返回北京。如果说南下调查欢迎国会团真相还只是洪、应二人阴谋对付国民党人的序幕或铺垫的话，那么，随着洪述祖回到北京，这一阴谋剧正式开始演出，且看洪、应二人，一南一北，相距数千里之遥，是如何合演这一出跌宕起伏的"双簧戏"的。

三 洪函所谓"大题目"下"要紧文章"之内涵

先是 2 月 1 日洪述祖到达天津当日，便立刻给应夔丞写了一封短信，内容如下：

---

① 《铁证·第三十七件应犯寄朱姓信稿一纸并附寄赵犯信稿一纸》（1913 年 1 月 25 日），《中华民报》1913 年 4 月 27 日，第 12 页。

② 《北京电报》，《民立报》1913 年 3 月 28 日，第 3 页。

③ 《第二十二件 应夔丞呈制定宪法稿三纸附原稿一纸》（1913 年 1 月 30 日），《前农林总长宋教仁被刺案内应夔丞家搜获函电文件检查报告》，第 20 页。

大题目总以做一篇激烈文章方有价值也。阅后付丙。[①]

洪述祖此次南下的主要使命是调查欢迎国会团实情，由于"已得真相"，洪的使命可以说已经完成，但他觉得还缺点什么。细揣此函语气，洪述祖似乎以为不乘机唆使应夔丞弄出点事情来，就不算完结，其内心之阴险可见一斑。由"总以"二字还可以体察到，洪述祖在上海与应夔丞商量过这篇"激烈文章"，但应夔丞尚未下定决心，因此洪述祖回到天津后又立刻写信给应夔丞，继续挑唆。由于二人密谋之事不可告人，故洪述祖提醒应夔丞"阅后付丙"。紧接着，2月2日洪述祖回到北京当天，又给应夔丞发信道：

> 要紧文章已略露一句，说必有激烈举动。吾弟须于题前迳密电老赵索一数目，似亦不宜太迟也。[②]

所谓"要紧文章已略露一句"，是指洪述祖已在"老赵"面前将"要紧文章"，"略露一句"；"说必有激烈举动"，则为"略露一句"的内容之一。"超然百姓姚之鹤"对此句的解释是："'说必有激烈举动'系赵（秉钧）说如此做去必有激烈举动，就洪函言之，其事实究竟如何，出于洪一面之词，此时固难定断，而字句之解释则不外是也。"[③] 这显然是错误的解读，把洪对赵所说的话，当成了赵本人所说。正因为洪述祖已经在"老赵"处做了铺垫，所以他才指示应夔丞"须于题前迳密电老赵索一数目"，否则"老赵"必觉突兀，不知所

---

① 《第二十五件　洪述祖寄应夔丞信一纸信封一个》（1913年2月1日），《前农林总长宋教仁被刺案内应夔丞家搜获函电文件检查报告》，第22页。
② 《第二十六件　洪述祖寄应夔丞信一纸信封一个》（1913年2月2日），《前农林总长宋教仁被刺案内应夔丞家搜获函电文件检查报告》，第23页。按"迳"字未改为"径"，以维宋案重要证据资料原貌。此类情况下同。
③ 超然百姓姚之鹤：《宋案证据平议》，《大自由报》1913年5月11日，第10页。

云。同时说明洪已告知"老赵"，这个"大题目"将与应夔丞一起来做。洪述祖的这一手法，与上年秋冬间他电邀应夔丞入京时，指示应夔丞先发一电，专门向中央索款，如出一辙。至"须于题前迳密电老赵索一数目"，有国民党人以"杀宋取偿"来解释，如《国民月刊》按语谓："'题前迳电老赵索一数目'者，谓必于下手前预索一巨数，以便下手后取偿也。若辈志在金钱，然非有以金钱利用若辈者，若辈亦何苦杀人乎？"① 这显然是把"大题目"、"要紧文章"及"激烈举动"、"激烈文章"等均理解为刺杀宋教仁。然而，这样的解释与函意并不相符，后面的分析中将证明这一点。

洪述祖2月2日信意在告诉应夔丞，计划已经开始，下一步就看你的了，督促与逼迫兼而有之。那么，二人所密谋之"大题目"究竟是什么呢？《国民月刊》的解释是："所谓'大题目'者，盖倾陷国民党之手段也。"② 应该说很接近该函真实意思。由于当时袁世凯正为解散欢迎国会团的事，设法对付国民党激进派，而派洪、应调查该团真相即是举措之一，因此可以断定，洪函所谓"大题目"就是指设法对付国民党这件大事。由洪述祖两信还可以看出，"要紧文章"与"激烈文章"意涵不同。完成"要紧文章"，须有"激烈举动"，或须做一篇"激烈文章"，但此"激烈"并不一定指动用武力。而无论"要紧文章"还是"激烈文章"，最终都是为了做好"大题目"。

那么，洪、应为做"大题目"，准备写一篇什么样的"要紧文章"呢？就在洪述祖寄出2月1日信件当天，应夔丞向国务院发出了"应密东电"：

> 北京国务院赵鉴：应密。宪法起草创议于江、浙、川、鄂国

---

① 《宋遯初先生遇害始末记（续）》，《国民月刊》第1卷第2号，1913年，第14页。
② 《宋遯初先生遇害始末记（续）》，《国民月刊》第1卷第2号，1913年，第14页。

民党议员，现以文字鼓吹、金钱联合，已招得江、浙两省过半数
主张两纲：一系除总理外不投票，似已操有把握；一系解散国
会，手续繁重，取效已难，已力图。此外何海鸣、戴天仇等，已
另筹对待。夔。东。①

　　电文最后一句"此外何海鸣、戴天仇等，已另筹对待"，仍然是
指应对欢迎国会团而言，"系解散国会团题中应有之义"。② 但从全电
内容来看，此事显然不再是重点，洪、应的视线已经转向"宪法起
草"，图谋通过操弄宪法起草来对付国民党人，而这就是洪、应为做
好"大题目"打算完成的"要紧文章"。电文开头"宪法起草创议于
江、浙、川、鄂国民党议员"一句，方祖燊认为是指"国民党时由王
宠惠执笔起草有'中华民国宪法刍议'与'草案'，于民国二年三月
二十八日起，连续刊载于《民立报》上"。③ 这个解释很明显是错误
的，因王宠惠是粤人，并非"江、浙、川、鄂"人，而且王宠惠也不
是国会议员。由于欢迎国会团主要诉求之一是"自由议定宪法"，反

---

① 《第二十七件　应夔丞寄国务院东电稿一纸》（1913 年 2 月 1 日午刻发四等电），《前
农林总长宋教仁被刺案内应夔丞家搜获函电文件检查报告》，第 23 页。
② 至公：《刺宋案证据之研究》，《亚细亚日报》1913 年 4 月 30 日，第 1 页。按戴季陶
作为《民权报》主笔之一，虽然被当时一些舆论视为欢迎国会团最初发起人之一 [《南方真
象记（续）·欢迎国会团之历史》，《北京时报》1913 年 3 月 3 日，第 2 页]，但实际上据吴稚
晖讲，戴季陶对此事并不热心（《吴稚晖与欢迎国会团》，《中国日报》1913 年 1 月 28 日，第
2 页）。应夔丞"另筹对待"戴季陶，除了与应对欢迎国会团有关外，可能也与二人因其他事
交恶有关，共进会档案中存有一封戴季陶致应夔丞的措辞极为激烈的手简，可证二人关系极
为紧张。该手简未署时间，但从戴季陶以"仁兄"称呼应夔丞来看，应写于宋教仁被刺之
前。手简内容如下："夔臣仁兄大鉴：前夜约定由兄再致信姚勇忱解释前此之无理，而迄今并
未有信，知真以木鸡视我矣。吾辈为人，宜光明磊落，而信义尤为人根本，根本一误，万劫
莫复。诗赋《相鼠》，'国重四维'，兄亦事业界之人物，何竟专以此种手段为生活。误矣！
误矣！天仇年少狂生，不知世间有富贵二字，无论对人对物，必持公平。若徒以无味之手段
待天仇，岂非大谬。此次之函，请以天仇对于兄之忠告视之，不然世界有破坏之日，人生有
终极之期，一旦'裁判'（耶稣教言）之期临头，徒增罪恶。痛矣！此候公安。弟戴天仇顿
首。"见《戴天仇致应夔臣手简》，北京市档案馆藏，国民共进会全宗，J222 - 001 - 00010。
③ 方祖燊：《三湘渔父——宋教仁传》，第 483 页。

对政府干预宪法制定，袁世凯意识到必须尽快就此问题表明政府的态度。因此，欢迎国会团出现不久，袁世凯便决定"颁布宪法起草之命令，将政府筹备之法布告全国"，"以免种种纷议"。① 紧接着袁世凯决定设立"宪法起草委员会"，并电饬苏督转知欢迎国会团，"将中央所拟宪法起草各办法为之说明，并准该团公举代表来京，参与宪法会议"，但欢迎国会团须"实行解散"。② 由此可以理解，"东电"将对付国民党人的重点，由设法解散欢迎国会团转向操控宪法起草，看似突兀，实则两者之间是有内在逻辑关系的，同时可以看出，洪、应这样做其实是为了紧密配合袁世凯的需要。只是这样一来，洪、应就从原先主要对付国民党激进派，转变为对付整个国民党。

由"东电"可知，应、洪的宪法起草主张，主要强调两大核心内容：一是将来宪法中关于国务员的确定，除总理须通过国会投票外，各部部长均无须通过投票决定；二是总统有解散国会之权。这样的构想可以保证总统享有较大权力。应、洪试图通过操弄宪法起草来尽量制定出一部符合袁世凯心意的宪法，以摆脱《临时约法》的束缚，为此，除了进行舆论宣传外，还必须收买国民党议员支持这一计划，这就是"东电"所谓"文字鼓吹"与"金钱联合"。

具体讲，"文字鼓吹"就是指通过舆论鼓吹上述宪法起草的两大目标，特别是鼓吹宪法应赋予大总统"解散议会之权"。如前所述，应夔丞在 1 月 30 日就写了一份呈文给大总统，名曰《制定宪法之必要》，专门阐述此意，认为：

> 采取内阁制者，大总统无不有解散议会之权，非为大总统扩充权力，实藉大总统以为监督。大总统监督议会，而议会不敢急

---

① 《大总统将颁宪法起草之命令》，《大公报》1913 年 1 月 12 日，第 4 页。

② 《拟设宪法起草委员会》，《大公报》1913 年 1 月 21 日，第 4 页；《大总统对待欢迎国会团之办法》，《大公报》1913 年 1 月 26 日，第 3 页。

荒，议会监督内阁，而内阁不敢专擅，相维相系，而立法与行政两部乃并流而进，不致有畸轻畸重之弊，而采用内阁制之精意，乃于是乎得矣。①

在呈文后，应夔丞还报告了自己已经采取的"运动"办法，称："运动起点之办法，已使众议院之中心议员如杭辛斋等，密合各党有起草资格之议员提掇此义，兼侦反对者之意见，设法融化。一面令选举最占优胜之国民党报馆鼓吹斯旨。今将已刊之报先行粘呈备核，可使激动社会一般之心理趋向于一端，然后将预定之手续分道急进，庶得一发而收效也。"② 该呈文由洪述祖回京后代呈大总统，洪随后在致应函中有"手折递后，甚为欣悦，云足见老弟办事出力"等语，③ 指的就是这件事。可知袁世凯对应、洪正在策划收买国会议员及国民党报馆，操弄宪法起草，是知晓的，并且予以鼓励。

应夔丞所谋划的两方面的"运动"办法，皆以"金钱"为手段。其中收买众议院议员杭辛斋"密合各党有起草资格之议员"进行鼓吹，可从共进会档案中留存的 1913 年 1 月 25 日应夔丞致杭辛斋的一封信得到一些佐证。函中写道：

> 国会事设再无事自扰，只争南北地点，则大局不可救药。自此事发生以来，假款则违反常度，变借债为讨债，蒙事则易和平为威逼，盖外人窥见内状之不稳，有以致之也。□意不问将来总

---

① 《第二十二件 应夔丞呈制定宪法稿三纸附原稿一纸》（1913 年 1 月 30 日），《前农林总长宋教仁被刺案内应夔丞家搜获函电文件检查报告》，第 20 页。
② 《第二十二件 应夔丞呈制定宪法稿三纸附原稿一纸》（1913 年 1 月 30 日），《前农林总长宋教仁被刺案内应夔丞家搜获函电文件检查报告》，第 20 页。
③ 《第三十件 洪述祖寄应夔丞信一纸信封一个》（1913 年 2 月□日），《前农林总长宋教仁被刺案内应夔丞家搜获函电文件检查报告》，第 25 页。按此函封皮有"京洪缄"字样，并有邮局"二月初四日"印。

统为员为长，决从革命之根本上解决。解决维何？宪法是也。譬如老板要挡手负责任，又不许挡手用人，即此一条，已属不成为法，余可类推。公选议员，责无旁贷，□今南来，注重在此，虽倾家丧身，必达其目的。望公飞速莅申。如为年用所羁，□当代筹区区，以济年关之急耳。特再奉达，即颂大安。□□立正。廿五日亥刻。① （□或□□代"夔"或"夔丞"）

此函开头"国会事设再无事自扰，只争南北地点"就是指部分激进国民党人组织欢迎国会团，主张自行召集国会，自行确定国会地点。接下来一句是指欢迎国会团的出现给大借款与处理外蒙古独立事务所造成的负面影响。再下来，应夔丞提出，不论谁做总统，必须通过宪法规定，从根本上解决总统的权力问题。"为员为长"之"员"与"圆"通，"不问将来总统为员为长"，意即不论谁做总统。"譬如老板"云云，是强调宪法应赋予总统用人之权，也就是决定国务员人选的权力。"老板"比喻《临时约法》，"挡手"比喻总统。《临时约法》一方面规定总统代表政府，"总揽政务"，另一方面规定总统任命国务员"须得参议院之同意"，故应夔丞等很不满意。"□今南来，注重在此"，是告诉杭辛斋他此次由京南下的主要任务就是在宪法起草问题上用力，这透露出洪、应在南下调查欢迎国会团真相的同时，已经开始考虑操弄宪法起草之事。"公选议员，责无旁贷"，则是要求杭辛斋"密合各党有起草资格之议员"进行鼓吹，并要其尽快到上海来商量。为此，应夔丞对杭辛斋采取了"金钱联合"策略。在应夔丞1913 年 2 月向总统府所呈支出清单中，我们看到有"支杭辛斋洋四百

---

① 《应夔丞致杭辛斋书》（1913 年 1 月 25 日），北京市档案馆藏，国民共进会全宗，J222 - 001 - 00013。

元"的记录。① 杭辛斋是否为应夔丞收买，未见史料记载。但从杭、袁二人早就交恶，以及后来杭辛斋又因反对袁氏独裁称帝而被军政执法处关押，直至"共和恢复始得出狱"这些情形来看，② 杭被收买的可能性极小。应夔丞之所以选择这样一位袁世凯的反对者作为收买对象，无非想告诉袁氏，自己真的在做事情。袁氏自然很高兴，夸他"办事出力"。

至于"令选举最占优胜之国民党报馆鼓吹斯旨"，则主要是以金钱收买国民党《民强报》而为之。先是洪述祖1月下旬到达上海时，正值农历岁末，该报馆负责人王博谦找到洪述祖，说应夔丞"允协一千五百元，为该馆卒岁之资"，希望洪述祖能在应夔丞前"为一言吹嘘"，洪述祖答应了；王博谦"又属向中央说项"，洪述祖"亦允相机办理"。随即，洪述祖于1月30日写信给应夔丞告知其事，③ 并附王博谦与该报馆另一负责人章佩乙同日致应夔丞函，索要1500元。王、章于函中写道：

> 夔公大鉴：前晚畅领大教，快何如之。所谈宪法上之改革条件，晤洪君商定，已遵命属笔，于今日本报登出半篇矣。岁暮途穷，馆事危极，一路救星，专赖我公，无论如何，终须惠假我一千五百元，俾得维持过去。公我党伟人，既有志于建设事业，区区言论机关，想无不鼎力扶持也。彼此维系，伏乞援手，并希从

---

① 《特任驻沪巡查长应夔丞为呈领二年正月至三月计三个月巡署公费银六千员由底稿》（1913年2月□日），北京市档案馆藏，国民共进会全宗，J222-001-00012。

② 《杭辛斋无辜被捕》，《顺天时报》1915年11月19日，第2页；《杭辛斋逝世后之消息（附杭君略历）》，《申报》1924年1月26日，第13页。

③ 《第二十四件　洪述祖寄应夔丞信一纸》（1913年1月30日），《前农林总长宋教仁被刺案内应夔丞家搜获函电文件检查报告》，第22页。按此函末原署日期为"廿四夕"。检查报告说"函末署日似'廿四'，又似'廿八'"。另外，应夔丞注有"二年正月卅为国会事"九字，并盖有印章。经查，阴历"元年十二月廿四"正好是阳历"二年正月卅"，因此，洪述祖函末署日应当是阴历"元年十二月廿四夕"，也就是阳历"二年正月卅"。

速傯下，以济眉急。明日报已停刊，债户环伺，弟等筑台无术，避之无路，望勿坐视，以索我于枯鱼之肆，异日《民强》之存在，皆出自我公之赐矣。书不尽言，待命而已。此颂大安。弟博谦、制佩乙再拜。①

此函写于 1 月 30 日晚。"前晚畅领大教"云云，说明应夔丞曾于 1 月 28 日晚与王、章面谈宪法应当如何制定的问题，也就是所谓"宪法上之改革条件"，具体讲就是"东电"所陈两纲。应与王、章二人谈过后，洪又与二人晤谈，请二人帮忙鼓吹。二人接受了要求，并且很快就按洪、应的意思，于 30 日在该报先登出半篇文字。故应夔丞在同日所写《制定宪法之必要》呈稿中，有"今将已刊之报先行粘呈备核"一语，所指应当就是该报已刊的半篇文章。王、章二人因为帮了洪、应的忙，便要求应夔丞兑现 1500 元资助，但在文章只刊出半篇的情况下，提出此种要求，未免有敲诈之嫌。由"一路救星，专赖我公"一语来看，该报早已为应收买，应对该报的资助也已经不是第一次。应夔丞接到王、章二人函后，批注了 25 字："为国会事，已照拨八百元。此批。二年二月一日，即十二月廿六日。"此处"八百元"似为"七百元"之误，因王、章二人 2 月 1 日收到资助款后，章佩乙于当天写信向应夔丞表示感谢，信中有"收到七百元正"之语。应夔丞于该信注有 35 字："二年二月一日为国会宪法案，令其鼓吹两大纲，先贴羊［洋］千元，今先送七百元，余再补。夔泐。"② 大概因为没有看到下半篇文字，应夔丞总共打算给王、章 1000 元，而非原先答应的 1500 元。王、章二人对应夔丞先送 700 元很不满意，章佩乙

---

① 《第二十三件 王博谦章佩乙信七纸》（1913 年 1 月 30 日），《前农林总长宋教仁被刺案内应夔丞家搜获函电文件检查报告》，第 21 页。按第二十三件共包括王博谦、章佩乙致应夔丞函三封，此为第三函，由二人联名致送应夔丞。

② 《第二十三件 王博谦章佩乙信七纸》（1913 年 2 月 1 日），《前农林总长宋教仁被刺案内应夔丞家搜获函电文件检查报告》，第 21 页。按此为第一函，由章佩乙致送应夔丞。

紧接着又于2月2日致函应夔丞，提出还需要七八百元，并希望先付300元，同时表示愿意全力办好《民强报》，以报答应夔丞。函云：

> 夔公伟鉴：昨日承偶款，感感。惟区区七百元，撒手即空。今日已二十七矣，而百孔千疮，万难过去者，尚须七八百元之多。岁暮途穷，如老哥之热心慷慨者，能有几人？迫不得已，叩求援手。前晚所商之二百元万乞惠下，以济弟急。想老哥既维持于前，必能成全于后也。书到后即希宠锡三百元，将来《民强》之存在，皆为老哥所偶，弟等以全力办《民强》，即当以全力报答老哥也。如一时不便，弟当于晚间走领，藉聆大教。何时有暇，乞示知为祷。书不尽言，企盼而已。敬颂大安。制弟佩顿首。[1]

应夔丞于此函注有21字："上海《民报》已照拨百元。二年二月三日饬员照送。夔泐。"上海《民报》即《民强报》，可知应夔丞并没有完全答应章佩乙的要求，仅于2月3日遣人再给其送去100元，合前所送700元，总计800元。

王博谦、章佩乙不仅得到了应夔丞的支持，也得到了中央的支持。在2月初回到北京向袁世凯呈递应夔丞所撰《制定宪法之必要》手折后，洪述祖复函应夔丞道：

> 夔弟足下：……手折递后，甚为欣悦，云足见老弟办事出力。对于《民强》，允月协五百，先发四个月，顷已电博谦来取矣，免汇兑张扬也。[2]

---

① 《第二十三件　王博谦章佩乙信七纸》（1913年2月2日），《前农林总长宋教仁被刺案内应夔丞家搜获函电文件检查报告》，第21页。按此为第二函，由章佩乙致送应夔丞。

② 《第三十件　洪述祖寄应夔丞信一纸信封一个》（1913年2月□日），《前农林总长宋教仁被刺案内应夔丞家搜获函电文件检查报告》，第25页。按此函封皮有"京洪缄"字样，并有邮局"二月初四日"印。

　　显然，袁世凯不仅看到了应夔丞所撰《制定宪法之必要》呈稿，而且看到了呈稿所附《民强报》刊登的半篇鼓吹文字。这让袁氏非常高兴，因此答应在金钱上给予该报支持。比起应夔丞，袁世凯出手就大方了许多，一下子允诺先资助《民强报》4个月，每月500元，共计2000元。这当中自然还有洪述祖"说项"的功劳。为防走漏消息，洪述祖要王博谦亲自到北京来取钱，而不是通过邮局汇兑。此后，宋案函电证据还有几次谈及资助《民强报》事，如2月25日应夔丞致函洪述祖，将"《民强》领纸"也就是领款文书寄给后者；① 3月6日，洪述祖致应夔丞函，表示"《民强》款必当竭力领取，惟望足下专一妥人来取（三等车所费无几），不便交汇矣"。② 直到3月23日宋教仁被刺之后，洪述祖致应夔丞函仍有"王博谦处之款，拟携票面交"之语。③

　　颇具讽刺意味的是，王博谦、章佩乙这两位被袁世凯政府收买而背叛了宋教仁"政党内阁"主张的国民党人，在宋教仁被刺后，发起为宋教仁铸造铜像的聚资活动，一日之间就获得捐款一万余元。④ 并且他们对应夔丞的批评毫不客气。《神州日报》为此发表讯评道："《民强》为言论机关之一，彼虽自认为'区区'者，顾何至乞怜于狗彘不食之应犯乎？既食其惠矣，则《民强》之得存在于今日，应（夔丞）实与有维持之力，而《民强》乃不能稍微回护。是可知公理所在，虽有言论机关之辅助，亦终至失其效力而已。此或应犯所计虑

----

① 《第三十六件　洪述祖寄应夔丞信二纸附一纸附信封》（1913年3月6日），《前农林总长宋教仁被刺案内应夔丞家搜获函电文件检查报告》，第28页。

② 《第三十六件　洪述祖寄应夔丞信二纸附一纸附信封》（1913年3月6日），《前农林总长宋教仁被刺案内应夔丞家搜获函电文件检查报告》，第28页。

③ 《第四十八件　洪述祖寄应夔丞信二纸信封一个》（1913年3月23日），《前农林总长宋教仁被刺案内应夔丞家搜获函电文件检查报告》，第35页。

④ 《为宋钝初先生建立铜像募捐启》，《民立报》1913年4月3日，第1页；上海特派员通信：《关于宋案之要闻种种·宋钝初之铜像将铸》，《大中华民国日报》1913年4月3日，第2页。

不及者也。或曰：《民强》非真为应犯机关者，特欲利用彼不义之金，预为宋先生铸造铜像之备耳。其然，岂其然乎？"① 显然，评论撰者并不知道，给予《民强报》金钱支持的，并不只有应夔丞，袁世凯政府才是幕后主要支持者。

四　洪应构陷孙黄宋"激烈文章"出炉

如前所述，应夔丞"东电"与洪述祖"大题目"一函，都是在2月1日向对方发出的，洪述祖"要紧文章已略露一句"一函，则是2月2日发出的。按照当时的邮递速度，从天津或北京寄往上海的信件，最快需要两天，慢则需要三到四天。这就是说，应夔丞是在还未收到洪述祖两封来信的情况下，便发出了"东电"，可见其在洪述祖离开上海后，很快就下定决心实施阴谋计划，甚至迫不及待，欲取头功。

应、洪图谋通过"文字鼓吹"与"金钱联合"手段，在宪法起草层面对付国民党人，但这显然不可能达到目的。因议员来自各省，仅江、浙两省就有97人，其中江苏49人（参议员10人，众议员39人），浙江48人（参议员10人，众议员38人），怎么可能一一收买。② 况且，"东电"发出之时，距离国会召开还有两个多月，宪法起草委员会还未成立，洪、应等连哪些议员有"起草资格"都无法确定，如何收买？即如杭辛斋，应夔丞向袁报告说要收买他，但杭后来根本就不是宪法起草委员会委员。"冬电"声称"已招得江、浙两省过半数主张两纲，一系除总理外不投票，似已操有把握"，显系张皇之词。

至于赋予总统"解散国会之权"，应夔丞表示，"解散国会，手续繁重，取效已难，已力图"，这实际上是为提出接下来将要采取的

① 无言：《宋案证物中之异采》，《神州日报》1913年4月27日，第3页。
② 刘寿林等编《民国职官年表》，第150—153页。

别项动作预做铺垫，所谓"已力图"即是此意。那么，他们打算做什么呢？接下来我们看到，时隔一天之后，也就是 2 月 2 日晚 6 时，应夔丞在根本不可能收到洪述祖当天所寄"要紧文章已略露一句，说必有激烈举动"一函的情况下，再次迫不及待地向国务院秘书程经世发出"冬电"，请转赵秉钧。电文中将洪述祖预先已在"老赵"面前"略露一句"的"激烈举动"和盘托出，并隐讳地索要 30 万元款项。电云：

> 国务院程经世君转赵鉴：应密。孙、黄、黎、宋运动极烈，黎外均获华侨资助。民党忽主举宋任总理。东电所陈两纲，其一已有把握，虑被利用，已向日本购孙黄宋劣史、黄与下女合像、警厅供钞、宋犯骗案刑事提票，用照片辑印十万册，拟从横滨发行。孙得信后，要黄遣马姓赴日重资买毁，索卌万，计定阳许阴尼，已得三万。一面又电他方要挟，使其顾此失彼，群壑难填，一伏一起，虽百倍其价，事终无效。此事发生，间接又间接，变象万千，使其无计设法，无从捉摸，决可奏功，实裨大局。因夔于南京政府与孙共事最切，知之最深，除空言邀誉外，直是无政策，然尚可以空名动人，黄、宋则无论矣。内外多事，倘选举扰攘，国随以亡，补救已迟，及今千钧一发，急宜图维。黎使田来沪筹款，迄未成。夔。冬。[1]

答案至此揭晓，洪、应所谓"激烈举动"或"激烈文章"，原来是要"向日本购孙黄宋劣史、黄与下女合像、警厅供钞、宋犯骗案刑事提票，用照片辑印十万册，拟从横滨发行"，以败坏国民党领袖声

---

① 《第二十八件　应夔丞寄国务院冬电稿一纸》（1913 年 2 月 2 日晚 6 时发），《前农林总长宋教仁被刺案内应夔丞家搜获函电文件检查报告》，第 24 页。

誉，从而达到打击国民党的目的，洪、应二人则可借机向政府索取一笔巨款。洪述祖知道，采取这样的"激烈举动"，或做这样的"激烈文章"，不可告人，因此在 2 月 1 日函末特别叮嘱应夔丞"阅后付丙"。① 由"冬电"来看，应夔丞计划这样做的理由是，"东电所陈两纲，其一已有把握，虑被利用"，也就是说担心收买国民党议员操弄宪法起草之举反被国民党方面利用，因此，为保险起见，他已向日本购买"孙黄宋劣史"等，用照片辑印 10 万册，拟从横滨发行，以损毁国民党领袖声誉，从而使被收买的国民党议员不愿再追随国民党。应夔丞后来解释说，这样做是因为他看到国民党影响越来越大，自己"无力防阻党人"，所以欲"藉毁损其名誉，以杜一般社会之盲从，稍阻危机于一发"。② 洪述祖则说，这样做"不过欲暴宋劣迹，毁宋名誉，使国民共弃去之，以破其党派专制之鬼蜮而已"。③ 但这样一来，洪、应对付国民党人的手法和内容就再次发生变化，由"文字鼓吹"与"金钱联合"操弄宪法起草，转为搜集所谓"劣史"，直接构陷国民党领袖人物。

为了让政府相信这样做有其必要性，应夔丞在"冬电"中，不惜虚构、夸大事实，乃至以危言耸动政府。比如，电文首句以"孙、黄、黎、宋运动极烈"一语，来描述当时这几人"运动"正式大总统选举的严峻形势，但实际上黎元洪根本无意竞选正式大总统。早在 1912 年 8 月，德国《柏林日报》驻北京记者萨决曼就问过黎元洪："来岁正式政府成立，谁人将为大总统？副总统亦有意于此乎？"黎曰："否。余不愿为大总统。余军人也，余愿仍服旧职，此人所望于余，余自忖亦能勉强承乏。至大总统一职，余友袁君将实膺之，余将

---

① 《第二十五件 洪述祖寄应夔丞信一纸信封一个》（1913 年 2 月 1 日），《前农林总长宋教仁被刺案内应夔丞家搜获函电文件检查报告》，第 22 页。
② 《应夔丞为宋案密呈大总统文》，《大公报》1913 年 11 月 10 日，第 2 张第 2 页。
③ 《青岛洪述祖来电》（5 月 3 日），1913 年油印件，北京大学历史学系藏，第 174 函。

竭余之全力以助。"① 孙中山也早就表示自己无意竞选正式大总统。就在"冬电"发出前几天，即1月29日，孙中山在接见日本驻沪人员宗方小太郎时，还表示自己"断不肯担任总统"，又表示："余个人相信，袁乃最稳妥之人物，故第一期总统以举彼为得策。"② 在电末，应夔丞更以危词耸动政府，称："内外多事，倘选举扰攘，国随以亡，补救已迟，及今千钧一发，急宜图维。"另外，电文谓"民党忽主举宋任总理"，同样不是事实。实际上，宋教仁自1912年末以来就一直在湖南老家，直到1913年1月20日方电告章士钊他将于1月21日到达武汉。③ 而黄兴恰在宋教仁到达武汉之前，辞去湖北铁路督办之职，紧接着就去了上海。④ 2月13日，宋教仁从武汉到达上海，这时孙中山已在两天前出发去了日本。应夔丞发出"冬电"前一段时间，孙、黄、宋等国民党主要领导人并不在一处，不可能做出"忽主举宋任总理"的决定。事实上，就在"冬电"发出前几天，报章仍有报道谓"国民党则种种主张不一，首以黄氏为大总统，否则以黎氏为大总统，以黄氏为副总统，而实权为黄氏所握；再次则以袁氏为大总统，以黄氏为国务总理；如形势上有变更，万不得已时，则以宋氏为国务总理，维持势力"。⑤ 可见，国民党并未确定由宋任总理。

为了借机索款，应夔丞又绞尽脑汁编造了"已向日本购孙黄宋劣史"等材料的曲折细节，向赵秉钧报告说，他的计划已经被孙中山知道了，孙中山要黄兴遣"马姓"到日本重资买毁，他所派购得"劣史"者一方面向"马姓"索要30万元，另一方面"阳许阴尼"，在获得3万元后，又电告第三方要挟"马姓"，使得"马姓"顾此失彼，"虽百倍其价"，终于没能买毁"孙黄宋劣史"等。应又自夸，

---

① 《黎副总统与德人之一席谈》，《神州日报》1912年8月27日，第3页。
② 陈锡祺主编《孙中山年谱长编》，第762页。
③ 《宋教仁与责任内阁》，《中国日报》1913年1月21日，第2页。
④ 《黄克强辞职之决心》，《中国日报》1913年1月21日，第2页。
⑤ 《总统问题与五大人物》，《顺天时报》1913年1月30日，第7版。

此事之所以能做得如此"变象万千"，使孙中山等"无计设法，无从捉摸"，是因为他曾在南京临时政府供事，知道孙中山"除空言邀誉外，直是无政策"，黄兴、宋教仁就更不值得一提了。应夔丞在"冬电"中说向"马姓"索要 30 万元，实际上就是暗示赵秉钧，需要花30 万元才能得到"孙黄宋劣史"等。然而，从后来的情况看，政府并没有收到这些材料，事实上也根本没有这些材料。应夔丞说"拟从横滨发行"，其实是因为他心里知道，根本没有"劣史"可以购回国内，说"拟从横滨发行"不过是要拖延时日、掩人耳目罢了。正因为是虚构情节，所以我们看到，洪、应合作的这篇"激烈文章"，不久就无法写下去了。

在洪、应的构陷计划中，还有一点需格外注意，即该计划的诋毁对象虽然包括孙、黄、宋三人，但孙、黄显然只是陪衬，宋教仁才是主要目标。这是因为，南京临时政府结束以后，孙中山便将主要精力转向"社会事业"，黄兴结束南京留守府工作后，也逐渐转向铁路等实业方面。唯有宋教仁，自 1912 年 7 月辞去唐绍仪内阁农林总长后，即"专从事政党生活"。同盟会就主要是在他的积极努力下，于是年 8 月改组为国民党，以为掌握政权之准备。① 他大力宣讲政党内阁主张，并为国会选举奔走呼号，反对党舆论至有"在革命时代，宋实不如孙、黄，而在政党时代，虽孙、黄实不如宋也"之说。② 应夔丞特别告诉赵秉钧"民党忽主举宋任总理"，可谓用心险恶。在应夔丞看来，宋教仁是赵秉钧保住总理位置最大的威胁，因此他不惜虚构事实，欲以此激刺赵秉钧。当然，还有一个非常重要的原因，使宋教仁成为应、洪陷害的主要目标，即宋教仁于 1913 年 1 月下旬到达武汉后，欲行"以黎制袁"之计，一度与黄兴极力运动黎元洪出选正式大总统，而由国民党人出任总

---

① 谭徐锋整理《黄尊三日记》（上），凤凰出版社，2019，第 334—336 页。
② 善哉：《哀宋君遯初》，《亚细亚日报》1913 年 3 月 23 日，第 1 页。

理，掌握实权。但最终遭到黎元洪拒绝，黎氏并将内情"和盘托出，尽情以电告袁总统，并自陈述衷情，甚不欲为总统"，导致黄、宋的计划失败。[①]"冬电"所谓"孙、黄、黎、宋运动极烈"，部分含义似即指此，而所谓"内外多事，倘选举扰攘"云云，也似有所指。不管怎样，宋教仁此时已经被洪、应视为"出头鸟"，其后来成为洪、应刺杀目标，实在此构陷计划当中已露出端倪。

对于"冬电"，至公《刺宋案证据之研究》曾有一种解释，谓：

> 此电乃洪、应勾结，谋挟制宋党，乃觅种种证据，其意盖欲献媚政府，为索款地步，以实行敲诈伎俩耳。临时政府成立以来，袁氏曲意敷衍民党，不独袁、黎沆瀣一气，无民党可言，即彼孙、黄、宋诸人，政府亦复供应不暇。若使意见差池，亦岂必藉欺骗证据，始能控驭。此电在法律上、事实上皆为洪、应二人自动之意思，不能指为政府之发动也。[②]

这种解释的第一层意思，也就是上段文字中的第一句话，与"冬电"内容是相符的；第二层意思，也就是上段文字中的后面几句话，则意在为政府辩护，认为政府没有构陷"孙黄宋"的动机，洪、应所谋划"不能指为政府之发动"。然而，洪、应所谋划能否"指为政府之

---

① 《不公开之总统运动》，《亚细亚日报》1913 年 2 月 18 日，第 2 页；《正式总统问题及各党之态度》，《大中华民国日报》1913 年 3 月 2 日，第 2 页。按《中国日报》曾批评黎元洪此种不齿于人的做法，谓："黎元洪近电中央，言国民党将运动举彼作正式总统，所附条件有三：（一）助国民党经费一百万元；（二）黄克强组织内阁；（三）脱共和党入国民党。黎并谓'此种条件，元洪无力践之。即以第一条论，百万元从何而至，敢将此事呈明总统，听凭核夺'云云。夫国民党果有此种运动、此种条件与否是尚疑问，即或有之，当是国民党一二人以私人名义为之。黎元洪以副总统之尊，至以此琐屑不入耳之事列之电文，呈达总统，为见好于袁之计，何其不识大体、卑污龌龊一至于此也。民国而以此种人物高踞政治舞台，是诚不足亡矣。"见《卑污苟贱之黎元洪》，《中国日报》1913 年 1 月 26 日，第 2 页。

② 至公：《刺宋案证据之研究》，《亚细亚日报》1913 年 4 月 30 日，第 1 页。

发动"，还要看政府接到"冬电"后是何态度，倘若政府不许洪、应干此勾当，则政府自然不能被视为发动者；倘若政府同意并催促洪、应实施计划，则政府当然就成为事实上的发动者。这一点容后再论。

　　需要说明的是，关于2月1日及2日洪述祖致应夔丞函中"大题目""激烈文章""要紧文章"等语，当时及后来尚有多种解释，但均不着边际，不能成立。如《民立报》按语："'大题目总以做一篇激烈文章方有价值'云云，可知其谋杀之事，蓄心久已。"①《国民月刊》按语："做一篇'激烈文章'者，盖谋杀伟人之初意也。鬼蜮伎俩，暗杀行为，已流露于兹矣。"② 此二说皆失之武断。《中华民报》按语："云'大题目总以做一篇激烈文章方有价值'云云，则可知其必为谋杀之举。"③ 同样系武断之言。又谓"'要紧文章已略露一句'，即谋杀之意已示知于应犯之谓"，④ 则张冠李戴，将洪在赵前将"要紧文章已略露一句"，误为洪将"要紧文章"向应"略露一句"。近人陶菊隐、方祖燊、何泽福等也都错解其意为杀宋。如陶认为，"洪屡次打电报催应'做一篇激烈文章'，就是催他提前动手的隐语"。⑤ 方认为，"'激烈文章'，谓暗杀宋教仁"，"'已略露一句'，洪谓已向袁、赵微露其暗杀计划"。⑥ 何认为，"所谓'紧要文章'，'激烈举动'，即指暗杀之事，这是袁世凯正式暗示要杀害宋教仁的开端"。⑦ 此外，袁世凯方面之《大自由报》所刊"冷眼先生"《宋案证据姑记录》，

---

　　① 《洪述祖致应夔丞信》（1913年2月1日），见《宋案证据之披露》，《民立报临时增刊》1913年4月27日，第2页。

　　② 《宋遯初先生遇害始末记（续）》，《国民月刊》第1卷第2号，1913年，第14页。

　　③ 《铁证·第七件洪犯致应犯函》（1913年2月1日），《中华民报临时增刊》1913年4月27日，第1页。

　　④ 《铁证·第八件洪犯致应犯函》（1913年2月2日），《中华民报临时增刊》1913年4月27日，第1页。

　　⑤ 陶菊隐：《北洋军阀统治时期史话》上册，第165页。

　　⑥ 方祖燊：《三湘渔父——宋教仁传》，第484页。

　　⑦ 何泽福：《宋教仁与袁世凯》，《上海师范大学学报》1980年第3期。

在 2 月 1 日"大题目"一函后有按语道："右证实洪要应之始，语内尚无一定主张，并未定将谋谁氏者。"① 而事实是，洪、应早已密谋妥当，倾陷对象（国民党）也早已确定。《时事新报》所登"超然百姓姚之鹤"《宋案证据平议》则云："按所谓'大题目'者，不知何所指，周内派确指为必系谋杀之举，愚虽不敢绝对赞成其说（盖当时尚有别种谣言，安知非此辈所为），然此等宵小聚谋，何所不至，其必非正当行为，固可必也。惟未得确实凭证，不便硬坐耳。"② 显然也是貌似谨慎，实则不明就里之谈。

最有意思的是，刺宋案发生后，赵秉钧发表自辩"勘电"，说"大题目总以做一篇激烈文章方有价值"之语，系洪述祖"藉解散欢迎国会团以恐吓政府"，而"须于题前迳密电老赵索一数目"之语，则为洪"以解散该团自任，以便其私图。是时正沪上欢迎国会团发起之初，马迹蛛丝，尚堪寻索"。③ 这种解释一方面故意不提洪、应构陷"孙黄宋"这篇"激烈文章"，另一方面掩盖了解散欢迎国会团实由政府主导的事实。更有意思的是，在北京大学历史学系所藏宋案密档中，有一份《宋案证据政府逐条辨明书底稿》，④ 其中写道：

① 冷眼先生：《宋案证据姑记录》，《大自由报》1913 年 5 月 3 日，第 10 页。
② 超然百姓姚之鹤：《宋案证据平议》，《时事新报》1913 年 5 月 2 日，第 2 张第 2 页。
③ 《致武昌黎副总统各省都督民政长电》（4 月 28 日），1913 年油印件，北京大学历史学系藏，第 174 函。
④ 按此底稿成于 1913 年 4 月底，现藏北京大学历史学系，原无标题，本书题名《宋案证据政府逐条辨明书底稿》。据《顺天时报》1913 年 4 月 29 日第 7 页"政府拟发表宋案辨明书"一则报道："宋案发生，证据未布，群疑纷沓。二十五夜，程督雪楼通电国务院、参众两院暨各省都督、省议会，将宋案证据全部宣布，天下耳目，为之震动。昨据总统府消息，谓该案证据概属事实，然亦大有辨明之余地，政府现拟编一篇辨明书，以解群疑，现在府中正在起草，大约本日成印，或明日、后日即可发表，宣布全国云。"北京大学所藏底稿，应即此处所谓"辨明书"。该底稿还有另外三个版本。第一个版本即《亚细亚日报》1913 年 4 月 30 日、5 月 1 日连载的"至公"所写《刺宋案证据之研究》，字句与底稿略有出入。第二个版本是现藏北京大学历史学系的《宋教仁被杀之真相》底稿，成于 1914 年，是在原《宋案证据政府逐条辨明书底稿》基础上，于开头和末尾各补充数段议论文字而成。第三个版本是奈良一雄所著『中華民國大事件と袁世凱』（天津中東石印局、1915）中之"宋教仁暗殺案の真相"一节，是第二个版本的日文本，该书实际上是由袁世凯方面提供资料并资助印行。

　　方是团之发生，曾以团中名单及《宣言书》径致国务院。是时政府莫名其妙，而咸以该团影响统一甚大，听之不可，干涉之又有不能，而应、洪辈乃时以解散之责自任。而不知是团之发生，乃正应、洪辈所发生，欲阳以恫吓政府，而阴则假以讹诈钱财也。政府不察，堕其术中，亦已慎矣。观电文中做"激烈文章""方有价值"及密电"索一数目"等语，即指《欢迎国会团宣言书》也。其假术售奸之情状，已不必燃犀而可睹矣。①

　　当时报纸亦有将"激烈文章"解释为《欢迎国会团宣言书》者，认为是洪、应合演的双簧。如《时事新报》称"该团与应通气，洪亦知之，故洪与应电谓须有'激烈文章'，乃能索价，按其月日，正《欢迎团宣言书》发表前后之时也"。②《新纪元报》则云："上海欢迎国会团于二月中旬发表《宣言书》，应实阴与通谋，外面故猖狂论以警政府，里面令洪以调停为名，向政府索钱。所谓'激烈文章'，所谓'价值'，及所书月日合之，当时情状丝毫不爽。"③ 又云："所谓'要紧文章'，即指欢迎国会团事，所谓'略露'，即指暗告政府，而所露之一句，即'必有激烈举动'六字，言已暗告政府上海欢迎国会团必有激烈举动，不可不防，于是而下面索款之言可以牵入。前后针锋，遥遥相对，阅者正可玩味得之。"④ 然而，事实是，《欢迎国会团

---

　　① 《宋案证据政府逐条辨明书底稿》（1913 年 4 月底），稿本，北京大学历史学系藏，第 174 函。按至公《剌宋案证据之研究》对于"激烈文章"的解释与《宋案证据政府逐条辨明书底稿》字句略有不同，但意思完全相同，谓："方是团之发生，曾以团中名单及《宣言书》径致国务院。是时政府警其虚声，咸以该团影响统一甚大，听之不可，干涉之又有不能，而应、洪辈乃时以解散之责自任。然以记者所闻，是团之发生，乃正应、洪辈所利用，阳以恫吓政府，而阴则假以讹诈钱财。政府不察，堕其术中，亦已慎矣。观电文中做'激烈文章''方有价值'及密电'索一数目'等语，即指《欢迎国会团宣言书》及要索之解散费，盖已昭然可睹矣。"至公：《剌宋案证据之研究》，《亚细亚日报》1913 年 4 月 30 日，第 1 页。

　　② 《北方对于宋案之研究》，《时事新报》1913 年 4 月 28 日，第 2 张第 1 页。

　　③ 《宋案证据披露》，《新纪元报》1913 年 4 月 30 日，第 2 页。

　　④ 《宋案证据披露》，《新纪元报》1913 年 4 月 30 日，第 2 页。

宣言书》早在 1913 年 1 月 1 日该团宣告成立时便已发表，而北京大学历史学系所藏袁氏密档中之《欢迎国会团第一次宣言书并驳书》又告诉我们，政府对于该团来历其实是清楚的，因该宣言书后明明写着发起人为何海鸣、尹仲材、李元箸、张汉英、江镇三等，与应、洪并无关系。① 政府自辩却说接到宣言书"莫名奇妙"，并说该团之发生"乃正应、洪辈所为"，"激烈文章"就是宣言书，可见政府一方面故意隐瞒解散国会团之真相，另一方面采取偷梁换柱办法，将构陷"孙黄宋"之"激烈文章"说成《欢迎国会团宣言书》。

洪述祖后来在法庭接受讯问时，也对"激烈文章"一语有过解释，他说："至作一激烈大文章之句，系民国初建，南北分歧，有谓总统制者，有谓内阁制者，应夔丞作一篇总统制论说，邀赵总理呈递总统，此即谓之'激烈文章'，非系含有他种意味。"② 洪述祖所谓应夔丞所作"总统制论说"一篇，应即前文提及之《制定宪法之必要》呈文，反对《临时约法》所规定的责任内阁制，主张总统有解散国会之权。然而，此种讨论中国应行总统制还是内阁制的文章，在民初报刊比比皆是，称之为"要紧文章"可以，何能称之为"激烈文章"？洪述祖所言不过是故意将"要紧文章"说成"激烈文章"，从而掩盖其与应夔丞构陷"孙黄宋"的事实。

至于应、洪所谓"宋犯骗案刑事提票"之"骗案"究竟是怎么回事，应、洪丝毫未提，这就难免会让宋教仁遭受一些人的误解。为了释疑，革命党人"捄炎"专门写了一篇文字，指出所谓"骗案"根本就不存在，它实际上是应夔丞等利用宋教仁《间岛问题》一书在日本印行时曾发生纠纷，故意陷害宋教仁，背后主谋则是袁氏，因袁氏主掌外部时，为进行中日间岛归属交涉，关注过该书，了解该书出

---

① 《欢迎国会团第一次宣言书并驳书》，1913 年油印本，第 14 页。
② 《驻守地方检察厅司法警察巡官报告审理情形》（1918 年 9 月 7 日），北京市档案馆藏，北平市警察局全宗，J181－017－01771。

版纠纷。①"捄炎"解析道：

> 此案证据中，及赵秉钧之通电，均有宋在日本"骗案刑事提票"之语，颇足滋不知者之谣惑。夫宋先生之学问道德为世所推，断无不可告人之事。而若辈却又明明指实"刑事提票"，此与泛称"劣史"二字者不同，鄙人于此事稍知涯略，不敢隐讳，敢告国人而释群疑。盖当间岛交涉发生时，清廷颇为注意，外务部尚书袁世凯即饬驻日钦使李家驹物色熟悉间岛情形之人才。其时遯初正从奉天脱难后，调查间岛情形完毕，著有《间岛问题》一书，署名宋练。李家驹不知其为遯初也，知是书尚未付印，急设法延见钝初，索稿阅之，甚欢，遂以报告袁氏。袁即电复李，嘱令遯初进京，许以不次之擢。宋佯许之，而以川资不足为辞。李即劝将所著书稿售与留学生编译社，由该社经理毗陵人某君接洽，以二百元购其稿，并未兼买版权。在遯初之意，不过欲《间岛问题》一书得以流行祖国，使同胞稍知间岛之历史地理，目的本不在金钱，更不在川资，盖自始未有进京受官之意也。惟当时同志中颇因此疑遯初有贰心于满清者，遯初不得已，往商诸该编译社经理，要求买绝版权费百元。该经理不允，遯初遂谓：贵社若不兼买版权，则我须自行出版。该经理诺之，于是遯初在报纸上登一告白，中有"革命党首领宋教仁所著《间岛问题》一书，为好友某君（即指该社经理）将去印行，因原书错误太多，故自行集资再印，务求精美，以餍阅者之望"之语。此告白发现，该社经理大为愤恨，遂指为撞骗，向日本警厅提起诉讼。后因版权本未买绝，当然不成罪案。今应犯等所指"骗案"，盖即此事，欲利用之以为倾陷之具，可谓心劳日拙矣。终之，此项"提票"

---

① 刘泱泱整理《宋教仁日记》，中华书局，2014，第349、355页。

无可收觅，且亦不足以为倾陷之资料，遂出于暗杀之计，稍有常识者类能知之。且该案发生时，李家驹曾有电致袁世凯，痛恨钝初，则此事不特洪、应所不知，即赵秉钧亦未必深知，知之者惟直接李家驹之袁世凯耳，然则今之欲收买"提票"而主谋陷害宋氏者，舍袁世凯其谁属哉！①

徐血儿也说："夫所谓'宋骗案刑事提票'者，乃宋先生光明磊落，不愿为满清官僚所利用，而以未买绝版权之自著《间岛问题》一书自行印行，为留学生编辑社经理某所诬控，未成罪案者，固无所谓'撞骗'及'刑事提票'也。今政府中知此事，惟袁世凯与李家驹耳。盖袁世凯忽忆及此事，以为是可以毁坏宋先生名誉者，乃密令赵、洪以巨款许应，使应收买此项提票也。此尤袁主谋倾陷之一大铁

---

① 捄炎：《宋案勘言（续）》，《民立报》1913 年 5 月 6 日，第 2 页。按宋著《间岛问题》等情况，于右任亦有一段记述，可为参考。他说："当间岛问题发生后，交涉者一无把握，宋先生自日本走高丽，搜求高丽之古迹、遗史，抵辽沈，又得中国及日本之史迹足以为此案之佐证者，复亲历间岛考求其地理、事实，归而著《间岛问题》。书成，日本东京之有名学者，均欲求先生以此书版权归诸日本，先生不允。时袁督北洋，得此书，电召先生归国，先生因在日经营事多，不欲以政治上之一鳞一爪急得表见，故以书付袁，而卒未归。后间岛交涉，因获此书为辅佐，得未失败。袁甚德之，电驻日使酬先生以金二千元，先生不受，驻日使固亵之，先生随散之留东之困乏者，且谓：'吾著此书，为中国一块土，非为个人之赚几文钱也。'"（骚心述意，东方笔录《宋先生遗事》，徐血儿等编《宋教仁血案》，第 13—14 页）马文义根据向恺然从刘揆一和覃理鸣那里得到的内幕，对此事也有记述，但所述情形大不相同。据马文义所述，《间岛问题》写成后，"宋为穷困所迫，将原稿请由覃理鸣介绍，求售于某学社，未被接受。有翰林某见此稿，颇赏识，愿出百元购之，宋不允，遂搁置"。"是时袁世凯在京，因欲查明延吉一带情况，令驻日公使杨枢物色留日吉林学生二人担任此项工作。适某翰林至，谈及此事，告以曾见有《间岛问题》一书。杨枢遂令从覃处取出原稿，将内容用二千字电报摘要告袁。袁复电极为赞许，并令赠洋千元与著者（款由覃、宋按四六开分了）……袁得书后，欲与日人会商解决此一问题，须得著者出面作证，遂电驻日公使令宋回国。公使馆命覃觅宋，告以此事。宋谓：'我系通缉有案之人，焉能归国？'公使馆据以告袁，袁复电允请西太后取消通缉，并授四品京堂官职。宋乃就商于孙（中山）黄（克强）及同盟会诸同志，得孙同意。宋方拟成行，忽收到由民报馆转来两信，封面书'宋京卿启'或'宋京堂启'，信中大意云：'你既回国做官，请讲点情面，将来我等回国做革命工作，如被你拿获，请勿用刑讯。'宋阅后痛哭流滴，遂决计不回国。"见马文义《宋教仁与间岛问题》，《辛亥革命回忆录》（六），第 39 页。

证也。"[1] 此种解释同样不能成立，因构陷"孙黄宋"之"激烈文章"乃应、洪二人手笔，并非"袁世凯忽忆及此事"而指使洪、应实施构陷。况且围绕宋教仁印行其所著《间岛问题》产生的纠纷，也不是什么"刑事"问题，袁世凯如何能让洪、应购得"宋犯骗案刑事提票"？另外，应夔丞声称"已向日本购孙黄宋劣史、黄与下女合像、警厅供钞、宋犯骗案刑事提票"等，后来却一直拿不出这些材料，可见所谓"宋犯骗案"，不过是洪、应为构陷宋教仁并骗取钱财面壁虚构的情节。

但有一个问题必须提出，即应夔丞明知自己手中没有可以构陷"孙黄宋"的所谓物证，那么，他难道不明白，拿不出物证就不可能从中央索到款项吗？唯一的解释是，应夔丞当时判断袁世凯会先付款，让他去购买所谓物证。等款项到手后，他再和洪述祖设法构陷"孙黄宋"，敷衍袁世凯，给其一个交代。从洪述祖2月2日函要应夔丞"须于题前迳密电老赵索一数目"来看，二人确有先取钱后办事的想法。而这样的想法产生自既有的经验——5万元共进会遣散费就是袁世凯先付款，然后要应夔丞去办事，结果钱轻易落到了应、洪手中。只不过这一次应夔丞失算了，从接下来的案情我们看到，袁世凯似乎将信将疑，要求应夔丞先提供"宋犯骗案刑事提票"等材料，然后再付款。在此情形下，洪述祖为了获得款项，开始一次次催促应夔丞赶快将材料寄来，简直急如星火。原本打算空手套白狼的应夔丞在短时间内根本无法回应，洪述祖因此渐感失望，并失去耐心，于是案情逐渐向另外一个方向演变。

五　构陷阴谋未果洪唆使应对宋
"乘机下手"

在2月2日应夔丞向国务院发出"冬电"后，构陷"孙黄宋"计

---

[1]　血儿：《驳赵秉钧之通电·铁证如山尚可掩饰耶（五续）》，《民立报》1913年5月7日，第2页。

划即进入行动阶段。2月4日，洪述祖写信给应夔丞，向其讲述了袁世凯看到该计划后的反应：

> 夔弟足下：冬电到赵处，即交兄手，面呈总统，阅后色颇喜，说弟颇有本事，既有把握，即望进行云云。兄又略提款事，渠说将宋骗案情及照出之提票式寄来，以为征信，用此飞函驰布。望弟以后用"川密"与兄，不必再用"应密"，缘（经）程君之手，即多一人也，且智老处手续不甚机密。此信到后，望来简电"函到"二字足矣，或加"件照寄"三字，以杜邮局迟误之弊（连邮局亦须防）。手此，即颂台安。名心启。二月四日。①

对此函，《民立报》附加按语分析道："'冬电'即应夔丞故为大言，以倾陷国民党重要人物之电。赵付洪，洪呈袁，袁阅后喜悦，可见袁忌嫉之念蓄之至深，闻有倾陷之谋，即深叹为颇有本领。又可见洪、赵朋比为奸，无所忌惮。民贼之手段，其辣如此。然应所云'骗案'及'提票'，实皆子虚乌有之谈，倾陷不成，而暗杀之谋亟矣。"② 此种分析大体可以成立，不过此时谈杀宋为时尚早。又，国民党人徐血儿云："洪致应电有'面呈总统，阅后色颇喜'及'面呈总统、总理阅过'等语，而所谓'既有把握，即望进行'云云，即袁嘱洪转应之言，是则大暗杀案非特经袁世凯预闻，而且由袁世凯嘉许，令应进行也。此袁世凯与赵秉钧为大暗杀案之元凶正犯之确证也。"③ 这显然是过度解读，与原函意思并不相符。另一国民党人宗良

---

① 《第二十九件　洪述祖寄应夔丞信二纸》（1913年2月4日），《前农林总长宋教仁被刺案内应夔丞家搜获函电文件检查报告》，第24页。

② 《洪述祖致应夔丞信》（1913年2月4日），见《宋案证据之披露》，《民立报临时增刊》1913年4月27日，第2页。

③ 血儿：《综论大暗杀案》，《民立报》1913年4月27日，第2页。

则视此函为"袁谋杀宋先生间接之铁证"之一,"虽百喙而不能辩"。① 这一表述稍微严谨一些,但理解同样有误。袁阅过"冬电"以后"色颇喜,说弟颇有本事",证实了购买"宋犯骗案刑事提票"的确主要由应夔丞提出。"既有把握,即望进行",与 2 月 1 日"东电"中之"似已操有把握",和 2 月 2 日"冬电"中之"其一已有把握",互相呼应,尤可指实袁世凯确实看到了该构陷计划,并且被该计划打动,因而指示进行。但袁世凯并未完全相信应夔丞可以做到,故在洪述祖"略提款事"后,袁世凯表示需要应夔丞将"宋骗案情及照出之提票式寄来,以为征信"。于是,洪于 2 月 4 日"飞函"告应。这是洪述祖第一次催促应夔丞提供构陷宋教仁的材料。因为即将进入实施阶段,而且事属不可告人,故洪述祖为防泄密,叮嘱应夔丞以后改用"川密"发电,以防用"应密"发电时于程经世或赵秉钧处泄露消息。这说明赵秉钧、程经世虽然与闻其事,但因洪述祖与赵、程关系并不密切,故对二人又有所提防。为防邮件泄密,洪述祖又要求应夔丞回电时只要简单写"函到"二字,或加"件照寄"三字即可,由此可见洪述祖确信应夔丞可以购到"宋犯骗案刑事提票",为此他"屡次函电促其进行,催取此件"。② 洪述祖此时既然谋求获取"宋犯骗案刑事提票",则其无杀宋之意可知,否则直杀之可耳,何必多此一举。

对 2 月 4 日函,洪述祖 1913 年 5 月在青岛接受德国胶澳审判厅讯问时,曾试图推翻。其供词云:

> 二月初四日余致应书于上海,称余已将此事报告大总统,大总统面有喜色云云。而实则余并未如此办过。余如此写信,不过

---

① 宗良:《宋案与借款平议》,《国民月刊》第 1 卷第 1 号,1913 年,第 2 页。
② 《青岛洪述祖来电》(5 月 3 日),1913 年油印件,北京大学历史学系藏,第 174 函。

欲激动应耳。余又称大总统曾言须将该案详情查明，并须觅得拘
票照片作据等语。[①]

洪、应合谋构陷"孙黄宋"的主要目的之一是借机向政府索款
30万元，在当时财政极度困窘的情况下，这可以说是一笔巨款。倘若
真如洪述祖所言，他并没有将构陷计划报告袁世凯，则没有袁世凯之
批准，30万元巨款从何而来？洪、应谋利之目的又如何能够达到？因
此，其说法根本经不起推敲。洪在青岛德国法庭接受讯问之时，正值
各方强烈要求政府将其引渡归案，洪述祖极力否认他与应夔丞构陷国
民党领袖的计划得到袁世凯支持，不过是为了自己不被政府引渡归案
而与袁、赵讨价还价的结果，本书第六章将专门论述这一问题。

继2月4日函后，洪述祖又于2月5日给应夔丞发出一电：

> 冬电中央，即此进行。迅即寄宋骗案由、提票影片，藉可请
> 款，仍旧折三分一。应将实在情形先电覆。初五日。荫。[②]

由此电看，洪述祖相信应夔丞很快就可以搞到"宋犯骗案刑事提
票"，因此要他迅即寄来，"藉可请款"。"应将实在情形先电覆"，则
可见洪述祖迫不及待之心情。这是洪述祖第二次催促应夔丞提供构陷
宋教仁的材料。"仍旧折三分一"为二人约定的瓜分所得款比例，洪
得三分之一。"仍旧"二字说明二人前此已有合作牟利之事，此次同
样以牟利为主要目的。在洪、应往来函电中，有好几封内容是关于二
人合谋以低折扣购买政府公债票之事，说明牟利确为洪、应合作的主

---

① 《照译胶澳审判厅讯问洪述祖供词》（青岛，1913年5月31日特许钞录），罗家伦主
编《宋教仁被刺及袁世凯违法大借款史料》，第229页。

② 《第三十二件 应夔丞妻致应夔丞信一纸（1913年2月8日）钞电二纸》之《钞电
二》（1913年2月5日），《前农林总长宋教仁被刺案内应夔丞家搜获函电文件检查报告》，第
26页。

要目的之一。不过，关于低折扣购买公债票的函电都是在 3 月 10 日
之后才出现的（详下文），此电所透露的二人此前合作牟利，应指上
年末以解散共进会为名在京骗取政府 5 万元经费之事。

　　洪述祖发出 2 月 5 日电时，应夔丞刚好离开上海外出，直到 2 月
8 日该电方由应夔丞妻子薛氏抄寄应夔丞。[①] 因为一直没有接到应夔
丞回音，洪述祖在 2 月 8 日又写了一封短信给应夔丞：

　　　　夔弟足下：函电谅已入览。日内宋□有无觅处，中央对此似
　　颇注意也……手颂台安。小兄观川手启。二月八日。[②]

　　这是洪述祖第三次催促应夔丞。原电"宋"字后面"□"字模
糊不清，似"案"字，又似"辈"字。《民立报》直写为"辈"字，
并解释道："此函所云'宋辈有无觅处'，当即应夔丞所捏称宋先生
之'骗案'及'刑事提票'也。'中央似颇注意'，足见袁、赵蓄意
倾陷宋先生，无时或忘。"[③]《中华民报》也将"□"直写为"辈"，
但与《民立报》的解释截然不同，认为"此函系二月八日之函，其
时袁、赵杀宋先生及其他诸人之意已决，故有中央'似颇注意'之
辞，'宋辈有无觅处'，则探宋先生之行踪是也。逆谋非一朝一夕
矣"。[④] 如上所析，袁、赵此时正谋构陷"孙黄宋"，并无杀宋之意，
故《中华民报》之说不能成立。"□"字以笔者判断，亦必为"案"
字无疑，而非"辈"字，盖若为"宋辈"，则指孙、黄、宋诸人，若

---

　　① 《第三十二件　应夔丞妻致应夔丞信一纸（1913 年 2 月 8 日）钞电二纸》，《前农林
总长宋教仁被刺案内应夔丞家搜获函电文件检查报告》，第 26 页。

　　② 《第三十一件　洪述祖寄应夔丞信一纸附一纸见说明信封一个》（1913 年 2 月 8 日），
《前农林总长宋教仁被刺案内应夔丞家搜获函电文件检查报告》，第 25 页。

　　③ 《洪述祖致应夔丞信》（1913 年 2 月 8 日），见《宋案证据之披露》，《民立报临时增
刊》1913 年 4 月 27 日，第 2 页。

　　④ 《铁证·第四十一件洪犯致应犯信》（1913 年 2 月 8 日），《中华民报》1913 年 4 月
27 日，第 12 页。

为"宋案"，则指"宋犯骗案刑事提票"，国民党为合法政党，孙、黄、宋皆国民党要人，行踪公开，并非通缉要犯，岂能无觅处？即便要觅孙、黄、宋，也不必非由应夔丞，可见《中华民报》之说并无道理。函中"中央对此似颇注意"一句，政府方面辩称"纯系昔日书吏撞木钟技俩"，① 或"纯系洪之主观"。② 然而，这不过是政府方面试图撇清袁、赵与构陷国民党领袖阴谋相勾连的说辞。既然袁对应购买"宋犯骗案刑事提票"等材料说"既有把握，即望进行"，那么洪接下来对应说"中央对此似颇注意"，也就不是无根之谈，说明购买"宋犯骗案刑事提票"计划已经吊了袁氏胃口，同时洪述祖对应夔丞如此讲，也是为了催促其尽快提供相关材料。由"日内"二字可见洪主张此事办理越快越好。但"有无觅处"四字又透露出洪对应有无把握搞到"宋犯骗案刑事提票"，开始有所怀疑。

隔了3天，也就是2月11日，洪述祖又有一函给应，提醒应夔丞：

> 宋件到手，即来索款，勿迟。③

政府方面对此函的解释是：

> 此电（实为函——引者）乃专指谋买"宋骗案提票"事，别无他义。"宋件"二字断非指取其性命而言。洪则假政府以唤应，应则制宋以要洪，皆洪、应之诡计，政府正堕雾中未知也。如谓政府早有杀宋宗旨，则欲杀竟杀耳，乌用先得"宋件"，后

---

① 《宋案证据政府逐条辨明书底稿》（1913年4月底），稿本，北京大学历史学系藏，第174函。

② 至公：《刺宋案证据之研究》，《亚细亚日报》1913年4月30日，第1页。

③ 《第三十四件　洪述祖寄应夔丞信一纸信封一个》（1913年2月11日），《前农林总长宋教仁被刺案内应夔丞家搜获函电文件检查报告》，第27页。

再言杀乎?①

"宋件到手"非指取宋性命的解释是对的,但说政府对洪、应谋买"宋犯骗案刑事提票"之事不知,则与事实不符。此解释实际上是要掩盖政府与洪、应合谋构陷"孙黄宋"的事实。

2月11日函是洪述祖继2月4日函、2月5日电及2月8日函后,第四次催促应夔丞提供"宋骗案"材料,以便向政府索款。此后,洪述祖对应夔丞一直没能提供"宋骗案"材料大概已经有些失望,故在接下来的十天中,洪述祖既未给应写信,也未给应发电。直至2月22日,洪述祖才又给应夔丞发去一封包含了八项内容的长信,其中有两项内容如下:

> 一、近日国民党有人投诚到中央,说自愿取消欢迎国会团云云(云是原发起人),大约亦是谋利(不由我辈,另是一路),于所图略加松劲,然亦无妨。
> 一、请款总要在物件到后(国会正成立之时,不宜太早太迟),为数不可过卅万,因不怕紧,只怕穷也(借款不成)。②

函中第一项所言如此露骨,可谓洪、应借机牟利之铁证,足见"洪与应假解散国会团一事见好政府,从中渔利,处心积虑已久,故一闻有人自欲取消该团,不由若辈经手,恐渔利之术不免中败,故有'松劲'之说云云"。③"超然百姓姚之鹤"对此有一段极为精彩的批

---

① 《宋案证据政府逐条辩明书底稿》(1913年4月底),稿本,北京大学历史学系藏,第174函;至公:《刺宋案证据之研究》,《亚细亚日报》1913年4月30日,第1页。

② 《第三十五件　洪述祖寄应夔丞信三纸》(1913年2月22日),《前农林总长宋教仁被刺案内应夔丞家搜获函电文件检查报告》,第28页。

③ 《宋案证据政府逐条辩明书底稿》(1913年4月底),稿本,北京大学历史学系藏,第174函。

评，他说：

> 按详观本条正文及夹注，则洪、应二人之狼狈为奸，其利用
> 南北之隔绝，感情之不洽，因是居中簸弄，为渔利计，固已昭然
> 若揭矣。观其云"大约亦是谋利"，而夹注则又云"不由我辈，
> 另是一路"，是明明不以谋利为讳矣。而其居心之最险恶者，抑
> 若深恐欢迎团立时解散，则我辈必无可挟，所图必致松紧，因重
> 以为忧者。噫，此辈狗彘不食，本无天良之发现，然天下本无
> 事，由若辈介居南北之间，造谣生事，使国家陷于分崩之象，已
> 可杀矣。乃见大局略有转机，而若辈复以私图之不遂，致生种种
> 觖望之词，是其居心之不可闻问，无日不以构成南北之恶感为
> 事，而宋案即缘此生。即此数语观之，洪、应之为共同犯，而此
> 外别无主使之人，尤可见矣。[①]

对函中所谓"近日国民党有人投诚到中央，说自愿取消欢迎国会
团云云（云是原发起人）"，国民党人予以否认，认为这是洪述祖在
造谣，称："本党光明磊落，何谓'投诚'？'自愿'取消国会团，何
所据而云'自愿'？洪述祖造谣兴谤，其肉真不足实［食］矣。"[②] 然
而，由总统府秘书张一𪊍给江苏都督程德全的密电可知，的确曾有人
到总统府代表欢迎国会团发起人尹仲材传话，表示投诚之意。张在密
电中告诉程德全："有个叫岳嗣仪的人，到北京来，秘密晋谒了赵秉
钧总理，说他在上海和尹仲材辩论了很多次，经过他的努力劝说，尹
确实有悔过的表示，只是附从他们的人很多，解散需要经费，但听说
要得不多，只是万把块钱。已经把情况向项城（袁世凯）汇报了，认

---

① 超然百姓姚之鹤：《宋案证据平议》，《大自由报》1913 年 5 月 24 日，第 10 页。
② 《宋遯初先生遇害始末记（续）》，《国民月刊》第 1 卷第 2 号，1913 年，第 16 页。

为您就近根据情况解决比较容易下手。岳已经回到南京，请您酌情办理这件事。"程德全复电说："欢迎国会团这件事，已经有人来索要过三千元了。这个团并没有什么价值，所以我没有答应他们办理。梁士诒（总统府秘书长）来南京的时候，也谈了这件事，他已经答应到上海后看情况办理，你们如果直接打电报给他，比较方便，也比较快。至于岳君来南京的话，我也会问问他情况。"① 洪述祖能够得到这一秘密情况，并转告应夔丞，再次证明他与总统府之间保持着非常紧密的关系。

从"自愿取消""不由我辈，另是一路"可知，洪、应不过欲借政府解散欢迎国会团之机骗钱而已，并没有与该团接洽解散事宜，反而很担心该团解散，使他们失去骗钱机会。2 月 22 日洪致应函在刺宋案发生不久后被披露，使欢迎国会团得以澄清 1 月底外间所传该团将为洪收买解散之谣言，为此该团于 3 月 27 日特别发表如下通电：

> 北京国民党本部、民主报、国风日报、中国报、新闻团转津京各报、国会议员诸君鉴：窃本团始终主张国会自行集会，根据法律，宗旨纯正，以故南北议员，一时名流，翕然和之，而团员之艰苦进行，持之不懈，尤为海内所共谅。讵意自南北报纸揭载内务部秘书洪述祖挟资南下之风说以来，众指本团受其运动，诬蔑之语，时有所闻。夫三言杀人，曾母投梭，同人之贤，不为〔如〕曾子，而洪述祖挟资南下之事实，宁止三言。此本团无端受谤之往日事也。迩者刺宋案破获，乃知应夔丞曾与洪述祖在申接洽，且洪又挈应北上，程苏督亦有洪曾向渠保荐之证言。则知当日各报所载，谓洪述祖运动本团之误会，在今日已不辩自明。

---

① 转引自朱宗震《真假共和：中国宪政实验的困境与挫折》，山西人民出版社，2008，第 45—46 页。

为［惟］恐远近犹未周知，特此恳登大报，藉为声明。至于本团进行一节，仍不少懈，而刺宋案之关系如何，祈议员分外注意，即日南来，筹备开幕事宜，是所为切盼。余详第二次宣言书。欢迎国会团。感。①

电文声明该团并未受洪、应运动解散，虽然是事实，但谓"团员之艰苦进行，持之不懈"，显与事实不符，作为该团主要发起人之一的尹仲材为谋私利而于 2 月中旬通过岳嗣仪向政府输诚，便是明证。故 2 月 17 日《顺天时报》有该团"设立之初，风说种种，议论纷纷，耸动世人耳目，尔来该团消息渐归稳静"的报道。② 吴稚晖甚至说早在 1 月下旬该团在上海就已经没人当回事，要北方"不理他这事"。③ 从 2 月 20 日起，天津《大公报》开始刊登由叶恭绰等十余人共同草拟的"铁路欢迎国会议员入京特别广告"，连登近两个月；从 2 月 23 日起，该报又刊登丁平澜等草拟的"正太、汴洛两路加入欢迎国会议员广告"，亦连登近两个月。④ 于是，欢迎国会团在南方渐趋沉寂。上电末号召国会议员"即日南来，筹备开幕事宜"，不过欲借刺宋案发生后群情激奋之机图谋再起，然该团势力早归弩末，随着 4 月 8 日第一届国会在北京正式召开，该团遂销声匿迹。

---

① 《宋先生哀电汇录·欢迎国会团通电》，《民立报》1913 年 3 月 29 日，第 7 页。
② 《三大团体之密切关系》，《顺天时报》1913 年 2 月 17 日，第 2 页。
③ 按吴稚晖去南方数旬后，于 1913 年 1 月 27 日返京，有人问他上海欢迎国会团之事，他说："没有这么一会［回］事。这是几个新闻记者闲谈无事，做篇文章开心。我看见戴季陶，他在那里天天忙出洋，并没有向我提起这件事。我回北京，看见几家报上把这件事认真讨论起来，方才注意。这实北京的人没晓得上海的情形，上海人早把这件事当真了，却是今天一个电报，明天一篇文章，把他们的热心挑拨起来，他们或者因此当一件事来做，也未可知。据我看来，我们最好是不理他这事，横竖没有人赞成的，怕他做甚。"见《吴稚晖与欢迎国会团》，《中国日报》1913 年 1 月 28 日，第 2 页。
④ 《铁路欢迎国会议员入京特别广告》，《大公报》1913 年 2 月 20 日，第 3 张第 5 页；《铁路欢迎国会议员入京特别广告》，《大公报》1913 年 4 月 15 日，第 2 张第 8 页；《正太、汴洛两路加入欢迎国会议员广告》，《大公报》1913 年 2 月 23 日，第 2 张第 7 页；《正太、汴洛两路加入欢迎国会议员广告》，《大公报》1913 年 4 月 10 日，第 2 张第 8 页。

　　对于洪述祖 2 月 22 日函中另一项内容，《民立报》解释道："'请款总要在对象（原函实为"物件"二字——引者）到后'，此'对象'即指宋先生之生命。'为数不可过三十万'，故三月十二日（实为三月十三日——引者）应致洪函痛陈去宋之必要，谓'余产拼挡，足可挪拨二十余万'，盖即以洪所示之数，向袁、赵索偿也。"① 《中华民报》也认为"请款总要在物件到后"，"与'宋件到手，即来索款'及'题前迳电赵袁索一数目'前后相联，盖杀宋前虽索数，杀宋后须索款也"。② 近人方祖燊有更进一步的解释，认为"'对象'指宋教仁生命。括号内的文字'国会成立之时，不宜太早太迟'……可见暗杀的时间表，此时业已定下。袁世凯在国会召开之前，电催宋入京共商国是，用以配合其阴谋，三十万为杀宋代价的限额"。③ 以上三种说法均大误。3 月 13 日应致洪函容后再论，2 月 22 日函中所谓"物件"仍然是指"宋犯骗案刑事提票"等文件无疑，断非指"宋先生之生命"，因"物件"与"到后"二字相连，若指"宋先生之生命"，则"物件到后"岂不意味着须将宋先生尸身送往北京，方可请款？如此则尚有何秘密可言？袁、赵至愚，当不为此。"因不怕紧，只怕穷（借款不成）"是说政府如果只是财政紧张还不要紧，但因对外借款未成，政府现在实在是穷，因此请款不能太狠，"为数不可过卅万"。之所以限以 30 万元，是因为 2 月 2 日"应密冬电"中曾提到孙、黄派人到日本，愿出 30 万元买毁"孙黄宋劣史""宋犯骗案刑事提票"等，向政府请款 30 万元即以之为据。至于请款时间，洪述祖之所以强调在"国会正成立之时，不宜太早太迟"，《国民月刊》的解释是："盖彼时五国团之大借款可以胁迫国会通过，夫然后杀宋之

---

　　① 《洪述祖致应夔丞信》（1913 年 2 月 22 日），见《宋案证据之披露》，《民立报临时增刊》1913 年 4 月 27 日，第 2 页。

　　② 《铁证·第十二件洪犯致应犯函》（1913 年 2 月 12 日），《中华民报临时增刊》1913 年 4 月 27 日，第 1 页。

　　③ 方祖燊：《三湘渔父——宋教仁传》，第 485—486 页。

酬劳可得，一若逆料大借款可以唾手而得也。"① 如上所析，此函所谓
30万元并非杀宋酬劳，但洪述祖等待国会开后大借款通过，以便索款，
则是有可能的。当然，更大的可能是，洪述祖欲待国会开后，议员们准
备宪法草拟及选举正式大总统工作之时，忽然抛出"孙黄宋劣史""宋
犯骗案刑事提票"等"物件"，给国民党议员以沉重打击，使相关工作
朝有利于袁世凯方面发展，从而借机向政府索取30万元报酬。②

　　2月22日函是洪述祖第五次催促应夔丞提供"宋骗案"材料。
此后大约有两个星期，洪述祖没有函电给应夔丞，直至3月6日，洪
述祖才又自天津向应夔丞发出如下一函：

　　　　夔弟足下：近日叠接下关所发二月廿五号各信（计五件，并
　　《民强》领纸），又接上海德顺里信，又驻沪巡署信计二件。此
　　刻内中财政万窘，而取之法，手续不甚完好。如除邓一案，须将
　　其反对各报先期邮寄，并如何决议办法，并可在《民强》登其死
　　耗（此刻近于无征不信），方是正办。至印件言之在先，此刻既

---

① 《宋遯初先生遇害始末记（续）》，《国民月刊》第1卷第2号，1913年，第16页。
② 按洪述祖2月22日致应夔丞函共有八项内容，其中前四项为："一、来函已面呈总
理、总统阅过。一、以后勿通电国务院（除巡缉长之公事不计），因智老已将应密电本交来，
恐程君不机密，纯全归兄一手经理。一、近日国民党有人投诚到中央，说自愿取消欢迎国会
团云云（云是原发起人），大约亦是谋利（不由我辈，另是一路），于所图略加松劲，然亦无
妨。一、请款总要在物件到后（国会正成立之时，不宜太早太迟），为数不可过卅万，因不
怕紧，只怕穷也（借款不成）。"[《第三十五件　洪述祖寄应夔丞信三纸》（1913年2月22
日），《前农林总长宋教仁被刺案内应夔丞家搜获函电文件检查报告》，第27—28页] 陈旭
麓、何泽福所著《宋教仁》竟然随意删改、拼接，将以上内容改为："来函已面呈总统、总
理阅过，以后勿通电国务院，因智老（赵秉钧别号智庵）已将应密电本交来，恐程君（指程
克）不机密，纯令归兄一手经理。请款总要在物件到后，为数不过三十万。"如此删改、拼接，
不仅断章取义，大大扭曲了原意，而且出现将国务院秘书程经世误为内务部参事程克的低级
错误。更令人吃惊的是，著者竟将此函写作日期由2月22日擅自改为3月11日，并在引用
该函后，紧接着写道："两天之后，洪述祖再次致电应桂馨，答应他'燠宋酬勋位'，并要他
'相度机宜，妥筹办理'。十四日，应桂馨又电洪述祖：'梁山匪魁（指宋教仁），四处扰乱，
危险实甚，已发紧急命令，设法剿捕之。转呈候示。'"（第97—98页）这样，"请款总要在
物件到后"就被曲解为"杀宋取款"，袁世凯、赵秉钧也就成了确凿无疑的幕后主使。

原件无有，连抄本亦未到，殊难启齿。足下明眼人，必须设一妥法（总以取印件为是）；或有激烈之举，方可乘机下手也（譬如邓系激烈，似较好办）……属《民强》逐日（交妥邮）寄我一份（今年阴历正月起）为盼。观川启。三月六日。①

此函乃宋案证据中最关键之函，其内容已不再只是催促应夔丞提供所谓"宋骗案"材料，而是出现了关于"除邓"一案的表述。该案在现存宋案证据中仅此函提到，案情不明。时人对宋案证据的各种解释也多不及此案，似乎此案与宋案关系不大。惟《民立报》曾分析道："此函所云'除邓'，未写明何人，然以事实揣之，必为《中华民报》邓家彦君。邓君主张激烈，不畏强御，其为袁、赵所忌无疑。然杀邓君而以杀耗登《民强报》，《民强报》讵肯为之作此大逆机关乎？是又太忍矣。"②《民立报》国民党人显然不知，《民强报》其实早已在袁世凯的金钱支持下被洪、应收买了。邓家彦所供职的《中华民报》也认为："此函所谓'除邓'一案者，自其语意观之，当为邓君家彦。"③ 不过，应夔丞后来在上海地方审判厅供称，邓"系邓良财，因在外招军，经其报告中央，由徐州军官捕杀"。④ 洪述祖则于京师高等审判厅供称，"除邓"之函系赵秉钧令其代发的，"赵总理曾对其说明邓之名字，伊因日久忘记了"。⑤ 其实，细读洪函中"除邓

① 《第三十六件 洪述祖寄应夔丞信二纸附一纸》（1913 年 3 月 6 日），《前农林总长宋教仁被刺案内应夔丞家搜获函电文件检查报告》，第 28—29 页。

② 《洪述祖致应夔丞信》（1913 年 3 月 6 日），见《宋案证据之披露》，《民立报临时增刊》1913 年 4 月 27 日，第 4 页。

③ 《铁证·第四十件洪犯致应犯函》（1913 年 3 月 6 日），《中华民报》1913 年 4 月 27 日，第 12 页。

④ 《驻守大理院巡官呈报洪述祖案判决书》（1919 年 3 月 31 日），北京市档案馆藏，北平市警察局全宗，J181 – 017 – 01771。

⑤ 《驻守高等检察厅司法警察巡官报告审理情形》（1918 年 11 月 23 日），北京市档案馆藏，北平市警察局全宗，J181 – 017 – 01771。

一案，须将其反对各报先期邮寄"一句，可理解为："除邓"之前，"须将登载其反对政府文字各报先期邮寄"。既然可于各报发表反对政府文字，则"邓"为文人而非武人可知，《民立报》推断"邓"为《中华民报》邓家彦就是有道理的，因该报正是以登载激烈反袁文字著称。邓家彦本人也认为，"除邓"之"邓"就是指他，曾在后来回应说，他当时在上海"发刊《中华民报》，专事反袁"，"日日著论攻击袁世凯及北京政府"，"宋教仁遇刺一案连带搜出若干文件，其中有暗杀名单，余亦赫然列名，可见袁氏对余衔恨之深"。[①] 不过，《民立报》和《中华民报》都只是就"除邓"对象为谁而论，并未注意到洪述祖何以要在此函中忽然提到"除邓"一案。

由该函看，洪述祖是在收到应夔丞 2 月 25 日自下关所发各信，以及上海德顺里信、驻沪巡署信等一系列信件之后，在回复应夔丞时，忽然提到"除邓"一案的，这就说明，该案在此前洪、应往来信件中很可能已经提及，否则洪述祖于回信中忽然提及"除邓"，应夔丞将不明所以。退一步讲，即使洪、应此前往来信件不曾提及"除邓"，应夔丞也一定对此事有所了解，甚至极有可能这是应、洪二人打算制造的另一起案件，否则洪述祖不会以"除邓"这样的机密事件为例，来向应夔丞说明如何从中央领款。

洪函云"此刻内中财政万窘，而取之法，手续不甚完好"，意思是，现在中央财政万分困难，而我们取款的手续不甚完好，因此难以取款。紧接着，他举例告诉应夔丞应当如何做才能取到款。他说："如除邓一案，须将其反对各报先期邮寄，并如何决议办法，并可在《民强》登其死耗（此刻近于无征不信），方是正办。"也就是说，若要"除邓"领款，必须将登载"邓"反对政府文字之各报先期邮寄给中央，并就如何"除邓"提出办法，"除邓"之后还要在《民强

---

① 《邓家彦先生访问纪录》，台北：中研院近代史研究所，1990，第 5—6 页。

报》登其死耗，这样才好领款。洪述祖举这个例子，是针对应夔丞迟迟未能提供构陷"孙黄宋"的材料而言，尽管两者性质不一，一为谋人性命，一为损人名誉，但都以从中央攫取款项为目的，从中央角度讲，都需要看到具体成绩，方可给款。故洪述祖紧接着写道："至印件言之在先，此刻既原件无有，连抄本亦未到，殊难启齿。"所谓"印件"即"宋犯骗刑事案提票"等，既然原件、抄本都没有，"殊难启齿"向中央索款。

接下来，洪述祖提出两个办法，供应夔丞选择："足下明眼人，必须设一妥法（总以取印件为要）；或有激烈之举，方可乘机下手也（譬如邓系激烈，似较好办）。"前半句洪述祖仍然要求应夔丞设法取得"印件"，不论原件、抄件均可，这是洪述祖第六次催促应夔丞。但从 2 月 2 日应夔丞于"冬电"中向国务院报告已向日本购买"宋犯骗案刑事提票"等材料以来，已经过去一个多月，中间虽经洪述祖一次次催促，应夔丞始终未能提供材料，洪述祖对此显然已经不抱多大希望，他甚至应该意识到了应夔丞是想"空手套白狼"。事情到此，本应结束，可洪述祖却不这么想，他需要给袁世凯一个交代，更需要向袁世凯证明自己并非空言失信之人，当然他也不想放弃谋取私利的机会，于是头脑中开始生出邪恶想法，笔锋一转，向应夔丞提出了另外一个办法，即"或有激烈之举，方可乘机下手也"，也就是"或宋有激烈之举，方可乘机下手也"之意。洪并举例："譬如邓系激烈，似较好办。"意思是，"邓"这个人反对政府主张激烈，所以比较容易找到下手机会，而宋并非激烈之人，所以需要在宋"有激烈之举"时，"方可乘机下手"。① 不论"邓"为邓良财，还是邓家彦，所谓"除邓""登其死耗"，均指置"邓"于死地无疑。洪述祖以"除邓"

---

① 廖大伟《袁世凯不是"刺宋"主谋考析》谓"'激烈之举'即人身消灭"，完全错解了该函意思。见苏智良、张华腾、邵雍主编《袁世凯与北洋军阀》，第 567 页。

为例，向应夔丞指示无法提供"宋骗案"材料时对付宋教仁的另一办法，已明确露出杀害宋教仁之意。而且，洪述祖自此以后给应夔丞的函电中，"关于提票之事，并无一语道及，可见毁坏名誉之意思，业已变更"，① 杀宋之意，自兹确定。

需要指出的是，洪述祖转而产生杀意，除了上述原因外，可能还有一个原因，就是欢迎国会团经过三个多月的纷纷扰扰，渐归沉寂，使洪述祖不得不另谋对待国民党领袖的办法。总统府秘书长梁士诒曾于 2 月底在香港发表演说，当时有人问他欢迎国会团有无势力，梁回答说："此系三五人把持，必不足为国会碍，现各省国会议员抵京者已有二百名外，广东也已到七人，正式政府必不致改期。"② 一般舆论也认为："该团体声焰虽炽，然其实绝非有力团体，不但革命巨子与该团无涉，且该团主义万难贯彻，势力渐归弩末。其中实状，早为明眼人窥破，故政府召集议员、组织议会，夷然进行，毫无窒碍。"③ 洪、应二人原本欲借政府欲解散欢迎国会团之机，操弄宪法起草，并损毁国民党领袖声誉，从而向中央索取 30 万元报酬，现在该团既然"势力渐归弩末"，甚至其发起人都已向中央投诚，而二人又无法搞到所谓"宋犯骗案刑事提票"，因此不得不"于所图略加松劲"。但洪述祖又不甘心放弃牟利机会，因此他很自然地想通过别的手段谋取利益，杀宋之意由此发生。

另需指出的是，应夔丞在受审时将"邓"说成邓良财，似有防止法官将"除邓"与"杀宋"相关联之用意，因应夔丞口中之邓良财为一武人，而宋教仁为国民党之思想家、活动家，两人差别实在是大，很难让人把二者联系起来。洪述祖则在 1918 年受审时，一方面

---

① 《京师高等审判厅刑事判决》（七年控字第二二四号，1918 年 12 月 2 日），转引自王建中《洪宪惨史》，京兆商会联合会，1925，第 83 页。

② 《在旅港广东三水商工务局欢迎茶话会上的演说》（1913 年 2 月 28 日），陈奋主编《北洋政府国务总理梁士诒史料集》，中国文史出版社，1991，第 221 页。

③ 《政府统一政策之进行》，《顺天时报》1913 年 3 月 5 日，第 7 页。

将 3 月 6 日函说成是已经死去的赵秉钧授意，企图卸责于赵，掩盖其造意杀宋的事实；另一方面称自己忘了"邓"之名字，回避应夔丞所谓"邓"即被徐州军官"捕杀"之邓良财的说法，以免法官由"杀邓"联想到"杀宋"，其做法与应夔丞可谓异曲同工，洪甚至莫名其妙，将"邓"说成是一"州官"，故意扰乱法官视线。① 洪又说："其'激烈之举'者，非武力之激烈，亦系用文字鼓吹之激烈。"② 试图否认"邓"为被杀之武人邓良财，却不料弄巧成拙，暴露出"邓"之激烈乃"用文字鼓吹之激烈"，然则非指《中华民报》邓家彦而谁？这样一来，"除邓"并"登其死耗"于《民强报》，不就是暗示要"杀宋"吗？京师高等审判厅 1918 年对洪述祖的二审判决，虽然采用了应夔丞的供词而未确认"邓"为邓家彦，但也指出："'邓'字既系邓良财，且死于被杀，洪述祖以之引譬'激烈之举'，其为教唆应夔丞以'除邓'之法除宋，事实已属明确。"③ 应该说这样解释基本还是正确的，未为洪述祖之诡辩所迷惑。④

　　宋案发展至此，毫无疑问，案情开始发生重大转折，由构陷"孙

---

① 《驻守高等检察厅司法警察巡官报告审理情形》（1918 年 11 月 8 日），北京市档案馆藏，北平市警察局全宗，J181 – 017 – 01771。

② 《驻守地方检察厅司法警察巡官报告审理情形》（1918 年 9 月 7 日），北京市档案馆藏，北平市警察局全宗，J181 – 017 – 01771。

③ 《京师高等审判厅刑事判决》（七年控字第二二四号，1918 年 12 月 2 日），转引自王建中《洪宪惨史》，第 79—80 页。

④ 按朱怀远在《宋教仁被刺案真相考辨》中也注意到了洪述祖 3 月 6 日函，但他对"激烈之举"做了错误理解。他说："所谓'激烈之举'到底是什么意思，洪述祖举例只说'邓系激烈'，并未说'除邓系激烈'，因此，很难断定他说的'激烈之举'是杀人。"（《民国档案》2010 年第 3 期）洪述祖既然举例说"除邓"后要于《民强报》"登其死耗"，则"除邓"即是要置邓于死地，意思十分明确。"除邓"既然就是要杀宋，则当然"除邓系激烈"。至于"或有激烈之举""譬如邓系激烈"，的确不一定指杀人，难道只有在"邓"有杀人这样的"激烈之举"时，才能"除邓"吗？综合各方面资料来看，洪述祖所谓"激烈之举"，正如他自己所言："非武力之激烈，亦系用文字鼓吹之激烈。"正是因为"邓"有"用文字鼓吹之激烈"之举，所以要"除邓"；如果"宋"有像"邓"那样的"激烈之举"，当然也可以"乘机下手"。错误的理解致使朱怀远未能注意到洪述祖至迟在 3 月 6 日就已经产生杀宋之意，而仍然像以往研究者那样，错误地认为杀宋意图产生自应夔丞。

黄宋"，特别是构陷宋教仁，开始转向对宋"乘机下手"。洪述祖在3月6日函末要求应夔丞转嘱《民强报》"逐日"寄其一份报纸，意思就是说，在随后的日子里，他将要密切关注该报何时登载宋教仁"死耗"了。宋教仁的命运如何，接下来就将取决于应夔丞怎样回应洪述祖3月6日函了。

六　应要求低价购买"八厘公债"变相索偿

洪述祖在3月6日函中指示应夔丞可以乘机对宋教仁下手后，在接下来的一个星期中，二人有数封函电往还，内容皆系关于低折扣购买政府公债票之事，案情似乎忽然变得与杀宋毫不相干，实则关系极大。首先是3月10日，应夔丞以"川密"向洪述祖发出如下一道电文：

> 北京椿树胡同洪荫芝君：川密。八厘公债，在上海指定银行缴足，六六二折，买三百五十万，克日成交起息。请呈转，当日复。夔。蒸。①

电中所云"八厘公债"，在民国初年中央政府共发行过两种。一种是由南京临时政府发行的"中华民国军需公债"，于1912年1月8日经南京临时参议院议决，由临时大总统批准。正式发行日期为2月2日，发行定额1亿元，年息8厘，"由中央政府财政部发行，分派各省财政司劝募"，"照票面价格，无折无扣"。"此项公债专以充临时军需及保卫治安之用"，"以国家所收钱粮作抵"，"自发行第二

---

① 《第三十七件　应夔丞寄洪述祖电底二纸原稿三纸》（1913年3月10日下午3点30分由上海发寄北京四等第5519号电报），《前农林总长宋教仁被刺案内应夔丞家搜获函电文件检查报告》，第29页。

年起，每年偿还五分之一，至发行后第六年还清"。① 另一种名为
"中华民国八厘公债票"，实际上是在南北统一后承接原南京临时政
府"中华民国军需公债"而来，由财政部于1912年11月15日印
制告竣，经参议院议决、临时大总统批准，计划于是年12月1日正
式发行。发行定额仍为1亿元，年息8厘，主要用以"充临时政府
及保卫治安之用"，"由中央财政部发行，各省劝募"，"照面实收，
不折不扣"，"以国税作抵"，"自发行第二年起，每年偿还五分之
一，至第六年还清"。② 应夔丞电中所云"八厘公债"，指的就是这
种公债。

在洪述祖刚刚于3月6日函中指示应夔丞可以乘机对宋下手，且
二人此前并未就购买政府公债票事有过函电往来的情况下，应夔丞忽
然发出"蒸电"，要求以六六二折的低价购买350万元"八厘公债"，
实际上是顺着洪述祖3月6日函中所谓"此刻内中财政万窘，而取之
法，手续不甚完好"一语而来的，是向洪述祖提出对宋下手的条件。
换言之，就是借政府财政窘困之机，表面上为政府分忧，实则变相取
利，以此作为对宋下手的回报。按应夔丞提出的折扣计算，他只要缴
231.7万元，就可买到350万元"八厘公债"票，获利118.3万元，
这还不包括利息在内。由应夔丞要求洪述祖"呈转"来看，他相信对
宋下手是中央的意思，故欲借机发财。

洪述祖对应夔丞提出以低价购买公债，似有些出乎预料，也许他
意识到了这是应夔丞在提条件，但仍然需要确认。同时，应夔丞欲购
买"八厘公债"，可能也让他有些不解，因"八厘公债"当时已经停
售。根据《神州日报》所登《国务院日记》，2月4日财政部发函中，

---

① 《中华民国军需公债章程》（1912年1月8日），千家驹主编《旧中国公债史资料
（1894—1949）》，中华书局，1984，第33页。

② 《中华民国公债票章程录要》，《神州日报》1912年11月12日，第4页；《民国元年
公债一览表》，《神州日报》1913年1月4日，第3页。

就有“八厘公债票早已停售，请转行伊犁冯代表知照”一件。[①] 洪述祖应当了解这一情况，故他于 3 月 11 日回电应夔丞道：

> 上海文元坊应夔丞：川密。“蒸电”来意不明，请详示再转。荫。真。[②]

接到洪述祖来电后，应夔丞于当日即拟好如下电文，然后于 3 月 12 日发出：

> 北京洪荫芝：川真悉。要买中央八厘息债票三百五十万，每百净缴六十六万二，沪交款。先电复。十一。[③]

应夔丞再次明确告诉洪述祖，自己要以六六二折购买中央八厘息债票 350 万元，但他仍不挑明这是对宋下手的条件，因为他相信，洪述祖明白其中的意思。显然，应夔丞并不知道“八厘公债”已经停售，故 3 月 13 日，洪述祖又以“川密”给应回了一电，内容如下：

> 上海文元坊应夔丞：川密。“蒸电”已交财政长核办，债止六厘，恐折扣大，通不过。燬宋酬勋位，相度机宜，妥筹办理。

---

① 《国务院日记》（1913 年 2 月 4 日），《神州日报》1913 年 2 月 11 日，第 5 页。按《申报》相关报道亦可为“八厘公债”早已停售的佐证，如谓“八厘公债”“因弊害甚多，曾由国会建议停止”，“久已搁置”云云（《新内阁之财政问题》，《申报》1913 年 9 月 20 日，第 2 页；《熊内阁之理财政策》，《申报》1913 年 10 月 5 日，第 3 页）。

② 《第三十八件　洪述祖寄应夔丞电底一纸原码一纸》（1913 年 3 月 11 日下午 2 点 50 分上海电报局接到北京发寄四等第 2185 号电报），《前农林总长宋教仁被刺案内应夔丞家搜获函电文件检查报告》，第 30 页。

③ 《第三十七件　应夔丞寄洪述祖电底二纸原告三纸》（1913 年 3 月 12 日下午 1 点 20 分发寄北京四等第 6150 号电报），《前农林总长宋教仁被刺案内应夔丞家搜获函电文件检查报告》，第 29 页。

荫。十三。①

　　此件电底向电局调取，由捕房照"川密本"译出，第四次会审时，由电局总办唐元湛到廨呈堂。② 电中所提"六厘公债"，在民国初年中央政府也发行过两种。一种名"爱国公债"，于宣统三年十一月由清政府发行，发行定额 3000 万元，年息 6 厘，"由部库担保"，偿还期 9 年。进入民国后由北洋政府接续办理。③ 另一种名"民国元年六厘公债"，但直至 1913 年 2 月 20 日方由大总统发令公布相关条例。根据条例，"民国元年六厘公债"发行定额 2 亿元，年息 6 厘，用途为"拨充中国银行之资本"，并作"整理各种零星短期借款"及"整理各省从前发行之纸币"之用；"由财政总长依财政上之便宜"分期募集之，"以全国契税、印花税为担保"，"公债价格每额面百元，以九十二元收入为最低价格"；"五年以内只付利息，五年以后，三十年以内，用抽签法偿还原本"。④ 洪述祖所谓"六厘公债"，指的就是这种。正是由于"八厘公债"票早已停售，洪述祖这才告诉应夔丞"债止六厘"，也就是说，只有"六厘公债"，并无"八厘公债"。而"六厘公债"最低只能以九二折售出，应夔丞要求以六六二折购买公债，价格实在太低了，故洪述祖复电中又有"恐折扣大，通不过"之语，预为接下来向应夔丞回复留下余地。同时，因为担心低价购买公债不能成功，洪述祖这才转而抛出"燬宋酬勋位"以为替代方案。

---

　　① 《第三十九件　洪述祖寄应夔丞电底一纸》（1912 年 3 月 13 日下午 3 点 14 分上海电报局收到北京发寄四等第 2625 号电报），《前农林总长宋教仁被刺案内应夔丞家搜获函电文件检查报告》，第 31 页。

　　② 《刺宋案第四次会审记（二）·电报局总办呈出密电原稿》，《顺天时报》1913 年 4 月 16 日，第 4 页。

　　③ 《民国元年公债一览表》，《神州日报》1913 年 1 月 4 日，第 3 页；《旧中国的公债统计表》，千家驹主编《旧中国公债史资料（1894—1949)》，第 366—369 页。

　　④ 《特约路透北京电》（2 月 20 日发），《神州日报》1913 年 2 月 21 日，第 2 页；《民国元年六厘公债条例》（1913 年 2 月 20 日），《神州日报》1913 年 3 月 3 日，第 6 页。

由此可见，洪述祖 3 月 13 日电看似由前后两句完全不相关联的内容构成，实则两句之间有着极为紧密的逻辑关系。一直以来，研究者征引或解释宋案证据时，或只引此电后半句，以为前半句与宋案无关，或虽引前半句而对前后两句之间的关系完全没能揭示，实在是极大的错误。至于"燬宋酬勋位"，就是杀宋酬以勋位之意，其内涵下节再予详论，此处暂且不谈。

关于洪述祖 3 月 13 日"川密电"，1918 年 12 月京师高等审判厅对洪述祖一案二审判决书写道：

> 查洪述祖于三月六日发信教唆杀宋之后，应夔丞迄无答复，洪述祖又继以此电，其恐应夔丞未肯听命，故以酬勋为劝诱之手段，使其发生杀宋之决心，毫无疑义。①

这一解释大体正确，但从"应夔丞迄无答复"一句来看，法官显然没有意识到"燬宋酬勋位"与应夔丞要求低价购买公债票之间的内在关联，因此没有把应夔丞 3 月 10 日致洪述祖"川密蒸电"视为对洪述祖 3 月 6 日来函的答复，自然也就不会把洪述祖 3 月 13 日"川密电"视为对应夔丞 3 月 10 日来电的回复。

在收到洪述祖 3 月 13 日来电当天，应夔丞给洪述祖回了一封长信，该信包含多项内容，其中第一项专讲购买公债票事，所述如下：

> 前电述明中央第一次上年九月间所出之八厘公债票，外间展转出卖，每百万只卖六十五万。今以过付之日起利，夔处亲戚刘、胡、薛三家承买，愿出六六二，即每百万出实羊［洋］六十

---

① 《京师高等审判厅刑事判决》（七年控字第二二四号，1918 年 12 月 2 日），转引自王建中《洪宪惨史》，第 80 页。

六万二千元，在上海中央指定之银行克日过付，共要公债三百五十万元。盖该三家合以各家戚友，将外国银行存款一例提出，因见临时期内见政府财政之窘，藉此补助，夔处并不扣用。乞转呈财政长，从速密复（夔费半月之功夫得此一票，专为补助中央财政之计，乞注意），夜长梦多，日久又恐变计。①

由于此信原件被捕房在应夔丞宅中搜出，它是否寄给了洪述祖，就成为一个疑问。程德全等人在证据检查报告中对此信有如下描述：

此函共三纸，首尾均不署名，每纸骑缝俱盖有应夔丞印章，信封面盖有"特任巡查长应"红戳，并附有裁断《民立报》《时报》各一纸。惟存而不寄，是否中止，或另行缮发，均未可知。②

不过，在1918年11月23日京师高等审判厅问到此信时，洪述祖明确表示，"此信确经收阅"。③ 据此，捕房在应夔丞家中所获是信的原件，其内容应夔丞已经"另行缮发"给了洪述祖。

所谓"八厘公债票"印制告竣是在上年阴历十月初，因此，信中"九月间"准确讲应是"十月间"。由于洪述祖在3月13日电中只说"债止六厘"，并未说"八厘公债"已经停售，应夔丞显然误以为洪述祖没搞明白，他甚至可能认为洪述祖是在和他讨价还价，想从中获取两厘利息的好处，因此他写了这封更为详细的信件，继续要求洪述

① 《第四十件　应夔丞寄洪述祖信三纸信封一个附〈时报〉一纸〈民立报〉一纸》（1913年3月13日），《前农林总长宋教仁被刺案内应夔丞家搜获函电文件检查报告》，第31页。

② 《第四十件　应夔丞寄洪述祖信三纸信封一个附〈时报〉一纸〈民立报〉一纸》（1913年3月13日），《前农林总长宋教仁被刺案内应夔丞家搜获函电文件检查报告》，第31页。

③ 《京师高等审判厅刑事判决》（七年控字第二二四号，1918年12月2日），转引自王建中《洪宪惨史》，第80页。

祖帮忙购买"八厘公债"，称该公债"外间展转出卖，每百万只卖六十五万"，而他家亲戚则愿每百万出66.2万元购买，财政部应该满意了。应夔丞并强调，是他家刘、胡、薛三家亲戚及其他戚友购买公债，借此补助政府财政困难，"夔处并不扣用"，也就是说他并不从中得利。紧接着，在该信后面，应夔丞忽然又提到："近住在同孚路黄克强家，又为克强介绍，将私存公债六十万，由夔为之转抵义丰银行，计五十万元（外有各种股票，时值四十余万），为遁初之运动费，并不问其出入。"① 此事真假难辨，倘若属实，则说明国民党高层对应夔丞投靠袁世凯毫无警觉，依然与其保持关系，这是非常可怕的。而应夔丞提及此事的目的似乎在暗示洪述祖，自己有路子将公债票照"八三三折"兑换为现金，以此诱使洪述祖帮忙办理低价购买公债票之事。若按这个比例计算，应夔丞如能以"六六二折"，也就是以231.7万元购得350万元八厘公债票，再以"八三三折"转抵义丰银行，那么，他转手就可获利59.85万元。

不过，有一事令人怀疑，即231.7万元现金在当时属于巨款，应夔丞的"刘、胡、薛"三家亲戚及其他戚友，难道真的有此巨款购买350万元公债票？共进会遗存档案向我们透露了背后的秘密。原来，早在2月23日，就有日本"藤木商会"想通过应夔丞购买300万元中华民国公债票，应夔丞随后派死党吴乃文与"藤木商会"商谈，双方于3月15日最后达成购买350万元公债票的协议。② 这就是说，应夔丞在3月10日给洪述祖发出"蒸电"，要求购买350万元公债票之

---

① 《第四十件　应夔丞寄洪述祖信三纸信封一个附〈时报〉一纸〈民立报〉一纸》（1913年3月13日），《前农林总长宋教仁被刺案内应夔丞家搜获函电文件检查报告》，第32页。

② 《藤木商会致应夔丞函》（1913年2月23日），北京市档案馆藏，国民共进会全宗，J222 - 001 - 00005；《应夔丞致吴乃文函》（1913年3月7日），北京市档案馆藏，国民共进会全宗，J222 - 001 - 00003；《藤木商会致应夔丞函》（1913年3月15日），北京市档案馆藏，国民共进会全宗，J222 - 001 - 00003。

时，他帮"藤木商会"购买 300 万元公债票的谈判亦在进行当中。应夔丞 3 月 13 日函中所谓"夔费半月之功夫得此一票"（从 2 月 23 日以后算起），指的就是这件事。显然，应夔丞试图通过购买公债票一举两得，一方面帮"藤木商会"的忙，另一方面变相获取杀宋报酬。

按照应夔丞与"藤木商会"最后达成的协议，应夔丞答应帮该商会以"六八折"购买中央政府公债票 350 万元，扣一成为"南北佣费"，"限七天交银付票"，"随时起利"。① 据此计算，该商会需要拿出 238 万元现金，其中 23.8 万元为佣金。但要注意的是，应夔丞向洪述祖提出的是以"六六二折"购买 350 万元公债，也就是说需要支付现金 231.7 万元，这样应夔丞又可以从中获取 6.3 万元现金差价，加上佣金，应夔丞在不投入一分本钱的情况下，总计可获现金 30.1 万元。这个数字与当初应夔丞欲假借购买所谓"宋犯骗案刑事提票"等材料向中央索款 30 万元恰好相符。

由此可知，应夔丞所谓"该三家合以各家戚友，将外国银行存款一例提出"，用以购买公债，"专为补注中央财政计"，以及"夔处并不扣用"云云，完全是冠冕堂皇的谎言，应夔丞的主要目的就是借机渔利，并且不许洪述祖染指。应夔丞所谓"为克强介绍，将私存公债六十万，由夔为之转抵义丰银行，计五十万元"云云，显然也是谎言，因为他若真有本领以"八三三折"将公债票兑换为现金的话，他完全可以利用"藤木商会"的资金，将所购公债转手抵押给义丰银行，这样"藤木商会"和他本人，就可以转眼间获得更高的回报。那么，他又何必在乎八厘债息，反复要求"克日成交起息"或"以过付之日起利"呢？

---

① 《藤木商会致应夔丞函》（1913 年 3 月 15 日），北京市档案馆藏，国民共进会全宗，J222－001－00003。

七　洪抛出"煨宋酬勋位"替代方案

如上节所言，在应夔丞提出以"六六二折"购买350万元公债票后，洪述祖一方面以"债止六厘，恐折扣大，通不过"回复应夔丞，另一方面又恐应夔丞因其要求未被满足而对杀宋一事持消极态度，故紧接着在3月13日"川密电"中又抛出"煨宋酬勋位"的替代方案，以为诱饵，催促应夔丞"相度机宜，妥筹办理"。这是宋案案情发展过程中一个关键之点，也是较难解释之点。有人将此解释为"洪犯造意杀宋之起点"，[①]但如前所述，洪述祖早在3月6日致应函中便明露杀意，因此这一解释并不准确。当然，洪述祖本人始终不承认"煨宋"是要杀宋。1913年5月3日，他在青岛发表通电，曾专就"煨"字进行辩解，称："'煨人'二字系北京习惯语，人人通用，并无杀字意义在内，久居京中者无不知之，岂能借此附会周内。"[②]同月在接受青岛德国法庭讯问时又说："余意不过系购买宋曾犯罪之证据，余所用之'煨'字，因系北京通用语，故用之，该字并无杀人之意在内，仅系毁人名誉。又普通煨坏之词，即如衣裳煨了，即系煨坏之意。"[③]1918年在接受京师地方审判厅讯问时，洪述祖仍坚持谓：

> "毁宋酬勋"之句，系与应夔丞同谋毁损宋教仁之名誉，以作其组阁之障碍，非欲将宋教仁杀死，且此"毁"字仅系"毁损"之"毁"，非"消煨"之"煨"。再，欲毁损伊之名誉者，亦非出我本心，实系赵总理授意。当际我为赵之寮属，系含有一

---

① 超然百姓姚之鹤：《宋案证据平议（续）》，《时事新报》1913年5月5日，第1张第1页。

② 《洪述祖青岛来电》（5月3日），1913年油印件，北京大学历史学系藏，第174函。

③ 《照译胶澳审判厅讯问洪述祖供词》（青岛，1913年5月31日特许钞录），罗家伦主编《宋教仁被刺及袁世凯违法大借款史料》，第230页。

种服从之旨，且内有"酬勋"之语，更显非我本旨。何也？际兹我仅为内务秘书，何能有酬以勋位之权？由此论断，其语气决非我之本心。①

今人也有赞同洪说者。如张永认为："'毁'字是指诽谤，并没有杀害的意思……当时以北京话为官话，白话文也以北京话为基础，此处'毁'字即出于北京口语。查专门字典《北京话词语》，'毁'字有两个意思，第一即'败坏他人名声'，比如'我们能捧人，也能毁人。'第二为'使人受精神、经济损失'，并没有杀害的意思。"由此，他认为洪述祖的"这个自辩是可以成立的"。② 网文作者芦笛则说："我已经在《'毁宋酬勋'考》中指出，其实那'毁宋'的'毁'字在文言中是'毁谤'之意，指的是毁了宋的名声，并非'杀宋'。杀宋的建议是应而不是洪反复提出的，洪在接到应的建议前许愿'毁宋酬勋'，其实是以此催要应某答应提供却迟迟不寄去的宋的刑事犯罪证据，好在袁面前交差。"③ 思公对此予以应和，认为"言之有理"。④

需要指出的是，洪述祖原电所用乃"燬"字，而非"毁"字。张永、卢笛和思公等人用"毁"字解释"燬"字，不具有说服力。洪述祖试图将"燬""毁"二字混为一谈，也是狡辩。查《辞源》，"燬"有二意，一谓"烈火"，一谓"燃烧"。⑤ 再查《汉语大字典》，"燬"有四意："火，烈火"；"日中火"；"燃烧，焚毁"；"同'毁'，

①　《驻守地方检察厅司法警察巡官报告审理情形》（1918 年 9 月 7 日），北京市档案馆藏，北平市警察局全宗，J181‑017‑01771。
②　张永：《民初宋教仁遇刺案探疑》，《史学月刊》2006 年第 9 期。
③　芦笛：《谁谋杀了宋教仁》，2011 年网文。
④　思公：《晚清尽头是民国》，第 156—157 页。
⑤　商务印书馆编辑部：《辞源》（修订本），商务印书馆，1988，第 1062—1063 页。

毁坏"。① 由此可知，"熰"字并无毁谤或损毁名誉之意。退一步讲，
就算"熰"字可解释为毁人名誉，也不能否认该字还有"焚毁""毁
坏"之意，究竟作何解释，还应看其语境。洪述祖在 3 月 13 日电中
说出"熰宋酬勋位"之前，已经于 3 月 6 日函中以"除邓"并"登
其死耗"为例，向应夔丞明白指出对宋"乘机下手"可以作为一种
选择，因此，此处"熰宋"指杀宋已毫无疑义。倘若"熰宋"是指损
毁宋之名誉，则接下来便不需要讲"相度机宜，妥筹办理"，因为自
2 月 2 日应夔丞向国务院发出"冬电"以来，洪、应二人早就在谋划
购买所谓"宋犯骗案刑事提票"，以毁宋名誉了。所谓"相度机宜，
妥筹办理"，其实是与 3 月 6 日洪函中"或有激烈之举，方可乘机下
手也"相呼应。因此，"熰宋酬勋位，相度机宜，妥筹办理"，其实
是洪述祖更加明确地向应夔丞下达了指令：如果宋有"激烈之举"，
就可"乘机下手"，条件是酬应以"勋位"。这样一来，宋教仁的命
运就主要掌握在了应夔丞手中，因为，何为"激烈之举"，何时"乘
机下手"，就看应夔丞如何判断。当然，京师高等审判厅也没有采纳
洪述祖的诡辩，二审判决书写道：

> 本厅查北京谚语，所谓毁人，非专指毁坏名誉，即毁坏身
> 体、生命亦包括在内。且据控诉人在第一审供称：总理对我说，
> 你在外头跑，恐怕被人将你暗算，毁了犯不着（见京师地方审厅
> 九月七日笔录）等语，更可以控诉人无意中之答辩，证明毁宋二
> 字确系指使杀宋，毫无疑义。②

二审判决书所引洪述祖在一审时转述赵秉钧对其所说"你在外头

---

① 汉语大字典编辑委员会：《汉语大字典》，四川·湖北辞书出版社，1988，第 2241 页。
② 《京师高等审判厅刑事判决》（七年控字第二二四号，1918 年 12 月 2 日），转引自王
建中《洪宪惨史》，第 83—84 页。

跑"云云，不过是洪述祖为了将责任推到已经死去的赵秉钧身上而编
造的情节，它直接关系到宋教仁被刺后，洪述祖逃离北京是否为赵秉
钧故纵这一重要问题，本书将在后面的章节中详论。

至于"酬勋位"，因为直接关系"煨宋"是否为袁、赵幕后主
使，故各方争论甚烈。《民立报》在 3 月 13 日"川密电"按语中直指
袁世凯为主使，谓："'煨宋酬勋'者，杀宋教仁则酬以勋位也。咄
咄！袁世凯使人杀宋教仁而与杀人者以勋位，桀纣之恶，不若是之
甚也！"①

赵秉钧则在"勘电"中力辩"煨宋酬勋位"乃洪述祖"诳应"
之举，与中央无涉。他说：

> 又各证物中，其最足以使中央政府立于嫌疑之地位者，莫如
> 来电所开三月十三日洪述祖致应犯"川密蒸电"内"煨宋酬勋
> 位"一语。查《临时约法》，授与勋位系大总统特权，然向例必
> 由各机关呈请，其绩勋不甚显著者，则开会评议，取决多数。即
> 中央特授，亦须评决。如"煨宋"即可"酬勋"，试问应由何人
> 呈请？何人评决？洪电诳应，岂难推定。②

对于刺宋案发生后国民党方面之批评，袁世凯常常由赵秉钧出面
应对，自己则隐身其后，但对"煨宋酬勋位"之说，袁世凯也有些激
动了，他在 4 月 28 日致上海谭人凤电中批评道：

> 三月十三以后各函件，间有影射政府之处，然不近情理。即

---

① 《洪述祖致应夔丞电》（1913 年 3 月 13 日），见《宋案证据之披露》，《民立报临时增
刊》1913 年 4 月 27 日，第 3 页。

② 《致武昌黎副总统各省都督民政长电》（4 月 28 日），1913 年油印件，北京大学历史
学系藏，第 174 函。

如"燬宋酬勋"一语，最为可疑。抑知给勋手续甚繁，其由各都督所请，内有功绩不甚显著者，设评勋会公同评议；即中央授勋，亦先由评勋会讨论，再经铨叙局查明履历，撰制证书。造此电者，不明事理，直同儿戏，即云"燬宋"，有何理由可授勋位？此种谰言，虽三尺童子亦不足欺也。[1]

同日，袁氏又在复黄兴电中辩称：

> 至赵君与应直接之函，惟一月十四日致密电码一本，声明"有电直寄国务院"，绝无可疑。如欲凭应、洪往来函电遽指为主谋暗杀之要犯，实非法理之平……甲、乙谋杀丁，甲诳乙以丙授意，丙实不知，遽断其罪，岂得为公！请约法家将各项证据详细研究，公本达人，当能洞察。[2]

袁世凯看似在为赵秉钧辩护，实际上也是在自我辩护。甲、乙分别指代洪述祖、应夔丞，丙指代袁世凯或赵秉钧，丁指代宋教仁。"甲、乙谋杀丁"，即洪、应谋杀宋，"甲诳乙以丙授意"，即洪诳应杀宋是袁、赵授意，诳应之法即"燬宋酬勋位"，而"丙实不知"，即袁、赵并不知情。在此，袁世凯明确否认他和赵秉钧与洪、应杀宋有关。

而认为"燬宋酬勋位"为中央授意者，则猛烈反击。徐血儿就袁、赵之辩解有一段痛快淋漓的反驳。他说：

> 是赵亦知授与勋位系大总统之特权矣。既系大总统特权，苟

---

[1] 《致上海谭巡阅使电》（4 月 28 日），1913 年油印件，北京大学历史学系藏，第 174 函。

[2] 《致上海黄克强先生电》（4 月 28 日），1913 年油印件，北京大学历史学系藏，第 174 函。

非先经大总统授意特许者，则洪述祖亦何敢以之诳应。赵所云云，实不足为袁、赵未尝允许之确证。所谓"呈请"，所谓"评决"，岂万难做到之事乎？袁、赵专权怙恶，何惜国家之勋位，不以利用为残贼忠良之具乎？且袁、赵能以巨万之国帑，购买孙、黄、宋劣史及宋刑事提票，以毁坏民党首领之名誉，独不能以一毫无价值之勋位与人，以毁坏民党首领之躯干乎？倾陷不成，而暗杀之谋乃亟，其情势固显然也。使彼等不受天讨，应罪不速破露，则不难以内务部名义，为之呈请，谓应夔丞解散会匪，消弭反侧，卓著勋劳，应呈请大总统予给与勋位，以示优异云云。袁世凯亦不难据其呈请，授应夔丞以勋位。或仍须经过评决手续，以掩饰人目，不妨由赵秉钧集各国务员及袁党开一评决会，或仅由内务部开一评决会，为之评决，则袁更不难据其评决，授应夔丞以勋位。袁党当权，于评决时自无有反对之理，即有反对，亦属少数。如是则呈请有人，评决有人，又何不能如约以报应夔丞乎？吾知应授勋位发表，舆论必为之大哗，议会必为之质问，而袁、赵之我行我素，置之不顾，亦寻常习见之事也。吾更知若应授勋位后案始破露，"燬宋酬勋"愈益证实，则袁、赵亦不难曰：是洪述祖为之运动呈请，为之运动评决，吾据呈请、评决始给应勋位，初不料为洪述祖所蒙蔽，亦寻常抵赖之词也。呜呼，人而至于昧却天良，放下脸抵死一赖，则又何足深较哉！不观乎冯国璋、倪嗣冲、张勋之授勋位乎，冯、倪、张之撄天下公怒，屠戮同胞，罪恶昭著，其声名恶劣，或什倍于应，冯、倪、张且悍然授与勋位，独不假托应以解散会匪之功，而悍然授应以勋位乎？是可知袁实以勋位许应，而嗾使应暗杀宋先生也。①

---

①　血儿：《驳赵秉钧之通电·铁证如山尚可掩饰耶（四续）》，《民立报》1913年5月6日，第2页。

　　蔡世襄也于《民立报》刊文批驳道："一年来得勋位者如冯国璋、张勋、倪嗣冲辈，有杀掠之罪状，无丝毫之勋绩，稽勋局曾有繁言？参议院提出质问，而卒无损于冯、倪、张之勋位。以杀人放火之冯国璋、屠戮居民之张勋、焚掠颖宿之倪嗣冲，皆可得勋位，当亦有人呈请，有人评决，则应夔丞燬宋以后，又何不可得勋位哉！袁世凯辈又何难借口于其解散会匪、消弭反侧，而酬以勋位哉！此袁之授意洪述祖无可辩护者一。"①

　　当然，也有认同袁、赵或政府方面解释者。如"超然百姓姚之鹤"仔细分析宋案证据后认为，洪、应二人函电中所讲许多事属于相互欺骗，相互要挟，并不可靠，"燬宋酬勋位"即其中之一。他说：

　　　　盖群小聚谋，本无真面目之可言，且必各有所挟，以尽驱策之用。洪之假政府以哄应，犹应之假南方党会以哄洪，互为表里，亦即互相要挟。以应、洪两犯往来函电对核之，应之张扬南方声势，如第十件之购取孙黄宋劣迹，第念一件第三款之去宋必攎当家产二十余万各等语，何一与事实相符。即小而言之，三月十一、十三等日《时报》登载宋钝初演说驳论，观四月二十七日该报之声明云"并非受应犯之意而登载"，而检第二十一件第二款，竟有"嘱令登记［转］"之语，则应犯又藉此居功以报告洪犯矣。幸该函因宋案一并发布，故《时报》得以自白耳，否则《时报》非一嫌疑犯乎？故由此点推之，应、洪二犯之函电，其所隶事实，大半不可依据，而此电"酬勋"之语，亦其一也。且洪犯之善作大言以欺人，又尝受衣钵于应犯矣。检第二十三件洪致应函，嘱其具一条陈，而其中即有种种张扬之语。天下有善于

　　————————

　　① 蔡世襄：《赵秉钧与应夔丞同谋之铁证》，《民立报》1913 年 5 月 9 日，第 2 页。

教人作贼之人，而自己不能行窃者乎？无是理也。①

　　平心而论，袁、赵的辩解不能说全无道理，但另一方面，政府在授勋一事上也的确存在无视稽勋局、擅授勋位等问题，② 难怪徐血儿等根本不相信袁、赵的辩解。但徐血儿等的批驳毕竟又主要是以袁、赵欲对付国民党为前提演绎出来的，颇多假设性分析，因此反不如"超然百姓姚之鹤"从宋案证据中所见应、洪互骗情节出发，判断洪所谓"酬勋位"不由中央授意，更具有说服力。

　　就案情发展而论，洪述祖产生杀意后，曾在袁世凯面前试探可否"收拾"反对党一二人，结果被袁否决，而以他和赵秉钧并不融洽的关系，又不可能就杀宋事寻求赵的支持，则他于 3 月 13 日致应夔丞电中提出"煨宋酬勋位"，就应当是假托中央授意。而通过分析 3 月 13 日电文内容，我们也可以看出，所谓"煨宋酬勋位"并非袁世凯的承诺，而是洪述祖为了应对应夔丞索取金钱回报抛出的一个替代方案，也可以说是一个诱饵。不仅如此，从洪述祖将购买公债一事"交财政长核办"可知，袁世凯就连应夔丞要求低价购买公债，事前也不知情，这就更加有力地证明了袁世凯并非"煨宋酬勋位"的幕后主使。关于这一点将会在下章详细讨论。

----

　　① 　超然百姓姚之鹤：《宋案证据平议（续）》，《时事新报》1913 年 5 月 5 日，第 1 张第 1 页。按"超然百姓姚之鹤"此文中所引宋案证据第十件、第二十一件、第二十三件，系根据当时各报所登 43 件或 44 件证据之排列顺序，与程德全、应德闳等所刊印的 53 件证据检查报告排列顺序不同。具体讲，"超然百姓姚之鹤"所引第十件，即检查报告第二十八件，也就是 1913 年 2 月 2 日应夔丞寄国务院"冬电"；"超然百姓姚之鹤"所引第二十一件，即检查报告第四十件，也就是 1913 年 3 月 13 日应夔丞寄洪述祖函；"超然百姓姚之鹤"所引第二十三件，则为检查报告第五件，也就是 1912 年 10 月 29 日洪述祖致应夔丞函。

　　② 　按姜桂题、段芝贵、张勋、倪嗣冲、胡惟德等被授予勋位后，长沙革命党人柳聘农等数十人曾致电稽勋局局长冯自由，表示"异常骇愕"，要求逐一宣布上述诸人"事前确在何种党会，临时光复何地城池，抑或建议画策、连合内应及新闻杂志实行鼓吹，有无各项劳绩"。冯自由复电云："大总统迭次所颁勋章勋位，本局概未与闻，无从宣布。"由此可见袁世凯在授勋一事上对稽勋局之无视。见《燕云惨淡使人愁·都门之鳞爪（三）·老袁目无稽勋局》，《民权报》1913 年 3 月 1 日，第 7 页。

至于洪述祖在 3 月 13 日电中忽然想到将"熸宋"与"酬勋位"联系起来，也是有缘由的。如前所述，早在 1912 年 9 月下旬洪述祖经张绍曾介绍南下与应夔丞见面之初，勋位或勋章问题就已成为洪、应二人交流的一个话题。洪述祖返回北京后，于当年 10 月 24 日给应夔丞的第一封信中就写道："吾弟手函望补寄，因要叙勋，非如此不可也。"① 洪要应补寄手函，意思是要应亲笔写出自己的履历，讲述自己的功劳，这是"叙勋"的需要。此事在当年 10 月 29 日洪述祖致应夔丞另外一函中也提到过，② 为此应夔丞写了两份"革命履历"，并请洪述祖改润。1913 年 1 月 10 日，应夔丞在京还曾呈文大总统，请求对会党人士论功行赏，但由于稽勋局和陆军部为此事互踢皮球，事情未有结果。③ 其事距洪述祖 3 月 13 日电提出"熸宋酬勋位"不过一个多月，因此，应夔丞看到这五字并不会感到突兀，反而会觉得洪仍将"叙勋"一事放在心上。应夔丞知道，"酬勋位"绝非洪述祖之权力所能办到，若非中央的意思，洪述祖怎敢做此承诺。而洪述祖将"酬勋位"与"熸宋"联系起来，则又让应夔丞相信，"熸宋"乃中央的意思，中央因其购买"宋犯骗案刑事提票"损毁宋教仁声誉未果，故而改为杀宋，并以"酬勋位"作为回报。应夔丞被捕后，曾于 1913 年 4 月 3 日在捕房写一密信给内务部次长言敦源，托其所聘律师海司（即爱理思或爱理斯）及翻译带到北京椿树胡同言敦源的住所，商量营救之法，信中就有"此案无论如何，供状、证据决不与第三人有所干涉的，死则可，累人则万无此理"等语，④ 可证应夔丞始终误

---

① 《第二件 洪述祖寄应夔丞信两纸》（1912 年 10 月 24 日），《前农林总长宋教仁被刺案内应夔丞家搜获函电文件检查报告》，第 7 页。

② 《第五件 洪述祖寄应夔丞信三纸附三纸》（1912 年 10 月 29 日），《前农林总长宋教仁被刺案内应夔丞家搜获函电文件检查报告》，第 9 页。

③ 《江苏都督程德全给驻沪巡查长应夔丞训令》（1913 年 3 月 17 日），北京市档案馆藏，国民共进会全宗，J222 - 001 - 00002。

④ 《应夔丞致言仲达书》，罗家伦主编《宋教仁被刺及袁世凯违法大借款史料》，第 196 页。

以为杀宋是中央的意思，故他以保证不牵连洪述祖以外第三人为言，请求言敦源对他施以援手。

八　应函所谓"若不去宋"的确切含义

在 3 月 13 日应夔丞给洪述祖的信中，还有一项重要内容，也就是第三项内容，是直接回应洪述祖 3 月 13 日电文中"煅宋酬勋位"指示的。内容如下：

> 功赏一层，夔向不希望。但事关大计，欲为釜底抽薪法，若不去宀木，非特生出无穷是非，恐大局必为扰乱。虽中间手续，无米为炊，固非易易，幸信用尚存，余产拼挡，足可挪拢二十余万，以之全力注此，急急进行，复命有日，请俟之。①

所谓"功赏一层，夔向不希望"，不过是客套之词，或假意表示。若应夔丞真是"向不希望""功赏"，也就不会有前文所述应夔丞向洪述祖提供"革命履历"，以及呈请大总统论功行赏之举动了，"盖勋位在吾人观之，固毫无价值，而在应、洪观之，则以为至尊至荣之物，莫逾于此"。② 应夔丞愿去杀宋，"酬勋位"之赏不能说毫无吸引力。

引文中"若不去宀木"之"宀木"，乃"宋"的析字，即"若不去宋"。其意涵极当注意，相关解释颇多，但分歧甚大。在政府一方面，视该四字为杀宋起意于应夔丞的有力证据。如袁世凯"勘电"就据此四字将应夔丞视为暗杀主谋。他说：

---

①　《第四十件　应夔丞寄洪述祖信三纸信封一个》（1913 年 3 月 13 日），《前农林总长宋教仁被刺案内应夔丞家搜获函电文件检查报告》，第 32 页。

②　血儿：《驳赵秉钧之通电·铁证如山尚可掩饰耶（四续）》，《民立报》1913 年 5 月 6 日，第 2 页。

三月十三日以前各函电，似皆为解散欢迎国会团及应、洪串谋挟制讹诈各事，与钝初被刺案无涉。自三月十三日应致洪函，有"若不去宋"云云，寓有造意谋害之点。嗣后各函电，相承一气，确与宋案有关，是主谋暗杀者已可概见。①

赵秉钧自辩"勘电"也将此四字视为杀宋与自己及政府无关而"起于应之自动"的关键证据：

> 盖应犯谋刺宋教仁，其杀机起于《民立报》载宋在宁演说，三月十三日应致洪函已明言之。以前各函电计时宋教仁尚在湘中。如洪述祖二月一日函有"大题目总以做一篇激烈文章方有价值"之语，二月二日函有"须于题前密电老赵索一数目"之语，则前语藉解散欢迎国会以恐吓政府，后语为以解散该团自任，以便其私图。是时正沪上欢迎国会团发起之初，马迹蛛丝，尚堪寻索。其二月四日以后各函，则入于收买提票之事，直至三月十三日函，始露谋杀之端倪。即以该函中"若不去宋"一语而论，系属反挑之笔，尤见去宋之动机起于应之自动，而非别有主动之人。文理解释，皎然明白，此证明中央政府于宋案无涉者也。②

北京大学历史学系所藏程德全、应德闳宣布宋案证据之通电夹注稿，在"若不去宋"四字旁批有"祸起于此"一语，又在全电末尾批注一段文字，关注点也在此四字：

---

① 《致上海谭巡阅使电》（4月28日），1913年油印件，北京大学历史学系藏，第174函。
② 《致武昌黎副总统各省都督民政长电》（4月28日），1913年油印件，北京大学历史学系藏，第174函。

政府因应、洪自请解散共进会，取销欢迎国会团，曾许其照办，以靖地方而维大局。三月十三日以前各函电各语意，全是取销欢迎国会团及宋之骗案发生，不干宋之被害事。十三以后应函有"若不去宋"云云，祸机嫌疑发生于此。即日洪有覆电，有"煨宋酬勋"之说，一日内往来两电，尚有时期请示政府乎？其擅自捏造无疑。十四日应电发令剿捕，杀机实生于此。各电函一贯相承，实有宋案之关系，而政府确无所闻。当宋被刺之日，得交通部报告及路透报，始知其事。[①]

此外，北京大学历史学系所藏《宋案证据政府逐条辨明书底稿》及《亚细亚日报》所登《刺宋案证据之研究》，对"若不去宋"四字的解释从文字到内涵完全相同，均代表政府意思，认为：

文中"若不去宋"四字极当研究。"去"字解法颇多，虽非指定谋杀，然距宋死不远，或者应于此始动杀意。"若不"二字出自应口，是应纯为主动的。如谓政府前有此主使，则此时应何尚有自商口吻。果宋案发生于此，则应为谋杀造意者，难逃主使之罪，而非政府造意主使可证。[②]

今人对"若不去宋"一函的理解，也大体与袁、赵或政府方面的上述解释接近。如廖大伟认为："此段文字为刺宋意向的第一次明确

① 《上海程都督应民政长来电》（4月26日），1913年油印件，北京大学历史学系藏，第174函。按电文中夹注为手迹。又，应夔丞3月13日寄给洪述祖的是"快信"而非电报。由该信开头"三月初九来函及十三号电均敬悉"一句可知，应函系回复3月13日洪述祖"煨宋酬勋位"来电，而非先有应夔丞3月13日函，后有同日洪述祖"煨宋酬勋位"来电，当然也就不存在"一日内往来两电"的情况。

② 《宋案证据政府逐条辨明书底稿》（1913年4月底），稿本，北京大学历史学系藏，第174函；至公：《刺宋案证据之研究》，《亚细亚日报》1913年5月1日，第1页。

表露，并及行动经费问题，当为'宋案'正式起始。"① 又说："物
证、人证及疑犯武士英预审口供表明，此案系……应桂馨最先动议、
直接指使，洪述祖极力怂恿、躲在幕后。"② 张永则以"若不去宋"
一函及"梁山匪魁"一电为据，认为"这一信一电是宋案最关键的
证据。'若不去宋'说明是应夔丞主动提出了刺宋的阴谋，并且在没
有得到回复的情况下，已经'急急进行'，并且'已发紧急命令'，
又说明应夔丞自作主张开始实施暗杀"。由此他得出结论："刺宋谋划
发自上海而非北京，主动者是会党头目应夔丞。"③ 朱怀远也据"若
不去宋"一函，认为"刺宋计划首由应夔丞明确提出"。④

　　然而，国民党方面并不是这样理解的。《民立报》于应夔丞3月
13日函后附加按语，将"若不去宋"四字视为"应以除宋之说煽动
中央之证据"。⑤ 徐血儿更进一步认为，"去宋"动机虽然起于应夔
丞，但若没有政府同意，不可能演成杀宋惨剧，为此他对赵秉钧及袁
世凯两封"勘电"所云进行了有强力的反驳。他说：

　　　　观此，则赵之所云云，仍系承认其收买提票之事，而于谋杀
　　一层，无明确之事实足以证明其无关系也。有之，亦仅以应"若
　　不去宋"为反挑之语，遂断定去宋之动机，起于应之自动耳。然
　　观"动机""起""自动"等语词，若亦纯以文理解释之，则动
　　机虽起于应，而必政府承诺之、允许之，然后始能演成此种事实
　　也。应虽为自动，而必政府为之被动，然后始能合此两力以演成

　　① 廖大伟：《袁世凯不是"刺宋"主谋考析》，苏智良、张华腾、邵雍主编《袁世凯与
北洋军阀》，第568页。
　　② 廖大伟：《论民初帮会与社会的紧张——以共进会与刺宋案为中心》，《史林》2005
年第1期。
　　③ 张永：《民初宋教仁遇刺案探疑》，《史学月刊》2006年第9期。
　　④ 朱怀远：《宋教仁被刺案真相考辨》，《民国档案》2010年第3期。
　　⑤ 《应夔丞致洪述祖信》（1913年3月12日），见《宋案证据之披露》，《民立报临时增
刊》1913年4月27日，第3页。

此种事实也。此诚所谓"文理解释，皎然明白"者也。应志在金钱，故其为政府解散共进会，解散欢迎国会团，收买"刑事提票"，盖无一非为博取金钱之目的而来。而政府亦以国民之金钱，利用若辈为鹰犬，交相为用，于收买提票一案，已尽呈袁、洪、应、赵等阴谋狼狼之状矣。至于杀人之事，何等重大，一旦破露，即难逃罪。设应非特袁、赵之指使及袒护，应又何敢轻陷法网，自取死罪乎？夫使死宋先生而于应个人有莫大直接之利益者，则谓出于应个人之蓄意谋杀，犹可言也；而应于宋先生私人，并无私仇宿恨，其欲死宋先生，直接有莫大利益者，实为袁、赵则可知。谓袁、赵之出于被动，吾人尚不能信也。故倾陷之谋，可以金钱动应，而暗杀之谋则不能；金钱既难动，乃动之以勋位。应惑于虚荣之一念，而始冒死为之，此又情事显著者也。尤可证者，赵谓"应犯谋刺宋教仁，其杀机起于《民立报》载宋在宁之演说"，一语断定，非局中安能若是？以此杀机所由起求之，则所谓应为自动，尤见其不可信……此宋先生在宁之演说，与袁、赵有密切关系，应性狡诡，心知其故，故以《民立报》所载者裁呈袁、赵，而遂为杀宋先生之一动机。此实袁、赵为主动，而洪、应为被动也，此尚有可以抵赖之余地乎？①

由于当时双方或急于为自己辩护，或急于驳斥对方，往往对应、洪往来各函电，抓住一点，不及其余，而未能通盘分析，尤其未能揭示各函电的内在关联，因此不论是袁、赵的解释，还是国民党人的反驳，都犯了致命的错误。如前所析，洪述祖早在3月6日函中就已明确指示应夔丞可以乘机对宋教仁下手。3月13日下午洪又发电告应

---

① 血儿：《驳赵秉钧之通电·铁证如山尚可掩饰耶（六续）》，《民立报》1913年5月8日，第2页。

"煅宋酬勋位"，实际等于进一步下达了杀宋令。由 3 月 13 日应夔丞函开头"三月初九来函及十三号电均敬悉"一句可知，该函是为答复"三月初九来函"及 3 月 13 日下午刚刚收到的洪述祖"煅宋酬勋位"来电所写。其中，"功赏一层，夔向不希望"即是对"酬勋位"的回应，"釜底抽薪法"一语则是应夔丞对向国民党核心领导人下手的一种简洁而又较为形象的描述，因向国民党核心领导人下手会给国民党致命打击，所以譬之以"釜底抽薪"。"若不去宋，非特生出无穷是非，恐大局必为扰乱"，也并非"自商"口吻，而是强调语气或肯定表述，意为"定要去宋，否则……"应夔丞之所以要用这种强调口吻，是因为洪述祖在 3 月 6 日来函中，实际上向应夔丞提出了解决问题的两个办法：要么取得"宋犯骗案刑事提票"，要么对宋"乘机下手"。应夔丞一直无法提供"宋犯骗案刑事提票"等材料，因此他特别强调了后者，以坚洪述祖杀宋之心。由此可知，应夔丞 3 月 13 日函实际上是他对洪述祖指示对宋乘机下手的一种积极回应，并且把其意义提升到了"釜底抽薪"的高度。蔡世襄认为，从"若不去宋""恐大局必为扰乱"等语可知，"应既遵洪旨以请款，更为危词以恫吓，盖恐中央或惧毁宋之不易而中途变志，故有此言，并非起于应自动也"。[1] 可以说近乎得其真意。

应夔丞在函中又写道："虽中间手续，无米为炊，固非易易，幸信用尚存，余产拼挡，足可挪拢二十余万，以此全力注此，急急进行，复命有日，请俟之。"这实际上是告诉洪述祖，自己将开始筹钱，付诸行动。所谓"复命有日"之"复命"，就是要复洪述祖"煅宋"之命，倘若杀宋起意于应，则何来"复命"之说？《新纪元报》在解释此函时，将"复命有日"错为"后命有日"，并谓："此函系应与

---

① 蔡世襄：《赵秉钧与应夔丞同谋之铁证》，《民立报》1913 年 5 月 9 日，第 2 页。

洪，应请洪俟后命，则此命之出自南方而非出自北方可知也。"① 该报显然是将繁体"復"字误为繁体"後"字，可谓失之毫厘，谬以千里。又，蔡世襄谓"洪犯二月二十二日致应函嘱请款不可过三十万，总要在对象到后、国会开日，而应三月十三日之函即有足可挪凑二十余万之语，可见此为一事"，② 亦完全理解错误。因 2 月 22 日之时，洪尚无杀宋之心，所谓"请款总要在物件到后""为数不可过三十万"云云，是指向政府提供"宋犯骗案刑事提票"后之请款，并非杀宋请款，前已论之。不过由于应夔丞迟迟未能拿出"宋犯骗案刑事提票"，30 万元请款实际未能拿到。应夔丞 3 月 13 日函中说杀宋需要挪拢 20 余万元，其实有"失之东隅，收之桑榆"之意，此 20 余万元绝非应夔丞实际挪拢款项，而是为了弥补前所未得之 30 万元，"有意张扬，为后日图利之张本"，③ 足见应夔丞利欲熏心，对于先前未能拿到 30 万元很不甘心。由于购买"宋犯骗案刑事提票"失败，并受到洪述祖责备，应夔丞对于采取新的行动格外积极。④

---

① 《宋案证据披露》，《新纪元报》1913 年 4 月 30 日，第 2 页。

② 蔡世襄：《赵秉钧与应夔丞同谋之铁证》，《民立报》1913 年 5 月 9 日，第 2 页。

③ 超然百姓姚之鹤：《宋案证据平议（续）》，《时事新报》1913 年 5 月 12 日，第 1 张第 1 页。

④ 按应欲杀宋，中间是否有个人恩怨，尚可进一步研究。曾有报道谓应夔丞任南京临时政府总统府卫队长兼庶务长时，"自以有功光复，骄恣跋扈。宋遯初时为法制局长，不善其所为，曾面斥之。后应夔丞落职，疑宋构陷，恨之刺骨，有'不杀某不瞑目'之语"。既而，宋组织国民党，"独排斥共进会，不令混入"，应"尤怀怨愤"（《宋案悬谈》，《时事新报》1913 年 5 月 6 日，第 1 张第 1 页）。然而，据应夔丞讲，他与宋教仁在南京时仅见过一面，"颔首而已"，两人之间并无私怨。另据时任孙中山侍卫郭汉章回忆，应夔丞"随中山先生到南京来，千方百计地把总统府庶务科长搞到手以后，更是唯我独尊，目中无人。遇有中山先生革命老友，从国外回来的华侨，叫他招待，他竟对来的华侨说：'临时大总统府倒象你们的两广会馆，只要来了，有得住，有得吃，什么都不愁。'来访问总统的华侨们便向总统反映说：'此人万不可用，不但撤职，还要查办。'中山先生为了团结陈其美的关系，仅仅把他撤职，让他回上海去。应居然要挟总统说：侍从队四十名卫士，是他从上海带来的，应当仍由他带回上海去"，并着郭汉章下令把 40 人带回上海。郭不愿回上海，应竟拿了 4 只左轮手枪，交给 4 个亲信卫士，要他们找机会把郭打死。郭得知消息后报告禁卫军总司令洪承点，洪打电话给参军陈□□，要他报告总统，总统立刻另派秘书长胡汉民处理此事。胡汉民了解情况后，"下令把四只左轮手枪没收，并传应去，大加训斥一番，教他好好改过自新"〔郭汉章：

　　总之，"若不去宋"云云是应夔丞对洪述祖唆使其对宋教仁"乘机下手"及"燰宋酬勋位"的积极回应，将这四字解释为杀宋起意于应夔丞，完全错误。今天，我们已无法判断袁世凯、赵秉钧当初是真的没有看出洪述祖3月6日致应函的杀意，还是有意回避。鉴于袁氏曾与幕僚仔细研究过宋案证据，他们很可能意识到了该函内容对政府极为不利，因此极力回避。若果如此，那么袁、赵主动点出应夔丞3月13日回信中"若不去宋"一语，反复强调杀宋起于应夔丞之主动而与政府无关，就明显是为了防止国民党人将视点落到洪述祖3月6日致应函上，从而主导其与国民党人辩驳的方向。遗憾的是，国民党人在反袁疑袁心理作用下，急于批驳袁、赵的观点，而未能全面研究宋案证据，其结果便是落入袁、赵主导的辩驳议题当中，对于洪述祖3月6日致应函也就视若无睹了。袁、赵看到此种情形，或许会窃喜，但对国民党人而言，实在是一个很大的教训。

九　诡异的"匿名氏"驳词与"救国团"通电

　　接到洪述祖3月13日"燰宋酬勋位"来电后，应夔丞于当日复

《南京临时大总统府三月见闻录》，《辛亥革命回忆录》（六），第295—296页]。据此，曾训斥应夔丞的并非法制局局长宋教仁，而是总统府秘书长胡汉民。郭汉章所谓来访总统的华侨应是指其兄孙眉等。据冯自由《革命逸史》，1912年2月、3月间，孙眉"自粤赴宁，拟向孙大总统面陈粤政得失，从者有失意军人黄士龙等数十人"（冯自由：《革命逸史》第2集，中华书局，1981，第9页）。在应夔丞所写革命履历中，也提到他担任总统府庶务长时，"会中山兄孙眉至宁，从卅余人，径居公府，（夔丞）以窒碍诸多，强令遣出"[《应夔丞就身史及革命时经历上大总统呈文底稿一》（1912年），北京市档案馆藏，国民共进会全宗，J222 - 001 - 00022]。又说："中山兄来，驱逐之，因带人有三十余人之多。"[《应夔丞就身史及革命时经历上大总统呈文底稿二》（1912年），北京市档案馆藏，国民共进会全宗，J222 - 001 - 00006]照此看来，郭汉章的回忆比较可靠，应夔丞并未受过宋教仁面斥。又据《胡汉民自传》云："庶务长沈［缪］某，自称内务大臣，招摇于外，又强役民间车马，不予值，余执付江苏都督庄思缄诛之。继者为应夔丞，兼卫队长，渐跋扈。余欲并诛之，先生（指孙中山——引者）不可，乃褫其职，而以朱卓文代。"（《胡汉民自传》，中华书局，2016，第100页）此亦可证与应夔丞关系不睦的是胡汉民而非宋教仁。

信中又写了如下一段话：

> 兹呈《时报》三月十一日、十三日嘱令登转之记载，并
> 《民立》实记遯初在宁之说词，读之即知其近来之势力及趋向所
> 在矣。近住在同孚路黄克强家，又为克强介绍，将私存公债六十
> 万，由夔为之转抵义丰银行，计五十万元（外有各种股票，时值
> 四十余万），为遯初之运动费，并不问其出入。夔处摊到十万，
> 昨被拨去二万，专任苏浙两部暨运动徐皖军队之需。夔因势利
> 用，欲操故纵，不得不勉为阳许。可直陈于内，以免受谤。[1]

这是该信第二项内容。应夔丞之所以忽然开始关注并向洪述祖报
告宋教仁的动向，正是因为洪述祖在 3 月 6 日来函中要应夔丞注意，
宋"或有激烈之举，方可乘机下手"，以及 3 月 13 日洪述祖来函要应
夔丞"相度机宜，妥筹办理"。信中所言黄、宋"运动徐皖军队"，
是否为实情不得而知，不过，宋教仁曾于 3 月 15 日在《民立报》发
文批驳"匿名氏"之攻击，其中有言："近日以来，造谣生事，捏词
诬人，使民心惶惑，国事败坏，实为不鲜。如谓黄、宋运动黎元洪为
正式总统，赣、皖、闽、粤联络独立等之谣皆是。"[2] 宋教仁的批驳当
然也不一定完全属实，比如，他否认曾运动黎元洪为正式总统，但诸
多迹象表明，运动黎元洪确有其事，前已述及。而"运动徐皖军队"
则未发现有相关记述，因此不能排除这是应夔丞为坚洪述祖杀宋之心
而故为危词，因该信息不早不晚，恰在洪述祖指示其"熰宋酬勋位"
之后才报告，不能不令人怀疑。"超然百姓姚之鹤"有段话揭示洪、

---

① 《第四十件　应夔丞寄洪述祖信三纸信封一个》（1913 年 3 月 13 日），《前农林总长
宋教仁被刺案内应夔丞家搜获函电文件检查报告》，第 31—32 页。

② 宋教仁：《答匿名氏驳词》（1913 年 3 月 15 日），郭汉民编《宋教仁集》下册，第
567—568 页。

应相互所言均不可信，极有道理。他说：

洪若不矫称政府之命，不足以驱使应；应不铺张国民党危乱之状况，不足以动洪。洪所矫称之不足信，等于应所铺张之不足信。如以"熄宋授［酬］勋"为实有其事，则十万元运动军队复扣去二万余者，亦实有其事耶？吾人当知宋案奇变，悉由洪、应二人交构而成，罪证中所说南方事为应所铺张，所说政府事为洪所矫造，则无数之疑团，可以豁然而解。①

在 3 月 13 日函中，最值得注意的是应夔丞对宋教仁到处发表演说的留意和报告。函中提到了"裁呈《时报》三月十一日、十三日嘱令登转之记载，并《民立》实记遯初在宁之说词"。经查，《时报》3 月 11 日登有"孤愤"所撰社论一篇，题为《互相诿过之大文章》，内论宋教仁与某当局者之辩难；② 3 月 13 日则于"来稿"栏登有匿名氏《驳宋钝初演说词》一篇（未完，15 日续载）。至于"《民立》实记遯初在宁之说词"，是指《民立报》3 月 11 日所登《苦口婆心医国手》（小标题"城头顽石也点头"），主要是记录 3 月 9 日宋教仁在国民党宁支部欢迎大会上的演说。③ 宋教仁在演说中批评现政府内政、外交之失策，称之为"不如民意之政府，退步之政府"；主张组织完全政党内阁，中央、地方行政分权；并批评"维持现状"之政见"可谓糊涂不通已极"，"力促政府改良进步，方为正当之政见"。④ 应夔丞将以上几篇有关宋教仁的文字"裁呈"洪述祖，说明他接到洪述祖 3 月 6 日"乘机下手"函及 3 月 13 日"熄宋酬勋位"电后，立刻

① 《宋案证据之研究》，《神州日报》1913 年 4 月 27 日，第 1 页。
② 孤愤：《互相诿过之大文章》，《时报》1913 年 3 月 11 日，第 1 页。
③ 《苦口婆心医国手·城头顽石也点头》，《民立报》1913 年 3 月 11 日，第 7 页。
④ 《国民党宁支部欢迎会演说辞》（1913 年 3 月 9 日），郭汉民编《宋教仁集》下册，第 554—556 页。

开始了对宋教仁动向的密切关注。他将这些文字寄给洪述祖，实际上是按照后者在 3 月 6 日函中举例所说"如除邓一案，须将其反对各报先期邮寄"的办法在做。不过，对于应夔丞信中所谓"嘱令登转"云云，《时报》在宋案证据公布后曾致函国民党机关报《民立报》予以否认，称该报"所登来稿确系在［自］北京报剪下，并非应夔丞嘱登"。① 该报还专门就此向各报发出启事，予以澄清，谓：

> 此件（即应夔丞 3 月 13 日致洪述祖信——引者）连及本报本无关系，唯有"嘱令"二字实甚骇异。本馆十三、十五日驳论，由北京《京津时报》上剪下载录者，先数日已有"北京专电"原件可证，何云"嘱令"？且下所谓"登登轮"者，更不知何解。此事与事实不符，特此申明。时报馆启。②

时报馆的这份启事有三点需要说明：①启事并未提 3 月 11 日《互相诿过之大文章》是否为应夔丞"嘱令登转"，这是因为该篇文字为"社论"，既是"社论"，自然出自该社，由应夔丞"嘱令登转"的可能性不大。②"先数日已有'北京专电'原件可证"，是指《时报》首先于 3 月 9 日根据 3 月 8 日午刻"北京专电"摘要刊登过一篇关于"当局中人某著论驳宋教仁在沪国民党欢迎会中之演说"的电文，然后又在 3 月 13 日、15 日连载由《京津时报》剪下的《驳宋钝初演说词》全文，并非应夔丞"嘱令登转"。③《时报》最初所看到的宋案证据，是由《民权报》抄送上海各报的，匆忙当中有不少抄错的地方，比如"登转"二字就被抄成"登登轮"，不仅多了一个"登"字，而且将繁体"轉"字错抄为"輪"字，因此启事中有"嘱

---

① 《应夔丞致洪述祖信》（1913 年 3 月 12 日），见《宋案证据之披露》，《民立报临时增刊》1913 年 4 月 27 日，第 3 页。

② 《宋案证据之披露·程应通电宣布之证据》，《民立报》1913 年 4 月 26 日，第 11 页。

令"二字下"所谓'登登輪'者，更不知何解"之语。《时报》的启事再次提醒我们，在应夔丞发给洪述祖的函电中，许多内容纯属虚构，就如同洪述祖在函电中经常诳骗应夔丞一样。

上面提到的 3 月 9 日《时报》所登"北京专电"，从事后来看，很可能与宋教仁被刺有一定关联。电文内容如下：

> 此间有当局中人某著论驳宋教仁在沪国民党欢迎会中之演说词，谓宋谓民国成立无一外交，库事七八月间已在京曾以危机为言，而总统等不顾。又谓各国保全政策足以维持中国现状等语。其实各国之互立协约，暗定界限，以免冲突，名曰保全，实图侵略。库约远在前清辛亥之夏，杭达偕二达喇嘛赴俄，俄即代要求三款。库之独立在前冬，宋于去年七八月进言，且仅及险象，并无办法，终日宴客奔走，惟争总理，事后乃为此快心语耶！并谓库事实误于国民党，唐、孙、黄等皆以俄人方狡、俯就非计为言，一年来外交悉系该党员主持。该文中又历数所言借款事理之谬，谓唐绍仪于三月十三任总理，而天津于三月二日、三日兵变，而宋乃谓唐之当国先于兵变，故六国要求乃酷，其谬如此。该文中又发现可惊之事实，谓统一后南京政府要求三千万，嗣减至千万元，初议贷之道胜银行，因沪汉反对，改由华比银行借百万磅拨宁。至大借款，当时只有四国，并无六国，所提条件亦严，经磋商，稍就范围，而国民党忽发奇想，主张国民捐，议遂中止。及国民捐不成，要挟更甚。此皆有案可稽，有人可证。该文中并引其时南北文电及各西报为证，谓因比款七百万用途暗昧，故致条件严酷，以有银公司元年□月十二日说帖为证。末颇及宋君因野心未遂，故发此怨愤、无稽之谈云。其所论确皆局中人辨诉之词，非同常论。①

_____

① 《北京专电》（三月八日午刻），《时报》1913 年 3 月 9 日，第 2 页。

　　首句是指 2 月 19 日宋教仁在上海国民党交通部举行的欢迎会上曾发表演说一篇，主张实行"政党内阁""省长民选"，并对民国成立以来的内政外交进行了抨击，①于是有"当局中人某"出面著文批驳。《时报》"北京专电"即是摘要转述该批驳文内容。经查，该批驳文全文最早出现于统一党所办《新纪元报》，分 3 月 8 日、9 日、10 日三次在头版连载，题名《驳宋钝初演说词》。篇首有报馆识语，谓："昨有投函本馆者，拆阅，为驳宏〔宋〕钝初演说□□□□□一年来政府办事之内情，极为详卷，大约此公为局中人，故能知之如此其晰。据此可以考见宋钝初之无耻无赖，可以见国民党一年来之成绩，故揭载之如左。"②可知该批驳文系 3 月 7 日有人以函件形式投送至该报馆。需要注意的是，"北京专电"系 3 月 8 日由北京发出，此时《新纪元报》刚刚登出批驳文约三分之一篇幅，但该电文已知晓全文大要，这就说明，"北京专电"的发出者极有可能就是该匿名批驳文的作者，只不过电文系假托第三者语气发出而已。

　　继《新纪元报》之后，《京津时报》《大公报》《时报》等纷纷转载《驳宋钝初演说词》，其中《大公报》从 3 月 11 日起分三次连载。③

　　也是在 3 月 11 日，又有所谓"北京救国团"发表致武昌黎副总统、各省都督、民政长、各报馆、各团体通电，在《亚细亚日报》《大公报》等报刊登，攻击宋教仁"以将来之总理自任"，"思攫现政府而代之"，故其在上海演说之词"颠倒事实，变乱是非，本患得患失之肺肠，欲以一手掩尽天下目。若不辞而辟之，则人心死尽，公理

---

　　①　《上海欢迎宋钝初君之大会》，《中国日报》1913 年 2 月 26 日，第 6 页。
　　②　《驳宋钝初演说词》，《新纪元报》1913 年 3 月 8 日，第 1 页。
　　③　《驳宋钝初演说词》，《大公报》1913 年 3 月 11 日，第 2 张第 3 页；3 月 12 日，第 2 张第 2—3 页；3 月 13 日，第 2 张第 3—4 页。

何存"。电文称宋主张建立政党内阁，是"冒政党内阁之美名"，"醉心权力，运动钻营"；宋主张"省长归中央简任"，是为"谋总理"，"必启分裂"。又称临时政府外交、财政上"种种失败，皆由国民党政策所酿成，不啻宋君所构造"，"若以此党组织内阁，以宋为总理，其能得良政府与否，宋君当自以良知决之，并愿向之仰望宋君者，以良知决之"。① 由于该电内容与《驳宋钝初演说词》"大同小异"，因此《大公报》怀疑《驳宋钝初演说词》也是"救国团"来稿，② 惟"救国团"是个什么组织，无人知晓。

"北京专电"、"匿名氏"驳词与"救国团"通电等攻击国民党和宋教仁文字的出现，很快引起国民党人和宋教仁的注意。《民立报》记者看到《时报》所登"北京专电"后，特地拿着报纸去拜访宋教仁，询问实情，宋教仁当即进行了反驳。《民立报》记者随后以《宋教仁君之时事谈》为题（副题"驳某当局者"），于3月12日在该报刊出。③ 在访谈中，宋教仁批驳了"某当局者"在处理库伦独立、四国银行团借款等事上对国民党的诬陷，认为库事处理失当，"实外交当局者因循苟且之咎"；唐内阁所借比款并非尽归南京支用，"银行团亦未尝有比款用途暗昧之说帖"；借款交涉中止乃因政府更换，不可归咎于国民党所主张之国民捐。又对某当局者对其"争总理""欲为总理"的攻击进行了驳斥。④

3月15日，《民立报》又刊登宋教仁所写《答匿名氏驳词》，文章首先叙述批驳缘由，谓：

---

① 《宋内阁不能成立之先声》，《亚细亚日报》1913年3月12日，第2页；《北京救国团电》，《大公报》1913年3月13日，第2—3页。

② 按《大公报》刊登《北京救国团电》末有记者附识，谓："此电与连日附张所登来稿大同小异，惟来稿未署名，而此系救国团通电，故译录之。""连日附张所登来稿"即《驳宋钝初演说词》，从3月11日起分三次在《大公报》登载。

③ 《宋教仁君之时事谈·驳某当局者》，《民立报》1913年3月12日，第2页。

④ 《驳某当局者》（1913年3月12日），郭汉民编《宋教仁集》下册，第556—559页。

　　吾人曩者在上海国民党欢迎会中，演说中间颇有言政府外交、财政失策之语，当时不过略述现在政况，以为应答之词，初非发表政见。乃有某氏者，匿名投稿各报，大肆辩驳，似以吾之演说，已击中要害，非反驳不能已者。上海《时报》北京电谓是"某当局"，盖官僚卒徒，无可疑者。其口吻如村妪肆骂，牧童斗殴，满纸妄语，且不署姓名，非丈夫之行，亦非负责任之言。本无再辩之价值，惟其中排挤、诬陷之处甚多。官僚之派，实为国蠹，近日以来，造谣生事，捏词诬人，使民心惶惑，国事败坏，实为不鲜……故吾人对此不能不一为疏辨，以听世人之判断焉。①

　　接下来，宋教仁逐段引用"匿名氏"驳词中围绕库约、借款等事对他本人及国民党的诬陷、攻击之词，予以严厉批驳，指出政府在二事上实"不能辞其溺职之咎"。然后反问道："现政府果无因循苟且之罪乎？……果可称为励精图治，丝毫可告无罪之政府乎？"又斥责"匿名氏""故意逢迎政府"，谓："此乃公等官僚卑劣之故态，吾人岂为之耶？吾人素来作事，不存权利之见，亦不畏强硬反对，吾惟行吾之素。"最后，宋教仁就"救国团"通电附带写了一段抨击文字：

　　日来各报载有北京"救国团"致各省都督、民政长、各报馆、各团体公电，亦驳余演说，其文辞大抵与某氏文同，盖与某氏同系统者，而东扯西拉、文理不通则过之。其所加驳者，吾之此文皆能答辨，故不再驳。抑有进者，凡与人驳辩，须以堂堂之阵，正正之旗；匿名揭帖，或假造团体名义，皆有似盗贼之行

---

　　①　宋教仁：《答匿名氏驳词》，《民立报》1913 年 3 月 15 日，第 3 页。

为。今后再有此，吾人岂屑与较量耶！①

上述对宋教仁的攻击、陷害和宋教仁的反驳，出现在宋教仁被刺前10日左右，故而引起许多人注意。国民党人事后怀疑宋教仁被刺与该"匿名氏"或"救国团"有关。如《民立报》刊登"北京电报"云："宋在上海演说，即有政界某公匿名痛驳，其后又发现一'救国团'，而迄今不知此团系何人组织。观其鬼祟情状，似有人希承意旨，专与宋为难，此次刺客或即与该团有关者。"② 该报又转引《民国报》评论道："宋教仁被刺，'救国团'不无嫌疑，因该团发现京津以来，无他表现，惟有驳斥宋在上海演说词一事，且其团体所在，国人无一知者，发起人亦始终不知谁氏，而通电各省都督全系一等电。"③ 国民党人宗良也发表评论，认为宋教仁被刺可能与"救国团"有关。他说：

> 此次宋先生之死，原因在政治上之关系，已众口一辞，而凶手之必有同党，更为显然。宋先生未死之前，有所谓"救国团"者，通电驳宋先生之演说，此团所在地及发起人无有知者，而通电则为一等电。使非有政界重要人物在，乌能神通广大如是耶？且"救国团"所事事者，以吾人所闻，只此一电，则此团之宗旨，除与宋先生为难外，殆无其他目的可言。宋先生既被刺后，有所谓"救国协会代表铁民"者，造奇异之信件，投呈宋先生，满纸皆妄诞之言，且自任杀先

---

① 宋教仁：《答匿名氏驳词（续）》，《民立报》1913年3月17日，第2页。
② 《北京电报》，《民立报》1913年3月22日，第3页。
③ 《北京电报》，《民立报》1913年3月24日，第3页。

生不讳。① 此非真正之凶手，即凶手之同党，而其会之所在地及发起人，世人亦皆不知之。夫此两团体而果有也，则嫌疑之凶犯，非此两团之主体，即为政界中与宋先生反对之有力者。若不激查其底蕴，严治其正凶，则凡稍有抱负者，人人自危，将来步宋先生后尘之案，层出不穷，谁敢乃心国事，投身政界耶！②

另外，云南都督蔡锷在获悉宋教仁被刺身亡后亦发表通电，将这一惨剧归咎于各报之刻意攻击。电云：

宋君奔走国事有年，缔造共和，著绩尤伟。其学识闳通，尤近今不可多得之材。民国建设方始，凡我同胞，对于特异人材，宜如何保持护惜，以为国家之计，乃各报章徒以政见之不合，往往刻意攻击，蹈隙私逞，遂演出此等惨剧，既非民国之福，尤为世道之害。前日本自由党首领星亨，即因报章攻击太甚，反对者因而乘之，遂被戕害。其后各报言论，即相戒共守持重，惩后惩

① 按宋教仁被刺次日，即 3 月 21 日，曾在沪宁铁路医院接到一封发自上海本埠的信件，信纸为上等洋纸，用红色墨水书写，落款为"救国协会代表铁民启"，封皮署"铁民自本支部发"。信内称刺杀目标本非宋，结果误中了宋。内容如下："钝初先生足下：鄙人自湘而汉而沪，一路欢送某君赴黄泉国大统领任。昨夜正欲与某君握别，赠以卫生丸数粒以作纪念，不意误赠与君，实在对不起了。虽然，君从此亦得享千古之幸福。因某君尚未赴新任，本会同人昨夜曾以巨金运动选举，选举结果，则君最占优胜，每票金额五千元，故同人等请君先行，代理黄泉国大统领。俟某君到任后，自当推举你任总理。肃此，恭祝荣禧，并颂千古。救国协会代表铁民启。三月二十一日上。"（《奇怪之信件》，《民立报》1913 年 3 月 25日，第 10 页）有人据此认为凶手目标原本是黄兴，结果误中了宋，但此种说法并不能成立，《北京英文日报》有一段评论，最为精彩："噫，何其自相矛盾若是之甚也！夫黄、宋之相貌迥乎不同，且每演说于大会场中，凡各都会之人，鲜有不能区别者，岂有行刺之人，反不能辨别者乎？即令始也不知，由湘而汉，由汉而沪，相送数百里，同行十余日，尚不能区别其为黄为宋，此又不通之论也。推是函之意，盖恐人之疑己，故欲藉是函以掩护之，殊不知若无此函，则人之疑之也或不如有此函之甚，尔以为人皆愚，而尔独智也？是诚所谓欲盖弥彰者也。"见冰《论宋教仁之被刺》（译《北京英文日报》），《亚细亚日报》1913 年 3 月 30 日，第 6 页。

② 宗良：《宋先生死后之民国》，《民立报》1913 年 3 月 25 日，第 2 页。

前。切愿我海内各报章及各政党，以后务各持公论，持重发言，以护持国家元气。①

至于"匿名氏"或"救国团"究竟是何来头，无人能够说清。如上所述，国民党人怀疑其背后"有政界重要人物在"，实际上是将矛头指向袁、赵。但对袁、赵而言，如果要对宋教仁进行批驳，完全可以光明正大进行，没有必要采用匿名方式。从"匿名氏"驳词和"救国团"通电内容来看，其背后为袁、赵的可能性也不大，因为袁、赵作为临时大总统和国务总理兼内务总长，对于政府应对库伦独立及与银行团交涉借款等事的实际情形，是很清楚的，而"匿名氏"驳词和"救国团"通电内容却似是而非，以至于遭到曾任首届内阁国务员且较为了解相关内情的宋教仁的严厉驳斥。

比较而言，"匿名氏"驳词和"救国团"通电出自洪述祖之手，或洪述祖为幕后主使人的可能性极大。其一，洪述祖刚刚于3月6日在天津致函应夔丞唆使其对宋教仁"乘机下手"，3月7日就有人在北京向《新纪元报》投送《驳宋钝初演说词》，而洪述祖恰好又是在当日"由津晋京"，② 这恐怕不能以巧合视之，极有可能该篇攻击文字在天津已由洪述祖写好，并且不能排除向《新纪元报》投送稿件之人就是洪述祖。其二，洪述祖是内务部秘书，是袁世凯之私人，与唐绍仪、赵秉钧也都很熟悉，并曾参与南北议和，对于现政府应对库伦独立及与银行团交涉借款等事，或多或少知道一些情况，但又不可能完全了解内情，而这恰与"匿名氏"驳词和"救国团"通电内容似是而非的特点相符。其三，更值得注意的是，就在《新纪元报》于3月8日、9日、10日连载"匿名氏"《驳宋钝初演说词》的这几天当

---

① 《致袁世凯及各省都督电》（1913年3月25日），曾业英编《蔡松坡集》，上海人民出版社，1984，第662页。

② 《车站纪事》，《大公报》1913年3月9日，第6页。

中，洪述祖面见袁世凯，挑唆谓："总统行政诸多掣肘，皆由反对党之政见不同，何不收拾一二人，以警其余。"① 而《驳宋钝初演说词》抛出的目的恰好是批驳"反对党之政见"，可以说一外一内，两方面动作相互配合，意图十分明显。至于"救国团"通电以一等电（即致武昌黎副总统、各省都督、民政长等）发出，其手法与洪述祖假托中央名义抛出"熰宋酬勋位"，如出一辙。洪述祖作为政府中人，完全可以凭借其地位或通过收买报馆刊出此电，《民强报》被洪、应收买就是一例。另外，洪述祖在 1912 年 10 月 24 日写给应夔丞的第一封信中，就商量过帮人收买北京报馆之事，信中写道："京中报馆前说四家，请开示名目，吾弟可告知前途来通机关。"② 虽然后来二人往来函电中未再谈到此事，但以洪述祖在京津一带的活动能量，在报上刊登一篇匿名驳词和一则一等电报，并不是什么难事。

由此，我们可以大胆做一推断："匿名氏"驳词与"救国团"通电，实际上就出自洪述祖之手，或由洪述祖做幕后推手。他一方面通过 3 月 6 日函唆使应夔丞在发现宋教仁有"激烈之举"时"乘机下手"，另一方面通过发表所谓"匿名氏"驳词和"救国团"通电，激起宋教仁的反驳，而这恰又成为洪、应眼中的"激烈之举"。因此，应夔丞才在 3 月 13 日函中向洪述祖"裁呈"《时报》的相关文章，以及宋教仁 3 月 9 日在国民党宁支部欢迎会上的演说，并且在 3 月 14 日致洪述祖电文中报告"梁山匪魁，顷又四处扰乱，危险实甚"。③ 所谓"顷又四处扰乱"，即指宋教仁继 3 月 9 日在宁演说之后，又于 3

---

① 《关于刺宋案演说中之要闻》，《大中华民国日报》1913 年 3 月 31 日，第 2 页。另参阅本书第 281 页相关内容。

② 《第二件　洪述祖寄应夔丞信两纸附信封》（1912 年 10 月 24 日），《前农林总长宋教仁被刺案内应夔丞家搜获函电文件检查报告》，第 7 页。

③ 《第四十一件　应夔丞寄洪述祖电底一纸原稿一纸》（1913 年 3 月 14 日下午 7 点 20 分由上海电报局发寄四等第 7863 号电报），《前农林总长宋教仁被刺案内应夔丞家搜获函电文件检查报告》，第 32—33 页。

月 12 日在《民立报》刊登《驳某当局者》，并于 3 月 13 日在尚贤堂再次发表演说，就如何分划国家行政与地方行政阐述意见，认为"中央集权制固不宜，偏重地方官制之地方分权制亦不宜"，应当取折中办法，"以对外的消极的各政务归之中央，以对内的积极的各政务归之地方。其地方制中，则尤注重于地方自治一途，使人民直接参与施政，以重民权"。国家行政与地方行政范围确定，国家税与地方税之划分始有所依据。① 这种主张中央、地方分权，重视民权的观点，毫无疑问会招致官僚党的仇视。

就这样，宋教仁于不知不觉中，一步步走向洪、应二人设下的刺杀陷阱。

十　洪谎称"债票特别准"诳应杀宋

为了催促洪述祖购买公债，应夔丞在 3 月 13 日信的最后，一方面对洪述祖指示其乘机向宋教仁下手给予积极回应，另一方面又表示对宋下手需要经费，自己将"挪拢二十余万"，"急急进行"。洪述祖接到应夔丞来信后，本应如实、明确地告诉应夔丞"八厘公债"已经停售，可他却没有这样做，反而在 3 月 17 日向应夔丞发出"应密铣电"：

> 上海文元坊应夔丞：应密。寒电到。债票特别准，何日缴现领票，另电。润我若干，今日复。荫。铣。②

---

① 《在尚贤堂的演说》（1913 年 3 月 13 日）、《中央行政与地方行政分划之大政见》（1913 年 3 月 12 日），郭汉民编《宋教仁集》下册，第 566—567、559—562 页。

② 《第四十二件　洪述祖寄应夔丞电底一纸》（1913 年 3 月 17 日下午 3 点 15 分上海电报局接到北京发寄四等第 3495 号电报），《前农林总长宋教仁被刺案内应夔丞家搜获函电文件检查报告》，第 33 页。

　　这里所谓"债票特别准"，并不是特别批准售给应夔丞"八厘公债"之意，而是顺着洪述祖 3 月 13 日去电中"债止六厘，恐折扣大，通不过"来讲的，意思是中央特别批准应夔丞以"六六二折"的低价来购买"六厘公债"。然而，从应夔丞方面看，他并不知道"八厘公债"已经停售，因此，接到洪述祖来电后，他很难判断究竟是购买"八厘公债"获得"特别准"，还是购买"六厘公债"获得"特别准"。"润我若干"意为给我多少好处，"今日复"则可见洪述祖谋财之急，而这必然又让应夔丞相信，洪述祖帮他购买公债确已有了结果。如此一来，国民党人就根据 3 月 13 日"川密电"及 3 月 17 日"应密铣电"，认定袁、赵与洪、应实为同谋，因"洪、应函电磋商后，洪电询应云：债票准，何日交现兑款。是洪已许应也。使不得袁、赵许允，洪又何能令财政长照办？何以询兑现之期？应函一再声言六十二［六］万二千，如不由袁、赵特别允准，洪何能擅许应哉？"[1] 又有评论道："能饬财政部拨公债三百五十万者，究处何等地位，岂洪述祖以内务部秘书资格，得指挥财政部发给如许之公债票耶！"[2]

　　然而，国民党人的上述解释，明显曲解了两电内容。其一，洪述祖在 3 月 13 日"川密电"中告诉应夔丞"'蒸电'已交财政长核办"，国民党人的理解却是洪述祖"令财政长照办"，两者含义差别极大。其二，洪述祖在 3 月 17 日"应密铣电"中一方面声称"债票特别准"，另一方面又对应夔丞说"何日交现领票，另电"；国民党人的理解却是洪述祖电询应夔丞："债票准，何日交现兑款？"意思完全相反。因此，国民党人的上述批评并不能令人信服。

　　袁、赵对于洪述祖所谓"债票特别准"，自然也都坚决否认。袁

---

①　蔡世襄：《赵秉钧与应夔丞同谋之铁证》，《民立报》1913 年 5 月 9 日，第 2 页。

②　《主使杀人者之权力何其大耶！》，《民主报》1913 年 4 月 10 日，第 2 页。

世凯 1913 年 4 月 28 日致谭人凤"勘电"斩钉截铁云："至公债票三百五十万，询据周总长，洪曾兜揽，知其人不足恃，却之。票有票根，抵押有押主，实事可征，决无其事。"① 赵秉钧在 4 月 28 日自辩"勘电"中亦称："至债票一节，查揽售政府公债，分润余利，本属稍有信用之人均可引受，况于应、洪亦实无特别允准之事，财政部有案可查。"②

由事实来看，洪述祖所谓"债票特别准"，不过是其为了促使应夔丞杀宋而采取的又一诳骗之举而已。如前所述，"八厘公债"早已停售，而"六厘公债"1913 年 2 月 20 日才发布相关条例，3 月中旬前后，也就是宋教仁被刺前 10 天左右，才公布"施行细则"。③ 由于大借款谈判失败，财政总长周学熙曾于 3 月底呈文袁世凯，"请实行六厘公债以为抵制大借款之最后办法"。④ 但袁世凯主张缓办，批复道："目下所筹小借款既可敷衍至正式政府，两月以后现状尚可支持。当兹正式政府成立之初，中央、地方大局均尚未定，此项公债颁行恐必无甚效力，反足以启外人轻视。应俟正式政府大定后，再行查勘情形举办。"⑤ 由此可知，"六厘公债"直至宋教仁被刺之后仍未发行。既然"八厘公债"早已停售，"六厘公债"又没有发行，洪述祖如何能够购得公债？尤要指出的是，应夔丞的要求是"在上海指定银行交足"，"克日成交起息"，"克日过付"，而洪述祖自 3 月 17 日发电声称"债票特别准"，直至 3 月 24 日应夔丞被捕，中间足有一个星期，

---

① 《致上海谭巡阅使电》（4 月 28 日），1913 年油印件，北京大学历史学系藏，第 174 函。

② 《致武昌黎副总统各省都督民政长电》（4 月 28 日），1913 年油印件，北京大学历史学系藏，第 174 函。

③ 《财政部公布民国元年六厘公债施行细则》，《大公报》1913 年 3 月 11 日，第 2 张第 2 页；3 月 12 日，第 2 张第 2 页；3 月 13 日，第 2 张第 2—3 页；3 月 14 日，第 2 张第 2—3 页。

④ 《周总长施行六厘公债之政见》，《大公报》1913 年 3 月 29 日，第 2 张第 1 页。

⑤ 《六厘公债尚拟缓办》，《大公报》1913 年 3 月 30 日，第 2 张第 1 页。

在明知应夔丞刺宋已经成功的情况下，却未按 3 月 17 日电所说，"另电"应夔丞"何日缴现领票"，这就有力地证明了洪述祖其实是在以空言欺应。鉴于受到国民党人质疑，袁世凯曾就此事询问财政总长周学熙，得到的答复是："洪曾兜揽，知其人不足恃，却之。"[①] 另外，4 月 12 日北京《民立报》记者也曾向赵秉钧提及公债票一事，据赵透露："此事近乃闻之于财政部，谓洪述祖确与财政总长商领公债票三十万，交应夔丞代售，因折扣未议妥，旋作罢论。"[②] 周、赵之说可以相互印证，而与洪述祖 3 月 17 日电所述则恰好相反，证明政府并无所谓"债票特别准"之事，洪述祖不过是以谎言欺应，同时也印证了洪述祖的确未向袁、赵报告过"蒸电"。从洪述祖的行踪看，他在 3 月 13 日向应夔丞发出"'蒸电'已交财政长核办，恐折扣大，通不过"一电后，即于次日回天津等候消息。3 月 17 日他返回北京，[③] 得知财政总长不同意其以低价兜售公债。此时杀宋已箭在弦上，于是他急忙于当日假借中央名义，发出"债票特别准"电文，诱使应夔丞杀宋。另外，袁世凯方面曾于 4 月 7 日特电上海，请孙中山、黄兴等"密查公债究由何处交发，有无部（指财政部——引者）中印记、时日"，但并未见孙、黄查出回报，[④] 这也进一步证实所谓"债票特别准"确属子虚乌有。

那么，洪述祖何以要接二连三诓骗应夔丞呢？这当中有两个原因。其一，如前所述，洪述祖因为担心无法成功购得公债，在 3 月 13 日电中抛出"熰宋酬勋位"作为替代方案，没想到应夔丞在 3 月 13 日回信中却说"功赏一层，夔向不希望"，这就使得洪述祖不得不继

---

①　《致上海谭巡阅使电》（4 月 28 日），1913 年油印件，北京大学历史学系藏，第 174 函。

②　《宋案旁征（五）·赵总理私邸之一席话》，《神州日报》1913 年 4 月 18 日，第 4 页。

③　《车站纪事》，《大公报》1913 年 3 月 16 日、18 日，第 6 页。

④　《宋案证据政府逐条辨明书底稿》（1913 年 4 月底），稿本，北京大学历史学系藏，第 174 函。

续以"实利"来满足应夔丞的要求。其二，应夔丞在不知"八厘公债"已经停售的情况下，受利益驱使，不仅于 3 月 13 日信中强调"去宋"的重要性，作为对洪述祖指示其乘机对宋下手的积极回应，而且很快付诸行动，于 3 月 14 日电告洪述祖"已发紧急命令，设法剿捕"，① 可以说杀宋已经箭在弦上。倘若此时洪述祖告知应夔丞"八厘公债"早已停售，或购买"六厘公债"未获批准，那么应夔丞极有可能因为杀宋之后无法获得回报而中止对宋下手，洪述祖的杀宋计划也就会因此流产。这就是洪述祖诓骗应夔丞的原因。换言之，洪述祖在接到应夔丞 3 月 13 日回信及 3 月 14 日来电后，原本有机会中止杀宋计划，可他却没有这么做，而是继续以子虚乌有的"债票特别准"诱使利欲熏心的应夔丞杀宋，其阴险狠毒，由此可见一斑。

其实，不论财政部是否允准洪、应以低价购买公债，因此举出自应夔丞要求，请洪述祖帮忙办理，而洪述祖绝不可能也无必要告知财政部购买此项公债是作为应夔丞刺宋的回报，故财政部与刺宋毫无关系，可以断言。然而，由于宋案证据中列有应、洪商量购买公债票各函电，财政部遭受怀疑和攻击不可避免，再加上"善后大借款"受到国民党强烈反对，财政总长周学熙被迫于 5 月 16 日请假，由梁士诒署理财政次长，并代理部务。②

十一　应发杀宋"紧急命令"及宋被杀

如前所述，在 3 月 13 日一函最后，应夔丞表示要"以全力注此，急急进行，复命有日，请俟之"。果然，仅仅一天后，即 3 月 14 日晚

---

① 《第四十一件　应夔丞寄洪述祖电底一纸原稿一纸》（1913 年 3 月 14 日下午 7 点 20 分由上海电报局发寄四等第 7863 号电报），《前农林总长宋教仁被刺案内应夔丞家搜获函电文件检查报告》，第 32—33 页。

② 凤冈及门弟子谨编《民国梁燕孙先生士诒年谱》，台北：台湾商务印书馆，1978，第 147 页。

7点20分，应夔丞即由上海电报局向洪述祖发出"寒电"：

> 北京洪荫芝君：应密。梁山匪魁，顷又四处扰乱，危险实甚，已发紧急命令，设法剿捕。乞转呈候示。夔。寒。①

此件电底向电局调取，盖有"江苏驻沪巡署缄"红戳，由捕房照"应密本"译出呈堂。原稿有应夔丞所批"速发，十四晚七钟"七字，并盖有应夔丞印章。对于这七个字，一位国民党人曾有如下分析：

> 且观三月十四日应致洪电所谓"梁山匪魁，顷又四处扰乱"者，其电文底稿，以吾所测，殆为应之书记所写，应从而批以"速发，十四日［晚］七钟"七字者。斯例迨［殆］如满清官吏之排场。是此书记究为何人，固亦案中要证也。乃今除武士英死外，其与应同囚者，仅一朱姓，不闻更追应之书记，且绝未闻官中提及此事。遗此要证，诚为疏漏之至。②

应该说这是极细密的观察。正因为尚有应夔丞同伙未被抓获，所以应夔丞被捕后，不断有各种谣言及匿名信件出现，试图淆乱视听，帮助应夔丞脱罪。

"寒电"中"'梁山匪魁'，即以宋江之'宋'，暗示宋教仁之'宋'也"。③"顷又四处扰乱"，如前所述，是指宋教仁当时到处发表演说批评政府。如3月9日在国民党宁支部欢迎大会发表演说，3月

---

① 《第四十一件　应夔丞寄洪述祖电底一纸原稿一纸》（1913年3月14日下午7点20分由上海电报局发寄四等第7863号电报），《前农林总长宋教仁被刺案内应夔丞家搜获函电文件检查报告》，第32—33页。

② 《造专制乎造共和乎》，《神州日报》1913年4月30日，第1页。

③ 《应夔丞致洪述祖密电》（1913年3月14日），见《宋案证据之披露》，《民立报临时增刊》1913年4月27日，第3页。

13 日在上海尚贤堂发表演说，等等。宋教仁被刺次日，《民立报》记者回想之前蛛丝马迹，谓：

> 数日前本埠即传闻有人谋来沪行刺宋先生，宋先生亦亲闻此说，并得友人警告书多通，谓宋前至宁时即有人潜随其后，意欲行刺，因劝宋先生戒备。而宋先生夷然处之，曾亲告记者谓："光天化日之政客竞争，岂容有此种卑劣残忍之手段。吾意异党及官僚中人未必有此，此特谣言耳。且即使非谣，吾岂以此懈吾责任心哉！"①

此段中，"数日前本埠即传闻有人谋来沪行刺宋先生"，可能是因为此前北京曾有"匿名氏"驳词及"救国团"通电批评宋教仁在上海的演说，所以有人怀疑对宋教仁不利。查宋教仁于 3 月 8 日由沪至宁，又于 3 月 10 日由宁返沪。② 上段文字中所谓"宋前至宁时即有人潜随其后，意欲行刺"，以时计算，就在这三天之中。洪述祖于 3 月 6 日致函应夔丞，要其对宋"乘机下手"，按当时邮递速度，应夔丞至迟 3 月 9 日可收到来信，由此判断，"潜随其后"之人很可能是应夔丞接到洪述祖指令后派出的，意图跟踪宋教仁，以为行刺之准备。

对于 3 月 14 日应夔丞"寒电"，政府方面反驳道："应未奉政府命令，擅剿捕人，应之糊涂凶横已可诛也。又谓'转呈候示'，是以己竟［意］先杀人而后请示，遗祸政府，遂指政府主使，宁有是理？"③ 应夔丞之所以在尚未收到洪述祖对购买公债一事的确切答复之时，便"已发紧急命令"，很可能与他获知宋教仁即将北上有关。

---

① 《宋教仁之被狙击》，《民立报》1913 年 3 月 21 日，第 10 页。
② 《苦口婆心医国手·城头顽石也点头》，《民立报》1913 年 3 月 11 日，第 7 页。
③ 《宋案证据政府逐条辨明书底稿》（1913 年 4 月底），稿本，北京大学历史学系藏，第 174 函。

在公共公廨第六次预审中，应夔丞律师爱理斯与应之间曾有如下对话：

爱问：汝知宋被刺前数日所作何事？

应答：宋将赴北京。

爱问：宋赴京登载何报？

应答：《民立》《民强》。

爱问：报载约在何时？

应答：约在三月十三日后。①

很显然，宋教仁一旦北上，离开了应夔丞的势力范围，应夔丞想要实施暗杀就比较困难了，因此他在获知宋教仁即将北上消息后，立刻于 3 月 14 日发出"紧急命令"，令手下"设法剿捕"。

应夔丞 3 月 14 日"寒电"还有一个值得特别注意之点，即应夔丞系以"应密"发出该电。自从 2 月 4 日洪述祖致函应夔丞提出"望弟以后用'川密'与兄，不必再用'应密'"以来，应夔丞一直遵守这个约定，但 3 月 14 日"寒电"忽然改用"应密"发出。这很可能是因为，在应夔丞看来，杀宋既为中央的意思，如用"川密"发电，则纯属应、洪私电（应手中"川密本"得自洪而非中央），洪将不便转呈，故以"应密"发出，并"乞转呈候示"。当然，不能排除应夔丞此举还有一旦事情败露，自己可以卸责于政府的意图。有趣的是，洪述祖也想到了这一层，后来果真以应夔丞所发系"应密"电为由，试图将责任推到赵秉钧头上（应手中"应密电本"得自赵），在 1917 年上海公共公廨预审时辩称："至于梁山巨魁四处骚扰，及紧急命令已发等电，均系'应密'，并非'川密'，故接到后即转送与赵，不

① 《第六次预审记》，徐血儿等编《宋教仁血案》，第 271 页。

知内中所云何事，直至在青岛涉讼，始悉'匪魁已灭'之电当时虽然看见，因应身任巡查使之职，疑系捕获盗匪，故亦不以为意。"① 又称："当时我接到此电，因系'应密'，我处无电本，故即转送于赵，其中语句并未得知，现在观之，显系暗指宋姓。"② 然而，由于2月22日之后，洪述祖事实上已从赵秉钧那里获得"应密电本"，③ 他的上述辩解毫无说服力，不过狡辩而已。

且说"寒电"发出当天，正好洪述祖由京回津，直至3月17日方"由津晋京"。④ 当日下午3点15分，上海电报局接到了洪述祖的"应密"回电，除告知"寒电到"外，电文中只说"债票特别准"，"润我若干"，对杀宋一事只字未提。⑤ 这很可能会让应夔丞觉得洪述祖还没有接到中央的指示。又过了一天，即3月18日下午3点7分，应夔丞收到了洪述祖的"川密"来电：

> 上海文元坊应夔丞：川密。寒电应即照办，倘空言，益为忌者笑。荫。十八。⑥

此件电底向电局调取，由捕房照"川密本"译出。《民立报》认为，此电"实袁、赵知情并促应暗杀之铁证"，理由是："应夔丞'寒电'请洪'转呈候示'，而洪复'应即照办'，是明明洪呈袁、

---

① 《洪述祖之供词》，《申报》1917年8月1日，第10页。
② 《洪述祖预审终结》，《申报》1917年8月3日，第10页。
③ 《第三十五件 洪述祖寄应夔丞信三纸》（1913年2月22日），《前农林总长宋教仁被刺案内应夔丞家搜获函电文件检查报告》，第28页。
④ 《车站纪事》，《大公报》1913年3月16日、18日，第6页。
⑤ 《第四十二件 洪述祖寄应夔丞电底一纸》（1913年3月17日下午3点15分上海电报局接到北京发寄四等第3459号电报），《前农林总长宋教仁被刺案内应夔丞家搜获函电文件检查报告》，第33页。
⑥ 《第四十三件 洪述祖寄应夔丞电底一纸》（1913年3月18日下午3点7分上海电报局收到北京发寄四等第3724号电报），《前农林总长宋教仁被刺案内应夔丞家搜获函电文件检查报告》，第33页。

赵，而袁、赵示令照办也。"① 然而，由于电文中尚有诸多内涵未能揭示，《民立报》的这一解释并不能成立。

首先，电文中"忌"是"忌惮""畏惧"之意。"忌者"，即忌惮、畏惧国民党者。"笑"是"嘲笑""讥笑"之意。"倘空言，益为忌者笑"，说明此前洪述祖曾有被"忌者"嘲笑的经历。具体讲，就是指洪、应声称可以购到"宋犯骗案刑事提票"，以损毁宋教仁声誉，结果杳无音信，遭到"忌者"嘲笑。由于知晓构陷"孙黄宋"秘密计划者除洪、应外，只有袁世凯、赵秉钧和程经世，嘲笑洪述祖者只能是这三人中的一人或几人。其中程经世在洪述祖眼中只是个小人物，他嘲笑与否对洪述祖而言无足轻重。赵秉钧与宋教仁关系甚为密切，他本来就是被动卷入构陷"孙黄宋"的阴谋当中去的（详第五章论述），且他本身是国民党籍，谈不上对国民党忌惮或畏惧。因此，嘲笑洪述祖的"忌者"，只能是对国民党的政党内阁主张感到担忧的袁世凯。洪述祖3月18日电的意思是，前次空言购买"宋犯骗案刑事提票"，已为袁氏所笑，此次如再空言杀宋而无行动，将更为袁氏所笑，这实际上是催促应夔丞赶快行动，同时对应夔丞此前办事不力有责备之意。电文中"寒电应即照办"六字，似乎是对应夔丞3月14日来电"乞转呈候示"的回复，但"倘空言，益为忌者笑"八字完全是洪述祖语气。由于前六字与后八字语意连贯，可知所谓"寒电应即照办"其实也是洪述祖的语气，而非中央的指令。而洪以"川密"回复应夔丞，也暴露出这是一封私电。另外，从语气来看，洪述祖俨然处于主使人位置。事实上，由于杀宋造意于洪，并且假借中央"酬勋位"诱应杀宋，"寒电应即照办"不可能发自袁、赵。应夔丞被捕后，赵秉钧屡次要求辞职到沪与应夔丞对质，也说明他并没有直

---

① 《洪述祖致应夔丞密电》（1913年3月18日），见《宋案证据之披露》，《民立报临时增刊》1913年4月27日，第3页。

接或通过洪述祖给应夔丞下过杀宋命令，故不惧与应对质。由此电还可看出，洪述祖之所以假借中央"酬勋位"诱应杀宋，原因之一应该是洪在构陷"孙黄宋"阴谋失败后，遭到了袁世凯的嘲笑，而这给了洪极大的刺激。

由于洪述祖在发出3月18日电时使用了"川密本"，而且电文完全是其本人语气，这就让应夔丞难以判断，"寒电应即照办"究竟是中央的回复，还是洪本人的意思。应夔丞甚至可能怀疑洪述祖根本就没有向袁、赵转呈3月14日"寒电"。此事非同小可，于是应夔丞决定立刻去北京一探究竟。从宋案另一名嫌疑人朱荫榛被捕后的供述中，我们可以看到应夔丞当时的动向：

朱荫榛供：南京人，年二十八岁，向在工程营当差，因病告退，后充下关水师巡查，复充兵站传令官，取消后赋闲在沪。上月（指三月——引者）十八号应桂馨令其家丁蔡荣之子名阿二唤我去见，应曰：我要往北京，尔可随我同去。至二十号晚间九时，我至应处，其时只有胡姓姑爷在旁，并无别人，应忽称另有他事，不能离沪，嘱我代往北京。当交给我公文一件，信一封，川资洋五十元，令我将公文投递总统府领饷银六千元。信是致洪述祖的，洪寓椿树胡同。我于二十晚十一时乘火车往北京，宋先生被刺一节，直至天津后始悉。我在天津住法界永和栈，翌晨到京，住京［金］台旅馆。即到总统府招待处投文，交与童姓后，至洪处投信。洪给我钞票二千元。二十五日晨，又至洪处，洪曰饷银六千尚未领到，惟嘱我速即回沪，并无他语，亦无回信。我到沪后，见应之住宅已被封闭，即至苏台旅馆寻见应妻，将钞票二千元交付应妻手收云云。[1]

---

[1] 《刺宋案内之朱王供词》，《时事新报》1913年4月12日，第3张第2页。

结合洪、应往来电报，我们可以明白，在刺杀宋教仁即将实施之际，应夔丞之所以在3月18日令其家丁蔡荣之子阿二唤朱荫榛陪他到北京去，很可能就是因为洪述祖当天的"川密"来电，让应夔丞产生了疑惑。然而，就在应夔丞准备北京之行的时候，3月19日夜12点35分，上海电报局又收到了洪述祖的一封密电：

> 上海文元坊应夔丞：应密。事速进行。川。效。①

洪述祖似乎意识到了3月18日"川密电"会引起应夔丞疑虑，因此他很快又改用"应密"发电，督促应夔丞赶快行动。同时，洪述祖改用"应密"可能有另一层更重要的用意，即一旦事情败露，可将责任推到赵秉钧头上。洪述祖后来在北京受审时，果然辩称"'川密'电系伊所发，'映〔应〕密'电统系赵秉钧经手，即或是伊经手，亦系承长官之命代发的"。② 应夔丞本来打算赴京一行，接到3月19日来电后心中的疑虑可能又打消了一些，加之之前他已经见识到洪述祖确能周旋于总统、总理之间，因此他选择了相信洪述祖不会欺骗自己。也因此，当20日晚间朱荫榛应约来到应宅，准备陪他到京的时候，"应忽称另有他事，不能离沪"，嘱朱荫榛代往北京一行。应夔丞忽然决定不去北京，显然与他接到19日洪述祖"应密"来电有关，当然，更为重要的原因是，宋教仁当晚就将乘火车北上，如不立即动手，将会失去在上海下手的良机。

就在3月20日晚应夔丞安排朱荫榛代其往北京一行之后不到两个小时，正准备乘车北上的宋教仁在沪宁火车站遭到枪击，而朱荫榛

---

① 《第四十四件　洪述祖寄应夔丞电底一纸》（1913年3月19日下午12点35分上海电报局收到北京发寄四等第3937号电报），《前农林总长宋教仁被刺案内应夔丞家搜获函电文件检查报告》，第34页。

② 《驻守高等检察厅司法警察巡官报告审理情形》（1918年12月2日），北京市档案馆藏，北平市警察局全宗，J181–017–01771。

则已登上原本宋教仁也要乘坐的火车去往北京。朱出发前并不知宋教仁被刺，到天津后方得到消息，而至于是谁刺杀了宋教仁，朱并不知，直至 25 日离开北京回到上海，见应宅已被查封，朱方明白究竟。4 月 3 日，朱荫榛在洪锡里 86 号其住所被巡警局派人拿获。①

宋教仁中弹后，立刻被前往车站送行的黄兴、于右任等送往附近的铁路医院抢救。子弹从后背右脊腰上部射入，掠肾脏，穿大肠，直透下腹皮肤停止。最终因伤重不治，于 3 月 22 日凌晨 4 时 47 分去世。②

在宋教仁遇刺数小时后，也就是 3 月 21 日凌晨 2 点 10 分，应夔丞由上海电报局向洪述祖发电报告：

> 北京椿树胡同洪荫芝君：川密。廿四十分钟所发急令已达到，请先呈报。夔。号。③

"廿四十分钟"即 3 月 20 日晚 10 时 40 分，也就是宋教仁被刺时间。应夔丞发出此电时，宋教仁被刺已过三个半小时，但他未明告洪述祖，只说急令已经发出，"请先呈报"，可见应夔丞对杀宋是否为中央的命令仍有担心，希望令出北京。又过了大约七个小时，即 3 月 21 日上午 9 点 20 分，应夔丞向洪述祖发出最后一封电报：

> 北京椿树胡同洪荫芝君鉴：川密。号电谅悉。匪魁已灭，我军一无伤亡，堪慰。望转呈。夔。个。④

---

① 《破获暗杀宋教仁案十一志·暗杀案中之朱荫榛》，《神州日报》1913 年 4 月 4 日，第 6 页。

② 《致仇亮电》（1913 年 3 月 22 日）、《致赵凤昌电》（1913 年 3 月 22 日），刘泱泱编《黄兴集》（二），湖南人民出版社，2008，第 616、617 页。

③ 《第四十五件 应夔丞寄洪述祖电底一纸》（1913 年 3 月 21 日上午 2 点 10 分由上海电报局发寄三等第 11628 号电报），《前农林总长宋教仁被刺案内应夔丞家搜获函电文件检查报告》，第 34 页。

④ 《第四十六件 应夔丞寄洪述祖电底一纸》（1913 年 3 月 21 日上午 9 点 20 分由上海电报局发寄四等第 11641 号电报），《前农林总长宋教仁被刺案内应夔丞家搜获函电文件检查报告》，第 34 页。

前引 3 月 14 日 "寒电" 谓 "梁山匪魁" 云云，此电则谓 "匪魁已灭"，前后正相呼应。《民立报》对此电的理解是："应桂馨知宋先生伤重必死，而武士英已窜匿其家，故有'匪魁已灭，我军一无伤亡'之言。"① 应该说解释正确。

值得注意的是，洪述祖 3 月 19 日电改用 "应密" 发出 "事速进行" 指令，应夔丞派武士英刺宋后却是用 "川密" 连发两电，报告刺杀宋教仁消息，并反复要求洪述祖 "转呈" 或 "呈报"，这恰成为国民党人手中的把柄，国民党人据此认定袁、赵就是刺宋幕后主使。如《民立报》称：

> 前三月十四日应致洪电中云 "乞转呈候示"，可知须候总统、总理之命令也；今应知宋已中枪，急电洪犯，仍 "请先呈报"，可知应犯杀宋先生，一举一动，皆非候中央命令不可，皆非呈报总统、总理候示而行不可。是洪、应二犯仅一器械，武士英更器械之器械，而真正之人主动 [主动人]，乃袁世凯、赵秉钧也。②

从应夔丞角度看，使用 "川密本" 发出最后两封关键电报，似包含如下几层意思。其一，"应密本" 系应夔丞向赵秉钧索得，若发 "应密" 电向国务院报告刺宋消息，一旦事情败露，虽然可以卸责于赵，但自己无论如何也不能脱罪。其二，"川密本" 系应夔丞从洪述祖处得来，发 "川密" 电报告刺宋消息，可以将刺宋事与洪述祖绑定，以防事情败露，洪述祖矢口否认，罪责由他一人承担。其三，按照洪述祖以赵秉钧名义所转达的要求，2 月 22 日以后只有属于 "巡缉

---

① 《应夔丞致洪述祖密电》（1913 年 3 月 21 日），见《宋案证据之披露》，《民立报临时增刊》1913 年 4 月 27 日，第 3 页。

② 《应夔丞致洪述祖密电》（1913 年 3 月 21 日），见《宋案证据之披露》，《民立报临时增刊》1913 年 4 月 27 日，第 3 页。

长之公事"，方能用"应密"报告，刺宋显然不属于此范围，故应夔丞以"川密"报告洪述祖，但他又反复要求"转呈"或"呈报"，一方面反映出应夔丞主观上认定杀宋乃中央的意思，另一方面可以看出应夔丞有卸罪政府之意图。

可笑的是，宋教仁被刺次日，应夔丞竟然装模作样给虞震寰、蒋瑞森等几名手下侦探发出缉凶信牌，信牌稿写道：

> 密饬探访事。三月廿日下午十点四十分钟，宋遯初君在上海沪宁车站被刺一案，特仰该探员等用秘密之手段，设法侦缉，以机变之行藏，假扮同党，一遇形迹可疑，立即先报本署核办，勿遽知照军警，转致泄漏误事。如在租界范围，应遵本署预订定章办理。所有缉费应准随时核实报领，获案之后另给重赏。合行发给信牌。右仰虞震寰、蒋瑞森、陈□□，准此。民国二年叁月廿一日自上海本署给委。应夔丞（印）①

毕竟是贼喊捉贼，应夔丞要求几名手下侦探"一遇形迹可疑，立即先报本署核办，勿遽知照军警"，可见其唯恐事情败露。②

至于朱荫榛，应夔丞于刺宋当晚遣其携带公文赴京投递总统府，领取驻沪巡查长津贴 6000 元，同时让他带书信一封给洪述祖。后来

---

① 《委任本署探访员虞震寰、蒋瑞森、陈□□承缉行刺本党宋遯初君之凶手信牌稿》(1913 年 3 月 21 日)，北京市档案馆藏，国民共进会全宗，J222 - 001 - 00013。

② 按应夔丞被捕后，虞震寰、蒋瑞森二人亦被抓。租界公堂第一次预审时，有"虞震槐"（即虞震寰）一人受审，据供："嘉兴人，向在汉口某铁厂办事，光复时在沪军政府谍报科长应桂馨处当科员……问与武相识否，答并未相识，惟知其是售花瓶之人。应家住十余天，应曾嘱我侦缉此案，我因关系重大，未允。"又有蒋瑞森受审，据供："无锡人，前在北京探访局当差，光复后回无锡，由应桂馨派充侦探只三个月。后应奉委巡查长，于阳历十四日（3 月 14 日——引者）到申，由应给我牌票，令我侦缉九龙山匪党及宋教仁一案，与武复民、陈玉生等均不识。此次往应宅领取薪水，致被拘拿。"见《刺宋案会审记·法公堂讯究应桂馨羽党》，《顺天时报》1913 年 4 月 6 日，第 4 页。

在应宅搜获证据中，也发现了应给朱的命令，内容如下：

> 令朱荫榛。特任驻沪巡查长应令委事。照得本署公费，奉中央核定，按月由大总统府拨给洋二千元，以济公需在案。兹自二年正月至三月，共三个月，计应请领公费洋六千元正。特缮具公文一角，印领一纸，令仰该差遣员朱荫榛，即日赍赴北京，亲投总统府呈递，领款回南，勿得玩误。切切，此令。应□□。
>
> 令江苏都督府属官巡官署差遣员朱荫榛，准此。二年三月二十日送稿。照令，廿一日。①

以上命令系应夔丞之书记草拟，时间是 3 月 20 日。当晚朱荫榛离沪北上，次日应夔丞在该命令后亲笔批注"照令，廿一日"五字，并加盖印章。另外，在应宅搜获文件中，又有"特任驻沪巡查长应夔丞请领二年正月至三月计三个月巡署公费银六千元呈文底稿"，可与此命令相印证。应夔丞还写了一封信，由朱荫榛转交北京金台旅馆主人，要该旅馆关照朱荫榛。信云：

> 金台大执事照：今有朱荫榛委员，因公来京，仍寓贵栈，人地不熟，统烦照拂。寄存铜火炉一只，天气转热，请为收拾安放为托。应夔丞立正。三月二十日亥正。②

从 1912 年 12 月到 1913 年 1 月，应夔丞在京期间，曾住宿金台旅馆超过一个月，认识了该馆主人，并有铜火炉寄存该馆，故此次仍安

---

① 《第五十件　应夔丞令朱荫榛稿一纸》（1913 年 3 月 20 日送稿），《前农林总长宋教仁被刺案内应夔丞家搜获函电文件检查报告》，第 37 页。

② 《第四十九件　应夔丞寄金台旅馆信一纸信封一个》（1913 年 3 月 20 日亥正），《前农林总长宋教仁被刺案内应夔丞家搜获函电文件检查报告》，第 36 页。

排朱荫榛住宿该处。该函落款时间为"三月二十日亥正"，盖有应夔丞印。"亥正"为晚9时至11时，宋教仁于当晚10时40分被刺，正好在应夔丞书写此信前后。由上述命令及此函可知，朱荫榛所供完全属实。应夔丞从中央领取每月2000元津贴开始于1912年10月，当月及11月、12月共三个月的津贴由应夔丞于1月9日在京时领取，此后三个月未再领取，故此次应夔丞令朱荫榛赴京，将1913年1月至3月共计6000元津贴一并领回。不过，应夔丞派朱荫榛赴京的目的并不只是领取津贴，还要其带信给洪述祖。宋案最后的秘密就在应托朱带给洪的那封信中，可惜事发后洪立刻潜逃，那封信也不见踪影，想必早就被洪焚毁了。

宋教仁遇刺半个月后，记者黄远庸在《闷葫芦之政局》一篇报道中讲了如下一件事：

> 有谓应廿一日子刻所发书信，令人带来，持交金台旅馆主人，此人自称来向政府领钱，嘱其照料一切者。至次日有国民党人查问此人，遂仓猝而去。追至天津，则已无有。此函已为吴景濂所得，持询赵总理，赵总理称实有其事，此系持墨领呈文来领薪水者，且扣未发给。①

吴景濂是国民党人，时任临时参议院议长。黄远庸所说从天津逃走之人，应即朱荫榛，只是应夔丞发出书信的时间应是"三月二十日亥正"，而非"廿一日子刻"。结合前引应夔丞给朱荫榛所发命令，可知赵秉钧并没有讲假话。吴景濂后来有口述自传，由其女儿笔录，也讲到了这件事。他说：

---

① 黄远庸：《闷葫芦之政局》（1913年4月7日），《远生遗著》卷3，第98页。

此案发生后……予等在京接沪电，当派党员四出在各旅馆搜查，在京金台旅馆查出一人，系由沪来京，与国务院赵秉钧来往最密，断知此人与宋案极有关系。通知军警严拿，不意风声泄露，由京逃津，搭津浦车南下。因在金台旅馆所留之行李、文电有应夔丞致伊之电，内云："事成授勋，先领数十万归沪"，益信此人为宋案中一人。当通密电告知在沪孙、黄二先生，派人在南京侦查，果在火车上截获解沪，并案办理。①

此段所述之人，显然也是朱荫榛，但因系多年后回忆，一些细节与事实不尽相符。①朱荫臻到京系受应夔丞委派，到总统府投递文书，领取 1913 年 1 月至 3 月江苏驻沪巡查公署应得 6000 元津贴，同时向洪述祖转交应夔丞的信件。其人不过是应夔丞手下一名差遣员，到京城办事，"人地不熟"，举目无亲，说他"与国务院赵秉钧来往最密"，完全不是事实。②朱荫榛是在洪述祖催促其"速即归沪"的情况下离开北京，并非因为军警严拿逃离北京，他也不是在南京火车上被截获解沪，而是回到上海大约一周后才被拿获。③所谓在金台旅馆发现电报应无其事，如上所述，朱到京是奉应之命领取 6000 元巡查长津贴，而非数十万元杀人酬款。倘若真有此电，并如吴景濂所言，已告知孙、黄，则孙、黄必将公布，作为袁、赵涉案证据，然遍翻当时文献，并未见有此电。再者，若应夔丞发过此电，则从上海电报局必能查出电底，然而在上海电报局所获电底中并无此电，则此电应是吴景濂虚构或错记。事实上也很难想象应夔丞会把领取数十万元杀人酬款之秘密任务交给这样一个普通差遣员，令其孤身一人到北京来领取。

---

① 吴叔班笔记，张树勇整理《吴景濂口述自传辑要》，《天津文史资料选辑》第 42 辑，天津人民出版社，1988，第 60 页。

十二　洪决意杀宋的直接与深层原因

案审至此，有两个问题必须回答。第一个问题是：洪述祖为何决意要杀宋？第二个问题是徐血儿提出的："勋位为大总统所特授，则洪不得袁之密令，岂敢向应打此诳语；洪苟打此诳语，则'熄宋'之后，洪将何以报应？"①

在回答第一个问题之前，首先需要对洪述祖的人生追求和他当时的处境稍做分析。从洪述祖过往的经历来看，他的人生追求不外乎牟利与做官两样。就牟利而言，观其与应夔丞借收抚共进会向中央骗款、借构陷"孙黄宋"向中央索款，以及借对宋下手之机帮应夔丞低价购买公债，何一不是为了牟利。刺宋案发生后，与洪述祖有戚谊的内务部次长言敦源曾对《民立报》记者说："最近闻洪对人言：彼已五十余，不弄几个钱怎么得了，所作的事确是为骗几个钱。其卑鄙可知。"② 就做官而言，洪以"革命元勋"自居，但民国建立后仅任内务部秘书，内心自然不满，故"嫌位卑"而不安于位。观其1912年11月29日致应函中"兄亦待款孔亟，并欲设法加一浙江巡查长"一语，③ 已将其牟利、做官两种追求暴露无遗。1913年2月11日，洪在致应函中又提出："苏省各路观察使尚未定人，兄思于常镇或淮扬分一席，然须雪老（指江苏都督程德全——引者）同意电保，弟晤时能一提否？倘前途不以为然，则亦密示为要。"④ 2月22日，洪再次写

---

① 血儿：《驳赵秉钧之通电·铁证如山尚可掩饰耶（四续）》，《民立报》1913年5月6日，第2页。

② 《举国同声一哭之宋先生·言敦源之鬼话》，《民立报》1913年4月23日，第6页。

③ 《第九件　洪述祖寄应夔丞信三纸》（1912年11月29日），《前农林总长宋教仁被刺案内应夔丞家搜获函电文件检查报告》，第12页。

④ 《第三十四件　洪述祖寄应夔丞信一纸信封一个》（1913年2月11日），《前农林总长宋教仁被刺案内应夔丞家搜获函电文件检查报告》，第27页。

信要应帮忙活动做官之事，谓："观察使（镇江关监督尤好）一节，庄思缄已两次与雪老言之而有阻力，请探其内容，疏通之。"① 3 月 6 日，洪有些失望地对应夔丞说："观察使一节，想程、应（指江苏民政长应德闳——引者）两人不赞成，请将实情告我。"② 最终，洪述祖得一肥缺的愿望未能实现。

洪与应结识不久，便举荐其担任江苏驻沪巡查长，并竭力助其取消黎元洪通缉令，又请总统下特赦令，目的不过是与应合作牟利，并利用应在江浙地方的影响力，运动做官。然而，结果是除了借收抚共进会骗得一些钱外，借构陷"孙黄宋"索款以及运动做官，皆以失败告终。随着构陷"孙黄宋"计划失败，牟利和做官已不再是洪述祖的当务之急。应夔丞在购买所谓"宋犯骗案刑事提票"一事上食言，不仅欺骗了中央，也欺骗了洪，致使洪在袁氏面前信用尽失，面临失去这个强大靠山的危险，这对洪来说是很沉重的打击。而袁氏的嘲笑更加刺激了洪，给洪以极大的心理压力，甚至可能让洪寝食难安。因此，他亟须做一件大事来给袁世凯一个交代，同时向袁证明自己并非空言失信之人，仍然有利用价值，从而挽回袁氏对他的信任。"洪本著名胆大妄为之人"，③ "心术险狠，尤有敢作敢为之胆量"，④ 又"善窥人意，以为媚上之术"，⑤ 加之事关自身利益前途，这才假借中央名

---

① 《第三十五件　洪述祖寄应夔丞信三纸》（1913 年 2 月 22 日），《前农林总长宋教仁被刺案内应夔丞家搜获函电文件检查报告》，第 28 页。

② 《第三十六件　洪述祖寄应夔丞信二纸附一纸》（1913 年 3 月 6 日），《前农林总长宋教仁被刺案内应夔丞家搜获函电文件检查报告》，第 29 页。

③ 《孙宝琦致盛宣怀函》，王尔敏、吴伦霓霞主编《盛宣怀实业朋僚函稿》，台北：中研院近代史研究所，1997，第 1495 页。

④ 《欢迎国会团与洪述祖》，《大中华民国日报》1913 年 3 月 29 日，第 2 页。

⑤ 《举国同声一哭之宋先生·言敦源之鬼话》，《民立报》1913 年 4 月 23 日，第 6 页。按此则材料为《民立报》记者采访言敦源的报道。言敦源在谈到洪述祖之为人时称："洪素来招摇撞骗，其特性在善窥人意，以为媚上之术。今举一例。一日，赵总理闲话，谓国事棘手，真欲入山，言次叹息。旋谓欲嘱人绘一山居图，门前立强盗二人，以示入山亦不能安居之意。此时在座者数人，均未留心。越数日而洪述祖忽借一画师来，云是常州人，名张诚，荐之总理。此人寓赵邸月余始去，赵厌之而亦不便谢绝也。其善于逢迎如此。"

义，先后以"熜宋酬勋位"及"债票特别准"，诱使利欲熏心的应夔丞将宋教仁杀害。简言之，构陷"孙黄宋"计划失败，并遭到袁氏嘲笑，可以说是洪氏决意杀宋的直接原因，而他敢于做出这一选择，除了自恃与袁世凯有特殊关系外，显然也是因为他透过解散欢迎国会团、操弄宪法起草以及构陷"孙黄宋"等事，明白袁有对付国民党人的心思。只不过袁世凯作为临时大总统，对付国民党的手段很多，根本无须采取暗杀这种激化矛盾的办法。关于这一点将在第五章进一步讨论。

除为个人私利前途计外，不可否认，洪述祖杀宋更深层次的原因，还是在政治方面。洪述祖是在其与应夔丞合谋构陷"孙黄宋"的计划失败后，方转而唆使应夔丞以武力对宋下手，其前后所为都是为了对付国民党领袖，只不过所用手段不同而已，且前者得到袁的允准，后者未经袁之同意。换言之，洪决意杀宋，与其图谋构陷"孙黄宋"一样，深层原因都在政治方面，并非出于个人恩怨，亦非普通刑事案件。这一点洪述祖并不隐讳。他逃往青岛后曾口出狂言，谓"共和系我首功，无我即无共和，宋教仁反叛民国，自可杀"。[1] 又对前往青岛与其见面的言敦源说，"共和乃彼手造，宋主张政党内阁，是破坏共和，余故杀之"。[2] 在5月3日青岛通电中，洪述祖也把自己说成是共和维护者。其言道：

> 述祖于辛亥秋与唐绍仪在北方赞成共和，期为救国起见。一年以来，党争日剧，怪状百端，使全国陷于无政府地位，心窃痛之。尤以上年宋教仁等连带辞职，要挟中央，为党派专制之祸始。中国教育幼稚，人材缺乏，合全国稳健分子立贤无方，共谋

---

① 《专电·北京电》，《申报》1913年4月17日，第2页。
② 《宋案旁征（五）·赵总理私邸之一席话》，《神州日报》1913年4月18日，第4页。

政治尚虞不济，宋教仁乃欲借政党内阁之说，以遂其植党营私之计，垄断政界，党同异伐。一室操戈，是共争也，非共和也，是党派专制也。其弊甚于满清贵族专制，其祸必至于亡国灭种。而一般盲从之徒不知宋教仁行伪而奸，言伪而辩，一倡百和，搅乱大局。非讦发宋之劣迹确据，宣布中外，不能毁其名誉，败其势力……述祖宗旨不过欲暴宋劣迹，毁宋名誉，使国民共弃去之，以破其党派专制之鬼蜮而已。①

洪述祖诡辩其所作所为仅是为了毁宋名誉，但如前所述，宋教仁为其造意杀害，毫无疑义。洪述祖的通电，让我们联想到了2月底3月初袁世凯借与"某政客"谈话向外界公开表达的内政、外交主张，其中内政方面，袁世凯首先对"每举一事，党界攻击不留余地"不以为然，表示"吾既受同胞之托，自当尽心办事，不辞劳怨，宁牺牲名誉，不能听少数人之主张而沮吾气"。接着他说：

目下内政方面，尚须以维持现状为第一要著。各处内乱，多由少数人嚣张所致。中下之流以谣言为是非者多，中上人物为大局计，须以稳重态度对待之。遇有谣传是非，若先自惊惶，随声附和，即有少数土匪乘之窃发。但国法具在，不难剿定。军警严遵命令，保卫秩序，报章辨别是非，黑白自分。一俟国会召集，若选举余为正式总统，余必组织有才有识之内阁，督率文武百官，抱定不移宗旨，按照法律，实心办事……三十年后，何患不臻富强，安有再如今日之穷困乎？此则吾之志也。②

---

① 《青岛洪述祖来电》（5月3日），1913年油印件，北京大学历史学系藏，第174函。
② 《大总统与某政客之谈话》，《神州日报》1913年3月2日，第5页。

正是在袁世凯发表以上谈话后几天内，洪述祖产生了杀宋念头，而从洪述祖 5 月 3 日通电可以明显地看出其在政治上对袁氏的迎合。袁强调"维持现状为第一要著"，洪即攻击国民党"扰乱大局"；袁坚持其一贯的"人才内阁"主张，要组织"有才有识之内阁"，洪即坚决反对宋教仁的"政党内阁"主张，称后者为"植党营私""党同异伐"，"一室操戈，是共争也，非共和也，是党派专制也"。

需要特别注意的是，国民党人并不认为像洪述祖、应夔丞这样的人有自己的政治主张，力图以此来论证洪、应没有动机和理由杀宋，真正欲杀宋者是洪、应背后的主使之人，也就是受到宋教仁政党内阁主张威胁的袁、赵。因此，当赵秉钧于"勘电"中认为杀宋起意于应夔丞，"应犯谋刺宋教仁，其杀机起于《民立报》载宋在宁之演说"时，徐血儿批驳道：

> 宋在宁之演说，即演说责任内阁及平民政治之精神并攻击政府之失政者也，此种演说，光明磊落，为政党首领所应有。赵何以即知杀机即起于此？且此种演说，纯为政治上问题，于洪述祖、应夔丞有何关系？更何足引起洪、应暗杀宋先生之动机？以此相质，则暗杀之动机既起于是，洪、应二人决非主谋可知。[①]

捄炎也不以为然，指出：

> 宋在宁演说，系发表责任内阁及平民政治主义，试问此等主义，与应何涉？与洪又何涉？其直接有私人利害关系者，非赵而

---

① 血儿：《驳赵秉钧之通电·铁证如山尚可掩饰耶（六续）》，《民立报》1913 年 5 月 8 日，第 2 页。

谁？非袁而谁？且赵既不与洪、应同谋，何以能指定其杀机之所由起，岂非自露马脚耶？①

这样的观点可以说大错特错，暴露出部分国民党人对当时中国的政治现实在认知上存在严重缺陷。需知像洪述祖这样的前清官吏，实际上是民初袁世凯统治的重要政治基础，与袁世凯之间是互为依存的关系。袁世凯失势，即意味着他们也将失去所获得的一切。对于和袁世凯有着特殊关系的洪述祖来说，这种切身的利害应当感受更深。因此，他不可能没有自己的政治立场，不可能不对国民党的"政党内阁"主张做出反应。事实上，宋案证据中的洪、应二人收买《民强报》鼓吹总统制宪法，收买议员操弄宪法起草，以及抛出"匿名氏"驳词与"救国团"通电攻击宋教仁及国民党等，无不反映出他们与宋教仁政治主张不同，以及对现实政治的深度关切与介入。他们的目的只有一个，就是维护袁世凯统治的现状，从而维护和扩大自身的利益。因此，他们对宋教仁所宣传的"政党内阁"主张感到担忧，担心其排除袁世凯的势力而"垄断政界"，担心其改变现状而"扰乱大局"。结合洪述祖在辛亥鼎革之际曾率先草拟清帝"退位诏稿"，主张由国民会议决定国体，为袁世凯获得统治权出谋划策，并以"革命元勋"和"共和功臣"自居这一情形，就更加可以明白宋教仁的"政党内阁"主张何以会触动洪述祖的神经。而这，便是洪述祖要以阴谋手段构陷"孙黄宋"，构陷不成又转而"煨宋"的重要原因。

由此可见，洪述祖之所以要杀宋，原因甚为复杂，既有迎合袁世凯对付国民党人的心理，并借机谋取个人利益的一面，又与其担心宋教仁的"政党内阁"主张打破袁世凯统治现状，从而使自己失去这个

---

① 拭炎：《宋案勘言》，《民立报》1913 年 5 月 3 日，第 2 页。

强大靠山有非常密切的关系。或者可以说，洪述祖杀宋的根本目的是追求和维护以袁世凯为首的既得利益者的权力，不容其他反对势力染指，只不过他又披了一件维护共和、维护民国的外衣。这样就出现了民初历史上极为吊诡的一幕：一个自称"革命元勋""手造共和"的人，杀害了另一位真正的革命元勋、共和功臣。

洪述祖既欲杀宋，当然也会考虑到一旦宋死而事情败露，自己将面临何种处境。他之所以假借中央名义以"酬勋位"诱应"煨宋"，"盖事成可以市恩于政府，而己居其功，事败亦可以嫁祸于政府，而己逃其罪"。① 换言之，"煨宋酬勋位"恰可成为洪述祖的护身符，因为一旦事情败露，舆论和国民党必将矛头指向袁氏，袁若杀洪，则恰好坐实主使之名，所谓"政府有洪尚足自明，洪死更无以自明也"；② 但若不杀洪，则洪手中握有袁氏主使洪、应收买报馆、议员操弄宪法起草及购买所谓"劣史"陷害"孙黄宋"的证据，这对正准备竞选正式大总统的袁世凯来说极为不利。故袁唯一的选择，只能是设法将洪保护起来，不使其落入国民党人或法庭之手，洪由此而得安然无恙。至于徐血儿所谓"毁宋之后，洪将何以报应"，对洪而言恐怕并非难题，因他自认为杀宋符合袁世凯的利益，所以，杀宋之后，只要事情不败露，如国民党人所言，袁世凯以某种理由授予应夔丞勋位并非不可能之事。当然，还有另一种可能，就是应夔丞在购买"宋犯骗案刑事提票"一事上欺骗了洪，致使洪在袁面前大失信用，洪很可能并无"报应"想法。而一旦事情败露，洪有袁、赵保护，应则无处可逃，正好可泄洪心头之恨。宋案后来正是朝这一方向发展，若合符节。

---

① 《宋案证据之研究》，《神州日报》1913 年 4 月 27 日，第 1 页。
② 李向东、包岐峰、苏醒等标点《徐兆玮日记》（二），黄山书社，2013，第 1340 页。

十三　所谓"神圣裁判机关"宣告文暗藏玄机

宋教仁于1913年3月20日晚遇刺后，按常理，嫌犯应夔丞应当偃旗息鼓，静观事态变化，不料他却有一令人不可思议的举动，就是在3月23日向国务总理赵秉钧发出一函，说他发现一种"监督政党政府之裁判机关"所发印刷品，因事关大局，特将它寄给国务院。函中写道：

> 应夔丞立正言事：近来各报往往于论调用意挑起政党与政府之恶感，殊于大局攸碍。今发现一种监督政党政府之裁判机关，所发之印刷品虽无深意，可使各界观念因此别有所注。倘果非虚大，可以维持人道，督饬政治之进行，以弭政界之恶感。事关大局，敬以闻。此上政安。三月二十三日快车付邮。①

随函附油印品一件，题名《监督议院政府神圣裁判机关简明宣告文》，全文如下：

> 呜呼，今日之民国，固千钧一发，至危极险，存亡呼吸之秋也。譬若婴孩，正维护哺养之不暇，岂容稍触外邪。本机关为神圣不可侵犯之监督议院政府之特别法庭，凡不正当之议员政党，必据四万万同胞授与之公意，为求共和之幸福，以光明公道之裁判，执行严厉正当之刑法，行使我天赋之神权，奠定我庄严之民

---

① 《刺宋案破获后之各方面·可骇之暗杀布告书》，《亚细亚日报》1913年3月27日，第2页。

国。今查有宋教仁，莠言乱政，图窃权位；梁启超，利禄熏心，罔知廉耻；孙中山，纯盗虚声，欺世误国；袁世凯，独揽大权，有违约法；黎元洪，群小用事，擅作威福；张季直，破坏盐纲，植党营私；赵秉钧，不知政本，放弃责任；黄克强，大言惑世，屡误大局。其余汪荣宝、李烈钧、朱介人辈，均为民国之神奸巨蠹，内则动摇邦本，贼害同胞，外则激起外交，几肇瓜分。若不加惩创，恐祸乱立至。兹特于三月二十日下午十时四十分钟，将宋教仁一名，按照特别法庭三月初九日第九次公开审判，由陪审员薛圣渡君等九员一致赞同，请求代理主席、副法官叶义衡君判决死刑，先行即时执行。所有罪状，当另行罗列宣布，分登各报，俾中外咸知，以为同一之宋教仁儆。以上开列各人，倘各自悛悔，化除私见，共谋国是，而奠民生，则法庭必赦其已往，不事株求。其各猛省凛遵，切切。此布。①

"宣告文"寄出后仅过半日，应夔丞就于 3 月 24 日凌晨在英租界被抓获。3 月 25 日上午 10 时，国务院接到了应夔丞来函及所寄印刷品，② 旋即于 3 月 26 日致电各省都督、民政长，转发来函及印刷品。没想到捕房搜查应宅时，发现还有 42 件相同的印刷品，已经装入信封封好，贴有邮票，正待寄往《大陆报》等各处报馆，封皮下署"京江第一法廷〔庭〕缄"七字。真相至此大白，原来应夔丞寄往国务院的印刷品，是他自造的。

帮会头目在人们的印象中，往往是些舞枪弄棒之人，甚至是地痞流氓。应夔丞的形象却不完全如此。他其实是个读书人，曾肄业上海

---

① 《第四十七件 第一法庭油印品寄各报馆信四十二封》，《前农林总长宋教仁被刺案内应夔丞家搜获函电文件检查报告》，第 35 页。

② 《奇奇怪怪国务院之通电》，杞忧子编《宋渔父》第 2 集，上海杞忧书社，1913，第 26 页。

梅溪书院，后又补送龙门书院，① 因此具有一定文采，这从该件印刷品也可以看得出来。由于该"宣告文"出现于宋教仁被刺身亡之后，时人对应夔丞寄出该"宣告文"的动机有比较一致的看法，即"故为惑人之计"。② 《民立报》还具体分析道："应犯既受袁、赵唆使暗杀宋教仁，又恐有人疑及中央所为，故发布此文，将各党重要人物及袁、赵等名亦胪列于内，以淆乱观听，使中央有辞推却。"③ 而国务院转电各省，则被认为正如所谓"'此地失银三百两，隔壁小二不曾偷'，作伪心劳，实足以表现其手段之恶劣而已"。④ 陶菊隐后来干脆发挥想象力，将"宣告文"说成赵秉钧为掩盖杀宋罪行而作的文章，于《六君子传》中写道：

> 　　事已至此，袁、赵将怎样做一篇遮盖文章呢？毕竟赵不愧为"智多星"，想来想去，居然被他想着了一条"移尸嫁祸"之策，于二十六日以国务院名义通电，称"据应夔丞二十三日函称，上海发现一种监督政府裁判机关，其宣告文内列有宋教仁、梁启超、袁世凯、赵秉钧、汪荣宝等罪状，特先判处宋以死刑，即时执行"等语。这篇文章做得太离奇，不愧为倒乱千秋之笔。⑤

也有人根据"宣告文"为袁、赵辩护，认为"据此左证，则刺宋事不惟与袁、赵无关系，并可证明与孙、黄诸人无关系。盖天下固无其奴受贿，奉主人命以谋他人，而其奴并谋及其主人者也。然则杀

---

① 《应夔丞就身史及革命时经历上大总统呈文底稿一》（1912 年），北京市档案馆藏，国民共进会全宗，J222 - 001 - 00022。
② 《此函发现又是诡计》，《大中华民国日报》1913 年 3 月 27 日，第 6 版；《刺宋奸徒之函件》，《民主报》1913 年 3 月 28 日，第 6 页。
③ 《应夔丞自造之神圣裁判机关宣告文》（誊写品共四十二件），见《宋案逆证之披露》，《民立报临时增刊》1913 年 4 月 27 日，第 4 页。
④ 蔡寄鸥：《鄂州血史》，知识产权出版社，2013，第 253 页。
⑤ 陶菊隐：《六君子传》，中华书局，1946，第 105 页。

宋者其必在袁、赵、孙、黄诸人之外，而别有所为主谋者。如应始终不认有他人，或只牵及于洪述祖，则非即应为主谋，即应、洪通谋，此外固无冒疑无关系之第三者之理由也"。① 还有人认为，"此项印刷品无非应犯淆惑人心之作用，且发主〔生〕于宋案后，无可资研究之价值也"。②

然而，仔细分析该"宣告文"我们就会发现，其中实际上暗藏多个玄机，是破获宋案极关键的证据。

"宣告文"暗藏玄机之一，即所谓判决宋教仁死刑之特别法庭"代理主席、副法官叶义衡"，其实就是应夔丞。

应夔丞被捕后，不论是在租界会审公廨预审过程中，还是在租界当局将其移交给中方以后的审讯过程中，始终不承认自己杀宋，不承认武士英为其所雇用。虽然从其家中所获函电文件明确证明其配合洪述祖实施了暗杀，并且从其家中搜出了五响手枪一把，其中存有子弹两枚，恰与武士英在沪宁火车站刺宋时放去三枚后尚存两枚相吻合，但缺少应夔丞的亲供，毕竟是一个缺憾。而他向国务院寄出的"宣告文"，恰恰隐含了他杀宋的事实。

暴露这一玄机的，是该"宣告文"中所谓判决宋教仁死刑的两个人的名字，一个是"陪审员薛圣渡"，另一个是"代理主席、副法官叶义衡"。按常理，应夔丞制造该项油印品既然是为了淆乱视听，那么这两个关键人名就应当是虚构的，一般探究宋案者看到这两个名字，也都会把它看成虚构的名字而毫不措意。然而，应夔丞在写出这两个名字时，并不是凭空捏造。在北京市档案馆所藏共进会档案中，有两份十分重要的档案，即应夔丞1912年底在北京时为求"论功行赏"而写的两份自述底稿，其中一份开头对其家世有如下介绍：

---

① 大悲：《宋案片言折狱》，《大自由报》1913 年 5 月 1 日，第 7 页。
② 超然百姓姚之鹤：《宋案证据平议》，《大自由报》1913 年 5 月 25 日，第 10 页。

籍贯浙江鄞县人……祖父圣渡，妣崔氏；父忠才，母叶氏；兄弟无。①

据此，"薛圣渡"之"圣渡"，其实是应夔丞祖父名字。至于"薛"，则是应夔丞岳父薛培榕之姓，其女薛瑞真为应夔丞之妻，在应宅所获函电文件中，就有薛瑞真给应夔丞的信。② 可知，"薛圣渡"实际上是由应夔丞岳父（或妻子）之姓与应夔丞祖父之名组合而成。至于"叶义衡"之"叶"，如应夔丞自述，是其母亲之姓，而"义衡"则是应夔丞早年所用名字，《申报》曾数次提到。如光绪十八年十月二十二日（1892 年 12 月 10 日）《申报》提到十月十一日（11 月 29 日）"指发安徽县丞应义衡到"。③ 光绪十九年五月二十日（1893 年 7 月 3 日）《申报》提到五月十一日（6 月 24 日）"县丞应义衡辞赴上海公干"。④ 光绪二十年十二月二十二日（1895 年 1 月 17 日）《申报》又提到应文森、山雨香租地纠葛一案，应文森之子"应义衡""投控山雨香欠宕押款"。⑤ 在应夔丞 1912 年秋所写另一份自述底稿中，也有"夔丞原名义衡，字桂馨"之语。⑥ 由此可知，"叶义衡"实际上是由应夔丞母亲之姓与应夔丞早年所用名组合而成。

应夔丞的祖父"应圣渡"名不见经传，应夔丞用"义衡"之名则远在宋案发生前近二十年，其母叶氏和其妻薛氏也鲜为人知，应家的这些内幕除了应夔丞及其家人外，一般人根本不可能知道，这就有

---

① 《应夔丞就身史及革命时经历上大总统呈文底稿一》（1912 年），北京市档案馆藏，国民共进会全宗，J222 - 001 - 00022。
② 《第三十二件　应夔丞妻致应夔丞信一纸（1913 年 2 月 8 日）钞电二纸》，《前农林总长宋教仁被刺案内应夔丞家搜获函电文件检查报告》，第 26 页。
③ 《皖垣官报》，《申报》1892 年 12 月 10 日，第 9 页。
④ 《安徽官报》，《申报》1893 年 7 月 3 日，第 9 页。
⑤ 《上海县案汇纪》，《申报》1895 年 1 月 17 日，第 4 页。
⑥ 《应夔丞就身史及革命时经历上大总统呈文底稿二》（1912 年），北京市档案馆藏，国民共进会全宗，J222 - 001 - 00006。

力地证明了该"宣告文"的确出自应夔丞之手。而根据该"宣告文"，正是"薛圣渡"和"叶义衡"对宋教仁判决并执行了死刑，因此，该"宣告文"毫无疑问成为应夔丞杀宋的铁证，只可惜租界会审公廨、上海地方审判厅及当时研究宋案证据者，皆未能看出其中玄机，后来研究者更对该"宣告文"视而不见。

需要说明的是，应夔丞的父亲应文森在宋案发生时仍然在世。由于应文森及其子应夔丞曾多次在上海租界牵涉讼案，《申报》有不少关于父子二人的报道，从光绪时期到民国初年，应文森的名字（包括几个别名）在《申报》出现过300多次。如光绪三十二年闰四月二十五日（1906年6月16日）《申报》提到"应文森、应桂馨父子讼案叠叠"，[①] 宣统元年八月十一日（1909年9月24日）《申报》提到"应忠才即应文森"，[②] 宣统二年三月十四日（1910年4月23日）《申报》提到"美商用人魏清涛与洋人禄区控应文森、应桂馨父子租地欠银一案"。[③] 另外，在上海秘密从事革命活动的陈其美、于右任在应夔丞家住过，也认识应文森。[④] 可能由于这些原因，应夔丞为了防止刺宋案万一败露，将其父牵连进去，在构造所谓"特别法庭"陪审员名字时，并没有采用其父之名，而是采用了其祖之名。

"宣告文"暗藏玄机之二，在于其暗示杀宋主谋来自北京。

杀宋之意起自何人？案发当时各方较为一致的看法是起自应夔丞，根据是，宋教仁被刺前七天，即1913年3月13日，应夔丞曾在给内务部秘书洪述祖的信中有"若不去宋"一语。但如前所析，这种说法并不成立，因早在3月6日洪述祖致应函中便已产生杀意，并唆使应夔丞"乘机下手"，造意杀宋者为洪述祖而非应夔丞。

---

① 《饬探再查私匿军火》，《申报》1906年6月16日，第18页。
② 《破坏以原就被之定例》，《申报》1909年9月24日，第19页。
③ 《应桂馨又被控告》，《申报》1910年4月23日，第19页。
④ 《陈其美与应桂馨相识之颠末》，《盛京时报》1913年4月8日，第3页。

从"宣告文"也可以看出，不论袁世凯、赵秉钧、国民党人，还是后来研究者，都犯了错误。因为在"三月初九日"，"副法官叶义衡"和"陪审员薛圣渡"等，就已经将宋教仁"判决死刑"了，比3月13日"若不去宋"函发出早四天，恰在洪述祖3月6日函发出后三天。显然，应夔丞是在收到洪述祖3月6日来函后才于3月9日决定杀宋。而且，由"叶义衡"（即应夔丞）自称"特别法庭"之"代理主席、副法官"也可以看出，应夔丞背后另有主使之人，即有所谓"正主席、正法官"在。联系应夔丞在准备寄往各报馆的装有"宣告文"的信封寄信人位置写下"京江第一法廷［庭］缄"七字这一信息，可知应夔丞所谓判决宋教仁死刑的"特别法庭"或"神圣裁判机关"，就是"京江第一法廷［庭］"。这个名字当然也是虚构的，但非凭空捏造，它实际上暗示杀宋是由"北京"决定的，"京江"之"京"即指"北京"，"江"则指"江苏"。北京方面，在应夔丞的头脑中，就是中央，就是袁、赵，由洪述祖代表中央向他发号施令；但就事实言，洪述祖才是杀宋主谋，袁、赵与此事并无直接关系，关于此点本书第五章将会详论。江苏方面，就是应夔丞自己，时任"江苏驻沪巡查长"。应夔丞被抓后曾对看役说："余甚望早日判结此案，使余得早日进京，总要做一番大事业，汝不信，拭目以待之可也。"[1] 若非主使之人来自北京，应夔丞怎会有这样的想法？与应夔丞交好的妓女胡翡云也于案发后在应夔丞家中被抓获，关押三日后被其相识之人保出，胡妓到处叫苦，谓："应大人许我每夜在我处摆酒，渠之朋友均是阔大爷，碰和亦必不断；过节后应许我偕往北京，伊做官，我做他家小，岂不甚好？唉，我真命苦哉！"[2] 从这话亦可看出杀宋主使来自北京，并且应夔丞认定北京将会给其酬劳，否则他怎会对胡妓说将要到北京做官？

---

① 《暗杀案开审前之种种·应犯之胡言乱道》，《时报》1913 年 5 月 27 日，第 7 页。
② 《宋先生在天之灵·胡翡云之叫苦》，《民立报》1913 年 3 月 29 日，第 11 页。

　　"宣告文"暗藏玄机之三，是其内容暗含嫁祸于陈其美之目的。

　　如果说应夔丞在准备寄出"宣告文"的信封上写下"京江第一法廷［庭］缄"七字，无意中泄露了杀宋主谋来自北京这个秘密的话，"宣告文"内容隐寓陈其美杀宋，就是有意陷害了。

　　之所以说"宣告文"隐寓陈其美杀宋之意，是因为应夔丞在其中把包括袁世凯、黎元洪、赵秉钧、梁启超、孙中山、黄兴、李烈钧、张謇、汪荣宝、朱瑞等在内的各党各派重要人物都列入了欲加"惩创"的名单之中，却偏偏未将刺宋案发生地上海的前任长官——沪军都督陈其美，以及现任长官——江苏都督程德全列入。在明知陈、程与杀宋无关的情况下，应夔丞这样做，实际上就是要诱导外界将刺宋幕后主使指向陈其美和程德全，尤其是陈其美，以达到淆乱视听、嫁祸于人的目的，可谓用心险恶。

　　对于应夔丞刺杀宋教仁，时人曾有一种分析，认为原因之一是"宋组国民党，不收共进会而弃之"。[①] 今人也认为，宋教仁之所以被刺，帮会与国民党人之间关系紧张是重要原因。[②] 这些说法看似有理，实则与事实有一定距离。倘若应夔丞真的因为"宋组国民党，不收共进会"便要刺杀国民党领袖的话，他真正应当刺杀的不应该是宋教仁，而是陈其美，因宋教仁与青红帮、共进会并无瓜葛，与应夔丞也无个人恩怨，[③] 真正可以影响国民党吸收青红帮或共进会的，是属于

---

　　① 《宋案过去之历史》，《亚细亚日报》1913 年 4 月 23 日，第 2 页；本馆驻京记者闻雷：《北方对于宋案之研究》，《时事新报》1913 年 4 月 28 日，第 2 张第 1 版。

　　② 廖大伟：《论民初帮会与社会的紧张——以共进会与刺宋案为中心》，《史林》2005 年第 1 期。

　　③ 按应夔丞在预审期间与其律师爱理斯有过如下对话。爱问："汝与刺死之宋教仁认识否？"应答："不认识。"爱问："从未见面否？"应答："在南京政府时曾见过面，仅颔首而已。"爱问："其时宋当何职？"应答："法制局局长。"爱又问："宋为何党？"应答："国民党。惟在南京时，我不知其何党。"［《宋遯初先生遇害始末记（续）》，《国民月刊》第 1 卷第 2 号，1913 年，第 4 页］可见应夔丞与宋教仁并无个人恩怨，甚至可以说对宋教仁并不十分了解。

帮会中人，并且曾为应夔丞上司的陈其美。事实上，应夔丞的怨恨对象也绝非宋教仁，而是陈其美，这从租界公堂预审应夔丞时，其律师爱理斯与应夔丞的对话中可以明显看出来：

　　爱问：汝自己有会否？

　　应答：有。

　　爱问：何会？

　　应答：共进会。

　　爱问：为何设此会？

　　应答：因同盟会自合并国民党后，即将从前分子之青红帮置之脑后。

　　爱问：青红帮是何宗旨？

　　应答：与从前之同盟会相同。

　　爱问：青红帮系何种人组织？

　　应答：前清时贩盐的、当兵的。

　　爱问：国民党不管此种人，为何汝要设共进会？

　　应答：前清时共图革命，今国民党只顾自己做官，且反对青红帮，故设会保护他们，使有法律保护。①

对话中虽然没有提及陈其美的名字，但从"前清时共图革命"一句可知应夔丞所指是陈其美，而不是宋教仁。说陈其美不管青红帮的人，也是有事实的。辛亥鼎革时，应夔丞曾任陈其美沪军都督府谍报科科长，该科"组织最乱，投效的人都安插在此，阿猫阿狗都可以参加"。② 因此，1912 年 2 月，南北议和刚结束，陈其美即下令将该科

---

　　① 《宋遯初先生遇害始末记（续）》，《国民月刊》第 1 卷第 2 号，1913 年，第 4 页。
　　② 《辛亥上海光复前后——座谈会记录》，《辛亥革命回忆录》（四），第 12 页。

裁撤，并通告："嗣后如有冒称本部谍报科在外招摇生事者，准即扭送前来，当从严究办，决不姑宽。"① 这样一来，原先应夔丞招揽的人就失去了职业。4月，陈其美被任命为工商总长后，原谍报科科员王志汉、丁大芬、应月波等呈文陈其美，表示愿意随陈北上，为国效力，结果却碰了钉子。陈其美在批示中写道：

> 呈悉。该员等自上海光复以来，襄办各事，具见勤劳。后谍报科裁撤，一律遣散。今据来呈，愿随本都督北上，为民国效力，热心公务，良堪嘉许。惟一国强弱，端赖人才，我国建设伊始，需才之殷，倍蓰他国，而才之足用与否，必以所学之深浅如[为]衡。该员等年富力强，惜学业未经深造，正可及时自奋，培成他日大用之才。如斯勉强从公，其所以利国福民者必有限量，而升斗之禄，尤足大妨我青年进取之资。利害相形，最为不值，而位置之难，犹其次也。我等入此改革之漩涡中，间有数人因一时未能卸责，勉肩巨任，苦无求学之地步，而欲民国达于完全改进之域，必俟一国政权可尽付之专门人才之手，而大局乃日形稳固。是知学识未充，勉任职务今日者，他日天然入于淘汰之列，而以学问成就者代之，其发展乃确有把握。斯盖至当不易之理由也。该员等其熟思此旨，而择所以自处之道，庶不负本都督殷殷属望之至意焉。此批。②

批示讲了一堆冠冕堂皇的大道理，核心意思就是一句话：尔等还不是国家需要的专门人才，不要为升斗之禄失却进取之心。是年7月，应夔丞即纠集青帮、红帮及公口党徒，成立了共进会。

---

① 《撤销谍报科通告》，《辛亥革命在上海史料选辑》，第390页。
② 《工商部无汝等位置矣·沪军都督陈批示》，《神州日报》1912年4月28日，第5页。

从陈其美方面看，百余年来，之所以一直流传其主谋杀宋之说，最要原因是人们想当然地把应夔丞视为他的死党。而实际上，陈、应迥然不同，陈有坚定的革命信念和政治主张，应则为见利忘义、见风使舵之徒，陈对应不过利用而已。《中华民报》记者何海鸣与陈、应都很熟识，因此该报关于二人关系的记述最接近事实：

前年革命事起，陈英士运动应率其党徒攻击制造局。上海光复，陈派沈翔云为都督府间谍科科长，以应副之（实际上科长为应——引者）。当时在南北未统一时，陈利用其耳目灵通，上海情形熟悉，能以侦探一切，外间以应为同盟会者，非也。盖应之为人，毫无宗旨，更无政治思想、种族思想，其唯一之目的，金钱而已。满清予以金钱，彼即捕革命党；民军予以金钱，彼即攻制造局。无所谓同盟会，更无所谓陈英士之心腹也。陈沪军都督取消，应亦赋闲，遂组织暗杀队，日以邮函恫吓当道。政府知其故也，颇欲收抚之，遂由洪述祖赴沪，与之订明条约，使之投诚。①

另据《民立报》记述，应夔丞离开沪军都督府到南京任总统府卫队长后，陈其美曾致函孙中山，"谓此人殊不可靠，遂令至下关兵站，后又撤差"。② 应当说，陈其美对共进会和应夔丞是非常了解的，国民党成立时，是否吸收共进会，陈其美的意见至关重要，但他显然没有积极促成其事。除了因为应夔丞非其死党外，更因为共进会成立后，并没有"从兹为善"，这让陈其美和国民党都无法接受。应夔丞之怨恨，由此而生。这就是他为何在刺杀宋教仁后，不顾暴露的危险，寄

---

① 《刺宋案破获后之各方面·应夔丞之历史》，《民主报》1913年3月29日，第6页。
② 《宋先生被刺之痛史·凶犯拿获之详情·应夔丞之历史》，《民立报》1913年4月2日，第7页。

出所谓"监督议院政府神圣裁判机关简明宣告文"，暗将幕后主使引向陈其美，从而达到嫁祸于陈的目的。

至于将祸水引向程德全，也是有原因的。共进会筹备成立时，应夔丞曾致函程德全，称要"代列名发起"，结果被程德全复信断然拒绝，谓："集会自由，岂容他人代为签名发起，此事德全向未知闻，未便承认，合亟声明。"① 应夔丞后来因为参与策划湖北马队暴动事件，遭到黎元洪通缉，程德全曾欲捕杀之。虽然后来因为袁世凯欲收抚应夔丞，通过洪述祖从中说项，程德全任命其为江苏驻沪巡查长，但对其活动严加限制，并对共进会的不法活动一直采取镇压政策。因此，应夔丞对程德全同样抱有怨恨。

由于杀宋之意起自洪述祖，应夔丞不过为谋私利配合洪述祖实施暗杀，而陈、洪二人素不相识，因此，陈其美在刺宋计划中完全是个局外人，这就是为什么在应宅搜获的大量函电文件中，除了该"宣告文"外，其他函电文件没有任何一处暗示或提及陈其美。

但应夔丞的陷害阴谋却产生了效果。本来就认为宋教仁死于国民党人"自屠"的梁启超，② 在看到"宣告文"后，仔细研究了应夔丞欲加惩创的人员名单，不但注意到自己排在已被暗杀的宋教仁之后，为"第二候补者"，而且得出了一个十分肯定的结论："真主使者，陈其美也。"③ 或许梁启超以为他看出了名单背后的秘密，但实际上他已不知不觉入应彀中。

应夔丞制造并寄出"宣告文"时，绝不会想到他很快就会被捕房

① 《覆应桂馨书》，海阳汪德轩编《程都督书牍》上卷，广益书局，1912，第17页。另，此函原件藏北京市档案馆，"合亟声明"之"亟"写作"即"。函末署"程德全再拜廿一日"，应为1912年6月21日，其时应夔丞正筹备成立共进会。见《江苏都督程德全致应夔丞函》（1912年6月21日），北京市档案馆藏，国民共进会全宗，J222-001-00003。
② 《与娴儿书》（1913年3月22日）、《与娴儿书》（1913年3月26日），胡跃生校注《梁启超家书校注本》，漓江出版社，2017，第385、387页。
③ 丁文江、赵丰田编《梁启超年谱长编》，上海人民出版社，1983，第665页。

抓获。由应夔丞的举动和"宣告文"内容可知，其人胆大、阴险，又自以为聪明。他想通过玩弄文字游戏来达到既掩饰杀宋罪行，又嫁祸于人的目的，却不料聪明反被聪明误，正是他留下的这篇"宣告文"，泄露了"刺宋案"的诸多秘密，因此，该"宣告文"不啻为应夔丞与洪述祖合谋杀宋的绝妙"自供"。

第五章

袁赵与宋案之不同牵连

由第四章所论可知，宋案实际上是由多个案情次第演进与交错进行而酿成的复杂案件，"刺宋"是最后一个环节，也是整个案件的最终结局。遗憾的是，历来探究宋案者并不具有这样的观念，而是将"宋案"简单化为"刺宋"，忽略了对刺宋以前各环节的研究。这样，袁、赵就在整体案情未明的情况下，被认定为刺宋主谋。而宋案原始证据告诉我们，袁、赵虽然与宋案一些环节确有不同程度的牵连，却与刺宋环节没有直接关系。当时政情也表明，袁根本无须杀宋，至于赵为"长保"总理权位杀宋，更是毫无根据的伪命题。

一 构陷"孙黄宋"袁实为主使

在宋案各环节当中，袁世凯不仅主导了收抚共进会和解散欢迎国会团两个环节，而且对洪、应收买报馆及议员操弄宪法起草，暗中予以支持。尤其值得注意的是，袁对洪、应以阴谋手段构陷"孙黄宋"

也予以支持，实为幕后主使。

如前所述，应夔丞在 2 月 2 日给国务院"冬电"中提出构陷"孙黄宋"计划后，根据 2 月 4 日洪述祖给应夔丞回信中所描述，译电秘书程经世首先将该计划交到总理赵秉钧手中，赵随即交给洪，洪面呈袁世凯，袁阅后"颇有喜色"，说应夔丞"颇有本事，既有把握，即望进行"，并要洪述祖请应夔丞"将宋骗案情及照出之提票式寄来，以为征信"。[1] 对于此函，徐血儿曾有如下解读：

> 按二月四日洪致应函谓"'冬电'到赵处，即交兄手，面呈总统，阅后颇有喜色，说弟颇有本事，既有把握，即望进行"云云。此函实袁、赵主使诡谋之铁证。"冬电"即二月二日应寄国务院程经世之一电，此电乃应密陈倾陷国民党人之计画者。赵得此电，若当面将此电交袁相商，面子上未免觉得难看，故以此电交洪述祖，令洪述祖面呈总统，袁见应倾陷孙、黄、宋，深合己意，故为之色喜，并对洪述祖言应"颇有本事，既有把握，即望进行"等语，是袁令洪催促应进行倾陷之谋也。[2]

此段解读中，关于袁世凯之部分甚为准确，但关于赵秉钧之态度，尚可进一步分析。赵在自辩"勘电"中断然否认曾看到"冬电"。他说：

> 查原函所称"冬电"，是否明电，抑系"应密"，洪述祖均未译呈，不知原电所指何事。其"面呈总统"一节，尤为虚构。

① 《第二十九件　洪述祖寄应夔丞信二纸》（1913 年 2 月 4 日），《前农林总长宋教仁被刺案内应夔丞家搜获函电文件检查报告》，第 24 页。

② 血儿：《驳赵秉钧之通电·铁证如山尚可掩饰耶（二续）》，《民立报》1913 年 5 月 4 日，第 2 页。

> 查各部员司调见总统，向由该部长官带领，总统府门禁森严，一切来宾均先由传宣处登记。本总理既无带领洪述祖调见总统之事，而查阅总统府门簿，亦无洪述祖之名。其为不根之谈，显而易见。①

赵秉钧此说若能成立，则洪述祖2月4日函中所谓"'冬电'到赵处，即交兄手，面呈总统，阅后颇有喜色"云云，就纯属杜撰，袁世凯主使构陷国民党领袖一事也就子虚乌有。然而，诸多证据表明，赵秉钧的解释不能成立，他试图为自己并帮助袁世凯撇清构陷"孙黄宋"阴谋的努力并不成功。

首先，赵秉钧说"原函所称'冬电'，是否明电，抑系'应密'，洪述祖均未译呈，不知原电所指何事"。此句若是用以辩解2月22日以后应、洪往来电报洪述祖均未译呈赵秉钧，则甚为有力，因洪述祖在2月22日致应夔丞函中有"以后勿通电国务院（除巡缉长之公事不计），因智老已将应密电本交来，恐程君不机密，纯全归兄一手经理"等语。② 但"冬电"系应夔丞2月2日发出，此时"应密电本"由国务院秘书程经世掌握，并未归内务部秘书洪述祖"一手经理"，谈何"洪述祖均未译呈"？事实上，该电收电人明确写明是"国务院程经世君转赵鉴"，洪谓"'冬电'到赵处，即交兄手"，说明程经世将"冬电"译出后交给了赵，而后赵才又交给洪。洪在2月4日致应函中又有"望弟以后用'川密'与兄，不必再用'应密'，缘［经］程君之手，即多一人也，且智老处手续不甚机密"等语，③ 也说明此

---

① 《致武昌黎副总统各省都督民政长电》（4月28日），1913年油印件，北京大学历史学系藏，第174函。

② 《第三十五件　洪述祖寄应夔丞信三纸》（1913年2月22日），《前农林总长宋教仁被刺案内应夔丞家搜获函电文件检查报告》，第27—28页。

③ 《第二十九件　洪述祖寄应夔丞信二纸》（1913年2月4日），《前农林总长宋教仁被刺案内应夔丞家搜获函电文件检查报告》，第24页。

前"应密"电报包括"冬电"在内均已寄到程处，由程译呈赵秉钧。

其次，赵秉钧所说"各部员司谒见总统，向由该部长官带领"，确为事实。《谒见总统之暂行礼则》第二条规定："内外官吏及地方长官之代表因公谒见者，由国务总理或该管总长请示，定期偕同进见。"第七条又规定："凡进见者，除国务员及由国务员偕见外，均由秘书厅员接待，偕同进见。"① 赵秉钧由此推出了"本总理既无带领洪述祖谒见总统之事，而查阅总统府门簿，亦无洪述祖之名，其为不根之谈，显而易见"的结论。此说若成立，则意味着并不存在洪述祖将"冬电"面呈总统之事，袁世凯主使构陷"孙黄宋"也就不是事实。然而，仔细分析《谒见总统之暂行礼则》的规定，其所指仅限于"因公谒见"，以阴谋手段构陷"孙黄宋"显然不属于公事，因此，赵秉钧的解释并不具有说服力。

再次，关于洪述祖有无"面呈总统"一节，查北京大学历史学系所藏赵秉钧"勘电"底稿，"本总理既无带领洪述祖谒见总统之事"一句中，"既无"一词底稿为"向无"，"而查阅总统府门簿，亦无洪述祖之名"一句，底稿为"而查阅总统府门簿，自正月杪以至二月初，亦无洪述祖之名"。② 这当然会让人理解为，2月初以后至4月28日发出"勘电"前，总统府门簿是有洪述祖名字的，这样一来，就与"向无"二字发生矛盾。因此，"勘电"正式发出时，删除了"自正月杪以至二月初"九字，并将"向无"二字改为"既无"。这一改动反而暴露出"勘电"试图掩盖洪述祖1月底至2月初曾面见袁世凯的事实。

最后，宋教仁被刺后，国民党本部于3月30日在湖广会馆举行追悼大会，京师警察厅总监王治馨代表赵秉钧出席，其演说词有云：

---

① 《谒见总统之暂行礼则》，《神州日报》1912年5月1日，第1页。

② 《国务总理赵秉钧自辩勘电底稿》（1913年4月底），稿本，北京大学历史学系藏，第174函。

"自宋被刺后，上海拿获凶犯为应夔丞，应与内务部秘书洪述祖又有密切关系，不仅外间报纸啧啧，即总统亦不免疑赵，而赵则以洪述祖时往总统府，又不免疑总统授意。"① 这就说明，洪述祖虽然只是内务部秘书，但因其与袁世凯关系密切，可以"时往总统府"，根本无须赵秉钧带领谒见。而新闻报道亦有"洪述祖在京出入总统之门，声势炫耀，各部司员同为侧目"之说。②

因此，赵秉钧所谓各部员司面见总统的程序，只是通常情况，对洪述祖而言并不适用。戴季陶对赵秉钧所言有一段极有力的反驳，他说：

> 以号簿无洪之名、总理未带领谒见为狡辩词，适足以证明洪犯与袁异常密切，自由出入总统府，不由带领，不用门簿登记，且更足证明洪犯非以公事原因、秘书长资格见总统，实私人间之阴谋关系见袁犯世凯也。欲辩愈明，欲盖弥张，铁证如山，乌能抹杀。③

当然，还有更为重要的证据，即应、洪二人提出构陷"孙黄宋"的计划，目的是乘机向中央"索一数目"，④ 倘若真如赵秉钧所说不曾接到"冬电"，也不曾有洪述祖谒见袁世凯面呈"冬电"之事，则洪、应二人骗钱计划已经流产，后续也就不会再有相关动作。可事实却是，洪述祖继2月4日函后，又于2月5日、8日、11日、22日及3月6日接连五次致函应夔丞，催促其尽快提供

---

① 《关于刺宋案演说中之要闻》，《大中华民国日报》1913年3月31日，第2页。
② 《专电·北京》（1913年4月1日到），《新闻报》1913年4月2日，第1张第2页。
③ 天仇：《铁案·驳赵秉钧电》，《民权报》1913年5月3日，第2页。
④ 《第二十六件 洪述祖寄应夔丞信一纸信封一个》（1913年2月2日），《前农林总长宋教仁被刺案内应夔丞家搜获函电文件检查报告》，第22页。

"宋犯骗案刑事提票"等印件，以便索款，并说"中央对此似颇注意"。① 因此，袁世凯看到了"冬电"所陈构陷"孙黄宋"的计划，确定无疑。该计划虽然由洪、应提出，但袁世凯若不同意，则无由实施。而袁不但见猎心喜，而且指示二人行动，则袁为构陷阴谋主使，亦确定无疑。

顺带提及，廖大伟曾以赵秉钧的解释为据，认为洪述祖2月4日函中所谓"'冬电'到赵处，即交兄手，面呈总统"云云，系"属虚构，纯粹假言"。理由是，"'冬电'致总理，可直接呈交总统，何必转手小小内务部秘书面呈，'即交兄手，面呈总统'，明显大言"。② 显然，廖大伟轻信了赵秉钧所言，没有注意到赵秉钧实际上言不由衷，也没有注意到赵秉钧对构陷"孙黄宋"态度并不积极（关于此点将在下文详述），更没有注意到洪述祖不但是构陷阴谋的主要策划者，而且其人与袁世凯有特殊关系，因此他难以理解赵秉钧收到"冬电"后，何以不直接交给总统，而是交给洪述祖。当然，徐血儿所谓"赵得此电，若当面将此电交袁相商，面子上未免觉得难看"，可能也是他将该电交给洪述祖面呈总统的原因之一。

至于袁世凯同意并催促洪、应构陷"孙黄宋"的原因，除了第三章已经述及的宋教仁、黄兴在1913年1月运动黎元洪出任总统，招致袁世凯不满外，更主要的应当是宋教仁恰在此时抬高了批评政府的调门。参议院议长吴景濂对此曾有一段回忆，他说：

---

① 《第三十二件　应夔丞妻致应夔丞信一纸（1913年2月8日）钞电二纸》，《前农林总长宋教仁被刺案内应夔丞家搜获函电文件检查报告》，第26页。按此电为"钞电二"，发电时间1913年2月5日。《第三十一件　洪述祖寄应夔丞信一纸附一纸见说明信封一个》（1913年2月8日）、《第三十四件　洪述祖寄应夔丞信一纸信封一个》（1913年2月11日）、《第三十五件　洪述祖寄应夔丞信三纸》（1913年2月22日）、《第三十六件　洪述祖寄应夔丞信二纸附一纸》（1913年3月6日），《前农林总长宋教仁被刺案内应夔丞家搜获函电文件检查报告》，第25、27、28—29页。

② 廖大伟：《袁世凯不是"刺宋"主谋考析》，苏智良、张华腾、邵雍主编《袁世凯与北洋军阀》，第569页。

　　赵智庵一日来访，谈及宋遯初被害事。智庵说："宋遯初养病农事实验场，我屡去慰问，并代项城致意。遯初表示国民党及个人愿以在野地位帮助项城把国家事办好。项城闻之很满意。遯初将南下，项城属我壮其形色，赠以交通银行可以随地支取的若干万元存折一扣（详数余回忆不清），遯初受了，珍重道别。[1]迨到南方，处处演说，号召国民党必争政权，并对项城种种诋毁。其尾随谍者悉录以报项城。项城屡诘问：'你说宋教仁拥护中央，何反复乃尔？'我窘极，无以对。老弟（指吴景濂——引者），你说叫我怎么办，怎么交待项城"云云。[2]

由此可知，袁世凯对于宋教仁南下后到处演说批评政府是很不满的。值得注意的是，宋教仁以激烈措辞抬高对政府批评调门，始于1月31日在武汉国民党鄂支部的演说。宋教仁讲道：

　　民国虽然成立，而阻碍我们进步的一切恶势力还是整个存在……在国会里，占得大多数议席的党，才是有政治权威的党，所以我们此时要致力于选举运动。我们要停止一切运动，来专注于选举运动……现在接得各地的报告，我们的选举运动，是极其顺利的。袁世凯看此情形，一定忌克得很，一定要钩心斗角，设

<hr>

　　[1]　按照蔡寄鸥所著《鄂州血史》记述，宋教仁即将南下之时，袁世凯曾召见宋教仁，送给后者一套新做的西服，又从怀中掏出交通银行支票一纸，计洋50万元，交给宋教仁。宋教仁当时并不推辞，但次日写信一封，派人送至总统府，其文如下："慰公总统钧鉴：绨袍之赠，感铭肺腑。长者之赐，仁何敢辞。但惠赐五十万元，实不敢受。仁退居林下，耕读自娱，有钱亦无用处。原票奉璧，伏祈鉴原。知己之报，期以异日。教仁百拜。"（蔡寄鸥：《鄂州血史》，第243页）此段记述与吴景濂所忆差别甚大，按照吴景濂所记赵秉钧对其所言，宋教仁南下前，袁世凯并没有召见宋教仁，而是派赵秉钧去送行，并嘱赵赠给宋教仁交通银行存折一张，宋教仁接受了。由于蔡书系以小说家笔法写成，相比较而言，吴景濂所记赵秉钧之言更可靠一些。
　　[2]　韩玉辰：《民初国会生活散记》，《文史资料选辑》第18卷第53辑，中华书局，1965，第231页。

法来破坏我们，陷害我们。我们要警惕，但是我们也不必惧怯。他不久的将来，容或有撕毁《约法》背叛民国的时候，我认为那个时候，正是他自掘坟墓、自取灭亡的时候。到了那个地步，我们再起来革命不迟。①

据时任国务院秘书长张国淦讲，袁世凯对选举人在各处发表的言论很注意，在看到秘书呈递的宋教仁演说剪报后谓："其口锋何必如此尖刻？"② 不满之意，表露无遗。而袁世凯看到洪、应构陷"孙黄宋"的计划并敦促进行是 2 月 4 日，恰在宋教仁的上述演说之后，两者之间似有某种关联。2 月 8 日洪述祖致应夔丞函又有"日内宋（案）有无觅处，中央对此似颇注意也"之语，③ 与张国淦所记隐相呼应，证实宋教仁演说的确刺激了袁世凯，致使其对洪、应构陷"孙黄宋"的计划发生兴趣，并催促二人尽快实施。此后半月，宋教仁又先后在国民党鄂省交通部、沪交通部及浙江支部发表演说，批评政府内政、外交之失败，主张建立政党内阁及"省长民选"。④ 而这又势必引起袁世凯不满，并增强其借洪、应之手构陷"孙黄宋"之心理。

另据何遂回忆："袁世凯登上大总统的座位后，就开始向南方伸张他的势力……表面上对孙、黄推崇备至，暗中却到处派人收集孙、黄的所谓'阴私'，编成许多小册子分发各军，诬蔑黄兴'与孀妇姘居'，孙中山'在海外到处骗钱'等等，以破坏孙、黄的声誉。另方

---

① 《国民党鄂支部欢迎会演说辞》（1913 年 2 月 1 日），郭汉民编《宋教仁集》下册，第 542—543 页。

② 张国淦：《北洋述闻》，第 48 页。

③ 《第三十一件　洪述祖寄应夔丞信一纸附一纸见说明信封一个》（1913 年 2 月 8 日），《前农林总长宋教仁被刺案内应夔丞家搜获函电文件检查报告》，第 25 页。

④ 《国民党鄂省交通部欢迎会演说辞》（1913 年 2 月 10 日）、《国民党沪交通部欢迎会演说辞》（1913 年 2 月 19 日）、《国民党浙支部欢迎会演说辞》（1913 年 2 月 23 日），郭汉民编《宋教仁集》下册，第 545—551 页。

面他又派人直接打入南方军队内部，进行拉拢、收买和分化。"① 何遂
所述似与宋案证据中之构陷"孙黄宋"计划并非一事，但可以帮助我
们得到一种认识，即袁世凯支持洪、应构陷"孙黄宋"的做法并不让
人感到意外，这实际上是他打击政敌惯用的手法。

二　袁拒绝洪"收拾"反对党一二人建议

袁世凯对宋教仁心存不满，并暗中支持洪、应实施构陷"孙黄
宋"计划，这一点确定无疑，但他没有像国民党人所说的那样，"倾
陷不成，而暗杀之谋乃亟"。②

如前所述，首先造意杀宋之人是洪述祖，而非袁世凯、赵秉钧或
应夔丞，案情转折出现在 3 月 6 日洪述祖致应夔丞"除邓"一函。该
函为洪述祖亲笔函，在 1917 年上海公共公廨第二次预审洪述祖时，
唐绍仪曾就此函笔迹出庭作证，接受原告律师马斯德诘问。唐称：
"与洪述祖相识多年，昔在天津时，被告尚无职司，常到我处叙谈彼
之诗词文字，我亦见过其笔迹，尚能辨认。至案内洪与应桂馨之信
函，确系洪之亲笔。"美副领事博式金亦诘问："顷所呈应桂馨案中之
信函两封，尔云确系洪述祖笔迹，有无错误？"唐答称："中国文字历
久不能改变，即十年、二十年亦能辨认，并无错误。"③ 第五次预审
时，马斯德又将洪述祖亲笔信函七封邀请唐绍仪上堂逐一阅看，并
问："此种信函曾否见过？究系何人笔迹？"唐答称："见过，均系洪
述祖之亲笔。"④

早在洪述祖 1912 年 11 月 1 日致应夔丞函中，就有"除你我私

---

①　何遂：《辛亥革命亲历纪实》，《辛亥革命回忆录》（一），第 489—490 页。
②　血儿：《驳赵秉钧之通电·铁证如山尚可掩饰耶（四续）》，《民立报》1913 年 5 月 6
日，第 2 页。
③　《公廨第二次预审洪述祖》，《申报》1917 年 6 月 1 日，第 10 页。
④　《公廨第五次预审洪述祖》，《申报》1917 年 6 月 20 日，第 10 页。

信方亲笔也（余外均预备送大总统阅）"的约定，① 因此，他在3月6日亲笔函中唆使应夔丞对宋"乘机下手"，完全是其个人对应夔丞发出的信号，这是杀宋之意产生自洪而与袁氏无关的一个铁证。现在的问题是，洪述祖产生杀意后，袁世凯和赵秉钧是否知情，态度如何。

由于赵秉钧至迟在2月22日已将"应密电本"交与洪述祖，更由于洪述祖与赵秉钧的关系并不融洽，根本不可能将刺宋这样的机密事情报告赵秉钧，因此，赵对洪计划杀宋并不知情，是可以确定的，详细论证见后。这样，问题的焦点就变成袁世凯对洪述祖计划杀宋是否知情。恰好，京师警察厅总监王治馨在3月30日于湖广会馆举行的宋教仁追悼大会上演说时，不经意间披露了他从赵秉钧那里得到的相关内幕。他说：

> 前日（指3月28日——引者）赵与总统面谈……总统说：洪述祖曾有一次说及总统行政诸多掣肘，皆由反对党之政见不同，何不收拾一二人，以警其余。总统答以反对既为党，则非一二人之故，如此办法，实属不合云云。②

演说并未透露洪述祖何时向袁世凯建议"收拾"反对党一二人，不过《民立报》驻京记者经过调查，有了进一步的信息披露，谓：

> 宋案发生前十余日，洪曾谒总统，谓：反对党牵制太甚，不如除去二三人。总统申饬之，谓：反对既为党，则非一二人，此

---

① 《第八件　洪述祖寄应夔丞信一纸》（1912年11月1日），《前农林总长宋教仁被刺案内应夔丞家搜获函电文件检查报告》，第11页。
② 《关于刺宋案演说中之要闻》，《大中华民国日报》1913年3月31日，第2页。

事如何做得！①

按此时间计算，"宋案发生前十余日"，也就是 3 月 20 日前十余日，具体讲，即 2 月下旬至 3 月 10 日。现在我们根据《大公报》"车站纪事"，将洪述祖在此前后的行踪列表如下（见表 5-1）。

表 5-1　1913 年 2 月下旬至 3 月上旬洪述祖行踪

日期	洪述祖行踪	备考
2 月 22 日	由津晋京	
2 月 27 日	由京来津	将家眷由北京搬回天津私宅安置
3 月 7 日	由津晋京	
3 月 14 日	由京来津	
3 月 17 日	由津晋京	

资料来源：《车站纪事》，《大公报》1913 年 2 月 24 日第 6 页，3 月 1 日、9 日、16 日、18 日第 6 页；《宋先生案一线之光明·洪仆之口供》（北京本报 4 月 1 日特记），《民立报》1913 年 4 月 5 日，第 3 页。

据表 5-1，2 月 22—26 日洪述祖在北京，当时他尚未产生杀宋之意，因此不可能向袁提出"收拾"反对党一二人的建议。2 月 27日以后，直至 3 月 6 日（包括 3 月 6 日），洪述祖一直在天津，也不可能有面见袁世凯提出建议之事。因此，他谒见袁世凯只能在 3 月 7日回京后两三天内，距离宋教仁被刺大约 10—13 天。洪述祖在此前后的行踪向我们透露了一个重大信息，即他 3 月 6 日致函应夔丞，唆使其对宋教仁"乘机下手"，系在其天津私宅发生的事实，这是杀宋造意于洪述祖而与袁、赵无关的又一铁证。

洪述祖给应夔丞发出指令后，方于 3 月 7 日入京，在当天或随后两三天内，他谒见了袁世凯，试探性地向袁提出"收拾"反对党一二

---

① 《宋先生案之一线光明·宋案之发现》（北京本报 4 月 1 日特记），《民立报》1913 年 4 月 5 日，第 7 页。

人的建议。由"何不""不如"等用词也可以看出，杀宋起意于洪述祖而非袁世凯，否则他便无须采用此等试探语气，可见他对袁世凯是否同意杀宋并无把握。洪述祖的举动还告诉我们，他在天津下定杀宋决心后，并没有通过电话、电报等方式征求袁的意见，否则他在回京后便不需要再有试探之举，他在天津指示应夔丞对宋"乘机下手"，完全是先斩后奏。另外，从第四章所论可知，为了配合其向袁提出"收拾"反对党一二人的建议，洪述祖同时又亲自执笔，或由其幕后推动，在报上抛出《驳宋钝初演说词》与"北京救国团"通电，攻击宋教仁和国民党在库伦独立及大借款问题上对政府的批评。而袁对赵秉钧所云"洪述祖曾有一次说及总统行政诸多掣肘，皆由反对党之政见不同"一句，恰与洪述祖的上述动作相互印证又相互配合，这就有力地证明了袁世凯对赵秉钧所透露的内幕完全属实。

因为是试探，洪述祖并没有向袁世凯提出具体要"收拾"的对象，但自2月初以来，洪、应一直在袁许可之下试图购买所谓"宋犯骗案刑事提票"而未有结果，袁世凯应该能够猜想得到，洪述祖此时所欲"收拾"者为何人，只是洪述祖既未挑明，袁世凯也无须询问，但袁明确表示此种做法"实属不合"，"如何做得"，实际上等于否定了洪的建议。需要补充说明的是，洪述祖明露杀宋之意始于3月6日致应夔丞函，而其内心产生杀宋念头，可能还要早些。据案发后被拘拿的洪述祖天津家中仆人交代，洪述祖早在2月27日，就将家眷由北京搬至天津宿纬路自置房内居住，[①] 这与《大公报》"车站纪事"中2月27日洪述祖"由京来津"的记载正相吻合。洪述祖的这一举动很可能意味着他正在为将要采取的重大行动预留后路。照此来看，不能排除洪述祖在3月6日之前一周一直在酝酿杀宋计划，3月6日

---

① 《宋先生案之一线光明·洪仆之口供》（北京本报4月1日特记），《民立报》1913年4月5日，第8页。

函指示应夔丞对宋"乘机下手"是其深思熟虑的结果，而非临时起意。

虽然袁世凯拒绝了洪述祖的建议，但不久宋教仁还是被杀了。京师警察厅总监王治馨对此有个解释，他说："现在既闹出此种乱子，难保非洪述祖藉此为迎合意旨之媒，惟有极力拿治，以对死者。"① 所谓"难保非……"可以解释为"很难说不是……"，亦即"很有可能是……"之意。"迎合意旨"，是王治馨的判断。迎合谁的意旨？因洪述祖欲"收拾"反对党一二人的建议系直接向袁提出，故只能解释为迎合袁的意旨。袁的意旨为何？对付反对党是也。因袁欲对付反对党，故洪杀宋以迎合袁。这样一种解释对袁显然不太有利。而袁世凯的说法则是："想系渠（指洪述祖——引者）误会政府宗旨，致出此等不法手段。"② 意思是，"政府宗旨"是以"合法"手段对付反对党，洪、应杀宋行为与政府宗旨不合，故袁称之为"不法手段"。但问题是，"政府宗旨"如果真是要以"合法"手段对付国民党，何以洪述祖会"误会"？难道洪不知杀人为"不法手段"吗？显然，袁的解释并不能令人信服，不过是应对外界质疑的一种冠冕堂皇的说法罢了。事实上，袁氏并不反对以"不法"手段对付反对党，否则便不会有其允准洪、应构陷"孙黄宋"等事发生，只不过这种"不法"手段是有限度的，采取刺杀国民党领袖的办法，并非他的选项。故当洪述祖提出"收拾"反对党一二人的建议后，据《顺天时报》报道，袁表示："彼等一方面捣乱已足破坏民国，吾何忍更为捣乱？"③ 而据《大中华民国日报》报道，袁的反应是表示"如此办法，实属不合"。④《民立报》报

---

① 《关于刺宋案演说中之要闻》，《大中华民国日报》1913 年 3 月 31 日，第 2 页。
② 《国民党哀悼宋教仁大会之情形》，《顺天时报》1913 年 3 月 31 日，第 2 页。
③ 《国民党哀悼宋教仁大会之情形》，《顺天时报》1913 年 3 月 31 日，第 2 页。
④ 《关于刺宋案演说中之要闻》，《大中华民国日报》1913 年 3 月 31 日，第 2 页。

道袁的反应则是"此事如何做得"。[①] 应该说袁在这个时间节点上反对以武力对付国民党领袖的态度是明确的，但还不够强烈。或许正是由于袁的反对态度不够强烈，洪述祖有了自我判断的空间。而袁之所以反对不够强烈，很大程度上是因为他身为临时大总统，掌握生杀大权，很容易认为自己表明态度后，他人便不敢违背，没想到洪述祖在私念驱使下，将其胆大妄为的本性充分表现出来，竟然真的将刺杀付诸实施。从袁世凯得知宋教仁被刺消息后"大为惊诧"来看，事态的发展的确超出了袁的预料。[②]《民立报》因此批评袁世凯道："袁当时徒以荒谬目之，不予即究，此其失策之甚，而袁氏心迹所以不易见明于国民者矣。惜哉！"[③] 又谓："洪述祖敢于总统前进其邪说，请收拾反对党一二人，总统匪特不加严究，且仍令混迹内部，即此已无以对我国民云。"[④]

袁世凯的反对之所以没能阻止洪述祖，还有一个更重要的原因，就是之前袁世凯以阴谋手段对付国民党，实际上给洪述祖做了极坏的示范。在洪、应提出以金钱收买报馆、收买议员，操弄宪法起草，以及通过购买、刊印所谓"孙黄宋"劣迹材料诋毁国民党领袖声誉的计划后，袁世凯不但不加制止，反而暗中积极支持、督促二人实施计划，这实际上等于告诉洪、应，对付反对党可以使用非法或阴谋手段。难怪袁世凯拒绝洪述祖"收拾"反对党一二人的建议后，洪述祖并没有把袁世凯的话当回事，依然继续实施其暗杀计划。

综上，袁世凯并没有指使洪、应杀宋，但宋最后被杀，不能说与袁毫无关系。至于洪述祖何以决意要杀宋，其原因已在第四章讲过。

---

① 《宋先生案之一线光明·宋案之发现》（北京本报4月1日特记），《民立报》1913年4月5日，第7页。

② 黄远庸：《春云再展之政局》（1913年4月2日），《远生遗著》卷3，第95页。

③ 《宋先生案之一线光明·宋案之发现》（北京本报4月1日特记），《民立报》1913年4月5日，第7页。

④ 《北京电报》（1913年3月31日），《民立报》1913年4月1日，第3页。

三 洪向应承诺"熳宋酬勋位"与袁无涉

尽管今天我们可以证明袁世凯的确没有主使洪、应杀宋，但袁拒绝洪述祖"收拾"反对党一二人的建议在当时毕竟只是王治馨事后单方面透露的内幕，国民党人并不相信。随着案发后应宅所获函电文件逐渐披露，洪述祖 3 月 13 日致应夔丞"川密"一电中出现的"熳宋酬勋位"一语，被国民党人和当时一些舆论紧紧抓住，视为袁、赵幕后指使杀宋的"铁证"，袁、赵从此再也无法摆脱嫌疑。但当历史的尘埃落定之后，我们重新审视该电，发现百余年来人们其实并没有真正理解该电内涵，电文所隐含的诸多信息也从未被人揭示过。为便于分析，我们将该电再次录下：

> 上海文元坊应夔丞：川密。"蒸电"已交财政长核办，债止六厘，恐折扣大，通不过。熳宋酬勋位，相度机宜，妥筹办理。荫。十三。①

表面看，洪述祖 3 月 13 日电由内容完全不相关联的两句话组成，前句讲购买公债票事，后句是讲"熳宋酬勋位"。探究宋案真相者往往以为前半句无关紧要，因此在解释该电时并不引用，或者虽引前半句，但并不予以解释。这实在是很大的错误。其实，两句电文之间有着极为紧密的逻辑关系，没有对前半句的准确理解，便不可能真正理解后半句的内涵。因此，我们需要先回顾一下前半句电文的来龙去脉及其隐含的信息。

---

① 《第三十九件 洪述祖寄应夔丞电底一纸》（1913 年 3 月 13 日下午 3 点 14 分上海电报局收到北京发寄四等第 2625 号电报），《前农林总长宋教仁被刺案内应夔丞家搜获函电文件检查报告》，第 31 页。

先是洪述祖于 3 月 6 日致函应夔丞，指示其可以对宋"乘机下手"，应夔丞很快于 3 月 10 日回复"蒸电"，顺着洪述祖来函中"此刻内中财政万窘，而取之法，手续不甚完好"一语，提出了一个巧妙的变相索取回报的办法——低折扣购买政府公债。具体讲，就是要洪述祖帮助他向政府购买"八厘公债，在上海指定银行交足，六六二折，买三百五十万，克日成交起息"。[①] 洪述祖 3 月 13 日电前半句，就是对应夔丞"蒸电"的回复，只不过因为当时"八厘公债票早已停售"，[②] 故洪述祖于回电中告诉应夔丞"债止六厘"，也就是只有"六厘公债"。但按照"六厘公债"发行条例，"每额面百元，以九十二元收入为最低价格"，[③] 即最低只能以"九二折"售出，应夔丞要求以"六六二折"购买公债，价格实在太低了，故洪述祖复电中又有"恐折扣大，通不过"之语。正因为有这样的担心，洪述祖这才紧接着于该电后半句抛出"熰宋酬勋位"，试图以"酬勋位"作为低价购买公债的替代方案，诱使应夔丞"熰宋"。由此，我们可以清楚地看到，所谓"熰宋酬勋位"并非袁世凯的既定承诺，而是洪述祖为了应对应夔丞索取回报，同时催促其对宋下手抛出的一个诱饵。除非我们能够证明洪述祖曾将"蒸电"向袁报告，并得到了袁的指示，否则"熰宋酬勋位"的承诺与袁世凯绝无关系。这样，问题的焦点就变为洪述祖有没有将"蒸电"交给袁世凯。

这个问题的答案同样很清楚。洪述祖 3 月 13 日电明确告诉我们，"'蒸电'已交财政长核办"，这就有力地证明了袁世凯并非杀宋幕后

---

① 《第三十七件　应夔丞寄洪述祖电底二纸原稿三纸》（1913 年 3 月 10 日下午 3 点 30 分由上海发寄北京四等第 5519 号电报），《前农林总长宋教仁被刺案内应夔丞家搜获函电文件检查报告》，第 29 页。

② 《国务院日记》（1913 年 2 月 4 日），《神州日报》1913 年 2 月 11 日，第 5 页。按千家驹所编《旧中国公债史资料（1894—1949）》也未见关于此项公债发行资料。

③ 《特约路透北京电》（2 月 20 日发），《神州日报》1913 年 2 月 21 日，第 2 页；《民国元年六厘公债条例》（1913 年 2 月 20 日），《神州日报》1913 年 3 月 3 日，第 6 页。

主使。可以想见，袁世凯如果是杀宋幕后主使的话，洪述祖接到"蒸电"后必定会首先向袁报告，而袁只能在两者当中做一抉择：要么拒绝应夔丞的要求，转而指示洪向应承诺"熮宋酬勋位"；要么同意其要求，将"蒸电"交财政总长核办。既然洪述祖说"'蒸电'已交财政长核办"，就表明不存在袁世凯指示洪向应承诺"熮宋酬勋位"之事。不仅如此，从 3 月 13 日电还可以看出，洪所谓"'蒸电'已交财政长核办"，并非受袁指示，因为若是受袁指示，事情必定可以办成，洪怎么还会有"恐折扣大，通不过"的担心呢？对袁而言，绝无主使杀人却既不给受命者"勋位"回报，又不允其以低价购买公债之理；何况应夔丞提出的取偿办法巧妙而隐秘，政府不但不需要即刻付出一大笔钱来作为给应夔丞的回报，反而可以收到一笔数目不小的资金临时补贴极为困难的财政，袁氏何乐而不为呢？

虽然 3 月 17 日洪述祖又复电应夔丞，谓："债票特别准，何日缴现领票，另电。润我若干，今日复。"① 似乎购买公债获得了成功，并且洪述祖还想从中分一杯羹。但如前所述，这不过是洪述祖为了促使应夔丞杀宋而采取的又一诓骗之举而已。"八厘公债"早已停售，而"六厘公债"并未发行，洪述祖如何能够购得公债？且洪述祖既未向袁报告，又谈何"债票特别准"？

至此，我们可以看到，被国民党视为袁世凯主谋杀宋铁证的"熮宋酬勋位"，其实是洪述祖因为无法满足应夔丞低价购买公债变相索偿的要求，才又假托中央名义抛出的一个诱使应夔丞杀宋的替代方案。袁世凯不但对洪述祖擅自向应夔丞做出这一承诺不知情，就连洪述祖帮应夔丞购买公债，袁世凯事前也不知情。洪述祖很清楚，袁世凯并不赞成其"收拾"反对党一二人的做法，因此他才会采取这种假

---

① 《第四十二件　洪述祖寄应夔丞电底一纸》（1913 年 3 月 17 日下午 3 点 15 分上海电报局接到北京发寄四等第 3495 号电报），《前农林总长宋教仁被刺案内应夔丞家搜获函电文件检查报告》，第 33 页。

托中央"酬勋位"的办法，诱使应夔丞"燬宋"。洪述祖事后也承认，自己因担心"人微言轻"而"假托中央名义"，[①] 只不过他将"燬宋"强辩为损毁宋教仁之名誉，试图逃避罪责。洪述祖没料到，应夔丞对"酬勋位"这种"虚名"回报并不接受，于是他只得转而以子虚乌有的所谓"债票特别准"的"实利"，继续诱使应夔丞"燬宋"。

这样一来，不仅应夔丞被蒙蔽，袁、赵也受嫌疑。国民党以常理推断袁、赵为幕后主使，虽然不能让人十分信服，却也有几分道理，故而为不少人所信；袁世凯以常理来反驳，虽然也有几分道理，却鲜有人相信。于是，事实的天平，就在似是而非之间，倒向国民党一边。而真相其实就在被双方都忽视的函电当中——洪述祖才是真正的主谋，正是他上下欺瞒，从中播弄，最终造成了宋教仁被杀的惨剧。宋教仁被刺一个多星期后，国民党人张继在赵秉钧私宅亲耳听到王治馨说：

> 宋遁初被难后，洪……又见总统一次。总统问及遁初究竟何人加害？洪曰："这还是我们的人，替总统出力者。"袁有不豫色。[②]

可见杀宋确为洪述祖等迎合袁世凯欲对付国民党人之心理，擅自所为。袁世凯的幕僚张一麐曾给白蕉所著《袁世凯与中华民国》一书中关于宋案的记述写下这样的眉批：

> 宋案之始，洪述祖自告奋勇，谓能燬之。袁以为燬其名而

---

① 《青岛洪述祖来电》（1913 年 5 月 3 日），1913 年油印件，北京大学历史学系藏，第174 函。

② 《张溥泉先生回忆录·日记》，第 11 页。

已，洪即唆武［应］刺宋以索巨金，遂酿巨祸。袁亦无以自白。小人之不可与谋也，如是。①

由于"熮"字并无损毁名誉之意，这段话中的两个"熮"字准确讲应为"毁"。洪述祖与应夔丞所雇枪手武士英并无直接联系，因此，"洪即唆武刺宋"，应为"洪即唆应刺宋"。"洪述祖自告奋勇，谓能熮之"，是指2月初洪、应通过相关函电，向袁、赵提出构陷"孙黄宋"的计划，而洪"唆武［应］刺宋"，则缘起于构陷阴谋未果后，洪于3月6日致函应指示其对宋"乘机下手"。"袁以为熮其名而已"，证实袁确曾指使洪、应实施构陷"孙黄宋"计划，但他没料到，洪述祖会在构陷计划失败的情况下，假借中央名义，先后以"熮宋酬勋位"及"债票特别准"擅自唆使应夔丞将宋教仁杀害。简言之，袁世凯以为洪述祖欲"毁其名而已"，没想到洪述祖却擅"熮其身"。

张一麐是袁的心腹幕僚，又与洪述祖是江苏同乡。宋案的一些案情，如收抚共进会、解散欢迎国会团等，张一麐都掌握内幕；宋教仁被刺后，又有消息称洪述祖出逃即由张一麐通报消息。② 因此，他对宋案案情的判断值得格外注意。

四　袁无须杀宋各方面之缘由

毋庸讳言，袁世凯对宋教仁到处发表演说批评政府，并宣传其政党内阁主张，心有不满；袁世凯暗中指使洪、应构陷"孙黄宋"，以损毁其声誉，亦为事实，但他并没有从肉体上消灭反对党领袖的想

---

① 白蕉：《袁世凯与中华民国》，上海人文印书馆，1936，第48—49页。
② 参阅本书第六章相关内容。

法。故当洪述祖建议"收拾"反对党一二人以警其余时，遭到了袁的反对。洪所谓"燬宋酬勋位"，不过是其假托中央名义以"虚名"诱应杀宋的诓骗之举；洪所谓"债票特别准"，也不过是其在"虚名"诱应无效之下，假托中央名义以"实利"诱应杀宋的又一诓骗之举。

从当时政情来看，作为临时大总统的袁世凯，有多种手段对付国民党人，且正值竞选正式大总统的关键时刻，"维持现状"实为袁处理内政问题的"第一要著"，① 根本不需要采取杀宋这样激化矛盾的做法。至少可从以下五个方面来理解这一点。

第一，进入 1913 年后，随着临时政府期限即将结束，竞选正式大总统成为袁世凯要考虑的头等大事，而宋教仁既非竞争对手，又非竞选障碍，无杀害其人必要。

翻阅 1913 年 1 月 1 日到 3 月 20 日宋教仁被刺为止各大报纸，经常可看到关于总统候选人预测与当选前景的分析。在时人看来，由于孙中山表示"断不肯担任总统"，② "其竞争最烈者为袁、黄二氏，袁在北方势力甚优，而黄又为南方所欢迎"。③ 因此，袁世凯的主要竞争对手并非宋教仁，而是黄兴。统一党所办《新纪元报》曾报道国民党方面之总统选举准备云："此次选举，各党虽各有竞争，然运动最烈者为〔以〕某党为甚，盖其竞争总统之心，较各党均力也。兹闻某党于办理选举指定某员时，必先与其人邀约于选举总统时不得举袁，必举湘中某某。其人若有犹疑，则无当选希望，并须出具愿举某某之信书，存于本党，以为凭信。且闻各省办法，悉皆一律，其整齐之效，颇堪钦佩。"④ 正因为黄兴对政局影响甚大，宋教仁被刺后，才有一种说法，认为"宋君于政治上虽不无关系，但视黄克强则大有间，舍克

① 《大总统与某政客之谈话》，《神州日报》1913 年 3 月 2 日，第 5 页。
② 《就选举大总统问题答宗方小太郎》，陈旭麓、郝盛潮主编《孙中山集外集》，上海人民出版社，1990，第 199 页。
③ 《总统竞争最激烈之人物》，《顺天时报》1913 年 1 月 31 日，第 7 页。
④ 《竞争总统之手段》，《新纪元报》1913 年 2 月 15 日，第 2 页。

强而刺钝初，则目的太差，智者必不为也"。① 又认为，"宋之声望尚不及黄，宋、黄同行，何以不刺黄而独刺宋？是宋死于总统问题之说不足信也"。② 尽管还有一种说法，认为宋教仁惨遭毒手，是因他欲"舍袁就黎"，与黄兴运动"举黎元洪为正式总统"，③ 但袁世凯何以单杀宋教仁，而不杀与宋"同一鼻孔出气"且为竞选对手的黄兴呢？④ 何况由于黎氏"严辞拒绝"，宋教仁很快就改变策略，否认与黄兴"运动黎元洪为正式总统"，明确表示支持袁世凯出任正式大总统。⑤ 宋教仁甚至在被刺前一周还对采访记者说："袁总统欲为正式总统，余最佩服，盖今日政府中有为国服务之责任心者，惟一袁。吾人惟论其有此本事与否，不当论其不宜有此心；其既为之，则只宜责备其为好总统而已。"⑥ 又在尚贤堂演说中表示："此次正式总统，非举袁世凯不可。"⑦ 另外，刺宋案发生前一周，袁世凯亲信徐树铮曾派一个叫金勋的人，到南京、上海一带打探国民党动向。金勋会见了宋教仁、黄兴、王宠惠等国民党重要人物，以及《民立报》《国民月刊》等报刊负责人，然后向徐树铮报告说："就弟由南京到沪所见所闻者观之，选举问题苟无意外冲突，或可无虞。"⑧ 也就是说，国民党推举袁世凯任正式大总统，正常情况下，没有什么大问题。宋教仁既然非

---

① 善哉：《对于枪击宋君遯初之疑问》，《亚细亚日报》1913 年 3 月 24 日，第 1 页。

② 冰：《论宋教仁之被刺》（译《北京英文日报》），《亚细亚日报》1913 年 3 月 30 日，第 6 页。

③ 《〈我之历史〉序》（1920 年 7 月 27 日），中国蔡元培研究会编《蔡元培全集》（四），浙江教育出版社，1997，第 173 页；吴相湘：《袁世凯杀害宋教仁之真正原因》，《新时代》（台北）第 1 卷第 6 期，1961 年，第 50 页。

④ 《不公开之总统运动》，《亚细亚日报》1913 年 2 月 18 日，第 2 页。

⑤ 《国民党总统计画之变更》，《亚细亚日报》1913 年 2 月 20 日，第 2 页；宋教仁：《答匿名氏驳词》，《民立报》1913 年 3 月 15 日，第 3 页。

⑥ 《宋教仁君之时事谈——驳某当局者》，《民立报》1913 年 3 月 12 日，第 2 页。

⑦ 《袁世凯当头一棒·请看非国民党报纸之言论》，《大中华民国日报》1913 年 6 月 3 日，第 2 页。

⑧ 《金勋致徐树铮报告在沪与国民党人会晤情形密函》（1913 年 3 月 14 日），朱宗震、杨光辉编《民初政争与二次革命》，第 231 页。

袁世凯竞选总统对手，又不阻碍其出任正式总统，则袁当然不会因为总统竞选问题而对宋下手。就是对黄兴，袁世凯也不会采取暗杀手段，因后者曾于2月底在上海向总统府秘书长梁士诒表示，"袁君一日允居总统之位，伊一日不欲为总统"，并请梁士诒"力劝袁君仍留总统之职，因只伊一人可以挽救中国"。① 而袁氏自从1912年9月见过黄兴之后，便有"中山高明，克强浑厚"之判断，对黄印象颇好。②

第二，国民党虽然在国会选举中获得优势，但始终没有决定推举宋教仁组阁，因此，对袁世凯而言，宋教仁还不是确定的威胁，无杀害其人之必要。

鉴于宋教仁在首届正式国会选举过程中"足迹所至，必有演说"，"发挥其政党内阁之政见，大为各界所信"，时人多以为"将来正式总理，非伊莫属"。③ 而后来叙述宋案者，也往往认为随着国民党在国会选举中获胜，主张建立政党内阁的宋教仁将要组阁，或者说宋教仁认为将由自己组阁。④ 而事实却非如此。其复杂之处在于，假使黄兴不竞选总统或竞选总统失败，而内阁又事先确定由宋教仁组织，则黄兴将无可位置。因黎元洪继续担任副总统的可能性非常之大，而同时由黄兴任副总统、宋教仁任总理的可能性微乎其微，加之国民党内黄兴、宋教仁各有支持者，因此，究竟由黄组阁还是由宋组阁，国民党自身一直举棋不定，黄兴一方似乎还稍占优势。非常了解国民党内情

① 《与香港〈南清早报〉访员谈话》（1913年3月24日），陈奋主编《北洋政府国务总理梁士诒史料集》，第221页。
② 谭徐锋整理《黄尊三日记》（上），第347页。
③ 谭徐锋整理《黄尊三日记》（上），第360—362页。
④ 如胡绳说："经过用各种方法竞争，国民党获得了国会议席中的大多数，这时在湖南参加竞选的宋教仁非常得意，他认为大局已定，可以成立以他为首的国民党的内阁。"（胡绳：《从鸦片战争到五四运动》，人民出版社，1981，第911—912页）陈旭麓说："宋教仁完全陶醉于国会选举的胜利之中了，他以全国第一大党的领袖自居，自以为很快就可以成为纯粹政党责任内阁的实权总理。"见陈旭麓、何泽福《宋教仁》，第96页。

的黄远庸就曾说："国民党中赞成黄内阁派，或有不赞成宋内阁者；赞成宋内阁派，若令大势集于黄君，则亦并无绝对排斥黄君之意，盖平心论之，国民党中固无如许激烈之内讧也。"① 其时正当临时政府即将结束，总理赵秉钧已经在做移交准备工作，他对人宣言："我非凡赞成黄克强组织内阁，让他试试滋味，大约挨过几个月的骂，克强即万不能忍矣。"② 这也反映出主张黄内阁的声音要更大一些。宋教仁对此是很坦然的，他对一些反对党臆造所谓"黄系""宋系"很不满意，谓："我国民党人心目中有宋遯初者，无一人不倾服黄克强。"③ 正因为如此，宋教仁并没有自以为将要组阁而志得意满，其在被刺前仍公开发表文章，表示自己无意出任总理。他说："余始对于第一次内阁更换时主张蔡君元培，二次主张黄君克强及赵君智庵，实未有自为之心，非不为也，实因余之资望、能力皆不及诸人也……至于正式政府之总理，应由国会推出，余更希望黄、唐二公之当选，其理由甚多，不具述。"④ 既然国民党并未确定由宋教仁组阁，那么袁世凯何必非要置宋教仁于死地呢？黄兴不但是呼声很高的总统候选人之一，也是国民党组阁的重要人选之一，袁世凯何以不对其下手？可见那种认为宋教仁被刺是因为他欲组建政党内阁，威胁袁世凯权力的说法，理由并不充分。《北京英文日报》甚至批驳道："宋之来京，实袁总统所召，欲俾以将来之国务总理，则宋自为袁所亲信之人，岂有自伤其臂助之理；且袁总统岂不自思，将来被人证实后之难以结局乎？"⑤ 袁召宋入京，并非"欲俾以将来之国务总理"，但袁若欲杀之，又何必召其入京。

第三，袁世凯欲对付的是整个国民党，是国民党欲实行的政党内

---

① 黄远庸：《政海之一勺》（1913 年 3 月 3 日），《远生遗著》卷 3，第 74 页。
② 黄远庸：《政海之一勺》（1913 年 3 月 3 日），《远生遗著》卷 3，第 74 页。
③ 黄远庸：《政谈窃听录》（1912 年 10 月 5 日），《远生遗著》卷 2，第 151—152 页。
④ 《驳某当局者》（1913 年 3 月 12 日），郭汉民编《宋教仁集》下册，第 558—559 页。
⑤ 《西报对于宋教仁被刺之推测》，《神州日报》1913 年 3 月 27 日，第 4 页。

阁主张，而非国民党中某个人，杀一人并不能从根本上解决袁世凯与国民党的政见分歧。

国民党的核心主张之一，就是建立政党内阁，实行政党政治。这并非宋教仁等少数人所主张，而是国民党绝大多数人的主张。因此，杀掉一个宋教仁并不能改变什么，"宋虽死，国民党政党内阁之政策不能因之取消"，① 反而会促使国民党人更加坚定地实行其主张。因此，当洪述祖向袁世凯提议"收拾"反对党一二人时，袁世凯斥责道："反对既为党，则非一二人之故，如此办法，实属不合。"② 这说明袁世凯在关键问题上头脑还是很清楚的，对问题的实质认识也比较到位，知道杀一宋教仁并不能从根本上解决问题。袁世凯方面对案发后革命党人的攻击，也曾以此为理由进行反驳，谓："政府对于在野党之野心家，当以适宜之政策，迎合大多数国民之心理，以为战胜之武器，若徒托诛锄异己，适以激成反抗。况能死宋教仁之身，而不能死宋教仁所持政党内阁之说，其又焉能人人而杀之乎？"③ 从宋教仁被刺后国民党人的强烈反弹来看，袁世凯的认识得到了充分印证。各报纷纷发表评论，表示要继承宋教仁的主张，继续宋教仁的事业。如《民立报》发表评论道："宋先生之主张，既有系统可寻，复有实行之望，故吾党目之为中坚人物，而奉其政策为圭臬。然则宋先生之死，不啻折去我国民党一臂，而于党势之隆替，大有关系在也。虽然，惟我国民党信崇宋先生者深，故决不因其死而抛弃其政策，凡我党人必能再接再厉，求达其目的而后已。彼反对者畏吾党党势之盛，欲以害先生者害吾党，多见其不自量耳。"④ 《民主报》发表评论道："所谓政党内阁，实吾党一致主张，而宋君服从大多数之主张以发皇

① 冰：《论宋教仁之被刺》（译《北京英文日报》），《亚细亚日报》1913 年 3 月 30 日，第 6 页。

② 《关于刺宋案演说中之要闻》，《大中华民国日报》1913 年 3 月 31 日，第 2 页。

③ 《宋案平议》（1913 年 5 月），稿本，北京大学历史学系藏，第 174 函。

④ 宗良：《宋先生死后之民国》，《民立报》1913 年 3 月 25 日，第 2 页。

之。宋君之引人嫉视，即以其主张政党内阁，为偏袒总统制者所不利也。刺宋君者以为宋君被刺，或者吾党政策为之一变，因而采取总统责任制，以为行政专横之机会；孰知宋君虽死，吾党以平等、自由、博爱主旨制造巩固强大共和国家之心不死，且气愈激而愈胜，志愈挫而愈坚……反对者竟以为去一宋君，遂可遏抑吾党主张，曷思革命未成，吾党已死之宋君不可胜数，革命依然成功；而今而后，继宋君而起者大有人在，未来之宋君正复无限，况政党内阁为二十世纪政治上一般之趋势，又为民国最适宜之制度乎？……宋君虽死，又何损于吾党之主张乎？"[1]《国风日报》亦谓："凡一大政党之主张，决未有因一人之生死去留为转移者。钝初死……实未见与国民党之前途与吾党所主张之政党内阁有若何之损伤。何以故？国民党中如宋钝初其人者，尚有大多数在也。"[2] 类似评论尚多，均将矛头指向袁、赵，却不知袁、赵亦明其理，并未主谋杀宋。

第四，国民党的政党内阁主张的确对袁世凯实行集权构成威胁，但袁世凯并非没有应对之策，其中一个重要策略，即是联合或操纵其他各党，乃至国民党内的游移分子，在国会内形成一股由袁主导的力量，从而与国民党形成对峙，乃至夺取组阁权，同时为总统选举做好准备。

袁世凯对这一策略深有考虑。他对工商总长刘揆一讲过一句意味深长的话："政党内阁殆不成问题也，国会开后视谁党议员占多数，内阁即应归谁党组织之，余何容心焉。"[3] 其时，共和党、民主党、统一党一直谋划三党联合对付国民党，原立宪派领袖梁启超于 1913 年 2 月 24 日加入共和党，成为三党对付国民党的主导人物，并计划推出

① 达父：《宋遯初被刺与吾党之政策》，《民主报》1913 年 3 月 28 日，第 2 页。
② 超父：《何碍乎政党内阁之进行》，徐血儿等编《宋教仁血案》，第 193 页。
③ 《梦想之三党联合大计画》，《大中华民国日报》1913 年 3 月 30 日，第 3 页。

自己的组阁人选。① 袁世凯自然也不会坐视国民党一党独大，所以至迟在宋教仁被刺前一个月，他就已经在活动，"欲挟数个不以党名之团体并入三党（指共和党、民主党、统一党——引者）而利用之以为武器"。② 很快，袁世凯就与梁启超建立了联系。梁启超在3月7日一封信中曾提到，"党界大有更动，项城或将加入共和党"。③ 在3月15日一封信中又写道："党事大有进步，项城入党已决，稍待当发表，民主、统一亦联合也。"④ 在3月18日一封信中更明确说："三党合并已定议，吾入京数日后即发表。"⑤ 虽然由于刺宋案突发，袁世凯入党之事无果而终，但三党联合的基本态势，在宋教仁被刺前已初步形成。而早在2月下旬，《亚细亚日报》就预判，"合共和、统一、民主三党之员数，足以控制国民党而有余"，如此，则国民党"梦想之政党内阁"，将成为"幻相"。⑥ 3月上旬，《神州日报》进一步说："三党之政策，大体与袁氏政见不相异同，则袁氏依三党之同情，足已以自树立，何必曲徇国民党之要求，而牺牲其向来之政见乎？"⑦ 袁氏为保证当选正式大总统，也"广置党羽，嗾其左右联络共和、统一、民主各派人员……以为攫取总统之帮助"。⑧ 加之国民党并非铁板一块，形势变化对袁十分有利。袁氏心腹袁乃宽透露袁党对付宋教仁的策略就是设法"薄其势力"，孙毓筠即被收买，以国事维持会名义拉拢一部分党员等为袁氏摇旗呐喊。⑨ 就在刺宋案发生前几日，新任驻德公使颜惠庆（尚未赴

① 丁文江、赵丰田编《梁启超年谱长编》，第663页。

② 《月余来政党黑幕内之大变动》，《亚细亚日报》1913年4月19日，第2页。

③ 《致梁思顺书》（1913年3月7日），中华书局编辑部编《梁启超未刊书信手迹》上册，中华书局，1994年影印本，第189页。

④ 《致梁思顺书》（1913年3月15日），《梁启超未刊书信手迹》上册，第200页。

⑤ 《致梁思顺书》（1913年3月18日），《梁启超未刊书信手迹》上册，第205页。

⑥ 《国民党之梦想内阁》，《亚细亚日报》1913年2月25日，第2页。

⑦ 《国民党计画之失败》，《神州日报》1913年3月9日，第3页。

⑧ 《袁总统对于正式总统之布置》，《民主报》1913年3月30日，第6页。

⑨ 《袁乃宽致张镇芳》（1913年3月16日），《张镇芳存札》，中国社会科学院近代史研究所藏，甲264。

任）告诉德国驻华公使哈豪森，"据现在的估计，在总统选举中，百分之八十的票将归袁世凯"。① 刺宋案发生前一天，各政党派代表在湖广会馆开会"讨论选举正式总统问题，共和、统一、民主三党意见相同，可联络一致，大约此次选举票至少须占三分之二"。② 在这样形势大好的情况下，袁世凯若派人刺杀宋教仁，岂不等于搬起石头砸自己的脚。

第五，应对国民党的政党内阁主张，袁世凯还有更为根本的解决方法，即从宪法草拟入手，设法制定一部总统制宪法，从而彻底解决政体问题。

对袁世凯而言，无论国民党的政党内阁主张叫得如何响，能否实行，最终还是取决于正式宪法就政体问题如何规定。倘若宪法规定实行总统制，则国民党的政党内阁主张将无由实施。因此，如何制宪才是解决双方政见分歧的根本所在。国民党人当然也明白这一点。具体而言，国民党主张宪法规定"国务总理及各国务员由议会提出且决议之，不必由总统提出及任命"，这样大总统的权力就会大大缩小，像法兰西总统那样成为"傀儡"。而袁世凯则"屡次向人宣言，谓有强国之宪法，有弱国之宪法，有亡国之宪法。弱国、亡国之宪法下之总统，我决不居"。其所谓弱国、亡国之宪法，即国务总理及各国务员之任命必须经议会同意，这是他"最引为大憾者"。③ 此外，袁世凯还特别关心"大总统对于议会是否当然有解散之权"。④ 为了争取制定出一部符合自己主张的宪法，袁世凯除了屡次发表谈话，反对宪法"因人而加以限制"，反对宪法"束缚政府"外，⑤ 又暗中支持洪述

① 《驻北京公使哈豪森上帝国首相柏特曼何尔味公文》（北京，1913年3月16日），孙瑞芹译《德国外交文件有关中国交涉史料选译》第3卷，商务印书馆，1960，第257页。
② 《北京专电·三党携手一致》（3月19日发），《神州日报》1913年3月20日，第2页。
③ 黄远庸：《政海之一勺》（1913年3月3日），《远生遗著》卷3，第75—76页。
④ 《大总统最注意之重要问题》，《正宗爱国报》1913年2月19日，第2页。
⑤ 《袁总统之正式总统谭》，《中国日报》1913年2月26日，第2页；《大总统不愿宪法之束缚》，《大公报》1913年3月9日，第4页。

祖、应夔丞等以"文字鼓吹"和"金钱联合"手段，收买报馆，收买议员，鼓吹总统制宪法，力图操弄宪法起草。袁世凯还早早聘定日本法学家有贺长雄和美国法学家古德诺为宪法顾问。① 同时，袁世凯还筹备在国会以外另设机关纂拟宪法，并拟定《编拟宪法草案委员会大纲》，"专为拟纂宪法草案，以为提交国会之准备"。② 就在宋教仁被刺前两周，有贺长雄带着助手来到北京，开始为袁世凯工作。③ 他的核心主张，便是中国应当实行总统制。而当时中国"奔走国事者，无论中央、地方，多出其门"，④ 由此亦可窥见袁世凯聘请有贺颇具深意。所有这些举措都证明，袁世凯早就着眼于从根本上解决他与国民党的政见分歧了，并且在宋教仁被刺前一直在进行当中。黄远庸尝谓："政党内阁之人物问题，似大而实小。"⑤ 谁任内阁总理，谁任国务员，看似重要，其实并非最要，最要乃在宪法当中如何规定总理及各国务员之产生及其权限。倘若宪法为总统制宪法，则不论黄兴任总理，还是宋教仁任总理，国民党皆难以对袁构成威胁。故设法制定总统制宪法才是袁世凯对付国民党政党内阁主张的根本办法，杀一宋教仁非但无助于根本问题之解决，反而会招致强烈反弹。

正是由于以上诸种原因，袁世凯没有必要，也无意采取暗杀手段对付国民党领袖。故宋教仁被刺，实出袁之意外。3月22日，即宋教仁伤重不治身亡当日，国民党推吴景濂等为代表谒见袁世凯，袁谓："'正式政府本赖宋氏为巨擘，今竟失之，实梦想不到也。'言毕大哭，饬秘书将关于宋先生绝命致程都督与各省之电稿示吴景濂，并谓惟有勒

---

① 《有贺博士应聘颠末》，《盛京时报》1913年3月10日，第3页；《致达·狄·布拉姆函》（北京，1913年3月14日），〔澳〕骆惠敏编《清末民初政情内幕——〈泰晤士报〉驻北京记者、袁世凯政治顾问乔·厄·莫理循书信集》（下），第102页。

② 《编拟宪法草案委员会大纲》，《神州日报》1913年1月31日，第4页。

③ 《宪法研究星期五日之会仍在旧处》，《平报》1913年3月6日，第2页；《宪法研究会初七日之开式会议》，《平报》1913年3月11日，第3页。

④ 《聘有贺博士为顾问》，《顺天时报》1913年3月20日，第7页。

⑤ 黄远庸：《政海之一勺》（1913年3月3日），《远生遗著》卷3，第75—76页。

限责成江苏都督严拿正犯，以询真情。"① 另据当时正在北京的长江巡阅使谭人凤记述，他曾"往谒袁，探其口气"，二人有如下对答：

> 袁故作惋惜状曰："钝初，中国特出之人材也，再阅数年，经验宏富，总理一席固胜任愉快者。何物狂徒，施此毒手！"
>
> 予曰："外间物议，谓与政府有关，不速缉获凶犯，无以塞悠悠之口。"
>
> 袁曰："已悬重赏缉拿矣，政府安有此事？"
>
> 予曰："甚愿无事。不然，笑煞世界各国矣。"②

由于谭人凤怀疑上年 12 月洪述祖电召应夔丞晋京接受招抚一事为"贿谋暗杀"，他在见袁之前，主观上已断定"事为中央主使"，③故他将袁的反应描述为"故作惋惜状"。袁谓宋"再阅数年，经验宏富，总理一席固胜任愉快者"，意谓宋现时尚不适合担任总理。当时外间多以为宋被刺是因为他主张建立政党内阁，威胁到了袁的权力，袁对谭人凤讲出这样的话，适见其在刺宋一事上，内心还是坦然的。黄远庸也曾记袁得知宋死后最初之反应云：

> 袁总统于二十一得宋被刺消息，大为惊诧。至二十二午后四时，袁方午睡初起，秘书等走告宋逝世消息，袁愕然曰：有此事乎？即命拿电报来。及捧电报至，则陈贻范一电，黄克强一电，江孔殷一电。袁愕然曰：确矣，这是怎么好。国民党失去宋遯初，少了一个大主脑，以后越难说话。遂命拟电报，拟优恤命令。此袁总统得消息后之确情也。④

---

① 《举国同声一哭之宋先生》，《民立报》1913 年 3 月 31 日，第 6 页。
② 谭人凤：《石叟牌词》，上海书店出版社，2000，第 130 页。
③ 谭人凤：《石叟牌词》，第 130 页。
④ 黄远庸：《春云再展之政局》（1913 年 4 月 2 日），《远生遗著》卷 3，第 95 页。

上段材料中提到的江孔殷是清末广东文坛重要人物，曾任广东候补水师提督，辛亥时在推动广东和平独立过程中发挥过重要作用。其电发于尚未获知宋教仁毕命消息时，电文如下：

北京大总统、赵总理钧鉴：……顷得遯初在沪被刺消息，骇甚……国家多故，外患未已，内讧方兴。百十人苦心孤诣，调停之不足，一二人阴贼狠险，败坏之有余。临时政府为日几何，瞬届正式国会成立，选举总统之期，四方观听所倾，何忍睹此不祥之事。望速下令索凶，穷究主名，依律惩治，以告天下、谢党人。还望遯初不死，设有不测，恐虽有再生华盛顿，不能安于日后之总统；千百之中山、克强、精卫，不足胜目前之调人，亡吾国者，必此枪也。……江孔殷叩。①

由此电可以看出，在时人眼中，宋教仁作为国民党领袖之一和党中稳健派的代表人物，在调和南北关系上有着其他人无法取代的位置，对政局稳定影响极大。张謇挽宋教仁联中谓："何人忍贼来君叔，举世谁为鲁仲连。"② 也是讲宋教仁为调和南北关系不可或缺之人。袁世凯屡次电召宋教仁入京，目的就是让其发挥调和作用，因此他才会有"国民党失去宋遯初，少了一个大主脑，以后越难说话"的担心，对宋死感到惊愕。

另据《时事新报》报道：

宋在上海演说，归咎于政府外交、财政之失败，北方政界愤极。袁曰：宋钝初不过迎合社会心理，此是党魁作用，若其入政

---

① 《江孔殷之电文》，《南洋总汇新报》1913 年 4 月 2 日，第 5 页。
② 谭徐锋整理《黄尊三日记》（上），第 366 页。

府，即不为是言矣。又曰：钝初当总长甚好，若总理则资望尚有待耳。及其被害，唏嘘不置，似不料此案之发生大波澜者，惟对于洪、应二人，则深叹小人不可与作缘。[①]

这段报道中袁世凯对宋教仁的评价，恰好可与其对谭人凤所言相印证。这种对宋教仁既有不满，也有期待，而对其被害又深感惋惜的复杂内心，可以说最符合实情。

不过，袁世凯并没能幸免于被牵连，这让他的亲家孙宝琦感觉"殊出意料之外"，称"洪本著名胆大妄为之人，然政府决无密使办此之理。不知其如何播弄，下此卑劣手段，项城因此颇为焦虑"。[②] 袁世凯次子袁克文则在所著《辛丙秘苑》中说其父在案发多日后与其"言及遁初之死，尚挥泪不止，盖深惜其才"，并述他曾劝其父通电自辩，袁答道：

> 予代人受过多矣，从未辩。我虽不杀遁初，遁初亦由我而见杀，更何辩焉！彼明于察者必自知之。不思予既欲杀之，不必招其来而杀之可也；或待其来，陷以罪杀之亦可也；予杀之之道不一，胡必待数使招之，乘其将行而杀之？斯明授人以柄，虽愚夫不为也。况反对予者如孙文、黄兴、陈其美辈皆可杀，胡必但选一助予组阁、不用党人之遁初而杀之？此理不辩，必有自明之日也。惟予必杀应桂馨，为遁初复仇可耳。[③]

袁克文《辛丙秘苑》杜撰之处不少，但这段话除"不用党人"

---

① 本馆驻京记者闻雷：《北方对于宋案之研究》，《时事新报》1913 年 4 月 28 日，第 2 张第 1 页。

② 《孙宝琦致盛宣怀函》，王尔敏、吴伦霓霞主编《盛宣怀实业朋僚函稿》，第 1495 页。

③ 袁克文：《刺宋案真相》，《辛丙秘苑》，第 2 页。

一语与宋教仁之思想不符外，其余大体可信。由本书前所论述不难断定，袁世凯确非杀宋主谋。袁云"我虽不杀遁初，遁初亦由我而见杀"，不知其欲做何种表白。但就事实言，袁若不欲以阴谋手段对付国民党领袖，便不会有洪、应构陷"孙黄宋"之事，也就不会有构陷不成而洪造意杀宋。就此而言，袁所说确为肺腑之言。张一麐说"袁亦无以自白"，[1] 可谓咎由自取，只能"深叹小人不可与作缘"。[2]

五 赵对洪说"与总统说明才行"
与对付国民党无关

在宋案中，赵秉钧一直被看作"承上启下"的关键人物，被认为嫌疑最大，是受到国民党和舆论攻击最猛烈之人，但也是遭受误解最多之人，宋案谜团百余年来不能破解，主要就是因为研究者对赵秉钧在宋案中的角色没能准确把握。

根据应宅所获证据，赵秉钧一出场，便遭到误解。问题出在共进会会长、江苏驻沪巡查长应夔丞于 1912 年 12 月下旬以解散共进会为名，在洪述祖引介下，到北京领款时，赵秉钧于 12 月 29 日给洪述祖写过如下一封短信：

> 应君领子不甚接头，仍请一手经理，与总统说明才行。[3]

---

① 白蕉：《袁世凯与中华民国》，第 49 页。

② 本馆驻京记者闻雷：《北方对于宋案之研究》，《时事新报》1913 年 4 月 28 日，第 2 张第 1 页。

③ 《第十二件 赵总理致洪述祖信四纸信封一个洪致应夔丞信一纸》，《前农林总长宋教仁被刺案内应夔丞家搜获函电文件检查报告》，第 13 页。按此件证据共收赵秉钧致洪述祖信三封，合计四纸，又洪述祖致应夔丞信一纸。按排列顺序，"应君领子不甚接头"一信为第一封，落款"弟钧顿首"，无写信日期。第二、第三两封信落款分别为"弟钧拜启""钧启"，写信时间均为 1912 年 12 月 29 日。从以上三封信内容看，第一封信书写时间很可能也是 1912 年 12 月 29 日，或此前一两天。第四封信为洪述祖接到赵秉钧前三封信后，为转送应夔丞阅读而写的，写信时间为 1912 年 12 月 30 日。

对于这封看起来令人有些费解的短信，赵秉钧在江苏都督程德全、民政长应德闳于1913年4月25日通电宣布宋案证据后，紧接着于4月28日发表自辩"勘电"，予以解释，说明该函内容系关于应夔丞向中央领取江苏驻沪巡查长津贴之事。其言道：

> 查此函系因应夔丞担任解散共进会，除领款五万元外，其巡缉一差，亦为消弭伏莽，由程都督电请中央每月津贴二千元，大总统照准。应夔丞请领该项津贴之款，本总理饬查国务院、内务部均无成案，故有致洪之函声叙始末。至今应之公文、印领尚存国务院，有案可查也。[1]

然而，国民党人的看法完全不同。不知有意还是无意，徐血儿将"领子"写成"领字"，将"与总统说明才行"写成"与总统说定才好"，认为该函"即洪、应、赵、袁狼狈为奸之铁证也"，其中一定包含"极机密、极重要之事"。且看他是如何分析的：

> 吾人姑勿论其"领字"究竟为何，而此一函已不啻将袁、赵、洪、应互相信任、互相狼狈之状，尽情提出。"仍请一手经理"者，可知赵令洪"一手经理"已非一次，又可知赵平素信用洪述祖之深。"与总统说定才好"者，可知赵所"不甚接头"之事，皆令洪述祖与袁直接面商；又可知洪能将袁、赵所不能面商者，可居间为之，洪、应之狼狈为奸，不尤可见其一斑乎！且又细绎"与总统说定才好"一语之意义，是殆非经总统承诺不可者。每月津贴应二千元既云大总统核准，则无与总统说定才好之

① 《致武昌黎副总统各省都督民政长电》（4月28日），1913年油印件，北京大学历史学系藏，第174函。

必要。若谓国务院、内务部均无成案，则赵既于总统核准之后，赵于国务院、内务部为之备一成案已足，更无与总统说定才好之必要。赵致洪函，苟为欲声叙始末也，则当询洪何以国务院、内务部并无成案，而该函不特并未一及，且转嘱洪"仍一手经理"，是岂所谓声叙始末乎？则是国务院、内务部均无成案之说，已不足信。若现存国务院之公文、印领（应巡缉长事当属内务部管辖，何以公文、印领乃存国务院，亦是疑窦），或与此所谓"领字"并非一物，盖于赵谓"仍一手经理"语，可以证明其非一次也。然则此"领字"必属极机密、极重要之事矣。①

还有国民党人把"与总统说明才行"写成"与总统说定才行"，称"'与总统说定才行'，所说为何？无非鬼鬼祟祟之举"。② 甚至将"与总统说定才行"解释为赵秉钧对洪述祖说"杀宋"要"与总统说定才行"。③ 将应夔丞所领津贴，解释为"买凶杀人之款"，反驳并讥刺赵秉钧道：

> 应犯向政府曾领此买凶杀人之款本系初次，贵总理□不甚接头，固意中事。至饬查国务院、内务部均无成案之说，记者不但无疑，且益信其然也。何者？此种以国家发行之公债票买凶杀人之档案，不但上下数千年中国历代之政府无此等档案，吾恐纵横九万里政界各国之部院，亦不能有此等之档案也。有之，惟中华民国之临时政府能特创其例耳。贵总理又何患将来不为世界各国创此特例新纪元上之一伟大人物哉！④

---

① 血儿：《驳赵秉钧之通电·铁证如山尚可掩饰耶（一续）》，《民立报》1913 年 5 月 3 日，第 2 页。
② 望云：《讨袁世凯》，《中华民报》1913 年 4 月 27 日，第 2 页。
③ 民畏：《告国会》，《中华民报》1913 年 4 月 27 日，第 2 页。
④ 超父：《再辟赵秉钧勘电》，《国风日报》1913 年 5 月 10 日，第 2 页。

今人廖大伟则将赵函所言解释为"以后与应桂馨联系，仍由你洪述祖一手负责，不过这事还得总统确认"。①

然而，相关证据表明，上述解读几乎全为误读。根据应宅搜获函电及其他相关资料，应夔丞1912年12月赴京，到1913年1月离京，其间共领取了两笔款子，首先是5万元解散费，这是袁世凯面见应夔丞时答应给的；② 接着是每月2000元的江苏驻沪巡查长津贴，这是中央应江苏都督程德全电请而给的。③ 赵秉钧之所以在致洪述祖函中有"仍请一手经理"之语，是因为应夔丞先前向中央领取5万元解散费，即由洪从中协调而成；而在应夔丞领取每月2000元津贴时，因赵秉钧"饬查国务院、内务部均无成案"，这才又致函洪述祖，"仍请一手经理"。由于应夔丞系洪述祖介绍至中央，尤其是介绍给大总统，而赵与应毫无关系（当时二人尚未见面），因此从"仍请一手经理，与总统说明才行"并不能看出"赵平素信用洪述祖之深"，只能看出洪与应及总统关系特殊。洪为内务部秘书，赵如此处理纯属公事行为。

关于"应君领子不甚接头"，据1913年1月初洪述祖致应夔丞函："昨晚总理将原件发回，内中三样问题。一、领款不接头，欲兄代办，亦未见明文，须吾弟将雪老电请此数及中央允准覆电原稿钞附领状之上，方为合式。兹先将原领纸送回，乞察收。"④ 将此函与12月29日赵致洪函联系起来看，可知所谓"领子"其实就是"领

① 廖大伟：《袁世凯不是"刺宋"主谋考析》，苏智良、张华腾、邵雍主编《袁世凯与北洋军阀》，第565页。

② 《举国同声一哭之宋先生·宋先生案之一线光明·应到京后之行动》（北京本报4月1日特记），《民立报》1913年4月5日，第7页；《应夔丞印领》，见《北京发表任用应夔丞之始末（续）》，《时报》1913年4月11日，第3页。

③ 《程德全保应原电》，《民权报》1913年4月8日，第7页；《程德全密电稿》（未刊），参见李宗一《袁世凯传》，第238页。

④ 《第十五件 洪述祖致应夔丞信三纸》（1913年1月初），《前农林总长宋教仁被刺案内应夔丞家搜获函电文件检查报告》，第14页。

款"，"子"即"钱子儿"。应夔丞所要领取的每月 2000 元津贴，是"由中央特准，饬部发"，① 也就是袁世凯特准，饬内务部发给，但赵秉钧"饬查国务院、内务部均无成案"，而应夔丞又没有提供相关批文，故赵云"不甚接头"，且有请洪"一手经理，与总统说明才行"之言，并通过洪"先将原领纸送回"。于是，洪转告应："须吾弟将雪老电请此数（即每月 2000 元津贴——引者）及中央允准覆电原稿钞附领状之上，方为合式。"由赵秉钧处理此事方式可知，在袁世凯决定给予应夔丞每月 2000 元津贴一事上，赵秉钧并没有参与，袁也未通知赵备案，故赵之事态度不甚积极。但应夔丞显然误以为赵秉钧知道此事，且赵是其顶头上司，领取津贴自然要经赵手，故并未将程德全"电请此数及中央允准覆电原稿钞附领状之上"，这才导致领款受阻。徐血儿首先将"领子"错写为"领字"，然后又将其解释为"极机密、极重要之事"，将"不甚接头"解释为"不能面商"，完全与原意不符。应夔丞领取津贴并非"袁、赵所不能面商"的机密事情，赵之所以请洪"与总统说明才行"，是因为应系洪介绍给总统者，应欲到赵处领款，赵在应领款手续不全的情况下，当然要征得总统同意，故要洪"与总统说明才行"。可见，赵在应领款一事上纯属公事公办，正因为如此，应夔丞初次领取津贴时遇到了麻烦。不过，此事最终还是在洪述祖的协调和内务部次长言敦源的帮助下得到圆满解决。应夔丞于 1 月 9 日终于领到了第一笔津贴。②

----

① 《上海程都督应民政长来电》（4 月 26 日），夹注稿，1913 年油印件，北京大学历史学系藏，第 174 函。

② 《第十二件 赵总理致洪述祖信四纸信封一个洪致应夔丞信一纸》（1912 年 12 月）、《第十三件 洪述祖致应夔丞信一纸》（1913 年 1 月 5 日），《前农林总长宋教仁被刺案内应夔丞家搜获函电文件检查报告》，第 13、14 页。按应夔丞在第十二件证据，即赵秉钧致洪述祖"应君领子不甚接头"一信上，注有"二年正月九日已照办妥"十字，可知他最终于 1913 年 1 月 9 日办妥了领取津贴之事。

赵秉钧为了解释"应君领子不甚接头"，花了不少心思。这一点可以通过对比北京大学历史学系所藏"勘电"底稿与最终宣布的"勘电"定稿之间的差异看出来。

表5-2 "勘电"对"应君领子不甚接头"一函之解释

底稿	定稿
查此函系因应夔丞担任解散共进会，除领款五万元外，其巡缉一差，亦为消弭伏莽，故面称每月非有三元千津贴不能敷用，内南京月给千元外，尚领中央月给式千元，并称前谒大总统，幸得邀准。至上月廿四日，应夔丞派□□□赍文及印领到京，请领该项津贴之款。本总理不知底里，且又未奉大总统口令，无从核发，饬查国务院、内务部均无成案，故有致洪之函声叙始末。至今应之公文、印领尚存国务院，有案可查也	查此函系因应夔丞担任解散共进会，除领款五万元外，其巡缉一差，亦为消弭伏莽，由程都督电请中央每月津贴式千元，大总统照准。应夔丞请领该项津贴之款，本总理饬查国务院、内务部均无成案，故有致洪之函声叙始末。至今应之公文、印领尚存国务院，有案可查也

资料来源：《国务总理赵秉钧自辩勘电底稿》（1913年4月底），稿本，北京大学历史学系藏，第174函；《致武昌黎副总统各省都督民政长电》（4月28日），1913年油印件，北京大学历史学系藏，第174函。

"勘电"系1913年4月28日以赵秉钧名义正式发出。底稿中"上月廿四日"指3月24日。"□□□"当指应夔丞的差遣员朱荫榛，如前所述，其人于宋教仁被刺当晚，即3月20日晚，受应夔丞委托，携带公文及"印领"，乘火车赴京，准备向总统府领取1913年1月至3月应夔丞所任江苏驻沪巡查长津贴共计6000元。案发后捕房在应宅搜到了应夔丞差委朱荫榛的命令。[1] "勘电"底稿本来是想就赵秉钧1912年12月29日"应君领子不甚接头"一函进行解释，却忽然讲到应夔丞派朱荫榛赴京领取津贴之事，显然是因这两件均系应夔丞领取津贴之事，从而混为一谈了。"勘电"定稿发出时，意识到了这个问

---

① 《第五十件 应夔丞令朱荫榛稿一纸》（1913年3月20日送稿），《前农林总长宋教仁被刺案内应夔丞家搜获函电文件检查报告》，第37页。

题，因此删除了"故面称每月非有三千元津贴……至上月廿四日"共
50 字，改为"由程都督电请中央每月津贴式千元，大总统照准"共
20 字；又删除"派□□□赍文及印领到京"共 11 字，以及"不知底
里，且又未奉大总统口令，无从核发"共 17 字。不过没有将底稿中
"至今应之公文、印领尚存国务院，有案可查也"18 字删除，而这句
中所谓"应之公文、印领"正是 1913 年 3 月 20 日朱荫榛去北京领款
时留下的（应夒丞 1913 年 1 月第一次领取津贴时并未提供公文）。
"勘电"将记述应夒丞 1913 年 1 月领取津贴的文字，与记述 1913 年 3
月朱荫榛代应领取津贴的文字，两方面捏合在一起，形成一段辩解文
字，无非想证明"应君领子不甚接头"是关于应夒丞领取巡查长津贴
之事，而非其他机密事情。"勘电"定稿中的这一破绽，徐血儿也隐
约感觉到了，他说："若现存国务院之公文、印领，或与此所谓'领
字'并非一物，盖于赵谓'仍一手经理'语，可以证明其非一次
也。"至于徐血儿说"应巡缉长事当属内务部管辖，何以公文、印领
乃存国务院，亦是疑窦"，其实不难解释，因收抚共进会并给应夒丞
津贴乃大总统特准，并非发自内务部，因此应夒丞领款首先是向总统
府投递公文、印领，而后由总统府交国务总理兼内务总长赵秉钧
办理。

综上，所谓"与总统说明才行"，是指赵秉钧要洪述祖就应夒丞
领取每月 2000 元津贴一事"与总统说明才行"，并非国民党人所谓
"极机密、极重要之事"，更与"杀宋"风马牛不相及。同时，"勘
电"底稿和定稿之间的差异，不但可以证明国民党人对赵秉钧的批驳
纯属误会，还透露出一个重大信息，即袁世凯和赵秉钧的关系并不像
一般所以为的那样紧密。与袁世凯幕僚杨度交往甚密的陆鸿逵在给袁
思亮的信中谈及袁世凯独揽大权时说："其救国不足，其维持个人之
权利，虽以弟之立于反对之地位者，亦不能不服之。现北京中无所谓
参议院，无所谓国务院，只有总统府。缘凡百政事，都自此中发生之

效力也。"① 袁世凯在收抚应夔丞一事上的处理方式，就是一个极好的例子，了解袁、赵之间的这种关系对于破解宋案谜团至关重要。

六 赵函送"应密电本"无对付国民党目的

赵秉钧再次被误解，是因为他在 1913 年 1 月 14 日，即应夔丞离京前一周，曾应其请求，送其密码电本一册，并写过如下一封短函：

> 密码送请检收，以后有电直寄国务院赵可也。桂馨兄鉴。钧手启。一月十四日。②

对于此事，赵秉钧在刺宋案发生后共解释过三次。第一次是 4 月 12 日，赵秉钧在接受北京《民立报》记者采访时谈到过，当时宋案证据尚未公开宣布。赵秉钧对记者言：

> （应夔丞）初八来见余，余以事冗，未之见。见大总统一次。十二日复来，余不获已，延之入。综计前后，余识应只此一面。及其出京，请给一秘电本，余许之。及今思之，此事殊为失计，然当日固一极寻常事也。十四日，余着人送秘电本至金台旅馆，并媵以一笺，系余手笔，此外更不曾与应通一字。暨后，应来报甚稀。洪一日来，谓得应秘电，请假秘电本一用，此后竟未缴还。③

---

① 《陆鸿逵致袁思亮书》（1912 年 8 月 5 日），王尔敏编《袁氏家藏近代名人手书》，台北：中研院近代史研究所，2001，第 539 页。

② 《第十八件 赵总理致应夔丞信一纸信封一个国务院应密电码一本》（1913 年 1 月 14 日），《前农林总长宋教仁被刺案内应夔丞家搜获函电文件检查报告》，第 16 页。

③ 《宋案旁征（五）·赵总理私邸之一席话》，《神州日报》1913 年 4 月 18 日，第 4 页。

第二次是在 4 月 25 日宋案证据正式宣布后，赵秉钧于 4 月 28 日发出自辩"勘电"，其中专门就此函来龙去脉进行了解释：

> 查上年十二月中，应夔丞北上，循例谒见大总统及本总理，力言共进会党均系青红两帮，抚无可抚，诛不胜诛，惟宜设法解散，以杀其势。曾经开具条款，领洋五万元，以为解散该会费用。政府允许款由内务部发给，档案可查。至本年一月，应将南归，濒行求见，面请发给国务院密码电本。本总理当以奉差各省特派人员，向用密电报告，以防漏泄，应夔丞请发密码，理无固拒，因即许可。又恐其借事招摇，别生枝节，因函嘱其"以后有电直寄国务院"，藉示在官言官、语不及私之义，而别嫌明微之隐衷，亦可于兹揭示。斯则本年一月十四日之函所由来也。①

第三次则是在"勘电"发出后，赵秉钧紧接着又于 4 月 29 日接受《新纪元报》记者访谈，其中有如下问答：

> 问：君与应夔丞关系如何？答：余不识应，应之为稽查长，均外间保荐，到京请见，见后请发密电本，均职务上循例应有之事。余忝为总理，于外差人员官阶稍高者，均发密电，以便通信，总其数目，奚啻百数。②

以上三次都是赵秉钧亲自解释。此外，《大共和日报》曾刊登一篇文字，更为详细地解释了 1 月 14 日赵致应函的来历，从内容看应出赵秉钧之授意。其言曰：

---

① 《致武昌黎副总统各省都督民政长电》（4 月 28 日），1913 年油印件，北京大学历史学系藏，第 174 函。

② 《赵总理之谈话》，《新纪元报》1913 年 4 月 30 日，第 3 页。

应夔丞系青红帮头目，徒党众多，驰骋长江一带，历有年所。上年武昌之事，黎副总统拟将其惩办，程都督因青红帮人数太多，须设法解散，惟应夔丞办理此事，极为相宜，因电告中央政府，委任应夔丞为江苏巡查长。上年十二月间赴京，寓金台旅馆。曾以洪述祖之介绍，于本年一月八日谒见赵总理，时赵总理适以他事，未允接见。复于一月十二日谒见赵总理，备述解散青红帮之法，改为共进会，以消隐患，并称会中人类不齐，深恐乘间窃发，以后报告，似宜秘密，请发给密电一本。赵总理以应夔丞系程都督委任之人，既为长江一带巡查长，当然有侦探报告之责，阅其履历，曾为孙中山先生卫队管带官，非漫无根柢者可比；且各省官员来京者，或因路途遥远，或因要政所关，临行时往往索一密电本，政府无不发给，何独于应而靳之。因于一月十四日作一便函，将密电本送交应夔丞收执，此外绝未通信。以后接过两三次报告，无关紧要，概未答复。嗣洪述祖声称接有应夔丞由沪发来致伊密电一通，借用此本，去后并未缴还。外间所传赵总理致应夔丞亲笔函件，当即指送电本时之信而言也。①

对于赵秉钧的解释，当时有不少人表示支持，认为"应曾受有巡查差使，发给密电本在事实上亦寻常事"。② 又认为"应既任为巡查长，而又以解散会党自任，敢为大言以欺中央，赵秉钧予以密码通信，亦属于常事，不能谓即为宋案之主谋"。③ 特别是"超然百姓姚之鹤"的解释，最具说服力，认为赵秉钧函送应夔丞密码电本并没有不可告人之处。他说：

---

① 《宋案之鳞爪·赵总理与应桂馨之信》，《大共和日报》1913 年 4 月 20 日，第 4 页。
② 《宋案证据政府逐条辨明书底稿》（1913 年 4 月底），稿本，北京大学历史学系藏，第 174 函；至公：《刺宋案证据之研究》，《亚细亚日报》1913 年 4 月 30 日，第 1 页。
③ 《宋案证据之研究》，《申报》1913 年 4 月 28 日，第 11 页。

　　按赵将密码电本送应，此必应假解散共进会以哄赵，故赵有
此举。以巡查长资格领取国务院之密电本无足异，若据此即谓赵
于此案不无关系，则凡职官之犯有私罪者，其在职时不得与上级
官厅通信矣。又，赵与应之交通，由洪为之介绍，此两派人（指
周内派与辩护派——引者）所公认也。今观赵函云"有电直寄国
务院"，国务院为众目昭彰之地，赵交电本与应而果有暧昧意思，
何不嘱寄别处秘密之所；且由洪介绍而识应，则直接寄洪乃为正
当办法，而举不然者，可见赵之将电本交应，纯为职务上之关
系；而洪之不为赵所信任，不使与闻此后之交往，亦于言外见
之矣。①

　　赵秉钧时任国务总理兼内务总长，其在国务院的秘书为程经世
等，在内务部的秘书为洪述祖等。解散共进会属于内务部管辖之事，
应夔丞又系洪述祖介绍至中央，照理，应夔丞若有电至中央，由洪述
祖译呈赵秉钧更合乎情理，但赵致应亲笔函却要求其"有电直寄国务
院赵可也"（实际由秘书程经世译呈，详下文）。因此，"超然百姓姚
之鹤"所谓"洪之不为赵所信任，不使与闻此后之交往"的说法，
是很有道理的。《神州日报》亦有此看法，谓："证据中赵总理之与
应书亲署姓者，只有致其电码一本，谓如发电则径寄国务院赵云，盖
赵固知洪之招摇，故不欲其转手。"② 当然，这当中可能还有一个原
因，就是"洪既新进，且嫌位卑，仅领干修，不常视事"，③ 赵秉钧
若让洪经手"应密"来电，不免会担心误事。

　　但国民党人并不这样认为，戴季陶（天仇）把赵秉钧函送应夔丞
密码电本看作赵秉钧"阴谋破坏民党、谋杀民党中人"的"第一证

---

① 超然百姓姚之鹤：《宋案证据平议》，《时事新报》1913 年 5 月 2 日，第 2 张第 2 页。
② 《宋案旁征（八）·洪应狼狈之真相》，《神州日报》1913 年 4 月 28 日，第 3 页。
③ 《赵总理之谈话》，《新纪元报》1913 年 4 月 30 日，第 3 页。

据"。他分析道：

> 一月十四日致应犯信并送密码一册，此为密谋开始之第一证
> 据。赵与应以"应密电本"，苟为国务院之公事，当然以公文附
> 送，而乃以亲笔密函送之，是赵送"应密电"与应，并非公事，
> 实别有密谋，可不必论而自明。且赵氏身为总理，必有亲信之人
> 为之译电，"应密电本"又系赵亲笔私函送交，则一切阴谋破坏
> 民党、谋杀民党中人之电，无论直接间接，赵皆为造意，而一月
> 十四日之函，实以其根据焉。①

戴季陶之说看似有理，其实并无说服力。其一，倘若赵秉钧函送
应夔丞密码电本如戴季陶所言不是为了国务院公事，何以函云"以后
有电直寄国务院赵可也"，而不云直寄赵之私宅？可见并非为了私事
或不可告人之事。还是《时事新报》所言更有道理："如发电则径寄
国务院赵云云，则知赵亦防洪之招摇，故不欲其转手；曰寄国务院赵
而不欲其寄私宅，可见赵之与应，似并无秘谋，其所以与密电本者，
仍为共进会与欢迎团等事耳。"② "则知赵亦防洪之招摇"云云，与
《神州日报》所言意思相同。其二，赵秉钧、应夔丞之间既无密谋，
何以赵送应密码电本，不以公文附送，而以亲笔密函送之？则其中必
有隐情。盖赵之所以送应夔丞密码电本，系因应夔丞为江苏驻沪巡查
长，负有解散共进会之责，而解散共进会主要为袁、洪、应所密谋，
赵不过为边缘之人，因此他并不适合声张，也不愿声张，乃至于还要
防其秘书洪述祖借此招摇。何况既系密码电本，当然需要秘密送达，
而不适于公文附送。其三，赵送应夔丞密码电本时间为 1913 年 1 月

---

① 天仇：《铁案·驳赵秉钧电》，《民权报》1913 年 5 月 3 日，第 2 页。
② 本馆驻京记者闻雷：《北方对于宋案之研究》，《时事新报》1913 年 4 月 28 日，第 2
张第 1 页。

14 日，当时并无所谓"阴谋破坏民党、谋杀民党中人"之事，戴季陶将后来应、洪利用"应密电本"所谋划之"阴谋破坏民党、谋杀民党中人"之事，不问青红皂白，不察具体情形，皆归咎于赵，认为"无论直接间接，赵皆为造意"，未免过于武断。除非可以证明赵秉钧的确是后来应、洪所为各事（包括杀宋）主谋，否则难以得出这一结论，而恰恰是这一关键问题，目前看来并无确实证据，具体论证可见下文。

另一国民党人徐血儿则认为，该密码电本是赵秉钧交给应夔丞报告南方国民党人举动用的，解散共进会不过是幌子。他就此解析道：

> 夫奉差各省特派人员，与以密码电本，固属寻常，并无特异之处。不过赵、应之授受密电，则与寻常有异，盖赵、应必密议妥善，然后再授以密电本，使报告机密。此非故意周纳也，赵之用应，实使之以侦察南方举动，报告政府，为其一大任务，而解散青、红会匪，特假以为名，彼视之固甚小耳。于何证之？应是后致赵之密电，多皆不关于其巡查长分内之事。即姑以袁言观之，袁谓三月十三日以前，皆关于取消欢迎国会团之事，试问欢迎国会团非政治上关系乎？该团本与共进会性质不同，何劳应之解散，即此已可见应所负者，另有一种特别任务矣。①

蔡世襄亦提出类似看法，他根据应夔丞取得密电本后于 2 月初发给国务院的密电内容分析说：

> 观二月一、二两日"东""冬"两电，明言"总理投票"

---

① 血儿：《驳赵秉钧之通电·铁证如山尚可掩饰耶》，《民立报》1913 年 5 月 2 日，第 2 页。

"解散国会"，及对待何海鸣、戴天仇之法，与购"孙黄宋劣史""宋骗案"，"选举扰攘，国随以之"等语，为政府作走狗密探，承政府意旨以倾害正人，阴贼良善，初无一语及欢迎国会团，更无一字及共进会，而俱用"应密"，赵虽百喙，其何以解？①

不能不承认，徐血儿和蔡世襄的分析，或结合当时政情变化，或依据"应密"电报内容，很有几分道理，但事实比他们的分析复杂得多。他们根据后来应夔丞所发密电内容，推断前此赵发"应密电本"时之动机，却不知赵秉钧发给应夔丞密码电本之前，应夔丞与政府之间的联系，除了关于解散共进会，以及赴京领取解散费和江苏驻沪巡查长津贴外，并无其他与国民党相关联之事，透过宋案证据很容易就可以看出这一点。但事情就巧在，赵秉钧于1913年1月14日函送应夔丞密码电本之时，恰逢尹仲材、何海鸣等部分激进国民党人发起的欢迎国会团在沪上出现约半月，他们主张"第一届正式国会当然自行召集，并自行择定集会地点，先开预备会于上海，随即开成立会于南京，以保持立法机关之安全，预防北京军警之干涉，使议员得自由议定宪法，选举总统，以达真正共和之目的"。② 此后，洪、应奉袁世凯之命，南下秘密调查欢迎国会团真相，这才使应夔丞后来致国务院"应密"电文中出现了关于欢迎国会团和构陷"孙黄宋"等内容。但要注意的是，"应密电本"是应夔丞1月12日谒见赵秉钧时要求给的，理由是办理解散会党之事须防"漏泄"，③ 而袁世凯和赵秉钧最早到1月13日才开始商量如何应对欢迎国会团，④ 袁决定"特委"洪

---

① 蔡世襄：《赵秉钧与应夔丞同谋之铁证》，《民立报》1913年5月9日，第2页。

② 海鸣：《再论国会自行集会与另择地点之理由》，《民权报》1913年1月5日，第2页。

③ 《赵秉钧为宋案致北京〈民立报〉记者函》，《新闻报》1913年5月7日，第1张第3页；《宋案旁征（五）·赵总理私邸之一席话》，《神州日报》1913年4月18日，第4页。

④ 《大总统与赵总理之密议》，《大公报》1913年1月15日，第3—4页。

述祖南下调查欢迎国会团则已到 1 月 20 日。① 赵秉钧 1 月 14 日函送应夔丞密码电本实际上是回复其 1 月 12 日的要求，不可能有要应夔丞"侦察南方举动"之目的。再说，赵、应仅见过一面，赵并不了解其人，加之赵对于对付国民党人态度并不积极，因此不可能赋予其"侦察南方举动"之任务。赵本人甚至连洪、应南下秘密调查欢迎国会团，都是在报纸刊登消息后才知道的（详下文）。

综上可以肯定，赵秉钧 1913 年 1 月 14 日函送应夔丞密码电本，纯属其作为国务总理兼内务总长的寻常公事行为，并无阴谋对付国民党人之目的。至于应夔丞、洪述祖后来利用"应密电本"策划对付国民党人，以至酿成杀宋惨剧，与赵秉钧究竟有何关系，属于另外需要研究的问题，下文再做详论。

顺带提及，近人陶菊隐对于赵秉钧函送应夔丞密码电本，还曾有如下解释："袁、赵二人商定了暗杀宋教仁的秘密计划，就通过洪述祖物色到应桂馨这个流氓头子，于一月十四日发下'应密电码'一本，吩咐应直接与国务院联系。"② "应密电本"从发给应夔丞之始，就被陶菊隐明确视为暗杀宋教仁的工具，离事实真是相距十万八千里。

七　赵卷入构陷"孙黄宋"阴谋及中途退出

在赵秉钧于 1913 年 1 月 14 日函送应夔丞密码电本近半个月后，应夔丞发给国务院的电文中开始出现关于欢迎国会团的内容，这对赵秉钧而言完全是个意外。但如前所述，国民党人并不这样认为，于是在是否刻意对付欢迎国会团问题上，赵秉钧在某种程度上可以说又一次被误解。之所以说"在某种程度上"，是因为赵秉钧从 1 月 13 日

---

① 《第十九件　应夔丞信两纸又一纸》（1913 年 1 月 21 日），《前农林总长宋教仁被刺案内应夔丞家搜获函电文件检查报告》，第 16 页。
② 陶菊隐：《北洋军阀统治时期史话》上册，第 165 页。

起，的确参加了袁世凯召集的应对欢迎国会团的会议，也主张采取派人和平劝散办法，但他对袁世凯派洪述祖南下秘密调查该团真相却不知情，因洪述祖1月20日出京时，系以赴津养病名义向其请假，并未透露实情。以下是洪当时请假的呈文：

> 呈为请假事。窃述祖感发旧疾，拟请假两星期，回津调治，理合呈请批示祗遵。洪述祖谨呈。一月二十日。（总理批：照准。）①

然而，到了1月25日，上海《民立报》忽然刊出一则"北京电报"，披露了洪述祖的动向。电文如下：

> 内务部秘书洪述祖见袁总统不悦欢迎国会团，说袁出巨款，交伊赴沪，担任解散该团，昨已请假，不日南行（实际上此时洪述祖已经到了上海——引者）。②

1月26日，《民立报》又有报道，称《京报》载有沪电，谓"'欢迎国会团'将甘心于洪"，③也就是欢迎国会团将为洪所收买。

赵秉钧看到上述报道后，方知洪述祖请假赴津养病是假，南下秘密调查欢迎国会团是真。他在后来接受《新纪元报》记者采访时，就此事与记者有过如下问答：

---

① 《举国同声一哭之宋先生·宋先生案之一线光明·洪应之南下》（北京本报4月1日特记），《民立报》1913年4月5日，第7页；《洪二年一月二十日请假呈》，见《任用应夔丞之始末（续）》，《盛京时报》1913年4月11日，第3页；《二年一月二十日请假呈》，见《北京发表任用应夔丞之始末（续）》，《时报》1913年4月11日，第3页。

② 《北京电报》，《民立报》1913年1月25日，第5页。

③ 《北京电报》，《民立报》1913年3月28日，第3页。

问：正月间君委洪南下有诸？

答：否。余不以部务属洪，洪亦自称不愿拘于寻常公事。正月间洪请假赴津，余方利其去部，立予批准，初不识其潜行赴沪也。

问：洪去若干时？

答：去约半月余。

问：洪归后君知其事否？

答：洪自来告余，谓上海欢迎国会团甚有势力，颇能淆乱人心，亟宜设法。余以总统不愿干涉告之，彼殊怏怏退。

问：以后洪与君有无交涉？

答：彼曾两次以欢迎团事语余，余均却之。嗣是以还，一无交涉。①

《民立报》报道洪述祖南下，说明其行踪引起了国民党人注意，同时也生发了一些传言，说洪述祖是奉了赵秉钧之命南下解散欢迎国会团。②由于洪述祖为赵秉钧之秘书，赵见"人言啧啧，恐有误会，或酿事端，特令言次长（即内务部次长言敦源——引者）查询其家，急电令洪归京"。③于是，在后来于应宅搜获函电中，便出现了如下一封电报：

---

①《赵总理之谈话》，《新纪元报》1913年4月30日，第3页。

② 按《大公报》曾有报道："及上海欢迎国会团发现，洪乃请假赴沪，到津后宣告奉赵命赴沪解散欢迎国会团。赵闻之甚为愤恚，谓'洪某如此荒唐，到处招摇，如何得了。'有人以此语告洪，洪乃稍微敛迹。"（《洪述祖在逃被获之消息》，《大公报》1913年4月1日，第4页）《时事新报》亦有报道洪"到津后，扬言奉赵总理命，至沪解散欢迎国会团，为赵总理所闻，大斥其谬妄"（本馆驻京记者禅那：《刺宋案牵连之洪述祖与不负责任之赵总理》，《时事新报》1913年4月5日，第2张第1页）。以上报道显然失实，因洪述祖南下系受袁秘密派遣，赵并不知情，洪怎么可能扬言奉赵之命，又怎会自己走漏消息。事实上，在《民立报》刊登"北京电报"后，洪曾在该报刊登声明，否认南下系为解散欢迎国会团事，力图掩人耳目。

③《北京电报》，《民立报》1913年3月28日，第3页。

> 上海石路吉升栈洪荫芝：赵嘱速回。深。①

　　此电于 1 月 25 日晚自北京发出。关于发电人，宋案证据检查报告在电文后说明文字中写道："电文末码（三二三四）照译为'深'字，未知谁何。"也就是说，不知道发电人"深"是谁。其实，根据赵秉钧曾派言敦源联系洪述祖家属，请"急电令洪归京"这一情况，不难想到该电应当是洪述祖家人所发。经查，洪述祖正好有子名"深"，也就是后来鼎鼎有名的戏剧家洪深，当时正在清华学校就读。由此可以断定，该电就是洪深应赵秉钧、言敦源之请而发的催促其父速回北京的家电。

　　需要指出的是，洪深的电报是发给其父洪述祖的，但因当时"洪正有事宁苏"，② 不在上海，该电实际上是由应夔丞接收的。应夔丞接到该电后，作为回复，共发出两电，其中一电系以洪述祖名义回复洪深，为明电，共 16 字，发电时间为"正月二十五二时"，也就是 1 月 26 日凌晨 2 时，内容如下：

> 北京椿树胡同洪：卅一号快车回，告赵。荫。③

　　电中"洪"指洪深，"荫"即洪述祖。电文意思是要洪深告诉赵秉钧，洪述祖将于 1 月 31 日乘快车回京。另一电系以应夔丞名义直寄国务院赵秉钧，共 58 字（明 9 字，密 49 字），发电时间为 1 月 26 日早 7 时，

---

　　① 《第二十件　北京寄洪荫芝电一纸》（1913 年 1 月 25 日晚 12 时北京来电），《前农林总长宋教仁被刺案内应夔丞家搜获函电文件检查报告》，第 17 页。

　　② 《第二十件　北京寄洪荫芝电一纸》（1913 年 1 月 25 日晚 12 时北京来电）《复电稿一纸》（1913 年 1 月 26 日上午 7 时发），《前农林总长宋教仁被刺案内应夔丞家搜获函电文件检查报告》，第 17 页。

　　③ 《第二十件　北京寄洪荫芝电一纸》（1913 年 1 月 25 日晚 12 时北京来电）《复电稿一纸》（1913 年 1 月 26 日凌晨 2 时发），《前农林总长宋教仁被刺案内应夔丞家搜获函电文件检查报告》，第 17 页。

内容如下：

> 北京国务院赵鉴：应密。洪正有事宁苏，准卅一号回淮运司，翌日来京……国会盲争，真相已得，洪回面详。夒。径。[1]

电中"国会盲争"即"国会暗争"，指欢迎国会团要求自行召集国会，自行确定国会地点。"国会盲争，真相已得，洪回面详"，则是说欢迎国会团真相已得，详情将由洪述祖回京后当面汇报。这是目前所见应夒丞取得"应密电本"后，向国务院发出的第一封电报，也是宋案证据中涉及国会问题的开始。本来，应夒丞在接到洪深来电后，只要回复 1 月 26 日凌晨 2 时那封明码电报就可以了，没想到他又直接给赵秉钧回了一封密码电报，并且隔天向赵寄了一封 1 月 25 日晚写就的信件，[2] 具体谈及调查欢迎国会团情况，请赵"转陈总统"。[3] 在应夒丞看来，赵秉钧作为国务总理兼内务总长和袁世凯的亲信，当然知道他和洪述祖南下调查欢迎国会团之事，但他哪里知道，正是他的这一电一函，鬼使神差把赵秉钧牵入局中。而赵秉钧也不会想到，不但洪述祖背着他悄悄南下是为了解散欢迎国会团事，就连应夒丞也加入了，而且与洪述祖合伙。由于应夒丞在电报中提到了"洪回面详"，此事也就只能将错就错，但赵秉钧对洪述祖以欺骗手

---

① 《第二十件　北京寄洪荫芝电一纸》（1913 年 1 月 25 日晚 12 时北京来电）《复电稿一纸》（1913 年 1 月 26 日上午 7 时发），《前农林总长宋教仁被刺案内应夒丞家搜获函电文件检查报告》，第 17 页。

② 信见本书第 156 页。

③ 按应夒丞发出两电一函后，曾写下一段备忘文字："二年正月二十五晚十二时北京来电（即洪深电——引者），当已密复国务院总理转陈总统（即 1 月 26 日早 7 时所发电——引者），并用明电饬知椿树胡同内部秘书洪查照，转告赵智庵，以资接洽（即 1 月 26 日凌晨 2 时所发电——引者）。前事已于当日飞函致赵（实际为 1 月 27 日发出——引者），稿与电略同。"见《第二十件　北京寄洪荫芝电一纸》（1913 年 1 月 25 日晚 12 时北京来电）《复电稿一纸》（1913 年 1 月 26 日上午 7 时发），《前农林总长宋教仁被刺案内应夒丞家搜获函电文件检查报告》，第 17 页。

法背着他南下调查欢迎国会团显然很不高兴，因此，洪述祖回到北京后，三次同赵谈论该团情况，赵都态度消极，不愿理会。

但赵秉钧回答《新纪元报》记者的话，也不完全属实。他说："嗣是以还，一无交涉。"而事实上，继1月26日"径电"之后，应夔丞2月1日所发"东电"与2月2日所发"冬电"等，均系发给国务院。其中"东电"云："北京国务院赵鉴：宪法起草创议于江、浙、川、鄂国民党议员，现以文字鼓吹、金钱联合，已招得江、浙两省过半数主张两纲：一系除总理外不投票，似已操有把握；一系解散国会，手续繁重，取效已难，已力图。此外何海鸣、戴天仇等，已另筹对待。"① "冬电"则云："国务院程经世君转赵鉴：孙、黄、黎、宋运动极烈，黎外均获华侨资助。民党忽主举宋任总理。'东电'所陈两纲，其一已有把握，虑被利用，已向日本购孙、黄、宋劣史，黄与下女合像，警厅供钞，宋犯骗案刑事提票，用照片辑印十万册，拟从横滨发行。"② 这样，赵秉钧就彻底卷入洪、应借解散欢迎国会团之机操弄宪法起草以及构陷"孙黄宋"的诡谋当中。而2月2日洪致应函所云"要紧文章已略露一句，说必有激烈举动，吾弟须于题前迳密电老赵索一数目"，③ 以及2月4日洪致应函所云"冬电到赵处，即交兄手，面呈总统，阅后颇有喜色，说弟颇有本事，既有把握，即望进行"云云，④ 更使赵秉钧难以洗脱构陷"孙黄宋"的嫌疑。迨宋教仁被杀后，赵秉钧曾就以上各函电于"勘电"中辩解道：

---

① 《第二十七件　应夔丞寄国务院东电稿一纸》（1913年2月1日午刻发四等电），《前农林总长宋教仁被刺案内应夔丞家搜获函电文件检查报告》，第23页。

② 《第二十八件　应夔丞寄国务院冬电稿一纸》（1913年2月2日晚6时发），《前农林总长宋教仁被刺案内应夔丞家搜获函电文件检查报告》，第24页。

③ 《第二十六件　洪述祖寄应夔丞信一纸信封一个》（1913年2月2日），《前农林总长宋教仁被刺案内应夔丞家搜获函电文件检查报告》，第23页。

④ 《第二十九件　洪述祖寄应夔丞信二纸》（1913年2月4日），《前农林总长宋教仁被刺案内应夔丞家搜获函电文件检查报告》，第24页。

二月四日洪致应函有"'冬电'到赵处，即交兄手，面呈总统"等语。无论洪述祖并无谒见总统之事已如上述，即果谒见，而查阅该函于"即望进行"云云之下，紧接"兄又略提款事，渠说将宋案骗情及照出之提票式寄来，方可征信"等语。可知款系收买提票之款。上段所谓"喜悦"，所谓"进行"，均指提票而言，缘二月二日应犯寄程经世转赵总理"冬电"内本有"已由日本购孙黄宋劣史、警厅供抄、宋犯骗案刑事提票"之语。则二月四日之函，即以复二月四日之电，若合符节。推之来电（指程德全、应德闳1913年4月25日宣布宋案证据之"有电"，赵秉钧"勘电"系据"有电"所列证据——自辩——引者）所开二月八日洪致应犯函"宋案有无觅处"，及二月十一日洪致应犯函"宋件到手，即来索款"，二月二十二日洪致应犯函"请款总要在物件到后"各语，皆指收买宋在日本"骗案刑事提票"而言，决不影响于谋杀，且皆洪假政府名义诳诱应犯，决非受政府之嘱托，以其毫无政府委任之凭证故也。[①]

赵秉钧本来是要辩解他和政府与杀宋无关，结果他的这段辩解正好等于承认阴谋构陷"孙黄宋"实有其事。但他又辩称这些行为系"洪假政府名义诳诱应犯，决非受政府之嘱托，以其毫无政府委任之凭证故也"。这当然是很无力的辩解，因为以阴谋手段诋毁政敌并不是什么光彩的事情，政府当然不可能给洪、应委任凭证。赵秉钧又辩称，"凡属应密来电"，由于秘书洪述祖没有译呈，自己并未看到。他说：

> 来电所称一月二十六日应犯寄赵总理"应密径电"及二月一

---

① 《致武昌黎副总统各省都督民政长电》（4月28日），1913年油印件，北京大学历史学系藏，第174函。

日应犯寄赵总理"应密东电"，本总理至今未见。证之来电所称二月二十二日洪致应犯函有"智老已将应密电本交来，纯全归兄一手经理"之语，可知凡属"应密"来电，洪述祖均未译呈，本总理无从查阅也。①

赵又在接受《新纪元报》记者采访时有如下问答：

> 问：应以密码拍电与君否？
>
> 答：有否余不得知，盖"应密电本"既在洪手，"应密"电至，电报房即交洪译，洪抗电不呈，余为所蔽，此实余罪。然无论何等人为长官，亦必不能日携密电本百余册，不令秘书经手也。
>
> 问：然则洪、应来往函电，君一无所知否？
>
> 答：余以菲才，总揽国务，绠短汲深，日苦不给，安有余力，问此闲事。②

对于赵秉钧的辩解，徐血儿进行了极有力的辩驳，指出 1 月 26 日"径电"、2 月 1 日"东电"系应夔丞直接发给赵秉钧，事涉"机要"，秘书既不能也不敢不译呈赵秉钧。他说：

> 按一月二十六日应寄赵之"径电"，与二月一日应寄赵之"东电"，皆应直接电赵者，赵何得云"至今未见"？应寄赵电或先交秘书译出，惟秘书决无代赵阅看不交赵阅之理。赵前不云乎"密码电报本系机要"，应"径""东"两电皆系"应密"，既用

---

① 《致武昌黎副总统各省都督民政长电》（4 月 28 日），1913 年油印件，北京大学历史学系藏，第 174 函。

② 《赵总理之谈话》，《新纪元报》1913 年 4 月 30 日，第 3 页。

密码，则秘书必以为关于赵、应机要之事，则秘书又何敢不呈总理阅过？且"径电"中有"国会盲争，真象已得"之语；"东电"中有"宪法起草创议于江、浙、川、鄂国民党议员，现以文字鼓吹、金钱联合，已招得两省过半数主张两纲：一系总理外不投票，似已操有把握；一系解散国会，手续繁重，取效已难，已力图。此外何海鸣、戴天仇等已另筹对待"之语，其中皆往来协商所谓"机要"之事，秘书安知其中原委，则秘书又何能不呈总理阅过？既不能，又不敢，则赵当时必曾亲见此两电稿矣。所谓至"今未见者"，将谁欺耶？①

至于2月2日"冬电"，收电人为"国务院程经世君转赵鉴"。洪述祖2月4日复应函有"冬电到赵处，即交兄手"之语，说明程经世将"冬电"译呈给了赵，而后赵交给了洪。洪在2月4日复应函中又有"望弟以后用'川密'与兄，不必再用'应密'，缘〔经〕程君之手，即多一人也，且智老处手续不甚机密"等语，② 也说明此前"应密"各电均已经程经世之手译呈于赵。因此，赵秉钧看到了1月26日"径电"、2月1日"东电"及2月2日"冬电"，确凿无疑。赵秉钧试图以洪述祖2月22日致应夔丞函中有"智老已将'应密电本'交来，纯全归兄一手经理"一语，否认洪述祖译呈以上三电，从而否认自己曾看到三电，显然不具有说服力，因三电发出时，"应密电本"尚归国务院秘书程经世掌握，并未归内务部秘书洪述祖"一手经理"，谈何"洪述祖均未译呈"。由赵所辩可见其"心慌意乱，欲盖弥彰，

---

① 血儿：《驳赵秉钧之通电·铁证如山尚可掩饰耶（一续）》，《民立报》1913年5月3日，第2页。

② 《第二十九件　洪述祖寄应夔丞信二纸》（1913年2月4日），《前农林总长宋教仁被刺案内应夔丞家搜获函电文件检查报告》，第24页。

其情殊可哂笑"。①

但2月2日"冬电"是否如洪述祖2月4日致应函所云"'冬电'到赵处，即交兄手，面呈总统，阅后颇有喜色，说弟颇有本事，既有把握，即望进行"云云，国民党人的解释和赵秉钧的解释又不相同。徐血儿认为"此函实袁、赵主使诡谋之铁证"，并将赵交"冬电"给洪之举，解释为"赵得此电，若当面将此电交袁相商，面子上未免觉得难看，故以此电交洪述祖，令洪述祖面呈总统"。② 这其实夸大了赵在构陷"孙黄宋"诡谋中所起的作用，高估了赵对此事的积极性。赵对袁、洪特殊关系是很清楚的，根本无须他下令，洪就会将"冬电"呈袁。正因为赵秉钧对构陷"孙黄宋"态度消极，不愿卷入，所以，当后来洪述祖从其手中借走"应密电本"后，赵秉钧并没有催还（详下文）。洪述祖则在2月22日致函应夔丞，有"以后勿通电国务院（除巡缉长之公事不计），因智老已将'应密电本'交来"之语，③这样，"应密电本"就被洪述祖掌握，"只为阴谋不轨之用"。④

至于洪述祖接到"冬电"后，是否"面呈总统"，赵秉钧在"勘电"中也予以否认，但如前所论，他的辩解并不能成立。⑤ 他之所以竭力否认洪述祖曾将2月2日"冬电"面呈袁世凯，既是为了掩饰自己曾参与构陷"孙黄宋"阴谋，也是为了掩饰袁世凯曾主使构陷阴谋，二人在此事上有共同利害。

另据国务院秘书长张国淦记述，宋教仁被刺消息3月21日传到

---

① 血儿：《驳赵秉钧之通电·铁证如山尚可掩饰耶（一续）》，《民立报》1913年5月3日，第2页。

② 血儿：《驳赵秉钧之通电·铁证如山尚可掩饰耶（二续）》，《民立报》1913年5月4日，第2页。

③ 《第三十五件　洪述祖寄应夔丞信三纸》（1913年2月22日），《前农林总长宋教仁被刺案内应夔丞家搜获函电文件检查报告》，第27页。

④ 《洪述祖致应夔丞信》（1913年2月22日），见《宋案证据之披露》，《民立报临时增刊》1913年4月27日，第2页。

⑤ 参阅本书第273—277页相关论述。

北京时，国务院正开国务会议，总理赵秉钧大吃一惊，旋被总统府来电请去谈话。此时在会场中，司法总长许世英和记录秘书恩华之间有如下对话：

> 司法许世英问："院中近来曾接上海特别密电否？"记录秘书恩华答言："本年似在一月间某日深夜，上海来'应密'急电，电务处向秘书厅取密本，厅中查未有此'应密'。是夜本人（恩自谓）在院值班，即到总理处取来'应密'本。此本皮面，原写'洪密'二字，'洪'字涂去，改'应'字。译出，只有'某日到沪'数字，下款当时不甚注意，已记不清。当时译电并原密本亲呈总理。总理谕：'以后如有特别密电来院，其密电本不在秘书厅者，即将原电径送我处自译。'电务处人言，以后亦未接有上海特别密电。"[1]

应夔丞1月14日方拿到"应密电本"，1月22日离京，先至南京，然后转往上海。[2] 因此，上段对话中的"一月间"，具体讲，应是1月下旬。恩华所译出的"某日到沪"数字电文，应当就是应夔丞返回上海后给赵秉钧的回电。上段对话透露了如下几点重要信息：①"应密电本"最初为赵秉钧亲自掌握，赵并要求密电本不在秘书厅的"特别密电"，由他自译。②恩华看到的赵秉钧手中的"应密电本"封皮，"原写'洪密'二字，'洪'字涂去，改'应'字"，这说明赵秉钧似曾有由洪述祖掌管此密电本的想法，但最后还是决定由他自己来掌握，让应夔丞"有电直寄国务院赵"，这反映了赵对洪的确不够信任。③1月底2月初正是洪、应南下调查欢迎国会团及阴谋

---

① 张国淦：《北洋述闻》，第47页。
② 《第十九件　应夔丞信两纸又一纸》（1913年1月21日），《前农林总长宋教仁被刺案内应夔丞家搜获函电文件检查报告》，第16页。

构陷"孙黄宋"的时候，"应密电本"既然在赵秉钧手中，则他当然收到了应夔丞所发"径""东""冬"三电，赵秉钧参与构陷"孙黄宋"阴谋确定无疑。

自2月22日起，"应密电本"转归洪述祖"一手经理"。此后，应、赵之间未见有"应密"电报往来，构陷"孙黄宋"之事也无任何消息，这就意味着不论巡缉长公事，还是巡缉长公事以外之事，应夔丞均未向赵秉钧报告过。这一情况正好与恩华所谓"电务处人言，以后亦未接有上海特别密电"相吻合。因此可以说，从赵秉钧将"应密电本"交与洪述祖那刻起，他事实上已经退出了构陷"孙黄宋"的阴谋。

八　洪应利用"应密"策划杀宋与赵无关

洪述祖是赵秉钧的秘书，因此宋教仁被刺后，很多人立刻就将赵视为刺宋幕后主使，然而，这种建立在一般人际关系基础上的推断实在太过简单，也很危险。当宋案证据尚未公布之时，在一片怀疑声中，《时事新报》发表社论，提醒人们应当注重证据，不可漫加怀疑。其言道：

> 今宋案之内容既未披露，则吾人所当望于宋案者，第一即在案中之证据。证据所在，国法随之。古时为亲者讳、为尊者讳之例，决不适用于今日……夫洪之所以受嫌疑，则因搜查证据之时，发现应与洪之关系，以证据而被嫌疑，天下所以痛心疾首于洪也。虽然，嫌疑之地，有其界说存焉。若漫无界说，逞一人之私意，一己之私愤，道路之人，皆无不可在嫌疑之列也。以人的关系，而推及于同乡，以官的关系，而推及于同僚，则桑梓之谊不能存，寅寮之间有大戒，恐古之专制时代，瓜蔓抄之牵累，不如是其甚也。[1]

---

① 阁：《嫌疑之界说》，《时事新报》1913年4月5日，第1张第1版。

直隶都督冯国璋则在证据公布后发表通电，明确表示"不能以洪述祖之故，疑及赵总理"。电曰：

> 宋前总长之被刺，证据已经宣布，所可推测者，洪、应为案中最要之人，其他无可臆断。平情而论，责赵总理之任用非人可也，以洪、应之罪加之于赵，则必不可。按之事实，既无指赵与闻之证实，考之法理，除法庭裁判外，亦无何人可任意加人以罪名。①

赵秉钧之所以被很多人视为刺宋幕后主使，其中一个重要原因是，他于1913年1月14日函送应夔丞的密码电本，后来成了洪述祖和应夔丞策划杀宋的通信工具，而洪述祖又是赵秉钧的秘书，被国民党人视为赵之私人。然而，如果严格依据史料分析，洪述祖产生杀宋之意在3月6日其致应夔丞函中，而"应密电本"至迟在2月22日赵秉钧就已经交给洪述祖，因此，赵秉钧对洪、应二人后来利用"应密电本"策划杀宋之事是否知情，就需要审慎分析。

赵秉钧手中后来不再掌握"应密电本"，这一点无可怀疑。先是1913年2月22日，洪述祖有一函致应夔丞，其中写道：

> 以后勿通电国务院（除巡缉长之公事不计），因智老已将"应密电本"交来，恐程君（指国务院秘书程经世——引者）不机密，纯全归兄一手经理。②

赵秉钧对此事的说法则是："洪一日来，谓得应秘电，请假秘电

---

① 《冯国璋通电各省文》，《振南日报》1913年5月28日，第1页。

② 《第三十五件　洪述祖寄应夔丞信三纸》（1913年2月22日），《前农林总长宋教仁被刺案内应夔丞家搜获函电文件检查报告》，第27—28页。

本一用，此后竟未缴还。"① 不管哪一种说法，都证明 2 月 22 日以后，赵秉钧手中的确已经不再掌握"应密电本"。洪述祖 1917 年在上海公共公廨受审时，曾试图否认这一事实，称：

> "川密电本"我处留存一本，"应密电本"则不在我处。我凡遇"川密"之电，我可当场翻译。惟"应密"我处并无电本，故收到后即行加封，转送赵之寓所。②

1918 年在京师高等审判厅受审时，洪述祖又称赵秉钧实际上并未将密码电本交他，"'应密电本'仍存赵之皮箧内，跟随人走"，③ 试图将后来他利用"应密电本"与应夔丞策划杀宋之事转嫁到已死数年的赵秉钧身上。然而，洪述祖所言不过诡辩而已，正如法庭判决书所言，赵秉钧如若未将"应密电本"交与洪，则洪述祖在 2 月 22 日函中就应当告诉应夔丞"赵秉钧'拟将应密电本交来'，惟原函明明谓'已将应密电本交来'，其为业经取得，无可置辩"。④ 还有，赵秉钧如果未将"应密电本"交洪，何以应夔丞后来给洪所发"应密"电报会有"乞转呈"字样？⑤ 而且在宋教仁被刺前一天，洪述祖还用"应密"发电给应夔丞，指示"事速进行"。⑥ 另外，前引张国淦所记

---

① 《宋案旁征（五）·赵总理私邸之一席话》，《神州日报》1913 年 4 月 18 日，第 4 页。

② 《洪述祖之供词》，《申报》1917 年 8 月 1 日，第 10 页。

③ 《京师高等审判厅刑事判决》（七年控字第二二四号，1918 年 12 月 2 日），转引自王建中《洪宪惨史》，第 85 页。

④ 《京师高等审判厅刑事判决》（七年控字第二二四号，1918 年 12 月 2 日），转引自王建中《洪宪惨史》，第 85 页。

⑤ 《第四十一件 应夔丞寄洪述祖电底一纸原稿一纸》（1913 年 3 月 14 日下午 7 点 20 分由上海电报局发寄四等第 7863 号电报），《前农林总长宋教仁被刺案内应夔丞家搜获函电文件检查报告》，第 32—33 页。

⑥ 《第四十四件 洪述祖寄应夔丞电底一纸》（1913 年 3 月 19 日下午 12 点 35 分上海电报局收到北京发寄四等第 3937 号电报），《前农林总长宋教仁被刺案内应夔丞家搜获函电文件检查报告》，第 34 页。

国务院"电务处人言",1月"以后亦未接有上海特别密电",也与洪述祖2月22日致应函所言恰可相互印证,证明2月22日以后,赵秉钧确已不再掌握"应密电本",应夔丞所发"应密"电也不再"直寄国务院赵",而是寄给洪述祖。

但前述两种收授"应密电本"的说法,内涵有很大差别。倘若洪述祖所言为真,也就是赵秉钧因担心程经世"不机密"而主动把"应密电本"交与洪述祖"一手经理",那么,即便2月22日以后赵秉钧不再掌握"应密电本",他仍有与洪述祖合谋杀宋嫌疑。倘若赵秉钧所言为真,即"应密电本"为洪所借去而未归还,则2月22日以后"应密"电所涉杀宋等事就与赵无关,除非洪述祖主动呈报。因此,两种说法究竟哪种是真,还需加以辨析。

应夔丞是江苏驻沪巡查长,其职责"专在稽查匪情",[①]属于内务部管辖范围。由前述1月14日赵秉钧函送应夔丞密电本的情形可知,赵秉钧对于内务部秘书洪述祖并不信任,因此才要求应夔丞"以后有电直寄国务院赵",由国务院秘书程经世译呈或亲自译电,以免洪述祖借机招摇,同时说明赵秉钧对程经世是信任的。甚至有人称,程经世"貌甚美",赵秉钧对其"昵爱如拱璧"。[②]然而,按照2月22日洪述祖致应夔丞函所述,却成了赵秉钧因为担心程经世"不机密",而将"应密电本"交给洪述祖"一手经理"。这一明显矛盾,说明洪述祖2月22日函有极大可能是为了欺骗应夔丞,防止其以后仍然通电国务院,从而避开赵秉钧、程经世,将秘密限于二人之间,同时预示着洪述祖正在酝酿大动作。果然,2月22日以后约有半个月,洪述

---

① 《第七件 江苏都督委任状一纸训令一件》(1912年10月16日),《前农林总长宋教仁被刺案内应夔丞家搜获函电文件检查报告》,第11页。

② 本馆驻京特派员涸鲋:《国务院人物考》,《民立报》1913年7月7日,第7页。按与赵秉钧相熟的朱启钤在给章士钊的信中曾提到,赵有二变童,"客来也不避开",并说"赵好男风,人所共知"。见《书赵智庵》,《章士钊全集》(八),文汇出版社,2000,第273页。

祖既未给应发电，也未给应写信。其间洪述祖做了一件很耐人寻味的事，就是于 2 月 27 日将家眷由北京迁至天津宿纬路自置房内居住，①似乎在做某种准备工作。而到了 3 月 6 日，洪述祖即致函应夔丞，指示其对宋"乘机下手"。洪述祖的这一做法相当阴险，应夔丞后来始终以为杀宋是中央的意思，就与他相信了洪述祖 2 月 22 日来函有关。

实际上，从 2 月 4 日洪述祖致应夔丞函我们就可以看出，洪述祖早就试图将赵秉钧、程经世排除在外，以便他和应夔丞进行某种密谋。当时洪、应正与袁、赵谋划构陷"孙黄宋"之事，洪在该函中写道："望弟以后用'川密'与兄，不必再用'应密'，缘［经］程君之手，即多一人也，且智老处手续不甚机密。"②洪述祖别号"观川居士"，"川密"为其自用密电码，可见洪述祖早就居心叵测。

这就是说，赵秉钧所说洪述祖借去"应密电本"而未缴还应当是实情。不过洪述祖"借"的理由——"谓得应秘电，请假秘电本一用"，很可能也是其编造的，用以欺骗赵秉钧。首先，应夔丞以"应密"致电洪述祖，与赵秉钧发给其密电本时要求"以后有电直寄国务院赵"不符。其次，应夔丞手中早已有"川密电本"，他要给洪述祖发密电，何以不用"川密"，而用"应密"？他明知洪述祖手中并无"应密电本"，何以仍要违背赵秉钧的指示，用"应密"发电给洪？可见，洪对赵说"得应秘电"，不过是谎言，目的是将"应密电本"搞到手，以便进行接下来的诡谋。他借而不还，就是因为他要利用"应密电本"；赵秉钧借而不取，则是因为他本来就是被动卷入构陷"孙黄宋"的阴谋计划当中的，由于这一计划得到了袁的支持，他无法反对，只能尽量置身事外。另外，以他丰富的官场经验和办理警务工作的阅历，不

---

① 《宋先生案之一线光明·洪仆之口供》（北京本报 4 月 1 日特记），《民立报》1913 年 4 月 5 日，第 8 页。

② 《第二十九件　洪述祖寄应夔丞信二纸》（1913 年 2 月 4 日），《前农林总长宋教仁被刺案内应夔丞家搜获函电文件检查报告》，第 24 页。

难看出洪、应实施这一计划的主要目的之一是借机骗钱，这恐怕也是赵秉钧尽量回避的原因之一。因此，洪述祖来借"应密电本"，他正好借机退出。只是他没有想到，洪、应二人接下来会利用"应密电本"演出杀宋惨剧，从而使他陷入更大的嫌疑中。

但问题是，应夔丞也为洪述祖所骗，始终以为杀宋是中央的意思。精明过人的应夔丞之所以信洪，与洪的特殊身份和过往的表现有关，"超然百姓姚之鹤"有段话讲得最有说服力，他说：

> 盖洪犯之所以取信于应犯者，其资格则内务部秘书长也，其历来函电则均称奉有命令也，即此已足坚应犯之信心矣。而又况介绍赴京谒总统、叩总理，代为谋干一切，悉有事实为之证明。此洪犯之所以驱策应犯者在是，而应犯之所以甘为洪犯鹰犬者，信洪犯并信洪犯之确能直接政府也。[①]

正因为应夔丞相信杀宋是中央的意思，所以他在向洪述祖发电汇报刺宋情况时，屡屡使用"乞转呈"等字样。如3月14日电："梁山匪魁，顷又四处扰乱，危险实甚，已发紧急命令，设法剿捕，乞转呈候示。"[②] 3月21日凌晨电："廿四十分钟所发急令已达到，请先呈报。"[③] 3月21日上午电："匪魁已灭，我军一无伤亡，堪慰。望转呈。"[④] 这

---

① 超然百姓姚之鹤：《宋案证据平议》，《大自由报》1913年5月25日，第10页。

② 《第四十一件　应夔丞寄洪述祖电底一纸原稿一纸》（1913年3月14日下午7点20分由上海电报局发寄四等第7863号电报），《前农林总长宋教仁被刺案内应夔丞家搜获函电文件检查报告》，第32—33页。

③ 《第四十五件　应夔丞寄洪述祖电底一纸》（1913年3月21日上午2点10分由上海电报局发寄三等第11628号电报），《前农林总长宋教仁被刺案内应夔丞家搜获函电文件检查报告》，第34页。

④ 《第四十六件　应夔丞寄洪述祖电底一纸》（1913年3月21日上午9点20分由上海电报局发寄四等第11641号电报），《前农林总长宋教仁被刺案内应夔丞家搜获函电文件检查报告》，第34页。

样一来，国民党人便认定袁、赵为幕后主使。

对此，赵秉钧在宋教仁被刺后一再否认洪述祖曾呈阅相关电报。当《新纪元报》记者问他："洪、应来往函电，君一无所知否？"赵秉钧答道：

> 余以菲才，总揽国务，绠短汲深，日苦不给，安有余力，问此闲事。假令果预其事，则洪、应电中必将鄙人意见搀入，何以应与洪电中有"请转呈"字样，而洪与应电中绝无一语涉及。如果呈阅，彼岂无言。此中消息，明眼人自能知之。余以暮年当此重负，如何能堪。脱非总统公谊私情，余早挂冠在野。余既求去不能，顾反冒死力争，天下宁有是理。且余所辖内务中不乏异才，余如果欲杀宋，何至烦及素不相识之应夔丞，为此疏略卑劣之暗杀事耶？诸君明达，定能辨别。余伤好友，即微牵涉及余，余亦将澈底穷追，以慰逝者在天之灵，况与余有密切之关系耶！①

紧接着在致北京《民立报》记者函中，赵秉钧再次否认洪述祖曾呈阅应夔丞来电。他说：

> 鄙人任国务总理又兼内务部总长，两处秘书不下十人，其余属官更不知凡几，人才之高下贤否，势不能烛察无遗。但使于行政上无违法实迹，用人之责任已尽；若必于个人行为逐件监督，不惟无此能力，亦实无此余闲。即如洪与应来往电文，洪既未经呈阅，安能逆亿所言何事，是否招摇，是否隐射，事前安能预知。况洪与应本系世交，函电往还亦非他人所能制止，此理甚

明，固无辩论之价值也。①

袁世凯也为赵秉钧辩护说：

> 　　察核原电（指 4 月 25 日程德全、应德闳摄要宣布证据 "有电" ——引者），仅有该总理交应夔丞国务院 "应密电码" 一本，系属奉差人员恒有之事，且函嘱其 "有电直寄国务院"，尤见事属因公，无可指摘。至洪述祖私用密电哄诱应夔丞，别有诡秘不法行为，实非长官所及料，虽疏于觉察，未能辞咎，惟对于此案之关系该总理，并无只字证据。如因洪述祖系内务部秘书，即谓由该长官主使，将属员杀人犯罪，皆可连坐长官，古今中外，无此法律。且原案未经法庭审判，遽先臆断某某为主犯，苟稍谙法律者，决不为此不根之言。②

通过以上辩解，赵秉钧对应、洪往来所有密电，洪述祖是否呈报，一概予以否认。袁亦为赵辩护。但具体来看，2 月 22 日前之 "应密" 电报，特别是关于对付欢迎国会团、操弄宪法起草和阴谋构陷 "孙黄宋" 的电报，要么由应夔丞直寄国务院，要么由洪述祖面呈袁世凯，袁、赵均已看到，确凿无疑，赵秉钧一概否认有些强词夺理。2 月 22 日以后，由于 "应密电本" 已被洪述祖以欺骗手段从赵秉钧手中获得，且洪述祖极力防止应夔丞通电于赵，因此赵不可能知悉洪、应接下来利用 "应密" 策划杀宋之事。除非洪真的如应夔丞所请向赵 "转呈"，但这是不可能之事，一则洪虽为赵之秘书，却非赵之私人，二人关系并不融洽，洪不可能将杀宋这样的机密事情透露于

---

　　① 《赵秉钧为宋案致北京〈民立报〉记者函》，《新闻报》1913 年 5 月 7 日，第 1 张第 3 页。

　　② 《临时大总统令底稿》（1913 年 5 月□日），稿本，北京大学历史学系藏，第 174 函。

赵；二则赵属国民党籍，与宋关系甚为融洽，构陷"孙黄宋"之事赵尚且因非其本意而中途退出，又岂肯变本加厉，将宋杀害？洪若向赵呈报，无异于泄密。

赵秉钧也不可能从袁世凯处事先获知洪、应杀宋计划，因洪、应杀宋，如前所论，连袁也不曾料到。退而言之，就算袁欲利用洪、应杀宋，也一定不会事先告赵，这与赵是否为袁之心腹无关，而是因为杀人之事，愈机密愈好，多一人知道不如少一人知道；况且袁很清楚，洪并非赵所信任之人，自己欲杀宋，而将所用以杀宋之人，告之与该人关系并不融洽之人，有是理乎？事实上，杀宋只有一个主谋，就是洪述祖，是洪述祖起意杀宋，并且先后假借中央"酬勋位"的"虚名"和"债票特别准"的"实利"，诱使应夔丞付诸实施。其中详情，前已论及。总之，洪、应利用"应密"杀宋，与赵没有关系。

九　赵为"长保"总理权位杀宋是伪命题

那些认为袁、赵主谋杀宋的理由中，最主要的一条，便是如徐血儿所言："袁素反对政党内阁，宋先生为主张政党内阁之最有力者，宋先生之志行，则袁将不得为所欲为，苦于束缚；赵则恐权位之不能长保，不得肆意横行。此其所以决意欲暗杀宋先生也。"[1] 又谓："盖赵为袁之人才内阁总理，一旦完全之责任内阁出现，纯由政党出而组织，则赵将来之地位，必难继续，故赵对于责任内阁主张，衔之甚深，遂因是而波及于主张责任内阁之人。"[2] 这是刺宋案发生后不久国民党人的判断，也是百余年来几乎所有人的看法，只不过各人文字表述有所不同而已。如陶菊隐就讲："宋不但是袁的政敌，同时又是赵

---

① 血儿：《综论大暗杀案》，《民立报》1913年4月27日，第2页。
② 血儿：《驳赵秉钧之通电·铁证如山尚可掩饰耶（五续）》，《民立报》1913年5月7日，第2页。

秉钧的政敌。赵自组织挂羊头卖狗肉的'政党内阁'以来，自居为一人之下，万人之上，现在有人要抢夺他的头把交椅，不禁妒火中烧。但他表面上对宋更加友好，而把阴谋诡计隐藏在春风满面之中。"① 本书第一章第二小节所引唐德刚对赵秉钧杀宋情形的分析，也是把宋教仁说成赵秉钧"最大的政敌"。这种看似十分充足的理由，其实不过是脱离当时史实、政情，充满主观臆测意味的极为肤浅的认识。

首先，并无切实证据证明赵秉钧反对宋教仁的"政党内阁"主张，国民党主张建立政党内阁对赵秉钧而言也并非威胁。

赵与宋关系甚为密切、融洽。② 宋死之后，赵曾于致北京《民立报》记者函及接受《新纪元报》记者采访时，详细说明他与宋教仁情投意合的关系，尤其说到他在唐绍仪组阁时出任内务总长，以及陆徵祥辞职后兼任国务总理，均得到宋教仁大力支持。③ 虽说赵这样讲是为了给自己不曾主谋杀宋辩护，但赵、宋关系究竟如何，世人皆看在眼中，绝非可以造假之事。就连认定赵秉钧为杀宋主谋的徐血儿也不能不承认："赵内阁之得成立，先生（指宋教仁——引者）实襄助之。"④ 而从赵秉钧的表现来看，其也很难被视为宋教仁政党内阁主张的反对者。王治馨在代表赵秉钧于宋教仁追悼大会上发表演说时就说："赵与宋有特别关系……当唐内阁倒后，宋首倡政党内阁之议，第一赞成者即为赵总理。是时，宋时往赵第，昼夜筹商此事，惜袁总

① 陶菊隐：《北洋军阀统治时期史话》上册，第163—164页。
② 按据叶恭绰对章士钊言，"宋、赵间之关系，系由程克作牵线人"［《书赵智庵》，《章士钊全集》（八），第277页］。程克，字仲渔，同盟会会员，曾与宋教仁等办《民报》，又曾任河南杂志社社长。后因程家柽介绍，投入肃亲王门下。赵秉钧任巡警部侍郎时充其侦探。民元赵秉钧长内务部，程克任参事，居中用事（温楚珩：《程克事略》，《河南文史资料》第7辑，河南人民出版社，1989，第117—118页）。有人将程克与王治馨、洪述祖、丁惟忠称为赵秉钧幕中"四大金刚"。见刘星楠《民国初年见闻简记》，《天津文史资料选辑》第16辑，天津人民出版社，1981，第35页。
③ 《赵秉钧为宋案致北京〈民立报〉记者函》，《新闻报》1913年5月7日，第1张第3页；《赵总理之谈话》，《新纪元报》1913年4月30日，第3页。
④ 徐血儿：《宋先生教仁传略》，徐血儿等编《宋教仁血案》，第7页。

统惑于宵小之言，未能达到目的。"① 赵本人也曾对国民党要人张继说："宋在京时，相处最久，相契更深，宋所主张，余极表同意。"② 时任国务院秘书长张国淦对赵、宋关系亦有记述，可与王治馨、赵秉钧所言相印证。他说：

> 宋教仁去职后，住农事试验场，每于夜间进城，到国务院秘室，与国务总理赵秉钧私人对谈，至天明始返。据魏宸组言："宋以政客手腕，推崇赵无所不至，许以国会成立后，举其为内阁总理，甚而选为总统。赵亦推许宋为大党领袖，应组织政党内阁。宋之更事究不如赵，有进将党中秘密尽情倾吐；赵告以北洋底细，似亦无所隐讳，由是两人交欢。惟是否彼此推诚，抑系利用，均不得而知。"③

原本属于北洋旧人的赵秉钧，与宋教仁等国民党人走得如此之近，以至于遭到反对国民党甚烈的《国报》的批评，称赵秉钧为国民党所利用，并谓袁派为了"敷衍国民党"，才不得已以赵为国务总理。其言道：

> 若唐绍仪，若宋教仁，若赵秉钧，非皆所谓国民党之要人乎？若唐内阁，若赵内阁，非皆所谓国民党内阁，而宋教仁非所谓理想中之内阁乎？唐也，赵也，世所称为袁之旧人也，而不知皆为国民党所利用也……赵秉钧者，以微员见知于项城，其人最长警务，手段圆滑，究非总理之才，然而居然处总揽国务之位。以项城之能知人，宁不知其力微负重，必至竭蹶，特以当政党内

---

① 《国民党哀悼宋教仁大会之情形》，《顺天时报》1913 年 3 月 31 日，第 2 页。
② 《北京电报》，《民立报》1913 年 3 月 31 日，第 3 页。
③ 张国淦：《北洋述闻》，第 46—47 页。

阁风潮之余，不敢轻以政权付诸似是而非之幼稚政党，而又不能不敷衍国民党也。而赵秉钧适以前此于右任之介绍加入同盟会，于是袁派中所谓二等以下之人才，乃竟得大多数之同意，通过于参议院（其时不同意者仅二票）。[①]

照此来看，即便不能说赵秉钧积极主张政党内阁，他也至少不反对建立政党内阁。可以说，民初的赵秉钧，与清末的赵秉钧已大不相同，他不再只是袁世凯的私人，在民初党争激烈的背景下，他通过加入国民党，与后者也建立了良好关系，从而成为袁世凯和国民党皆可接受的人物。作为当时第一大政党，国民党主张建立政党内阁，必然与主张实行总统制的袁世凯发生权力纷争，而赵秉钧恰好可以成为避免二者决裂的"场面人物"。事实上，陆徵祥辞职后，赵秉钧于1912年9月最终出任国务总理，就是袁世凯和国民党之间相互妥协的结果。因此，国民党主张建立政党内阁，对赵秉钧而言并非威胁，某种程度上还是机会，至少成为正式政府中核心国务员的可能性是很大的。赵秉钧所处的特殊位置和他的表现，与其作为一名"熟谙旧社会世故，明于人情之机变"的"圆滑周至"政客的特性也是非常相符的。[②] 那种认为赵秉钧因宋教仁主张政党内阁便将其视为政敌的认识，显然是很肤浅的。

退而言之，即便赵秉钧反对实行政党内阁，也绝不可能为了所谓"长保"总理权位而杀宋。原因有三。

第一，刺宋案发生于临时政府即将结束时，赵秉钧确定将要结束国务总理任期下台，并且已经忙于做移交准备工作。

宋案研究最大的问题之一，是研究者往往脱离基本历史事实进行

---

① 退生：《国民党必亡中国之铁证》，《国报》1913年5月6日，第1页。
② 静：《人物月旦·赵秉钧》，《大自由报》1913年5月7日，第3页。

空洞分析，这一点在分析所谓赵秉钧主谋杀宋动机时，体现得最为充分。研究者将赵主谋杀宋的原因归结为宋主张政党内阁对其"长保"总理权位构成威胁，实际上是以赵欲"长保"其总理权位作为内在动机。然而，迄今为止，研究者无一例外都忽略了一个基本事实，那就是宋教仁被刺恰好发生在临时政府即将结束，正式政府准备建立之时，由于正式政府的总统、总理都需要重新确定，赵秉钧结束本届国务总理任期是必然的。换言之，宋教仁被刺与否与赵秉钧能否"长保"总理权位并无关系，说国民党主张政党内阁威胁赵秉钧"长保"总理权位，于是赵便将宋杀害，不过是个伪命题。诸多事实证明，赵秉钧在宋教仁被刺前早已在做权力移交的准备工作。还在2月底3月初，他就对人宣言："我非凡赞成黄克强组织内阁，让他试试滋味，大约挨过几个月的骂，克强即万不能忍矣。"又自述心曲道："譬如一个机器，那里能时时刻刻的轮转。我的机器已经用坏了。人到干不了的时候，那怕外国皇帝招驸马，其如神力不及何？"[1] 3月7日《大公报》载："赵总理以正式国会瞬将成立，无论将来内阁如何组织，决计辞职。日内已面告国务院内部人员，所有经手事件，分别清理。其重要之件，自不能一概搁置，然亦宜先为交替之预备云。"[2] 3月10日《正宗爱国报》亦转述国务院内部人言道："赵总理因正式国会瞬间成立，随即组织正式政府，临时内阁当在取消之例，昨特交谕秘书厅转饬机要、文书、庶务等科，将各项要案早为检定，分别列表呈阅，将来应如何交代之处，自当妥拟办法，以便届时移交云云。闻张秘书长（即张国淦——引者）奉谕后，已转饬各科遵照办理。"[3] 3月14日《时事新报》又有消息说，赵秉钧"日前特饬国务院秘书厅转饬机要、庶务等四科，赶速清理案件，将临时政府期内可以办结者，

---

[1] 本报驻京记者远生：《政海之一勺（续）》，《时报》1913年3月3日，第3页。
[2] 《赵总理赶办交卸之预备》，《大公报》1913年3月7日，第4页。
[3] 《赵总理的交代忙》，《正宗爱国报》1913年3月10日，第3页。

开单呈阅，分别施行；其事关重大，一时不能实行者，亦须详为检查，逐类检齐，以便届时交代"。① 由此可见，赵秉钧很清楚自己的任期即将结束，故而对于临时政府总理并无恋栈之意，既然如此，他如何能有为了"长保"其总理"权位"而杀害宋教仁的想法呢？

第二，赵秉钧对正式政府总理并无觊觎之心，袁世凯心目中正式政府总理最合适的人选也非赵秉钧。

刺宋案发生前，正式总统选举虽然尚未举行，但舆论多认为袁世凯是最有力的人选。由当时赵秉钧所言所行可以看出，他对正式政府总理并无觊觎之心，而在袁世凯心目中，将来正式政府总理最合适的人选也非赵秉钧，而是徐世昌。徐"本项城总角之交，项城出山，一切多所倚重"，特别是"徐为清后隆裕最信任之人"，清帝逊位，徐从中斡旋，"实大有力"。因此，共和宣布后，袁世凯一再敦聘其为最高顾问，但徐世昌一直没有答应。② 1912 年 6 月下旬国务总理唐绍仪出走天津后，袁世凯曾"力主委任徐世昌君为国务总理，国务员全部可不更动"，③ 但因种种原因未能实现。1913 年 2 月中旬，报纸曾报道袁世凯对当选正式大总统后的组阁设想：

> 日前有某党党员，探询袁总统以正式政府成立，如举公为总统，内阁用人之方针如何。闻总统答以段仍长陆军，赵仍长内务，以徐世昌为总理，梁士诒长交通，其余则任国民、共和、民主、统一四党各出一人为阁员。梁士诒出总统府后，秘书长一席则以杨士琦充之云云。某党员以内阁组织之方针若如是，恐难得多数党员之同意。袁总统谓：若不如是组织，则我宁不为总统，

---

① 《赵总理之清理交代忙》，《时事新报》1913 年 3 月 14 日，第 2 张第 1 页。
② 《人淡如菊之徐世昌》，《神州日报》1912 年 5 月 18 日，第 3 页。
③ 《北京电》（1912 年 6 月 23 日发），《神州日报》1912 年 6 月 24 日，第 2 页。

词甚决绝。①

由此可知，在袁世凯心目中，赵秉钧在正式政府中最合适的位置还是内务总长，国务总理则以徐世昌为最合适。巧合的是，2 月 12 日，徐世昌因隆裕太后病笃，由青岛到了北京，于是各报纷纷报道其将出任总理。如《中国日报》云："徐以总统府之顾问，月支薪洋八百元，侨居青岛数月，今忽来京，其原因外间传说不一，但认为国务总理之候补者，则实居多数。"②《顺天时报》亦云："徐君于袁总统固有种种密接之关系，其政治上之手腕亦迥非侪辈所及，总统亦极注重此人，故将来总统地位巩固，大振政治，则徐君必占取重位，雄飞政界，亦决非空想云。"③ 更引人注意的是，3 月 18 日《大中华民国日报》载徐世昌"以民国国务员断不能兼任清廷官职，爰于前日向宣统帝具折，请开去太保一缺，当奉旨允准，并赏给太傅衔，以示优异。徐已于昨日具折谢恩"，并语带讥讽云："将来组织内阁时，徐之头衔必大书特书'钦加太傅衔国务总理'，然后可与二等男爵、勋一位、陆军上将、直隶都督冯国璋先后媲美矣。"④《顺天时报》也报道徐世昌已于 3 月 15 日奏请开缺，并说其"在正式政府占总理一席，已牢不可动"。⑤ 虽然徐世昌曾向记者表示"决无出山之志"，⑥ 而且后来果真拒绝了袁世凯的邀请，⑦ 但上述情势已清楚表明，赵秉钧确非袁世凯及当时一般人心目中正式政府的总理人选，赵秉钧对此应是心知肚明的。既然如此，以赵秉钧之聪明，他如何

---

① 《正式政府内阁组织问题》，《中国日报》1913 年 2 月 18 日，第 2 页。
② 《徐世昌来京之警告》，《中国日报》1913 年 2 月 12 日，第 2 页。
③ 《将来之唐绍仪与徐世昌》，《顺天时报》1913 年 2 月 22 日，第 7 页。
④ 《徐世昌辞太保与未来总理》，《大中华民国日报》1913 年 3 月 18 日，第 2 页。
⑤ 《徐菊人将来总理之希望》，《顺天时报》1913 年 3 月 16 日，第 7 页。
⑥ 《徐世昌自言其志》，《正宗爱国报》1913 年 3 月 7 日，第 3 页。
⑦ 《徐世昌不愿出青岛》，《正宗爱国报》1913 年 7 月 14 日，第 3 页。

可能为了一个根本无望获得的总理位子而冒着失败的危险去杀害宋教仁呢？

第三，国务总理一职由谁来担任，并非袁世凯或某一党派可以自行决定，更非赵秉钧个人所能决定。

长期以来，人们一直认为赵秉钧是为了"长保"自己国务总理的位子而主谋杀害了宋教仁，似乎只要宋教仁死了，国务总理的位子就非他莫属，这实在是很幼稚的逻辑。且不论当时临时政府即将结束，赵秉钧本来就将卸任总理职务，也不论袁世凯心目中正式政府的总理人选并非赵秉钧，就算不存在以上因素，总理一职岂能由赵自行决定？观民国建立未久而各党激烈角逐，政见纷歧，以致内阁屡倒，便可明白此中道理。即以 1912 年 9 月内阁更替为例，当时袁世凯和黄兴商定的总理人选本为前清时曾任广西巡抚、后又加入国民党的沈秉堃，只因黄兴未能与其他国民党主要人物协商一致，才"使黄氏与总统接头之第一着即归无效，而赵内阁因之发生"。[1] 宋教仁就是当时反对沈秉堃的人之一，他在国民党理事、干事会上提议："沈之不能胜任总理，国人皆知。如果沈为总理，则国民党无价值矣。与其推沈，不如与赵秉钧，因赵亦挂名同盟会也。"众以宋教仁所言为然，于是"决议认赵为总理"。[2] 可知赵秉钧本来就是以替补人选出任总理的，故赵曾颇有自知之明地对人说："我算不了什么，不过因为缺少一件东西，故用我这个竹竿子撑撑，我固决非国之栋梁也。"[3] 而当刺宋案发生，赵受到怀疑后，他又在袁世凯前抱怨："我不愿为总理，实以总统委托，不敢放弃国民责任。"[4] 赵秉钧在清末民初政坛起起伏伏，应该说对于政坛斗争的复杂性有清醒的认识，岂能自以为杀了宋教

---

① 《黄克强与最近政局之关系》，《中国日报》1912 年 9 月 28 日，第 2 页。
② 本社旅京记者黄花：《内阁总理之变迁》，《神州日报》1912 年 9 月 27 日，第 3 页。
③ 黄远庸：《春云初展之政局》（1913 年 3 月 20 日），《远生遗著》卷 3，第 85 页。
④ 《一塌糊涂之刺宋案·赵总理之愤慨》，《亚细亚日报》1913 年 3 月 29 日，第 2 页。

仁，总理一职便如探囊取物？何况从国民党方面看，一直存在"黄内阁"和"宋内阁"两种不同的主张，① 从未做出由宋组阁的决定，赵秉钧如何能将其确定为暗杀对象？

总之，赵秉钧作为一个即将卸任的、对正式政府总理并无觊觎之心的临时政府总理，绝不可能为了一个无望获得的正式政府总理位子而冒险杀害与自己关系密切，并且未必就将代表国民党组阁的宋教仁。退一步论，假使赵秉钧如百余年来多数人所以为的那样，为"长保"其总理权位而主谋杀害了宋教仁，那么试想一下结果，必然只有两种。一是刺宋成功而事不暴露。在这种情况下，刺宋虽成疑案，但人必怀疑赵为主谋，赵岂能保证仍为总理。二是刺宋成功而事情暴露。在这种情况下，赵必被追究责任或受攻击，总理一职更不可能获得。故赵若真欲保其总理位置，小心谨慎处理与各方关系对其最为有利，刺宋则对其最为不利，实属不智行为，赵久历官场风涛，岂能不明此理。

正因为赵秉钧对于洪欲杀宋全然不知，他在获知宋被枪击消息后极感意外。国务院秘书长张国淦曾记述赵获悉消息时的第一反应道：

> 民国二年三月二十一日，国务院正开国务会议……国会选举事务局长顾鳌突进会议室，向赵总理报告"前门车站得上海来电，宋教仁昨晚在沪车站被人枪击，伤重，恐难救"云云。（宋之被刺，北京得信以车站电报为最早。）总理大惊变色，当即离座，环绕会议长桌数次，自言自语："人若说我打死宋教仁，岂不是我卖友，那能算人？"各总长相顾，均未发言。少顷，府中电请总理，总理即仓皇去府。②

---

① 黄远庸：《政海之一勺》（1913 年 3 月 3 日），《远生遗著》卷 3，第 74 页。
② 张国淦：《北洋述闻》，第 47 页。

　　赵秉钧既未参与谋杀，何以在获悉宋被刺消息后，第一反应是担忧"人若说我打死宋教仁"云云？原因就在于他曾被卷入应、洪构陷"孙黄宋"计划，而该计划一直没有结果，因此，赵很自然会想到是洪、应在构陷计划失败的情况下对宋下了毒手。而洪是自己的秘书，洪、应所用"应密电本"又为他所送。如此一来，赵便担心自己会遭受牵连，以致不由自主流露出来。

　　然而，赵秉钧毕竟没有参与谋杀，因此他很快便冷静下来。当参议院议长吴景濂去见他时，"赵神色自若，并述伊与宋交情甚厚，宋出京时，伊尚赠川资三万元，今遭此变，殊深惋惜"。[①] 而当谭人凤问他："钝初被刺事，外间议论，君闻之乎？"赵亦坦然应之曰："外间议论，我不与辩，久后自当水落石出也。请先生静待，勿惑浮言。"[②] 当然，赵本人并没有静待"水落石出"，而是采取了坚决要求辞职、赴沪与凶手对质的策略，以求自证清白。而当传言越来越凶，特别是应宅所获证据公布之后，赵也不得不"自辩"，这便有了"勘电"的发表。只是辞职也好，发表"勘电"也罢，赵并不能自行做主，发出完全真实的声音，其背后皆有袁在发挥作用，因此，世人对赵之误解也就无由解开。

---

　　① 吴叔班笔记，张树勇整理《吴景濂口述自传辑要》，《天津文史资料选辑》第42辑，第61页。

　　② 谭人凤：《石叟牌词》，第130页。

第六章

洪匿青岛与赵拒出庭幕后

在宋教仁被刺后国民党人及诸多舆论将暗杀主谋指向袁、赵的情况下，袁、赵本应采取积极措施，迅速抓捕洪述祖，将其交给法庭讯办，并就宋案证据中牵涉自己的地方到庭说明，以正视听，洗清嫌疑。然而，事实是，袁氏虽然并非刺宋主谋，却在案发后故纵洪述祖至青岛德国租界，并且竭力阻止赵秉钧出庭应讯。这当中究竟有何内幕？袁氏所为用意何在？

一　袁纵洪逃离京津实情

宋教仁遇刺身亡当日，即 3 月 22 日，袁世凯发出命令，责成江苏都督程德全、民政长应德闳"迅缉凶犯，穷究主名，务得确情，按法严办，以维国纪，而慰英魂"。① 同日，袁世凯复江孔殷电亦云：

---

① 《临时大总统令》（1913 年 3 月 22 日），《政府公报》第 315 号，1913 年 3 月 23 日，第 305 页。

"遯初为海内重要人物，猝遭意外，惊骇莫名……该凶手现虽在逃，惟当场必有目击之人，当不难设法购缉。一俟拿获到案，自应穷究主名，依律惩治，断不容幸逃法网，致死者含冤于地下也。"① 很快，应夔丞、武士英二人就分别在 3 月 24 日凌晨及上午被租界巡捕抓获。经审讯，应夔丞供词牵连到洪述祖，于是程德全密电北京，"请拿洪归案审办"。"总统得电，当饬将洪拿获，讵洪消息灵通，已先闻风逃逸矣。"② 另据报道，《民立报》驻京某记者，自 1912 年底以来便一直追踪应、洪动向，案发后该记者很快"断定洪为嫌疑犯"，于是一面向上海该社电告洪、应关系，一面于 3 月 26 日上午将电稿向内务部当局出示，"请其先行羁留"洪述祖，内务部"乃急遣侦骑往捕，而洪已于是晨远扬"。虽然"警察总监派五人往津跟迹"，但洪述祖还是于两天后从天津顺利出逃，先乘津浦路火车南下至济南，然后转乘胶济路火车逃至青岛德国租界藏匿起来。③ 由于洪系内务部秘书，时人对其迅速逃走，多疑为政府暗通消息，质疑"沪上来电（指程德全要求拘洪电报——引者）本系密码，何以泄露消息，使之逃走，又何以不发电至津浦一带缉拿（实际发过缉拿电报，详下文——引者），此中情节殊耐人研究也"。④ 又认为，"洪既预知消息逃走，其中自有特别原因，非寻常逃犯可比，政府通电缉拿，亦不过一种官场照例空文，按之事实，决无就捕之理，此中消息，明眼人自知之也"。⑤

洪述祖逃走是否为政府故纵，容后再论，但就案发后各种情况综合来看，洪述祖之所以能够很快得知自己已经暴露，实有其他渠道。

---

① 《袁总统复江霞公电文》，《振南日报》1913 年 4 月 4 日，第 2 页。

② 《嫌疑犯洪述祖逃走矣》，《大中华民国日报》1913 年 3 月 30 日，第 2 页。

③ 《北京电报》，《民立报》1913 年 3 月 30 日，第 6 页；《举国同声一哭之宋先生·宋先生案之一线光明·本社记者之忠告》（北京本报 4 月 1 日特记），《民立报》1913 年 4 月 5 日，第 7 页。

④ 《嫌疑犯洪述祖逃走矣》，《大中华民国日报》1913 年 3 月 30 日，第 2 页。

⑤ 《洪述祖逃走之真象》，《大中华民国日报》1913 年 4 月 2 日，第 2 页。

据《民立报》载，洪述祖逃离北京前一日，即3月25日，该报一记者之友人曾亲历如下一事：

> 念五日傍晚，一友谒都中要人某甲，叩其对宋案之感态，甲曰："一人告我，报上说此案与洪某有关系，洪是何人，自不必说，以我想万不至此。总统府当有电来，待我问问。"遂由电话更唤出要人某乙，问凶手供出何人主使。此时座客虽少，远不辨所言维何，惟闻似列举人名，而甲色渐变，似甚惊讶，惟唯唯应之。最末谓："晚上那边面谈。"是夜即有总统府之会议。①

由此则报道看，甲、乙二人都是可以参加总统府会议之重要人物。甲说"一人告我，报上说此案与洪某有关系"，说明3月25日报纸已有关于洪述祖与刺宋案有牵连的报道。既然甲都间接知道了报上消息，那么洪述祖也完全有可能通过报纸获得消息。经查，3月25日北京各大报中，国民党所办《民主报》确曾以《宋钝初先生被刺案之破获》为题，刊登了如下一封急电：

> 民主报鉴：宋君凶手已获，名武士英，山西人，曾充管带，系应某、冯某受某重要人之意旨，以千五百元购使行刺。余续详。汪。梗。（午后一时）②

---

① 《宋先生案之一线光明·电话中之消息》（北京本报4月1日特记），《民立报》1913年4月5日，第7页。

② 《宋钝初先生被刺案之破获》，《民主报》1913年3月25日，第6页。按电文中"梗"为发电日期，即23日，但武士英3月24日上午才被抓获，不可能在3月23日电报中便出现其被抓内容，因此，此处应是发电人不熟悉"韵目代日"之法而搞错了日期。从电文看，此电应发于3月24日"午后一时"，也就是应夔丞、武士英被抓数小时后，因此应为"敬"电或"迥"电。

洪述祖于 3 月 21 日接获应夔丞报告宋已被刺的电报后，一定会密切关注两方面的动向，一是总统府方面，一是国民党方面。总统府方面，据《民立报》报道，洪在案发后于 3 月 23 日见过总统一面。该报写道：

> 本报前电载总统对总理云：洪于宋案发前，曾面请总统处置几个人。兹复经详细调查，确是洪于二十三日又曾一谒总统。按此日为宋先生毕命之次日，讣电到京，全都正为震动。洪以前既有此等危险议论，至此犹敢公然见总统，仿佛是去夸功，又仿佛似去辞行，真所谓大胆无敌者乎？至见总统后曾否谈及宋案，以及如何谈法，则未深悉。①

根据天津《大公报》"车站纪事"，洪述祖 3 月 22 日"由京来津"，3 月 24 日"由津晋京"。② 又据应宅所获函电文件，3 月 23 日洪述祖曾由天津向应夔丞发出一封信件。③ 如此，则《民立报》所云洪述祖谒见总统之事，就应当发生在 3 月 22 日洪述祖赴天津之前，或 3 月 24 日他返回北京之后。考虑到 3 月 22 日正是宋教仁死亡当天，袁有许多相关事情需要处理，国民党又推吴景濂等为代表来谒见，④ 洪在当天见袁的可能性不大，他见袁应在 3 月 24 日由天津返回北京后，其时应、武被捕消息尚未传到北京，洪还未暴露。总统见洪后，想起前些时洪曾建议"收拾"反对党一二人，自然会问到杀宋是否为洪所

---

① 《举国同声一哭之宋先生·宋案之一线光明·北京特派员函》，《民立报》1913 年 4 月 8 日，第 6 页。

② 《车站纪事》，《大公报》1913 年 3 月 23 日，第 6 页；《车站纪事》，《大公报》1913 年 3 月 25 日，第 6 页。

③ 《第四十八件 洪述祖寄应夔丞信二纸信封一个》（1913 年 3 月 23 日），《前农林总长宋教仁被刺案内应夔丞家搜获函电文件检查报告》，第 35 页。

④ 《举国同声一哭之宋先生》，《民立报》1913 年 3 月 31 日，第 6 页。

干。当时问答情形，王治馨曾在赵秉钧私宅向张继等人做如下描述：

> 宋遯初被难后，洪……又见总统一次。总统问及遯初究竟何人加害？洪曰："这还是我们的人，替总统出力者。"袁有不豫色。洪见袁颜色不对，出总统府，即到内务部告假，赴天津养病。①

照此看来，袁世凯虽然不曾指使杀宋，但在第一时间知晓杀宋为洪述祖等所为。袁世凯在 3 月 22 日就发布了"迅缉凶犯，穷究主名"的命令，但他并未立即对洪采取诸如拘押、限制行动等措施，实际上等于包庇了洪述祖。不过，洪述祖既见袁对此事"不豫"，自总统府回来后，必定心中不安，因此，必然会密切关注宋案消息。《民主报》为北京国民党本部所办报纸，洪不可能不关注该报。虽然该报 3 月 25 日午后急电中说此案系"冯某"和"应某"收买武士英所为，但洪本人心中明白，所谓"冯某"就是指自己，"应某"则指应夔丞。

除了《民主报》所登急电外，上海《时报》《申报》《时事新报》《新闻报》《神州日报》《大共和日报》等也在 3 月 25 日刊登了应、武二人被捕，以及从应宅搜获大批往来函电的消息，其中《时报》的消息节译自 3 月 24 日西文《文汇报》，可知 3 月 24 日西报就已率先报道宋案破获消息。② 洪述祖不可能完全不关注这些报道。虽然这些报道中并没有如 3 月 25 日《民主报》那样提及"冯某"（即洪述祖），但对洪述祖而言，应夔丞被捕及应宅被搜，意味着他已经

---

① 《张溥泉先生回忆录·日记》，第 11—12 页。

② 《破获暗杀宋教仁之凶手》，《时报》1913 年 3 月 25 日，第 7 页；《宋教仁遇害四志》，《申报》1913 年 3 月 25 日，第 10 页；《谋害宋教仁之匪徒出现》，《时事新报》1913 年 3 月 25 日，第 2 页；《谋杀宋教仁之正凶破获》，《新闻报》1913 年 3 月 25 日，第 3 张第 1 页；《谋刺宋教仁案之发端》，《神州日报》1913 年 3 月 25 日，第 6 页；《突如其来之嫌疑犯》，《大共和日报》1913 年 3 月 25 日，第 5 页。

暴露，原因就在于他与应夔丞有多封函电往来，洪当然认为已被搜去。特别是 3 月 21 日应夔丞向洪述祖发出关于宋已被刺的"号""个"两电后，洪曾于 3 月 23 日复信，有"号、个两电均悉，不再另复，鄙人于四月七号到沪"等语。[①] 此信经天津邮局发出，旋该局又嘱上海邮局接信后"将原件寄回"，显然是洪述祖发觉事情不妙，试图收回该信，但因上海邮局已将该信扣留并送交涉使署检查，洪之图谋未能得逞。[②]

洪述祖于 3 月 25 日发现自己已经暴露后，很快于当晚进行逃离前的准备。他给同僚某君留了封信，假托要去天津看病，请代为请假，又交代了其他一些事情，托其去办。信的内容如下：

> 一、述祖腰痛又发，拟请赏假赴医院割治，明早出京。一、经手取来之红蓝二烟壶，前途共索价八十元，不肯少，倘不可，即交敝寓看门人石升可也。一、亚翁为我代陈明总理为幸。述祖托。二十五日晚留字。[③]

信中"亚翁"似指内务部次长言敦源。由"亚翁为我代陈明总理为幸"一句，可知洪逃走前并未见赵秉钧，与赵系不辞而别。另据《大中华民国日报》记者调查报告："洪于二十五夜至堂子胡同赵总理宅，急欲与赵谭话，适周学熙在赵处久坐不去，洪即告同事某君曰：'我臀上现生一疮，急于赴津就医，拟请假数日，请代禀总理。'

---

①《第四十八件　洪述祖寄应夔丞信二纸信封一个》（1913 年 3 月 23 日），《前农林总长宋教仁被刺案内应夔丞家搜获函电文件检查报告》，第 35 页。

② 据《第四十八件　洪述祖寄应夔丞信二纸信封一个》（1913 年 3 月 23 日）"说明"，见《前农林总长宋教仁被刺案内应夔丞家搜获函电文件检查报告》，第 36 页。

③《举国同声一哭之宋先生·宋先生案之一线光明·本社记者之忠告》（北京本报 4 月 1 日特记），《民立报》1913 年 4 月 5 日，第 7 页；《宋案破获后之各方面观·洪述祖逍遥法外》，《民主报》1913 年 4 月 3 日，第 6 页。

语毕匆匆即去。旋又回曰：'我有鼻烟壶两个在总理手，请告之总理，明日将此烟壶交我之仆丁陈某可也。'语毕复去。某君见其神色张皇，且请假数日，何必索及鼻烟壶，一似与总理永诀者，颇疑之。此二十五夜情形也。"[①] 这一报道恰可与洪述祖给同僚某君所留手信内容相印证。同时，《大中华民国日报》所述情节还表明，洪得知自己已经暴露的消息应当比赵早，且洪离京前并未与赵面谈，亦未与赵通电，因此不存在赵泄露消息于洪的可能。更何况赵与洪关系疏远，并非杀宋同谋，即便赵先得知洪已暴露，也不会通消息于洪。

总统府则不一样。按照王治馨所说，袁世凯在 3 月 23 日（实际可能为 3 月 24 日）便已知杀宋为洪述祖所为，但他并未采取任何措施。3 月 25 日晚"八钟后，总统因宋遯初君被刺身死种种问题，在府中特开会议，如段芝泉、段香岩、王揖唐、陆朗斋、陈二庵诸君均列席与议，直至夜半十一钟始散"。[②] 这些人均为袁之心腹。这次会议即前引《民立报》报道中"某甲"所云"总统府之会议"。其时洪述祖杀宋消息不仅已被报纸披露，而且已被总统府内外人员私下议论，但当晚总统府会议并没有决定立即对洪采取控制措施。更值得注意的是，如此重要的会议，身为国务总理、内务总长的赵秉钧竟然没有被请去参加，而是在家与财政总长周学熙久坐。显然，袁世凯有意避开赵秉钧来处理此事。这或许是因洪述祖为赵秉钧之秘书，赵秉钧理应回避，但更大的可能是，袁世凯担心赵秉钧为了自证清白，不愿放过洪述祖。而这也从一个侧面证明了赵秉钧确未与闻杀宋之事。果然，当 3 月 26 日得知洪述祖为嫌疑犯后，据王治馨言，"赵总理到总统府发电报捕拿洪述祖，总统府多人欲出而阻之"。[③] 上述情况说明，3 月

---

① 《洪述祖逃走之真象》，《大中华民国日报》1913 年 4 月 2 日，第 2 页。
② 《前夜总统府之会议》，《大中华民国日报》1913 年 3 月 27 日，第 6 页。按段芝泉、段香岩、王揖唐、陆朗斋、陈二庵，即段祺瑞、段芝贵、王赓、陆建章、陈宧。
③ 《张溥泉先生回忆录·日记》，第 12 页。

25 日晚总统府会议一定做出了放走洪述祖的决定，这才使洪得以在 3月 26 日晨顺利逃离北京。

关于洪述祖出逃的具体情形，1918 年 9 月京师地方审判厅审讯洪述祖时，审判长曾问："当宋案发生后，汝因何逃跑？"洪述祖供："系因赵总理转传总统之意，令我躲避，恐我被人暗杀，致我走后，有警察至我家中，将我所有之文件、电稿全行抄去焚毁。"① 洪述祖为了卸责于人，把赵秉钧也说成放走他的人，但如前所述，事实并非如此。洪述祖说"有警察至我家中，将我所有之文件、电稿全行抄去焚毁"，目的也是将责任推到袁、赵身上，暗示袁、赵为主谋，因此他们将其家中"所有之文件、电稿全行抄去焚毁"，以掩盖真相。但实际上，洪述祖逃离前，至少有半个白天和整整一个晚上的时间来销毁罪证，他岂能将证据拱手留给警察？事实上，洪述祖逃离北京四天后，警察方去椿树胡同其宅搜查，结果发现"家中紧要箱笼已全行搬去，所余书类文件全与此案无关，惟得程德全保应夔丞原电一通（即程德全保应为江苏驻沪巡查长之电——引者）"而已。②

既然袁世凯有意放走洪述祖，那么洪述祖逃至天津两天竟安然无恙，跟踪至天津抓洪的警察一无所获，也就不奇怪了。而洪述祖于 3月 28 日能够从天津顺利南下，到达济南，然后转车逃往青岛，同样也是袁世凯有意放纵，无怪乎时人有种种疑问。《民立报》记者就曾提出四大疑点：

　　　　记者调查，二十六日时，警察方面已预备捕拿，而洪之南下也，实二十八日晨九时，相隔两日，竟令洪悠悠而去，一奇也。

---

① 《驻守地方检察厅司法警察巡官报告审理情形》（1918 年 9 月 7 日），北京市档案馆藏，北平市警察局全宗，J181 - 017 - 01771。
② 《内左二区呈报厅员搜查洪述祖家并办理情形》（甲字第 1749 号 1913 年 3 月 30 日到），北京市档案馆藏，北平市警察局全宗，J181 - 017 - 01771；《举国同声一哭之宋先生·宋案之一线光明·洪宅之搜检》，《民立报》1913 年 4 月 8 日，第 6 页。

侦缉队之赴津也，据云在二十七日，即洪出逃之前日，此一日间，侦缉队所作何事，二奇也。二十八之南行车并非通车，一日始到济南，三日始达浦口，政府如于二十八日一电到山东，便可捉贼，乃总统之通电，偏偏二十九日始发，三奇也。自二十九始，至初一日，又已四天，无论洪述祖向何处走，既云开专车跟缉，应早就获，乃至初一日晚间，跟缉者尚无以后之报告，四奇也。一罪恶滔天之犯人，发见已一周之久，而令悠悠携眷而去。此内务部之责乎？抑交通部之责乎？要之，洪犯之神通广大于此可见，而某当局之心迹，欲见谅于国民，难矣。①

以上四"奇"中，第三"奇"所述不够准确。据报道，3月28日上午，也就是洪述祖乘津浦路火车由天津出逃当天，津浦路北局其实曾有一电致南局会办赵庆华（燧山）。内容如下：

> 燧山兄鉴：顷由警察厅长杨以德来，称奉大总统面令，有内务部秘书洪述祖，携带女眷一人，乘津浦车至济南，由济南至浦口。此人面有红斑，黑须，务饬地方官一体严拿等因。奉此，查洪述祖既由本路南下，自应知照地方警厅遵令办理，惟本路兵警不准干涉云云。②

由电文中天津警察厅厅长杨以德"称奉大总统面令"云云，可知该电实系袁世凯授意杨以德，再由杨以德出面请津浦路北局发出。"此电系二十八日上午由津拍发，则是日即可抵沿途各埠，是时洪之

---

① 《举国同声一哭之宋先生·宋案之一线光明·北京特派员函》，《民立报》1913年4月8日，第6页。

② 《未得正犯真不甘心·宋先生遇害记九·谁放洪杀胚跑的》，《民立报》1913年4月2日，第10页。

踪迹不过达济南耳。乃电末忽加'惟本路军警，勿加干涉'二语，且此电不即交发警务处，遂使元凶脱逃。"① 杨以德身为警察厅厅长，却没有通过警察系统发电，而是请津浦路北局发电给南局，并且电文要求"本路兵警不准干涉"，可见袁世凯确是有意纵洪。迨至29日，袁世凯连发三道捕洪通电，然此时洪述祖已经逃至青岛，连发三电不过掩人耳目而已。②

且说洪述祖于3月28日逃离天津后，警厅侦探从其宿纬路住所带回仆人二名，并录有口供。据二仆所供，洪述祖出逃前是比较从容的。其初欲于3月27日经海路逃往上海，旋因当日没有赴上海的轮船而作罢。3月28日欲乘火车至上海，又因当日没有通车直达浦口，故决定先至济南。③ 但1917年8月洪在上海租界会审公廨受审时供称：

> 当时袁总统府差官来，向我声称，总统叫你至青岛，我即偕同出京。迨至天津，该差官即向我云，总统得有各处探报，有许多人欲图暗杀尔命，是以令尔至青岛暂避等语。我遂至青岛闲居。④

---

① 《谁放洪杀胚跑的》，姜泣群编述《渔父恨史》，第47页。
② 按三电分别是如下。第一道致武昌黎副总统，开封、天津、奉天、吉林、黑龙江都督，以及哈尔滨李道，电云："□密。上海要案词连内务秘书洪述祖，正饬访查，探已由津浦路南下，恐其中途改道他往，又电济南、江苏访查外，望迅饬所属，于各要害地方派人严密侦访，设法羁留，以备交审。大总统。二十九日。印。"第二道致济南周都督，电云："□密。上海要案词连内务秘书洪述祖，探知洪向住津，闻已由津浦路南下，悉其至济后绕道他往，望严密侦访，设法羁留，以备作证。大总统。"第三道致上海程都督、南京应民政长，电云："□密。闻上海要案牵涉内务秘书洪述祖向住天津，据探报已由津浦路南下，望于沿路车站严密侦访，设法羁留，以备案中要证。大总统监印。"均见《宋先生案之一线光明·捕洪之通电》（北京本报4月1日特记），《民立报》1913年4月5日，第7页。
③ 《宋先生案之一线光明·洪仆之口供》（北京本报4月1日特记），《民立报》1913年4月5日，第8页。
④ 《洪述祖预审终结》，《申报》1917年8月3日，第10页。

　　果如此，则洪在出逃前便已确定青岛为目的地，洪述祖对其仆人说欲往上海，很可能是为了防止其仆泄其行踪而实施的瞒天过海之计。而他决定逃往青岛，应是经过深思熟虑的。一则青岛当时是德国人的租界地，便于藏匿。德国海军大臣曾在下议院发表演说，谓"中国人之避乱者，恒喜迁居青岛，盖以该岛在吾国保护之下，甚为稳静故也"。[①] 二则因为"光复而后，凡满族领袖、前清贵官及一切逃犯，莫不以青岛为安乐窝"，[②] 其中有与洪述祖极为熟识者，如同乡盛宣怀及李鸿章之子李经迈等，便于其在当地活动。[③] 另外，洪述祖清末曾在中德合办的井陉矿务局担任总办，与德人打过交道，这或许也是他决定逃往青岛考虑的因素之一。

　　至于叫洪述祖逃走的"总统府差官"的名字，洪述祖并未透露，不过当时《民立报》曾刊登"北京电报"，称有传闻，洪述祖逃去"系其同乡总统府秘书张一廛密告洪知，令其早逃"，又谓"洪、应在外秘密行动，所需款银，概系张一手付给"。[④] 为此，"总统府秘书厅同人"曾向《民立报》发出公电，予以否认，称"张一廛在厅办公，屏绝酬应，与洪素无往来"。[⑤] 然而，当《民立报》驻京记者面见总统府秘书长梁士诒，询问发电情形时，梁氏的回答却是"己并不知道"。[⑥] "总统府秘书厅同人"发表公电，总统府秘书长却不知道，可见该公电极有可能是张一廛假借"同人"名义发出。从事实来看，洪与袁关系密切，可以"时往总统府"，张不仅是袁的心腹幕僚，也是洪述祖同乡，两人"素无往来"，显然说不过去。即以收抚应夔丞而论，应系洪介绍入京见袁，总统府方面负责接待应夔丞者即系张，

---

① 《德人眼光中之胶州》，《亚细亚日报》1913年4月1日，第2页。
② 讷：《杂评三·洪述祖果往青岛乎》，《申报》1913年4月4日，第10页。
③ 《青岛人物志》，《神州日报》1914年2月7日，第4页。
④ 《北京电报》，《民立报》1913年4月4日，第3页。
⑤ 《总统府秘书厅为张君一廛更正电》，《民立报》1913年4月11日，第3页。
⑥ 《举国同声一哭之宋先生·秘书长不知道》，《民立报》1913年4月23日，第6页。

洪、张如何能够不相交结？因此，通知洪述祖出逃的人极有可能就是张一麐，当然并不是张私自放人，而是受了袁世凯指派，张之所以在案发后否认，一方面是因为此事于己不利，另一方面也是为了不牵及袁。

二　政府引渡洪归案失败背后

洪述祖于 3 月 29 日逃至青岛。三日后，即 4 月 1 日，洪述祖被跟踪至青岛的京师警察厅秘书潘毓桂、侦缉队队长李寿金等认出。潘、李等将跟缉情况向京师警察厅总监王治馨做了详细报告。根据报告，潘、李等人于 3 月 31 日晚到青岛，比洪述祖晚到两天。4 月 1 日，二人查得 3 月 29 日由济南到青岛火车内有一人貌似洪述祖，到青岛后住进亨利饭店四号房，自称王兰亭。经设法辨认，确定王兰亭即洪述祖，胡须已经剃去。潘、李当即电告山东都督周自齐，请转电大总统、国务院，并电告王治馨。又向青岛德巡警衙门报告王兰亭确系洪述祖。4 月 2 日，德巡警衙门将王兰亭即洪述祖传至警署问话。4 月 3 日，周自齐派洋员司得赐到青岛，向胶督交涉，并打探讯问情形。据德警云，问讯时，洪述祖"言不知宋案原因，向来与宋毫无关系"。德警问"何故更名，何故到青"，洪谓"宋案发生后，多有疑彼者，并恐有人暗杀彼以图报复，故更名逃赴青岛"。德巡警衙门据此向中方提出，"须有证据，始能将洪交出，并须速速"。当天下午，德警即将洪述祖释出。潘、李等当即将上述情形报告周自齐，并继续派暗探监视洪述祖。[①] 据内务部次长言敦源后来讲，洪述祖之所以很快就被德警释放，"系李经迈代为运动"，惟洪述祖"每日午后六时须到官

---

① 《京师警察总监王治馨呈大总统报明派员侦缉洪述祖始末情形文》，《大公报》1913年 4 月 24 日，第 2 张第 3—4 页；《京师警察总监王治馨呈大总统报明派员侦缉洪述祖始末情形文（续）》，《大公报》1913 年 4 月 25 日，第 2 张第 2—3 页。

署（指德巡警衙门——引者）挂号，证明其未离该处"。① 王治馨接
到潘、李的上述报告后，对潘、李大加赞赏，即刻向袁世凯做了汇
报，谓："此案派令该员等赴津侦缉之时，洪犯即于是日扬避，秘书
潘毓桂、队长李寿金等设法将洪犯行踪探出，复跟踪踩缉，由济南跟
至青岛，虽该洪述祖变更姓名，改易行色，卒能一一侦出，以致该犯
不能远扬，沿途侦探手段，洵属可嘉。至在青岛租界内施行侦查之
时，暗探林立，洋捕梭巡，且洪述祖又将名姓、面貌变更，尤能不动
声色，将其侦出，且未生出其他交涉枝节，该员等侦探敏活，办事灵
捷，实属异常得力。"②

4月3日，山东都督周自齐致电总统府秘书厅及内务总长，报告
洪述祖被拘情形，请政府从速提供证据。电云：

> 辰密。顷接胶督电开：东电敬悉。当即饬令巡警局将洪述祖
> 拘获，但因洪称此案与伊毫无牵连，是以碍难照办。应请转呈北
> 京政府，索取此案确实证据，庶可详查办理等语。已电复胶督，
> 将洪拘留候办。乞饬部从速办理，并指示一切为叩。自齐。
> 江。印。③

袁世凯接电后，于4月4日转电江苏都督程德全与黄克强，请将
宋案有关洪述祖各项证据分咨外部、东督，以便与德方交涉。电云：

> 新密。据山东都督电称，接胶督电开：东电敬悉。当即饬令
> 巡警局将洪述祖拘获，但因洪称此案与伊毫无牵连，是以碍难照

---

① 《宋案旁征（五）·赵总理私邸之一席话》，《神州日报》1913年4月18日，第4页。
② 《京师警察总监王治馨呈大总统报派员侦缉洪述祖始末情形文（续）》，《大公报》
1913年4月25日，第2张第3页。
③ 《宋案破获后之各方面观·鲁督来电》，《民主报》1913年4月5日，第3页。

办。请转呈北京政府，索取此案确实证据，庶可详查办理云云。已电复胶督，将洪拘留候办，乞饬部从速办理等语。希程都督查检牵涉洪述祖各确据，分咨外部、东督，以便双方交涉。洪既有着落，此案当可水落石出，藉释群疑。遁初有知，实阴相之。袁世凯。支。印。①

同日，国务院为防"远道传闻失实"，发表通电，撮要叙述政府跟踪缉拿及向胶督交涉引渡洪述祖情形，"以杜谣疑"，称："此案关系重大，幸查缉多方，破获尚速。即案内牵涉之洪述祖，亦已查有着落，经胶督拘留，将来检齐证据，公平裁判，必可按法惩治，以伸国法而尊人道。"②

与此同时，内务部次长言敦源和国务院秘书程经世，于4月3日离京南下处理此案。据言敦源记述，二人行前曾见总统、总理，拟有三种计划：一是"酌带弁役，诱出环［租］界，然后掩捕"；二是"劝洪束身归案，免致累及政府"；三是"设法交涉，庶几引渡交犯"。③4月5日晚9时，言、程带弁役10人至济南，与周自齐会商办法，获知"洪述祖已为德人拘留（实际此时洪已被德警释放——引者），则在京筹议诱捕一节已不适用，所带弁役即令折回"。④4月7日晚，二人到青岛。4月8日，胶督夫妇去游曲阜，登泰山，言、程二人与胶督府副官及文武官吏交涉洪述祖归案事，德人"仍坚执如前，非将证据提出，不能将洪述祖引渡提回"。⑤言敦源等见与德方交

①《电索牵涉洪述祖之证据》，《大公报》1913年4月6日，第4页；《宋案破获后之各方面观》，《民主报》1913年4月5日，第3页。
②《国务院为青岛拘获洪述祖情形通电》，《振南日报》1913年4月23日，第5页。
③ 言敦源、程经世：《公出日记》，《大自由报》1913年4月21日，第10页。
④ 言敦源、程经世：《公出日记》，《大自由报》1913年4月21日，第10页。
⑤《京师警察总监王治馨呈大总统报明派员侦缉洪述祖始末情形文（续）》，《大公报》1913年4月25日，第2张第3页。

涉无法进行，遂改变策略，辗转设法与洪述祖见面，"劝洪自行请求归案"，但"情遣理谕，百方诱致，舌敝唇焦，终不承诺"。① 4 月 10 日，言、程返回济南。关于此行经过，二人特别撰写《公出日记》，并在《大自由报》等报公开刊出。

4 月 12 日，言敦源回到北京，当晚即去西堂子胡同赵宅见了赵秉钧。适逢北京《民立报》记者亦来访赵，于是言敦源向该记者讲述了青岛之行的一些经历：

> 予此行有笔记（即《公出日记》——引者），改日当发表……余……七日到青岛……德人来诘余，余谓系来探亲，同行之国务院秘书程经式［世］君，则借口来购德文书籍。八日，胶督携其夫人去游曲阜，登泰山，亟不得归，其副官又不能作主，余乃偕程经式［世］君约会老洪，劝其自行投案。洪谓：德人叫我投案，我便投案。洪之气焰极大，自诩为共和功臣，谓唐少川可证，直认杀宋不讳，以为共和乃彼手造，宋主张政党内阁，是破坏共和，余故杀之。诘以何以逃去，洪谓：吾不去恐为人暗算耳。彼又谓：须将此事原委编为一书，译以英、法、德文，传诸世界。②

在此段讲述中，最值得注意的是，言、程到青岛后，当德人来诘问时，言敦源竟谎称"系来探亲"，程经世则假装"来购德文书籍"。可以说言敦源在不经意间泄露了此行的一个重要秘密——原来二人并非受政府正式委派去青岛与德方交涉引渡洪述祖归案之事，否则二人完全可以光明正大，何用鬼鬼祟祟？这个秘密的泄露让我

---

① 言敦源、程经世：《公出日记（续）》，《大自由报》1913 年 4 月 22 日，第 10 页。
② 《宋案旁征（五）·赵总理私邸之一席话》，《神州日报》1913 年 4 月 18 日，第 4 页。

们知道，《公出日记》之所谓"公出"不过是谎言，日记所记并不完全可信，将日记公开刊出，也不过是为了敷衍世人而已。从言、程的具体活动来看，《公出日记》称二人4月5日晚在济南见到周自齐，获知洪述祖已被德警拘留后，即放弃第一种计划，让所带10名弁役折回北京。然而，根据前引王治馨给大总统的报告，潘毓桂、李寿金在4月3日下午德警将洪述祖释放后，就把相关情况电报给了周自齐，周自齐不可能在4月5日晚还不知道这一情况。《公出日记》所写放弃第一种计划的理由并不充分，这说明言、程等根本就没有打算诱捕洪述祖，带10名弁役南下，不过是做给大家看罢了。退一步讲，即便到4月5日晚言、程获得的消息仍然是洪述祖已被德警拘留，那么等4月7日晚二人到青岛后，自然会知道洪述祖已被释放。潘毓桂、李寿金也向言、程二人进行了汇报。此时二人完全可以将弁役招回，或者在周自齐协助下，与潘、李重新组织弁役，对洪述祖实施诱捕。然而，二人不但没有这样做，反而在仅仅两天后即与潘、李先后返回北京。① 这就更加说明，言、程南下青岛根本就不是来诱捕洪述祖的。

其实，从言敦源与洪述祖既为内务部同事，又有戚谊，以及程经世与洪述祖同为构陷"孙黄宋"嫌疑人这些情况，不能不让人怀疑政府派二人到青岛的动机。再联系洪述祖逃至青岛本为总统府故纵，则言、程二人青岛之行目的，已经昭然若揭。《民权报》曾刊登"北京来电"揭露道："闻言敦源此次赴青岛，表面上为办理引渡洪述祖交涉，而实则多方运动，冀勿将洪贼交案审办。现一切手续业已办理完毕，而洪贼仍逍遥法外，可见此事真相一斑。盖言本与洪为戚串，而又与洪同供职于内务部。此次青岛之行，闻系洪贼私党嘱言自

---

① 《京师警察总监王治馨呈大总统报明派员侦缉洪述祖始末情形文（续）》，《大公报》1913年4月25日，第2张第3页。

告奋勇，临行时又经赵秉钧密授计画，识者早知其必有此种结果。呜呼，洪之罪诚不可胜诛，言之罪亦不在洪下矣。"① 国民党上海交通部所刊《国民月刊》也揭露道："言敦源与洪有戚谊……乃当宋先生被刺案发，洪遁青岛，中央明知洪为案中要重，亦知此事将有不了之局，乃派言敦源与程经世赴青岛，程与洪、应之关系亦不可掩者，中央之故纵洪逃，于此已显然矣。"② 《民立报》记者邵力子亦撰文批评："言敦源奉政府特命赴胶，不求正当之引渡，而为诡秘之运动。在彼或自喜其得计，而人早窥其罪恶矣。呜呼！小人终枉为小人而已。"③

国民党方面，黄兴于 4 月 6 日致电袁世凯云："宋案关于洪述祖之证据甚多，未便宣布。洪系内务部秘书，既属逃官，应饬由外交部向胶督交涉提回。"④ 4 月 9 日，黄兴再次致电袁世凯，谓"此间迭次审讯刺宋凶犯，搜检证据，洪述祖实与此案有绝大关系，现已在青岛拘获，请饬外交部向德使交涉，将洪索回，俾得归案，与各犯质讯，期早日解决，昭示天下等语"。⑤

然而，胶督对于引渡洪述祖归案严行拒绝。其中原因，北洋《德华报》曾有解释，称："中、德二国间并未订有互行引渡罪犯条约，故德人无引渡罪犯之必要，而中国无要求德人必行引渡之权利。然此犹就未订有引渡条约而言之也，即使订有引渡条约，引渡国亦必分别被引渡罪犯所犯为何项罪案，以定其应行引渡与否，固不能谓一切罪犯均应引渡也。洪述祖之逃往青岛，确无犯罪之实证，故德人不能交

---

① 《民贼乱国警电·言贼狼狈为奸》（1913 年 4 月 13 日下午 9 时北京电），《民权报》1913 年 4 月 14 日，第 3 页。

② 《宋遯初先生遇害始末记（续）》，《国民月刊》第 1 卷第 2 号，1913 年，第 21 页。

③ 傅学文编《邵力子文集》上册，中华书局，1985，第 4—5 页。

④ 《致袁世凯电》（1913 年 4 月 6 日），湖南省社会科学院编《黄兴集》，中华书局，1981，第 317 页。

⑤ 《关于宋案各方面之新闻》，《大中华民国日报》1913 年 4 月 10 日，第 2 页。

出云云。"① 言敦源也将洪不能归案，归因于"民国尚未经承认，所继续履行之前清条约又无交犯专条"。②

洪述祖迟迟不能归案，令国人难以理解，《亚细亚日报》4 月中旬曾刊登如下一则短评，颇能反映时人困惑：

> 吾不解洪述祖具何种神通，乃能逸出北京，善避侦缉，而安然隐匿于青岛；吾不解胶澳总督据何理由而拼命庇护一杀人犯，致中国政府屡索而不与；吾不解政府何以坐令洪述祖逃逸，何以侦缉数日而不得，何以屡向胶督请求而不得引渡。小小交涉，尚犹如此，国际上大问题，更将何如乎？呜呼，果胶督之故意为难乎？抑政府之交涉不尽力乎？吾无以名之，不得已而只归之于洪述祖神通广大耳。③

1913 年 4 月 25 日，江苏都督程德全、民政长应德闳将宋案证据撮要宣布。随后，程德全又将宋案证据照片派专人送往北京，请饬外交部及山东都督向胶督交涉，将洪犯索回，以便归案讯办。④ 5 月 1 日，外交部致函德国驻华公使，将程德全等抄录证据照录一份，送交德方，请"转达胶督，迅将洪述祖归案讯办"。函云：

> 径启者。与前农林总长宋教仁被刺案有关系之洪述祖逃匿青岛，业经迭次面请转达胶督，暂行拘守在案。项准国务院函开：迭准江苏程都督、应民政长二十五日电称：宋案搜获证据，内有应桂馨与前内务部秘书洪述祖往来电函多件。又二十八日电称，

---

① 《德人拒交洪述祖之理由如是》，《亚细亚日报》1913 年 4 月 14 日，第 2 页。
② 言敦源、程经世：《公出日记》，《大自由报》1913 年 4 月 21 日，第 10 页。
③ 善哉：《洪述祖神通广大》，《亚细亚日报》1913 年 4 月 14 日，第 1 页。
④ 《洪犯证据照片到京》，《大中华民国日报》1913 年 5 月 2 日，第 2 页。

此案要据摄有影片，即日专员赍交外部。兹据二十五日电开各节摘出，另纸钞录，请照会德国驻京大臣，将洪述祖交出归案等因。除俟影片寄到即行照送外，相应将另纸钞录证据一份，先行照录，送交贵大臣查照，并希转达胶督，迅将洪述祖归案讯办，实深感纫。此颂日祉。五月一日。①

5月6日，外交部收到苏督派员送到"确实证据密影十三张"，亦函送德使馆。② 鲁督周自齐心知政府无意引渡洪述祖归案，因此接到证据照片后并未立即与胶督交涉，而是致电中央，谓"此事须由中央派员前来会同办理，即请迅速遴派来东，以便同往交涉"。时人分析，"周之用意，明知洪犯决不能引渡，恐为舆论攻击，故作此不负责任之举"。③

与此同时，洪述祖于4月底在青岛做了一件很值得注意的事，就是以15000元的价格，从德人警长威尔慈手中购得楼房一座。④ 这一举动透露了三点重要信息：①洪述祖似乎与政府之间已经达成某种交易，政府将不会引渡洪述祖归案，因此，洪述祖可以购房久居青岛。②洪述祖手中并不缺乏金钱。犹记上年11月29日，洪述祖在给应夔丞的信中，尚称"待款孔亟"，⑤ 仅仅过了半年，他忽然出手如此阔绰，其中秘密，洪的妻弟史蓉生曾于5月中旬在京"亲口告人，谓洪于宋事，实得政府报酬金二十万元，现已在青岛购置巨宅，极园亭之胜，以为终老计"。⑥ 这就再次证实，洪述祖居留青岛，的确得到了袁

---

① 《外部致德公使公函》（1913年5月1日），《时报》1913年5月13日，第4页。
② 《专电·北京电·政府答复议员重要质问》，《申报》1913年6月10日，第2页。
③ 《周自齐不负责任之主义》，《大中华民国日报》1913年5月6日，第3页。
④ 《宋案声中之惊风骤雨·洪述祖将布黄某谋乱之谍文》，《大自由报》1913年4月30日，第3页。
⑤ 《第九件 洪述祖寄应夔丞信三纸》（1912年11月29日），《前农林总长宋教仁被刺案内应夔丞家搜获函电文件检查报告》，第12页。
⑥ 《洪述祖逍遥法外》，《民主报》1913年5月20日，第7页。

世凯的金钱支持，袁是不会将其迅速引渡的。③洪述祖购买的是德人警长威尔慈的楼房，这就使他和青岛德国租界当局之间建立起了关系，不仅有利于保障自身安全，而且可以在引渡一事上与租界当局私下进行交易。这一切看起来都是经过精心盘算的。

5月6日，上海地方检察厅致电司法部，请迅咨外交部，促其与德方交涉，引渡洪述祖归案。① 5月7日，程德全、应德闳所派之员将宋案全部证据解送到京，共计分甲、乙、丙三种，"甲种第一次检查者，二十四件；乙种系第二次检察〔查〕者，二十件；丙种系第三次检查者，十一件。共五十五件云"。②

洪述祖迟迟不能引渡归案，且传出将要入籍德国，也引起众议院议员不满，由罗家衡提出，张耀曾、吕复、高旭、邵瑞彭、辛际唐等二十余人连署，于5月中旬提出质问案，请国务总理、司法总长、外交总长于三日内答复。③ 5月20日，上海地方检察厅厅长又呈文司法部，请行文外交部向胶督交涉，务将洪述祖引渡归案。④ 大约同时，副总统黎元洪也致电袁世凯，请早日引渡洪述祖归案。⑤ 由于迟迟没有接到回复，5月22日，上海地方检察厅再次致电司法部，询问引渡洪述祖办理情况，请"速向外部交涉，归案讯办"。⑥ 同日，司法部复电，谓外交部"已将原函内容并附送影片十三张转达胶督，请查照办理"。⑦

---

① 《宣证后之宋案·移提洪犯之电报》，《民主报》1913年5月9日，第10页。

② 《宋案证据到京》，《大自由报》1913年5月8日，第7页。

③ 《预审声中之宋案·众议院最有价值之质问书·关于洪述祖不到案之质问》，《民主报》1913年5月21日，第3页。

④ 《宋案汇志·上海地方检察长呈司法部文》，《神州日报》1913年5月22日，第6页；《宋案今日观·引渡洪述祖之催促》，《申报》1913年5月22日，第10页。

⑤ 《致中央及各省规劝政府》，汪锡纯编《黎副总统书牍汇编》卷3，上海新中国图书局，1914，第27页。

⑥ 《地方检察厅致司法部电》（1913年5月22日），《申报》1913年5月24日，第10页。

⑦ 《司法部致地方审检厅电》（1913年5月22日），《申报》1913年5月24日，第10页。

5月31日，青岛德国高等裁判所开庭，研究洪述祖案究竟应否引渡。洪述祖以重金运动德国某律师代为辩护，主要辩文即谓"煨宋"之"煨"绝无杀意，不认谋杀宋教仁。① "胶督亦以证据中于实行谋害宋教仁之字样未有，以故此项证据未能认为有效，遂判将洪羁留青岛，一面先将供词抄送外交部核办。"②

6月11日，上海地方检察厅第三次致电司法部，要求其"转请外部，从严交涉，据约力争，务令克日将洪犯引渡，以伸国法"。③ 6月14日，司法部复电称："接胶督函，洪述祖现正审讯，约数日必办毕。"④ 然而，外交部随后接到了驻京德代表照会，称"中德两国所缔条约并未订有引渡罪犯专条，洪述祖侨居青岛，在德国治权之下，胶督对于该犯有应行保护之责，断不能贸然交出。惟为顾全睦谊起见，允将青岛法庭所讯洪犯供词录送，藉资印证云云"。⑤ 6月27日，外交部将德国驻华使馆交来洪述祖供词一件，译送总统府。⑥ 总统府旋批："查胶督何时引渡洪述祖，此时尚未决定，所有德使馆交来洪述祖供词一件，拟请即由国务院备文，送交江苏程都督，转交上海地方审判厅查照。"⑦ 青岛德国裁判所还通过德使转告政府，称"洪述祖已经切实审讯，据其自供，确无犯罪情迹，目下尚未便引"。⑧ 不久，"二次革命"爆发，各方不再特别关注此事，引渡洪述祖遂不了

---

① 《洪述祖重价延律师》，《正宗爱国报》1913年6月9日，第3页；《山东电报》，《民立报》1913年6月3日，第5页。

② 《宋案近事录》，《神州日报》1913年7月9日，第6页。

③ 《关于宋案之来电》，《正宗爱国报》1913年6月18日，第3页；《宋案今日观·洪述祖严催引渡》，《申报》1913年6月12日，第10页。

④ 《公判中之宋案·洪杀胚仍是有声无影》，《民立报》1913年6月15日，第10页。

⑤ 《公判中之宋案·洪杀胚又施鬼计》，《民立报》1913年6月28日，第11页。

⑥ 《外交部译送洪述祖供词致公府秘书厅》（外交部公函二年界字第七百二十一号），罗家伦主编《宋教仁被刺及袁世凯违法大借款史料》，第228页。

⑦ 《袁政府关于宋案之批示》，罗家伦主编《宋教仁被刺及袁世凯违法大借款史料》，第228页。

⑧ 《宋案之最近消息·洪述祖引渡难》，《亚细亚日报》1913年7月5日，第2页。

了之。

引渡洪述祖以失败告终。面对此结果，洪述祖扬言："刺宋案未有同谋之证据，不得谓余有罪；且内而政府，外而胶督，表里庇护，法庭其奈我何？"[①] 可以说毫无顾忌地道出了他之所以能逃脱惩罚的内幕。自此，洪述祖在青岛居住下来，不久他又在距青岛约 60 里的九水庵修建了一座别墅，名曰"观川台"。其地在崂山西部猪窝河之上流，道路平坦，汽车可以直达，对岸有老松十数株，其下即洪述祖别墅。[②]

三　赵屡请辞职自证清白被袁拒绝

刺宋案发生后，因应夔丞被捕，牵及内务部秘书洪述祖，又因洪述祖逃离北京，国务总理兼内务总长赵秉钧处于嫌疑之地，陷入漩涡。赵秉钧对于刺宋案态度如何，遂成为观察其与该案有无关联的重要视点。

宋教仁遇刺一周、洪述祖逃离京城两天后，即 3 月 28 日，北京国民党本部党员开会，讨论应对宋案办法。3 月 29 日，共和党机关报《亚细亚日报》忽然登载消息，称："张继氏日前在该党本部对于钝初死事之演说，洋洋千言，大略谓：钝初之死，据外间消息，实为应夔丞所指使。应本上海流氓，虽为我们同盟会人物，但此人近恐已为人收买，故吾人对于应夔丞之外，仍须根究主使之人云云，其词中并及于现总理赵秉钧云。"[③] 3 月 30 日，《大公报》亦刊登消息云："二十八日，该党开会讨论此案原因及一切善后办法，各党员极为愤激，张继演说至谓应夔丞既系刺宋主谋之人，而内务部秘书冯〔洪〕述祖

---

① 《公判中之宋案·洪杀胚竟作负嵎之势》，《民立报》1913 年 7 月 11 日，第 11 页。
② 胶济铁路管理局总务处编查课印《胶济铁路旅行指南》，1934，第 23 页。
③ 《一塌糊涂之刺宋案·张博〔溥〕泉之演说》，《亚细亚日报》1913 年 3 月 29 日，第 2 页。

与应平日关系密切，赵总理又信用冯［洪］最深，则此案与赵总理不无关系之处等语。"①

赵秉钧对有人将他与刺宋案联系起来极为愤慨。据《亚细亚日报》报道，就在北京国民党本部开会当日（3 月 28 日）下午，赵秉钧进谒袁世凯，愤言：

> 我不愿为总理，实以总统委托，不敢放弃国民责任。受职以来，朝夕劳苦，发白齿摇。不意区区苦衷，无人见谅。现在宋钝初一案，外间某党竟疑秉钧主使。此事毫无公理，秉钧万难缄默，拟请即行辞职，前往上海，与凶手对质，以期水落石出。②

《大公报》也报道，赵秉钧闻听张继演说内容后，"不胜愤懑，随即进谒总统，大声疾呼"，谓：

> 总理一席，我原不肯承认，因被总统迫令就职，我劫于公义私情，乃勉力担负。今宋遯初被刺远在上海，与我无丝毫关系，而外间竟有疑我之语，令人愤恨。我今无以自明，今日惟有求总统准我请假，以便赴沪与应夔丞对质。③

3 月 30 日，赵秉钧"复向总统前坚请辞职，谓无论如何，已决计不任总理。总统谓：临时政府已为日无多，国务员中无论被如何之嫌怨，万不能再有更动。且刺宋案之传说种种，实属外间无稽之言，何足深信。乃赵氏执意甚坚，总统慰留再三，毫不为动，且迫请总统即

---

① 《关于宋教仁被刺案之种种》，《大公报》1913 年 3 月 30 日，第 4 页。
② 《一塌糊涂之刺宋案·赵总理之愤慨》，《亚细亚日报》1913 年 3 月 29 日，第 2 页。
③ 《关于宋教仁被刺案之种种》，《大公报》1913 年 3 月 30 日，第 4 页。

日下命令，准其辞职，总统亦坚不允许。赵氏最后谓：总统如不下命令，我即在此坐守，不赴国务院。总统竟亦无法"。① 当晚，张继与《民立报》特派员往访赵秉钧，向赵说明自己并未发表过刺宋案与赵有牵连的演说，称该消息为"《亚细亚日报》捏载"，"面揭该报之诬，兼探赵辞职确否"。② 赵谓：

> 余昨今两日（指3月29日、30日——引者）见袁总统决意辞职者，原因甚多，尤以宋钝初死，且悲且惭。缘宋在京时，相处最久，相契更深，宋所主张，余极表同意。今宋果为政见死，余又〔有〕何心谈国事。且此案金谓系洪述祖主犯，而洪为余属僚，余亦处嫌疑地位，余今犹不辞职，又何以谢国民。故决欲辞职赴沪，与凶犯等对质。至该报捏词挑衅，可不辩自明云。③

据此，赵秉钧在3月29日也曾向袁世凯提出辞职，3月30日是继3月28日、29日之后连续第三天提出辞职。同日（3月30日），内务部次长言敦源在给河南都督张镇芳的信中写道："国务院存五日京兆之心，已料理交代，无复有人热心及此，此又政府之现状也。"④ 所谓"国务院"，即指国务总理赵秉钧。

3月31日，赵秉钧在总统府又一次提出辞职，袁世凯"始以和平之议再三宽劝，继谓：'临时政府不过期年，总理已经三易，外人之觇我国者，其轻视我国可知。然或因政治之关系，或政见之差池，国务领袖负有完全，不得竟行其志，以此而辞职，亦各国所恒有；乃不

---

①　《刺宋案之近情·赵总理辞职之无意识》，《亚细亚日报》1913年3月31日，第2页。
②　《北京电报》，《民立报》1913年3月31日，第3页。
③　《北京电报》，《民立报》1913年3月31日，第3页。
④　《忏因致张镇芳》（1913年3月30日），《张镇芳存札》，中国社会科学院近代史研究所藏，甲264。

谓以暗杀案之发现，外间之谣诼，遂欲藉辞职以自表白其心迹，毋乃近于无意识，非但贻外人以笑柄，国人其谓之何？故无论如何，总理辞职决无可以准予之理.' 言时词气极为坚定，赵总理亦无词可进云".① 然而，赵秉钧并没有打算退让。4月5日《大公报》引"国务院某员"消息称："赵总理之辞职表，业于初二日呈递，闻大总统虽经慰留至再，而总理去志甚坚。"②

对于赵秉钧坚欲辞职赴沪对质，总统府除梁士诒赞同外，其余皆表反对。4月9日《时报》披露内幕道：

> 总统府秘书对于赵总理之辞职分为两派，梁士诒则赞成其辞职，而梁以外皆反对之。某秘书面斥赵之举动不合，劝其取回辞表，赵坚不允。某秘书拍桌呵之云："如此不学无术，安可做总理。"并力争于总统前。总统云："吾亦坚留，渠决不可，奈何？"赵又至总统前坐索命令，谓："今日不得准免本官之命令，誓不出府。"总统无如之何，即饬办稿缮印，以段祺瑞兼着，不意国务员全体反对，无一人肯署名，总统命令不能宣布，赵无法，始去。③

但赵秉钧并未打消辞意。4月12日，他对来访的北京《民立报》记者表示："余与钝初交极厚，终不负钝初于地下。以余刻下处境之难，宁为嫌疑犯入狱，不愿再一日居此地位。"④

国务院秘书长张国淦对于赵秉钧当时的动向，也曾有一段记述。他说：

---

① 《赵总理辞职未允》，《亚细亚日报》1913年4月1日，第2页。
② 《赵总理请假与辞职之真像》，《大公报》1913年4月5日，第4页。
③ 《北京政界对于宋案之态度》，《时报》1913年4月9日，第3页。
④ 《宋案旁征（五）·赵总理私邸之一席话》，《神州日报》1913年4月18日，第4页。

　　赵对我从来不提宋一字，宋被刺后，除于国务会议时自言自语外，次日递辞呈，移住法国医院，数日后又回本宅。某日，约我往（相处年余，此是初次），见面时，神色张皇，对我连揖不已，言："有一事要君帮忙。"问何事，赵言："此时只求免职，才可免死。"我说："何至如此。"因欲得知宋案内幕，即问宋案究竟如何。赵言："此事此时不能谈，但我不免职非死不可。芝泉（段祺瑞）军人，事事好办。"我茫然不解。次日，赵又亲笔致我一函，更反复言之。在我所得于院方（指国务院——引者）者如此。①

　　此段记述中，赵"于国务院会议时自言自语"，发生在 3 月 21 日获知宋被刺消息时，前已述及。"次日递辞呈"，说明赵最早在 3 月 22 日，也就是宋教仁身亡当日便提出过辞职，比各报所载 3 月 28 日提出辞职早了一周。"次日递辞呈，移住法国医院"两事连记，极易让人误解为赵 3 月 23 日入住法国医院，但实际上赵入住法国医院是 4 月 17 日，也就是武、应二犯 4 月 16 日、17 日由租界当局移交中国方面之时。《民立报》曾刊登"京函"，对当时赵秉钧的处境进行了详细报道：

　　赵秉钧十七日忽入东交民巷之法国圣明拉病院，以养病为名，实则别有所为。记者向各处探访此事真相，据深知赵氏之某君云，宋案发后，赵氏曾表辞职意，而袁慰留之，谓：彼自有办法，兼以四围状况亦不许其辞，遂勉强留任。而其后案情日明，关系日多，赵之境遇遂日陷于困难。辞职既不见许，故决计假养病名迁入医院，实际上则为变相之辞职也云云。又，宋案发现以

---

① 张国淦：《北洋述闻》，第 48—49 页。

来，赵氏之态度，闻大异曩昔，其原因系以洪述祖故而受嫌疑，已无有逃避之能力，故日在忧急之中，今入病院，实有不得已之苦衷云。①

可知赵秉钧实际上是想通过入法国病院治病的方式，表明自己不愿再居总理之位的决心。该报记者又探访赵秉钧进入病院后的情形道：

> 赵秉钧移入圣明拉病院后，十八日记者特往该院询问赵入院后情形。据医员云：赵自谓胸中如有块垒，神经尤乱，心绪不宁。十七日投药十余次，夜间似未安眠。一二时后犹见醒坐，若甚焦虑。经医士力劝其安养，十八晨始少平和。大约一周间后可以复元也。②

结合张国淦所述及《民立报》的报道，我们可以了解到，赵秉钧在4月中下旬心绪极坏，内心极为不安。其原因当是赵自言敦源、程经世于4月12日从青岛回来后，便已明白，袁氏不会将洪述祖引渡归案，而洪述祖不能归案，赵就要继续遭受舆论猛烈攻击，这让其承受了很大的压力。他屡次提出辞职，想以此自证清白，又遭到袁世凯及总统府绝大多数秘书，还有全体国务员的反对。由于无法摆脱困境，赵"日在忧急之中"。显然，赵很担心，这样被动下去会对自己越来越不利，最终不但无法证明自己的清白，还极有可能成为袁世凯向国民做出交代的牺牲品。他不像段祺瑞那样手握军队，而是孤立无援，因此，他才不得已请关系并不是很密切的国务院秘

---

① 《举国同声一哭之宋先生·赵秉钧吓病了》，《民立报》1913年4月23日，第6页。
② 《举国同声一哭之宋先生·赵秉钧吓病了》，《民立报》1913年4月23日，第6页。

书长张国淦帮忙活动免职之事，并且说出了"此时只求免职，才可免死"的话，可见其内心的惶恐。当张国淦问他宋案内幕时，他说"此事此时不能谈"，约有三层含义：一则他对袁世凯与刺宋案究竟有何关系，心中并无确定答案，因此无法说出个所以然来；二则他心中很清楚，洪述祖刺宋与构陷"孙黄宋"阴谋失败有关，而他也曾卷入构陷阴谋，并且洪、应所用"应密电本"为他所送，这让他难以说清自己与刺宋案的关系；三则他正担心袁世凯欲牺牲自己，若所言对袁不利，或被袁抓住把柄，他的处境将更糟糕。因此，在主动辞职自证清白不能达成的情况下，请求免职以保全自身，就成为赵秉钧退一步的选择。

很幸运的是，在北京大学历史学系所藏档案中，我们找到了四份经总统府修改、内容大体相同的《赵总理呈请解职文》底稿，其中两份末尾有"四月廿号已清"字样，说明草拟及修改时间就在赵秉钧进入法国病院之后。呈文云：

> 查该二员（指洪述祖、应夔丞——引者）虽经荐引，素乏私交，谓其才有所长，委以一定之事，其出范围之外，自非长官所期。至于犯法行为，更难代负责任。惟该二员尝以职务关系，曾与函电往来，而语不涉私，事可指实。其在该二员互相交通事件，则非所知。盖个人意思之与机关意思，司法问题之与政治问题，本截然两事，各不相蒙者也，理最普通，原易索解……惟是悠悠之口，愈传愈讹，随时辩解，则不胜其劳，坐任纷纭，则欲甚其惑。故秉钧在职，实于政府威信总有妨害，即司法检查，亦难以间执其口而折服其心，勿宁暂离政局，使个人行为与机关意思，司法事件与政治问题，两不相蒙，断绝关系，庶几政府之威信、司法之尊严两无所损，不至因此一案影响治安，而秉钧亦得静养调摄，以图后效。为此呈请大总统，解去秉钧国务总理、内

务总长本任，另行派员代理。①

值得注意的是，总统府将呈文最后"解去秉钧"四字改成"准予暂离"四字，说明总统府并不同意赵秉钧彻底解职离任。与呈文一起保留下来的，还有总统府的批示底稿，最后一句为"赵□□应准暂离国务总理及内务总长本任，仍望加意调摄，勉为国事自重"，② 与修改后的呈文中"准予暂离国务总理、内务总长本任"一句意思保持一致。"仍望加意调摄"，就是让赵秉钧好好养病的意思。

不过，呈文及批示并未正式宣布，原因当是 4 月 25 日晚江苏都督程德全、民政长应德闳通电宣布宋案证据后，举国为之震动，形势发生很大变化。赵秉钧已不再仅仅被怀疑与刺宋案有牵连，而是被明确指为杀宋凶手。4 月 26 日《民立报》即以《杀人犯之主名·欢迎赵秉钧》的醒目标题，发表评论道：

> 宋案发生一月余矣，人人欲睹此案之真相，人人欲知杀人之正犯，及今而证据之大部分，已共白于天下矣。自应、武获案而表面之证据中得一洪述祖，自应、武引渡而大部分之证据中得一赵秉钧。呜呼，赵秉钧！尔非万恶政府之国务首领耶？尔之名字，何赫然发现于宣布证据之通电耶？海运局之营仓（武士英、应夔丞关押处——引者），检察厅之横舍，现已准备欢迎矣。呜呼，欢迎者，又岂独一赵秉钧耶！③

次日，《民立报》又开始连载徐血儿《综论大暗杀案》一篇长

---

① 《赵总理呈请解职文》（1913 年 4 月），稿本，北京大学历史学系藏，第 174 函。
② 《临时大总统袁就赵总理呈请解职批示文》（1913 年 4 月），稿本，北京大学历史学系藏，第 174 函。
③ 东方：《杀人犯之主名·欢迎赵秉钧》，《民立报》1913 年 4 月 26 日，第 12 页。

文，分析袁、赵为何要杀害宋教仁，以及国民及国会应当如何对待袁、赵，提出"袁、赵自行解职，组织特别法庭，以受法律之裁判"之法。倘若袁、赵不归法庭对质，则"国会当依据《约法》提出弹劾案，使袁、赵解职，由国民组织特别法庭，为公正之审判，以为此案最后之解决也"。①《民权报》则于同日刊登徐谦《布告国民》书，云："我民国何不幸，而有此暗杀民党、阴谋不轨之政府！……此案实施犯罪者武士英也，共谋杀人者应夔丞也，故唆杀人者洪述祖也，而造意杀人者，非他，乃政府也……政府杀人之证据，今宣布于我国民之前矣。袁世凯也，赵秉钧也，洪述祖也，应桂馨也，若此诸犯，皆为刺宋之共同犯罪人，皆应受民国法律之制裁。"② 4 月 29 日、30 日，《民立报》又连载《数袁世凯十大罪布告国民》，历数辛亥鼎革以来袁世凯实行"武人专制""军警干政"，滥杀共和有功之人等十大罪状。③

　　袁、赵不得不全力应对国民党及舆论铺天盖地的攻击。4 月 28 日，赵秉钧发表自辩"勘电"。同日，袁世凯发表"堪电"，声援赵秉钧。很快，舆论又予以反驳，认为"宋案证据，不可以电辩了事"，"剖白大总统心迹，不可以一电了事"，"为赵秉钧计，宜赴有司受法律之裁判"，大总统"亦惟但赴法庭求伸辩于法律而已"。④ 5 月 1 日，共和党人孙武亦上书大总统，提出"为保持全国政务进行计，似应准予（赵秉钧）暂行辞职"。电云：

　　　　大总统钧鉴：敬启者。武日来叠阅上海程都督、各［应］省长宣布宋案证据通电，及赵总理对于各项证据剖析申明通电，知

---

　　① 血儿：《综论大暗杀案》，《民立报》1913 年 4 月 29 日，第 2 页。
　　② 徐谦：《布告国民》（1913 年 4 月 27 日），朱宗震、杨光辉编《民初政争与二次革命》，第 294—297 页。
　　③ 秋水：《数袁世凯十大罪布告国民》，《民立报》1913 年 4 月 29 日、30 日，第 2 页。
　　④ 《告赵秉钧》，《国风日报》1913 年 5 月 8 日，第 2 页。

将来非诉诸法律，必不能证清案源，以安英灵而彰公道。在证据中，一月十四日赵总理致应犯函"密码送请检收，以后有电直寄国务院"一节，国务院为各部长官会同办事之地，私计阴谋焉能出此。即此一节，已足证赵总理与应直接交涉，断无特别隐事。直至三月十三日应犯致洪电，始有"若不去宋"之语，更可知谋宋动机，系当时由应动议主谋，洪且在被动地位，何论总理。将来水落石出，有罪无罪，必足以昭示天下，此固无庸为赵总理虑者也。惟是当此案未明之时，舆论分歧，赵总理不免处于嫌疑地位。国务总理既处于嫌疑地位，国人之信任心或因之薄弱，一切政务何能积极进行。武微闻总理前已提出辞职书数次，我大总统为保持全国政务进行计，似应准予暂行辞职，静候该案结清，再行复位，庶此案不致牵动政府，民国前途或增稳固。武困思熟虑，以为似应如此，始足以维持大局。一得之愚，是否可采，伏希酌夺。敬请钧安。孙武叩。①

赵秉钧也再次提出辞职。据5月2日《亚细亚日报》载，"赵总理日前面谒总统，力陈病体不支，坚求辞职。总统颇致慰留之意，而赵退志甚坚，回寓后即饬办免官呈文，立时呈递"。② 呈文以"日来头眩益甚，困顿不支，力疾从公，倍形竭蹶，设有贻误，关系匪轻"，请求"准予免官，俾资调理"。但袁世凯并未批准免官，而是批示："该总理病体未痊，应给假十五日，俾资调理。所请免官之处，应毋庸议。"③ 同时令段祺瑞暂代国务总理，接着又令言敦源暂代内务总

---

① 《孙武君对于宋案之要电》，《新中国报》1913年5月2日，第6页。又题《孙武君对于宋案之卓见》，见《亚细亚日报》1913年5月2日，第2页；《孙武上将为宋案上袁项城书》，见《国报》1913年5月2日，第1页。
② 《赵总理给假确闻》，《亚细亚日报》1913年5月2日，第3页。
③ 《国务总理内务总长赵秉钧呈大总统吁请准予免官乞照准施行文并批》（1913年5月1日），《政府公报》第354号，1913年5月2日，第341页。

长。对于这一人事变动，张国淦记道：

> 宋案出后，举国哗然，除公布文电外，空气紧张，日甚一日。府方正筹对策，适四月三十日，府秘书长梁士诒自沪返京（在宋案前梁以私事去粤），建议："此事只有先免赵职，改任唐绍仪，另组内阁，以平民党之气。至赵有无嫌疑，再待国民评判，庶可缓和。"其时，赵辞职呈文已递多日，总统采用梁说，即令府秘书办赵秉钧免职、唐绍仪为国务总理命令。当电召我到府，嘱将命令带院，由总理署名，交印铸局发表。时有一人在座（不识其人，年约五十岁以上），力言为"汉杀晁错，不能止吴濞之兵。总统能始终迁就，即可牺牲晁错；若果有决心，今日万不必出此"云云。袁迟回半晌，将命令收回。至五月一日而陆军总长段祺瑞代理国务总理之命令下矣（内务总长以次长言敦源代理）。①

此段中，"宋案出后"是指程、应4月25日通电全国，撮要公布宋案证据一事。"公布文电"指政府方面，袁、赵于4月28日发表"勘电"等事。"赵辞职呈文"当指前文所引赵呈请解职文稿。由张国淦所记可知，袁曾考虑接受梁士诒的建议，同意赵秉钧辞职，以应对国民党和舆论攻击，但在有人提出"汉杀晁错，不能止吴濞之兵"后，袁决定收回成命。由于外界普遍将赵秉钧视为袁世凯心腹，并且当时袁世凯事实上也已受到攻击，"汉杀晁错，不能止吴濞之兵"一说显然触动了袁世凯。袁让段祺瑞代理国务总理，却未准赵免官之请，而是给假十五日，令其调养身体，用心十分明显：一方面做出姿态，以缓和国民党及舆论攻击；另一方面继续让赵秉钧充当"挡箭

---

① 张国淦：《北洋述闻》，第47—48页。

牌"。只要赵秉钧不免职，袁世凯就多一重"防火墙"。原本担心袁世凯会牺牲自己的赵秉钧此刻应该明白了袁的用意，知道自己对袁还有用，但内心总是不舒服。故有报道云："赵自迁三海后，终日吞云吐雾，忽曰：我老夫老妻，落此下场，实不甘心。"① 5 月 15 日，赵秉钧以"病体依然"，呈请续假十五日，获得袁世凯批准。② 6 月 3 日，赵秉钧以"病体仍未就痊"，第二次呈请续假十五日，又获得批准。③ 6 月中旬后，宋案对袁、赵的冲击渐弱，心力交瘁的赵秉钧于 6 月 16 日再次呈请"准免国务总理、内务总长本官，遴员继任"，但袁世凯仍不同意，批以"再给假半月，安心调治，所请免官之处，仍毋庸议"。④ 7 月 12 日，"二次革命"爆发，袁世凯与国民党人彻底决裂，赵秉钧完全失去"挡箭牌"作用，袁这才于 7 月 16 日同意免去赵秉钧国务总理、内务总长本官。此时的袁世凯对赵秉钧应当是既感激又愧疚，因此隔天便任命赵秉钧为"步军统领兼管理京师巡警事务"。12 月 16 日，又委赵以直隶都督重任，并且有大事可议，"必电召赵君商议一切，或寄函征求意见"。⑤ 1914 年 2 月 27 日赵病卒任上。

由以上叙述可知，从刺宋案发生直至"二次革命"爆发的三个多月中，赵秉钧几乎一直在要求辞职或免职，但每次都被袁世凯拒绝，并遭到袁世凯周围多数人反对。一些舆论对于赵秉钧坚欲辞职，也从一开始就持反对论调。如《亚细亚日报》专门刊登社说，对闻听赵秉

---

① 本社驻京特派员寒松：《无限悲观之北京政局（二）》，《民立报》1913 年 5 月 7 日，第 6 页。

② 《国务总理赵秉钧呈大总统陈明病仍未痊吁请续假文并批》（1913 年 5 月 15 日），《政府公报》第 368 号，1913 年 5 月 16 日，第 457 页。

③ 《国务总理赵秉钧呈大总统因病再请续假文并批》（1913 年 6 月 3 日），《政府公报》第 387 号，1913 年 6 月 4 日，第 225 页。

④ 《国务总理内务总长赵秉钧呈大总统因病请免官文并批》（1913 年 6 月 16 日），《政府公报》第 400 号，1913 年 6 月 17 日，第 269 页。

⑤ 《袁总统失一长城矣》，《顺天时报》1914 年 2 月 28 日，第 2 页。

钧决意提出辞表，表示"较闻暗杀宋教仁消息之传来，尤为震骇"，认为"宋君为社会中之个人，其被暗杀亦为通常习闻之事，即极其关系之重大，不过为政党中重要分子与有学识之一人材"，"若因社会上杀一个人而总理辞职，则吾未之前闻；即杀一政党中人与有学识之人材，而总理辞职，吾人未之前闻"。又认为，洪述祖虽然是内务部秘书，但"洪述祖之与刺宋案，为个人行动，为有所主使，尚未可知。但使能实行拿洪解沪，总理对于此案，即可不复过问。若谓社会中有嫌疑总理、指目总理者，则悠悠之口，何所为而不可。身当政局，焉有如许闲情，与社会争气，与报馆斗口"。因此，该社论将赵秉钧提出辞职，"认为无意识之行动，乃妇人女子负气之所为，岂当国重人之所宜出此乎？真所谓不识大体者也"。① 该报又认为：

> 惟赵氏身任国务总理，自应对于国务员负完全之责任，乃因此偶尔嫌疑之风说，挟气辞卸总理之职。倘继任者后因偶被嫌疑，亦相继而辞职，国务总理何等重要，焉能儿戏若此。况临时政府行将告终，乃一切不顾，毋乃太不负责任，盖适足形其无意识而已矣。②

《时事新报》论调亦复相同：

> 赵之蒙此嫌疑，固赵之不幸，然堂堂总理，以此等嫌疑而即思辞职，视总理太轻，视自己亦太轻，可谓无意识，不负责任者矣。如负国务者皆以嫌疑而即须辞职，则凡欲推倒内阁者，但制造一嫌疑案而已足矣，又何须以万钧之力，与政府激战哉！然有

---

① 善哉：《赵总理决意辞职之无意识》，《亚细亚日报》1913 年 4 月 1 日，第 1 页。
② 《刺宋案之近情种种·赵总理辞职之无意识》，《亚细亚日报》1913 年 3 月 31 日，第 2 页。

中国之共和程度，乃有此不负责任之总理，固无足怪矣。[①]

《新纪元报》也刊登社说，对赵秉钧欲辞职赴沪对质表示"大愚不灵，大惑不解"，称其不仅"规模狭，局量褊小"，而且"视国家之轻，不如其视自身之重"。又云：

> 宋遯初虽政党之重要人物，而自社会方面言，乃个人耳。其死纵属可悲，然因社会上个人之生死，而使国务总理辞职，藉使违反法律须负政治上之责任，赵总理又将若之何？且国务总理者，国家之机关也……如宋遯初之遭暗杀，果其赵总理与之有关系，即辞总理之职，仍不能逃于法网之外；如其与之无关系也，则辞职只增政治上之纷扰，而轻视国家之机关。而赵总理者，其行动乃于小丈夫不识大体，而与妇人女子争负气之概，其有辱国务总理，虽沸东海之波，不足涮除其污者也。[②]

这些批评看似立于某种高度，出于理性，实则完全不顾宋案实情。宋案非普通刑事案件可比，对政局影响甚大，固不必细论。赵秉钧坚决要求辞职，从为其个人计，是因为随着形势发展，他心知洪述祖不会被政府引渡归案，而自身的嫌疑将无法洗脱，所以极力想通过辞职来证明自己的清白，这一点理应得到理解。从为政府计，则是因为应夔丞"口供牵及部员（即指内务部秘书洪述祖——引者），已有管辖之责，若不离任，则于缉凶、搜据诸有不便，理应回避"，[③] 甚至认为自己若继续留任"实于政府威信总有妨害"。这毫无疑问是识大

---

① 本馆驻京记者禅那：《刺宋案牵连之洪述祖与不负责任之赵总理》，《时事新报》1913 年 4 月 5 日，第 2 张第 1 页。

② 非非：《论赵总理辞职之非》，《新纪元报》1913 年 4 月 2 日，第 1 页。

③ 《北京专电》（1913 年 4 月 1 日），《时报》1913 年 4 月 2 日，第 2 页。

体、负责任的行为，却被错误地批评为"无意识""不识大体""不负责任"。需要特别指出的是，那些批评赵秉钧的报纸，无一例外都是支持袁世凯的，其目的无非在袁亦受到冲击的情况下，以稳定大局为言，阻止赵秉钧辞职，从而助袁一臂之力。最终，赵不得不以牺牲个人声誉为代价，成全了袁。

四 赵拒检厅票传实为袁幕后操纵

宋案经过租界会审公廨预审，决定移交中国法庭后，国民党方面与江苏都督程德全商量，决定组织特别法庭进行审理，但遭到司法部、各省司法界和众多舆论反对，最终宋案决定按司法部的命令，由上海地方审判厅审理。

4月25日程德全、应德闳择要宣布宋案证据后，赵秉钧于4月28日发出"勘电"，力辩自己和政府与刺宋案无关。同日，程德全致电袁世凯，强调"此案一日不结，人心一日不安，并要求令饬赵总理亲身来申受审"。[1] 社会各界也纷纷要求赵秉钧迅速到案。《大中华民国日报》发表评论指出："政府既处于嫌疑地位，将来无论为普通裁判，为特别裁判，赵总理均应到案被质。果为赵主使也，当然受法律之裁判；果与赵无干涉也，一经审判，即可恢复赵氏之名誉。若避不到案，空言辨论，岂足以昭大信而服人心哉！"[2] 该报还刊登了一系列电报，从中可见当时之群情激愤。其中"上海全体公民"通电云："宋案铁证披露，涉及二公，望总统务以国法为重，挈同总理即日辞职，受法廷〔庭〕之裁判，以谢天下而安人心。"[3] 国民党宁支部通

---

[1] 《看看民贼的手段·宋案证据之披露（四）·电催赵秉钧到案》，《民立报》1913年4月29日，第10页。

[2] 纪中：《宋案中牵涉之赵总理》，《大中华民国日报》1913年5月2日，第3页。

[3] 《上海公民来电之激昂·请总统总理到案》，《大中华民国日报》1913年4月29日，第2页。

电云："宋案证据业经程都督、应省长'有电'宣布，国务总理赵秉钧系嫌疑要犯，乞咨请大总统，速解职归案受审。"安徽省议会通电要求"速行组织特别法庭"，"严究主名"。江西省议会通电要求对袁、赵"提起弹劾"，并主张在组织特别法庭之后，"由各省议会员陪审，以公人民而昭郑重"。[1] 华侨也纷纷发表通电，如新加坡华侨总商会通电云："宋案经程都督、应省长正式宣布赵主谋，乞严裁判，以彰公理而平人心。"[2] 甚至有华侨通电提出"不杀主谋，何以谢天下"，要求"速诛赵以谢天下"。[3] 同时又有《河南同乡忠告赵秉钧书》现于报端，劝其辞职，赴沪受质，批评其"计不出此，乃通电各省以驳辨，假病请假以掩饰，复多方运动，使少数无意识者强为辨护，独未想此案关系若何重大，徒恃舌战，将欲盖弥彰，能有济乎?"[4] 尤其值得注意的是，5 月 4 日，岑春煊、伍廷芳、李经羲、谭人凤等发表通电，指出"宋案词连政府，洪犯固宜速求引渡，归案迅办，赵总理既涉嫌疑，届时亦应出庭受质，方能表白。政府固不便强辞辩护，抗不受理"。[5] 此数人在当时均具有很大影响力，特别是岑春煊，自光绪末以来一直是袁世凯死敌，因此该电一出，立刻引起各界关注。

在各方强烈呼吁声中，5 月 6 日，上海地方检察厅厅长陈英经北京地方检察厅向赵秉钧、程经世发出传票，内开："暗杀宋教仁一案，本案经检查证据，该被传人迹涉嫌疑，着即来厅候质，限五月十九日到厅。"[6] 5 月 8 日，上海地方检察厅又致电北京地方检察厅，请代传

---

① 《关于宋案之来电一束》，《大中华民国日报》1913 年 5 月 3 日，第 3 页。
② 《来电照登》，《振南日报》1913 年 4 月 28 日，第 9 页。
③ 《关于宋案之来电一束》，《大中华民国日报》1913 年 5 月 3 日，第 3 页。
④ 《豫人致赵秉钧书》，《民立报》1913 年 5 月 18 日，第 7 页。
⑤ 《岑春煊等主张和平解决通电》（1913 年 5 月 4 日），朱宗震、杨光辉编《民初政争与二次革命》，第 329 页。
⑥ 《北京地方检察厅致上海检察厅函》（1913 年 5 月 6 日），《大中华民国日报》1913 年 6 月 1 日，第 2 页。

赵秉钧、程经世。电云：

> 北京地方检察厅鉴：暗杀前农林总长宋教仁一案，业经本厅
> 检查证据，除应夔丞、洪述祖外，国务总理赵秉钧、秘书程经世
> 均涉嫌疑。已于本月六号函附传票两纸，请贵厅协助分别代传，
> 务祈按期解送来厅，并望先行电复。上海地方检察厅长陈英。
> 齐。印。①

此消息传出后，徐血儿发表评论，认为"解决宋案当令赵秉钧早
日到案归质，为第一着办法"，"赵秉钧果欲自白主使另有人在，则不
可不归案诉之于法庭，以恢复平日之名誉"。但同时，徐血儿又对赵
秉钧能否到案表示怀疑，认为"以袁之跋扈，或庇赵抗不到案，若是
则法律终难解决"。②

果然，5 月 9 日，袁世凯首先发表通电，以强烈态度反驳岑春煊
等通电，为赵秉钧辩护，称："即就所呈证据而言，赵秉钧尚无嫌疑
可说。设将来法庭判决应行备质，政府断无袒护理由。但未经判决以
前，无论何人不得妄下断语，判决以后，当事亦何得抗不受理，而感
情用事者，日逞其不法之言论自由。"③ 5 月 11 日，赵秉钧亦公开复
电，反驳岑春煊等通电，提出不能出庭的三条理由：①"政府止负政
治上之责任，不负刑事上之责任。此次宋案纯然法律关系，而非政治
关系"，因此，"谓词连秉钧则可，若谓'词连政府'则不可"，"浑
然称之曰政府，将与政治上连带责任有相混之处，未免失辞"。②应
夔丞与洪述祖究竟有何关系尚未判定，洪述祖青岛"江电"内称：

---

①　《上海地方检察厅致北京地方检察厅请代传赵秉钧程经世电》（1913 年 5 月 8 日），
朱宗震、杨光辉编《民初政争与二次革命》，第 332 页。
②　血儿：《赵秉钧能归案乎》，《民立报》1913 年 5 月 10 日，第 2 页。
③　《致武昌黎副总统各省都督民政长省议会上海岑督办转伍李谭温王高蓝杜张诸君电》
（5 月 9 日），1913 年油印件，北京大学历史学系藏，第 174 函。

"述祖非假托中央名义，不能达其目的等语，试问与秉钧何涉？出庭受质，与谁对勘？"③宋案证据中，应致洪函内有为黄兴将私存公债60万元转抵银行，以及运动苏、浙、徐、皖军队等事，"足见黄克强君亦与应关系密切。书信往来与银钱往来，孰轻孰重？彼此俱立于嫌疑地位，而潜投巨资煽惑苏、浙、徐、皖军队，阴谋内乱，比之秉钧，岂不更多一重罪案，何以黄克强获免于追诉，而秉钧则必须质讯？"赵秉钧在电文中同时批评"野心枭杰，攘夺政权，藉端发难，含血喷人"，而岑春煊等"盲从附和者流，误信流言，愈滋疑窦"。①

5月19日，蔡光辉正式接替陈英任上海地方检察厅厅长。② 5月20日，赵秉钧又致函北京地方检察厅厅长转复上海地方检察厅，就宋案证据中涉及自己与应夔丞处进行解释，辩解自己与宋案无关，拒绝赴上海对质，并以自己患病为由，援引《刑事诉讼法草案》，要求于所在地询问。其函云：

> 径启者……查暗杀宋教仁一案，前据洪述祖青岛"江电"称，"述祖非假托中央名义，不能达其目的"各节，已足证明秉钧与本案毫无关涉。即谓程都督、应民政长宣布证据中有秉钧致应夔丞、洪述祖函各一件，查致应函系发给密码电本一事，向例外省奉差人员，均得请用密电。应系长江巡缉长，故即照例发给，复恐藉此招摇，故又嘱其有电直达国务院，至公无私，已可概见。其致洪函，系答洪代应催询津贴一事。因应担任解散青、红两帮，曾由程都督电请中央，每月津贴二千元，及应派员领款，经秉钧饬查，国务院、内务部均无成案可稽，恐系大总统特允程都督电请之件，故函中有"应君领字不甚接头，与总统说定

---

① 《赵总理拒驳出庭对质之三大理由》，《大自由报》1913年5月13日，第3页。
② 《司法界近事》，《神州日报》1913年5月20日，第6页。

后方好"语。词意显明，无难覆按，决不能据此两函，指为与本案有嫌疑之关系。故秉钧实无到厅候质之理，秉钧对于此项传票，当然可以拒绝。惟民国立国精神，首重司法独立，而尊重法官意思，即为维持司法独立之道。且秉钧于宋案固无关系，而对于发给密码，及为请津贴两事，亦负有解释义务。现在秉钧旧疾复发，曾住北京法国医院调治，尚有诊断书可证，已于四月三十日呈明大总统，请假十五日在案，自未便赴沪。用特援引刑事诉讼法草案第三百零三条规定，请就秉钧所在地询问。相应函达贵厅转知上海地方检察厅知照可也。此致，京师地方检察厅检察长。①

程经世同时也呈递"声明理由书"，称洪、应所为与自己无关，拒绝出庭。② 由于赵秉钧迟迟不到案，国民党议员邹鲁等在国会提出质问书，要求赵秉钧在三日内答复"何以久不依法赴质"。质问书云：

> 上海检察厅长于本月六号函附传票二纸，请北京地方检察厅协助分别代传关于宋案处嫌疑者之国务总理赵秉钧、秘书程经世，按期解送到厅。乃事隔旬日，不见赵总理等到案。查《临时约法》第五条："中华民人，一律平等，无种族、阶级、宗教之区别。"刑法第二条："本律对于凡在中华民国内犯罪者，不问何人，适用之。"赵总理为中华民国人民，宋案发生又在中华民国国内。上海检察厅既依法律票传赵总理等，赵总理等何以久不依法赴质？谨依《临时约法》第十九条、《国会组织法》第十四

---

① 《赵智庵致京师地方检察厅函》（1913 年 5 月 20 日），《盛京时报》1913 年 5 月 24 日，第 3 页。
② 《北京地方检察厅致上海检察厅函》，《大中华民国日报》1913 年 6 月 1 日，第 3 页。

条，质问国务总理赵秉钧，请于三日内明白答复。[①]

上海《民权报》则发表评论，批评赵秉钧为"无赖贼"，认为"宋案中之赵秉钧，为共同造意犯，既抗传不到，又复迭发通电，文饰其罪，强词夺理，欲以自脱，狡展之实，已躬蹈之"。以赵秉钧所为度之，"则以通电自辩而人不之信，匿不到案而罪又不可逃，乃不得不于电致北京首索赵犯之黄克强，肆其诬攀，肆其反噬，以为抵制之计。其意盖以为彼实索我，我何妨索彼，既足以逗报复，又足以钳制之，彼若畏事，或可稍稍放松也。是则赵秉钧者，徒以不服从法律责之，犹未免视彼太高，直呼之无赖贼可矣"。[②]又批评袁世凯为赵秉钧辩护道："传票出矣，果不袒护，则宜立使之到案；若不然者，则其言全打诳语也……而犹不顾厚颜，作几句门面语，曰'无袒护理由'，曰'当事亦何得抗不受理'。将谁欺？欺天乎？"[③]

赵秉钧是否赴沪对质，也引起英、俄、日、法等国"异常注目"。临时政府驻各国代表屡经各国政府询问并电诘，但"以远隔重洋，难得确实真相"，因此纷纷致电政府，"请即电复，以释群疑，并请赵氏迅速赴沪对质，以期水落石出"，但袁世凯决定"暂缓答复"。[④]

6月2日，上海地方检察厅厅长蔡季平再次致电京师地方检察厅，仍旧要求协传赵、程到沪候讯。电云：

> 北京地方检察厅鉴：养电谅达，赵程虽经答辩，但察核案情，非直接讯问，不足以明虚实，仍请贵厅协传赵秉钧、程经

---

① 《预审声中之宋案·轰轰烈烈之质问书》，《民主报》1913年5月19日，第3页。
② 匪石：《无赖贼》，《民权报》1913年5月16日，第3页。
③ 匪石：《将谁欺》，《民权报》1913年5月13日，第3页。
④ 本馆驻京特派员秋草：《燕市燃犀录·注意赵秉钧不到案》，《民立报》1913年6月1日，第6页。

世，务于一星期内到沪候讯。上海地方检察厅。冬。①

京师地方检察厅旋即复电："冬电悉。传票业经照发，兹由被传人等于期限内各出具答辩书。除邮递外，特先电复。"② 但赵秉钧接到传票后，仍拒绝赴沪，并退还传票，其答复京师地方检察厅函称："强迫病人远行，匪特事实上所不能，亦于法律上何贵有此规定。就所在地讯问，何得谓非直接讯问。用特再行申明，并检还传票。"③ 赵秉钧此答函实际上出自总统府。据《民立报》"北京电报"，赵在刺宋案发生后不久，就移居南海，"日以吞云吐雾为事"，有人去看望他，谓："公居此得毋岑寂否？"赵曰："老头（指袁世凯——引者）虽不常见，幸秘书厅时时有人来谈。前日上海检察厅又来胡缠，他们已为我代拟答辩书。"④

上海地方检察厅接到京厅的转复后，对赵秉钧、程经世引用尚未发生效力的《刑事诉讼法草案》要求办理予以驳复，并请京厅协助调查赵、程称病是否属实。其函云：

案查暗杀前农林总长宋教仁一案，所有案内被告人赵秉钧、程经世迭经函请贵厅协助票传在案，旋于五月二十四日及本月十六日叠准贵厅函，据该被传人赵秉钧、程经世均声称因病不能赴沪，援引《刑事诉讼法草案》第三百零三条规定，请就所在地询问等语，先后函覆到厅。查《刑事诉讼法草案》尚未发生效力，该被传人贸然援引该《草案》第三百零三条之规定，请求办理，殊属误会。至所称因病不能到沪，究竟是否实情，有无虚伪，本

① 《公判中之宋案·检察厅再传赵程二犯》，《民立报》1913 年 6 月 3 日，第 10 页。
② 《公判中之宋案·赵程二犯还想搪塞》，《民立报》1913 年 6 月 12 日，第 11 页。
③ 《北京电报》，《民立报》1913 年 6 月 14 日，第 6 页。
④ 《北京电报》，《民立报》1913 年 6 月 13 日，第 3 页。

厅碍难悬揣，应请贵厅就近侦查，如果属实，自可照章，准予酌量展限。倘或虚伪，仍应依法进行。为此函请贵厅严密侦查，相机协助，仍希将侦查情形迅赐见覆施行，实纫公谊。①

与此同时，赵秉钧呈文袁世凯，提出"欧美各国每遇疑难重案，向有延聘饱学知名之士进行调查，以资秉公判断之例"，"恭请我总统指派德高望重、精通法律之中外人士组成调查委员会，调查该案，并据实报闻"。袁世凯随即示谕国务院："查伍廷芳及莫理循博士二人，皆谙习中外律例，着即委任二人对宋案详尽调查具报。"② 赵的这一举动表明，他之所以百般设法拒绝赴沪对质，一个主要原因是他对于上海地方检察厅严重缺乏信任。莫理循认为："国务总理赵秉钧先生要求由公正法庭调查案情这件事，本身就最好地证明了他是无辜的。"③但他拒绝担任调查委员，"认为如果有个外国人参加了委员会，也增加不了国家的尊严……难道偌大中国，竟找不到一个公正无私的人？这个建议本身就是荒谬的，外国人定会讥笑中国让一个外国人参加调查国务总理行为的委员会"。④ "为了国家的尊严和中国人民的荣誉，在目前这种时刻进行这种调查是不明智的。"⑤ 莫理循的看法得到了伍廷芳和总统府的认可，于是，组织调查委员会之事就此中止。

7月初，京师地方检察厅复函上海地方检察厅，略谓："本厅特

---

① 《上海地方检察厅致京师地方检察厅公函》（函字第231号，1913年6月20日，1913年6月25日到），北京市档案馆藏，北平地方法院检察处全宗，J174-001-00337。

② 《内阁（国务院）来函》（北京，1913年6月30日）附《国务院总理赵秉钧呈文》，〔澳〕骆惠敏编《清末民初政情内幕——〈泰晤士报〉驻北京记者、袁世凯政治顾问乔·厄·莫理循书信集》（下），第179页。

③ 《致内阁函》（北京，1913年7月4日），〔澳〕骆惠敏编《清末民初政情内幕——〈泰晤士报〉驻北京记者、袁世凯政治顾问乔·厄·莫理循书信集》（下），第193页。

④ 《致蔡廷幹函》（北京，1913年7月4日），〔澳〕骆惠敏编《清末民初政情内幕——〈泰晤士报〉驻北京记者、袁世凯政治顾问乔·厄·莫理循书信集》（下），第191页。

⑤ 《致内阁函》（北京，1913年7月4日），〔澳〕骆惠敏编《清末民初政情内幕——〈泰晤士报〉驻北京记者、袁世凯政治顾问乔·厄·莫理循书信集》（下），第193页。

派司法警察巡官亲赴被传人赵秉钧、程经世住所密查，兹据复称，赵秉钧、程经世均系实在患病，并呈出近月以来赵秉钧赴医院诊断书一件，服药十一纸，及程经世诊断书一件，药方十四纸。除将诊断书及药方暂行存案外，为此函复查照。"① 不几日，"二次革命"爆发，赵、程赴沪候质之事遂不了了之。

从赵秉钧拒绝上海检察厅票传的过程可以进一步看出他为自己辩护的情形，但拒绝出庭的态度却与他一开始便坚决要求辞职赴沪同凶手对质的态度大相径庭。《民权报》曾就其前后态度变化批评道：

> 综观宋案发现以来，赵秉钧之状态屡变。证据未宣布，则有解职备质之请，而袁世凯慰留之，盖以逆证未昭，而矫情自饰也。证据既宣布，则以一纸通电，强自辩论，盖以逆证既昭，罪名显著，而狡展不认也。及至传票北来，行将以狱吏之威，加诸总理，而法律上嫌疑犯之应讯问，又无可以解免，乃只得悍然不顾，以延不到案者与法庭死抗，与法律死抗。盖彼既敢于谋杀人，又何不敢于不到案。赵秉钧真目无法纪矣。②

然而，这不过是表象而已。赵在宋案证据宣布前屡屡要求辞职，均为袁所拒绝，是因为袁世凯担心，"赵若辞职，恐将到申受审，故决意不准"，乃至有人以为，"大约宋案一日不了，则袁世凯将一日不准赵辞职"。③ 后来的事实也证明了这一点。赵秉钧自辩"勘电"，虽以其个人名义发出，实则"稿出总统府秘书之手"，或者说"由总统府秘书做主"。④ 袁世凯是不可能任由赵秉钧自辩，而不顾及自己的处

---

① 《关于宋案最近之函电》，《申报》1913年7月9日，第10页。
② 匪石：《目无法纪之赵秉钧》，《民权报》1913年5月14日，第7页。
③ 《特约电》，《民立报》1913年6月11日，第6页。
④ 《北京电报》，《民立报》1913年5月2日，第5页。

境的。"勘电"底稿的发现也证实，其中一些关键地方并未真实反映赵秉钧之本意。对于赵出庭一事，袁世凯更是想方设法助其抵制。4 月 28 日，于右任代表孙中山、黄兴谒见袁世凯，提出"宋教仁被刺案须赵总理秉钧到案对质"，袁世凯断然拒绝，称："宋案未经证实主谋为谁以前，不能悬断与赵有无关系，此时更不能由私衷揣定。予为国家大局计，自应保全总理人格，断无即令其到案之理由。"① 上海地方检察厅发出传票后，袁更设法助其应对，前述过程对此已有反映。尤其值得注意的是，赵 5 月 11 日所发拒绝赴沪出庭对质通电，就是由袁世凯亲笔改定的，现存北京大学历史学系的该电底稿清楚地证实了这一点。从中可以看出，为了不使赵秉钧出庭，袁世凯一方面不惜将黄兴牵入局中，另一方面尽量不让自己受到牵连。比如，原电底稿有句云："查政府云者，乃大总统、国务总理及各国务员合同构成之有机体之谓也。此种有机体之政府，止负政治上之责任，不负刑事上之责任。若大总统则除《临时约法》第四十一条所规定之刑事责任外，其他刑事上及政治上均不负责任。"袁世凯亲笔将"乃"字后"大总统"三字删去，又将"若大总统则……均不负责任"一句全行删去。② 《临时约法》第 30 条规定："临时大总统代表临时政府，总揽政务，公布法律。"第 43 条规定："国务总理及各部总长，均称为国务员。"第 44 条规定："国务员辅佐临时大总统，负其责任。"③ 因此，政府毫无疑问是由大总统、国务总理和各国务员构成的。岑春煊等人通电中有宋案证据"词连政府"之语，袁世凯偏偏对电文做如此

---

① 《北京专电·国民党三大要求》（4 月 29 日发），《神州日报》1913 年 4 月 30 日，第 2 页。

② 《赵秉钧致武昌黎副总统上海岑督办暨各省都督民政长等电底稿》（1913 年 5 月），手稿，北京大学历史学系藏，第 174 函；《赵总理拒驳出庭对质之三大理由》，《大自由报》1913 年 5 月 13 日，第 3 页。

③ 《中华民国临时约法》（1912 年 3 月 11 日），中国第二历史档案馆编《北洋政府档案》第 1 册，中国档案出版社，2012，第 5—6 页。

修改，可知袁世凯并不想让自己与宋案有任何牵连，为此甚至可以随意删改并无视《临时约法》之规定。赵秉钧对"政府"二字的理解并没有错，袁世凯的修改不可能不让赵秉钧内心产生某些想法。由袁世凯的这一修改也可以看出袁、赵关系中袁世凯之强势与高高在上。

不仅如此，为了抵制上海地方检察厅票传赵秉钧出庭，袁世凯方面制造了"血光党"事件。根据军政执法处的报告，有一位叫周予儆的北洋女子师范学堂学生自首，说她由黄复生介绍到上海见了黄兴，黄兴交她4万元回北方组织暗杀机关。她回津后，由黄复生、赵铁樵等创立"血光党"，"专以暗杀大总统及以次政界重要人，藉以引起暴动，颠覆政府"，公推黄复生为部长，黄复生南去，部长系赵铁樵，又财政长阮滢辞职，补推谢持为财政长。[①] 据此，京师地方检察厅以该党牵涉黄兴，移请上海地方检察厅票传黄兴到案。上海地方检察厅转致通商交涉使陈贻范，饬令公共公廨正会审官商请领事签字往传。[②] 然而，黄复生登报声明并无组织铁血光团事，各报载登黄为会长，赵铁樵为副会长，谢持为财政长，概为捏造。[③] 报纸亦纷纷披露内幕，说政府早在伪造证据，通过贿买周予儆，诬陷黄兴，以抵制宋案。[④] 黄兴应传到公廨接受预审，但由于"既无原告到堂，又无证据呈出"，公廨决定"候原告到案并呈出证据，再行传讯"。[⑤] 政府方面诬栽黄兴的阴谋就此破局。

总之，从赵秉钧屡次要求辞职自证清白失败，到发表自辩"勘电"，再到拒绝出庭应讯，背后其实都有袁世凯在发挥作用。

---

① 《军政执法总长陆建章呈报破获暗杀团办理情形由》（1913 年 5 月 21 日），原件，北京大学历史学系藏，第 122 函。

② 《票传黄兴事两则》，《顺天时报》1913 年 6 月 13 日，第 4 页。

③ 《照妖镜中之造谣党》，《民主报》1913 年 5 月 28 日，第 6 页。

④ 《燕市燃犀录·伪造证据之恶政府》，《民立报》1913 年 6 月 1 日，第 6 页；《无所不至之诬栽政策》，《民立报》1913 年 6 月 2 日，第 10 页。

⑤ 《黄克强到案志闻》，《顺天时报》1913 年 6 月 17 日，第 4 页。

五　洪赵不能到案真正原因

　　洪、赵以及赵的另外一位秘书程经世迟迟不能归案，不断引来舆论对政府袒护三人及破坏共和法律的批评，《民立报》6 月中旬的一篇评论文字可为代表。文中写道：

　　宋案预审至今，为日已久，而赵、程、洪三犯仍依然逍遥法外。检察厅之传票，则不发生效力；外交部之与胶督，则一味敷衍。无切实之办法，模糊影响，愈延迟，愈难解决，致国民今日对于宋案，亦多漠然视之，淡然置之者矣；或者不过喟然太息，痛恨赵、洪等而已……赵秉钧者，宋案之主要犯也，赵永不到案，此案永无结束之日，而民国法律亦荡然扫地……夫明明杀人也，而可以狡辩抵赖之，明明法庭传讯也，而可以托故推辞之，法庭既难保持其独立，国民又不为法庭之后盾，法律解决云云，完全不足恃矣。民国有此怪象，共和精神渐灭殆尽，推源祸始，吾不得不痛恨于袁氏及其私党也。袁世凯及其私党，极力为赵开脱，以长赵之恶，使不到案，匿之于三海；代赵拟辩护电文，谬引已废止之刑诉律第三百零三条，欲移京办理，以遂其含混蒙蔽之计。法庭一再传讯，概置不理。而其次之要犯程经世，则更毫无消息，置传票于不问，盖赵既不到案，程亦可以推诿，假作痴聋，而政府既袒赵，亦不得不袒程也。夫赵、程固得权力之庇护，而暂时逃于法网矣，则洪述祖固明明为宋案之教唆犯，袁政府与国民皆一致谓其有罪，外交部且一再向胶督交涉，证据亦已交与胶督，如是则引渡洪犯当亦甚易也。乃日复一日，洪犯仍逍遥于法外。岂胶督之不肯交出欤？抑政府之阳为交涉而阴为放纵，请胶督以暂缓引渡欤？吾知袁政府既袒护赵、程二犯，自无不袒护洪犯之理，何也？洪与赵、程有密切关系，有连带责任，洪犯而交民国法庭讯审，赵、程亦无所逃其罪也。况赵忝为内阁总理，赵之杀人，政府同负其责，袁更不能谓与己无关。是则袁政府为自卫计，宜乎其出全力以拥护此三犯也。而一般私党之依赖袁政府以谋利者，亦宜乎其为此三犯极力开脱也。[1]

此段文字把政府迟迟不将洪述祖引渡归案的原因，解释为"洪与赵、程有密切关系，有连带责任，洪犯而交民国法庭讯审，赵、程亦无所逃其罪"；而赵以内阁总理身份杀人，若不能逃罪，则"政府同负其责，袁更不能谓与己无关"。因此，"袁政府为自卫计"，才"出全力以拥护此三犯"。然而，事实是，杀宋之意起自洪述祖，系洪假借中央名义，唆使应夔丞付诸实施，袁、赵其实与杀宋并无直接关系。这样一来，就必须回答如下问题：袁世凯既非杀宋幕后主使，何以他要故纵洪述祖，并迟迟不将其引渡归案？又为何以要阻止赵秉钧自证清白？

要解答这两个问题，就必须彻底改变百余年来研究者对于宋案的一种似是而非的认识，即将"宋案"简单化或等同于"刺宋案"。如前所述，宋案案情错综复杂，实际上包括收抚共进会、调查欢迎国会团、操弄宪法起草、构陷"孙黄宋"、"匿名氏"攻击、低价购买公债，以及刺杀宋教仁等多个情节。此外，宋案证据中仅提到一次的未遂"除邓"案，对案情发展亦起到关键作用。宋案四大关键人物袁、赵、洪、应与上述各方面案情的牵连各不相同。宋教仁被刺后，在当时舆论和司法机关均将穷究杀宋主谋作为主要目标，甚至可以说唯一目标的情况下，与杀宋无直接关系的袁世凯，本应采取积极态度，协助司法机关厘清案情，抓获真凶。然而我们却看到，在案发后出现了

---

[1]　宗良：《宋案之今日观》，《民立报》1913 年 6 月 14 日，第 5 页。

极为矛盾的一幕：袁世凯一方面极力辩解政府与刺宋案无关，另一方面明知杀宋为洪述祖所为，却故意将其放走；而对完全不知洪述祖杀宋计划的赵秉钧，则竭力阻止其自证清白。这些反常情况说明，袁世凯所真正关心的，并不是谁清白，谁主谋杀害了宋教仁，这些问题的答案早已在他心中；他所真正关心的，是宋案中另外的问题，即收买报馆、议员操弄宪法起草以及构陷"孙黄宋"等案情如何才能不曝光于法庭之上，以及如何应对宋教仁被刺给其竞选正式大总统所带来的冲击。

很显然，对于志在竞选正式大总统的袁世凯而言，倘若洪述祖顺利引渡归案，赵秉钧欣然出庭接受质讯，那么袁世凯以不法手段对付政敌的内幕，就将不得不在法庭上摊开。本来，宋教仁被刺时机就很微妙，"适发生于临时总统终局之时，正式总统将出现之日。有此一机会，足以施其攻击，灭国民信仰袁氏之心，加以背叛民国之罪，则正式总统不得安然属袁"。① 而刺宋案发生后，袁世凯之正式总统前景的确出现了危机。张謇尝谓："宋案未发生以前，国民党实未尝梦及不举项城为正式大总统，自宋案发生而后，生此一重魔障。"② 黄远庸亦注意到，国民党"主事者多以刺宋案必与政治有关系，其疑反对党之心思尚少，其疑政府之意思特多，以是竟谓袁世凯决不可任为总统者"。③ 又说原先党中"法律派之排袁仅在政党内阁，至宋案发生后则一律主张不举袁矣"。④ 其时袁世凯方面正与五国银行团商谈大借款事宜，《亚细亚日报》透露孙中山、胡汉民要求上海、香港汇丰银行

---

① 本馆驻京记者禅那：《宋案悬谈》，《时事新报》1913 年 5 月 6 日，第 1 张第 1 页。
② 国家图书馆善本部编《赵凤昌藏札》（一），国家图书馆出版社，2009，第 19 页；《致袁世凯函》（1913 年 5 月 11 日），李明勋、尤世玮主编《张謇全集》（二），上海辞书出版社，2012，第 371 页。
③ 黄远庸：《春云再展之政局》（1913 年 4 月 2 日），《远生遗著》卷 3，第 94—95 页。
④ 黄远庸：《最近之大势——渐渐分明》（1913 年 5 月 27 日），《远生遗著》卷 3，第 119 页。

致电北京总行，阻止其向政府借款，谓："袁总统必不能再被选为总统，请于袁总统任内万不借款。"①《大自由报》也说国民党"以宋案之关系通电各国，声明正式总统不能举袁，万不可借款于袁任内云云"。② 孙中山并在3月26日会见日本驻上海总领事有吉明时明确表示，要"考虑使议会按照预期集会，一开头即弹劾袁之丧失立场，而假若我党主张之政党内阁方针得到贯彻，则陈述大总统乃一傀儡而已，任何人均可当之"。③ 在4月初会见有吉明时，孙中山又表示："关于弹劾问题，须有全体议员四分之三以上出席和三分之二以上之多数通过，如果万不得已，则在选举时或将排除袁世凯而另以他人充任总统……袁如怯懦，自当退让；否则兴动干戈，反可乘机锄除元凶，对国家前途，堪称幸事。"④

其他各界反对袁世凯担任正式大总统的声音也不断出现。如3月26日，长沙举行公民会，宁调元发表演说，批评袁世凯"纵不为皇帝，亦必为终身总统"，"要求国会议员诸君，勿举彼为大总统，庶足以巩固民国，慰宋遁初在天之灵"。⑤ 4月底，公民陆非非发表《忠告国会议员书》，称袁世凯已为"刑事罪犯"，没有选举资格，告诫议员"珍重自爱"，不要受其贿赂，选其为总统，以免"遗臭万年"。⑥ 5月初，有一个名叫卜松林的人，甚至给袁世凯发了一封电报，要袁"速引归林泉，以避贤路，否则杀机大动，咎有攸归，后悔无穷"。⑦

---

① 《国民党反对借款之种种》（1913年4月），朱宗震、杨光辉编《民初政争与二次革命》，第252页。

② 杞天：《时事危言》，《大自由报》1913年5月1日，第1页。

③ 陈锡祺主编《孙中山年谱长编》上册，第792页。

④ 《有吉驻上海总领事致牧野外务大臣电》（1913年4月9日，第55号），邹念之编译《日本外交文书选译——关于辛亥革命》，中国社会科学出版社，1980，第437—438页。

⑤ 《湘公民开会记》（1913年3月26日），朱宗震、杨光辉编《民初政争与二次革命》，第272—273页。

⑥ 《看看民贼的手段·宋案证据之披露（三）·请国会议员看看》，《民立报》1913年4月28日，第11页。

⑦ 《人心不死·袁世凯肯避贤路乎》，《民立报》1913年5月3日，第10页。

5月1日，自由党、社会党、工党等在拱辰门内九亩地上海南市商团操场开全国公民大会，社会党干事沙淦提议"要求国会即日提出弹劾临时大总统及国务院总理案，令临时大总统及国务总理即日去职，受法律裁判；由临时副总统代行临时大总统之权，并剥夺袁世凯候选总统之资格；令国会议员不得选举袁为正式大总统"。全体赞成。接着有汪洋、邓家彦、戴天仇等多人演说，"大旨均主张决不承认杀人犯罪之人为大总统、为国务总理，又须合全国同胞，拼死力不承认未经国会通过之大借款"。① 全国公民大会还致电袁世凯，发出"最后之忠告"，谓："宋案证据发表，公与赵君，确为主谋……如能自知罪戾，即日解职候审，并取消债约，以谢国人，庶几克洽舆情，不至受法律以外之制裁；万一执迷不悟，自趋死路，则仁爱俱穷，惟有声罪致讨之一法。"② 就连日本舆论也认为，"袁之无为大总统之价值，要可谓已定也"。③

在上述情势下，袁世凯虽然不曾主谋刺宋，但因无法洗清嫌疑，其考虑的首要问题必然会转向如何应对宋案给其竞选正式大总统所带来的冲击。正因为如此，我们看到，袁世凯一方面担心案情发展"恐与选举正式总统大有妨碍"，于4月6日晚"打出密电三十余处（密码字数不一），致各军队及北方各都督，以为选举总统之预备"；④ 甚至对孙中山低三下四，"每日数电前来"，一则"为其本人之立场开脱"，二则请求孙中山"予以推举"，而孙中山"尚未复其一电"。⑤ 另一方面则在引渡洪述祖和阻止赵秉钧自证清白问题上动作频频，由

---

　　① 《人心不死·九亩地之公民大会》（1913年5月1日），《民立报》1913年5月2日，第10页。
　　② 《某党借题发挥之电报》，《大公报》1913年5月6日，第6页。
　　③ 希渊译《宋案小言·枭雄必须排斥》（4月26日《大阪每日新闻》），《民立报》1913年5月14日，第5页。
　　④ 《袁世凯意欲何为》，《民权报》1913年4月8日，第6页。
　　⑤ 《有吉驻上海总领事致牧野外务大臣电》（1913年4月9日，第55号），邹念之编译《日本外交文书选译——关于辛亥革命》，第438页。

此出现许多诡秘情况。

首先，政府派人到青岛办理洪述祖归案事，但派出的并不是外交部人员，而是与洪有戚谊的内务部次长言敦源和与洪同为构陷"孙黄宋"嫌疑人的国务院秘书程经世。言、程对外宣称是"公出"，但面对德人诘问，鬼鬼祟祟，或谎称探亲，或假装到青岛购买德文书籍。诸多迹象表明，他们到青岛的主要目的，其实是代表袁与洪达成一笔交易，其条件即是，洪将构陷"孙黄宋"之事一身承揽下来，并且承认自己杀宋，以减轻政府所受压力，而政府则可就引渡洪述祖归案一事暗中操作，以求不了了之。对洪而言，这无疑是最好的结局。因此，我们看到，洪述祖初被德警拘留时，矢口否认自己与宋案有关，等见过言敦源、程经世后，忽然口出狂言，谓："共和我洪某首功，宋教仁主张政党内阁，与我洪意见不合，故主使狙击。"① 并且在随后胶督开审时，"自认此次刺杀宋教仁实系个人关系，与政治上毫无关系，并称无人指使，因与宋君宗旨不合，愤出此策，令应某行刺云云"。② 而后洪可能意识到承认杀宋于己不利，于是很快在 5 月 3 日发表"江电"，将他假托中央名义，以"燬宋酬勋位"诱应杀宋，强辩为他假托中央名义，促应购买"宋犯骗案刑事提票"，以毁宋名誉，将"燬"字强释为毁人声誉。这样，他就不但独自代政府承担了构陷"孙黄宋"的责任，而且将擅自杀宋之事概行否认。这样一来，"江电"也就成了袁、赵为自己辩护的有力依据。于是，我们又看到，总统府幕僚蔡廷幹很快便将洪述祖 5 月 3 日"电报英译本"交给莫理循，并要莫理循"提供一份各国知名人士、协会、学院和商会的名单"；而莫理循则答应"设法交给新闻记者"，并建议"散发这种文

---

① 《洪述祖之近状》，《顺天时报》1913 年 4 月 16 日，第 7 页。按《申报》亦报道云："洪述祖在胶州狂言，谓共和系我首功，无我即无共和，宋教仁反叛民国，自可杀。"见《专电·北京电》，《申报》1913 年 4 月 17 日，第 2 页。

② 《胶督审讯洪述祖》，《时报》1913 年 4 月 24 日，第 4 页。

件，最好通过驻外各使馆"。① 洪述祖"江电"竟然如此合乎袁、赵需要，若非私下有过交易，如何能够做到？而将电稿翻译成英文广泛散发，看起来不过是计划中的一步而已。洪述祖后来在京师高等审判厅接受讯问时称："查我所供称关于'江电'上之陈述，原为保护中央政府名誉起见，所以才不顾自蹈法网，俯认无疑。但我所认的并非杀人事情，且该'江电'亦无杀人字样。"② 一个可以为了一己私利谋财害命之人，竟然可以高尚到"为保护中央政府名誉起见"牺牲自己，"自蹈法网，俯认无疑"，这不正透露出他和中央之间有过交易吗？其实，对于此中秘密，当时就有电披露云："洪犯述祖于江日（三日）通电中央及各省，力辩宋案与袁世凯、赵秉钧无涉。兹探得秘密消息，此事实由袁世凯密电青岛徐世昌，令以重金赂洪犯，使发此通电，将罪案一身担任，袁一方面并运动德人为洪护符，如是则洪虽自认罪犯，仍得逍遥法外。"③ 此说真伪难断，但确有蛛丝马迹可寻。《神州日报》4月14日曾刊登13日"北京专电"云："政府以德国胶督仍不解交洪犯，今日特增派徐世昌赴青岛与德交涉。"④ 洪发"江电"前，徐世昌的确在青岛，并且曾在4月24日与胶督麦维德会谈。⑤ 而对言、程青岛之行，《民权报》也曾刊登北京来电揭露道："闻言敦源此次赴青岛，表面上为办理引渡洪述祖交涉，而实则多方运动，冀勿将洪贼交案审办。"⑥

---

① 《致蔡廷幹》（北京，1913年5月5日），〔澳〕骆惠敏编《清末民初政情内幕——〈泰晤士报〉驻北京记者、袁世凯政治顾问乔·厄·莫理循书信集》（下），第142—143页。

② 《驻守高等检察厅司法警察巡官报告审理情形》（1918年11月8日），北京市档案馆藏，北平市警察局全宗，J181-017-01771。

③ 《民贼乱国警电·洪犯通电之隐情》（1913年5月8日下午7时北京电），《民权报》1913年5月9日，第3页。

④ 《北京专电》（1913年4月13日发），《神州日报》1913年4月14日，第2页。

⑤ 《徐世昌日记》，未刊电子版，1913年4月24日。

⑥ 《民贼乱国警电·言贼狼狈为奸》（1913年4月13日下午9时北京电），《民权报》1913年4月14日，第3页。

另外也需注意，引渡洪述祖乃中、德两国之事，德国政府对于袁世凯和宋案的态度至关重要。德方以尚未承认中华民国、两国尚未签署引渡条约为由拒绝引渡，但这不过是托词而已。真正的原因乃在于德国政府为了自身利益，一直对承认中华民国持积极态度，并对袁世凯抱有期望，认为"无论从某种程度考虑，袁世凯总应列为当前中国之头号人物，以其合法就任总统做为中国正常政府之确立而予以承认，可能有助于该政府恢复正常秩序"，因此"准备在袁世凯以绝对多数票当选为总统时，即刻承认中国新政府，因为袁氏将能提供维持其国内安宁、秩序之必要保证"，故而"不必过问袁氏本人是否与宋案有关"。① 换言之，德国方面关心的是袁世凯政权的稳定，而非宋案真相如何。引渡洪述祖将可能使袁世凯政府陷于被动，与德国政府的对华政策不符，故而其对于引渡之事并不积极。言敦源、程经世于4月7日晚到青岛，胶督麦维德夫妇偏偏于4月8日去游曲阜、登泰山，显然是有意回避。

相较于洪述祖，袁世凯在赵秉钧应对宋案一事上采取动作就要方便得多。宋案证据宣布后，赵实际上已经不能按自己的意愿办事，也不能完全真实地表达自己的意思。诚如报纸所言，"国务院徒存躯壳"，赵每遇公事，都要先问秘书："总统盖过印否？如总统已盖印，请你们随便画我个名字就是了。"② 而在赵秉钧出庭对质一事上，如前所述，袁世凯一方面直接出面，发表通电，为赵秉钧辩护，并拒绝国民党人的要求；另一方面又在幕后为赵秉钧拒绝出庭出谋划策，甚至不惜捏造证据，力图将黄兴牵连到案情中来，为厘清案情制造障碍。

总之，无论是洪述祖不能引渡归案，还是赵秉钧拒绝出庭应讯，

---

① 《杉村驻德大使致牧野外务大臣电》（1913年4月5日，第26号）、《杉村驻德大使致牧野外务大臣电》（1913年4月27日，第34号），邹念之编译《日本外交文书选译——关于辛亥革命》，第432、443页。

② 本社驻京特派员寒松：《无限悲观之北京政局（二）》，《民立报》1913年5月7日，第6页。

其背后都是袁世凯在起作用。洪述祖不能引渡归案，并非因为他不是杀宋主谋；赵秉钧拒绝出庭应讯，也不是因为他有杀宋嫌疑。二人不能归案，皆因他们手中握有袁氏主使洪、应收买议员、报馆操弄宪法起草，以及购买所谓"劣史"构陷"孙黄宋"等内幕。显然，这些见不得光的案情一旦在法庭上曝光，对袁世凯的形象将是极沉重的打击，从而严重影响其竞选正式大总统的前景，故袁氏绝不可能允许二人出现于法庭之上。

第七章

牵涉宋案各人最后结局

宋教仁被刺消息传到北京后，袁世凯立刻下令，责成江苏都督、民政长等"迅缉凶犯，穷追主名，务得确情，按法严办"，又要求"立悬重赏，限期破获，按法重惩"。① 黄兴、陈其美及闸北巡警局、沪宁铁路局、上海县公署、上海地方检察厅等，也都悬赏捉拿凶手。② 很快，国民党人就通过古董商王阿法及六野旅馆住客获得重要线索，并报告租界捕房，先后将应夔丞、武士英抓获。但远在北京的洪述祖被袁纵逃到了青岛，赵秉钧、程经世则称病拒不到案。引人注目的是，武、应、赵三人，还有那位在宋教仁追悼大会上为赵秉钧打抱不平的王治馨，在仅仅一年半时间内相继死亡，从而引发诸多猜测。其实，在对宋案案情进行详细考证之后，四人死亡之谜大体已经可以解开。至于洪述祖，虽然一时漏网，终究还是未能逃脱严惩。

① 《临时大总统令》(1913年3月22日)、《大总统令南京程都督等电》(1913年3月22日)，《政府公报》第315号，1913年3月23日，第305、617页。
② 《赏格》，徐血儿等编《宋教仁血案》，第293—296页。

一　王阿法出庭作证及其后不知去向

王阿法，又作王阿发，河南人，一说湖南人。[①] 他是应夔丞曾试图收买充当杀手之人，又是案发后数次在会审公廨出庭作证之人。他与应夔丞究竟是何关系，在刺宋案破获过程中扮演了怎样的角色，后来结局如何，这些问题都是过去没有讲清楚的。

宋教仁被刺第二日，国民党人陆惠生就从前任"东方招抚使"张秀泉及其护兵邓文斌（又作邓文炳）处获得一条与案情相关的重要线索。[②] 据张秀泉讲，宋教仁被刺前数日，邓文斌曾告诉他：

> 有友人以事相属者，曰某大人欲置一人于死，询余能任此役否。余即偕之往见所谓某大人者，顾不相遇。其后余以事关人命，不欲冒昧从事，遂辞复不往。因夫〔未〕悉其究竟，不知所谋者如何人也。[③]

宋教仁被刺后，张秀泉想起邓文斌所言，问邓"某大人之姓名及往见之场所"，不料邓"皆忘之"；又问"其友人之姓名，则为王阿发"。张秀泉判断此事必与宋教仁被刺有关，于是告诉陆惠生。陆惠生"急使人召邓来，唻以重利，使速觅王阿发"。在宋教仁被刺第三日，邓文斌找到了王阿法，经陆惠生等"研问再四"，王阿法终于道出实情。[④] 他说：

---

① 《刺杀宋教仁案之发端》，《神州日报》1913 年 3 月 25 日，第 6 页。
② 《破获暗杀宋教仁案续志》，《神州日报》1913 年 3 月 26 日，第 6 页。
③ 陆惠生『宋案破獲始末記』東京、中華民国通信社、1913、25 頁。
④ 陆惠生『宋案破獲始末記』、26 頁。

余业贩骨董，至上海数月矣。前有友人曰胡［吴］乃文者，授余一函，嘱持之至法界之文元坊（在西门外）谒一人，曰应桂馨，其人多财，当有所交易。余受其函，即持往文元坊谒应，见其门外有榜三：曰某某经租帐房，曰国民共进会机关部，曰江苏巡查长公署。既而见所谓应桂馨者，为一长身瘦削之人。余出胡［吴］函后，即以画卷一幅向其求售，渠却之，余遂辞出。后数日，又往，值渠方在隔室与一人言事，虽不甚辨其所言，但闻云：此事若成，则可得酬金千元。又云：此事必须速做。既而出见余，余以某境状之显贵也，意其交游必多，以有胡［吴］乃文一函之介绍，遂向之求事。渠遂告余，谓方欲置一人于死，其人报馆之主笔，大不利于今总统袁世凯，如余能胜此任者，则事成当以千金为余酬。言次，出一照片示余曰：欲死之者，即此人。此照片为一制就之明信片，片之四围皆已剪去，唯其背面有铅笔书"渔父"二字。余当以不能为此等事却之。渠又询余有友人能任此役否，全忽忆及邓，素知其饶胆略，因即向应言之，应嘱余招邓往晤。余出寻得邓，即告以应之所托，且偕之往见应，值应他出未见。既而邓以此事不能冒昧承任，遂不复往晤。其后三四日，余又于途中遇应，应一见余，即停车招余作耳语，谓：前日所言之事，汝及汝友既皆不能为，则慎勿泄之于人，否则汝性命不可保。余唯唯。应遂驱车去。其后未之见矣。①

---

① 陆惠生『宋案破获始末記』、26—27頁。按陆惠生所记，王阿法起初担心应夔丞"其人狠毒，若知吾泄其谋，或以施之宋先生者施之我"，因此，当被问及"某大人之姓字"时，王"嗫嚅不敢言"。后经"研问再四"，王阿法始表示，宋教仁"如之大人物，为小人所残害，余既知其谋，何忍容隐不言，使凶人得逍遥法外"，于是他讲述了事情的经过，并说出应夔丞名字（陆惠生『宋案破獲始末記』、26頁）。另《民立报》对此事具体经过的报道谓："国民党得种种报告，派员于二十二日晚十二时，令邓引王某至邓之寓所，迫王某登车，送至某公司，由某洋行大班觅得包探头目二人，在旁胁王某说出原委，盖是时邓某尚疑为王某所为，虽一至应家，然并不知其名姓。斯时王某乃说出应夔丞曾令其觅人，并未允所请，此次实未与闻。国民党某君乃取出照片多张，令王辨认孰为应某所欲办者，王乃指出宋先生之照

　　由王阿法所述可知，他总共去过应宅三次。第一次是携带吴乃文介绍信去的，求售画卷，但应夔丞未买。第二次是去求事做，应夔丞提出可否帮忙置一人于死地，并出示"渔父"照片，王未敢允，但答应找友人帮忙。第三次则是王阿法偕邓文斌去应宅，但未能见到应夔丞。王阿法第一次去应宅时间，据应夔丞讲在 3 月 1 日或 2 日，[①]王阿法本人则在 3 月 24 日接受会审公廨襄谳员聂榕卿研讯时说"与被告在一月前，由友人、前在汉口为洋行买办之吴乃文介绍，始与相识"。[②]因 3 月 1 日或 2 日接近 2 月底，两人所说时间大体吻合。王阿法第二次去应宅时间，据上引材料判断，是在应夔丞等决定杀宋之后，从王阿法隔墙听到的话可知，当时应夔丞正在物色杀手，应当在王阿法之前还找过其他人。如前所述，应夔丞等决定杀宋是 3 月 9 日，因此，王阿法第二次去应宅，必在 3 月 9 日后。在第四次预审时，应夔丞律师爱理斯曾问王阿法："汝何时认识应桂馨？"王答："约在案发前十日。"[③]第五次预审时，爱理斯又问："汝到应宅之第一

片。众知决非虚诬，乃偕告卜总巡，要求其捕获凶手。"（《英总巡之协缉》，徐血儿等编《宋教仁血案》，第 47 页）综合以上信息，可知国民党人之所以请"包探头目二人，在旁胁王某说出原委"，是因为当时应、武二人尚未被获，邓文斌怀疑刺宋凶手就是王阿法，而王阿法则因害怕应夔丞报复，不敢说出实情。后经国民党人"研问再四"，王阿法才改变想法，说出应夔丞名字。需要指出的是，张耀杰为了将国民党人说成刺宋幕后主使，声称国民党人"在租界区的某公司里兴师动众并且明显违法地私设刑堂，胁迫王阿发充当虚假报案的虚假线人"，显然是歪曲事实的过度解读。见张耀杰《谁谋杀了宋教仁：政坛悬案背后的党派之争》，第 105—106 页。

① 《第六次预审记》，徐血儿等编《宋教仁血案》，第 274 页。

② 《应桂馨之就缚》，徐血儿等编《宋教仁血案》，第 44 页。按应夔丞起初否认认识王阿法，至第六次预审时，应夔丞律师爱理斯与应夔丞之间又有如下问答。爱问："汝识王阿发否？"应答："有友来信介绍。"爱问："王阿发带信来见你在何时？"应答："三月一号或二号。"爱问："信内何事？"应答："信内说，我有一人，你要用否？"应夔丞所说友人即吴乃文，应并告诉爱理斯："所有吴乃文荐信，亦存捕房。"［《宋遯初先生遇害始末记（续）》，《国民月刊》第 1 卷第 2 号，1913 年，第 6 页］按吴乃文所写介绍信，迄今尚未发现，但被捕后的应夔丞断定该信已被捕房搜去，由此我们可以判断，应夔丞对其律师所言属实，如此他所言才能与被搜去的介绍信内容吻合。

③ 《宋遯初先生遇害始末记》，《国民月刊》第 1 卷第 1 号，1913 年，第 18 页。

次距刺案发生约几日?"王答:"十日。"① 王阿法的回答看似与其 3
月 24 日的回答自相矛盾,实则是因他对"案发"时间与爱理斯理解
不同。爱理斯理解的案发时间是 3 月 20 日宋教仁被刺,而王阿法理
解的案发时间是应夔丞出示"渔父"照片,要他致死其人那一天。王
阿法说他"约在案发前十日"与应夔丞相识,并说这一天距离"刺
案发生"刚好十日,则他第二次到应宅应是 3 月 10 日或 11 日。据王
阿法讲,三日后他又去过一次应宅,② 则他第三次去应宅是在 3 月 13
日或 14 日。

需要指出的是,由于对案发时间理解不同,王阿法对他究竟去过
几次应宅,前后所答看起来是矛盾的,时而说去过三次,时而又说去
过两次。但这并非不可解释。当王阿法说去过三次的时候,同他向陆
惠生交代的那样,是从最初去售画那一次算起的。而当他说去过两次
的时候,是从他所理解的案发时间算起的,这样他原先对陆惠生所说
第二次去应宅就成了第一次去应宅,相应的,第三次去应宅就成了第
二次去应宅。这就是为什么当爱理斯问"汝到应宅之第一次距刺案发
生约几日"时,王阿法以对陆惠生所说第二次到应宅时间,即"十
日"作答。而当爱理斯问:"自第一次见过后,隔几日始至应宅?"
王阿法又以对陆惠生所言第三次到应宅时间,即"三日"作答。③ 但
有时王阿法又把两种说法交织在一起来讲,比如 3 月 24 日租界开特
别公堂研讯应夔丞时,捕房律师侃克及应夔丞与王阿法之间有如下
问答:

> 侃律师即诘问:"报上所印照片与应桂馨与尔所看之照片是
> 否相像?"王供称:"约略相似。"侃律师复诘称:"尔既至应处

---

① 《宋遯初先生遇害始末记(续)》,《国民月刊》第 1 卷第 2 号,1913 年,第 2 页。
② 《宋遯初先生遇害始末记(续)》,《国民月刊》第 1 卷第 2 号,1913 年,第 1 页。
③ 《宋遯初先生遇害始末记(续)》,《国民月刊》第 1 卷第 2 号,1913 年,第 1 页。

二次，伊与照片尔看，欲办照上之人，是否第一次去，或是第二次？"王称："在第二次，此后我即未曾去过。"……应遵谕向王诘称："尔至我处兜售字画，第一次究在何时？第二次与第一次相隔几天？"王答称："第一次约有十天，第二次距离第一次大约三天。"应复称："尔来兜售之字画是何种字画？系何人手笔？所画抑是山水，还是人物，抑是松竹？"王答称："所售乃系手卷，为仇英石所绘，乃系山水，亦有人物、松竹。"应即向堂上声称："请堂上注意，仇英石乃中国画家名人，然所画只人物，从无山水，至松竹更非所长。今王所供如是，请为注意。"旋复向王诘称："此画尔从何处得来？"王答称："从在东清铁路之觉鲁生处得来。"应又向堂上声称："东清铁路乃拓鲁生，今王所供姓名不清，应请堂上注意。"又向王诘称："谓尔第二次至我处，所说甚话？"王答称："第二次至你处，因你不在，没有会面，以后亦未会晤。"应即向堂上声称："项间捕房律师向诘时云第二次至我处，伊看照片，欲办一人，今伊云第二次至我处未曾会面，此种供词，应请堂上注意。并请将项间捕房向王所问供词宣读，我亦无别语向王诘问。"[1]

　　以上问答中，王阿法在答复侃克律师诘问时，是按去过应宅三次来答复的，所以他说应夔丞给他看照"欲办照上之人"是第二次去应宅时。但他又说"此后我即未曾去过"，实际又是否认第三次去应宅。由于第三次是王阿法找了邓文斌一起去帮应夔丞办理杀人之事，讲出来可能对王阿法不利，因此他似乎有意回避自己去过第三次。而当王阿法与应夔丞对质时，他又按去过应宅两次来答复，所以他回答应夔丞说："第二次至你处，因你不在，没有会面，以

---

① 《宋先生被刺之痛史》，《民主报》1913 年 4 月 2 日，第 6 页。

后亦未会晤。"这样一来，王阿法答复侃克律师的话，与其答复应夔丞的话之间就出现了矛盾。应夔丞"口才甚辨，且工趋避"，① 王阿法根本不是其对手，因此王阿法答语中的漏洞很快就被应夔丞抓住。除了去过应宅几次这个问题外，关于王阿法向应夔丞兜售的仇英石画作是何题材的问题，应夔丞也指出其答案错误。不过这一点是可以解释的。由于"沪上书画捐客携货往应处兜售者日必数起"，② 应夔丞见多识广，自然熟悉各家画作。王阿法就不一样了，他刚到上海不久，之前在汉口所操职业为"太平洋行火险捐客"，与书画风马牛不相及，到上海后才"代客买卖古玩"。③ 他并非书画行家，答错仇英石画作题材，不足为怪。至于他将东清铁路"拓鲁生"的名字说成"觉鲁生"，则有两种可能，一是王阿法手中画作并非直接来自拓鲁生，王阿法对拓鲁生其人并不熟悉，因此说错其名字。事实上，在第四次预审时，爱理斯曾问王阿法如何认识应夔丞，王答："有法界柏林路通清铁道公司朱君，托余代售字画，遇友人吴乃文介绍，始识之。"④ 说明王阿法与拓鲁生并非直接认识。另一种可能是应夔丞将王阿法所说"拓鲁生"误听为"觉鲁生"，因应夔丞是浙江人，而王阿法回答提问时使用的是"湖北土语"，很不易懂。给爱理斯担任翻译的张少棠就因为听不明白湖北土语，翻译时"错误之处极多"。⑤

　　尽管王阿法在接受讯问时前后所答存在一些矛盾之处，但一个关键事实是清楚的，即应夔丞确曾找过王阿法帮忙致死"渔父"，王阿法也确曾找过邓文斌，试图将其介绍给应夔丞充当枪手，只因邓文斌反悔而作罢。

---

① 《英捕房之注意》，徐血儿等编《宋教仁血案》，第 47 页。
② 《破获暗杀宋教仁案续志》，《神州日报》1913 年 3 月 26 日，第 6 页。
③ 《第四次预审·王阿发之证词》，徐血儿等编《宋教仁血案》，第 261 页。
④ 《第四次预审·王阿发之证词》，徐血儿等编《宋教仁血案》，第 262 页。
⑤ 《第四次预审·王阿发之证词》，徐血儿等编《宋教仁血案》，第 261 页。

说到王阿法，还有一个问题，即应夔丞作为共进会会长，从手下当中找个杀手易如反掌，为何他要舍近求远，从共进会外寻找王阿法这样一个售卖古董字画的人充当杀手呢？应夔丞当年为了否认自己与刺宋案有牵连，也曾以此为自己辩护，说："我共进会人很多，何必找此种人。"① 我想，要解答这个疑问，首先必须明确一个基本事实，即造意刺宋者并非应夔丞而是洪述祖，关于这一点，前文已有论证。正因为应夔丞并非造意杀宋之人，所以其刺杀行为实际上只是共进会少数人为配合洪述祖之计划而实施的行为，难以上升为共进会组织行为。另外，应夔丞主观上极力想避免共进会卷入刺杀事件，根本原因在于共进会乃应夔丞生存之本，倘若刺宋被认定为共进会组织行为，应夔丞可能遭到灭顶之灾。具体讲，又主要有两方面的原因。一是自1912 年 10 月以来，应夔丞及其共进会组织已经接受政府招抚，应夔丞并亲口承诺"情愿效力，设法取缔共进会，如有违背法律、扰害治安之事，伊愿负担保之责"，② 他为此还曾到京城面见袁世凯，表达输诚之意，袁世凯则给了他 5 万元经费，以解决共进会成员的解散、抚恤等问题。可以想到，一旦刺宋被认定为共进会组织行为，会有怎样的后果。二是由于共进会组织庞大，管理困难，自应夔丞接受招抚后，其组织成员在江苏、浙江等地仍不时有扰害治安之事，为此，江苏都督程德全和浙江都督朱瑞一直厉行镇压政策，这让应夔丞很不满意，认为共进会已经接受招抚，程、朱不应如此，在现存共进会档案中，有不少文件反映这一情况。而一旦刺宋被认定为共进会所为，正好成为程、朱手中把柄，对应夔丞将极为不利。正是由于上述原因，应夔丞一方面决定配合洪述祖刺宋，另一方面于刺宋前一周（3 月 13日）向各处共进会支部发布通告，要求不得再有"开堂放票，违背法

---

① 《第六次预审记》，徐血儿等编《宋教仁血案》，第 274 页。
② 《程德全保应原电》（1912 年 10 月 16 日），《民权报》1913 年 4 月 8 日，第 7 页。

律之行为";① 刺宋前两日（3 月 18 日）又向各处共进会会员发出训词，要求"恪守会章，各安职业"，不得再有"红帮放票，青帮开堂情事"。② 这看似矛盾的举动，似有为即将发生的刺宋行动障目之目的，但更重要的还是反映出应夔丞想竭力避免外界把宋教仁遇刺与共进会联系起来。

而这，也就是应夔丞在共进会外寻找"枪手"这个关键角色的原因。古董字画商王阿法是应夔丞死党吴乃文友人，到上海不久，是个生面孔，其身份很难让警局或捕房与刺案联系起来，恰好吴乃文又介绍他到应夔丞处求事做，他便成为应夔丞试图物色的枪手之一。只是王阿法胆子太小，即使应夔丞以重金收买，王阿法也没敢答应，其所介绍邓文斌则又因不愿糊里糊涂杀人而反悔。眼看刺宋计划已进入倒计时，应夔丞只好一方面威胁王阿法，不准其泄密，另一方面急忙派人物色到武士英。此人同样非共进会中人，但由于当过兵，胆子自然大了许多，于是枪手就此确定。实际上，当时就有人认为，那些怀疑共进会杀宋的说法，是"误以应夔丞之私人行动，有涉该会团体"，并提出，杀宋果真是共进会团体行为的话，"何以应不求刺客于会员，

---

① 《特任驻沪巡查长应夔丞通告》（1913 年 3 月 13 日），北京市档案馆藏，国民共进会全宗，J222 - 001 - 00004。通告云："照得共进会之设，原以合三帮之旧团，使镕化于一炉，革除开堂放票之恶习，勉为善良，共趋正路为宗旨。组织之初，即宣布约法，并选经训示，已不啻三令五申。乃言者谆谆，听者藐藐，开堂放票之事，依然层出不穷，聚众敛钱，赌博伙劫，种种不法，皆以时为媒孽。即如九龙山一案，系洪帮之放票，芙蓉山一案，系青帮之开堂，株累及于无辜，扰害泊乎地方，言之真堪痛恨。兹特再行明白布告：本总长以维护治安、尊崇法律为前提，不问帮不帮，只辩匪不匪。如果在会者不知悛改，再有开堂放票，违背法律之行为，一经查实，不待地方官厅闻风捕治，定当据实先行报告，从严惩处，决不姑容，以清匪源而维秩序，庶免毁损会务，盖关于团体之名誉者犹小，关于地方之安宁者实巨也。"

② 《特任驻沪巡查长应夔丞劝告共进会总支分部各会员训词》（1913 年 3 月 18 日），北京市档案馆藏，国民共进会全宗，J222 - 001 - 00001。训词云："凡在会员，亟宜痛自涤濯，互相惩劝，恪守会章，各安职业，庶免受人口实，致玷社团。本长办事惟以法律为依归，而又素抱人道主义，故不啻三令五申，谆谆劝告。嗣后倘再有红帮放票、青帮开堂情事，仍延旧习，怙恶不悛者，一经查察，例禁森严，自有司法官厅执法以随其后，决不稍事姑容。"

而旁求力大胆大之人，卒乃得一与该会渺不相涉之武士英乎？"① 案发后，共进会总部被查抄，副会长宋伯飞等坚决否认该会与刺宋案有关。迨宋案证据公布，宋伯飞等集合多人，公电政府，要求归还被查抄的文件，称"近因宋案发生，总机关原在应处，致逮捕时将本会图记、名册、证书，被捕抄去"，"今检查证据，确与本会无涉"，请饬江苏都督及上海交涉使，"将无关宋案之一切文件索还，以释群疑"。② 此事自然不会有结果，但从那些文件中也的确看不出刺宋是共进会组织行为，故而程德全等人在处理刺案时并没有采取扩大化举措。

由此可见，要理解应夔丞何以找王阿法、武士英这样的人充当枪手，并不是一件容易的事，一方面必须对刺宋造意者有准确把握，另一方面必须对应夔丞本人和共进会的历史有深入理解。而恰恰对这两个方面，百余年来一直都缺乏深入研究。曾有论者以民初帮会与国民党之间关系紧张来解释宋教仁被刺原因，显系似是而非、隔靴搔痒之论。

应夔丞被捕后，王阿法先后三次出庭，接受会审公廨审理官及被告律师诘问。但因洪述祖和赵秉钧迟迟不能到案，对应夔丞的公判一再推迟。1913 年 7 月 2 日，上海地方审判厅发出通告，定于 7 月 16 日继续开庭公判。到了 7 月 15 日，上海地方检察厅检察长蔡季平派法警郝云往传证人王阿法，届时来厅候质，但因王阿法"居无定所"，③ 郝云未能找到，遂到原告宋方氏所延律师高朔处询问，高律师要其往国民党上海交通部调查，不料交通部也不知王之下落。于是，郝云又到原告律师金民澜处打探，金民澜允诺代为探访。④ 此时"二

---

① 仲材：《刺宋案之六不可解》，《民权报》1913 年 3 月 26 日，第 3 页。
② 《共进会竟敢请还文件》，《亚细亚日报》1913 年 5 月 8 日，第 3 页。
③ 陆惠生『宋案破获始末记』、25 页。
④ 《探访宋案要证》，《新闻报》1913 年 7 月 28 日，第 3 张第 1 页。

次革命"业已爆发数日，上海战事方烈，对应夔丞的公判不得不中止。不久，应夔丞越狱而去，对应夔丞的审理就此终止，王阿法也自此从人们视线中消失，不知所往。不过，对于破解宋案而言，他的使命业已完成。

二　武士英落网及暴毙狱中

武士英，即吴福铭，又作武复民、吴发明，山西平阳龙门（今山西河津）人，时年 22 岁。据其口供，曾在贵州某学堂肄业，后充云南巡防营第三十营哨官，案发前在上海以售花瓶为生，住五马路六野（一作鹿野）旅馆。① 在刺宋之前，穷愁潦倒的武士英因为即将获得应夔丞的千元赏金而忽然举止怪异，"得意忘形"，以至于被同住六野旅馆者目为"神经病"。迨宋教仁被刺身亡，黄兴等发出重金赏格后，旅馆中人忆及武士英之前的举动，觉得可疑，遂报告于国民党人陆惠生，从而为破获刺宋案提供了另一条重要线索。陆惠生于《宋案破获始末记》中记道：

> 既而有广东［五马］路六野旅馆之寓客来告曰："有旅客曰武士英者，寓该馆有日，其境甚窘，屡告侨［债］于同居之客。前宋先生被刺之两日，有人来与武作耳语，武忽有喜色。及其人

---

① 按关于武士英的出身及刺宋前经历，山西《河津文史资料》第 5 辑曾刊登一篇文字，可供参考。文中写道："武士英，乳名盛娃，父亲早逝，靠母亲辛劳操持家计，艰难度日。武长大成人后，游手好闲，弃母不养。清光绪卅三年（1907），村（指河津县通化村——引者）人庞全晋（毕业于山西大学堂西学专斋）奉派到贵州担任学堂监督，武随庞前往，初当庞仆从，后充厨子（炊事员）。武士英不甘居于人下，屡次要求回家，庞遂给予盘资，让其返晋，而武终未回原籍而仍在贵州流浪。时值南方各省革命党人到处举事推翻清室，武即投奔革命党，充当敢死队，转战数省，屡立战功，提升为下级军官（一说为营长）。以后又脱离军旅，到了上海……做古董生意。"见刘大卫《民初的"宋案"与凶手武士英》，《河津文史资料》第 5 辑，政协山西省河津县委员会文史资料研究委员会，1989，第 171 页。

既去，武即向此客假车资，客与以小洋壹角。武少之，曰：'余此行将往西门，路甚长，区区恐不敷所需。'客乃益以小洋贰角。武因人力车去。比其返，则衣履一新，顿变其陋态，自囊中出洋一元，以偿此客。客怪其多，则大笑曰：'是笺笺者何足论，余不日得千金赏，且将授职为标统，是笺笺者何足论。'客大疑，因恬之曰：'然则君将大有所为邪？'曰：'然。余行将大闹同盟会。'客疑愈甚，固询之，遂顾左右而言他。及宋先生被刺之夕，武自是日午后离馆去，竟夕不返。次晨七时，始匆匆归，形色仓皇，出五十元之纸币，授馆主偿其宿资，即携行李去，行装甚涩，一革囊，一布被而已。其去之顷，闻告车夫至西门，不知其究何至也。"客言既毕，余因念武士英者，必为是案之要人，而西门又为应桂馨寓居之所在，觉此案渐见端倪，因嘱客速侦武士英之所在。①

其时，报纸对武士英刺宋前后之可疑举动亦有报道，与陆惠生所记大体相同，惟更具体一些。如《民主报》记道：

此次破获凶犯，为时甚速。忆自宋先生被刺之次日（二十一日），五马路鹿野旅馆即发现极可疑之旅客。十四号室中有山西人武士英，自称为滇省之管带，但其生计极萧素，时出向上海名人乞慕川资，顾面目极凶恶，身材短小。二十日午前，忽有一冯姓及其余三四人来，与之作附耳语。此冯姓自称光复军二营营长，继调查系当过光复军军需长。此数人来后，武士英即有喜色。其时，住其邻室者为某客，武即向借车资。某因其日夕相见也，不能却，与之小洋一角。武云："不够，将至西门，路甚远

① 陆惠生『宋案破获始末记』、25—26 頁。

也。"某遂与以小洋三角。晚八时许，武即回栈，则已易新鲜西装，急寻某，出手中钞票示之，约数十元，曰："我今已有钱。"随取出一元还某。某惊曰："何必许多？"武即答曰："我事成尚有千元。"语毕，即出门去。同栈者方怪其有神经病，及次日宋先生被刺信传播，而同居者乃注意其人，急询此人行踪，则知二十夜并未回栈，并于二十一日之早七时许，曾来栈结付店账，提其破碎皮夹匆匆去矣。①

国民党人获知武士英"身材短小"的特征后，即派人分头侦缉。3月24日上午，法捕房在查抄应夔丞家时，从被拘留的眷属和来客中发现"有一短身着新服者"，"疑为真凶"，于是派人找来曾在沪宁车站案发现场与凶手照面者，以及六野旅馆住客，到应宅辨认，确定其果为刺宋凶手武士英。② 武被捕时亦当场承认："杀宋教仁是我。"③ 陆惠生亲自参与了抓捕武士英的行动，他记述当时情形道：

> 应既受拘，其第二着即为看守其居室与其眷属。余因再至应宅，探捕方驱宅中男妇入他室，余瞥见小室中有人蒙被卧，因呼之起。其人披衣，余见其内服皆新制，且身材矮小，如报上所载之凶犯，心疑之，因嘱巡捕曰：此人尤宜注意。其明日，余至宋先生受害处，访当时之曾见凶手者，既而得一人，又招六野旅馆之客至，偕之同之应宅，使一一识其家之男子，问似凶手否？皆曰否。既而视至昨之蒙被卧者，则同声呼曰：彼、彼、彼系凶手。其人闻言，色立变。乃招西探至，告以故，西探略一研问，

---

① 《宋先生被刺之痛史·凶犯拿获之详情》，《民主报》1913年4月2日，第7页。
② 《凶犯侦缉·宋先生在天之灵》，徐血儿等编《宋教仁血案》，第45页。
③ 《宋案大放光明·第三次预审详情》，《民主报》1913年4月10日，第7页。

即直认不辞。盖其人即武士英，亦曰吴福铭，即手刺宋先生者也。①

应、武被租界捕房抓获后，上海地方检察厅及江苏都督程德全分别通过交涉使陈贻范致函英、法两国总领事，以案发地沪宁车站为华界，应、武二人又系华籍，提出将二犯及相关证物移交中方办理。英国领事答以"刻下正在搜集证据，羽党尚未尽获，姑俟办有眉目，转送中国法庭办理"。法国领事则以应所住拱宸门文元坊属法租界，请在法公堂办理。② 外交部也照会外交团，请将凶犯引渡归中国法庭审讯。但各国公使提出种种理由，表示在租界会审公堂审讯明确以前，暂缓引渡。③

先是武士英被捕次日，即 3 月 25 日下午 5 时，法国总领事康君、副领事李君及谳员聂榕卿，英公廨谳员关炯之、译员杨润之，以及上海地方审判厅审判官黄庆澜，开特别公堂，对武士英进行讯问，武士英详细交代了作案经过。

> 武士英供：年二十二岁，山西人，向在贵州某学堂肄业。此次毕业来沪，住五马路鹿野旅馆。五、六年［日］前，与名陈玉

---

① 陆惠生『宋案破获始末記』、28 頁。

② 《宋先生在天之灵·地方厅之索回罪犯》，《民立报》1913 年 3 月 29 日，第 11 页；《破获暗杀宋教仁案七志·领事团之意见》，《神州日报》1913 年 3 月 31 日，第 6 页。

③ 据《民主报》报道，3 月 31 日，外交团特开会议，讨论准否引渡。法使首谓："此案据驻沪领事报告，表面已有眉目，至其内容真相，现方着手调查，为保障租界治安计，此案暂时不能引渡。"德使谓："本案虽含有政治性质，但未知目的所在，故现尚不能指定为政治或刑事，犯罪人之引渡与否，暂时不能决定。"美代理公使谓："愈文明国人，愈讲人道。宋君被刺原因，无论出于何方面，均违背人道主义。中国自革命以来，暗杀案已数见不鲜，从未见有确实之办法。欲维持人道，自应在会审公堂审结。"英使则谓："此案可资研究处甚多，欲知中国之前途，研究此案即可得其真相，故非调查证据、水落石出后不能引渡。况现在租界发生暗杀日见其多，而此案犯罪地点之沪宁车站适又贴近租界，故于租界治安实又大有关系。"最后，各国公使表决，全体一致赞成刺宋案人犯引渡须从缓再议，以此答复外交部照会。见《宋案破获后之各方面观·外交团会议之内情》，《民主报》1913 年 4 月 2 日，第 3、6 页。

生者在茶馆遇见，方始订交，其后不常相见。刺宋之前一日（十九号）复与陈遇，陈告伊现在本国内有一人，莠言乱政，如欲谋四万万同胞之幸福，必须先除此人。当时我即允刺杀之任，遂得陈之介绍，入共和实进会。该会会长即系被获押留在会审公堂之应桂馨也。礼拜四晚上，我与陈玉生同在汉口路某饭馆晚饭，当我饮酒小醉时，即有张发标、刘得胜同到该处，陈即交给我手枪一支。后四人同到沪宁车站，陈又叮嘱必须实行此事，彼等即买站台票三张，我同陈玉生、张发标三个人同入车站，刘得胜守候在外。不多时，我等见宋由招待室出来，陈玉生即指示明确，我认明后即放枪命中奔逃。当奔逃时，见有数人冲出，故又连放两枪，逃离火车站。之后即往法界徐家汇路八十号，即应之住宅。陈玉生已早在该处，我即将手枪交还。至我见应桂馨，不过二次，一在事前，一在事后。应桂馨他说我狠有肝胆，这事办得很好，我要送尔出洋留学，所有学费由我担任，五年后回国，尔可在中国办大事了等语。①

---

① 《宋钝初先生被刺之近情·武士英初审之口供》，《民主报》1913年3月31日，第3、6页。按武士英供词中提到的共和实进会为1912年8月同盟会改组为国民党时加入国民党的党派之一。应夔丞所创为共进会，而非共和实进会。此处有可能是武士英记错，也有可能是应党故意欺骗武士英，以防刺杀行动将共进会牵连进去。又按，武士英供词中提到的与其一同至火车站的三人，除陈玉生外，另两人名字并不准确。据3月29日《中华民报》载："上海公共捕房总巡卜罗斯君，查得该凶犯武士英堂前供涉之陈姓及另有二人同至车站者，陈姓即陈玉生，除已侦获外，另有二人，一系吴乃文，一系张汉彪。"（《其他之从犯》，徐血儿等编《宋教仁血案》，第73页）武士英所供"张发标"应即"张汉彪"，"刘得胜"不能排除为吴乃文化名。至于陈玉生，当时曾有消息说被侦获，但从4月3日应夔丞写给言敦源的求救信中提到武士英供出三人"均未到案"这一情况看，陈玉生实际上也未落网（《应夔丞致言仲达书》，罗家伦主编《宋教仁被刺及袁世凯违法大借款史料》，第195—196页）。参与刺宋的应夔丞党羽中，还有一人漏网，即《民主报》提到的在六野旅馆与武士英耳语之姓冯者，号玉山，又名鄂钧，一名岳军，38岁，广东顺德人。曾在京某衙门当差，后流寓沪上。上海光复时曾充光复军军需长。后退伍，无所事事。捕房查得其住处在北四川路洪吉里420号，派人侦缉，已不知去向（上海特派员通信：《关于宋案之要闻种种·洪吉里之搜查》，《大中华民国日报》1913年4月3日，第2页）。以上四人中，吴乃文与应夔丞关系最为密切，应任沪军都督府谍报科科长时，吴为一等科员，后帮应夔丞办理购买公债票等事。

捕房在应夔丞家搜出凶器五响手枪一支，内有枪弹两枚，外弹壳两枚，与武士英所称在火车站放出三响之供述正相符合。[1] 虽然4月4日午后再次预审时，武士英在捕房律师侃克尚未询问刺宋案情的情况下，"忽作凶悍状"，翻供曰"此次杀宋教仁乃我一人起意，并无第二个人"，并称不认识应，也未到过应宅，但在侃克律师及法总领事康君及英公廨谳员关炯之诘问下，武士英很快便败下阵来：

> 侃问：尔认识应桂馨否？
>
> 答：不认识。
>
> 侃问：尔曾到过应家中否？
>
> 答：不曾。
>
> 侃问：尔在何处被捕房弋获？
>
> 答：在应先生家。
>
> 康领事厉声问武：尔既称从未到过应家，何以被捕在应（家）捉出？
>
> 武支吾答曰：我谓被捕后未曾去过耳。
>
> 关谳员曰：尔被捕后自然不能到应（家）去。究竟尔被捕前曾去过否？
>
> 武答：曾去过。
>
> ……
>
> 侃问：汝放枪后到何处？
>
> 答：到六野旅馆。
>
> 侃问：其后如何？
>
> 答：明日遇见陈易仙（即陈玉生——引者），领我至应先生

———————————

[1] 《京师高等审判厅刑事判决》（七年控字第二二四号，1918年12月2日），转引自王建中《洪宪惨史》，第86页。

处躲避。

　　……

　　侃问：尔在应家约若干时被捕？

　　答：约住一天即被捕。①

　　应夔丞于武士英被捕前半日，即 3 月 24 日凌晨被抓获。他在预审时，也承认武士英于行刺宋教仁当晚曾到其家，被其留住。不过，应夔丞辩称，武士英是受人指引来到其家，他将武士英留住是为了先稳住武士英，然后"禀明上官"。应夔丞并供称，他曾对武士英说："你能到英国读几年书，脑筋就更清楚，你若外出，可不得了。"② 此点与 3 月 25 日武士英第一次接受讯问时所供恰可相互印证。在租界公堂预审之后，4 月 16 日，武士英被法捕房移送上海县模范监狱临时监禁。③ 4 月 18 日晨，上海地方检察厅厅长陈英派司法警察 4 名，六十一团团长陈其蔚派副官吕翊率军士 2 名，会同护送武士英至海运局步兵六十一团营仓禁锢，与应夔丞分室管押。④ 然而，仅仅一周后，即 4 月 24 日上午，武士英突然死于营仓之内，在当时引起诸多猜测，成为案中疑案。当日，陈其蔚向江苏都督程德全详细报告了武士英死前情形。他说：

　　其蔚日夜周察，该武犯起居饮食，最为舒畅，并无异状。至二十二日晚餐，较平日稍为减少。二十三日早晨，进以馒头八个，食其六，尚留其二。至十时，据武犯声称，身生虱虫，即派值日监守司令官胡士英去其手足铐，将原穿小衫衣裤概行更换，

---

① 《宋案大放光明·第二次预审详情》，《民主报》1913 年 4 月 10 日，第 6 页。
② 《第六次预审记》，徐血儿等编《宋教仁血案》，第 271—272 页。
③ 《宋案大放光明·凶犯之引渡》，《民主报》1913 年 4 月 19 日，第 6 页。
④ 《宋案应武二犯移解后之种种·武士英移押海运局》，《时报》1913 年 4 月 19 日，第 7 页。

并将被褥就日晒之。午餐进以干饭，辞不食。须臾即换以稀饭一碗，仅食一半。其蔚恐其疾病，当饬本团军医长李达安细心察视。旋报称该犯身犯热症并痔症。据武犯自称，自入营仓后每日夜间作冷发热，大便闭结等语。当由军医官进以蓖麻油半两、金鸡呐粉十五厘等情报称前来。其蔚因该犯既有疾病，去其手铐。夜间六时，该犯食粥一碗。深夜一时，据监守士兵报称，该犯呼吸气喘，当偕团内军官四员往房探问。据云素有心痛病，作辍无常，数日后即可痊愈。今早四时半，又据监守长鄢排长复称，该犯气息渐衰，约一分钟时候呼吸一回。比饬军医长一同往诊，脉乱气微。以事关重大，即奔报告黄中将（指江苏都督府参谋长黄郛——引者），后随同黄中将赴都督行辕面禀情形。旋赴交涉司署，以电话询问本团，该犯武士英业于上午九时四十四分气绝，即将此情形面禀都督。①

另据报道，武士英气绝前，程德全曾令就近请上海医院监院张竹君与红十字会西医柯司设法救治，但已无力回天。②

武士英死亡消息传出后，各种猜疑不断，或曰自尽，或曰毒杀，或曰暴病，言人人殊。政府方面认定武士英为国民党所毒杀，称"刺宋一案系国民党内部暗斗之结果，与政府毫无关系，而此次武犯之暴死，亦全系该党一部人士之主使"，并将矛头指向负责监管武士英的黄郛，说"黄固为国民党一员，平生固与宋不好，彼甚恐该案一经严审，则该党之暗斗遂生，异变之证据渐渐露出，关于各方面大有影响，故黄郛以某手段谋杀武犯，湮灭证据"。③ 国民党方面对武士英之死也颇感意外，上海交通部于 4 月 26 日通电北京本部及各省支部、

---

① 《宋先生遇害记三十二·陈团长之报告》，《民立报》1913 年 4 月 25 日，第 11 页。
② 《武士英之死状》，《大中华民国日报》1913 年 4 月 30 日，第 6 页。
③ 《武士英身死之又一说》，《顺天时报》1913 年 4 月 30 日，第 7 页。

交通部，报告"宋案凶犯武士英忽暴死，情节可疑，尚待检验"，并"通告党员开全体大会，讨论对付"。陈其蔚得悉后，决定亲自到会报告武士英病死情形，国民党人则声言，"届时倘有不合之处，必定激烈对待"。①

武士英之所以被管押在步兵第六十一团营仓，是因为案犯由租界移交中方后，上海地方检察厅认为该案"关系重大，本厅管押恐致疏虞，又不能与已判决人犯同施监禁"，故不得已暂押于由程德全"所指定之六十一团"。故武死之后，上海地方检察厅亦有函致程德全，诘问"该武犯确于何日起病，是何病症，何时身死，死时状态如何，该团有无将详细情形随时报告"，要求程德全"饬查明晰，立予赐覆"。②

程德全得知武死消息后，立即知会上海地方检察厅厅长陈英，由陈厅长令检察员带领检验吏至营仓，会同红十字会西医柯司及由陈厅长延请的西医柏亨及法国医生2人，于当天下午对武犯初步进行剖腹检查。"剖验时曾取出五脏，验得肝、肺二物及肺管、咽喉上节略有淤血积滞；又将大肠食肚剖验，则并无毒物。当时各西医详细研究，谓如果服毒，临死时定必上吐下泻，否则必有恶劣难忍之象。今该犯并无此种动静，似非服毒。"③ 各西医将武之心、肝、肺、胃、腰、肠、尿、脑并肺管上节计共9件，一并带回医院，做进一步检查。又"恐医院独验，尚难昭信，爰将该凶犯之心肝物逐件剪分三份，一存公共捕房，请由西医化验；一存英工部局，交由西医细验；一份归入医院，由承剖各西医化验，以明真相"。④

备受舆论压力的陈其蔚因为应夔丞、朱荫榛二犯尚在营仓关押，

---

① 《国民党交通部之通电》（1913年4月26日），《民立报》1913年4月26日，第11页；《看看民贼之手段·国民党之诘问》，《民立报》1913年4月27日，第10页。

② 《上海地方检察厅上程都督稿》，《神州日报》1913年4月27日，第6页。

③ 《武士英之呻吟》，《申报》1913年4月26日，第10页。

④ 《宋案正凶自尽三志·化验脏腑之慎重》，《申报》1913年4月27日，第10页。

遂呈文程德全，请派人接替看守，以防意外。呈文详细报告了营仓看守之严密，对武士英之死感到意外，对局外人捕风捉影表示不满。呈文云：

> 窃思蔚自接管该犯以来，因案关重大，当传驻团官佐、士兵、夫役等，凡遇个人私事，一律不准请假，并不得擅自出入，即有来宾晋谒，必须禀知蔚允许，准在客厅接见。自头门直至各犯禁门，节次派兵，荷枪配弹，昼夜看守。并派连长一员，排长二员，轮队梭巡，监视勤惰。即各犯饮食，亦必亲自尝试。蔚犹恐官兵勤惰不一，时督同团副张健、副官吕翌亲及各营营长，通宵达旦，分班严密监察，无敢稍懈。黄中将郭每不次来团察视。看守之责既严且密，乃武犯以猝尔毙命，蔚不胜惶惧。当经呈请都督转饬陈厅长及检察官来团检察，并派柯医生带同各西医，将武犯尸身解剖检验。上自头部脑髓，下至直肠，凡心、肝、肺、脾、膀胱、肾脏全行挖出，由该医生每件割去一片，携回医院，用药化验。是毒是病，俟该医生完全化验后，必能明白宣布。乃近来局外之人捕风捉影，谣言蜂起，一则服毒致死，再则监守毒毙，甚至以不实不尽之言登诸报端。然武犯之死，在团监守人员尚不知其理由，何局外者竟言之凿凿也！虽属立言者有心诬蔑，蔚亦惟置之度外。①

经西医柯司等化验，武士英之心、肺及大、小二肠均无毒。柯司并指出，"人之胸胃为脏腑最关紧要之件，大凡人之吃食，由咽下，复必由胸胃而入肠肚"，现在武士英大、小二肠已验无毒质，"则胃中亦必无毒可留"。但为慎重起见，柯司又邀各西医，"配合各种药水，

---

① 《陈团长之乞休》，徐血儿等编《宋教仁血案》，第379页。

准将胸胃详细考验"。① 其时曾有报道，说尸体"检验时，有田医生、两德人、一英人、一法人，异口同声，皆谓受毒身死。肠上粘有半寸阔之磷纸，是为服火柴中毒无疑"。② 对此，陈其蔚予以反驳，指出"该犯武士英自羁营仓以来，除每日所食粥饭之外，余无他物入口。而应桂馨则染有烟癖，曾经呈明，准予给食戒烟药丸，藉以抵瘾。即如应犯吃食香烟，所用燃火，亦不准给予火柴，皆由兵士以纸引火。至于已死武犯，素不吃食香烟，无火柴磷纸，断不得获磷毒而毙"。③ 柯司医生也予以否认，认为"凡人如服磷毒而死，肠中异常烫热，且于人死之后，满屋必有磷气冲鼻。再查毒质之中，性较速烈者，又有西药一种，名曰贝麻子经（译音），凡人吞服，毕命甚速，惟死后尸身、手背俱作反弓式样。兹查该犯武士英均无此种形状，似属非毒致命"。④ 针对报纸传言另一参与剖验之亨司医生验得毒毙一说，柯司也予以澄清，指出：

> 是日动刀破腹之时，乃由各西医决议而行，且亨司医生亦系承剖之医官，用药化验之法均属有书可凭，断无彼是此非、互相歧义之理。即如近日化验该犯脏腑，日与承剖各医官公同研究，并无此说。至于报载亨医生验得毒毙一节，全属子虚，实系外间谣言，碍难作准，请为转报。⑤

根据报道，"柯司医生查验后，又邀请伊格士、希尔纳、侯登三医博士及由吴知事派来之勾博士等帮同将武之五脏化验，以显微镜审

---

① 《西医详验武犯脏胃》，《大公报》1913 年 5 月 5 日，第 2 张第 1 页；《西医力辟毒毙谣言》，《大公报》1913 年 5 月 8 日，第 2 张第 2 页。

② 《宣布逆证后之宋案·武士英服毒之说》，《民主报》1913 年 5 月 2 日，第 7 页。

③ 《刺宋凶犯暴毙之余闻》，《大公报》1913 年 5 月 4 日，第 2 张第 2 页。

④ 《西医详验武犯脏胃》，《大公报》1913 年 5 月 5 日，第 2 张第 1—2 页。

⑤ 《西医力辟毒毙谣言》，《大公报》1913 年 5 月 8 日，第 2 张第 2 页。

查，均无受毒痕迹”，再结合送请英工部局卫生局部分之化验结果，最后“断定武士英实因肺热症身亡，查得其肺两叶均有湿肿，又查出有杆状微菌”。① 5 月 21 日，《亚细亚日报》刊登了一份武士英病故检验报告，内容如下：

> 此次宋案要犯武士英在监病故，由沪特请西国著名医士挨格斯（即伊格士——引者）等化验体质，据其报告如下：（一）肝，无变症。（二）脾，略见血多病症，余照常。（三）脑，所取出考验之物系由脑膜与脑连处刮出，此处见脑血迸裂之旧状。（四）心，包膜无变状。（五）肾，见有本体病状。（六）气管，见有血多病状，圆形包膜中血亦过多。（七）肺，肺体气沈，见血多之病状。并经共同决定，系由急性肺炎症蔓延全肺间。②

据此，武士英系死于急性肺炎。

不过，由于武士英之死时机太过蹊跷，“不死于法捕房，不死于移交之日，而忽死于将开庭、未开庭之前之中国营仓，死得奇怪，死得辏巧”，③ 因此，也不能完全排除其被毒死的可能。只不过由于刺宋既非袁、赵主使，又非国民党内斗所致，武士英仅为应夔丞所雇一枪手，并不掌握刺宋行动以外宋案其他内幕，因此，不论袁世凯方面，还是国民党方面，均无杀武灭口的动机与必要，“如谓造意者欲杀人以灭口，则所杀者当在应而不在武，种种枢纽皆在应一身，武一机械耳，杀之何益?”④

因此，如果一定要说武士英系被毒杀的话，应夔丞嫌疑最大，因

---

① 《西医力辟毒毙谣言》，《大公报》1913 年 5 月 8 日，第 2 张第 2 页。
② 《武士英化验之报告》，《亚细亚日报》1913 年 5 月 21 日，第 3 页。
③ 《新评三》，《新闻报》1913 年 4 月 25 日，第 3 张第 2 页。
④ 如何：《武士英毒毙》，《时事新报》1913 年 4 月 25 日，第 3 张第 3 页。

武士英为其所雇用，只要封住武口，或设法将其除掉，便无人指证其杀宋。应夔丞被抓入捕房之初，看守并不十分严密，其"律师得随时入视，研究案情，即亲属之人，亦不禁其探望"，[1] 完全有可能针对武士英实施某种计划。《神州日报》曾报道，二人被抓之初，"应桂馨在总巡捕房恐武士英供其主使，遂百计托人往法捕房与武关说，并以某庄所存之银，允为事后奉赠"。[2] 又据《民主报》报道，法捕头卜看曾向国民党人王宠惠报告，说武士英被收押六七日后，"有应犯家人，以一药水瓶进于武犯，经看守巡捕察出，送人查验，果为极毒之药水，一瓶能杀百数十人，其性至烈"。[3] 果如此，则应夔丞家人确曾试图毒杀武士英，只是由于毒物被巡捕发现而未能得逞。此事发生于"武士英被收押六七日后"，也就是 3 月 31 日第一次预审开始之前，时机很敏感。很可能因为杀武计划失败，应夔丞方面决定采取迟延审讯的策略，在 3 月 31 日第一次预审时，由律师爱理斯以案情重大、辩护尚未准备完全为由，提出两礼拜后再讯，结果遭到捕房律师侃克和代表政府的德雷斯律师的反对，认为被告"希图延宕"。最后，公堂折中双方意见，决定延后四日再审，从而使应、武二人暂时避免了在公堂开口接受讯问。乘此间隙，应夔丞家人及党徒很可能唆使武士英翻供，要其承认杀宋系其一人所为，与应无关，应夔丞方面则保证设法对其进行救援。因此，4 月 4 日第二次预审时，在捕房律师尚未问及刺案的情况下，武士英忽然翻供曰："刺死宋教仁之事，乃是我一人，并无第二个人。"且讲话时"声音急促，凶气满面"。应夔丞辩护律师沃沛、爱理斯听完后，"似觉得意之极，一起起立，极力辩驳"。[4] 需要指出的是，此前一天，即 4 月 3 日，应夔丞在捕房内给内

---

① 《杨景斌律师致程都督函》，《神州日报》1913 年 4 月 27 日，第 6 页。
② 《破获暗杀宋教仁案七志·本事通天没奈何》，《神州日报》1913 年 3 月 31 日，第 6 页。
③ 《宣布逆证后之宋案·武士英服毒之说》，《民主报》1913 年 5 月 2 日，第 7 页。
④ 《刺宋案会审记（二）·武士英瞎三话四》，《顺天时报》1913 年 4 月 10 日，第 4 页。

务部次长言敦源写了一封密信，托其律师海司（即爱理斯）及翻译还有其父带往北京椿树胡同言敦源住所求救。在信中，应夔丞一方面通报武士英供认情况，说"武供系陈、冯、吴三人令其暗杀，暗杀之前与应未见一面，今所供三人均未到案"；另一方面把武士英在其家被捕，说成"宋被难后，凶手武士英被人骗来家中，因夔□□委令，由程雪楼君规定不得直接逮捕……见武后，设法留置，一面即定赴宁，与程雪楼商请办法"。应夔丞并提出解救他的具体办法，即"商之钦使团，须办到直解北京。用钦使团电致领事团，以捕房探捕押护为是"。① 也就是请外国驻华公使出面，致电驻上海领事团，将他由租界捕房直接提解到北京。显然，应夔丞以为，只有到了北京，他才有机会脱罪。由密信内容看，应夔丞在第二次预审还未进行的情况下，便已知晓武士英供词内容，可证其家人及党徒确曾唆使武士英翻供，这才有了4月4日第二次预审时那一幕。

应夔丞派人带信赴京向言敦源求救之时，言敦源恰好南下青岛去见洪述祖，应夔丞的北京救援计划落空，于是继续在上海活动。武士英死后，《民立报》刊登一文，题曰《监守者实难辞咎》，其中写道："闻武于死之二日前，有言应桂馨教唆等情，有人转达于外，为应党出巨金托人毒毙。此不过昨日各方面所传说，至究竟真相，非局外人所能知也。"② 结合前所分析，武士英死前说出应夔丞曾教唆他翻供，是完全可能的，原因是他意识到了应夔丞不可能营救自己。但说应党得知武士英泄露教唆秘密后，托人将其毒毙，则可能性不大，因一次尝试毒杀被发现后，再次试图毒杀，可能性微乎其微。加之案件移交中方后，对应、武的看管都非常严密，外界很难接触到案犯，就连应

---

① 《应夔丞致言仲达书》，罗家伦主编《宋教仁被刺及袁世凯违法大借款史料》，第195—196 页。

② 《监守者实难辞咎》，《民立报》1913 年 4 月 26 日，第 11 页。

夔丞律师杨景斌"请求饬抄卷宗，并接见被告"，程德全都未允许，[①]
应夔丞党徒欲再次谋划毒杀武士英，难上加难。

因此，武士英暴病而亡的可能性最大，西医的检验报告也支持这
一结论。不过，对应夔丞而言，由于他和洪述祖之间的诡秘关系被发
现，武士英之死已经算不上好消息，对整个刺宋案而言，武士英之
死，也算不得一件重要事情了。

三　应夔丞被捕、逃逸及遇刺

应夔丞于 3 月 24 日 0 时 30 分左右，在迎春坊妓女李桂玉家被英
捕房抓获。在应夔丞被捕前，有人论及枪手武士英，称"此刺客乃是
手枪中之圣手"，又说"此等精于手枪之刺客，必应归于暗杀队中，
决非一人可以独立者。当今之应夔丞氏，为现政府之总稽查，对于此
道可称三折肱者……使诚求之于此君，当能得其一二"。[②] 其意似在暗
示武士英可能为应夔丞手下之人，又似在提醒捕房，应夔丞或许可以
对破案起到一定作用。没想到捕房很快就侦破了案件，并且发现，唆
使武士英枪杀宋教仁者，正是应夔丞本人。

关于捕房获取应夔丞方面线索情形，国民党上海交通部所出《国
民月刊》简明扼要记述如下：

先是有王阿发者，以卖古玩为生，至应桂馨家兜售字画。应
乃出商务印书馆所印宋教仁先生之明信片，剪去四周，受［授］
王阿发，曰："予欲办此人，汝能办到，愿酬洋千元。"王当时未
允，归而谋诸其友邓某，事成愿以千金为寿。邓初允之，继乃由

---

① 《杨景斌律师致程都督函》，《神州日报》1913 年 4 月 27 日，第 6 页。
② 《关于宋教仁逝世后之种种》，《大中华民国日报》1913 年 3 月 25 日，第 2 页。

　　王阿发偕至应处，邓乃中途变计，略谓："予羁迹异乡，不能无故杀人。"其事遂寝。乃宋先生遇刺之耗传出，邓某告其主人张某此事之真相，张君以告以本党交通部，一面寻觅王阿发至交通部。部中干事偕王至捕房报告，声称："一星期前，因售字画至小西门外应桂馨处，应出一照片云谋办照上之人，如能办到，酬洋一千元。我因无此能力，未曾允许，当将照片交还。今见各报所登宋教仁之照，似与我所看之照片相同，特来报告。"①

　　上段材料中所谓偕王阿法至捕房报告的"部中干事"，应是指国民党上海交通部陆惠生，材料除个别细节外，所言主要情节与前引王阿法向陆惠生所交代的内情大体相同，只是语句不同而已。陆惠生还对向捕房报案前确认应夔丞为刺宋凶犯的经过有详细记述。他说：

　　余聆王所言，知非虚诬，即以报上所映之宋先生小像示之，问应所示彼之照片即此人否？王言仿佛似之，唯模糊不能确认。又取一映有宋先生小像之明信片示之，则立答曰："然，然，即系此人。"余尚恐有误，即授以笔，令书应示彼之明信片背面所注之字以示余。渠执笔书"渔父"二字。于是宋先生之被刺，必为与应有涉，殆分毫无疑义。然余忧以为未足，仍使王为导，以人偕之行，嘱指示应之居址。王直赴文元坊，指应居以示偕行者，其门外所榜，恰如王所言于人。合之友人之所言，与六野旅馆寓客之报告，及邓文炳之见其门外榜上之有"共"字与"巡"字，皆若合符节，而应桂馨之主谋刺宋，已得铁证矣。②

　　至于抓捕应夔丞的具体经过，陆惠生记道：

---

① 《宋遯初先生遇害始末记》，《国民月刊》（上海）第 1 卷第 1 号，1913 年，第 5 页。
② 陸惠生『宋案破獲始末記』、27 頁。

唯应之住所在法界，而常勾留于英界之妓馆，此亦吾人所习知。故此事既有确实之报告，即据实以诉诸英、法二捕房。二捕房之探捕，联合以拘应。及至应宅，则应果他出。余于是偕一英探乘汽车至胡妓翡云家，使英探伺于门外，而余则伪为访友者，询应在否。妓馆中人不知余为还〔逮〕应来也，告以方饮于迎春坊之李妓桂玉处。余于是复偕英探至李家，见室中客方喧饮甚豪。揭帘窥之，应果在座。遂招英探入室，使捕应。应见英探，面色大变，英探挥之曰："去！去！"应默然随行，挟之登汽车，疾驰赴英捕房禁焉，其时武士英犹未得消息也。[①]

《民立报》对抓捕应夔丞经过亦有报道：

先是国民党特派员某君外出侦察，知应桂馨近常在妓女胡翡云家吸食鸦片，乃由总巡率领巡捕多名至其处。先去胡翡云家询问，胡谓应未到该处，现在迎春坊三弄李桂玉家吃酒，系蔡尔卿所请者。密访不得，乃复由总巡领巡捕至迎春坊，先将该四弄弄口俱派人把守，以防逃窜。国民党特派员入内，上楼问："应君夔丞在座否？"应答曰："我在。"某君曰："楼下有人与君会话。"应乃匆匆随某君下楼，至门首，即被捕。总巡曰："去！去！去！"应面色已如死灰矣。[②]

报道中所谓"国民党特派员某君"即陆惠生，但此段细节与陆惠生所记略有不同，陆惠生谓英探入室拘捕，此段则谓应夔丞下楼在门首被捕。陆为亲历之人，当以其所记为准。

---

① 陆惠生『宋案破獲始末記』、27—28 頁。
② 《宋先生在天之灵·妓寮之缉获》，《民立报》1913 年 3 月 25 日，第 10 页。

需要指出的是，《民权报》记者何海鸣在 1917 年所写《金陵纪战》中也曾提及宋案破获情形，谓："癸丑三月，宋渔父先生遭人暗杀，予介绍张秀泉及邓某于陈英士处，为其发秘。于是，袁世凯之罪恶，乃大暴于天下。案破后，张、邓以未得酬劳，有怨言。予因他事，亦不豫于心。"[①] 可知除陆惠生外，何海鸣也是从张秀泉及邓文斌处获得线索之人。从陆惠生所谓"张知此事之必与此案有涉也，因来告余"云云来看，[②] 张秀泉有可能将线索分别报告给了陆惠生和何海鸣，何海鸣又介绍张秀泉报告给了陈其美。当然，由于陆惠生是陈其美手下干员，也不能排除陆惠生是在张秀泉将线索报告陈其美后，受陈其美指派出面破案。[③] 不过需要指出的是，陆惠生在《宋案破获始末记》中只字未提何海鸣、陈其美及其他国民党要人，其中原因或许可以用李定夷《洪述祖外传》中的一段话来说明。他说：

> 破获宋案者，《民权报》主笔何氏也。时记者共襄《民权》笔政，知之甚悉。何氏虽降于军阀，不能始终民党，然于宋案确有破获之功，其手段之敏捷，比之名探，无多让焉！当时以应党

---

① 何海鸣：《金陵纪战》（1917 年），转引自朱宗震、杨光辉编《民初政争与二次革命》，第 587 页。

② 陆惠生『宋案破獲始末記』、25 頁。

③ 按何海鸣获得线索的经过，李定夷在《洪述祖外传》中是这样记述的："先是渔父既死，民党报纸刊其遗像，同声悲悼，《民权报》亦登载之。何家时有一退伍军士借居，见报端遗像，忽谓何曰：'昨日在车站被刺者，即此人耶！'何闻其语，讶而诘之，乃曰：'前此十余日，在某茶肆中，有人示余此照，谓苟能死之者，当得五千元之酬金，余不敢应，当时亦不知目的物即宋先生也。'何知有线索可寻，乃进而严询之，谓不吐实将送入捕房。军士又曰：'是日曾有人引余至北京路某家，其门牌则余已忘之矣。'何立偕之至北京路寻觅，至十九号，军士指之曰：'此地是矣。'盖即应之住宅也。"（李定夷：《洪述祖外传》，《小说新报》1919 年第 3 期，第 5 页）此段记述以小说家笔法写出，虽与王阿法、邓文斌所述基本情节略有相似之处，但细节错误甚多，不足为据。另据褚辅成所撰王金发墓志铭，王也参与了破案，墓志铭有"君同侦获凶手及间接教唆犯，询鞫得实，舆论大哗"之语（褚辅成：《王君季高墓志铭》，嘉兴市政协学习和文史资料委员会编《褚辅成文存》，中国文史出版社，2011，第 29 页）。陈去病又将其事写入以王金发为主人公的小说《莽男儿》中。见镜中观弈客（陈去病）《莽男儿》，《浙江文史资料选辑》第 30 辑，浙江人民出版社，1985，第 92—94 页。

林立，何虽破获此案，民党报纸相约坚守秘密，而何亦深居简出，旋赴浔阳谒赣督李烈钧，规划起兵事，由是益无人知何与此案之关系矣。[①]

据此，何海鸣当时没有露面，主要是担心遭到应党暗算。陆惠生《宋案破获始末记》写于1913年6月，其时宋案风潮尚未散去，文中只字不提何海鸣、陈其美等人，或许也是这个原因。

除了张秀泉、邓文斌提供的王阿法这条线索外，国民党人能够迅速锁定应夔丞，还因为陈其美、黄郛等人在时任南京电报局总办吴佩潢帮助下，通过检查电报，发现应夔丞与内务部秘书洪述祖往来密切，从而使案情获得巨大突破。吴佩潢曾于1917年6月20日在上海公共公廨第六次预审洪述祖时作为证人上堂，证明宋案证据中之各种电报，"当时由伊经手检查，确系应桂馨寄与洪述祖之密电"，并说：

> 我系本埠电报局毕业生，向在局中办事。嗣于民国元年二月间，奉交通部命令，委任南京电报局总办。迨宋案发生，由都督（即程德全——引者）委任检查电报，是以来沪。[②]

另据黄膺白（郛）夫人沈亦云回忆：

> 宋案破案的线索由于密电。吴承斋先生（佩潢）自清末即任职上海电报局，膺白在辛亥革命时，上海尚未举义前，为电报而认识他。他与英士先生为吴兴同乡，能看电码，不必翻而知其文，未出过国，而英文英语都极好。宋案得电报中寻线索，亦由

---

① 李定夷：《洪述祖外传》，《小说新报》1919年第3期，第5页。
② 《公廨第六次预审洪述祖》，《申报》1917年6月21日，第10页。

他先想着。一个帮会头脑，做过沪军都督府谍报科长，亦办过南京总统府成立时庶务的应桂馨，忽然与北京要人频通密电，事有可疑。租界巡捕房在应的家里查出密本，真相大白，人证俱获。教唆者为政府当局，是令人难以置信的事。我们虽然置身革命，对不光明的杀人始终反对。①

陈果夫在《陈英士先生与二次革命》一文中也曾讲到吴佩潢在破获宋案过程中所起的作用。他说：

> 英士先生听得外面谣言说是他刺杀宋先生的话以后，便找了吴佩潢来。吴是替英士先生做情报工作的，在上海当电报局局长。袁和上海方面往来电报，我们都能拿得到，就完全靠吴佩潢的功。宋案能在三小时（应为三天——引者）内破案，也就因为在电报中找出线索，那几个人有电报，那些人有关系，所以一索即得，否则是不易破案的。②

此段记述有两点不够确切：一是吴佩潢当时是南京电报局总办，而非上海电报局局长；二是吴佩潢当时是受江苏都督程德全委派到上海来检查电报的，到上海后方配合陈其美等破案。

正是因为有张秀泉、邓文斌提供的线索和电报局发现的证据，陈其美、陆惠生等才很快将应夔丞锁定，并证实主使之人来自北京，具体讲就是内务部秘书洪述祖。

应夔丞被抓入捕房后，"百般运动，到处造谣"。③ 其人家资颇厚，因此很快便延定罗礼士、爱理斯等律师为其辩护，并自恃"为渠

---

① 转引自沈云龙《暗杀宋教仁的要犯洪述祖》，《现代政治人物述评》（中），第126—127页。
② 徐咏平：《民国陈英士先生其美年谱》，台北：台湾商务印书馆，1980，第311—312页。
③ 《宋遯初先生遇害始末记》，《国民月刊》第1卷第1号，1913年，第8页。

运动之人甚伙，毫无畏怯之态"。① 被捕当日（3 月 24 日）下午，公共公堂特开特别公堂研讯，由捕房代表侃克律师诘问王阿法，并令应夔丞向王阿法盘诘，因王阿法前后所供情节略有不符，且见证未齐，判定将应夔丞带回捕房，王阿法则交保候质。② 3 月 25 日午后，罗礼士至总巡捕房向应夔丞探问情由，应夔丞声称："平日与宋教仁毫无嫌隙，并无唆使行刺，亦无暗杀政客思想，宋教仁为何人行刺，均属不知……至贩古董人出为证人，更属不合。余买字画果曾有之，至王阿法等平素均不往来，亦不认识。如果心存行刺，此等机密事，岂肯泄露于人，而武士英更不知为何许人也。"③ 3 月 31 日下午进行第一次预审，由公廨正会审官关炯之会同英副领事康君及公廨秘书员杨君列座会讯。捕房代表律师侃克、政府代表律师德雷斯、被告代表律师爱理斯等均到。因爱理斯要求改期研讯，应夔丞与武士英在公堂均未开口。④ 此后，如前文所述，一方面应夔丞写信向内务部次长言敦源求助，另一方面应夔丞党徒唆使武士英翻供，故 4 月 4 日第二次预审时，武士英突然改口，否认认识应夔丞，称杀宋系其一人所为。4 月 5 日进行第三次预审，主要是原被告律师相互辩驳，原被告律师与西探总目安姆斯脱郎问答，以及闭门审查从应宅所获证物。⑤ 4 月 7 日进行第四次预审，一是由被告律师沃沛询问总捕头卜罗斯搜查证据等事，二是被告律师沃沛对证物内容之辩驳，三是再传王阿法上堂，由原告律师侃克询问，王阿法明确指认应夔丞嘱其刺杀者为宋教仁。⑥ 4 月 9 日午后进行第五次预审，应夔丞接受其所聘律师爱理斯讯问，

① 《第一次预审时之情形》，徐血儿等编《宋教仁血案》，第 245 页。
② 《宋遯初先生遇害始末记》，《国民月刊》第 1 卷第 1 号，1913 年，第 6—7 页。
③ 《宋遯初先生遇害始末记》，《国民月刊》第 1 卷第 1 号，1913 年，第 8 页。
④ 《宋遯初先生遇害始末记》，《国民月刊》第 1 卷第 1 号，1913 年，第 10—11 页。
⑤ 《宋遯初先生遇害始末记》，《国民月刊》第 1 卷第 1 号，1913 年，第 14—16 页。
⑥ 《宋遯初先生遇害始末记》，《国民月刊》第 1 卷第 1 号，1913 年，第 16—18 页。

回答其身份及过往经历。① 4 月 11 日进行第六次预审，应夔丞继续接受爱理斯及康副领事等询问，称自己与宋教仁"在南京政府时见过面，仅颔首而已"，又称武士英是被人引至其家的，自己与武并不相识，在得知武杀宋后，自己设法用好话稳住武士英，正准备到南京向都督程德全报告。又否认自己曾叫王阿法杀人。公堂就所搜获电报向应询问，应"答词甚支吾"，否认"煨宋酬勋"之"宋"为宋教仁。② 此次预审涉及武士英部分，应夔丞基本上是按照 4 月 3 日写给言敦源的求救信中提前设计好的脚本回答。而在公廨外，应夔丞律师亦试图按照写给言敦源的信中所设想的办法，运动领事团出面干预，以帮助应夔丞脱罪。③ 4 月 12 日进行第七次预审，被告律师沃沛将宋案说成"国事"性质，提出"移交时决不能交与反对党之公堂，恐不能有公道之办法"；代表中国政府之德雷斯律师反驳称，被告律师所说表明"被告代表已承认，堂上已将证据证实在被告身上"；捕房代表律师侃克则谓："本律师预备暗杀案一切预审，现已预审清楚，不论有无政治关系，及被告之职任如何，然而终属暗杀。"随即，公堂正审官关炯之援笔判定："预审明确，案系发生车站，应即商明领事团，移交中国内地法庭，归案讯办。"④

尽管应夔丞始终狡辩，其律师亦想方设法为其开脱，但由于从其家中所获函电文件明确证明其策划杀宋，且又搜出五响手枪一把，其中尚存子弹两枚，与武士英在火车站放去三枚后尚存两枚这一事实吻合，所留三枚枪弹与火车站脚夫苏阿荣拾取之弹壳亦复相同，⑤ 因此，

① 《宋遯初先生遇害始末记（续）》，《国民月刊》第 1 卷第 2 号，1913 年，第 1—4 页。
② 《宋遯初先生遇害始末记（续）》，《国民月刊》第 1 卷第 2 号，1913 年，第 4—7 页。
③ 按《民主报》曾报道："应氏律师拟设专署审讯，重询外国审判官，恐中国判断不公，故提交驻上海各国领事公决，该领事等已电商驻京各该国公使应如何办理。"见《宋案大放光明·第六次预审详情·又一凶犯将提审》，《民主报》1913 年 4 月 17 日，第 7 页。
④ 《宋遯初先生遇害始末记（续）》，《国民月刊》第 1 卷第 2 号，1913 年，第 7—9 页。
⑤ 《第二次预审·侃克律师所述案证》，徐血儿等编《宋教仁血案》，第 248 页。

应夔丞为杀宋主犯确定无疑。4 月 17 日晚，捕房荷枪押送应夔丞至上海南市，解犯单上案由为："应桂馨运动王阿发谋刺宋教仁君，应桂馨主使武士英行刺宋教仁君。"[①] 步兵第六十一团团长陈其蔚在警厅协助下，将应夔丞解至江苏海运局该团营仓关押。然而，宋案被移交中方后，先是围绕是否组织特别法庭各方争执不休，接着在案件刚刚确定由上海地方审、检两厅进行审讯之时，又发生了上海地方审判厅自厅长、庭长、推事至书记官长全体被江苏高等审判厅下令撤换改组的风波。[②]

---

① 《宋案大放面光明·第七次预审详情·解犯单上之案由》，《民主报》1913 年 4 月 17 日，第 7 页。

② 按此事起因，表面上似是江苏高等审判厅与上海地方审判厅之间的"厅印"使用问题。先是高等厅于 5 月初致函上海地方审判厅，要求"凡判决书及一切对外公文，均需用厅印"，不得用"庭印"。上海地方审判厅复函，否认曾用"庭印"，要求高等厅指明"庭印见于何处，用于何时，何人送达，何人收受"。高等厅旋以下级各厅对于上级厅应用呈文，上海地方审判厅来函不合格式，将原函退还（《宣证后之宋案·还讲什么法律》，《民立报》1913 年 5 月 10 日，第 10 页）。5 月 8 日，上海地方审判厅厅长黄庆澜忽然收到以高等厅厅长杨荫杭名义所发公函，通知上海地方审判厅厅长、庭长、推事、书记官长全体撤换，并派张清樾（一说屠铨）代理厅长，新派各员当晚到沪（《宣证后之宋案·一败涂地之审判厅》，《民立报》1913 年 5 月 10 日，第 10 页）。黄庆澜当即将此情形电告司法部，上海地方检察厅厅长陈英也致电司法部，指出"以高等厅长名义任免法官，显违《约法》"，向司法部提出辞职（《宣证后之宋案·检察厅同时瓦解》，《民立报》1913 年 5 月 10 日，第 10 页）。还有一说，认为风潮之表面起因，是高等厅风闻地方厅员有冶游情事，致函告诫。黄厅长以高等厅无中生有，据理驳复，致触高等厅之忌，因而恼羞成怒，演出此风潮。而风波之真正起因，是高等厅不满地方厅于 5 月 6 日发传票"移提赵秉钧"（《宣证后之宋案·司法机关何堪蹂躏至此》，《民立报》1913 年 5 月 10 日，第 10 页）。当时，有消息透露北京政府正连日密议抵制票传赵秉钧之法，其中一法，即"釜底抽薪"，也就是"撤换承办此案人员，必令政府一鼻孔出气之人布满上海地方审检两厅，然后赵到案一讯，即洗刷净尽"（《政府对于上海票传赵秉钧之抵制策》，《大中华民国日报》1913 年 5 月 13 日，第 2 页）。巧的是，5 月 8 日正好有"北京特电"发至上海，其中写道："闻袁世凯私人张一麐，有电致苏高等法庭杨荫杭，谓宋案归地方厅审理，可乘机将上海厅改组，已派屠铨为审判厅长，其余自检察长以及录事均须次第更调，两三日内即当发表。"[《北京电报》（八日北京特电），《民立报》1913 年 5 月 9 日，第 3 页] 更巧的是，当天便发生了江苏高等审判厅通知撤换上海地方审判厅人员之事，因此，国民党人怀疑其背后很可能有总统府授意。5 月 9 日，司法部致电杨荫杭，询问"此次撤换系何原因，于宋案进行有无妨碍"，说明总统府或江苏高等审判厅采取行动并未通过司法部 [《致江苏高等审判长厅全体撤换系何原因仰速复电》（1913 年 5 月 9 日，第 649 号），《司法公报》第 10 号，1913 年 7 月 15 日，"公牍"，第 50 页]。由于引起舆论不满，司法部于 5 月 24 日发出训令，批斥杨荫杭改组全厅"诸多不合"，"独行独断，杂乱无章"，但只是加以"儆告"，并未撤销改组。见《令苏州高审厅长杨荫杭改组苏省各厅诸多不合揭示儆告文》（1913 年 5 月 24 日，第 183 号），《司法公报》第 10 号，1913 年 7 月 15 日，"公牍"，第 18—19 页。

5月30日，改组后的上海地方审判厅终于开庭公判宋案，由厅长张清樾主审。由于原告律师金泯澜、高朔提出抗告，坚持要求"出票拘赵、程、洪等"到庭后与应夔丞"并案公判"，而被告律师杨景斌也提出抗告，以张清樾系江苏高等审判厅厅长委任，而非司法部得大总统命令委任，拒不承认，因此对应夔丞的公判未能进行。① 6月11日，江苏高等审判厅以"不合法理"驳回原告抗告。② 被告律师杨景斌则被江苏高等审判厅以"捣乱法庭，违背律师法规"，决定予以惩戒。③ 直至7月初，上海地方审判厅才又确定于7月16日进行第二次公判。④

然而，由于7月12日"二次革命"爆发，公判并未如期进行，应夔丞也得以乘乱在7月25日凌晨从上海模范监狱逃走。据《申报》报道："二十四晚十二时，模范监狱禁锢要犯应桂馨等，乘南北两军酣战之时，用铁斧、巨石撞开围墙，四面撞开四洞，每洞约高二尺，阔尺余，均从洞中一拥而出，一时人声鼎沸，共逃出男女各犯约有二百人，均在附近屋檐下敲去镣铐，先由数人拥护应桂馨为首，悉数逃逸，看守兵士见彼等亡命冲出，亦不阻拦。兵士等开枪轰击，并未伤及一人。"⑤ 又有报道谓，应夔丞等"贿通狱官吴确生并某商团会员，当时应等由狱门而出，各会员各穿便服在外接应。吴狱官知事不妙，然后使人将四面围墙击成四洞，佯为各监犯由洞逸出"。事为江苏都督程德全获悉，认为应夔丞等"是否由大门而出，抑或掘洞脱逃，其中大有关系"，下令密查，以凭核办。⑥ 三周后《神州日报》刊登文字，进一步披露了应夔丞收买狱官逃走的内幕：

---

① 《审判厅开讯宋案旁听记》，《申报》1913年5月31日，第10页。
② 《公判中之宋案·高等厅之否决书》，《民立报》1913年6月18日，第11页。
③ 《公判中之宋案·坏蛋律师之倒蛋》，《民立报》1913年6月25日，第11页。
④ 《公判中之宋案·第二次公判居然定期》，《民立报》1913年7月3日，第10页。
⑤ 《城内访函》，《申报》1913年7月26日，第7页。
⑥ 《城内访函》，《申报》1913年8月13日，第7页。

上海模范监狱内所禁人犯，乘前次制造局激战时，全数脱逃，宋案要犯应桂馨及冤杀周、阮之姚荣泽等，同时远扬。惟此次应犯等脱逃，外间颇有微辞，然言人人殊，究未能得其真相。现得确实消息，应桂馨利用战时，运动监狱中最有势力者，图谋免脱，言为运动二万元，由方姓经手，过付五千元，余款尚未交付。现应犯欲图赖一万五千元未付之款，又因先付之五千元分派不匀，内讧微露，其秘为程都督、应省长所闻。拟即派探密查澈究，一面通令各属严缉应、姚各逃犯，务获究办云。①

应夔丞后来也承认，自己的确是乘"二次革命"战乱之机冒险从狱门逃走。其言道：

> 至赣乱发生，宁省独立……上海一隅，亦同时入乱党之手。□□困守囹圄，党人威胁利诱，无所不至……当攻击制造局之际，城中秩序大乱，狱官狱卒既无违抗逆党之能力，狱外又加添乱兵围守。□□一身之生死，早置度外，惟思与其死于叛匪之手，不如死中求活，乃于八月二十一号（应为七月二十四号——引者）夜，在枪林弹雨之中，冒险幸出狱门。此实天佑人助，故得重睹天日。（□□代夔丞）②

原告方面，宋教仁之妻宋方氏延请律师高朔，于 8 月 14 日呈诉上海地方检察厅，要求"迅予行使职权，通令各省，一体悬赏协缉逃犯应夔丞"。③ 上海地方检察厅随即"呈请高等检察厅，并函知英法捕房及淞沪警察厅，一体帮同严缉"，并承诺给予拿获应夔丞及报信

---

① 《应桂馨逃狱之真相》，《神州日报》1913 年 8 月 15 日，第 6 页。
② 《应夔丞为宋案密呈大总统文》，《大公报》1913 年 11 月 10 日，第 2 张第 3 页。
③ 《宋之重究》，《申报》1913 年 8 月 16 日，第 7 页。

助拿应夔丞者重赏。① 根据日人所办《顺天时报》，应夔丞于 8 月中旬逃到了日本，住在箱根，② 但不久又从日本逃回青岛藏匿起来。消息很快为江苏民政长应德闳查悉，除通令各县水陆警厅一体严密访拿外，并具呈参谋、陆军两部，请迅即转电胶督，设法查缉，务获解沪，归案讯办。③

1913 年 10 月 10 日，镇压了"二次革命"的袁世凯就任正式大总统。11 月 4 日，袁世凯以国会内的国民党议员牵连"二次革命"为由，下令取消其议员资格，并发布通缉令。国民党重要人物纷纷流亡日本，袁世凯彻底掌控了局面。一直以为杀宋是中央意思的应夔丞，认为机会来了，于是立刻在 11 月初由青岛连发两电，要求政府为武士英和自己昭雪。第一电谓："叛党削平，宋实乱首，武士英杀贼受祸，功罪难平，请速颁命令，平反冤狱。"④ 第二电谓：

> 宋为主谋内乱之人，而竟死有余荣；武士英有为民除害之功，而竟冤沉海底……彼孙、黄、岑、李、陈、柏、何、钮之徒，要不过实行宋策，而种种戏出实由宋所编制。设当时无武之一击，恐今日之域中，未必能成具体之民国矣……兹夔丞栖身穷岛，骨肉分离，旧部星散，自念因奔走革命而已破其产，复因维持共和而几丧其身。伏求迅颁明令，公道平反，宣布宋教仁之主谋内乱及卖国罪案，使有罪者不得幸免，有功者不致沉冤，庶几是是非非，天下共晓。⑤

应夔丞还给袁世凯上了一封密呈，诉求与通电相同，惟否认其雇

---

① 《城内访函》，《申报》1913 年 8 月 17 日，第 7 页。
② 《应夔丞抵日》《应夔丞现住箱根》，《顺天时报》1913 年 8 月 15 日，第 2 页。
③ 《应犯避匿青岛》，《顺天时报》1913 年 8 月 26 日，第 8 页。
④ 沈云龙：《暗杀宋教仁案的要犯洪述祖》，《现代政治人物述评》（中），第 129 页。
⑤ 《应夔丞承认刺宋之电报》，《大公报》1913 年 11 月 17 日，第 6 页。

用武士英杀害宋教仁，声称宋教仁主张政党内阁，"直欲把持国事"，"冀为总理"，又"运动议员，煽惑军队，勾结外人，私举国债，广刊报纸，到处演说，欲破坏共和，颠危大局，不惜以国家为孤注，博私人之权力，此诚民国罪人，实为人民公敌"。自己与宋"本无私仇夙怨"，但"目击宋与孙、黄等种种布置，指日破我国家，不得已图购求宋、黄等在日本之丑历史，刊印传布，藉毁损其名誉，以杜一般社会之盲从，稍阻危机于一发，此反对宋教仁等之实在情形也"，并称"反对者政策，非反对其生命"。至于"武士英之暗杀宋教仁，乃纯然发生于政见，系个人之单独行为"。① 袁世凯于 11 月 6 日将应夔丞密呈交国务院讨论，11 月 7 日经国务院会议，11 月 8 日国务总理熊希龄又"将原呈及院议节略并交司法部详议"。② 最终，袁世凯政府似乎并未对应夔丞的胡言乱语做出回应。于是，应夔丞坐不住了，决定亲自到北京请功邀赏。11 月 19 日，《申报》刊登"北京电"，谓"应桂馨业已抵京"。③ 其抵京后情形，据云"初则伏匿于东城某显者家"，"最后乃居于李铁拐斜街同和旅馆"，"有时则匿大外郎营某宅"。其父与妻亦到京，居于骡马市大街长发栈。应"每夕徜徉于八大胡同，骏马高车，其行如驶，且有护卫多人蜂拥而行"。④ 其时已是"二次革命"国民党人惨败之后，想必应夔丞以为自己已经安全无虞。1914 年 1 月 17 日，应夔丞于某处嫖妓并大吸鸦片，又于夜半召妓唱曲，查街军警不知其为应夔丞，将要拘拿，应夔丞气焰熏天，原形毕露，曰："我乃民国首功，又杀宋教仁之功首，现在政府将予我上将，并酬勋二位及国库证券百万，今我逸兴遄发，乐此以消永夕，干汝何

---

① 《应夔丞为宋案密呈大总统文》，《大公报》1913 年 11 月 10 日，第 2 张第 2—3 页。
② 《应夔丞密呈已交院议》，《大公报》1913 年 11 月 9 日，第 2 张第 2 页；《应夔丞原呈已交司法部》，《大公报》1913 年 11 月 11 日，第 2 张第 2 页。
③ 《译电·北京电》，《申报》1913 年 11 月 19 日，第 2 页。
④ 旅津记者：《应夔丞被杀详记》，《神州日报》1914 年 1 月 29 日，第 3 页。

事？"① 两天后，即 1 月 19 日下午，应夔丞忽于津京快车上被刺身亡。当时情形，报纸曾有详细报道：

一月十九日下午，应夔丞乘四点三十分之快车，由京赴津，同行者有执法处高等侦探李桂芳、王芝圃二人，据称系保护应夔丞赴津也。车经落垡时，车上忽喧传头等客车上有人被刺毙命，旅客闻之，人皆惊愕，犹欲一睹厥状，争先恐后，群向头等车去。此案发生后，最先声喊报信者，即系与应同行之王、李两人。行车稽查员闻报，径往探视，当即盘诘王、李二人，据云不知实情。又云车行半途，二人因事暂离头等车，而往他处，少焉方回，则见应已被刺绝命矣云云。顷刻之间，应某被刺之音耗已传遍各车，旅客一时慌乱无措，殊有谈虎色变之态。须臾，车抵天津总站，站上已有侦探及警吏多名守候，盖已得电报矣。车方停止，有多数旅客下车，争相告语，斯时站上人众咸欲往头等客车一视，虽由路局加派巡警弹压，而惊惶之状已极，车站秩序几为之紊乱。站警皆用刺刀向众示威，始稍为安静。车中某客述当时情形云：车距津站不远之时，突有一华人由头等车出来，口吹警笛，并大喊有人被刺，当时餐车内有六七外国人，正在用膳，闻信急起往应车内，见死者横卧榻上，身穿灰白色长褂，足着西式皮鞋，而长褂上已染有血渍，其色鲜红。凶手所用之刃，形似外国猎刀，刀口长六寸，其锋甚锐。车室内血渍狼藉，杂物散乱，足征应未死之前，必与凶手有极猛烈之格斗也。另有白磁茶壶一具，拖掷地板上，已成碎粉。又有皮包一个，其皮面上有一裂口，似系用猛力以划破者。最堪惊异者，室中猛力争扎，而室外竟无一人觉察也。当稽查员探视时，偕一西人按死者之脉，则

①　旅津记者：《应夔丞被杀详记（续）》，《神州日报》1914 年 1 月 30 日，第 3 页。

其手已冰冷，盖应死已久矣。闻同行之王、李二人到津站后，旋即送交审判厅看管，而应之尸体亦已拍照存影，以作参考云。①

关于应夔丞入京及被杀之报道中，最令时人感觉不可思议者有二："应为宋案有重要关系之人，又为越狱重犯，何遽贸然入京，且滞留京中多日，出入招摇，毫无避忌。都中军警林立，侦探密布，应果具有何种幻术，竟能逃出眼线，始终未经发觉。此一奇也。""执法处非他，乃北京执行军法之惟一机关，既发觉与杀案有重大关系之人，且为越狱重犯，不即捕杀，而反派人保护，其奇离殆有不可思议者……此又一奇也。"②其实，此二奇不难解释，盖应夔丞在1912年夏便结识京师警察厅勤务督察长钱锡霖，当年12月至1913年1月应夔丞在京期间，又与钱锡霖有密切交往。③更重要者，宋案证据宣布后，应夔丞曾写信给当时在京的袁世凯心腹、河南护军使雷震春，并派律师爱理斯到京面见钱锡霖求援。应为脱罪并讨好政府，于信中诬陷陈其美指使其杀宋，然后嫁祸政府。雷、钱建议应夔丞党徒以共进会名义继续"曝陈其美之不法"，雷并将相关情形向袁世凯进行了汇报。④应夔丞原本就一直以为杀宋乃中央的意思，自己是功臣而非罪犯，因此他敢到京城来，并且有恃无恐。然而，此一时彼一时，雷、钱当初帮助应夔丞，是因为可以利用他来攻击陈其美，从而转移舆论攻击政府的视线，而此刻国民党人已被打败，袁世凯当选为正式大总统，应夔丞已完全没有利用价值，反而因为他口无遮拦，不知敛迹，有可能给袁世凯带来麻烦。因此，跟在他身边的王、李两位军政执法处侦探，与其说是为了"保护"应夔丞，不如说是要伺机

---

① 《应夔丞被刺志详》，《申报》1914年1月29日，第6页。
② 桐生通信：《应夔丞被杀案之别报》，《神州日报》1914年2月1日，第3页。
③ 《钱锡霖致应夔丞信》（1913年1月），见《宋案证据之披露》，《民立报临时增刊》1913年4月27日，第4页。
④ 参阅本书附录Ⅰ"陈其美主谋杀宋谬说之流传"。

"执法"，只是自认为功臣的应夔丞不觉而已（王、李二人倘若真是为了保护或监视应夔丞，则他二人中至少应当有一人寸步不离应夔丞才对，但他二人竟然同时离开应夔丞，显然是为了给同谋创造刺杀机会，而又制造刺杀与军政执法处无关的假象，也有可能杀人者就是该二人）。故时人云"杀应夔丞者，即应夔丞也"，[①] 可谓自投罗网，自食其果。

应夔丞被刺后，北洋《德华日报》曾发表题为《政治关系之暗杀案》的社论，对应夔丞竟然敢到北京来表示惊讶，并谓"政府方面之意思，则似谓暗杀系由党人发动，陈某或当假手于其间"。[②] 德文报社致天津电亦谓："政府现确信，应夔丞之死系由党人方面之发动，以陈为尤可疑。"[③] 而一般津人之言论，也认为"杀应者必陈其美之徒"。[④] 由于当时报纸曾报道陈其美在哈尔滨逗留，并以红胡子自护潜入内地，故有怀疑应夔丞为陈其美所刺的议论，实则这仍旧是将陈其美视为刺宋主谋推论出来的结果。事实上，应夔丞被刺之日，陈其美尚在日本，应夔丞被刺约一星期后，陈其美方进入东北从事革命活动。[⑤] 何况陈其美并非刺宋主谋，何以要刺应？若要刺应，何以不在撤离上海前在狱中动手，而要等其越狱半年之后？

对于应夔丞被刺，曾在总统府政事堂机要局任职的叶迦得到的消息是，"袁盖饬警以电刀杀之"。[⑥] 又，陈灏一《睇向斋秘录》中有"应桂馨死事之别闻"一篇，很值得注意。其文曰：

---

① 旅津记者：《应夔丞被杀详记（续）》，《神州日报》1914 年 1 月 30 日，第 3 页。

② 《应夔丞被刺续闻·外报之言论》，《申报》1914 年 1 月 30 日，第 6 页。

③ 《应夔丞被刺续闻·政府之注意》，《申报》1914 年 1 月 30 日，第 6 页。

④ 旅津记者：《应夔丞被杀详记（续）》，《神州日报》1914 年 1 月 30 日，第 3 页。

⑤ 陈其美：《告在大连情形致周淡游等函》（1914 年 1 月 27 日），中国国民党中央委员会党史委员会编《陈英士先生文集》，台北：中央文物供应社，1977，第 29—30 页。

⑥ 叶迦：《辨音室闲话·宋案一》，《大公晚报》1944 年 9 月 2 日，第 2 页。

应桂馨之死，项城杀之也；项城曷为而杀之？应桂馨自取之也。宋教仁之被刺，应以共犯，证据确凿，逮入囹圄。旋乘大局鼎沸之际，越狱潜遁，入都谒项城，自陈刺宋有大功，要求给还垫款十数万金，更要求外省重要之位置。项城佯笑曰："予拟借重，固已非一日。金钱尤小事，君欲几何，无不与耳，望稍安毋燥。惟君此际乃民党欲得而甘心者，言行举止，难免无人暗中侦察。予决选派武士二人，令其随时随地出入相随，以资保护，如何?"应称谢。所谓武士者，即陆建章部下之军事侦探，日日以捕拿乱党为事，而诬良为匪者也。项城既密令陆遴选二人，复属令授以计，使乘间置彼于死地。又密电致直隶都督赵秉钧，谓应胆大妄言，目无元首，斯人不除，后患未已。希君托词有事面商，电令克日至津。予一面自有对付之法。赵遵即电京。应得电大喜过望，遂偕所谓二武士，乘京奉特别快车如津。中途，二人入头等车室，以所携短刀，向应遍身乱刺。顷刻气绝。二人故作惊慌失色状，鸣警笛，令停车搜捕凶手。时车已抵黄村铁路车站，亟以电话报告天津总站，总长据以报军警各机关。殆车抵津站，宪兵警士蜂拥上车，群责二武士保护不力，致发生惨剧。二武士无辞以对，遂拘交军事执法处听候审讯。赵以长电致项城，陈报应死状，颇有惋惜之辞。项城复电令严缉凶犯，务获惩办，皆掩耳盗铃。未旬日，二武士即私行释放，易名邀上赏，即今某某二武官是也。①

以上记述，细节未必全都准确，但总的情节大致不差。负责"保护"应夔丞的李桂芳、王芝圃，即使不是亲自动手杀应者，也应当是

① 陈灨一：《睇向斋秘录》，章伯锋、顾亚主编《近代稗海》第13辑，四川人民出版社，1988，第577页。

配合者。① 应夔丞之所以要到北京来，是因为他始终以为杀宋乃中央的意思，故敢来京请功并平反"冤狱"，"向当道要求勋位之颁给，并索巨款"。② 对袁世凯而言，虽然并未主使杀宋，却因收抚共进会、解散欢迎国会团、操弄宪法起草等事与应夔丞打过交道，又曾为打击国民党而与应、洪、赵合谋构陷"孙黄宋"，故而表面上不得不与之周旋。然又恐应在外招摇，暴露其与中央的关系，致使外间仍然怀疑杀宋为中央主使，故必杀之以绝后患。此为情理中事。加之宋案风潮已过，袁世凯已经完全掌控局势，包括对舆论的控制，杀一应夔丞已经无须顾忌什么。事实也证明，应夔丞之死犹如微风吹过，并没有引起多大波澜。至于应被刺后，时任直隶都督赵秉钧应天津警察厅"严密查缉凶犯"之呈请，"通电各省一体查拿"，③ 不过做做样子罢了。

袁克文在《辛丙秘苑》中对应夔丞之死也有一段记载，承认应夔丞为其父所杀。他说：

> 及事平（指宋案风潮平息——引者），应倩洪（指洪述祖——引者）介，说欲效忠于北，先公佯许之，赦其罪。及应至都入觐，先公俟其退，语雷震春曰："应某狼视，不可留也。且

① 按应夔丞被杀细节，桐生《应夔丞被杀案之别报》分析最为精到，其言曰："夫杀人以刀，较手枪为难而且缓，既与凶手有极猛烈之格斗，则应非睡梦被杀可知。且应之为人非寻常无手脚者比，其随行必有防身利器，果止凶手一人持刀与应格斗而即足以杀应乎？然则凶手果为一人，抑为两人乎？今就经过时间计之，李、王离头等车为一时，凶手入室行凶为一时，与应格斗为一时，杀应毙命为一时，至手足冰冷又为一时。而李、王皆不回，直至凶手事毕，从容逃逸，且待至死者手足冰冷，而始喊报，此又一奇也。天津警厅知李、王为此案有重要关系之人，事出后即将两人拘留，乃二十二日京中某报又载北京执法处侦探郝占元到津，将李、王索回归去审办。事果属实，则此案之结局，外间又难得其真相矣。"（桐生通信：《应夔丞被杀案之别报》，《神州日报》1914年2月1日，第3页）另据《大公报》报道，王、李二人于1月21日早即由北京执法处派差4名，由天津警察厅提出，"解往北京讯究"（《应夔丞被刺续闻》，《大公报》1914年1月22日，第7页）。但自此以后，关于此案再无消息。

② 老哀自京寄稿：《应夔丞之暗杀案》，《神州日报》1914年2月2日，第1页。

③ 《通缉刺死应夔丞之凶手》，《神州日报》1914年2月3日，第6页。

遁初死于其手，尤不可不诛之。"雷曰："应某遵令设诚，诛之不信，且有以阻后来者。如必杀之，以暗刺为宜。"又越数日，先公闻应居旅馆，过事招摇，乃令雷速办。雷一方属人告应曰"元首以君居京易触人耳目，可赴津暂避"；一方遣人伺其行，随之，刺杀于车中。①

然而，此段记述至少有两处错误。①依袁克文记述，应夔丞是在刺宋风潮平息后，方通过洪述祖介绍，欲效忠北方，实则早在 1912 年秋冬因中央欲解散共进会，洪述祖便与应夔丞建立联系，由袁世凯对其下了特赦令，并由洪述祖引见给袁世凯、赵秉钧，不仅领到了 5 万元遣散费及每月 2000 元的江苏驻沪巡查长津贴，还从赵秉钧那里得到了密码电本。②应夔丞被刺于 1914 年 1 月 19 日，其时陆建章任京畿军政执法处处长，而雷震春是年 4 月 10 日方被任命为京畿军政执法处处长，4 月 26 日到任视事，② 已经在应死近三个月之后，何能再有杀应之事。可见，袁克文虽为袁世凯之子，但政界许多内幕他也并不十分清楚。

四　赵秉钧直隶都督任上病死情形

随着"二次革命"爆发，赵秉钧赴沪出庭对质之事不了了之。1913 年 7 月 16 日，袁世凯准免赵秉钧国务总理、内务总长本官。③ 次日，袁世凯令交通总长朱启钤暂代国务总理，同时任命赵秉钧为步军

---

① 袁克文：《刺宋案真相》，《辛丙秘苑》，第 3 页。

② 《京师警察厅总务处公函》（公字第 80 号，1914 年 4 月 30 日），北京市档案馆藏，北平市警察局全宗，J181-018-01724。

③ 《临时大总统令》（1913 年 7 月 16 日），《政府公报》第 430 号，1913 年 7 月 17 日，第 311 页。

统领兼管理京师巡警事务。[1] 10 月 10 日，袁世凯又特授赵秉钧勋一位。[2] 12 月 16 日，袁世凯任命赵秉钧署理直隶都督，18 日又令加上将衔。[3] 1914 年 1 月 3 日，赵秉钧从前任直隶都督冯国璋手中接过印信文件，正式任事。[4] 然而，仅仅过了不到两个月，赵秉钧即死去，时为 1914 年 2 月 27 日。《大公报》曾详载其死前发病及治疗情形：

> 直隶都督赵秉钧，数日以来，心患怔忡，时对左右云："我心甚觉空软，速为我物色名医。"遂延请中西医生诊治，而病亦忽发忽止。二十六日下午犹传见各司长于都督府中，会议要政，指示机宜。晚间回河北仁寿里私宅，服药一剂。晚餐后，仍伏案作书，并阅视紧要文件。其夫人劝之云："新病未痊，不可过于劳累，总以保重身体为要。"赵曰："我现在精神尚能支持，勿庸过虑。"半夜时又服药一剂。二十七早五钟起入厕，忽觉头晕眼昏，赶即伏于公子肩头，一阵心酸，涕泪交流。家人当急为之延医，津中名医如屈永秋、徐德顺辈咸与焉。奈用尽方法，医药无效，赵亦气息渐微，雁于危笃。复由屈、徐二医士以电话请王延年医士，携全份医俱［具］往诊。王至则已近九钟时，脉停气绝

---

① 《临时大总统令》（1913 年 7 月 17 日），《政府公报》第 431 号，1913 年 7 月 17 日，第 341 页。按《盛京时报》评论此项任命之用意云："赵秉钧为宋案之重要嫌疑犯，经沪厅迭次票传，抗不到案。现见舆论攻击益甚，弹劾案又将提出，袁总统不得已免其本官。又恐赵免职后沪厅票传益急，终须赴沪一行，因任命为步军统领兼办巡警事宜，一可示赵与宋案毫无关系，一可借此抗传。惟闻国会议员以步军统领衙门非法定机关，共和国家更无存在之必要，且赵既为宋案重要嫌疑犯，自应免官之后赴沪备质。闻日内拟提出此项质问书云。"见《赵秉钧为步军统领之由来》，《盛京时报》1913 年 7 月 24 日，第 3 页。
② 《大总统令》（1913 年 10 月 10 日），《政府公报》第 515 号，1913 年 10 月 10 日，第240 页。
③ 《大总统令》（1913 年 12 月 16 日），《政府公报》第 583 号，1913 年 12 月 17 日，第19—20 页；《大总统令》（1913 年 12 月 18 日），《政府公报》第 585 号，1913 年 12 月 19 日，第 69 页。
④ 《直隶都督赵秉钧呈大总统报明接收任事日期文并批》（1914 年 1 月 14 日），《政府公报》第 612 号，1914 年 1 月 20 日，第 428 页。

矣。嗣因赵家属之请，为之射激心药针一次，待半小时不见动机，遂又射一针，脉管稍有活动，然不过药力激刺所至，不一时旋即停止。医等见无法拯治，遂各辞去。旋有参谋长陆绣山、警察长杨敬林等相继驰至，商议后事，而赵都督竟溘然长逝矣。[1]

赵秉钧的幕僚也曾详细描述其近年身体状况、死前一天处理公务情形以及发病和延医治疗情形，可与前引报道互相印证：

赵身体素弱，近十年以来，常患失眠之症，每夜能睡二、三小时，即为无病之证，否则全夜不睡。近十余日每夜不过睡片刻，心中常觉烦燥，面色时红时退，然照常办公，并不措意。上月二十六日午后会议到期应还之某外债案，讨论至再，事颇棘手。此时赵用脑力甚猛，发言极多，绝无倦容，所议之件，不能解决，散会后面红如朱，中心烧热，进犀角汤一杯，略见清爽。时已傍晚七时，欲赴某西人之宴，左右劝阻，赵督对幕宾云：该西人与我多年好友，且此君在国际外交上颇有势力，不可失约。勉强赴宴，宴毕回署，时已九钟矣。披阅公牍约四、五件，适及会议之外债到期公文，阅毕异常烦恼，掷文于案，且阅他件；又及某军饷急迫文，赵现忧郁之状，继则怒甚，掷文于地，直连呼心中难受。又服犀角汤少许，左右请传医士，赵督云时已不早，可以不必，病状与往时无异，大约不要紧，命驾归私宅。继又云，不能坐车，可备肩舆。登舆时，神气较清，回至私宅，已不能坐。左右云，都督从前发病，用大烟数口即见痊可，力劝吸食。赵督似首肯，进烟数口，腹中作响，病似较瘥。次早五时，腹泻一次，嗣欲小便，便毕向后倒卧，已不能言。左右扶掖上

---

[1]　《赵都督出缺》，《大公报》1914年2月28日，第7页。

床，尚能左右顾盼，泪流如雨。其时群医已至，咸云不能治，注射药水，亦不奏效。虽尚未气绝，然已仅属一丝矣。至十时，喉中微有痰声，旋即气绝。①

参谋长陆锦等在赵秉钧病逝当日打电报至北京，向袁世凯简要报告前后情形，并请迅速简员填补直隶都督空缺。电云：

> 万急。北京大总统、国务院钧鉴：都督兼民政长赵秉钧，两三日来怔忡旧症骤发，惟旋发旋愈。昨日午后，传集四司，在督署会议，指示各项要政，精神尚能支持。晚间回私宅后，病势复发，至今晨五钟，加患腹泻、头晕诸症，厥逆扑地。赶由家属延医诊治，乃病势逐渐沉重，服药无效。旋于午刻出缺。除两署信印业已公同妥慎封存，地方各事会同严密镇压，并赵都督身后各事妥为照料外，谨合词电陈，敬祈迅赐简员来直，以资镇压。陆锦、周绍昌、高凌霨、梁建章、刘锡钧、杨以德。沁。叩。②

袁世凯接报，即令朱家宝出任民政长兼都督。其中经过，朱启钤后来有如下记述：

> 赵智庵之死，实在民国三年四五月间（应为二月间——引者），彼时我正在知事试验场中；考场假象坊桥众议院为之，全按锁院制度行事，委员长与同考官都居闱中，不得外出。一日傍晚，忽奉总统电召，称赵秉钧急病身故，命朱某赴津视察情形，同时接任都督之职。我即赴公府晋谒，见项城形色哀痛，言语仓

---

① 《赵督死后之面面观·幕僚之谈话》，《申报》1914年3月7日，第6页。
② 《赵督死后之面面观·报病之原电》，《申报》1914年3月7日，第6页。

皇。我因面陈试事方始，不能离场，可否改命朱家宝前去？时家宝为同考官，在锁闱中。经项城同意，电家宝进府，面授机宜。下令朱家宝任直隶民政长，派专车送去，我亲至车站送行，时已夜半矣。家宝去，我仍回院主试事，俟为正场三日以后，我方赴津会殓（俗名接三）。其在赵宅治丧者，为朱家宝、张怀芝、凌福彭、杨以德等，皆天津官场人物也。[①]

赵秉钧去世数日后，曾奉命与洋医贝熙业一同为赵秉钧治病的总统府医官屈永秋，出具医学检验报告，向袁世凯报告了赵秉钧致命之由，认为赵系死于"心脏神经痛症或血牷［栓］所致"的"心经衰弱"。报告云：

> 为呈报事。窃永秋前奉电谕，以直隶都督赵秉钧现在患病，饬即前往诊视等因，当即偕同洋医官贝熙业前往诊视，并将病情随时电陈在案。兹将详细情形开呈钧鉴。前直隶都督赵秉钧于三年二月二十三日起病，至二十七日早病故，当经永秋偕同洋医官贝熙业前往诊视一切。查病者所得系周身动脉硬变（心经尤甚）、心脏内膜炎及心脏神经痛等症。此等病症由以下所列各病状证明之：（一）因其太阳动脉、挠［桡］骨动脉及经骨动脉白膜硬变；（二）脉弱无伦次；（三）无心尖搏动之声；（四）有缩期僧帽瓣杂音；（五）心经舒缩声音无力；（六）心经左房稍为涨大；（七）时觉有心脏神经痛之病；（八）肝经涨大。病者最难堪处，惟胸部作痛，发觉无常，或日或夜，或胃空，或胃饱，或寝睡时，致令病者不安眠。以上各病状两星期以前业经发现，当痛时不呕吐，惟觉头晕，胸部、头部紧缩，难于呼吸，恒不安寝，熟

---

① 《书赵智庵》，《章士钊全集》（八），第272—273页。

睡极难，稍睡复醒。病症发现后，气体之衰弱为向来所未有，察其肺经无恙，惟胃经稍为涨大，舌苔极厚。细诊心经，觉其缩期僧帽瓣杂音沈弱不变，在心尖搏动部位，其声尤为清晰，且达至腋部。按以上各症状，推其致命之原，系心经衰弱，由于心脏神经痛症或血牷［栓］所致也。①

这份出自曾亲为赵秉钧诊疗的医学专家的报告非常详细，应当说是很可靠的，赵秉钧确系病故，并无疑问。

然而，在过去近一年中，宋案一直受到舆论密集关注，案中关键人物之一应夔丞刚刚在一个多月前被人刺死在由北京前往天津的火车上，现在另一关键人物赵秉钧忽然又死亡，遂致外间对其死因言人人殊，疑团不释，乃至"京中盛传毒杀之谣"，外电甚至说"赵之厨人已受种毒之嫌疑而被拘"。②《顺天时报》则称内务部曾给京内外各公署发出秘密通告，内称"有乱党能于鲜果食物内注射毒药，人食之不动声色，在二十四点钟内致于死命，亟应慎防"。又说有乱党欲乘机潜入京津，希图暗杀，扰乱大局，京津一带已临时戒严。③

舆论之所以怀疑赵系被人毒杀，其实主要是将矛头指向袁世凯，认为赵曾与袁同谋杀宋，故袁毒杀赵以灭口。百余年来，人多持此说。袁克文在《辛丙秘苑》"赵智庵猝死"条中，也暗示赵秉钧系被毒杀，只不过他把毒杀赵的人说成天津警察厅厅长杨以德，意图为其父辩护。其言道：

　　天津兵变，警卒多比匪行掠。警厅长杨以德……有纵下贿上

———————————

① 《屈医官报告赵督致死原因》，《申报》1914年3月9日，第3页。
② 冷：《暗杀与毒药》，《申报》1914年3月1日，第2页；无名：《杂评一·西电之言》，《申报》1914年3月6日，第3页。
③ 《内务部之密告》《京津间之临时戒严》，《顺天时报》1914年3月2日，第3页。

之事，枢府闻之，欲罪而未发。赵秉钧督直，属其密案。赵亦深恶杨，比至，杨入谒，赵初严诘，杨犹自辩，赵益怒，作村妇之骂，且以足蹴之，杨渐惧而退。赵已拟穷究，越数日，赵访客归，猝病，不能言，未竟日，卒。初，先公闻赵病，遣予临视。予至，赵已绝矣。先公电来，令余详察死状。予就赵尸，见其目合口张，面肤青灰；握其右手，指尚微柔，开而不敛，指甲青紫；唇黑紫，似有涎流出已经拭涤者；臂肉坚，亦青色。赵一妻，无子。询其侍者，谓赵在外未进食，但饮茶一杯耳，饮茶后即归，归亦未食，而病即作矣。时赵之至友蔡乃煌辈咸在侧，虽有疑其死之突，而未闻有执言者。枢府专使旋莅津，亦无议焉。予返京，以详陈，先公叹息久之。赵为先公所最赏，论为上材，畀以直督，适当倚任。外间不察，或谓为先公所杀，殊诬之甚者也。①

这段记载中的"天津兵变"，是指 1912 年 2 月底至 3 月初第三镇统制曹锟部下部分士兵所发动的兵变，初在北京城内，后蔓延至天津、保定等地。袁克文本来是要记述赵秉钧死前情形，却先讲了一个天津警察厅厅长杨以德在上年"天津兵变"中纵警行掠，"纵下贿上"，以及直隶都督赵秉钧一年后欲追究杨以德责任而与之发生口角，乃至"以足蹴之"的故事，其用意显然是暗示赵秉钧之死，杨以德脱不了干系，而与其父袁世凯无关。在《辛丙秘苑》另外一处，袁克文干脆说"赵为仇家杨某所毒"。② 在如此用心下，袁克文接下来所描述的赵秉钧疑似中毒身亡的症状，已很难令人相信，甚至赵秉钧与杨以德发生冲突的故事，也不能排除为袁克文所虚构，因赵秉钧自武昌

---

① 袁克文：《赵智庵猝死》，《辛丙秘苑》，第 5—6 页。
② 袁克文：《刺宋案真相》，《辛丙秘苑》，第 3 页。

起义后不久便任民政部首领，接着又在南北统一后任内务总长，旋兼国务总理，全国各地警察与地方治安一直由其主管，何以他不在兵变当时便追究杨以德的责任，而要在卸任国务总理兼内务总长之后才追究？事实上，赵秉钧并不能算猝死，由于其常年吸食鸦片，加之公务劳心费神，身体状况早已不佳，前引其幕僚所说就是明证。还在1912年夏，报纸就有"秉钧既有烟癖，又患毒症，不能耐劳，所有部中一切日行公事，皆送私宅，由前清因贪革职员外郎丁惟忠一手批办"之说。① 刺宋案发生以来，赵又绞尽脑汁，疲于应对，健康状况愈加糟糕，曾入法国病院接受治疗。此次病发后，赵曾电袁，告以"旧恙复作，请假调理"。② 屈永秋的医检报告也表明，其最后一次生病已有一段时间。因此，赵秉钧死亡并不十分出人意料。

朱启钤是赵秉钧内阁交通总长，在赵秉钧死去多年后，章士钊写信询问他是否知道赵秉钧之死内情，朱复函写道：

> 我闻津门传言，是智庵厨人被买通而下毒，其暴死于本宅厕中，时已午夜。先是洪述祖构成宋案，以勋位许应夔丞，夔丞索酬不遂，咆哮难制，述祖因扼杀之于京奉火车包房以灭口。时南北报纸，纷纷攻诘，都指为智庵主谋。项城与人谈到此事，兼有利用形势，推刃智庵之暗示。而智庵不甘为代罪羊，时出怨言。实亦述祖虽为智庵所养鹰犬，而宋案一切指示，悉出项城，智庵枉尸其名而已。智庵之出为直隶都督也，袁、赵显有违言，方被左迁。加以述祖深结项城以倾主，尤使智庵愤激。北洋为第一强藩，智庵入津，于自为辩护处，更觉放言无忌。先之以袁、赵之互怨，继之以赵、洪之内讧，于是项城认智庵为叛己抗命。述祖

---

① 《中央新闻贾祸之文字·看看赵秉钧之大事记》，《神州日报》1912年6月9日，第1页。

② 《专电·廿八日戊刻北京专电》，《时报》1914年3月1日，第2页。

亦心怀恐惧，先下手为强，而智庵不免于死矣。或谓买通厨人，即述祖所为，是或可信。①

就赵秉钧与刺宋毫无关系而言，朱启钤云"智庵枉尸其名而已"是符合事实的，但说"宋案一切指示，悉出项城"，则与事实有违，因袁氏只与构陷"孙黄宋"等部分案情有联，并未指示赵与洪、应杀宋。至于洪述祖，虽然是赵之秘书，但与赵关系并不融洽，其人甚至如朱所云，有"结项城以倾主"的不义行为，因此并非赵"所养鹰犬"。朱启钤又说，袁试图将应夔丞之死嫁祸于赵，洪亦因赵"不甘为代罪羊，时出怨言"而心怀恐惧，故买通厨人将赵毒死。这些均与事实不甚相符。其一，朱启钤所谓赵秉钧死于厨人下毒，是"闻津门传言"，并非他掌握内幕，以下关于赵秉钧之死的分析都是以这一并不可靠的传言为前提。其二，洪述祖以"勋位"许应夔丞，而能够授予勋位的只有大总统，应夔丞索酬必然会使外间认为袁为刺宋幕后主使，从而使袁难以说清，故只有袁才有杀应动机，而非洪或赵。其三，赵秉钧死前，洪述祖为宋案重大嫌犯早已是尽人皆知的事实，并且洪已经逃匿至青岛德国租界。因为赵秉钧"放言无忌"就"心怀恐惧"而"先下手为强"，根本就无此必要。其四，赵秉钧死时，宋案风潮已经过去，袁在宋案风潮最盛之时曾极力为赵秉钧辩护，此时却要嫁祸于赵，既自相矛盾，又无此必要。其五，赵秉钧出任直隶都督，朱启钤解释为"袁、赵显有违言，方被左迁"，与事实亦不尽相符。实际上，刺宋案发生后，赵秉钧为自证清白，曾很多次提出辞去国务总理及内务总长之职，直到"二次革命"爆发，袁世凯才同意，但转而又任命赵担任直隶都督这一重要职务。

---

① 《书赵智庵》，《章士钊全集》（八），第271—272页。

实际上，赵秉钧被毒杀的谣言，当时就已有澄清。关于西电所云赵秉钧厨师被捕，杨以德曾向路透社记者明确"否认被拘之谣，且谓赵秉钧实死于积痼，其仆无一被疑就逮者"。① 日人所办《顺天时报》也就失实报道刊登"更正"，称："直督赵智庵前以警察能员位极总理，今者忽尔捐馆，民国舞台上遽失一台柱子，京津人心之恐慌，乃势所必至。本报即随所闻，登录'京津间之临时戒严'一节，原冀各界得悉政府保安有道，人民不致虚惊。今据宪兵营称，赵督逝世，实系病故，内中无他项情节，政府亦自不必临时戒严。特此取消前闻，以免讹误。"② 《神州日报》则发表通信，说明赵秉钧遭毒杀谣传之由来：

> 当赵督出缺时，津地颇有谣言，又有京津各西字报纷传天津匿有乱党，在津制有一种吗啡及绿气混和之（药），取以搀糅蔬果及各种食物，色味不变。凡中毒者，于二十四点钟内，必至毙命，无可解救云云。又有人谓，此种危险药品，并非近时发明，当前清时汪精卫谋暗杀摄政王，即已与俄之虚无党人协同化验，制成此药，以为实行暗杀之用。此种风谣固未足信，惟是时赵适病故，好事者展转附会，遂有中毒之说。③

时在中国银行任职的卞白眉于赵秉钧死去次日在日记中写道："京津等处闻有党人备置毒物，预备药杀重要人物，想系无稽之谈也。"④ 可见当时确有谣言流传，因此才有人怀疑赵是被毒死的。

更为重要者，由于袁世凯事实上并未主谋杀宋，赵秉钧更对洪、

① 《特约路透电·天津电》，《申报》1914年3月29日，第2页。
② 《更正》，《顺天时报》1914年3月5日，第9页。
③ 晴岚通信：《赵秉钧遗事》，《神州日报》1914年3月6日，第3—4页。
④ 中国人民政治协商会议天津市委员会文史资料委员会、中国银行股份有限公司天津市分行合编《卞白眉日记》（一），天津古籍出版社，2008，第12页。

应杀宋毫不知情，袁世凯毒杀赵秉钧之说根本无从谈起。袁不但毫无理由毒杀赵秉钧，反而对赵心存愧疚与感激，一方面因辛亥鼎革前后，赵对袁帮助极大；① 另一方面因宋教仁被刺后，赵受攻击最甚，但他最终还是听从袁世凯之言，未辞职赴沪接受法庭质讯，从而避免了将袁世凯主使应、洪操弄宪法起草及构陷"孙黄宋"等阴谋暴露于法庭之上，这对当时竞选正式大总统形势受到严重冲击的袁世凯来说，是极大的帮助。赵秉钧实际上等于为了袁世凯的利益而牺牲了个人声誉。故宋案风潮过后，袁世凯很快委赵秉钧以直隶都督重任。在获知赵秉钧病重后，又派袁克文前去探视。赵死消息传来后，袁于当日发布总统令，盛赞赵秉钧一生功业，从优予恤，并特派上将荫昌前往天津致祭。令曰：

> 直隶都督、陆军上将衔赵秉钧，器识深沈，经猷宏远，持躬正直，莅事忠诚。前此服官京外，政声卓著。民国建立，迭任内务总长、国务总理、直隶都督，皆能恪共厥职，于保持京师治安、防制各项乱党，尤着勤劳。溯维改革之际，危机四伏，一发

---

① 按临时参议院于 1912 年 9 月 23 日投票表决赵秉钧继任国务总理前，袁世凯曾委托梁士诒到院说明赵秉钧之历史与成绩，从中可见赵秉钧于鼎革前后对袁世凯帮助极大。梁士诒道："赵当去年九月就职民政部，维持北方，风声鹤唳，险象环起。赵则苦心经营，调和兵警，融洽满汉，卒使大局和平解决，一般人民称其才而颂其德。盖赵于民政实有阅历，前在天津创办警政，经营市政，在京都则摄领民政，至于各省地方民政及地方自治等事，规画实行，赵实为之。以其继任国务总理，社会必多悦服……至赵之历史，不仅政界中人，且为军界中人……起义以来，北京政府趋向共和者固不乏人，惟以当时皇族之多怀疑虑，赵则开诚布公，设法解说。今年南京政府遣使来京，敦请大总统莅南京就职，大总统深以担任秩序为忧，赵慷慨陈辞，尤为难得。计赵随袁大总统办事十有六年，擘划周详，深资得力。"（《梁士诒报告赵秉钧之成绩》，《中国日报》1912 年 9 月 24 日，第 2 页）另据朱启钤对章士钊所言，清帝退位诏书之宣布，赵实为幕后最大功臣。朱言道："智庵有大管家一，躯干甚伟，面微麻。干才未知视安岐何如，而交通内监，与隆裕后之嬖人小德张往返綦密。智庵假此途径，说服隆裕，就中所涉财贿，为数可观，智庵视之蔑如也。辛亥逊位诏之如期发布，都恃智庵此一机密路线，项城坐享其成而已。当时北洋基层干部，俱认共和之成，智庵功莫大焉，第一任内阁总理，非渠莫属。"见《书赵智庵》，《章士钊全集》（八），第 278 页。

千钧，深赖该督苦心毅力，不辞艰险，卒能以道德化干戈，拯生灵于涂炭，功在吾华，允垂不朽。近日因劳致疾，时患晕眩，正深厪系，乃竟不起。批阅参谋长陆锦等电呈，曷胜痛悼。著照陆军上将例，从优予恤，并给治丧银一万元，派荫昌前往致祭，以示笃念元勋之意。此令。①

袁世凯又派袁克文前往天津治丧，以表示故人私谊，并"拟准在京师地方建立专祠，将其生平事迹宣付立传，以彰功勋"。② 报纸并载，赵死一周之后，袁仍"异常悲悼，抑郁累日"，"检出赵督小照一张，把玩良久，不禁唏嘘泪下"。家人竭力劝止，袁曰："予非效儿女之悲，缘智庵为当时〔世〕决不可少之人，不期遽尔先我而逝，恐于大局前途有极大之影响。"③ 1914 年 3 月 22 日，各界在正阳门外先农坛举行赵秉钧追悼会，袁世凯派秘书长梁士诒为代表，赴会行礼，颁给"怆怀良佐"匾额一方，并亲书挽联一副，将赵秉钧比作皋陶、伯益、管仲、萧何：上联"弼时盛烈追皋益"，下联"匡夏殊勋懋管萧"。④

---

① 《大总统令》（1914 年 2 月 27 日），《政府公报》第 651 号，1914 年 3 月 1 日，第 3 页。按《神州日报》"北京专电"曾解释此令云："赵都督秉钧出缺，袁总统甚为悼惜，昨降令予银一万元治丧，派荫昌往津致祭，此在前清近世，惟曾、李等蒙此异数。盖当辛亥革命，中外人方主和议，欲清帝退位，其时朝议未决，唐景崇极力主战，阁臣和之，几无人敢说和字者，惟赵侃侃，力争于朝。当时满人又有用京畿旗兵屠汉相胁之说，赵又力折之，谓彼所部之武装巡警足敌满兵而有余，因此满人气夺，终成共和之局。故命令中所言'溯维改革之际，危机四伏，一发千钧，深赖苦心毅力，不辞艰险，卒能以道德化干戈，拯生灵于涂炭，功在吾华，允垂不朽'者，即指此事。"见《北京专电·赵智庵在民国之功绩》（3 月 2 日发），《神州日报》1914 年 3 月 3 日，第 2 页。

② 《袁大总统之追惜》，《顺天时报》1914 年 3 月 3 日，第 2 页；《为赵智庵建立专祠》，《顺天时报》1914 年 3 月 5 日，第 9 页。

③ 《袁大总统之追惜》，《顺天时报》1914 年 3 月 3 日，第 2 页；《大总统仍不忘情赵故督》，《大公报》1914 年 3 月 8 日，第 2 张第 2 页。

④ 《先农坛上之追悼会》，《申报》1914 年 3 月 26 日，第 6 页。

五 王治馨因贪赃枉法被枪决

在赵秉钧死去八个月后，那位曾在国民党追悼宋教仁大会上为赵秉钧打抱不平的京师警察厅总监王治馨，亦于1914年10月21日被大理院以贪赃枉法罪名判处死刑，随即由袁世凯下令枪决。王治馨（1868—1914），字奇裁，山东莱阳人，副榜出身。清末先在小站当差，后历任天津警察提调、奉天巡警总办、京师缉探局帮办等职。入民国，历任内城巡警总厅厅丞、京师警察厅总监、署内务部次长、顺天府府尹、正蓝旗汉军副都统等职。他长期在赵秉钧手下任职，是赵的心腹之一。

关于王治馨被处死情形，袁克文在《辛丙秘苑》中有详细记述。其文曰：

> 先公鉴于清末贪贿之盛，毒流不息，乃颁治赃刑例，纳贿逾千金即杀。王治馨之案适发，先公甚怒，且久知王之恶行，令就谳。初，王狡甚，行隐迹晦，兼有赵秉钧之庇，故久不败。兹赵已死，事又悉露，王无所施计矣，乃入狱。先公饬有司严治毋徇，盖恐王之亲故为之乞减也。案既下，与王有谊者如阮忠枢、雷震春、江朝宗、段芝贵等十数人，咸诡求于先公前，或请褫勋为赎，或请罢职为赎，先公扶之起，笑曰："王治馨乃小站旧吏，予必有以处置。"阮等见先公无死之之意，欣然退。先公命法吏至，召之曰："王治馨一案，密讯勿泄。若获供，立定罪，可代拟一令，与判书同进。事宜速，勿使一人知也。"法吏承命，一夕判书上。先公命江朝宗至，出令示之，江泣求，先公止之曰："王治馨不杀，予何以行令！"尔监决，诘旦复命，勿违勿缓。江出，达王禁所，呼王起曰："有事须君一行。"时夜逾子，王已心

知就刑，叹曰："无救耶，命矣夫！"从江登车，江忍涕对之。出齐化门，抵刑场，王方下车，弹已自后至，贯脑而死。江为丰殓。①

王死之后，人多疑其被处死刑的真正原因，是他泄露了袁世凯杀宋的机密，得罪了袁世凯。如张继谓王治馨"为人豪爽，颇不满于袁党之所为"，后"以坐赃五佰元被害"，"余始终疑与宋案有关"，其人"好言不谨，袁氏疑之，杀以灭口也"。② 张国淦谓"袁世凯之为人，最忌人能窥其隐，更不愿人揭发他的阴谋，王治馨适中其忌，焉得不死"。③ 朱启钤亦谓："京兆尹山东人王治馨者，亦智庵手下健将。彼在北京为宋遯初开追悼会时，对众指斥项城杀戮功臣，言下有鸟尽弓藏之感。此事通国轰传，项城大恨。逾年，治馨以贪赃五百元，被法庭判处死刑，其结果与智庵暴下而亡相类。"④ 然而，根据1914 年 6 月 5 日公布的《官吏犯赃治罪条例》，"枉法，赃至五佰圆以上者处死刑"，"不枉法，赃至一千圆以上者处死刑"。⑤ 王治馨与赵秉钧的私密关系，及其贪赃枉法，其实早在宋教仁被刺前 9 个月，王担任内城巡警总厅厅丞期间，便被知情人投书《中央新闻》揭发，数目远在五百元以上，且手法多样，闹得沸沸扬扬，《中央新闻》主笔等一度因此被捕。据该报披露：

秉钧出身微贱，少年无赖，吸食鸦片，烟瘾甚深，徒以工于钻营，由典史历保道员，任侍郎。既因禁烟之令行，遂以烟瘾未

① 袁克文：《王治馨伏法》，《辛丙秘苑》，第 6—7 页。
② 《张溥泉先生回忆录·日记》，第 12 页。
③ 张国淦：《北洋述闻》，第 49 页。
④ 《书赵智庵》，《章士钊全集》（八），第 272 页。
⑤ 《官吏犯赃治罪条例》（教令第 78 号，1914 年 6 月 5 日公布），《内务公报》第 10 期，1914 年 7 月 15 日，"法规"，第 1 页。

除被黜。其时各部惟尚书握全权，故秉钧休致后无余财，常赖其盟弟乌珍及烟友王治馨接济。上年秉钧起用到京后，一无所有，又赖乌珍送三千金以助食用，所以力保乌珍步军统领兼民政部副大臣及京营地面军警督察长以酬之……秉钧既有烟癖，又患毒症，不能耐劳，所有部中一切日行公事，皆送私宅，由前清因贪革职员外郎丁惟忠一手批办，而家人李燕停系秉钧少年游荡之友，言听计从，所以人多谓赵以丁、李为招权纳贿之枢纽……王治馨自奉天被参撤差后亦甚艰窘，虽恃与赵秉钧系旧烟友，又与丁惟忠同乡，而运动费亦须三千金。惟款均由借贷而来，所以到任后右二区发现一百五十余聚赌案，应送审判厅办理，岂料该赌犯惧获重罪，竟贿王治馨四千。本月二十日，《中国公报》曾载有以四千金买休，即此案也。该厅丞既受重贿，遂饬区照违警律，每人缴十五元罚金，具结开释。各赌犯供结皆由该区用誊写版印成，各人填画而已。嗣经司法部查知该厅丞违法侵权，行文内务部提案，王治馨遂饬区复传各赌犯，将供结内犯赌实情，改为欲赌未成。复称已将区长撤差，另派有法律知识之区长，以后不得再有违犯。而其实，闻已行贿两千金，不过将区长调厅，敷衍了事而已。然司法王总长廉介自持，当不至受其贿赂。若将案卷提去，传齐赌犯，即不难质讯真情。而该厅丞以方得四千，即用二千，仍不足偿运动费三千之数，遂由总厅公款内提洋六百五十元，捏造侦探费、特赏巡警等五六项，列入三月份报销，尤为从来所未有之事。且只有手折一扣存总务处第二科，分列各款总数，后有该厅丞亲笔书"右款经丞垫发"字样，并无细账，又无巡警领赏盖戳花名清册。又由第二科挪借公款一千余元，有该厅丞亲笔借支字据，及左二区德巡官代领，并由科长周桂斌面交，皆载在厅丞借款簿内，并注明二百元由罚金垫，一百元面交，一百八十两某巡官手领，某款作何用项等字样。又司法处有私土变价京足银一千三百余两，上年九月间经该处函达总务第二科提去，有该处收条为证。前闻警官刘长礼禀控该处科长科员私分之说，近闻该处科长潘毓桂又将此款转送王治馨收受，以为将来保升佥事之计。当此外债未成之际，巡饷无出，危急万分，而该厅丞侵吞公款六百五十元，捏造报销，又挪借公款至千元之多。其宅所用铺板器具等类，多由厅置送，马车皆存总厅马号，所有添置马乾房屋及喂养马乾等银两，亦皆由厅开支公款。种种行为颇似前清时所派之钦差大臣，到处有人供应，任意需索，莫可如何。不谓民国仍有此怪物。且烟瘾甚大，每日须上午三四钟后方能到厅，至久不过三四十分即去，公事废弛，已达极点。其所以有恃无恐者，烟友赵秉钧、同乡丁惟忠耳。①

而王治馨被处死刑的直接原因，则是宋案之后其在顺天府尹任内肆无忌惮的卖缺婪赃行为。该行为被发现，最初是因平政院在审理霸县知事刘鼎锡一案时，为刘所供出，随即王治馨遭到代理都肃政使夏寿康等人的弹劾。② 根据弹劾呈文，"王贪赃卖官之法，顺天二十四属遍二十二属，其余二属并非不卖，乃地僻缺苦，无人买耳。其卖官之价分为三等，一等五千元，二等三千元，三等二千元，此外尚有保险费若干元，或保一年，或保半年，可谓无奇不有"。③ 呈文并指出，王所得银，"计其总数约在七万以上"，"有经手过付之人可查，有往来账簿可调，有藉藉众口可证"。④ 1914 年 6 月 26 日，步军统领衙门派张乐斌等传提王治馨。隔天，袁世凯发布命令，将王革职，并要求平政院严行审理。令云：

① 《中央新闻贾祸之文字·看看赵秉钧之大事记》，《神州日报》1912 年 6 月 9 日，第 1 页。
② 《王治馨纳贿发生之原因》，《顺天时报》1914 年 6 月 29 日，第 2 页。
③ 《王治馨案近讯》，《申报》1914 年 7 月 9 日，第 6 页。
④ 远生：《王治馨（续）》，《申报》1914 年 7 月 4 日，第 3 页。

据代理都肃政史夏寿康等纠弹前任顺天府府尹王治馨纳贿婪赃一案，官吏赃罪定例綦严，躬为地方大吏，辄敢鬻官纳贿，藉案婪赃，蠹国殃民，尤属法无可恕。兹据所呈，王治馨前在顺天府府尹任内，委署各县知事，几至无缺不卖，并有藉案干没婪索情事，赃款累累，竟至数万之多，实属骇人听闻，亟应从严究办。王治馨著先行解去正蓝旗汉军副都统本职，交步军统领看管，并由平政院按照所揭各款，酌传要证，严行审理，呈请核办，以儆官邪，毋稍瞻徇。此令。①

此命令"北京各报大多数以一律最大之字恭刊"，"表示其痛快人心之意，盖诚民国成立以来痛快人心之创举也"。② 经平政院审决，王治馨"纳贿婪赃一案，众证确凿"，于是袁世凯下令将王治馨及行贿舞弊之岳魁、潘毓桂、王丙彝等一并交由司法部转饬该管检察厅，立即依法办理。③ 而后经司法部呈报大理院审理，于 10 月 21 日做出最终判决，由司法部呈报大总统。袁世凯当即发布命令："兹据该部呈报，大理院审明，判决王治馨于委任岳魁署理昌平县知事，枉法得赃逾贯之所为，应照《官吏犯赃治罪法》第二条，处以死刑等语。王治馨著即依法立予枪毙，以昭炯戒。潘毓桂诈欺取财，应处徒刑十二年，褫夺公权全部终身；岳魁行求贿赂，应处徒刑五年零六个月，褫夺公权全部八年。均各如所拟执行。"④ 涉案的霸县知事刘鼎锡，先已被"审实罪状，按律枪毙"。⑤

① 《大总统申令》（1914 年 6 月 27 日），《政府公报》第 770 号，1914 年 6 月 28 日，第 329—330 页。
② 远生：《王治馨》，《申报》1914 年 7 月 3 日，第 3 页。
③ 《大总统申令》（1914 年 8 月 18 日），《政府公报》第 822 号，1914 年 8 月 19 日，第 244 页。
④ 《大总统申令》（1914 年 10 月 21 日），《政府公报》第 886 号，1914 年 10 月 3 日，第 267 页。
⑤ 《北京新谈荟·王治馨案行将判决》，《申报》1914 年 10 月 7 日，第 6 页。

　　在审理王治馨案过程中，有许多要人为王说情，均为袁所拒绝。判决死刑次日，步军统领衙门即派马步各队会同司法部派员及总检察厅厅长罗文干，将王治馨押赴德胜门外校场，验明正身，处以枪决之刑，[①] 没有为那些仍然试图说服袁世凯特赦王治馨的人提供机会。据《申报》报道：

　　　　当判决后，各大员为王乞恩者无虑二十余人，总统概屏不见。嗣即在文书后面批"立予枪毙"四字，由步军统领及总检察长于昨日（即10月22日——引者）午前十时提出王治馨正身，押赴德胜门外枪毙。而昨晨京中大僚犹有探询王治馨能否仰邀特赦者。及闻死耗，无不相形失色。闻总统之意，以此为国家威信所关，前此办霸县刘知事即是严惩墨吏、澄清吏治之本旨，若同罪异罚，何以昭示天下，遂力排众议，促令依法执行。并闻总统于王毙后为之挥泪，且语其左右云"王某乃素为赵智庵赏识之人，且相知二十余年，不忍见其有此结局。惟案情重大，不得不以公义而灭私情"云云。又闻总统明令未发表之前，当有某君为之缓颊，其意略以"王为小站练兵旧人，念其前劳，可否免其一死"等语。总统因答以"法为国家而设，惟因其为小站练兵旧人，尤不得徇情宽贷，否则只要是从前旧交，皆可任所欲为，国家法典何以昭示万世？余宁于执法之外，格外恤其家属，以全昔年相从之谊"云云。[②]

　　王被执行死刑后，袁世凯还专门发令解释原因道："王治馨前曾供差北洋多年，尚称得力。民国成立，历官内务次长、巡警总监，亦有微劳。不意在顺天府尹任内，改行易操，竟有鬻官纳贿情事。法

————————

　　① 《步军统领衙门呈报枪毙官犯王治馨日期文并批令》（1914年10月24日），《政府公报》第890号，1914年10月27日，第511页。
　　② 《王治馨案续闻》，《申报》1914年10月27日，第6页。

者，天地大典，其罪既无可宥，未便因其前功足录，致使国家法律曲而不伸。而知人其难，言之实深浩叹。"①

王治馨案是在袁世凯政府于 1914 年设立平政院、任命肃政史、颁布《官吏犯赃治罪条例》，决心惩治贪墨的大背景下被揭发的。王治馨枉法贪赃所得，虽然经大理院审理，并没有如夏寿康等人在弹劾呈文中所说 7 万两之多，但经"王所承认者已有六千余两"，② 即此数目，按《官吏犯赃治罪条例》，已足以判处其死刑十余次，因此，王被处死，并不冤枉。该案作为"平政院开幕后交办之第一案"，"中外注目，遐迩侧听"，其办理是否得法，"关系民国国家之名誉，关系民国大总统一世之名誉"。③ 袁世凯不顾左右多人乞求，将王迅速处死，显然是为了显示其惩治贪腐的决心，那种怀疑袁世凯因为王治馨泄露所谓杀宋机密而将其处死的说法并无根据。事实上袁世凯并没有主使杀宋，退一步言，即便杀宋是袁主使，连国务总理兼内务总长赵秉钧都不了解内情，王治馨作为赵的属下，更不可能掌握机密。如果非要说王治馨之死与宋案有关联的话，最大的可能是，王治馨在宋教仁被刺，国民党人及部分舆论怀疑袁世凯为主谋的情况下，在国民党本部举行的追悼宋教仁大会这样的场合，出言不谨，从而为国民党攻击袁世凯提供了靶子，使袁世凯有口难辩，陷于非常被动的地位，而这对正在一心谋求竞选正式大总统的袁世凯而言是很不利的。同时，作为小站练兵时期的老人，王治馨将袁世凯撇在一边而单为赵秉钧辩护的做法，也很难为袁世凯所容忍，袁世凯心存怨恨，也就不难理解。袁世凯下令处死王治馨，不能排除其内心夹杂着上述情绪，但根本依据还是大理院的审决结果。

① 《大总统申令》(1914 年 10 月 24 日)，《内务公报》第 14 期，1914 年 11 月 15 日，"命令"，第 12 页。
② 《北京新谈荟·王治馨案行将判决》，《申报》1914 年 10 月 7 日，第 6 页。
③ 《大总统对于王治馨案之注意》，《大公报》1914 年 7 月 5 日，第 5 页；心森：《闲评二》，《大公报》1914 年 7 月 16 日，第 2 张第 1 页。

六　洪述祖落网及被处绞刑

"二次革命"爆发后，引渡洪述祖之事亦中止。1913 年 10 月 6 日，袁世凯当选正式大总统。1914 年 1 月 19 日，应夔丞被袁世凯派人刺死。2 月 27 日，赵秉钧病死，但有谣言说是被人毒死。洪述祖难免兔死狐悲，胆战心惊，有人描述他"迭闻凶耗，日夜惶惧"，"每夜必外寝，以免为人暗算"。① 还好他躲在德国租界当中，无论袁世凯还是革命党，一时还不能像对付应夔丞那样轻易将他解决。1914 年 7 月，第一次世界大战爆发。8 月 23 日，日本天皇发布对德宣战诏书。前清遗老"依青岛为安乐窝者，皆纷纷去而之他"。② 胶济两处外人亦纷纷移居天津租界。③ 9 月，德国在青岛的租界地被日本出兵占领，德人官私房产与日军驻屯有关系者共三十一处，均被判令充公。杨度、赵尔巽、洪述祖三人在青岛的房产，由于转租给德人居住，亦被"没收充公"。④ 洪述祖在九水庵的别墅也被日本人占去。洪深后来曾在《我的"失地"》一文中写道："久住青岛的人，谁不知道南九水是劳山的一个胜境；谁不知道我父亲观川居士在那里筑有一所别墅，名为观川台；又谁不知道在日本人战胜了德国人的那年，日本人硬把这所别墅占据了，开上一片料理店，至今还在开着。"⑤ 洪述祖不得不慌乱出逃。当时正在青岛的德国人卫礼贤，留下了一段很珍贵的文字记录，让我们得以了解洪述祖当时的心境。卫礼贤写道：

> 在逃难的人群中，有一些奇怪的人。我特别记得一个叫武士

① 竞：《洪述祖之惶惧》，《新闻报》1914 年 3 月 22 日，第 4 张第 1 页。
② 《遗老避难受逢迎》，《顺天时报》1914 年 9 月 1 日，第 7 页。
③ 《大总统慎重外人移居》，《顺天时报》1914 年 9 月 17 日，第 7 页。
④ 怀瑾通信：《青岛司令发还杨度之房产》，《申报》1915 年 9 月 20 日，第 6 页。
⑤ 《我的"失地"》，洪钤编《洪深文抄》，人民文学出版社，2005，第 18 页。

英（应为洪述祖——引者）的人，他被控杀害了国民党的南方领袖宋教仁，于是他逃到了青岛。他是一个膘肥体胖（这正是洪述祖的体貌特征——引者）的家伙。他迅速找了一所文官的房子躲了起来，他认为那里可能更安全些。他简直就是一幅被愤怒折磨着的罪恶良心的活画面。他眼里看不到任何人，干燥的舌头不断舔着干裂的嘴唇，徒劳无益地想使它们湿润些。他生活在不断担心被驱逐的恐惧中，一旦被逐，他也就死定了。而战争造成的恐惧要更强烈些。他到我那儿来，要我给他搞张船票。我问他：难道不觉得在青岛更安全一些吗？他说他倒不那么认为，他已经为各种可能发生的情况做好了准备。一个德国医生给他开了一份证明，说他因为脖子上生了一个大瘤，所以不能被砍头。①

可见失去了德国人的庇护，洪述祖恐慌到了极点。他不能肯定新来的日本人还会继续保护他，于是决定出逃。一年后，即 1915 年 9 月，日本人决定将部分所占房产归还原主，杨度、赵尔巽均派人到青岛接收，洪述祖却不知踪迹何在。② 1916 年 3 月 30 日，《申报》时隔两年多，再次出现关于洪述祖踪迹的一则报道，说洪述祖就在上海。③ 其时，袁世凯因为复辟帝制失败，正为保住总统位子垂死挣扎，哪里还想得起洪述祖这个人。6 月 6 日，袁世凯死去。7 月 22 日，《大公报》的一则消息描述了洪述祖在上海等地到处躲藏的情形，称：

　　宋钝初被害案内之凶犯业已先后伏诛，漏网者惟洪述祖一人

① 〔德〕卫礼贤：《中国心灵》，王宇洁等译，国际文化出版公司，1998，第148—149 页。

② 怀瑾通信：《青岛司令发还杨度之房产》，《申报》1915 年 9 月 20 日，第 6 页；瑾：《蜡花园主何往》，《申报》1915 年 10 月 4 日，第 6 页。

③ 《东方通信社电（日本人组织）·北京电》（3 月 29 日），《申报》1916 年 3 月 30 日，第 2 页。

而已。现袁氏已死，洪更悯悯若丧家之犬，东奔西窜，几无容身之地。前月避匿在沪，被人宣布后，又窜往青岛，岂知抵青岛后，喘息未定，因该处民党中人日见其多，其中且多激烈分子，洪又胆小如鼠，恐不利于己，不敢久居。前晚十时许，洪又出现于沪上天后宫桥头，头戴龙须草帽，身穿香云纱长衫，乘坐黄包车，由南向北而去。兹据调查所得，洪在虹口乍浦路及新闸两处均由他人出面租赁房屋，来往靡定，使人难以捉摸云。①

7月25日，宋教仁的挚友于右任通电新任大总统黎元洪，要求缉拿洪述祖，并惩治程经世。电云：

> 北京大总统、总理钧鉴：近日道路喧传，报纸腾载，宋案要犯洪述祖，往来常、沪，汲汲不遑。伏思国家祸种，此辈为尤，恶则人神所共嫉，罪实中外所不容。望申明令，使伏国法。再，在京供职之程经世，亦宋案共同犯，并乞执付有司，依法惩治，庶三年碧血，慰国殇报国之灵，一纸爰书，寒群小害群之胆。临书陨涕，无任屏营。于右任。有。②

随后，前宋案原告律师高朔也函致京师地方检察厅，以报载程经世在京，请求依法从速侦查，将其逮捕。③

此后，报纸对洪述祖的行踪偶有报道，如8月20日，《顺天时报》报道洪述祖在津自造谣言，说他已经病死：

> 洪述祖为宋案要犯，举国悉知。数年来，闻其久匿青岛。自

---

① 《洪述祖无地容身》，《大公报》1916年7月22日，第1张第4页。
② 《于右任致政府电》（7月25日），《申报》1916年7月27日，第2页。
③ 《宋案又提起矣》，《大公报》1916年8月20日，第2张第7页。

去岁帝热时，洪又承袁政府命，由其组织暗杀队，潜赴沪上，图害民党要人。故袁氏未死前，仍假装僧侣，往来津沪，期遂阴谋。近以复活共和，重提旧案，自知不免，洪又在津故播一种谣言，谓彼已病殁，希冀逍遥。惟查其确情，固依然无恙也。然其术亦狡矣。①

9月25日，又有洪述祖常州同乡在《民国日报》透露洪述祖准备到徐州投靠张勋：

> 暗杀宋钝初案中之要犯洪述祖，常州之败类也。宋案大索时，洪犯常匿迹青岛、天津等处，嗣潜行回常，变姓张，偷生数月。适帝制发生，洪犯又挟妾北上，往来津沪，行踪诡秘。吾常有知其隐者，谓洪犯此去系仍操暗杀旧业。嗣被沪报揭破，该犯即匿居天津某租界，未敢南下。近闻由帝制派中某罪魁介绍至徐州张军署办事，已由津到沪，拟潜往徐州。呜呼，天网恢恢，疏而不漏，观于洪犯之逍遥法外，此语岂可信哉！②

1917年4月29日，《申报》刊登了一则题为《洪述祖在沪被控》的消息，于是失踪已达四年之久的洪述祖再次真正进入国人视线。根据报道，洪述祖逃匿青岛后，化名"恒如初"，置有房产。后将其房产向德商祥丰洋行西人韦尔抵银一万五千两，携款往日。③ "迨洪宪帝制发生，始行返国，匿居沪上，为袁皇帝充秘密调查。嗣因帝制失败，隐居北山西路棣隆里六百二十一号门牌。"④ 时时"往来常沪间，

---

① 虚：《狡哉宋案洪述祖》，《顺天时报》1916年8月20日，第2页。
② 《宋案要犯忽北忽南》，《民国日报》1916年9月25日，第8页。
③ 《洪述祖在沪被控》，《申报》1917年4月29日，第10页。
④ 《洪述祖今番休矣》，《大公报》1917年5月2日，第2张第2页。按洪述祖是否曾参与袁世凯复辟帝制活动，因无其他确切材料，姑存疑。

平日喜穿僧衣"，"日间从不出外一步，若有事须晚上方出"。① 后因某日晨间外出往某书局购书，门牌号数被该德商侦悉，于是延请斐斯律师为代表，呈请公共公廨发给特别传单，于 4 月 28 日派探协同原告将洪指传到廨，并由原告律师斐斯将洪之照片呈案，请求察讯。洪称自己实名张皎厂（又作张教厂），并非洪述祖，并称恒如初是其弟兄，现不在沪，原告所控抵款，可以代为料理。公廨判令交保，但因洪到沪不久，无人具保，于是暂将其拘留在公廨内。②

公廨正审官关炯之以被告是否为暗杀宋教仁案内之要证洪述祖虽未证明，但通缉洪述祖之公文尚未取消，自应彻查，且察核原告律师所呈洪述祖照片，与张皎厂面貌相似，于是分电中央政府及江苏军、民两长，请示办法。与此同时，在沪国民党人得知消息，于 4 月 29 日在孙中山寓所集议，商定办法五条：

> （一）延费信惇律师为代表，先行函致公共公廨检察处，请将德商呈控抵款案内之被告恒如初扣留；（二）要求公廨转致总巡捕房五十号西探总目安姆斯脱郎，将谋刺宋教仁案内之应桂馨、武士英口供证据检齐，预备质证；（三）准于即日由代表律师偕宋君之子及见证等赴廨辨认，如张皎厂确系洪述祖化名，即请公堂将洪引渡，归内地官厅讯办；（四）禀请驻沪朱交涉员转致公廨，如见证到堂，证实被告即是洪述祖，请磋商陪审西官，即日引渡；（五）如认明确系洪述祖，即请中国律师赶紧预备赴上海地方检察厅起诉。③

---

① 《洪述祖在沪被控七志》，《申报》1917 年 5 月 6 日，第 10 页。
② 《洪述祖在沪被控》，《申报》1917 年 4 月 29 日，第 10 页；《洪述祖在沪被控续志》，《申报》1917 年 4 月 30 日，第 10 页。
③ 《洪述祖在沪被控三志》，《申报》1917 年 5 月 1 日，第 10 页。

洪述祖家属得知国民党人准备起诉，深恐稍有迟延，难以脱身，遂于 4 月 30 日上午将所欠原告韦尔款项理清，并于当日下午 2 时许，由原告律师斐斯乘坐汽车至公廨，声请检察处将被告张皎厂（即洪述祖）带至写字间签字开释。洪释出后，与原告律师跨上汽车，将要启动车辆离去时，正好宋教仁之子宋振吕（时年 15 岁）偕同前任宋教仁秘书刘白，以及孙中山所派代表李栖云、刘夷，还有国民党要人江舌、丁金良、于愚等入署探听消息。他们发现将要离去之人确系洪述祖本人，于是宋振吕立即跃上汽车，将洪扭住，在刘白等帮助下，将洪掖下汽车，然后扭至驻廨西捕头写字间，据情控请押候解究。捕头惠勒因案关重大，立饬将宋案卷宗送至写字间，逐一检查之下，以洪确系宋案要证，遂将洪亲自押送汇四捕房拘押。①　当时经过情形，有如下一段记述可供参考：

　　　　洪述祖正由公廨释放而出，急欲跳上汽车，刘迎前谓曰："洪先生，别来无恙。"洪回视之，颜色惨变。盖洪在内务部供职时，刘为农林部秘书，时常晤面，能认识之。而洪亦觉仿佛刘之面目而记忆之也。洪见化名已破，亦佯与寒暄。刘前执其手曰："劳足下尚同进公廨一次，有话细谈。"洪知不免，不得已随之行。入言于检查官曰："斯人也，乃谋刺宋教仁之要犯洪述祖也。"又指宋振吕曰："此为宋先生之公子，彼有杀父之仇，特来请公廨主持公道。"检察官还诘："洪为宋案要犯，当时曾经要求拘案否？"刘曰："然，有成案可考。"于是检察官调卷查考属实，遂面洪曰："汝先供认洪述祖之代表张教安，今凭汝良心言之，到底是否洪述祖？"洪知真迹已露，不可再隐，对曰："是洪

---

① 《洪述祖难逃法网》，《大公报》1917 年 5 月 3 日，第 2 张第 2 页；《公廨预审洪述祖初志》，《申报》1917 年 5 月 30 日，第 10 页。

述祖，但宋案与我无干，我当时在北京，而宋案发生于上海，实渺不相涉。"检察官曰："汝是否为宋案之要犯，须待讯鞫，但既为洪述祖，恐不能谓全无牵连也。"洪遂管押在汇四老巡捕房。①

宋振吕与孙中山等随即至上海地方检察厅起诉，要求查明前案，移请公堂将洪述祖引渡法归案审办。② 于是，上海地方检察厅于5月2日致函公共公廨，请预审明确后赶紧引渡。函云：

> 案据民人宋振吕状称，伊父宋教仁于民国二年二月十日（即阳历3月20日——引者）夜间在沪宁车站被人暗杀一案，经英公廨将要犯应桂馨、武士英先后拘获，研讯明晰，引渡内地法庭究办。而案中主使要犯洪述祖，逍遥法外，瞬已多年，迭经钧厅移请京师地检厅屡拘未获，逃匿无踪。此次潜寓沪江，改名张皎厂（即教安），被德人韦而另案控诉，公廨讯判收押。经民人探悉，到廨认明，确系谋刺故父之主犯，是以复扭交捕房收押讯究。伏查先父沉冤殒命，中外所悲，况民系骨肉之亲，切齿锥心，痛定思痛，何幸该犯洪述祖恶贯满盈，罪人斯得。为此具状，呈请钧厅迅予函请交涉员暨英公廨，将该犯赶紧引渡，讯实后明正典刑，以伸国法而慰英魂等情前来。除批示核准外，为此函请贵公廨预审明确，先示引渡日期，俾派干警协提，以便归案讯办，至纫公谊。③

5月29日，公共公廨开始预审洪述祖，中国政府代表梅华铨与原

---

① "中华民国史事纪要编辑委员会"编《中华民国史事纪要初稿（中华民国六年一月至十二月份）》，台北："中华民国史料研究中心"，1976，第293页。
② 《洪述祖在沪被控三志》，《申报》1917年5月1日，第10版；《洪述祖在沪被控四志》，《申报》1917年5月2日，第10页。
③ 《洪述祖在沪被控五志》，《申报》1917年5月3日，第10页。

告宋振吕代表马斯德、甘维露，以及被告洪述祖代表毕士华、礼明，并工部局刑事检察科代表牛门等六律师相继到庭。① 同日，《申报》刊登于右任致上海报界电，呼吁各界助宋振吕一臂之力。电云："宋振吕手获洪犯，为国为亲，可哀可敬。伏思癸丑以来，生民涂炭，举国不察，水火玄黄，罔知所届，洪流播恶，实为厉阶。武、应、赵、袁迭遭天谴，惟余此孽，法网始罹。务望引渡以后，严密防范，澈底根究，庶后之作恶者知天道难诬，助恶者知国法莫贷，并祈海内外仁人君子，助孤儿一臂之方，慰烈士九泉之痛。"②

经过数次预审，8 月 28 日，公共公廨宣布洪述祖确为与宋案有关系之人，决定将其暂押捕房，准备移交北京讯办。判词如下：

> 此案供证审查已明，该被告为案内确有关系之人。察阅证据中各项函电，系由北京缮发，本公廨历办刑事案件，其诉讼管辖权，向以犯罪行为地为断。被告洪述祖仍暂还押捕房，候呈请交涉员转电北京巡警总监，迅速备文，派警来廨，提回讯办。此判。③

8 月 30 日，上海交涉员萨福楙致电京师警察厅总监吴炳湘，请即派警来提，抑或先交沪检察厅审理。④ 吴呈文国务院总理段祺瑞，认为"此案关系重要，既由公廨判定解京讯办，自可由本厅派警往提"，请求总理批准。⑤

---

① 《豫审洪述祖旁听录（一）》，《新闻报》1917 年 5 月 30 日，第 3 张第 1 页。
② 《洪述祖今日开审·于右任致上海报界电》，《申报》1917 年 5 月 29 日，第 10 页。
③ 《洪述祖判决解京》，《申报》1917 年 8 月 29 日，第 10 页。
④ 《上海萨交涉员请派警提洪述祖电》（1917 年 8 月 30 日），北京市档案馆藏，北平市警察局全宗，J181－018－00889。
⑤ 《京师警察总监吴请派警提洪述祖到京上总理手折》（1917 年 8 月 31 日），北京市档案馆藏，北平市警察局全宗，J181－018－00889。

1918 年 4 月下旬，京师警察厅派科员赵志嘉带同巡官并巡警队兵前往上海公共公廨，于当月 24 日将洪述祖提解到京。洪述祖供词及会审公堂所用、未用各项证据，亦一并带回北京。① 5 月中旬，内务部令将洪述祖及相关证物、供词等交由京师地方检察厅接收，以便提起公诉。② 8 月 22 日、27 日、30 日及 9 月 7 日，京师地方审判厅对案件进行了四次审理。③ 9 月 29 日，京师地方审判厅一审判决，认定洪述祖为教唆杀人正犯，应按照《暂行新刑律》，科处无期徒刑，褫夺公权二十年。④《暂行新刑律》第 311 条规定："杀人者处死刑、无期徒刑或一等有期徒刑。"具体如何量刑，"由审判官按之事实，如认为情节并非甚重，为被告人利益计，于该条法定范围内，原有自由选择之权"。⑤ 京师地方审判庭法官显然认为洪述祖的犯罪情节"并非甚重"，没有判处洪述祖极刑。但高等检察厅检察官对此有不同意见，主张处洪述祖以极刑，认为"适用法律必须要出于正当，论罪科刑毫不偏倚，方不失法理之精神。此案地方厅既认定洪述祖为教唆正犯，当然依法处以适当之刑，方为合法。并且宋教仁原为国家罕有之人材，不幸竟遭惨死，殊深悼惜。所以，本检察官有鉴于此，认为地方厅处刑不合，应请法庭撤销原判，改处极刑"。⑥

鉴于宋案相关人物如袁世凯、赵秉钧、应夔丞、武士英均已死

---

① 《京师警察厅训令赵志嘉前往上海提解洪述祖稿》（1918 年 4 月 7 日拟稿，4 月 14 日缮发）、《外交部特派江苏交涉员为点交洪述祖及各项证据函复京师警察厅》（1918 年 4 月 24 日）、《京师警察厅复函江苏交涉员洪述祖已提解到京稿》（1918 年 4 月 30 日拟稿，5 月 2 日缮发），北京市档案馆藏，北平市警察局全宗，J181 - 017 - 01771。

② 《内务部训令迅将洪述祖交地检厅接收》（1918 年 5 月 16 日）、《京师警察厅为解送洪述祖致地检厅函稿》（1918 年 5 月 16 日拟稿，5 月 17 日缮发），北京市档案馆藏，北平市警察局全宗，J181 - 017 - 01771。

③ 《驻守地方检察厅司法警察巡官报告审理情形》（1918 年 8 月 22 日、8 月 27 日、8 月 30 日、9 月 7 日），北京市档案馆藏，北平市警察局全宗，J181 - 017 - 01771。

④ 《洪述祖案已判决》，《大公报》1918 年 9 月 30 日，第 2 张第 2 页。

⑤ 朱洪达编《大理院判决例全集》，世界书局，1933，第 116 页。

⑥ 《驻守高等检察厅司法警察巡官报告审理情形》（1918 年 11 月 23 日），北京市档案馆藏，北平市警察局全宗，J181 - 017 - 01771。

去，洪述祖似乎觉得在死无对证的情况下，自己有机会脱罪，至少认为判处无期徒刑还是过重，因此他也不服判决，上诉至京师高等审判厅，称"煋宋酬勋位"只是要"与应夔丞同谋损毁宋教仁之名誉，以作其组阁之障碍，非欲将宋教仁杀死"，甚至称毁宋名誉也非其本心，"实系赵总理授意"，他作为赵之僚属，不能不服从。① 11 月 8 日、23 日及 12 月 2 日，京师高等审判厅又对此案先后进行了三次审理，② 认为洪述祖"教唆应夔丞杀害宋教仁，征诸全案诉讼记录，可得积极之证明"，"该控诉人确系指使应夔丞杀人之教唆犯，证据极为充分，已无研究之余地。其控诉意旨，无非饰词狡卸，俱难认为有理由"。京师地方审判厅"引律定刑于法并无不合"，因此判决驳回洪述祖"控诉"，仍照京师地方审判厅原判办理。③

京师高等审判厅还附带审理了宋教仁之子宋振吕私诉一案。宋振吕提出要洪述祖赔偿宋教仁死后其在上海及北京所消耗的费用，至少 2 万元。洪述祖强硬答复："我不但不承认赔偿他损失，并且我还要令他赔偿我的损失。"④ 1919 年 3 月 31 日，京师高等审判厅判决洪述祖给予宋振吕抚育费 1 万元，其余原告请求均驳回。⑤

京师高等检察厅检察官对京师高等审判厅的刑事判决仍然不满，向大理院提起上诉，认为："本案就被告人周围之环象言，乃图升官发财，纯系内欲之不能自制；就被告人本身言，系长时间之谋杀，有

---

① 《驻守高等检察厅司法警察巡官报告审理情形》（1918 年 9 月 7 日），北京市档案馆藏，北平市警察局全宗，J181 - 017 - 01771。

② 《驻守高等检察厅司法警察巡官报告审理情形》（1918 年 11 月 8 日、11 月 23 日、12 月 2 日），北京市档案馆藏，北平市警察局全宗，J181 - 017 - 01771。

③ 《京师高等审判厅刑事判决》（七年控字第二二四号，1918 年 12 月 2 日），转引自王建中《洪宪惨史》，第 79—87 页。

④ 《驻守高等检察厅司法警察巡官报告审理情形》（1918 年 11 月 23 日），北京市档案馆藏，北平市警察局全宗，J181 - 017 - 01771。

⑤ 《驻守高等检察厅代理巡官呈报宋振吕私诉一案判决情形》（1919 年 3 月 31 日），北京市档案馆藏，北平市警察局全宗，J181 - 017 - 01771。

大恶性；就被害事实言，宋教仁无何种原因惨遭杀害，第一审仅处以无期徒刑，第二审竟予维持量刑，殊未适当。"① 意思就是说，洪述祖不但有杀人的主观动机，而且是在被害人无任何过错的情况下，通过长时间的谋划，将其杀害，性质极其恶劣。

洪述祖对京师高等审判厅的判决也不服，当庭声明上控大理院。其上控理由，除辩解"除邓"及"燬宋酬勋位"无杀宋之意外，又以应夔丞曾供"燬宋系毁宋教仁之政见"，武士英曾称"杀宋教仁系自起意"，而法庭两审竟不采用，对此表示不满；甚至称其"所供与应往来重要各电，多非己稿"，法庭"认定证据，取舍证据，调查证据，自不能谓为合法"。②

1919 年 3 月 27 日，大理院经过书面审理，采纳了京师高等检察厅检察官的上诉意见，③ 宣告"原判及第二审判决均撤销"，改判"洪述祖教唆杀人之所为处死刑，褫夺公权全部三十年"。④ 对于改判内幕，据朱德裳《三十年闻见录》所记："时吾友陈尔锡为大理院推事，尝为余言：推事中有一老人，性情刻薄。凡上诉之案，若入此人手，必加重。述祖陈大理院案，适分入此人手，遂判绞，加重也。"⑤《暂行新刑律》在杀人罪的量刑上，虽然规定法官在死刑、无期徒刑和一等有期徒刑三种刑等中有"自由选择之权"，但前提是法官应根据事实和情节"秉公鞫劾"。⑥ 因此，洪述祖被判死刑，恐怕不能说是出于某位大理院推事主观上的判决喜好。况且，按照大理院的审理

---

① 《大理院刑事判决书》（八年上字第 218 号，1919 年 3 月 27 日），北京市档案馆藏，北平市警察局全宗，J181 - 017 - 01771。

② 《大理院刑事判决书》（八年上字第 218 号，1919 年 3 月 27 日），北京市档案馆藏，北平市警察局全宗，J181 - 017 - 01771。

③ 朱洪达编《大理院判决例全集》，第 116 页。

④ 《大理院刑事判决书》（八年上字第 218 号，1919 年 3 月 27 日），北京市档案馆藏，北平市警察局全宗，J181 - 017 - 01771。

⑤ 朱德裳：《三十年闻见录》，岳麓书社，1985，第 44 页。

⑥ 周东白编《大理院判例解释四·新刑律汇览》，世界书局，1924，第 523、525 页。

程序和判决程序，上诉案件的判决也不是某个推事就可以决定的，审判长和其他指定的推事都要参与，书面审理的案件甚至还要咨询检察官的意见。① 因此，洪述祖被判死刑，实在是罪有应得。

在审理过程中，洪述祖的态度始终极为强硬，即使在最后阶段，依然声称：

> 本案发事之起点在地方厅以及本厅均未能质证分明，究竟是起于内，是起于外，是起于南，是起于北，毫不清楚。让一步言之，述祖即有杀人行为，亦当有首从之分，主动、被动之别。述祖仅立于被指挥之地位，上有指挥人，下有着手人。述祖担负共同责任就冤得很了，若再负主动责任，更属屈抑之甚。况述祖处于被指挥地位，动作由人，丝毫不能自主。若谓述祖应负杀人责任，则国务院秘书亦当负责，是以述祖对于原告人之请求是绝对的否认。②

洪述祖所采取的策略，一是坚决否认"煨宋酬勋位"具有杀害宋教仁之意，只承认欲损害宋教仁之声誉；二是极力把主要责任推到已经死去的袁世凯、赵秉钧头上，为此不惜曲解相关函电，强词夺理，并捏造种种情节。这些在本书中多已论及。然而，任凭洪述祖百般辩解，因其所述与事实不符之处实在太多，结果只是左支右绌，左支右吾，相互抵牾，弥缝无术，适见其狡诈而已。京师地方检察厅及高等检察厅对宋案证据的研究，虽然在细节上存在不少缺失，但提出上诉的基本理由是符合宋案事实、具有说服力的，大理院的最终判决结果

---

① 大理院书记厅编印《大理院第二次增订简明统计表（民国元年至十年）》，1923，第10 页。

② 《驻守高等检察厅代理巡官呈报宋振吕私诉一案判决情形》（1919 年 3 月 31 日），北京市档案馆藏，北平市警察局全宗，J181－017－01771。

也是准确的。

1919 年 4 月 5 日上午 11 时，洪述祖在京师第一监狱被绑赴刑场，执行绞刑。行刑时，因其体量过重，加上年力衰迈，筋骨较弱，"绞绳下坠之顷，即将该犯头部脱落"。当由北京专门医学校派学生 3 人到监，将尸体身首用线缝合妥帖，即于是日下午由其亲属领走。① 洪述祖在京师第一监狱时，恰好《京报》主笔潘公弼因抨击北洋政府而入该狱，邹韬奋曾写《潘公弼先生在北京入狱记》，提到"自有分监以来，受特别优待的，潘是第二人，其第一人是洪述祖"。"洪一定要睡自备的铁床，自备的弹簧褥子（按洪是大块头），一定要用自备的洋马桶。"又说"洪为人很古怪，在狱里终日念佛"。文中还写到洪述祖受刑情况，说："绞刑本用人力绞的，后来特往德国定购绞刑机器，运到中国后，第一人尝试的就是洪述祖。绞刑本可保全首领的，不料机关一动，头即下落，迷信的人便说他罪大恶极，命该身首异处。当时洪妄起诉，说洪的罪不至身首异处，分监不能辞咎。但当时那部机器确经司法部验收，分监无过。后来设法请北京最善于连尸的医院把洪好好的缝好，所以葬时表面上还是全尸。"分监主任还请潘公弼去看洪述祖用过的绞刑机器，据潘说，"那部机器看上去并没有什么希奇。上面垂下一绳，约有一寸粗，打一活结，下面有一块方木板。犯人受刑时先坐在这块木板上，有人把犯人的头套入那个活结圈里。机一动，板落人悬，吊起的时候，人身直竖，便一命呜呼。洪后实用好几次，都没有断头的事情，洪独不免，真是上海人所谓'触霉头'"。②

对于洪述祖之死，曾与洪有颇多交往的傅增湘也有一段很有意思

---

① 《京师第一监狱关于人犯洪述祖等人执行死刑情形的呈报》（1919 年 4 月 7 日），北京市档案馆藏，河北北平第一监狱全宗，J191－2－11584。

② 邹韬奋：《潘公弼先生在北京入狱记》，《韬奋全集》（2），上海人民出版社，1995，第 21—23 页。

的记述。他说:

> 君赤面露目，于相法为凶，沪上有小说述君事者，谓其面多横肉，目露凶光，信然。尝免冠抚首示余曰："子视吾状貌，不类重囚耶!"是其不免刑戮，固自知之。然终于凶狡不悛，自婴法网，岂知之而无术以自免耶?盖亦嗜利忘身，倒行逆施而不恤耳。闻临刑前夕，从容草遗书甚详悉，翌晨易僧服，整冠理须，而后就刑。斯亦异矣。①

看起来，洪述祖对于自己的人生结局，很早就有预料。高等检察厅检察官不服判决一再上诉，大概也让洪述祖意识到了自己终究难免一死。因此，在收到大理院的判决书后，洪述祖在日记中写下"果然定死刑，不出所料"之语。② 他的内心似乎相当纠结，一方面，他到死都不认为是自取其祸，曾留下一联："服官政，祸及于身，自觉问心无愧怍；当乱世，生不如死，本来何处着尘埃。"③ 另一方面，他自入狱后便以诵读佛经为常课，死前从容安排家庭琐屑及身后之事，要家人以僧服为殓衣，并在他死后将所有佛像施舍给常州天宁寺供养保存。④ 或许他内心有所悔悟?但悔之晚矣。

---

① 傅增湘:《记洪述祖遗事》,《近代史资料》总 80 号，第 115 页。
② 飘萍通信:《洪述祖临刑前之秘笈·洪氏八日间之狱中日记》,《京报》1919 年 4 月 14 日，第 2 页。
③ 飘萍通信:《洪述祖临刑前之秘笈·洪氏八日间之狱中日记》,《京报》1919 年 4 月 14 日，第 2 页。
④ 飘萍通信:《洪述祖临刑前之秘笈·临刑时之遗嘱遗书》,《京报》1919 年 4 月 14 日，第 2 页。

第八章
宋案最终判决及反思

宋案是在临时政府即将结束、正式政府将要成立的过程中,以袁世凯为首的官僚党和以宋教仁为代表的主张建立政党内阁、实行平民政治的国民党激烈争斗所导致的结果。国民党在处理宋案问题上犯了许多错误,留下惨痛教训,但不能因此贬低其对民主共和的追求。袁世凯以老道的手法乃至不法手段对付政敌,虽然最终取得了优势,却深刻反映出当时中国的政治现实距离实现真正的民主共和还有很远的路要走。紧接着宋案,国民党人被迫发起"二次革命",如何客观公正地评价这次革命,也是一个值得深思的问题。

一　宋案案情演变实记

案审至此,案情已然明了,且将案情演变按时间顺序实录如下。

1912 年 7 月,曾先后担任沪军都督府谍报科科长、南京临时政府总统府卫队长兼庶务长的应夔丞,联络长江上下游青帮、红帮及公口党徒，成立共进会，总部设上海，自任会长，以"维持地方治安""增进国民道德"等为宗旨。① 然而，共进会徒有政党之名，实际未改帮会习性，依旧开堂放票，广收党徒，所至骚扰，对地方治安构成很大威胁，不但为国民党所不容，也引起临时大总统袁世凯担忧。与此同时，在北京，内务部秘书洪述祖以"共和功臣"自居，在部中揽权舞弊、任用私人，遭到同僚攻击，并引起国务总理兼内务总长赵秉钧不满。② 于是，洪述祖决定出京暂避风潮，他一方面请求赵秉钧派其调查长江各省水上警察事宜，另一方面自告奋勇，向袁世凯请命，承担起收抚共进会的使命。③ 9 月 20 日，洪述祖离开天津，带着总统府军事顾问张绍曾写给应夔丞的介绍信南下。④ 就在洪述祖到达上海后没几日，湖北武昌发生马队暴动事件，应夔丞因被发现为主谋之一而遭到副总统黎元洪通缉；⑤ 9 月 29 日，临时大总统袁世凯又颁发通令，严禁秘密结社；⑥ 江苏都督程德全和浙江都督朱瑞也一直对共进会采取高压政策。⑦ 应夔丞及其共进会面临空前压力，亟须寻找出路。洪、应二人就在此种形势下会面，并且很快称兄道弟。10 月 16 日，洪述祖亲自带领应夔丞去南京面见程德全，在洪述祖斡旋下，程德全

---

① 《中华国民共进会草章》（1912 年 7 月），北京市档案馆藏，国民共进会全宗，J222 - 001 - 00002。

② 《内务部之风潮·洪述祖舞弊》，《民立报》1912 年 9 月 3 日，第 7 页；《宋案旁征（一）·洪述祖》，《神州日报》1913 年 4 月 4 日，第 3 页。

③ 《宋先生案之一线光明·洪述祖之经历》（北京本报 4 月 1 日特记），《民立报》1913 年 4 月 5 日，第 7 页；《宋案之过去历史》，《亚细亚日报》1913 年 4 月 23 日，第 2 页。

④ 《第一件　张绍曾寄应夔丞信两纸信封一个》（1912 年 9 月 17 日），《前农林总长宋教仁被刺案内应夔丞家搜获函电文件检查报告》，第 7 页。

⑤ 《黎元洪镇压马队暴动致内务部咨文》（1912 年 10 月），朱宗震、杨光辉编《民初政争与二次革命》，第 163—165 页；《特约路透武昌电》（1912 年 10 月 5 日发），《神州日报》1912 年 10 月 6 日，第 2 页。

⑥ 《临时大总统令》（1912 年 9 月 29 日），《政府公报》第 153 号，1912 年 9 月 30 日，第 193 页。

⑦ 《程督饬查共进会》，《民权报》1912 年 9 月 22 日，第 10 页；《军人入党禁逾严》，《民权报》1912 年 10 月 5 日，第 10 页；《假冒共进会》，《民权报》1912 年 10 月 28 日，第 9 页；《余杭现曙光·解散匪会弭巨患》，《民权报》1912 年 12 月 10 日，第 7 页；《朱都督除暴安良》，《民权报》1912 年 12 月 23 日，第 9 页。

当即委任应夔丞为江苏驻沪巡查长，每月给予公费 1000 元，又电请袁世凯每月给应津贴 2000 元；应则"自承情愿效力，设法取缔共进会"。① 洪述祖立刻将这一情况向赵秉钧做了汇报，又提出请中央给应夔丞"加委长江上下游巡查"职任，并"筹助经费"。② 10 月 18 日，袁世凯复电程德全，对其处置办法表示赞同，承诺"不敷之两千元，可由中央拨付"。③ 在沪、宁期间，洪述祖还请程德全出面，游说黎元洪取消对应夔丞的通缉令，并将自己所用"川密电本"交与应夔丞使用。10 月 17 日，洪离沪北上。应夔丞随后按洪之嘱托，于 10 月 21 日通过津浦铁路局，将"螃蟹四大箩，计重三百六十斤"寄洪代呈总统。④ 洪于 10 月 22 日入都后，很快收到程德全转来黎元洪同意取消通缉令的电报，袁也同意特赦应夔丞。洪随即于 10 月 29 日写信将此消息告诉应夔丞，并指示应夔丞应当如何撰写有关解决共进会问题的条陈，以便总统"据以任命或委任"其职务，"缘说歹话人多，有此则大总统易于措辞也"；又要应提供革命履历，以便帮其叙勋。⑤ 洪还另附私函一封，告诉应夔丞螃蟹已经收到，"惜已死过半，不便送总统，仅检送二大箩与总理而已"，并请应北上面见总统、总理，提醒其行前要以专电向中央索款。⑥ 11 月 1 日，洪又写信给应，除催促其北上外，又约定双方"私信方亲笔"，公事则由书记用楷书缮写，以便进呈大总统。⑦ 11 月 29 日，洪函告应国务院已决定拨款 3 万元，望

---

① 《程德全保应原电》（1912 年 10 月 16 日），《民权报》1913 年 4 月 8 日，第 7 版。
② 《宋案旁征（五）·赵总理私邸之一席话》，《神州日报》1913 年 4 月 18 日，第 4 页。
③ 《程德全密电稿》（未刊），转引自李宗一《袁世凯传》，第 238 页。
④ 《宋先生在天之灵·看尔横行到几时》，《民立报》1913 年 3 月 31 日，第 10 页。
⑤ 《第五件 洪述祖寄应夔丞信三纸附三纸》（1912 年 10 月 29 日），《前农林总长宋教仁被刺案内应夔丞家搜获函电文件检查报告》，第 8—9 页。
⑥ 《第五件 洪述祖寄应夔丞信三纸附三纸》（1912 年 10 月 29 日），《前农林总长宋教仁被刺案内应夔丞家搜获函电文件检查报告》，第 9 页。
⑦ 《第八件 洪述祖寄应夔丞信一纸》（1912 年 11 月 1 日），《前农林总长宋教仁被刺案内应夔丞家搜获函电文件检查报告》，第 11 页。

应尽快来京。① 12 月 11 日，洪又电告应，谎称中央"确有委任发，迅即自行来领"。② 12 月 15 日，应通知洪，将于 18 日乘车北上。12 月 19 日，洪亲自到天津迎接应。应入京后住金台旅馆。旋面见袁世凯，袁当即批给共进会遣散费 5 万元，应写有收据，并上呈经费开支节略。③ 接着应又通过洪向赵请领取 1912 年 10 月、11 月、12 月三个月津贴共计 6000 元。赵因未见相关批文，将领纸退还，请洪一手经理领款之事，并要洪"与总统说明才行"。经洪从中协调，加上内务部次长言敦源帮忙，应于 1913 年 1 月 9 日成功领取津贴。④ 接着，应于 1 月 12 日面见赵秉钧，请求给予密码电本，以便以后报告巡查长事务。⑤ 1 月 14 日，赵差人至金台旅馆，将"应密电本"交与应，并写一短信，要其以后"有电直寄国务院赵"。⑥ 1 月 15 日，应通过洪向袁递交呈文，提出为便于遥制自川、豫以至闽、广之会党，请大总统加委其"中央特派驻沪巡查总长"职任。⑦ 袁交国务院讨论，国务院转内务部讨论，但未能通过。⑧

---

① 《第九件　洪述祖寄应夔丞信三纸》（1912 年 11 月 29 日），《前农林总长宋教仁被刺案内应夔丞家搜获函电文件检查报告》，第 11 页。

② 《第十件　洪述祖致应夔丞电一纸》（1912 年 12 月 11 日川密），《前农林总长宋教仁被刺案内应夔丞家搜获函电文件检查报告》，第 12 页。

③ 《应夔丞印领》，见《北京发表任用应夔丞之始末（续）》，《时报》1913 年 4 月 11 日，第 3 页；《应夔丞节略》，见《北京发表任用应夔丞之始末（续）》，《时报》1913 年 4 月 11 日，第 3 页。

④ 《第十二件　赵总理致洪述祖信四纸信封一个洪致应夔丞信一纸》（1912 年 12 月），《前农林总长宋教仁被刺案内应夔丞家搜获函电文件检查报告》，第 13 页；《第十三件　洪述祖致应夔丞信一纸》（1913 年 1 月 5 日），《前农林总长宋教仁被刺案内应夔丞家搜获函电文件检查报告》，第 14 页。

⑤ 《致武昌黎副总统各省都督民政长电》（4 月 28 日），1913 年油印件，北京大学历史学系藏，第 174 函；《宋案之鳞爪·赵总理与应桂馨之信》，《大共和日报》1913 年 4 月 20 日，第 4 页。

⑥ 《第十八件　赵总理致应夔丞信一纸信封一个国务院应密电码一本》（1913 年 1 月 14 日），《前农林总长宋教仁被刺案内应夔丞家搜获函电文件检查报告》，第 16 页。

⑦ 《应夔丞条陈取缔会党上大总统呈文》（1913 年 1 月 14 日），北京市档案馆藏，国民共进会全宗，J222 - 001 - 00006。

⑧ 《国务院公函》（二年内字三十九号），见《北京发表任用应夔丞之始末（续）》，《时报》1913 年 4 月 11 日，第 3 页。

在此期间，沪上开始出现由部分激进国民党人组织的欢迎国会团，主张自行确定国会召开地点，以避北京军警干涉，自由制定宪法，自由选举总统，以实现真正共和。① 袁对此甚为惊慌。洪见袁欲解散该团，有机可乘，遂又运动袁"特委"其南下，与应秘密调查该团真相。② 1 月 20 日，洪以赴津养病为名，向赵秉钧请假两星期。③ 1 月 22 日，洪与应南下上海。《民立报》驻京记者探得洪南下消息，于 1 月 25 日在该报刊登专电，称洪受袁之命携巨款南下，欲解散欢迎国会团。④ 赵至此方知洪请假赴津养病是假。由于外间又有传言，谓洪系奉赵之命南下，赵恐引起误会，当即要言敦源联系洪之家属发电，请洪速归。⑤ 1 月 25 日深夜，洪述祖之子洪深发出"赵嘱速回"家电。⑥ 由于当时"洪正有事宁、苏"，应夔丞接电后，一方面于 1 月 26 日凌晨 2 时给洪深回电（以洪述祖名义），告知洪述祖将于 1 月 31 日乘快车回京；⑦ 另一方面于 1 月 26 日早 7 时密电国务院，有"国会盲争，真相已得，洪回面详"之语。1 月 27 日，应又给赵寄去一封 1 月 25 日晚已经写就的信件，具体谈及调查欢迎国会团的情况，请赵"转陈总统"。⑧ 就这样，赵被卷入局中。由于欢迎国会团的主要诉求之一是制定一部真正的民主共和宪法，以防袁氏走向独裁，洪、应很快就将

---

① 《欢迎国会团第一次宣言书并驳书》，1913 年油印本，第 15 页。

② 《第十九件 应夔丞信两纸又一纸》（1913 年 1 月 21 日），《前农林总长宋教仁被刺案内应夔丞家搜获函电文件检查报告》，第 16 页。

③ 《洪二年一月二十日请假呈》，见《任用应夔丞之始末（续）》，《盛京时报》1913 年 4 月 11 日，第 3 页

④ 《北京电报》，《民立报》1913 年 1 月 25 日，第 5 页。

⑤ 《北京电报》，《民立报》1913 年 3 月 28 日，第 3 页。

⑥ 《第二十件 北京寄洪荫芝电一纸》（1913 年 1 月 25 日晚 12 时北京来电），《前农林总长宋教仁被刺案内应夔丞家搜获函电文件检查报告》，第 17 页。

⑦ 《第二十件 北京寄洪荫芝电一纸》（1913 年 1 月 25 日晚 12 时北京来电），《前农林总长宋教仁被刺案内应夔丞家搜获函电文件检查报告》，第 17 页。

⑧ 《第二十件 北京寄洪荫芝电一纸》（1913 年 1 月 25 日晚 12 时北京来电）《复电稿一纸》（1913 年 1 月 26 日上午 7 时发），《前农林总长宋教仁被刺案内应夔丞家搜获函电文件检查报告》，第 17 页。

目标转移到操弄宪法起草来对付国民党上。为此，应夔丞以金钱秘密运动浙江议员杭辛斋，要其支持制定总统制宪法，又以金钱收买国民党人王博谦、章佩乙所办《民强报》，要其鼓吹宪法应赋予总统"解散国会之权"。[①] 1 月 30 日，应夔丞还撰写了一篇题为《制定宪法之必要》的文字，专门阐述宪法赋予总统"解散议会之权"之必要，请洪述祖代呈总统。[②] 1 月 31 日，洪述祖离沪北上，2 月 1 日到天津，当日写信挑唆应夔丞，有"大题目总以做一篇激烈文章方有价值也"之语。[③] 同日，应夔丞向国务院发出"东电"，一方面表示已经采取"金钱联合"手段，收买江、浙两省过半数国民党议员，要其在宪法起草问题上主张两纲，即国务员的产生除总理外其余均不必通过投票决定，以及总统应有解散国会权力，并称第一纲"似已操有把握"；另一方面，又表示第二纲"手续繁重，取效已难"，暗示将另外采取措施。[④] 2 月 2 日，洪回北京，当天又写信告应，"要紧文章已略露一句，说必有激烈举动，吾弟须于题前迳密电老赵索一数目"。[⑤] 同日，应配合洪，向国务院发出"冬电"，将构陷"孙黄宋"的"激烈文章"和盘托出，称"已向日本购孙黄宋劣史、黄与下女合像、警厅供钞、宋犯骗案刑事提票，用照片辑印十万册，拟从横滨发行"，并暗示需款 30 万元。[⑥] 这

---

① 《应夔丞致杭辛斋书》(1913 年 1 月 25 日)，北京市档案馆藏，国民共进会全宗，J222 - 001 -00013；《第二十三件　王博谦章佩乙信七纸》(1913 年 1 月 30 日)，《前农林总长宋教仁被刺案内应夔丞家搜获函电文件检查报告》，第 21 页；《第二十四件　洪述祖寄应夔丞信一纸》(1913 年 1 月 30 日)，《前农林总长宋教仁被刺案内应夔丞家搜获函电文件检查报告》，第 22 页。

② 《第二十二件　应夔丞呈制定宪法稿三纸附原稿一纸》(1913 年 1 月 30 日)，《前农林总长宋教仁被刺案内应夔丞家搜获函电文件检查报告》，第 20 页。

③ 《第二十五件　洪述祖寄应夔丞信一纸信封一个》(1913 年 2 月 1 日)，《前农林总长宋教仁被刺案内应夔丞家搜获函电文件检查报告》，第 22 页。

④ 《第二十七件　应夔丞寄国务院东电稿一纸》(1913 年 2 月 1 日午刻发四等电)，《前农林总长宋教仁被刺案内应夔丞家搜获函电文件检查报告》，第 23 页。

⑤ 《第二十六件　洪述祖寄应夔丞信一纸信封一个》(1913 年 2 月 2 日)，《前农林总长宋教仁被刺案内应夔丞家搜获函电文件检查报告》，第 23 页。

⑥ 《第二十八件　应夔丞寄国务院冬电稿一纸》(1913 年 2 月 2 日晚 6 时发)，《前农林总长宋教仁被刺案内应夔丞家搜获函电文件检查报告》，第 24 页。

样，洪、应就由操弄宪法起草，转向对付国民党领导人物，特别是宋教仁。2月4日，洪发函告应，《制定宪法之必要》呈递总统后，总统"甚为欣悦"，称赞其"办事出力"，并答应每月资助《民强报》500元，先发4个月。① 同日，洪述祖又有一函，告诉应夔丞"冬电"已由赵处转到他手中，并已面呈总统，"总统阅后色颇喜，说弟颇有本事，既有把握，即望进行"。洪又提醒应："望弟以后用'川密'与兄，不必再用'应密'，缘（经）程君之手，即多一人也，且智老处手续不甚机密。"② 2月5日、8日、11日洪接连三次发函，要应尽快将"宋犯骗案刑事提票"原件或影印件寄来，以便索款，应未有回音。③ 在接下来大约10日中，洪谎称接到了上海"应密"来电，从赵秉钧处借得"应密电本"。④ 2月22日，洪第四次发函，催促应邮寄"宋犯骗案刑事提票"原件或影印件，又谎称赵担心国务院秘书程经世"不机密"，已将"应密电本"交与其"一手经理"，要求应以后"除巡缉长之公事不计"外，"勿通电国务院"。⑤

此后约有两周，洪无函电致应。其间，洪述祖于2月27日"由京来津"，并将家眷带回天津宿纬路自置房内安置。⑥ 3月6日，洪在天津寄亲笔函与应，一方面强调"宋犯骗案刑事提票"取到方可开口

---

① 《第三十件　洪述祖寄应夔丞信一纸信封一个》（1913年2月□日），《前农林总长宋教仁被刺案内应夔丞家搜获函电文件检查报告》，第25页。

② 《第二十九件　洪述祖寄应夔丞信二纸》（1913年2月4日），《前农林总长宋教仁被刺案内应夔丞家搜获函电文件检查报告》，第24页。

③ 《第三十二件　应夔丞妻致应夔丞信一纸（1913年2月8日）钞电二纸》，《前农林总长宋教仁被刺案内应夔丞家搜获函电文件检查报告》，第26页；《第三十一件　洪述祖寄应夔丞信一纸附一纸见说明信封一个》（1913年2月8日），《前农林总长宋教仁被刺案内应夔丞家搜获函电文件检查报告》，第25页；《第三十四件　洪述祖寄应夔丞信一纸信封一个》（1913年2月11日），《前农林总长宋教仁被刺案内应夔丞家搜获函电文件检查报告》，第27页。

④ 《宋案旁征（五）·赵总理私邸之一席话》，《神州日报》1913年4月18日，第4页。

⑤ 《第三十五件　洪述祖寄应夔丞信三纸》（1913年2月22日），《前农林总长宋教仁被刺案内应夔丞家搜获函电文件检查报告》，第28页。

⑥ 《宋先生案之一线光明·洪仆之口供》（北京本报4月1日特记），《民立报》1913年4月5日，第8页。

向中央索款，另一方面以"除邓"并在《民强报》"登其死耗"为例，指示应夔丞，如果宋教仁有"激烈之举"，即可"乘机下手"。[①]
3月7日，洪述祖"由津晋京"。[②] 同日，有人匿名向《新纪元报》投送《驳宋钝初演说词》，攻击宋教仁2月19日在上海国民党交通部欢迎会上发表的演说，该报随即于3月8日、9日、10日分三次连载。[③]
与此同时，洪面见袁世凯，挑唆谓"总统行政诸多掣肘，皆由反对党之政见不同"，建议"收拾一二人，以警其余"，袁答以"反对既为党，则非一二人之故，如此办法，实属不合"。[④] 然而，洪并没有停止刺宋计划，反而极力唆使应付诸行动。

当洪述祖在天津酝酿杀宋时，应夔丞正在上海派其死党吴乃文与日本藤木商会商谈帮后者购买公债之事，双方最后约定由应夔丞帮该商会以"六八折"购买公债350万元，应夔丞扣留一成作为佣金。[⑤]
在接到洪述祖3月6日来函指示后，应夔丞于3月9日召集同党开会，决定"判处宋教仁死刑"。[⑥] 同日，宋教仁在国民党宁支部欢迎大会上发表演说，批评现政府内政、外交之失策。[⑦] 3月10日，应致电洪，提出以"六六二折"购买"八厘公债"350万元，[⑧] 试图一举两

---

① 《第三十六件 洪述祖寄应夔丞信二纸附一纸》（1913年3月6日），《前农林总长宋教仁被刺案内应夔丞家搜获函电文件检查报告》，第28—29页。

② 《车站纪事》，《大公报》1913年3月9日，第6页。

③ 《驳宋钝初演说词》，《新纪元报》1913年3月8日、9日、10日，第1页。

④ 《关于刺宋案演说中之要闻》，《大中华民国日报》1913年3月31日，第2页。

⑤ 《藤木商会致应夔丞函》（1913年2月23日），北京市档案馆藏，国民共进会全宗，J222-001-00005；《应夔丞致吴乃文函》（1913年3月7日），北京市档案馆藏，国民共进会全宗，J222-001-00003；《藤木商会致应夔丞函》（1913年3月15日），北京市档案馆藏，国民共进会全宗，J222-001-00003。

⑥ 《第四十七件 第一法庭油印品寄各报馆信四十二封》，《前农林总长宋教仁被刺案内应夔丞家搜获函电文件检查报告》，第35页。

⑦ 《国民党宁支部欢迎会演说辞》（1913年3月9日），郭汉民编《宋教仁集》下册，第554—556页。

⑧ 《第三十七件 应夔丞寄洪述祖电底二纸原告三纸》（1913年3月10日下午3点30分由上海发省北京四等第5519号电报），《前农林总长宋教仁被刺案内应夔丞家搜获函电文件检查报告》，第29页。

得，在帮助藤木商会的同时，变相获取杀宋回报。3 月 11 日，《民立报》刊登宋教仁 3 月 9 日演说内容。同日，有所谓"北京救国团"发表通电，继续攻击宋教仁 2 月 19 日在上海的演说。① 3 月 12 日，《民立报》刊登宋教仁对该报记者的谈话，严厉驳斥"某当局者"对他本人和国民党的诬陷。② 3 月 13 日，洪致电应，一方面表示购买公债"恐折扣大，通不过"，另一方面假托中央名义，提出"熶宋酬勋位"，作为回报应夔丞的替代方案。③ 同日，应复信给洪，一方面拒绝"勋位"虚名，表示"功赏一层，夔向不希望"，另一方面强调"若不去宋……大局必为扰乱"，称自己已经筹集经费，"全力注此，急急进行，复命有日"；同时继续要求洪述祖帮忙购买公债，谎称是其亲戚"刘、薛、胡三家承买"，因见政府财政困窘，"专为补助中央财政之计"，"夔处并不扣用"。④ 3 月 14 日，洪由北京回到天津。同日，应发"寒电"给洪，报告"梁山匪魁，顷又四处扰乱，危险实甚，已发紧急命令，设法剿捕，乞转呈候示"。⑤ 3 月 15 日起，《民立报》连载宋教仁所写《答匿名氏驳词》。⑥ 3 月 17 日，洪由天津返回北京，见应拒绝"酬勋位"回报，遂于当日发"铣电"给应，再次假托中央名义，谎称"债票特别准"。⑦

------

① 《宋内阁不能成立之先声》，《亚细亚日报》1913 年 3 月 12 日，第 2 页；《北京救国团电》，《大公报》1913 年 3 月 13 日，第 2—3 页。

② 《宋教仁君之时事谈·驳某当局者》，《民立报》1913 年 3 月 12 日，第 2 页。

③ 《第三十九件 洪述祖寄应夔丞电底一纸》（1912 年 3 月 13 日下午 3 点 14 分上海电报局收到北京发寄四等第 2625 号电报），《前农林总长宋教仁被刺案内应夔丞家搜获函电文件检查报告》，第 31 页。

④ 《第四十件 应夔丞寄洪述祖信三纸信封一个》（1913 年 3 月 13 日），《前农林总长宋教仁被刺案内应夔丞家搜获函电文件检查报告》，第 32 页。

⑤ 《第四十一件 应夔丞寄洪述祖电底一纸原稿一纸》（1913 年 3 月 14 日下午 7 点 20 分由上海电报局发寄四等第 7863 号电报），《前农林总长宋教仁被刺案内应夔丞家搜获函电文件检查报告》，第 32—33 页。

⑥ 宋教仁：《答匿名氏驳词》，《民立报》1913 年 3 月 15 日第 3 页，3 月 16 日、17 日第 2 页。

⑦ 《第四十二件 洪述祖寄应夔丞电底一纸》（1913 年 3 月 17 日下午 3 点 15 分上海电报局接到北京发寄四等第 3495 号电报），《前农林总长宋教仁被刺案内应夔丞家搜获函电文件检查报告》，第 33 页。

3月18日，洪又发电催应："寒电应即照办。倘空言，益为忌者笑。"① 3月19日，洪再发电给应："事速进行。"② 3月20日晚10时40分，应所雇枪手武士英于沪宁火车站击伤正欲乘车北上的宋教仁。3月21日凌晨2点10分，应由上海电报局给洪发电："念四十分钟所发急令已达到，请先呈报。"③ 3月21日上午9点20分，应给洪发出最后一封电报："匪魁已灭，我军一无伤亡，堪慰。望转呈。"④ 3月22日凌晨，宋教仁伤重不治而亡。当日，洪述祖由北京回到天津，袁下令"迅缉凶犯，穷究主名"。⑤ 3月23日，洪自天津致函应夔丞，告应已接到最后两电，并表示自己将于4月7日赴沪，"所有一切，均俟面谈"。⑥ 3月24日，洪又由天津回到北京，约在当日，洪曾谒见总统一次，得知宋为洪等所杀后，袁很不高兴。⑦

且说应夔丞派武士英刺杀宋教仁后，并没有静观事态发展，而是制作了题为《监督议院政府神圣裁判机关简明宣告文》的印刷品，于3月23日寄往国务院，谎称该印刷品为他所发现。"宣告文"称已将宋教仁判决死刑，先行即时执行，并罗列梁启超、孙中山、袁世凯、黎元

① 《第四十三件　洪述祖寄应夔丞电底一纸》（1913年3月18日下午3点7分上海电报局收到北京发寄四等第3724号电报），《前农林总长宋教仁被刺案内应夔丞家搜获函电文件检查报告》，第33页。

② 《第四十四件　洪述祖寄应夔丞电底一纸》（1913年3月19日下午12点35分上海电报局收到北京发寄四等第3937号电报），《前农林总长宋教仁被刺案内应夔丞家搜获函电文件检查报告》，第34页。

③ 《第四十五件　应夔丞寄洪述祖电底一纸》（1913年3月21日上午2点10分由上海电报局发寄三等第11628号电报），《前农林总长宋教仁被刺案内应夔丞家搜获函电文件检查报告》，第34页。

④ 《第四十六件　应夔丞寄洪述祖电底一纸》（1913年3月21日上午9点20分由上海电报局发寄四等第11641号电报），《前农林总长宋教仁被刺案内应夔丞家搜获函电文件检查报告》，第34页。

⑤ 《临时大总统令》（1913年3月22日），《政府公报》第315号，1913年3月23日，第305页。

⑥ 《第四十八件　洪述祖寄应夔丞信二纸信封一个》（1913年3月23日），《前农林总长宋教仁被刺案内应夔丞家搜获函电文件检查报告》，第35页。

⑦ 《张溥泉先生回忆录·日记》，第11—12页。

洪、张謇、赵秉钧、黄兴等人名字，分别给予八字考语，威胁倘不悛悔，将予"惩创"。① 3 月 24 日凌晨至上午，应、武二人相继在上海英、法租界被抓获，捕房随后对应宅进行了三次搜查，发现大量函电文件，其中包括应夔丞寄往国务院的印刷品 42 件，均已装入信封，准备以"京江第一法廷［庭］"名义寄出。3 月 25 日，洪述祖牵连刺杀案的消息传到北京，洪得知事情败露后，做出逃前的准备。② 当晚，袁世凯召集心腹在总统府会议，决定放过洪述祖。3 月 26 日一早，洪述祖乘火车离京赴津，两天后又自津乘火车南下，先至济南，然后转车至青岛德国租界。③ 3 月 28 日，赵秉钧听到有国民党人在演说中影射他与刺宋案有关联的传言后，立刻于当天下午面见袁世凯，强烈要求辞职，赴沪与凶手质对。④ 袁一面劝慰，一面向赵透露，洪述祖曾有一次提到"总统行政诸多掣肘，皆由反对党之政见不同"，建议"收拾一二人，以警其余"，被他拒绝。3 月 29 日晚，京师警察厅总监王治馨至赵宅拜访。3 月 30 日，国民党本部在湖广会馆举行追悼宋教仁大会，王治馨代表赵秉钧出席，并发表演说，将袁向赵透露的内幕公之于众。⑤ 4 月 3 日，内务部次长言敦源、国务院秘书程经世赴青岛，就处理宋案一事进行活动。4 月 12 日返回北京。⑥

　　由于巡捕房、工部局董事会和驻上海的领事团都主张尽早将案件

---

　　① 《第四十七件　第一法庭油印品寄各报馆信四十二封》，《前农林总长宋教仁被刺案内应夔丞家搜获函电文件检查报告》，第 35 页。

　　② 《宋钝初先生被刺案之破获》，《民主报》1913 年 3 月 25 日，第 6 页；《举国同声一哭之宋先生·宋先生案之一线光明·本社记者之忠告》（北京本报 4 月 1 日特记），《民立报》1913 年 4 月 5 日，第 7 页；《宋案破获后之各方面观·洪述祖逍遥法外》，《民主报》1913 年 4 月 3 日，第 6 页。

　　③ 《京师警察总监王治馨呈大总统报明派员侦缉洪述祖始末情形文》，《大公报》1913 年 4 月 24 日，第 2 张第 3—4 页；《京师警察总监王治馨呈大总统报明派员侦缉洪述祖始末情形文（续）》，《大公报》1913 年 4 月 25 日，第 2 张第 2—3 页。

　　④ 《一塌糊涂之刺宋案·赵总理之愤慨》，《亚细亚日报》1913 年 3 月 29 日，第 2 页。

　　⑤ 《关于刺宋案演说中之要闻》，《大中华民国日报》1913 年 3 月 31 日，第 2 页。

　　⑥ 言敦源、程经世：《公出日记》，《大自由报》1913 年 4 月 21 日，第 10 页；言敦源、程经世：《公出日记（续）》，《大自由报》1913 年 4 月 22 日，第 10 页。

转移到租界外，① 会审公廨在大约半个月时间内进行了 7 次预审，确认应、武二人暗杀成立。4 月 16 日、17 日，应、武二人连同证物被移交给江苏地方当局。4 月 24 日，武士英暴毙狱中。② 4 月 25 日深夜，江苏都督程德全、民政长应德闳发出"有电"，撮要宣布宋案证据。③ 4 月 28 日赵秉钧发出"勘电"为自己及政府辩解。④ 5 月 3 日，洪述祖自青岛发出"江电"，称"燬宋酬勋位"为自己假托中央名义所为，但"燬人"乃毁人名誉的意思，并无杀人之意。⑤ 5 月 4 日，岑春煊、伍廷芳、李经羲、谭人凤等发表通电，认为宋案"词连政府"，赵秉钧"应出庭受质"。⑥ 5 月 6 日，上海地方检察厅通过京师地方检察厅向赵、程发出传票。⑦ 5 月 11 日，赵秉钧复电岑春煊等，拒驳出庭要求。⑧ 6 月 2 日，上海地方检察厅致电京师地方检察厅，再次要求协传向赵、程到沪应讯，二人以生病等为由拒绝。⑨ 上海地方检察厅旋请京厅协助调查二人生病是否属实。7 月初北京地方检察厅回复上海地方检察厅，告知二人"均系实在犯病"，并有诊断书及药方为证。⑩ 洪述祖方面，虽经政府多次与德方交涉引渡，但迟迟未

① 上海市档案馆编《工部局董事会会议录》（十八），上海古籍出版社，2001，第655—656 页。
② 《宋先生遇害记三十二·陈团长之报告》，《民立报》1913 年 4 月 25 日，第 11 页。
③ 《上海程都督应民政长来电》（4 月 26 日），1913 年油印件，北京大学历史学系藏，第 174 函。
④ 《赵秉钧为宋案自辩电》（1913 年 4 月 28 日），朱宗震、杨光辉编《民初政争与二次革命》，第 257—261 页。
⑤ 《青岛洪述祖来电》（5 月 3 日），1913 年油印件，北京大学历史学系藏，第 174 函。
⑥ 《岑春煊等主张和平解决通电》（1913 年 5 月 4 日），朱宗震、杨光辉编《民初政争与二次革命》，第 329 页。
⑦ 《北京地方检察厅致上海检察厅函》（1913 年 5 月 6 日），《大中华民国日报》1913 年 6 月 1 日，第 2 页。
⑧ 《赵总理拒驳出庭对质之三大理由》，《大自由报》1913 年 5 月 13 日，第 3 页。
⑨ 《公判中之宋案·检察厅再传赵程二犯》，《民立报》1913 年 6 月 3 日，第 10 页；《北京电报》，《民立报》1913 年 6 月 14 日，第 6 页。
⑩ 《上海地方检察厅致京师地方检察厅公函》（函字第 231 号，1913 年 6 月 20 日，1913 年 6 月 25 日到），北京市档案馆藏，北平地方法院检察处全宗，J174 - 001 - 00337；《关于宋案最近之函电》，《申报》1913 年 7 月 9 日，第 10 页。

有结果。至 5 月 31 日，青岛德国高等裁判所开庭，传洪述祖到案审讯一切，洪坚称"熰宋"之"熰"绝无杀意，自己与刺宋案件确无关系，德国高等裁判所也认为洪案缺乏有效证据，判将洪羁留青岛，不复深究。①

1913 年 7 月 12 日，"二次革命"正式爆发。7 月 25 日，应夔丞乘两军酣战，收买狱官，自上海县模范监狱越狱逃走。② 10 月 10 日，袁世凯就任正式大总统。11 月初，应夔丞自青岛连发两电，要求为武士英与自己昭雪；又给袁氏上一密呈，攻击宋教仁，只认毁宋名誉，不认杀宋。③ 不久，应夔丞入京请功邀赏。1914 年 1 月 19 日，应在从北京去往天津的火车上被袁世凯派人刺死。④ 2 月 27 日，赵秉钧病逝于直隶都督任上。⑤ 10 月 22 日，曾在宋教仁追悼大会上为赵秉钧打抱不平的王治馨，因贪赃枉法，经大理院审决，被袁世凯下令枪决。⑥ 1916 年 6 月 6 日，袁世凯病逝。1917 年 4 月，化名张皎厂的洪述祖因借款纠纷在上海被德商控告。国民党人及正在上海读书的宋教仁之子宋振吕认出张皎厂即洪述祖，将其扭送至租界捕房。经会审公廨数次预审，判决移交北京警方讯问。⑦ 1918 年 4 月 24 日，洪述祖被提解至北京。9 月 29 日，京师地方审判厅一审判处洪述祖无期徒刑，洪不服

---

① 《山东电报》，《民立报》1913 年 6 月 3 日，第 5 页；《洪述祖重价延律师》，《正宗爱国报》1913 年 6 月 9 日，第 3 页；《宋案近事录》，《神州日报》1913 年 7 月 9 日，第 6 页。

② 《城内访函》，《申报》1913 年 7 月 26 日，第 7 页。

③ 沈云龙：《暗杀宋教仁案的要犯洪述祖》，《现代政治人物述评》（中），第 129 页；《应夔丞承认刺宋之电报》，《大公报》1913 年 11 月 17 日，第 6 页；《应夔丞为宋案密呈大总统文》，《大公报》1913 年 11 月 10 日，第 2 张第 2—3 页。

④ 《应夔丞被刺志详》，《申报》1914 年 1 月 29 日，第 6 页；陈瀇一：《睇向斋秘录》，章伯锋、顾亚主编《近代稗海》第 13 辑，第 577 页。

⑤ 《赵督都出缺》，《大公报》1914 年 2 月 28 日，第 7 页；《屈医官报告赵督致死原因》，《申报》1914 年 3 月 9 日，第 3 页。

⑥ 《步军统领衙门呈报枪毙官犯王治馨日期文并批令》（1914 年 10 月 24 日），《政府公报》第 890 号，1914 年 10 月 27 日，第 511 页。

⑦ 《洪述祖难逃法网》，《大公报》1917 年 5 月 3 日，第 2 张第 2 页；《洪述祖判决解京》，《申报》1917 年 8 月 29 日，第 10 页。

上诉。[①] 12 月 2 日，京师高等审判厅二审维持一审判决，原、被告均不服判决，上控至大理院。[②] 1919 年 3 月 27 日，大理院改判洪述祖死刑，褫夺公权全部三十年。[③] 4 月 5 日，洪述祖在京师第一监狱被执行绞刑。[④]

二　袁赵洪应涉案情节

案情既明，袁、赵、洪、应等人涉案情节也就清楚了。

袁世凯身为中华民国临时大总统，先是因欲遣散共进会而派其私人、内务部秘书洪述祖南下收抚应夔丞，并经洪述祖介绍邀请应夔丞入京见面，拨给其共进会遣散费 5 万元及每月 2000 元的江苏驻沪巡查长津贴；接着又因欲解散欢迎国会团而特派洪述祖南下与应夔丞秘密调查该团真相。当洪、应借机提出以金钱收买国民党议员及报馆，操弄宪法起草，以及购买所谓"孙黄宋劣史""宋犯骗案刑事提票"等，以损毁国民党领袖声誉的计划后，袁非但不加阻止，反而予以鼓励和支持，促使二人实施。当构陷阴谋失败，洪提议"收拾"反对党一二人以警其余时，袁以"反对既为党，则非一二人之故"予以拒绝，认为如此做法"实属不合"。虽然袁没有主谋杀宋，但国民党及当时舆论多将袁、赵视为刺宋幕后主使，给袁竞选正式大总统带来了极大冲击。在此情势下，倘若袁指使洪、应以不法手段对付政敌的内幕再曝光于法庭，对其竞选正式大总统将更为不利。因此，袁在案

---

① 《洪述祖案已判决》，《大公报》1918 年 9 月 30 日，第 2 张第 2 页。

② 《京师高等审判厅刑事判决》（七年控字第二二四号，1918 年 12 月 2 日），参见王建中《洪宪惨史》，第 79—87 页。

③ 《大理院刑事判决书》（八年上字第 218 号，1919 年 3 月 27 日），北京市档案馆藏，北平市警察局全宗，J181－017－01771。

④ 《京师第一监狱关于人犯洪述祖等人执行死刑情形的呈报》（1919 年 4 月 7 日），北京市档案馆藏，河北北平第一监狱全宗，J191－002－11584。

发后不但将掌握内情的洪述祖故纵至青岛德国租界藏匿，而且对赵秉钧欲辞职自证清白及出庭应讯百般阻挠。

赵秉钧作为国务总理兼内务总长，在本应属于其职责范围的收抚共进会一事上，并非主导人物。他发给江苏驻沪巡查长应夔丞"应密电本"，以及指示洪述祖"一手经理"应夔丞领取津贴之事，纯属公事公办，毫无阴谋之可言。赵对袁派洪、应南下秘密调查欢迎国会团原本全然不知，只因应夔丞致电函于国务院，报告调查情况，并请赵"转陈总统"，赵才被牵入局中。赵通过应夔丞所来"东""冬"二电，知晓洪、应二人欲以非法手段收买议员及报馆操弄宪法起草，也看到了二人欲借机构陷"孙黄宋"的计划，但他并未阻止，而是将"冬电"交给了洪，洪又面呈袁。当洪谎称收到应夔丞密电，向赵借阅"应密电本"时，赵顺势将"应密电本"交给洪，从而退出了构陷阴谋。此后，洪、应二人以信件和"应密"电往来，谋划杀宋，以及试图以低价购买公债谋取利益，赵已全然不知。案发后，舆论攻击赵为刺宋幕后主使，赵屡次提出辞职，要求赴沪与凶手对质，均为袁所拒绝。宋案证据宣布后，赵在总统府主导之下发表"勘电"，力辩自己及政府与刺宋案无关。但当上海地方检察厅两次发来传票时，赵又在袁支持下两次拒绝出庭对质，以牺牲个人声誉为代价，维护了袁的利益。

洪述祖是内务部秘书，应夔丞是共进会会长及江苏驻沪巡查长，二人为获取私利，在宋案各环节既相互配合，又相互欺骗，各怀鬼胎。二人先是借袁世凯欲收抚共进会之机建立起诡秘关系，合谋骗得遣散费 5 万元。接着利用袁世凯欲解散欢迎国会团，派二人秘密调查该团真相之机，提出操弄宪法起草及构陷"孙黄宋"计划，试图乘机再索一笔巨款。然而，洪没有料到，应企图空手套白狼，结果不但中央受骗，洪也受骗，购买所谓"宋犯骗案刑事提票"始终无果，构陷阴谋宣告失败。但洪并没有收手，反而为了给袁一个交代，并向袁证明自己，唆使应夔丞以武力对宋"乘机下手"。应则利欲熏心，乘机提出以"六六二折"的低价购买政府公债，变相索取杀宋回报。洪一方面接受应夔丞提出的低价购买公债要求，试图向财政部兜揽；另一方面又"恐折扣大，通不过"，遂假托中央名义，抛出"燉宋酬勋位"诱饵，以为替代方案。不料应对勋位"虚名"并无兴趣，于是，洪又假托中央名义，谎称"债票特别准"，以"实利"促应杀宋。1913年3月20日晚，宋教仁在沪宁火车站遭到应夔丞所雇枪手武士英枪击，两天后因伤重不治身亡。案发后，应、武均被抓获，洪则被袁故纵至青岛德国租界。

程经世作为国务总理赵秉钧之秘书，因最初负责译呈"应密"电报而得悉洪、应等操弄宪法起草及构陷"孙黄宋"之阴谋，但因赵秉钧后来将"应密电本"借给了洪，洪、应后来所谋划之事，程经世一概不知。洪述祖逃至青岛后，程经世曾与言敦源南下见洪，表面为劝其归案，实则代表政府与洪进行幕后交易。上海地方检察厅向其发出传票后，程又以自己仅为秘书，奉命办事，以及生病为由，拒绝出庭。至于朱荫榛，为应夔丞手下差遣员，他在宋教仁被刺当晚奉应夔丞之命启程赴京领取驻沪巡查长津贴，其事属实，但他同时又不自觉地充当了应夔丞写给洪述祖最后一封信的信使，可惜该信今已不可得见。

需要强调的是，虽然袁世凯不曾指使洪、应杀宋，赵秉钧亦对杀宋计划毫不知情，但这并不意味着二人对惨案的发生完全没有责任，毕竟洪、应均为政府所用之人，洪且为袁之私人。诚如论者所云："洪述祖一前清北洋候补道员也，应夔丞一前清漏网之江湖大盗也……政府之用应、洪，举措乖方，虽百口不能辨其无罪。"① 又有论者谓，"应之无赖，程、朱二督皆曾密报，洪之历史，庄思缄亦尝警

---

① 无妄：《论政府用人不慎宜引咎自责》，《亚细亚日报》1913年5月13日，第1页。

告，谓不可用"，① 袁世凯为了解散共进会及对付国民党竟用之，至为洪、应欺骗，乃至酿成杀宋惨案，方"叹小人不可与作缘"。② 故《民立报》批评道："直接以杀宋者洪、应，而间接以杀宋者，乃夫己氏也。非豢蛇者，则虺蝮何从恣其虐；非夫己氏，则洪、应曷从肆其毒。即使并不知情，而任用匪人、教猱升木之罪，已不可少逭矣。"③

赵秉钧所掌内务部被时人视为"民国第一旧窟，其间以旧官僚为最多，分子最杂"，④ 洪述祖即为其应唐绍仪之请而安插的旧官僚。《新闻报》批评道："洪述祖如此小人，不应引用，惟小人而后用小人，国事一遭至此，赵实不胜总理之任。"⑤《大自由报》也有一段议论文字，虽然其中一些说法，如"洪述祖为唐绍仪之私人，应夔丞为陈其美之党徒"，与史实不甚相符，但它批评赵秉钧碍于私人情面任用洪述祖，结果反受其害的看法，还是很精彩的。其言道：

> 洪述祖为唐绍仪之私人，应夔丞为陈其美之党徒，此等流氓小人，稍知自爱者皆当羞与为伍。古人云：交浅而言深，达者不为也。内务部秘书与内务总长之关系，赵秉钧岂不知之，伏盗贼于肘下，引虎狼于卧阁，何昧昧若是耶！噫，吾知之矣。赵秉钧决非昏昏者，彼盖内顾唐绍仪之情面，外樱孙、黄之势焰，吞声忍气，不能超然个人的私谊之范围外，以尽吾责任之天职，常欲挟一使贪使诈之心，卒之为贪诈所役使、所中伤。凡此，皆误于

---

① 本馆驻京记者闻雷：《北方对于宋案之研究》，《时事新报》1913 年 4 月 28 日，第 2 张第 1 页。

② 本馆驻京记者闻雷：《北方对于宋案之研究》，《时事新报》1913 年 4 月 28 日，第 2 张第 1 页。

③ 鹊：《为宋案责问政府》，《民立报》1913 年 4 月 10 日，第 3 页。

④ 起：《洪述祖鸿飞冥冥》，《大共和日报》1913 年 4 月 4 日，第 6 页。

⑤ 《新评一》，《新闻报》1913 年 5 月 4 日，第 1 张第 3 页。

赵秉钧之圆滑二字。不但此也,身居国家最高机关,牵一发而全身动,身败名裂,全国为之震撼,赵秉钧果何所辞其咎哉![1]

赵秉钧本人也对任用洪述祖后悔不迭,曾对人言:"洪虽在嫌疑,然不应先逃,我实有误用洪某之咎。"言谈间"顿足骂洪不置"。[2] 但就宋案与赵秉钧之关系而言,还是黄远庸所论最为公允:"洪之声名恶劣,既众睹众闻,亦有人向赵力言不可用者,赵顾碍于情面,不能决绝。赵内阁之惯于藏垢纳污,亦乌容讳,然决不能以其用人不明,遂以杀人之责任归之矣。"[3]

对于洪、应这类人物的特点,以及政府任用洪、应之害,《民立报》曾从过渡时代革命的不彻底性及国家法律之荏弱立论,进行了颇为深刻的剖析。其言道:

> 吾国此次大革命,以百日最短之时期,而成革故鼎新之大业。其为时也至暂,故其所淘汰也无多。举凡晚清时代夸毗侧媚之谐臣,败国殄民之赃吏,依然蟠踞政界,不失其权位;而一经夤缘攀附,或且谥以开国之勋,地位崇隆,有加于昔。此已足致正士之寒心,而长奸人之气焰矣。犹有甚者,则曩时社会上之神奸巨蠹,为害于闾左者,晚清时代犹为法律之所不容,不得不销沮退藏,以昼伏而夜动,其为害尚有限制也;乃至义师既起,海宇绎骚,法律之力,暂失效用,此辈乃得窃署位号,依附末光,公然恣所为于化日光天之下。当局者但见其小有才,而不悟其蕴毒之厉,或且奖进而假借焉,试之以官职,付之以事权,而诪张为幻之情形,乃至于不可思议矣。若洪述祖、应桂馨者,非旧朝

---

①　静:《人物月旦·赵秉钧》,《大自由报》1913年5月7日,第3页。
②　《专电·北京》(1913年4月2日到),《新闻报》1913年4月3日,第1张第2页。
③　黄远庸:《闷葫芦之政局》(1913年4月7日),《远生遗著》卷3,第99页。

政界之所共弃而清议所不容者乎？然自光复已来，公然冒党人之名称，自跻于奔走御侮之列，畴昔潜吹密厉，犹虑人知，今则明目张胆，居然有莫予敢侮之慨。嗟夫，蓄封狼而欲其变为祥麟，植钩吻而冀其蔚成嘉卉，岂不难哉！岂不难哉！……苟其阴贼险很，惟知长恶遂非，而本无志于迁善改过，国家法律之力又且至为荏弱，不足以褫奸人之魄，而使其弭耳服从，彼其积虑处心久矣，不知法律之可畏矣。以如此之人，而欲其为吾驾驭，是直不啻扬汤止沸，萑苻之侣而责以拒盗贼、捍户庭也，欲天下之无事，胡可得耶？①

辛亥革命之后，民主共和制度的框架虽然确立起来，但旧时代的烙印不可能很快去除，上自袁、赵这样的政府大员，下至洪、应这样的低级官员，实际上并没有确立起严格遵循法律原则及组织程序的意识，权谋思维仍然占据着他们的头脑。荀子曰："上好权谋，则臣下百吏诞诈之人乘是而后欺。"② 袁、赵为了对付政敌，不惜任用洪、应这类人采取非法、阴谋手段，这就给二人做了极坏的示范，助长了二人为恶之念，无怪乎洪、应敢于为了私利，同时为了迎合袁的政治主张，胆大妄为，终至酿成杀宋惨剧，而袁、赵亦因此不为国人所谅。

宋案关键人物涉案情节既已厘清，各人最后结局，也就可以得到合乎逻辑的解释。

杀宋既然造意于洪述祖，其并唆使应夔丞实施，而非袁、赵或黄、陈幕后主使，则武士英便不存在被袁、赵或黄、陈灭口可能。洪在案发后便逃至青岛德国租界，不具备杀武条件。应党曾试图毒杀之，但

---

① 嘤嘤：《洪应罪案感言》，《民立报》1913 年 4 月 1 日，第 2 页。
② 张觉：《荀子译注》，上海古籍出版社，2012，第 64 页。

以失败告终。故武士英最终暴病而亡可能性最大，西医尸检报告证实，武士英系死于急性肺炎。应夔丞始终误以为杀宋乃中央的意思，他于事后要求政府为他和武士英"昭雪"，并跑到京城来邀功请赏。但对袁世凯而言，应口无遮拦，会让外界误以为杀宋为其幕后主使。1914 年 1 月 19 日，应在军政执法处两名警探的"保护"下从北京乘火车到天津，却在快到天津时被人刺死于车厢之中，最先发现他被刺死的正是那两名"保护"他的警探。这看似一桩无头案，其实答案早已明确。赵秉钧在宋案中涉案最浅，他与宋教仁被刺没有关系，而袁亦不曾主谋刺宋，因此并不存在袁为灭口毒杀赵秉钧之事。其实，赵吸食鸦片多年，身体状况本就不佳，经过宋案一番折腾，健康每况愈下，任直隶都督后又日夜劳心费神于政事，不久便病故家中，医学检验报告证实赵死于"心脏神经痛或血栓"所致的"心衰"。王治馨是赵秉钧的心腹，他在宋教仁追悼大会上的演说曾引起袁世凯不满，但他本人与宋案并无关系，他在赵秉钧死后数月被袁世凯下令枪决，完全是其贪赃枉法所致。至于洪述祖，虽然一时逃脱了惩罚，但天网恢恢，疏而不漏，他终究还是未能躲过审判。1919 年 3 月，大理院以谋杀宋教仁罪名判处其绞刑，最终落得个身首异处。

三 宋案冲击下袁之攻守策略

进入 1913 年后，随着临时政府即将结束，选举正式大总统，建立正式政府，以及制定宪法提上日程，国民党与袁世凯之间的争权斗争日趋激烈。袁世凯对于担任正式大总统志在必得，在 2 月底 3 月初，他"授意姜桂题、段芝贵等，令散布谣言于各军中，谓不举袁为正式总统，北方将有大变端"。姜、段等遂联合各军军统及各师师长会议办法四条，通电全国，"第一担保帝制不再发生，第二选举为人民所信仰并于政治上有成绩之人为大总统，第三建设强健统一之国家，第四保护人民生命财产之安全"。① 这实际上是袁不惜以军人干政方式为其当选正式大总统做政治背书。袁又借"某政客"之口说："立国之初，必须得魄力雄伟之人，方能统治内外；若其人只富学识而无经验，必难仔肩。况值此内讧外患之秋，岂缺少经验之理想家、学术家能担任乎？"② 这实际上又是袁亲自为当选正式大总统制造舆论。对于国民党这个在国会内占据优势的大党，袁世凯除了试图利用洪、应以"文字鼓吹""金钱联合"等手段，通过收买国民党报馆及议员，操弄宪法起草，应对国民党的政党内阁主张外，又支持洪、应搜集所谓"劣史"，以损毁"孙黄宋"声誉，从而打击国民党人。不料洪、应却擅自杀宋，给袁招来了大麻烦，使袁的总统选情受到极大冲击。总统府秘书长梁士诒在广州获悉宋教仁被刺消息后，急电江孔殷，怃然曰："天下从此多事矣。"江复电亦对宋被杀深感震惊，谓："杀遯初者，可以弱民国，危总统，必有尸之者，险矣哉！"③

国民党及其支持者认定袁、赵为刺宋幕后主使，不仅要求二人解职，接受法律裁判，而且"通电各国，声明正式总统不能举袁，万不可借款于袁任内"。④ 袁世凯之忧心可想而知。1913 年 4 月 8 日为国会参众两院开幕之期，袁本拟亲赴两院演说，但"以宋案发生以来，不能不格外慎重，爰即借口法、美各共和先进国俱无此例，未便独为创举"，决定"不亲赴院，届时只将宣言书咨送过院"，并由总统府秘书长梁士诒向各党说明大总统不能到院之理由。有人提出质疑："去年临时参议院开幕时，袁氏曾亲出席演说，何以不闻援法、美之先例乎？"有人则"匿笑袁之胆怯"，并向梁士诒献策谓："'总统何

---

① 《燕云惨淡使人愁·都门之鳞爪（三）·咄咄军人敢干政》，《民权报》1913 年 3 月 1 日，第 7 页。

② 《大总统与某政客之谈话》，《神州日报》1913 年 3 月 2 日，第 5 页。

③ 凤冈及门弟子谨编《民国梁燕孙先生士诒年谱》，第 140 页。

④ 杞天：《时事危言》，《大自由报》1913 年 5 月 1 日，第 1 页。

不临时装病，不较冠冕耶？'梁但微笑而已。"① 上海某西报记者注意到："袁世凯近日外虽矫为镇定，其实已极仓皇。有谒之者出，言袁见客时，向来精神焕发，目光射于四座，而近十日来，则态度大变，与人谈论时，其目光常注于茶碗之上，且言语或致前后不相应接云。"② 而孙中山也曾向日本驻上海总领事有吉明透露："最近以来，袁氏每日数电前来，一则为其本人之立场开脱，二则请求本人予以推举，本人尚未复其一电。"③ 由此可见袁氏对于正式大总统之位何等看重，甚至愿意放下身段，请求孙中山支持。

刺宋案的发生，还严重影响到列强对民国政府的承认。"外人对于承认问题群起研究，以为此事必惹起无穷之纷争，而影响于各国之商务，承认问题将因此起一大阻力。"④ 5月1日，参议院本来已得到外交部电话通知，说美国驻华公使将于5月2日上午11时递交"正式承认国书"，但情况忽然又发生变化，美国公使"因借款及宋案两大问题，南北颇有不稳之象，已发电询之华盛顿政府，须俟回电到后，始能致送国书"。⑤

然而，袁世凯毕竟在政坛摸爬滚打了30年，既富经验，又有才略，复多权术，很快他便通过采取一系列措施，抵挡住了宋案造成的冲击，并逐渐由守转攻。

袁世凯的第一个策略，是将宋案定性为法律问题，而非政治问题，竭力反对国民党人将宋案与政治问题相关联。为此他特别在宋案证据公布后，于5月初发布了关于宋案的通令，强调宋案"纯系法律

---

① 《大总统何胆怯乃尔》，《大中华民国日报》1913年4月6日，第2页。

② 《外报之袁总统观》，《大中华民国日报》1913年4月14日，第3页。按此条内容系《大中华民国日报》转引自上海某西报。

③ 《有吉驻上海总领事致牧野外务大臣电》（1913年4月9日，第55号），邹念之编译《日本外交文书选译——关于辛亥革命》，第438页。

④ 《关于刺宋案之种种·与承认之关系》，《大中华民国日报》1913年4月5日，第2页。

⑤ 《美国承认之问题》，《大中华民国日报》1913年5月2日，第2页。

问题"，应当"依律科断"，案外之人不得"节外生枝"，"扰乱政局"。令曰：

> 刑事案件，应由检察官提起公诉，经由刑事审判，宣告判决。苟非被害者及其利害关系人，决无案外参加之理。前农林总长宋教仁在沪被刺一案，前经上海公共租界会审公堂及法界会审公堂，分别拘犯检证，预审终结，交归中国上海地方检察厅审讯。案中证据亦据江苏都督、民政长"有电"撮要宣布。其原电所呈国务总理赵秉钧致应犯及洪述祖手书各一件，然一为发给该犯"应密"电码，一为该犯请领津贴，均属因公，无关宋案，已由该总理通电各省都督、民政长宣布。究竟有无关涉，应由法庭依法判决。教唆主使，国有常刑，无所庸其袒庇，亦无所庸其罗织案外无干之人，更不能互相揣测，谬为诋諆。乃近来迭接各处来电，竟指赵总理为宋案主谋，并称人心愤激，请速诛赵等语。阅之殊堪骇诧。查赵总理致应犯手书二件，初无一语涉宋，未经审判，尚难认为有犯罪嫌疑，即果犯罪属实，刑律既有明条，尽当依律科断，纯系法律问题，何能涉及政治。似此节外生枝，诚恐淆清观听，扰乱政局。为此明白宣示：宋案现既破获，一经法庭研鞫，有无主谋，自不难水落石出。各该案外之人，毋得飞短流长，借端挑拨，俾昭信谳，而释群疑。将此通令知之。此令。①

国务院亦发表通电，不点名批评国民党人将法律问题混入政治，意图破坏现状，谓：

---

① 《袁世凯关于宋案之通令》，罗家伦主编《宋教仁被刺及袁世凯违法大借款史料》，第226—227页。

此是法律问题，与政治判然两途。好事之徒，不候法律解决，妄生谣啄，直欲使法律混入政治，以遂其破坏之计。又直欲藉一二人暧昧之私，倾覆政府，摇动国本。[1]

袁氏还借万国改良会会长丁义华即将赴上海参加禁烟讨论会之机，与之会面，向南方国民党传话，称：

至于宋案，在余毫不知晓，惟未经法庭，是非未判之前，亦不能任意出入人罪。洪述祖国家毫不袒护，现在与德使交涉。总之共和国本由立法、司法、行政三权组织而成，此事真伪应由立法机关切实调查，司法官厅秉公审断，极盼望早日水落石出，以释群疑，庶免幸灾乐祸之徒乘机煽惑，以致国民涂炭，民国动摇耳。[2]

而对湖南都督谭延闿、江西都督李烈钧、安徽都督柏文蔚及广东都督胡汉民在宋案及大借款问题上批评政府，袁氏发表通电，严厉斥责，谓为"雌黄信口""荧惑人心"，又谓"宋教仁被刺案现方开审，检查证据，自有专司，非经法庭，无从判决"，"如不候国会之制裁，与法官之判决，好为逆亿，预蓄成心，侵轶鼎立之三权，淆惑一时之耳目，似此上无道揆，下无法守，人心一失，大命随之，该都督等亦难辞其责任"。[3]袁世凯一方之《大自由报》甚至攻击国民党"以最卑鄙之手段，最恶劣之心地，藉死人为傀儡，混政治于法律，置正义

---

① 《宋案证据披露后之各方面·国务院之通告》，《亚细亚日报》1913年4月29日，第3页。

② 《大总统与丁义华之一席谈》，《大自由报》1913年5月9日，第3页。

③ 《国务院传大总统令训斥四督电》（1913年5月8日），朱宗震、杨光辉编《民初政争与二次革命》，第268—269页。

道德于不顾"。①

袁世凯的第二个策略，是对于涉案的洪述祖、应夔丞、赵秉钧采取不同的策略，千方百计予以庇护，尽可能为自己筑起一道防火墙，以免宋案冲击影响到自己竞选正式大总统。

袁氏要求国民党人静待法庭解决宋案，但他本人并不打算真的以法律手段来解决。由于洪、应、赵三人都牵涉以非法手段操弄宪法起草，以及以"莫须有"之证据损毁"孙黄宋"声誉，这一阴谋一旦在法庭上公开讯问，对作为幕后主使人的袁世凯将是重大打击，很有可能直接影响到其竞选正式大总统，因此，袁世凯是绝对不会允许这种情况出现的。为此，他针对三人情况采取了不同的应对策略。

对于洪述祖，尽管麻烦都因他擅自唆使应夔丞杀宋而引起，但袁世凯更担心的是，洪述祖一旦被抓，其以非法手段倾陷政敌的阴谋将不可避免曝光于天下，因此，他对洪采取了故纵策略，让其从容逃往青岛德国租界，然后一方面表示要"将洪犯引渡，归法庭裁判"，②另一方面与其私下进行交易，让其一身担责。对于应夔丞在上海法租界被抓，袁世凯得到消息后，立刻于3月27日召开会议，"与各国务员密议一切善后办法"，图谋将应犯"解京办理"，③并命外交总长陆徵祥往晤驻京法国公使康堆，提出"宋教仁被刺案关系南北意见"，"为泯除南北猜疑起见，拟将此案提京严讯，务期水落石出"。④袁世凯还通电各省征集意见，豫、晋、陕、滇、鄂、湘、川、粤八督均以"保存法权"为由，主张提京审办。⑤然而，由于江苏都督程德全和

---

① 枯尸：《为宋案告国民党》，《大自由报》1913年5月6日，第1页。

② 《与黎元洪面谈调和南北之意见》（1913年5月12日），马勇整理《章太炎全集·太炎文录补编》，上海人民出版社，2017，第476页。

③ 《大总统密筹宋案善后办法》，《大公报》1913年3月29日，第3页。

④ 《大总统拟将宋案提京讯办》，《大公报》1913年3月31日，第4页。

⑤ 《关于宋案之紧要消息》，《大公报》1913年4月9日，第4—5页。

黄兴都主张将该案归上海讯办，舆论也质疑，洪、应都是中央任命的官吏，"平素常奔走于权贵之门"，"政府提归中央，实欲改易供词，消毁证据，以敷衍了事"。① 同时，法、美、德、英各国公使提出"欲维持人道，保障租界治安，须在会审公堂审结"，"非水落石出时不能引渡"。② 袁世凯这才不得不"决定将提京之议取消"。③ 迨应夔丞移交归上海地方法庭审理后，由于处于国民党人监控之下，袁世凯难以下手，于是他在明知陈其美并非刺宋主谋的情况下，对应夔丞党徒为脱罪而采取的陷害陈其美之举，采取纵容乃至暗中支持策略，借以转移视线，混淆视听，将舆论攻击矛头引向国民党人。④

对于赵秉钧，袁世凯动用心思最多。宋教仁被刺后，袁、赵二人都受到了攻击，而赵秉钧所受攻击尤重。为此，赵秉钧屡屡提出辞职，要求出庭与凶手对质，以自证清白。但对袁世凯而言，一方面他担心赵秉钧出庭对质将暴露二人以非法手段倾陷政敌的阴谋；另一方面，一旦赵秉钧辞职，他就将失去"挡箭牌"，舆论对他的攻击就会加大。因此，他对赵秉钧辞职一次次予以拒绝，并力阻其出庭应讯。不仅如此，如前所述，袁世凯方面还制造了一个"血光党"事件，由一位名叫周予儆的北洋女子师范学堂学生出面自首，诬陷黄兴派其在京组织暗杀机关，然后由京师地方检察厅移请上海地方检察厅票传黄兴到案，作为对上海地方检察厅票传赵秉钧的抵制。此种伎俩让张謇实在看不下去了，致函袁世凯道："吾人深知周予觉、周予儆之诬扳与物证之虚造，于审讯之时必昭然大白于天下……国民数千年之特性，对于冤案无不感奋激昂，有同身受，于负人望者横被冤抑为尤然，传诸稗谣，被于闾巷，已成一般社会之心理。何苦故犯众怒，至

---

① 《总统府对于宋案之会议》，《大公报》1913 年 4 月 1 日，第 3 页；燕侠：《政府宜避嫌疑》，《顺天时报》1913 年 4 月 3 日，第 2 页。

② 《北京电报》，《民立报》1913 年 4 月 3 日，第 6 页。

③ 《大总统对于办理宋案之慎重》，《大公报》1913 年 4 月 7 日，第 3 页。

④ 参阅本书附录 I "陈其美主谋杀宋谬说之流传"。

于如此?"①

袁世凯的第三个策略，是想方设法纠合各派力量，对付国会内稍占优势的国民党人。

此种策略，早在刺宋案发生以前，袁世凯就已经在实施。刺宋案发生后，袁世凯更"极力联合统一、共和、民主各党，藉以达总统之目的"。② 工商总长刘揆一赴沪吊唁宋丧之前，曾于3月29日谒见袁世凯，谈及善后事宜，"诉诉以政党内阁为请"，袁意味深长答道："政党内阁殆不成问题也，国会开后视谁党议员占多数，内阁即应归谁党组织之，余何容心焉。"③ 其时，外间正传闻有人将组织进步党，袁世凯对刘揆一所言传出后，有人认为，"所谓进步党者，即袁大总统仿日本桂太郎组织新政党之办法，以为抵制国民党之物也"。④ 虽说袁世凯自己组织进步党之说并不准确，但他的确在谋划利用共和党、民主党、统一党三党联合组织进步党之机对付国民党。为此，他对国民党议员采取了收买分化策略。参议院议长、国民党人吴景濂曾述其事道：

> 袁、赵恐在沪国民党孙、黄诸先生对此案（指宋案——引者）不能恝置，恐不久有军事发生，又恐国会定四月八日开会后，对此案大肆攻击，虽［遂］一面备战，又一面用钱贿买两院国民党议员入拟议中成立的进步党，并唆使孙少侯（名毓筠）等另组政党名为政友会，专收买国民党两院议员，以减少国民党在两院议员之人数。复派孙少侯、林述庆等秘密见予，请予脱离国

---

① 《致袁世凯函》（1913年5月11日），李明勋、尤世玮主编《张謇全集》（二）《函电》（上），第372页。

② 《宋案大放光明·西报之评论》，《民主报》1913年4月16日，第6页。

③ 《梦想之三党联合大计画》，《大中华民国日报》1913年3月30日，第3页。

④ 《梦想之三党联合大计画》，《大中华民国日报》1913年3月30日，第3页。

民党，以五十万元为用，其组党费另外酬给，予严词拒绝之。①

日本报纸也有报道，谓袁世凯为了对付国会中的国民党议员，无所不用其手段：

> 袁以国会中国民党议员颇占多数，遇事掣肘，不能为所欲为，遂以金钱买收国民党议员，且对于该党议员之有力者，以内阁总长之条件诱之，不动，则用他法以制之。如对于有刚直声望之李肇甫，前日曾促其父使之归里，其一证也。又使该党之软派议员组织第三党，以分其势力，而使其纷扰。凡可以达一己之目的者，其手段之险恶，非所顾也。②

袁世凯对他的策略似乎很有把握，因此，当4月29日于右任代表孙中山、黄兴谒见袁世凯，提出"无论何人为总统，须由国民党组织政党内阁，独操政权"时，袁氏再次意味深长地讲了同3月29日对刘揆一所讲类似的话："政党内阁一层，予颇赞成，决无疑义。将来议会中谁党战胜，其内阁即用谁党首领组织，实为当然之事实。"③

在梁启超等人策动下，1913年5月29日，共和党、统一党、民主党三党正式组成进步党，成为袁世凯对付国会内国民党议员的御用工具。

袁世凯的第四个策略，是对舆论进行严密操控，一方面利用行政权力打击国民党报刊或支持国民党的舆论，另一方面挖空心思攻击国民党人，以淆乱视听。

---

① 吴叔班笔记，张树勇整理《吴景濂口述自传辑要》，《天津文史资料选辑》第42辑，第61页。

② 《日本报中之袁世凯》，《大中华民国日报》1913年6月14日，第1—2页。

③ 《北京专电·国民党三大要求》（4月29日发），《神州日报》1913年4月30日，第2页。

　　先是 4 月中旬，报载交通部受袁世凯主使，于 4 月 1 日颁发部令，令电报局，"以后各报凡关于宋案，牵涉政府及国会，牵涉军警干涉，概不准发电。每日由部派员二人到电局，专为检查"。① 随着宋案证据宣布，不少舆论对袁世凯及其政府给予猛烈批评，5 月 1 日，袁世凯向总统府秘书厅交下说帖一扣，内容为建议对国民党报纸"酌量取缔"，令秘书厅函部"严切办理"。② 同日，总统府秘书厅致函内务部云：

　　　　近日京中各报，对于宋案妄加批评，往往甲论乙驳，飞短流长，实足淆乱人心。查宋案既经法庭审判，将来自可水落石出。未经审判以前，照律不得登载。乃四月二十九日《国风报》《国光新闻》《中国报》任意诬蔑，有"万恶政府"、"政府杀人"、"政府罪状"及"民贼独夫"等字样，应由贵部按照《报律》或《刑律》第十六章、第三十一章，严重取缔，以重秩序而安人心。相应函达，希即查照办理可也。③

　　内务部接函后，很快于 5 月 2 日拟定了给京师警察厅的训令，重申《报律》及《暂行新刑律》相关规定，对《国风报》等三家报纸予以"告诫"，"嗣后不得再有此任意污蔑之词，公然煽惑。倘再故违，定行令厅（指北京警厅——引者）依律办理"。内务部并"咨令各省都督、民政长，转饬各报，一体遵照"。④

---

　　① 《大总统果干涉人民发电乎》，《大中华民国日报》1913 年 4 月 18 日，第 2 页。

　　② 《大总统府秘书厅致内务部公函附钞说帖一件》（二年机字第 31 号），中国第二历史档案馆藏，内务部全宗，1001－2－883。

　　③ 《大总统府秘书厅为取缔抨击宋案各报致内务部密函》（1913 年 5 月 1 日，大总统府秘书厅公函二年机字第 28 号），中国第二历史档案馆编《中华民国史档案资料汇编》第 3 辑，江苏古籍出版社，1991，第 1039 页。

　　④ 《内务部为转发大总统府查办抨击宋案各报令致京师警察厅训令稿》（1913 年 5 月 2 日，内务部训令），《中华民国史档案资料汇编》第 3 辑，第 1042—1043 页。

5月3日，总统府秘书厅又致函内务总长，令其对报馆言论厉行检查，禁止各处报纸借端造谣，刊登不法言论，攻击政府。函云：

> 径启者。本厅接阅路透电，载译上海工部局取缔报馆告示，称近来各报多用论说插画关于政府、国家各事，作不规则言论，攻击在公之人，非常激烈。凡损人名誉、捏词诬陷之处，无所不为。此种牵动，率至摇惑人心，扰乱秩序，用特示知报馆各项人等，胆敢发刊此等不法言论插画，查明之后，即行拘拿收禁，听候罚办等语。查取缔报馆为内政之一，现在京内外各地报纸藉端造谣，攻击政府，甚或鼓吹内乱，昌言无忌，其言论自由已逾法律制限之外，若不示以儆惩，难免不滋生事端，贻害大局。上海工部局于租界地面已能出示禁止，内国警察权所及区域，尤应励行检查，俾守范围。特此函请贵部通令全国各民政长及各警察官厅，遇有前项情事，□□□□，倘一再故违，即行拘究，按律罚办，已□内政，而销乱萌。此致内务总长。①

5月6日，京师警察厅总监王治馨呈文内务部，提出拟由警察厅函知各报馆，嗣后除"关于营业之传单暨议院纪事录，无论何项号外或传单，均应送厅检查。其事机紧迫，不及送厅者，则就近送该管区警察署检查。检查许可后，立时加盖'检'字戳记发还，方可刊布。倘不送检查，遽尔发布者，其号外、传单一律没收，并将发行人依律办理"。②

很明显，严格的检查主要是针对国民党报纸，政府方面报纸或支

---

① 《总统府秘书厅致内务总长函底稿》（5月3日清），1913年手迹，北京大学历史学系藏，第174函。

② 《京师警察厅总监王治馨关于检查报纸上内务总长呈文》（1913年5月6日），中国第二历史档案馆藏，内务部全宗，1001－2－883。

持政府的报纸并不需要遵守。《民权报》曾揭露袁世凯方面对报刊言论的操纵与压制情形道：

> 近日所发见之事实，为袁氏欲打消有力之言论者，其手段约有二种：其一利用袁党之报纸，使淆乱是非。如北京《国报》《国维报》《黄钟日报》《大自由报》等，捏造新闻为某某造反、某省独立、南方某乱是。其二摧折非袁党之报纸，使不敢直笔。如取缔《国风日报》《国光新闻》《中国报》，宪兵干涉《民主报》，杨以德之控告《新春秋》，及扣留报馆访电等是。其所以行此二种手段之意，前者为抵制，期以私党之造谣，淆乱天下之耳目，而转使杀人卖国之确据，亦扯入流言中，而使人不信。后者为压抑，期以专制手段，钳制人民之言论，使不敢言，而其罪乃可为无形之消灭。此皆袁世凯之狡计也，而语其究竟，则既缄人民之口，而复以其机关报之造谣，播传于世，藉以发为乱命，肆为罗织，以期明杀民党，大杀人民，以逞凶暴之焰。此又袁世凯之毒计也。而民权民命，危机一发，哀哀众生，万劫不复矣。①

对于攻击袁世凯及其政府的书籍，袁世凯也设法查禁，如"人物

---

① 匪石：《袁世凯与言论》，《民权报》1913年5月11日，第6页。按《民主报》1913年5月6日第6页"逆证宣布后之宋案"曾报道："日昨本报接警察函开：政府谓《国风日报》《国光新闻》《中国报》载有'政府杀人'，'万恶政府'，'独夫民贼'等字样，特命严加检查云云。又，昨晚六钟，忽有宪兵三人来本社云：奉陆军部特来检查贵报所登前日某事已排之电文底稿，当经札示本社正当答复，宪兵亦遵命而退。政府对于报馆之种种干涉若此，岂知报馆为舆论机关，报章即人民之口，报馆有监督政府之责，对于政府不法律之行为，是否应尽口诛笔伐之责。乃政府既失信仰于人民，复又施威于报馆，妄肆淫威，钳制舆论。"又，1913年5月14日《顺天时报》第9页"近日报馆被干涉情形"云："政府近来对于报馆言论深为注意，不久严重取缔所有报馆云云，曾志本报。日前警察厅果派多人，至国风日报馆，带去主笔数人，送往检察厅。是为政府干涉报馆之嚆矢。并闻国光新闻社，近来日日由警察厅派人，或检阅原稿，或种种问讯，馆中事务，大受障碍。民主报馆亦有时被此种人之访问。总之，京中报馆被此种干涉者，多系国民党派所发行者云。"

品评社"所出《照妖镜中之袁世凯》，即因攻击袁世凯而被查禁。[1]
特别值得注意的是，袁世凯方面还自造了不少文字，在各报刊反复刊
登，对国民党进行攻击，以转移视线，混淆视听。如《呜呼，国民党
之自杀政策》《某军官之谈话》《解剖孙逸仙》等，都是袁世凯方面
自造的。黄兴曾致电袁世凯，毫不客气地指出："近来人心险恶……
乙罪发现，往往媒孽甲短，以图钳制。转移此种恶风，不得不惟我公
是赖。"[2]

其中，《呜呼，国民党之自杀政策》借"国民党员某君"口吻，
攻击国民党。开头有段引言，以报馆口吻写道："顷见国民党员某君
著有谈话一篇，历言国民党之失败与夫南方全体商民对于国民党之疾
首痛心，可见国民党在南方已无立足之地。循是不变，国民党殆无生
存之望。从此以后该党或至于消灭，未可知也。此在国民党固属至可
悲戚，即在非国民党亦当为洒一掬同情之泪。特觅得原稿，介绍于一
般留心时事者，俾从事政党者知倒行逆施之无异自杀，庶几有所取
镜，而政治或有上轨道之希望焉。"文中攻击"国民党人利用宋案涉
及政治问题，近且与大借款事并为一谈，阴谋诡计，无所不用其极，
蓄意推翻民国之心，路人皆知"，各国人士"吐弃蔑视"，南方商民
"切齿痛心"，"每日攒眉蹙额，痛詈国民党之破坏大局"，又骂国民
党"实在可恶"，"简直不是人"，称国民党之政策为"自杀政策"。[3]

《某军官之谈话》以"在北军中以骁勇闻，后与北方将帅联名赞
成共和，现仍统某军"的"某军官"与某报"记者"谈话的名义，

① 参阅拙文《攻击与回应：民初袁世凯三传面世之幕后故事》，《历史教学》2014 年第
4 期。

② 《黄克强复袁世凯电》，徐血儿等编《宋教仁血案》，第 381 页。

③ 良心：《呜呼，国民党之自杀政策》，1913 年油印件，北京大学历史学系藏，第 174
函。该篇文字又见于《国报》《神州日报》《时报》等，其中《国报》刊于 1913 年 5 月 12 日
第 6 页；《神州日报》连载于 1913 年 5 月 16 日第 3 页、5 月 18 日第 3 页；《时报》连载于
1913 年 5 月 21 日第 1 张第 1 页、5 月 22 日第 1 张第 1 页及 5 月 23 日第 1 张第 1 页。

历数袁世凯和北方军人在建立共和过程中之贡献，强调"武汉起义，全国响应，推翻帝制，建造共和，虽赖先烈志士之提倡，及人民心里之要求，然非袁大总统及北方将士潜谋默运，一德一心，共和未必能成。即成矣，而两军相持，血战经年，全国人民死于锋镝者至少恐亦以千万计，财政损失至少恐亦以万万计"。斥责国民党对袁世凯及北方将士"有毁无誉，有贬无褒，几若北方赞成共和保全人命太多，于彼党大有不利"。又斥责国民党人"只有破坏野心，实无建设能力"，"其以政治家自命者，亦只知反对借款，反对裁兵，反对任免官吏，推其仇视政府之心，几无一不用其反对者"。其心"盖自视无一非开国元勋，而视我北方军界将卒直无与于共和之构成者"。谈话最后语带威胁云："若辈……跳踉不已，愈扰愈乱，邪说暴行，横流全国，使人民受殃，先烈隐痛，共和政体虽成，幸福何在……吾辈为救国计，为保种计，不能不思所以筹策之也。"[①]

《解剖孙逸仙》则以"某西报"论孙中山名义，以极刻薄之语言，对孙中山大加攻击。篇首写道："孙逸仙藏头露尾，鬼鬼祟祟，忽而医师，忽而学士，忽而谭兵，忽而论道，忽而铁路银行，忽而手枪炸弹，忽而底心下气，忽而横眉竖目，忽而做总统，忽而充强盗。真如孙大圣，一日万变，一变万状，南天北斗，五花八门，光怪陆离，不可测度。外人谥之曰博士（言其万能），国民尊之曰先生，吾乃取博士之心、先生之舌，和以药物，为之解剖。"文中称孙中山自以医生起家以来，二十余年中，其态度变化"如孙悟空拔毫毛，不可以数计"。仅南京临时政府成立以来，已有六变：因陷困局而暂辞临时大总统，以便卷土重来，是为第一变；袁任临时大总统后，嗾使黄

---

① 《某军官之谈话》（5月），1913年油印件，北京大学历史学系藏，第174函。该篇又见于《神州日报》及《大自由报》，其中《神州日报》刊于1913年5月17日第4页，改题为《某报记者与北方某军官之谈话》；《大自由报》刊于1913年5月25日第6页，改题为《某军官之快人快言》。

兴、陈其美等留难政府，是为第二变；因受革命党内攻击，"思借北方自重"，于是北上入京，是为第三变；入京后"易其仇视之心为媚事之计"，宣告自己不入政界，十年之内总统非袁莫属，"内藉退让之美名以揽人心，外结政府之信用以博巨款"，是为第四变；宋案发生，又攘臂而起，自愿带兵北伐，并通电五国银行团及欧洲各国报纸，反对大借款，是为第五变；迨遭官民反对，外人排斥，"党内溃如鸟兽散"，忽又"急电诉政府，卸罪党人，自愿出为调人"，是为第六变。文章最后以调侃语气写道："吾未见善变如先生者，先生其蝴蝶化身欤，殆真得悟空衣钵者？谚云：女子十八变。先生伟人，其变正未有艾，吾人请得载笔以俟其后。"① 《大自由报》还对以上六变进行概括性描述，称"第一变惊天动地"，"第二变怨天恨地"，"第三变局天蹐地"，"第四变欢天喜地"，"第五变昏天黑地"，"第六变呼天抢地"。②

除采取以上对策外，袁又加紧进行善后大借款谈判，虽然遭到孙中山等人反对，甚至通电英国政府国会、欧洲各国政府及各国报馆，呼吁各银行团"勿以款项供给北京政府，以免中国之战祸"，③ 然并无效果。袁世凯政府最终于 1913 年 4 月 26 日签约，借得 2500 万英镑巨款。同时，袁世凯方面在军事上也加紧备战。5 月 1 日，袁世凯以陆军总长段祺瑞代赵秉钧任国务总理，就是为以武力对付国民党人预做准备，"段祺瑞军人也，有军人内阁，则军事上自多便利"。④ 袁世

---

① 《解剖孙逸仙》（5 月），1913 年油印件，北京大学历史学系藏，第 174 函。该篇文字又见于《大自由报》《国报》《亚细亚日报》《新中国报》《时事新报》等，其中《大自由报》刊于 1913 年 5 月 28 日第 3 页，题为《孙行者之六大变化》；《亚细亚日报》刊于 1913 年 5 月 28 日第 3 页，题为《外报论孙中山之千变万化》；《国报》连载于 1913 年 5 月 28 日第 1 页、5 月 29 日第 1 页，题为《孙逸仙之六变》；《新中国报》连载于 1913 年 5 月 29 日第 2 页、5 月 30 日第 2 页，题为《解剖孙逸仙》；《时事新报》连载于 1913 年 6 月 3 日第 1 页、6 月 4 日第 1 页，题为《剖论孙中山》。

② 《孙行者之六大变化》，《大自由报》1913 年 5 月 28 日，第 3 页。

③ 《孙逸仙布告各国之公函》，《大自由报》1913 年 5 月 25 日，第 6 页。

④ 心森：《闲评二》，《大公报》1916 年 4 月 25 日，第 2 张第 5 页。

凯最终抵挡住了宋案所带来的冲击，态度也越来越强硬，到了 5 月下旬，袁甚至令梁士诒、段芝贵、曾彝进等传语国民党人，谓：

> 我现已决心。孙、黄等无非意在捣乱，我绝不能以受四万万人财产生命付托之重，而听人捣乱者。彼等皆谓我争总统，其实若有相当之人，我亦愿让。但自信政治经验、军事阅历、外交信用颇不让人，则国民付托之重，我亦未敢妄自推诿。彼等若有能力另组政府者，我即有能力毁除之。①

与此同时，袁世凯调集军队，"以鄂省为主要策源地"，准备对湘、赣、皖、苏作战。② 最终，袁世凯于"二次革命"中击败了国民党。接着又借口国会当中国民党议员与"二次革命"有牵连，下令取消其议员资格，并加通缉。国民党重要人物纷纷流亡日本，反袁斗争以惨败告一段落。

四　国民党应对宋案的惨痛教训

民国进入第二年后，随着临时政府即将结束，正式政府即将成立，国民党与袁世凯之间的争权斗争越来越公开化、激烈化。在这样一个敏感的时间节点上突然发生国民党代理理事长宋教仁被刺事件，对国民党人而言，是个很大的打击。但由于政府方面有人涉案，对国民党人而言，此案又为反袁提供了依据。然而，双方较量的结果完全出人意料，国民党人不但没能揭开宋案真相，反而在对袁斗争中越来

---

① 远生：《最近之大势——渐渐分明》（1913 年 5 月 27 日），朱宗震、杨光辉编《民初政争与二次革命》，第 363 页。

② 《袁世凯军事计划消息》（1913 年 5 月），朱宗震、杨光辉编《民初政争与二次革命》，第 395 页。

越陷于被动，最终惨败。其中教训，很值得我们思考。最为惨痛者有如下几点。

第一，国民党人对宋案证据自始至终没有从理性出发，进行系统研究，这使得他们对宋案真相的判断充满非理性的假设或猜测成分，结果，本来紧握在手的利器，没有刺向对方要害部位，反而伤了自己。

刺宋案一发生，国民党就将其归因于政治关系。如3月22日宋教仁辞世当天，《民立报》即发表时评，认为此暗杀案"内幕中必有政治关系有力之人为之指使"。[①] 国民党本部也向各省国民党支部及各报馆发出电报称："宋君竟因政治关系遭此惨祸，个人未足惜，如大局何。"[②] 鉴于当时的政治情势，国民党人以为一定是宋教仁的政党内阁主张为官僚党所忌，因此纷纷将矛头指向政府，甚至直指袁世凯。如上海英文《大陆报》披露："国民党中多以此事归罪于北边……宋君友人云：宋君在世间无仇人，其心忠义，言语温和，而其性情，又属谦让，观其可以归罪之人，但有大总统而已。"[③] 《中华民报》断言："主使杀宋者，必谋破坏政党内阁、推翻平民政治之神奸巨蠹。"[④] 国民党本部所发《哀辞》亦云："先生所持者为政党内阁……先生被刺原因，或肇于此。彼刺先生者，以为天下人才惟使君耳。先生既死，则政党内阁无从发生，因而采取总统责任之制，予取予夺，谁敢逆鳞？"[⑤] 曹操与刘备青梅煮酒论英雄，曹操曰："天下英雄唯使君与操耳。"国民党本部变换其词，分明是说，"彼刺先生者"即袁世凯。3月26日，孙中山会见日本驻上海总领事有吉明时也将矛头指

---

① 《呜呼，万恶之奸徒》，《民立报》1913年3月22日，第1页。
② 《国民党理事宋教仁君逝世》，《大中华民国日报》1913年3月23日，第2页。
③ 《国民党理事宋教仁君逝世》，《大中华民国日报》1913年3月23日，第2页。此条转引自英文《大陆报》。
④ 民畏：《暗杀案勾稽之一班》（三月念六日），徐血儿等编《宋教仁血案》，第147页。
⑤ 《举国同声一哭之宋先生·国民党本部哀辞》，《民立报》1913年4月6日，第7页。

向袁世凯，谓：

> 宋教仁暗杀事件，事颇重大……根据收到之报道，其数虽少，而出自袁世凯唆使之证据，历历在目……袁以大总统之高位，尚用此种卑劣之手段，实所不能容忍。①

同日，在长沙举行的公民会上，国民党人宁调元发表演说，称宋教仁在"共和成立后，主张内阁制最力，深触袁氏之忌。近且奔走东南，反对举袁为总统，袁之党欲得而甘心者久矣。遁初今日致死之媒在此，所谓绝大之凶犯即袁氏是也"。② 4月初，孙中山会见有吉明时，又将主要矛头指向赵秉钧，谓：

> 我党今后之方针，将使十二日开幕之国会尽量拖长会期，直至宋案之审理结果判明，以便掌握充分材料对袁进行诘责，至少赵秉钧为宋案之元凶一事，已成为不可动摇。根据情况，法院或将拘传赵秉钧出庭对质，用以确定证据。③

4月13日，国民党上海交通部在张园举行宋教仁追悼大会，于右任、马君武、潘仲英、黄膺白等多位国民党要人发表了矛头直指政府

---

① 陈锡祺主编《孙中山年谱长编》上册，第 792 页。

② 《湘公民开会记》（1913 年 3 月 26 日），朱宗震、杨光辉编《民初政争与二次革命》，第 272 页。

③ 《有吉驻上海总领事致牧野外务大臣电》（1913 年 4 月 9 日，第 55 号），邹念之编译《日本外交文书选译——关于辛亥革命》，第 437 页。孙中山最初直指袁氏为主谋，但不久态度有所变化，对袁、赵与宋案的关系做区别分析，认为赵是元凶，但袁也知情。如在 6 月 24 日与香港记者谈话中，孙中山又说："宋教仁被杀一案，吾甚恶之。有谓北京政府与该案干连，殊属不公。然吾谓袁总统非自有干连，不过系其总理与有干连也，故袁总统定必略有所知。是以此事吾深恶之，且心殊不悦。"[《在香港对〈早士蔑西报〉记者的谈话》（1913 年 6 月 24 日），中国社会科学院近代史研究所中华民国史研究室、中山大学历史系孙中山研究室、广东省社会科学院历史研究室合编《孙中山全集》第 3 卷，中华书局，1984，第 65 页]

和袁世凯的演说：

于右任君谓：今日追悼宋钝初，实在是追悼民国全体。钝初为国伟人，故暗杀钝初略为暗杀民国全体。诸君要看“燬宋酬勋位”五字，可见杀死宋钝初的，就是给人勋位的这个人……马君武君谓：鄙人今日代表中山先生来会追悼，宋先生之死实为官僚党之主谋，故官僚党实为民国之贼。今欲建设民国，第一须要推翻官僚……潘仲英君谓：今日追教［悼］宋先生，演说者极多，不说杀先生的是民贼，就说杀先生的是官僚，我说杀先生的人不必讳言，我可直捷痛快的告诉诸君曰：就是袁世凯。袁世凯非怕先生要杀他，实怕先生的政党内阁、地方分权及种种平民政策。若先生的政策实行，他就有大大的不利，所以下此毒手。我恨不得食袁世凯肉……黄膺白君谓：……宋先生为政策而死，那与宋先生政争的人，即系顺我者生、逆彼者亡之一人。此人维何？曰袁世凯是。①

黄兴在宋教仁刚被刺时，对于是谁实施暗杀，表态十分谨慎，曾发表谈话说：

吾知宋甚稔，决其并无私仇，故此事必系政治上关系，为反对其政见者出此毒手。有多人均执此说，至究为何人，吾人未敢断言也。然吾殊不解，以彼之政见，何致惹起此等残贼手段。须知宋实惮心竭力，以调和南北为事者。其政见和平稳健，□以学理出之，事事以国利民福为念，或者竟有人误会其意乎？据吾人推度，宋之意见属无足以立陷己于危地者，近来举动亦皆不致招

① 《上海追悼宋先生大会》，《民主报》1913 年 4 月 20 日，第 6、7 页。

此死敌……凶手是否欲杀我而误中宋，殊难悬断。第放枪处相离甚近，不应误认也。①

但是，到上海交通部举行追悼会时，黄兴也态度鲜明地将幕后主使指向袁世凯，于会前致送了一副后来广为流传的挽联：

前年杀吴禄贞，去年杀张振武，今年又杀宋教仁；
你说是应桂馨，他说是洪述祖，我说确是袁世凯。②

另外，戴季陶也发表题为《专制与共和之激战》的文章，直指刺宋案幕后主使乃是政府重要人物，洪、应、武不过小民贼而已：

此案之重要关系人，为政府之重要人物，已成铁案，白箱一揭，假面全破，洪述祖不过为走狗耳，应之与武不过欲得势位、金钱而已。此种小民贼，无恨于宋先生也，无意于政治也。其罪大恶极、破坏共和、叛逆民国者，役使洪、应、武之人也。以金钱、势位役使小民贼，而造成其专制势力之国民公敌也。何恨于武，何怪于应，何责于洪，更何有乎南北，何有乎党争。③

由上可见，在宋案证据尚未正式宣布之时，国民党人就已自认为掌握了刺宋案真相，找到了真正的元凶。

宋案证据由租界会审公廨移交给中方后，江苏都督程德全、民政

① 《关于宋案的谈话》（1913年3月22日），原载《长沙日报》1913年4月2日，转引自《黄兴佚文一束》，中国社会科学院近代史研究所近代史资料编辑组《近代史资料》总64号，中国社会科学出版社，1987，第57页。
② 《挽宋教仁联》（1913年4月13日），《黄兴集》，第319页。
③ 唐文权、桑兵编《戴季陶集》，华中师范大学出版社，1990，第639—640页。

长应德闳于 4 月 25 日深夜通电，撮要宣布。《民立报》随即刊登 44 件证据，《中华民报》《神州日报》刊登 43 件证据，《申报》《顺天时报》更刊登了《宋案证据全录》，共 53 件。这本来应该成为国民党人回归理性、认真研究宋案的一个契机，然而，已经认定袁、赵就是幕后凶手的国民党人，早已对袁、赵展开猛烈攻击，怎么可能再回到原点。于是我们看到，宋案证据成了国民党人极力证明袁、赵就是刺宋案幕后凶手的注脚，而非理性研究案情真相的出发点。因此，不论是《民立报》《中华民报》等所刊宋案证据按语，还是徐血儿、戴季陶等对赵秉钧自辩"勘电"的反驳，都出现许多明显的解释错误，或假设性、猜测性分析。如将赵秉钧函送应夔丞密码电本及请洪述祖帮助应夔丞领取巡查长津贴的公事行为，错误地认定为他们相互勾结的证据，并猜测其中有不可告人之重大秘密；将洪述祖屡屡要求应夔丞提供的"宋犯骗案刑事提票"，也就是证据中所谓"物件"，错误解释为宋教仁之生命；将 3 月 13 日应夔丞致洪述祖函中所谓"若不去宋"云云，错误地解释为杀宋起于应夔丞之主动，并认为其背后必有政府允许，却对洪述祖 3 月 6 日造意杀宋之函视若无睹。当袁世凯致电黄兴解释证据，希望能公平对待赵秉钧时，黄兴底气十足地复电称："钧座解释证据，与鄙见颇有异同。兴亦非必固张己说，铁案如山，万目共睹，非一手所能掩饰。"[1]

然而，由于宋案证据中并无袁世凯与赵、洪、应直接往来函电，国民党人对袁世凯的攻击显得有些无的放矢，这不免引起袁世凯对国民党的不满乃至反感。袁曾对谭人凤讲："宋案证据有黄克强盖印，黄克强既非行政官，又非司法官，何能盖印？即此已违法，尚责我乎？"[2] 又对某秘书云：

---

[1] 《致袁世凯电》（1913 年 4 月 29 日），《黄兴集》，第 322 页。
[2] 《谭石屏在总统府之谈话》，《神州日报》1913 年 6 月 2 日，第 3 页。

某党要求余即日辞职，予固乐从。某党竟执成心，诬予谋杀，实不甘受。盖宋教仁被刺案，以法理论，是否与予有关系，或为予主使，本应俟予辞职后，赴法庭对质，确有实据，始可以法律加予以罪名。今某某各报纸遽以予为逆贼，日日肆口詈骂，其为私心图逞，借题发挥，已可概见。但恐世界无此共和，即专制君主对于下民，亦不得如是之虐待。故予决不愿中奸人之计，以长暴民气焰，贻害民国。①

而国民党人对赵、洪、应函电的解释又多有错误，这就更加使他们的攻击缺乏充分的根据。其结果便是，国民党自身反而遭到了来自政府、舆论和其他党派的尖锐批评，由受害者变成"藉端破坏者"。国务院即发表通电，不点名批评国民党人道：

共和告成，皆无数志士军人所铸造。现在国基本未固，虽极力维持，犹恐不及，岂容尔虞我诈，妄启猜疑……政府办理此案，既未一步放松，亦未稍行操切。无非按照法定手续，使外交方面勿生阻力，以成信谳而伸法纪。乃外间不察事实，动云某某指使，或则牵扯政府，或则指斥伟人，辗转传讹，挑动恶感。须知证据既在公堂，中外具瞻，谁能掩饰。未经宣布，何待辨明。在报纸不根之谈，别有用意，若政府效其逆忆，张冠李戴，含沙射人，则是浮议可作爰书，法庭皆为虚设，既非人民之福，又岂逝之心。乃幸灾乐祸之徒，借端构煽，不顾四百兆人民之疾苦，以遂一二人破坏之诡谋，不知煮豆然萁，同归于尽。②

---

① 《北京专电·袁总统之法律谈》（5 月 11 日发），《神州日报》1913 年 5 月 12 日，第 2 页。

② 《宋案证据披露后之各方面·国务院之通告》，《亚细亚日报》1913 年 4 月 29 日，第 3 页。

　　袁世凯方面之《大自由报》则刊登社论，直接批评国民党人欲借宋案颠覆政府：

　　　　自宋案发生以来，国民党欲利用此事件以为颠覆政府之计，于是横造谣言，不论事实，不计是非，强词夺理，变白为黑。推其目的，非将法律问题混入于政治问题之中，一若不足以快其倒行逆施之心理焉。遂乃不得不由武、应而争［牵］及于洪，由洪而牵及于赵，而牵及于袁……武、应刺宋教仁是一事，洪与应商购宋教仁骗案票又是一事。将来据实讯鞫，武、应刺宋应否将洪牵及，尚不敢必，又何论乎赵，更何论乎袁？虽然，国民党非不知之也，知之而姑无理取闹者，国民党非为法律问题也，为政治问题耳。且夫政党者，原来与政治相终始者也。国民党既以政党命，国民党即进而以双肩担国家之大任，以赤诚博国民之欢心，用堂堂之鼓，正正之旗，解决吾中华民国政治上之大问题，夫谁尔责？奈之何以最卑鄙之手段，最恶劣之心地，藉死人为傀儡，混政治于法律，置正义道德于不顾。①

　　共和党《亚细亚日报》也批评国民党，谓："宋案证据，某党所谓'大放光明'，所谓'惊天轰地'者，今已发表，乃不过洪、应来往函电数通而已。就法律上、事实上言之，皆无涉及袁、赵之确证，乃某党大肆簧鼓，作种种剑拔弩张之态，以摇惑人心。人说是急火攻心，我说他也是藉端破坏。"② 又批评国民党的言论不合法：

　　　　宋钝初不幸而被刺，刺客幸而破获，一为应桂馨，南京政府

---

①　枯尸：《为宋案告国民党》，《大自由报》1913 年 5 月 6 日，第 1 页。
②　审平：《藉端破坏者当惩》，《亚细亚日报》1913 年 5 月 1 日，第 6 页。

之官僚也；一为洪述祖，北京政府之官僚也。乃某报居然断定袁世凯、赵秉钧为犯人，主张其自行投案。此等武断灭裂之言论，吾人决不能谓为合法也。推彼辈之意，岂不以洪述祖曾为北京政府内务部参事，故洪杀人，北京政府之总统、总长皆当目为同谋犯。然亦知应桂馨曾为南京总统府庶务科长、兵站长、沪军都督谍报科科长乎？如洪之罪名可以追溯至袁、赵，则应之罪名何不可追溯至孙、黄、陈其美耶？……苟非谋逆证证［据］在握，何得袁贼、黎贼口不绝声，如上海《民权报》辈之言论者。①

这些批评虽未必句句正确，但由此可知国民党对袁、赵的攻击，非但没能得到其他党派支持，占领舆论、道德与法律制高点，反而使自身遭到了尖锐抨击，究其原因，就在于国民党始终未能通过对宋案证据的切实、理性研究，提出袁、赵即刺宋案幕后主使的确凿证据。

第二，国民党没有能够提出理性解决宋案的方案，他们主张设立"特别法庭"审理宋案，实际上是将法律解决与政治问题混杂在了一起，结果遭到对手和舆论批评，自身陷于被动，不得不后退。

国民党既然把袁、赵确定为刺宋幕后主使，不但在舆论上予以攻击，而且主张通过法律手段使袁、赵接受裁判。在宋案证据尚未公布时，《民主报》便发表评论，认为"今袁、赵不自投案，益坚国人之嫌疑，是默认为主犯也，是与共和平民为敌也"，因此敬劝"袁、赵其无自疑，袁、赵其速投案"。②

宋案经会审公廨预审，确定移交中国法庭后，孙中山于4月13日同程德全、陈其美等商议，由程德全拍电向袁世凯及内务、司法两部提出组织特别法庭审理。③ 然而，司法部认为，组织特别法庭"与

---

① 既明：《似不合法》，《亚细亚日报》1913年4月20日，第6页。
② 毂音：《民国阳秋三·敬劝袁赵投案》，《民主报》1913年4月19日，第10页。
③ 《宋先生遇害记廿一·特别法庭之提议》，《民立报》1913年4月14日，第11页。

《约法》《编制法》等不符，碍难照办"，于 4 月 17 日致电上海地方审判厅，要求"该厅负完全责任，审理所有一切"。① 国民党方面并未理会。4 月 21 日，程德全再次电陈袁世凯及国务院，要求迅速派委特别法庭正承审官，到上海开庭讯判。② 4 月 22 日，司法部复开会议，认为"国家法律视人民一律平等，故自司法地位观察此案，仍属于刑事范围，当然归上海地方厅刑厅讯问，不便另组法庭，若必另组，即为破坏共和法制之见端，司法部为守法起见，决不赞成另组"。③ 司法总长许世英坚持"司法言法，违法之事决不肯为"，呈文大总统，请准予辞职，以免"尸位素餐之诮"。④ 各省司法界也"多致电司法部，一体反对，请该部坚持到底，以重法权"，认为"宋遯初虽系民国伟人，按照刑律仍不过一平民而已，不能越出普通刑事范围以外，无组织特别法庭之必要"。⑤

但面对反对声音，国民党内鲜有人思考设立特别法庭之举究竟是否为合法、理性之举。相反，宋案证据公布后，黄兴又与程德全商量，"以由普通法庭审理，赵秉钧必不能到案；即到案，未必能定谳"，于是，由程德全于 4 月 27 日晚致电总统府秘书长梁士诒，表示"此案主张组织特别法庭审理者，因国务员亦处于嫌疑地位故"。⑥ 同时，黄兴致电袁世凯，一方面说明何以必须组织特别法庭，另一方面对许世英的反对表示不满，要求袁世凯不要受其阻挠。电云：

---

① 《司法部否定组织特别法庭电》（1913 年 4 月 17 日），朱宗震、杨光辉编《民初政争与二次革命》，第 241 页。

② 《宋先生遇害记念九·仍须组特别法庭》，《民立报》1913 年 4 月 22 日，第 10 页。

③ 《宋案仍归地方厅审讯》，《振南日报》1913 年 5 月 9 日，第 5 页。

④ 《本部许总长呈请辞职文》（1913 年 4 月 25 日，第 58 号），《司法公报》第 10 号，1913 年 7 月 15 日，"公牍"，第 3 页。

⑤ 《各省反对宋案特别法庭》，《大公报》1913 年 4 月 26 日，第 5 页。

⑥ 《看看民贼的手段·宋案证据之披露（四）·电催赵秉钧到案》，《民立报》1913 年 4 月 29 日，第 10 页。

夫尊重法律，兴岂有异辞。惟宋案胡乃必外于普通法庭，别求公判，其中大有不得已之苦衷，不可不辨。盖吾国司法虽言独立，北京之法院能否力脱政府之藩，主持公道，国中稍有常识者必且疑之。况此案词连政府，据昨日程督、应省长报告证据之电文，国务院总理赵秉钧且为暗杀主谋之犯。法院既在政府藩篱之下，此案果上诉至于该院，能否望其加罪，畅所于挠［政府无所相挠］，此更为一大疑问。司法总长职在司法，当仁不让，亦自可风。惟司法总长侧身国务院中，其总理至为案中要犯，于此抗颜弄法，似可不必。兴本不欲言，今为人道计，为大局计，万不敢默尔而息。宋案务请大总统独特英断，毋为所挠，以符勘电维大局而定人心之言。①

当袁世凯复电，提醒"许总长迭拒副署，若听其辞职，恐法官全体横起风潮，立宪国司法独立之原则未便过于摧抑"时，② 黄兴又强硬驳复，表示"兴争特别法庭，实见北京法庭陷入行政盘涡之中，正当裁判无由而得，不获已而有此主张。此于司法独立，实予以精神上之维持，以云摧抑，兴所不受"。③

由此可见，国民党主张组织特别法庭，根本原因在于对现有司法制度缺乏信任，对现有司法机关能否真正独立、公正审理宋案表示怀

---

① 《上海黄克强来电》（4 月 27 日），1913 年油印件，北京大学历史学系藏，第 174 函；《黄兴为组织特别法庭致袁世凯电》（1913 年 4 月 27 日），朱宗震、杨光辉编《民初政争与二次革命》，第 245—246 页。按此电日期朱宗震标为 4 月 26 日，但根据 1913 年 4 月 28 日《大中华民国日报》第 2 页"本馆上海专电"的报道，以及《大公报》1913 年 4 月 30 日第 3—4 页"大总统与黄克强之电战"的报道，该电发出时间应为 4 月 27 日。北京大学历史学系所藏该电油印件亦注明为 4 月 27 日，其中"能否望其加罪"后一句为"畅所于挠"，似不通，兹据《大中华民国日报》校对，改为"政府无所相挠"。

② 《致上海黄克强先生电》（4 月 28 日），1913 年油印件，北京大学历史学系藏，第 174 函。

③ 《致袁世凯电》（1913 年 4 月 29 日），《黄兴集》，第 322 页。

疑。应该说，黄兴等人的担心并非毫无道理，日人所办《顺天时报》就曾指出："民国初兴，各项法律均未完备，司法权在实际上仍不能完全独立，自难望其力脱政府之藩篱，秉公裁判；且纵使秉公裁判，亦难取信于人。"① 黄兴在答复袁世凯的电报中称，组织特别法庭是对司法独立"予以精神上之维持"，也有一定道理。但从现实层面看，这样做已不仅是法律问题，而牵及政治问题了。何况，国民党人主张组织特别法庭的前提是国务总理赵秉钧"为暗杀主谋之犯"，而恰在这个问题上，国民党人实际上没有提出令人信服的证据。换言之，即便单从法律角度讲，国民党主张组织特别法庭的理由也是不充分的，因此，不可避免要遭到司法界和舆论的批评。

许世英复电黄兴反驳，指出组织特别法庭，《临时约法》和《法院编制法》均无此规定，"若迁就事实而特许之，是以命令变更法律"，并称"来电所谓'当仁不让'，固不敢当，然'抗颜弄法'，亦不承受"。②

良心《呜呼，国民党之自杀政策》则以"国民党员某君"之口吻批评孙、黄没有资格干涉政治或法律问题，称：

> 宋案之内容曲折，自有法廷〔庭〕正式宣布，余不欲多所臆测，但余所最反对者，孙文、黄兴之检查证据，至组织特别法廷〔庭〕，尤为奇谬。试述个人之理由。孙黄既非地方长官，又与法廷〔庭〕绝无关系，何权可以干涉政治或法律问题？在孙黄及其徒党之意，则谓宋为国民党重要人物，故国民党领袖即有权可以干涉。若是，则某党人之被害，即须归某党人办理，某党人犯罪，亦将归某党人审判乎？况宋案之发生，其嫌疑究属何方，迄

---

① 《论宋案宜速解决》，《顺天时报》1913 年 5 月 2 日，第 2 页。
② 《许世英致黄克强电》，罗家伦主编《宋教仁被刺及袁世凯违法大借款史料》，第142—143 页。

今尚未十分明了，孙黄又乌可视若无事，主张特别法廷［庭］，则孙黄非特操搜查证据之权，且欲进执裁判之权。何不待搜查证据，不待裁判，即由孙黄任意决定某某犯罪、某某应如何处置，以遂其朕即国家之志。观其言论，辄云政府受杀宋嫌疑，法官皆依赖政府，不可信，亦知谁受嫌疑，除法廷［庭］外何人能下此断语。且天下断无除我以外皆不可信之理。①

《亚细亚日报》则连载《大陆报》总撰述米勒所著《政治与法律》一文，批评国民党人以政治干涉法律：

国民党人公然要求组织特别法庭审讯此案，试问……国民党曾向政府取得司法行政权来上海耶？据吾人所知，国民党乃一政党，且于政府为反对党，并无直接法律上之职务。故国民党而干涉此事，是以政治牵入司法行政也……若在文明各国，以政治干涉法律，即莫不视为破坏法律根本原理之行为矣。②

该报还反问："黄克强要求组织特别法庭之主意，谓北京法院在政府势力范围之下，必难得裁判之公平，独不思在南方党人势力范围之下而组织法庭，则亦何术可以能得政府之信任，强天下以服从也？"③

在舆论及各方压力下，国民党方面最终不得不接受司法部的命令，同意由上海地方审判厅审理宋案。可以说，貌似合理，实则具有非理性色彩的组织特别法庭主张，使得国民党人在解决宋案问题上，

① 良心：《呜呼，国民党之自杀政策》，1913年油印件，北京大学历史学系藏，第174函。
② 冰译《政治与法律》（《大陆报》总撰述米勒君著），《亚细亚日报》1913年5月3日，第6页。
③ 微中：《论国民党之藉端造乱》，《亚细亚日报》1913年5月11日，第1页。

一开始便严重受挫。试想，在宋案由租界引渡归中国法庭审理后，国民党人如果不是把精力放在要求组织特别法庭上，而是放在督促和监督司法机关审理案件上，那么司法部和舆论将无理由反对国民党，真正的压力将会转移到政府一方。倘若案件不能得到迅速、公正审理，必会对袁世凯竞选正式大总统的前景造成负面影响。

第三，在引渡洪述祖归案遥遥无期，票传赵秉钧出庭又被拒绝的情况下，国民党方面缺少权变，未能找到有理、有利、有节的应对方案，而这与他们对宋案案情缺乏深入细致研究又紧密相关。

宋案确定由上海地方审判厅审理后，代表国民党方面及宋教仁家属一方的律师最大的失策，在于始终坚持洪述祖、赵秉钧到案后，方能对应夔丞进行审决；即便洪、赵二人迟迟不能归案，国民党人也没有采取权变策略，督促法庭先对宋案证据中涉及应夔丞的部分进行审理。这不仅导致审判陷入僵局，也使国民党人失去了至少可以搞清部分案情，以及对袁、赵进行有理、有利、有节反击的机会。

正如本书一开始便已阐明的那样，宋案是由多个环节构成的，刺宋只是其中一个环节，要搞清宋教仁何以被刺，就必须搞清刺宋之前各环节的真相。倘若先对宋案证据中涉及应夔丞部分进行审讯，那么，诸如洪、应合谋通过"金钱联合"收买国民党议员及报馆，操弄宪法起草，以及搜集所谓"劣史"损毁"孙黄宋"声誉等案情，就会在法庭上被摊开，这对袁、赵将极为不利。这是因为，袁、赵主谋杀宋虽然难以拿出确凿证据来证明，但他们支持洪、应以不法手段对付国民党却有相关函电为证，是无法抵赖的，并且洪述祖正是在构陷阴谋未果的情况下产生了杀宋之意。倘若赵秉钧拒绝就涉及自己的部分出庭做出解释，那么政府就将真正受到质疑，而国民党也可借此对袁、赵以非法手段打击政敌，进行大规模的、持续的揭露和批判，从而对准备竞选正式大总统的袁世凯造成重大打击，再加上国民党议员在国会当中占有一定优势，袁世凯当选将困难重重。

遗憾的是，由于对宋案证据缺乏全面、细致、深入研究，国民党人把"宋案"简单化为"刺宋案"，完全没有意识到可以促使法庭将审讯重点放在"刺宋"以前各环节上，也没有充分意识到这可以成为他们在法律手段不能奏效情况下通过舆论对袁予以一击的利器。其实，在宋案证据公布之初，《民立报》曾就"东""冬"二电予以抨击：

> 综观两电，东电为以金钱运动议员之手段，冬电为以金钱倾陷国民党重要人物之计画，应之与赵，其关系之密切如此，同谋倾陷，其行可耻，其心可诛。《刑律》第三十一章、三十三章之罪，仅此电已可成立。以律论罪，赵之与应即此便不免三等有期徒刑之宣告。①

徐血儿在批驳赵秉钧自辩"勘电"时，也曾对袁、赵阴谋倾陷国民党领袖有一段痛斥文字。他说：

> 盖赵秉钧以为只要将主谋杀人一层赖过，若收买提票则不妨承认耳。不知阴谋倾陷毁坏他人之名誉，实亦为犯罪之行为。试问政府不以堂堂正正之手段，施行政策，而乃日与宵小为缘，密谋倾陷损坏政敌之计，是岂政府所当为者乎？试问政府不以国民金钱为国民谋幸福，而乃挥霍国民之金钱，收买倾陷政敌之物件，以快一己权势之私，是岂政府所当为乎？即此阴谋倾陷一端，政府已失其所以为政府之资格，而袁、赵、洪、应等于《刑律》第二十三章、三十三章之罪，已经成立，矧尚有主谋杀人之

---

① 《应夔丞致赵秉钧密电》（1913年2月2日），见《宋案证据之披露》，《民立报临时增刊》1913年4月27日，第2页。

死罪耶?①

但遗憾的是，此后直至"二次革命"爆发，两个多月当中，国民党各大报纸几乎看不到对袁、赵支持洪、应以不法手段倾陷政敌的抨击，而是继续将袁、赵视为刺宋主谋，予以攻击。与此同时，袁世凯方面却大造舆论，攻击国民党人借机制造事端，阴谋发动"二次革命"，在舆论上基本上压制了国民党人。

第四，刺宋案发生后，在如何对待袁世凯的问题上，国民党人始终未能发出统一声音，进行统一行动，这毫无疑问削弱了他们协力对付袁世凯的力量，同时为对手提供了攻击的靶子。

国民党内部原本就有稳健派、激进派之分，刺宋案发生后，这种分歧就更加明显。稳健派，或者如黄远庸所谓"文治派""法律派"，主张以法律倒袁；激进派，或者如黄远庸所谓"武力派""武断派"，主张以武力倒袁。② 黄兴是"法律派"的主要人物，曾在5月13日致电黎元洪谓："兴对于宋案纯主法律解决，借款要求交国会通过，始终如一，实与吾公所见相符。"③ 孙中山、陈其美、戴季陶等则主张武力倒袁，并与黄发生争执。曾参与会商处理刺宋案办法的李书城记述道：

> 我到上海后，同孙、黄两先生及在沪同志会商处理宋案的办法。大家都异常悲愤，主张从速宣布袁世凯谋杀宋教仁的罪状，举兵讨伐……黄先生鉴于掌握兵权的人既不肯在此时出兵讨袁，

---

　　① 血儿：《驳赵秉钧之通电·铁证如山尚可掩饰耶（五续）》，《民立报》1913年5月7日，第2页。

　　② 黄远庸：《春云再展之政局》（1913年4月2日），《远生遗著》卷3，第95页；《最近之大势》（1913年5月27日），《远生遗著》卷3，第119页。

　　③ 《黄兴复黎元洪主张法律解决电》（1913年5月13日），朱宗震、杨光辉编《民初政争与二次革命》，第345页。

仅仅我们在上海几个赤手空拳的人空喊讨袁，是不济事的。他遂主张暂时不谈武力解决，只好采取法律解决的办法，要求赵秉钧到案受审。黄先生这种用法律解决的主张，也是有一种用意的。他认为当时国人还未认清袁世凯的凶恶面目，还以为反袁是国民党人的偏见；我们如果通过法律解决的办法把袁世凯谋杀宋教仁的真相暴露出来，使国人共见共闻，即可转变国人对袁世凯的看法，激起国人的公愤，使他们转而同情国民党……孙先生在那时还是主张出兵讨袁。他一面派人赴各省联络军人，一面还派陈其美、戴天仇（后改名戴传贤）来与黄先生辩论。黄先生仍然坚持不能用武力的意见，往往争论激烈，不欢而散。①

谭人凤也因主张武力讨袁而与黄兴发生争执，并对当时情形留下很详细的记述。他说：

予往与克强商，适中山、英士均在座，询其主张，中山曰："此我认错袁世凯之过也，若有两师兵，当亲率问罪。"克强曰："此事证据已获，当可由法律解决。"予驳之曰："孙先生之说，空论也，两师兵从何而来？黄先生之谈，迂谈也，法律安有此效力？愚见以为，宜遣一使促湘、粤、滇三省独立，再檄各省同兴问罪之师。以至仁伐至不仁，必有起而应之者。"克强曰："宣告独立，袁不将借口破坏统一，用武力压迫乎？"予曰："公道在人心，曲直是非已大白于天下，袁欲出兵，不特师出无名，且借款未成，每月政费尚无着，兵费从何而来？滇、粤远在边陲，中央鞭长莫及，湘省即当冲要，有赣、皖可以屏蔽，亦可无虞，夫何

_____

① 李书城：《辛亥前后黄克强先生的革命活动》，《辛亥革命回忆录》（一），第206—207页。

惧之有?"克强曰："先生议论虽豪爽，但民国元气未复，仍不如以法律解决之为愈。证据确凿，俟国民大会发表后，可组织特别法庭缺席裁判，何患效力不复生?"再回驳之，固执己见。予于是当以宋之葬事为己任，电请中央拨款十万，经营葬地，而彼等之筹划遂不复过问矣。[①]

　　由于主持广东、湖南等省军事的国民党人"多同意黄的意见"，孙中山等人只好暂缓起兵讨袁。[②] 国民党内稳健派和激进派的分歧，实际上为袁世凯及其支持者提供了攻击的口实，也招来了各种谣言。国民党被其反对势力描绘成潜谋不轨，试图借机发动"二次革命"，造成南北分裂，乃至将主张法律解决最力的黄兴说成是鼓吹南北分裂的始作俑者，以致连原立宪派的张謇也看不下去，于5月14日致函王铁珊、孙毓筠，为黄兴辩护，说："自宋案发生，闻者骇愕，走在沪时……两晤黄君，论及宋案而愤恨则有之，实未尝几微有南北分裂之见端。窃疑国民党人或者假以为职耳，黄君未必有是言。"[③] 尽管事实上，造谣者主要来自北方，如《国报》就曾载黄兴造反、柏文蔚造反、李烈钧造反各节，"情词荒诞，阅之骇然"，以致"神人共愤"，袁世凯不得不下令查办。[④] 但不容否认，如果没有国民党内的意见分歧，对手很难获得造谣攻击的机会。立场较为温和的《民立报》曾批评道：

　　　　南方激烈派日日说大话，其结果一无实用，徒为他人添材料

---

　　① 谭人凤：《石叟牌词》，第131页。
　　② 周震麟：《关于黄兴、华兴会和辛亥革命后的孙黄关系》，《辛亥革命回忆录》（一），第338页；柏文蔚：《五十年经历》，中国社会科学院近代史研究所近代史资料编辑组编《近代史资料》总40号，中华书局，1979，第30—31页。
　　③ 《赵凤昌藏札》（一），第10—14页；《张季直致王铁珊孙少侯书》（5月14日），《大公报》1913年5月28日，第2张第2页。
　　④ 《查办〈国报〉之命令》，《民主报》1913年4月15日，第3页。

而已。一为反对党构陷国民党之材料，一为上海少数商人见好政
府之材料，一为北京筹备军事之材料。①

由于通过法律途径解决宋案受阻，国民党又缺乏其他解决问题的手
段，而袁世凯方面不仅在舆论上压倒了国民党，军事上也步步紧逼，国民
党人的路子越走越窄，不得不以武力倒袁，但因实力不济，以失败告终。

国民党人后来对处理宋案及"二次革命"失败的教训，也有反
思。但不论孙中山、陈其美还是谭人凤，都将失败归咎于黄兴等人主
张法律解决，以致错过了讨袁时机，自取其败。如孙中山致黄兴书
谓："若兄当日能听弟言，宋案发表之日，立即动兵，则海军也，上
海制造（局）也，上海也，九江也，犹未落袁氏之手。况此时动兵，
大借款必无成功，则袁氏断不能收买议员，收买军队，收买报馆，以
推翻舆论。此时之机，吾党有百胜之道，而兄见不及此。及借款已
成，大事已去，四都督已革，弟始运动第八师营长，欲冒险一发，以
求一死所，又为兄所阻，不成。"② 又谓："犹忆钝初死后之五日，英
士、觉生等在公寓所讨论国事及钝初刺死之由。公谓民国已经成立，
法律非无效力，对此问题，宜持以冷静态度，而待正当之解决。时天
仇在侧，力持不可，公非难之至再，以为南方武力不足恃，苟或发
难，必至大局糜烂。文当时颇以公言为不然，公不之听。"③ 陈其美亦
致书黄兴道："宋案发生，中山先生其时适归沪上，知袁氏将拨专制
之死灰而负民国之付托也，于是誓必去之……中山先生以为，'袁氏
手握大权，发号施令，遣兵调将，行动极称自由。在我惟有出其不
意，攻其无备，迅雷不及掩耳，先发始足制人。'且谓'宋案证据既

---

① 《北京电报》，《民立报》1913 年 5 月 21 日，第 6 页。
② 《孙中山致黄兴书》（1914 年 5 月 29 日），朱宗震、杨光辉编《民初政争与二次革
命》，第 832 页。
③ 《孙中山致黄兴书》（1915 年），朱宗震、杨光辉编《民初政争与二次革命》，第 839 页。

已确凿，人心激昂，民气愤张，正可及时利用。否则，时机一纵即逝，后悔终嗟无及'。此亦中山先生之言也。乃吾人迟钝，又不之信，必欲静待法律解决，不为宣战之预备。岂知当断不断，反受其乱。法律以迁延而失效，人心以积久而灰冷。时机坐失，计划不成，事欲求全，适得其反。设吾人初料及此，何致自贻伊戚耶！"① 谭人凤则曰：

> 最难测者事变，最易失者时机。政府而有暗杀之行为，为有史以来不多见之事，宜其不甚介意，不得议其无保身之哲也。至事变发生，人心鼎沸，乘此时毅然讨贼，安见其不能伸大义于千秋？乃悠悠忽忽，欲借法律为护符，俾得从容布置，则其取败也，不亦宜哉！②

这些反思实际上变成对黄兴单方面的指责，因此并不是真正的反思，而是推卸责任。这说明孙中山等人始终没有认识到，宋案处理失败的根源，其实在于国民党人在疑袁、反袁心理作用下，对宋案本身缺乏理性研究，对袁世凯压制国民党人的手法缺乏深入认识，也就无法在对袁斗争中采取正确的策略。他们始终错误地认为，袁、赵主谋刺宋"证据确凿"，"曲直是非已大白于天下"，因此天真地寄希望于法律解决，而一旦法律解决无望，他们又缺乏其他有效的反击手段，于是武力讨袁成为必然选项。

五　"二次革命"的发生及意义所在

宋教仁被刺是"二次革命"的导火索之一。传统的中国近代史书

---

① 《陈其美致黄兴书》（1915 年春），朱宗震、杨光辉编《民初政争与二次革命》，第 836—837 页。
② 谭人凤：《石叟牌词》，第 131 页。

写，几乎无一不把袁、赵视为主谋，因此，对于"二次革命"，基本上也都是把它视为一场反对袁世凯独裁统治与保卫民主共和制度的斗争而加以肯定。但近些年来，随着越来越多的研究者对民初历史投入热情和关注，特别是对袁、赵是否为宋案主谋提出质疑，相应地对"二次革命"的认识也发生了很大变化。这当中有些看法很流行，但很有必要加以辨析。

首先有一种看法，认为国民党应该通过法律途径解决宋案，不该诉诸武力。如唐德刚认为，宋教仁案"人证、物证均十分完备，在全国人民众目睽睽之下，如作公开审判，对中国由专制向法制转型，实在大有裨益。不幸原告、被告两造，当时皆缺乏法治观念，思想都甚为落伍，舍法院不用，而使用枪杆，就使历史倒退，遗祸无穷了"。[1] 袁伟时认为，"宋教仁案是刑事案件"，国民党"为了一个刑事案件，就可以举兵推翻合法政府，这是把政治和国家命运当儿戏"。[2] 这样的看法实际上无视乃至歪曲了宋案发生后国民党为解决双方矛盾曾在法律上做出巨大努力的基本事实。袁世凯为了应对宋教仁被刺给自己带来的冲击，将宋案定性为刑事案件、法律问题，不许国民党人和舆论将其与政治问题混为一谈。而当国民党人克服内部意见分歧，试图通过法律途径来搞清宋案真相的时候，却发现两名被告迟迟不能到案。原来，唆使杀人犯洪述祖早就被袁世凯故纵到青岛德国租界，而与刺案虽无关系但牵涉宋案其他案情的国务总理赵秉钧，虽然两次接到上海地方检察厅的传票，却在袁世凯支持下，以种种理由拒不到庭。显然，并非国民党不愿或没有走法律途径解决问题，恰相反，是袁世凯自己阻断了国民党通过法律途径解决问题的希望。其实，章太炎早就清醒地看到了这一点，他说："中山、克强均主张稳健，以法律解决，

---

[1] 〔美〕唐德刚：《袁氏当国》，第70页。
[2] 袁伟时：《"二次革命"使中国走上歪路》，新浪网历史频道"一个共和国的破灭——1913年二次革命爆发一百周年特别专题"。

我恐怕做不到。试问：杀人正犯能到法庭受审判乎？若其不能，此案即非仅法律所能解决。"① 这种情况出现，当然是因为对双方而言，宋案根本就不是单纯的刑事案件或法律问题，否则也就不会有后来"二次革命"的发生了。

又有一种看法，认为国民党发起"二次革命"的理由并不充分，甚至认为"师出无名"。如杨天宏指出，"在没有找到袁世凯就是宋案'主谋'的直接证据、袁'帝制自为'的阴谋尚未充分暴露且自身力量不足以推倒袁氏的情况下"，孙中山"贸然发动'二次革命'，无疑是其政治写作中的一大败笔"。② 袁世凯是否在1913年就有"帝制自为"的想法，姑且不论，就指控袁、赵主谋刺宋这点来看，国民党的确犯了大错，但如果因此便认为"二次革命""师出无名"，实际上是将"二次革命"的目标贬低到了为宋教仁报私仇的层次，而这与国民党标举的反对袁世凯破坏民主共和、实行独裁统治的目标根本不在一个层面上。事实上，随着中华民国建立，民主共和的制度框架虽然确立起来，但作为当权者的袁世凯及其支持者，往往并不按民主法律原则行事，所以我们才会看到袁世凯在国会以外自行组织"宪法起草委员会"，甚至利用洪、应这样的人收买议员、报馆，操弄宪法起草；才会看到袁世凯为了打击政敌，支持洪、应图谋购买所谓"劣史"损毁反对党领袖声誉；才会看到洪、应因构陷阴谋未果，擅自杀宋，而袁世凯为了避免自身受到冲击，不惜阻断法律解决途径；也才会看到袁世凯借助国家机器压制反对党声音，并在军事上步步紧逼。这样，我们就会发现，国民党起而反抗，其实有很多理由，并非"师出无名"。

---

① 《在国民党上海交通部欢迎会上之演说》（1913年4月17日），章念驰编订《章太炎全集·演讲集》，上海人民出版社，2015，第188页。

② 杨天宏：《二次革命开启"不断革命"的不归路》，新浪网历史频道"一个共和国的破灭——1913年二次革命爆发一百周年特别专题"。

还有一种看法，认为国民党发动"二次革命"违背民意，不得民心。如章开沅认为，"当时舆论多数是倾向于袁世凯这一方面的"，国民党发动"二次革命""没有真正的考虑到人心的向背，当时经过了辛亥革命那一场大的社会动荡以后，老百姓还是希望安居乐业"。① 杨天石也认为，"辛亥革命以后，社会心理的普遍状态是希望和平，希望安定，希望在袁世凯的统治底下，中国的道路能够走得比较顺利"，"所以当孙中山要举行'二次革命'的时候，应该说社会的同情并不在孙中山身上。不仅社会舆论普遍地不赞成搞'二次革命'，连国民党里边的大部分人也都不赞成'二次革命'"。② 然而，所谓"民心""民意"，站在不同政治立场上的人所看到和感受到的是不同的。有人认为"二次革命"不得人心，可在陈其美笔下却是宋教仁被刺后"人心激昂，民气愤张"。③ 章太炎也说，"此案发生，各省人心异常激愤"，并进一步引申说："使政府平日施政大公无私，为人民信仰，则宋案发生，人心必不如是愤激。因政府平日行为极谬，国民已大受痛苦，故宋案发生，国民震怒，几不可遏。此亦公理不灭、人心不死的明证。"④ 可见袁世凯的统治并不是完全得民心的，当时白朗起义蔓延鄂、豫、皖、陕、甘五省，历时三年之久，便是证明。而且，所谓"民心""民意"，也是可以制造出来的，袁世凯后来复辟帝制，不就曾假借"民意"吗？实际上，早在宋案发生时，袁世凯就已经可以很纯熟地使用这一手法了。他一方面以强力压制国民党批评政府的声音，另一方面不断在幕后制造舆论，攻击国民党人，或借"国民党某

---

① 章开沅：《一场孤立的"冒险之战"》，新浪网历史频道"一个共和国的破灭——1913年二次革命爆发一百周年特别专题"。

② 杨天石：《二次革命：仓促上阵的早产革命》，新浪网历史频道"一个共和国的破灭——1913年二次革命爆发一百周年特别专题"。

③ 《陈其美致黄兴书》（1915年春），朱宗震、杨光辉编《民初政争与二次革命》，第837页。

④ 《在国民党上海交通部欢迎会上之演说》（1913年4月17日），章念驰编订《章太炎全集·演讲集》，第188页。

君"名义，或借北军中"某军官"名义，或借"某西报"名义；或代表政界，或代表军界，或代表商界。于是，袁世凯及其政府就被树为"民意"代表，而国民党则被描画成一群破坏建设、分裂南北，企图发动"二次革命"的"暴民"。《民立报》曾专门揭露政府以"险恶手段"，"造作种种蜚语，以惑听闻而乱是非"，导致"浅识之徒，被其蒙蔽，民不安枕，商贾裹足"，"然常人习焉不察，反以政府之倒行逆施为是，以国民党之力伸公义为非"。其目的就是将国民党树为靶子，"逞其杀伐之野心，以一网打尽民党"。① 孙中山后来总结"二次革命"失败的教训时，后悔在宋教仁被刺后人心激奋的情况下没有立即起兵讨袁，使袁世凯得有机会"收买议员，收买军队，收买报馆，以推翻舆论"，② 可谓血的教训。因此，所谓"民心""民意"，是不能够仅仅看舆论宣传的，尤其不能仅仅看强者一方的宣传。我们当然不否认辛亥革命之后"民心思安"，但当我们做出"二次革命"违背民意、不得民心这样的判断的时候，其中实际潜藏着危险，有些过于简单化了。

当袁世凯为了自身利益，堵死法律解决宋案的路子，在政治上分化国民党人，在军事上紧逼国民党人，在舆论上刻意把国民党塑造成敌人的时候，也就把国民党逼到了死角。国民党内武力讨袁的意见逐渐占据上风，"二次革命"爆发已不可避免。有人批评国民党"为了一个刑事案件"，"开启了辛亥革命后用武力解决政争的先河，而且在国民党带领下愈演愈烈，中国政治以此为起点走上歪路"。③ 还有人认为，"革命党人虽然宣言要追求的是真正的共和制度，但实际上或者说客观上破坏了这种制度，采取革命的方式，武装斗争的方式取代了

---

① 宗良：《二次革命声中之冷眼观》（1913年6月1日），朱宗震、杨光辉编《民初政争与二次革命》，第372页。

② 《孙中山致黄兴书》（1915年），朱宗震、杨光辉编《民初政争与二次革命》，第839页。

③ 袁伟时：《"二次革命"使中国走上歪路》，新浪网历史频道"一个共和国的破灭——1913年二次革命爆发一百周年特别专题"。

和平的方式，违背了人们的意愿，破坏了和平建设国家的路径"。^① 持这样看法的人显然忘了一个基本事实，即"二次革命"实际上是一场被迫发起的革命，从主观上讲，国民党根本没有破坏民主共和的意图，恰相反，发动革命的目的，是反抗袁世凯的独裁统治，是维护民主共和制度，因为袁世凯在民主共和制度下的一些作为，实际上是与这一制度是相背离的，任其发展，必成大患。正如李剑农在论及"二次革命"时所说：

　　当时的人心，一般说是"厌乱"，其实所以厌乱，还是因为"并不知乱"。一般人以为辛亥革命的小小战事就是"乱"，赣宁的军事就是"乱"，不知道还有无数次南北混战的"大乱"种子，伏在北洋军阀里面，好比小孩身上长了一个小痈，你要趁早替他割去，他就拼命的抵抗叫痛，不知道痈毒漫延日久，还有将来的大痛。中山虽然学过医，想用割痈毒的方法，从早下手，大多数的所谓国民都不愿意要他割，就非等到痈毒的大溃烂，无从施治了。^②

　　国民党在实力不济的情况下，依然发起革命，就是要及早割掉"伏在北洋军阀里面"的"小痈"，维护民主共和制度，以免等到"大溃烂"的时候"无从施治"，这就是"二次革命"的目的和意义所在。这一意义并不因革命失败而减损分毫，恰相反，袁世凯后来逐步走向总统集权，乃至图谋恢复帝制，以及袁死后中国陷入军阀割据混战局面，反复证明了当初国民党发起"二次革命"想割掉北洋军阀里的"小痈"是很有必要的，只不过因当时所谓"国民"尚未觉醒

----

① 张华腾：《二次革命：一场可疑的讨伐》，新浪网历史频道"一个共和国的破灭——1913 年二次革命爆发一百周年特别专题"。
② 李剑农：《中国近百年政治史》，第400页。

而遭到失败。

　　我们不应当因为袁、赵不曾主谋刺宋，便否认"二次革命"的必要性和必然性，并贬低其意义。与其苛责国民党不走所谓"合法"道路，不如探求是什么因素导致国民党再次走上"革命"道路。

附录 |

陈其美主谋杀宋谬说之流传

从 1913 年 3 月 20 日宋教仁在上海沪宁车站被刺之初起，就流传一种说法，称宋教仁被刺是前沪军都督陈其美指使曾在其手下任谍报科科长的应夔丞所为。随着国民党和袁世凯之间围绕"刺宋案"发生的斗争越来越激烈，有关陈其美主谋杀宋的说法也越来越多，并将黄兴牵连进来，认为宋教仁被刺，乃国民党中不同派系间内讧所致。即使在案件发生百余年之后，仍有一些人怀疑陈其美为幕后主使，甚至言之凿凿，认为是事实。然而，只要细加考察和分析，我们就会发现，有关陈其美主谋杀宋的种种说法，皆无实据，不过谬说而已。其说之产生，既有反对党报纸之虚构，又有政府之影射；既有袁党之造谣，又有应党之诬陷；既有当时之传言，又有后来之杜撰。

一 各报最初之谣言

最先制造宋教仁为陈其美杀害谣言的，主要是国民党之反对党，如共和党、统一党等。这两党皆与政府有密切关系，"共和党则官僚占据地盘，日与政府相周旋；统一党则太炎居其名，而利用之者仍为一班政鄙官蠹"。^① 在民初各种势力激烈角逐的形势下，他们试图通过反对国民党、支持袁世凯来捞取政治资本，故常常渲染国民党内部意见分歧，挑拨离间，煽风点火，试图浑水摸鱼。宋教仁被刺让反对党觉得有机可乘，"反对党各报纸，或捏词污蔑，或私心庆幸，或阳为哀悼，阴寓讥讽"。^② 如3月22日共和党《亚细亚日报》就于头版刊登了一篇言辞刻毒的评论文字，其中写道：

> 宋教仁者，国民党中自命为政治家之一人也……既已备有政治家之形式，所缺者只未被暗杀耳。何物刺客，不惜一击为玉成之。虽然，国民党者，喜大言，善装饰，好勉强……宋之被刺，又安知非该党中好弄手枪者故逞一击，以补宋之缺点，而成就其条件乎？果尔，则其术诚妙矣，独惜乎苦遽初耳。^③

这是目前所见最早公开影射宋教仁为其国民党同志所杀害的文字。3月25日，上海西文《文汇报》又刊登北京来电云："京内官场之意见，均以宋教仁遇害，必为其同党之人所仇杀，盖宋近来曾力主举袁世凯为正式总统，致为同党所忌。"^④ 3月26日，上海《民立报》报道了法捕房带同译员偕国民党一人及西探三人、华捕四人在应夔丞家搜查情况，称"抄得极要之证物，则六响手枪一把是也。该枪内尚存子弹三枚未曾放出，当日在站前后共放出三弹。拆验其中之枪弹，则与宋君所受之子弹同式，此其最要之证据矣"。^⑤ 该消息很快传到了

① 谭徐锋整理《黄尊三日记》（上），第337页。
② 《北京电报》，《民立报》1913年3月24日，第3页。
③ 微中：《独惜乎苦了遽初》，《亚细亚日报》1913年3月22日，第1页。
④ 《西报对于宋教仁被刺之推测》，《神州日报》1913年3月27日，第4页。
⑤ 《应桂馨家屋之搜查》，《民立报》1913年3月26日，第10页。

北京，但内容发生了实质性变化。还是《亚细亚日报》，于 3 月 29 日率先予以报道，称："昨日京中传闻上海捕房于应夔丞宅中搜出手枪一支，上有'陈其美'三字，内存三个枪子，据云此项枪子与宋遯初受伤之枪子同一式样。"① 这应当是宋案凶器镌刻"陈其美"三字说法的最初来源。3 月 30 日，统一党所办《新纪元报》又报道："闻昨租界捕房在应夔丞家搜获嫌疑物件甚多，尤以手枪一柄最足供此案之参考。该枪系六响，其中尚存三弹，弹之形式、大小与宋受伤之弹恰同，枪头刻有'陈其美'数字。"② 同日，《大公报》也报道："闻当在应寓搜检时，曾搜获最新式之快枪一枝，其枪身镌有'陈其美'三字，内贮子弹三枚，与宋教仁身中所取出者同一式样，且凶犯在车站放枪亦发三枪，尤为恰合，穷原竟委，是陈亦在嫌疑之中，故会审公堂亦注重此点。"③

同时，各报还提到了应夔丞和洪述祖的关系，称二人与陈其美均有密切关系。如《亚细亚日报》称"洪于革命时，曾为陈其美部下，因与应夔丞相识。应时为谍报科科长，洪所职与应相类。迨南北议和，洪被唐少川挈带来京，因其为北洋旧人，任以内务部秘书"。④《新纪元报》称："闻洪与［于］革命时在陈其美部下充当密查之职，同应夔丞职务相同，其相识亦始于此时。"⑤《大公报》则说二人"皆系隶名同盟会籍者"，⑥ "原素相识，当辛亥冬间上海光复时，应在陈其美处充谍报科长，冯［洪］本与之同事。及唐绍仪由南京携冯［洪］同行，即荐交赵氏差遣。赵为内务总长，即任为该部秘书"。⑦

① 《一塌糊涂之刺宋案·凶手密讯中之种种消息》，《亚细亚日报》1913 年 3 月 29 日，第 2 页。
② 《渔父案志·凶器之鉴定》，《新纪元报》1913 年 3 月 30 日，第 2 页。
③ 《关于宋教仁被刺案之种种》，《大公报》1913 年 3 月 30 日，第 4 页。
④ 《一塌糊涂之刺宋案·应夔丞与洪述祖之关系》，《亚细亚日报》1913 年 3 月 29 日，第 2 页。
⑤ 《渔父案志·洪述祖与应夔丞之关系》，《新纪元报》1913 年 3 月 30 日，第 2 页。
⑥ 无妄：《闲评二》，《大公报》1913 年 4 月 2 日，第 2 张第 1 页。
⑦ 《关于宋教仁被刺案之种种》，《大公报》1913 年 3 月 30 日，第 4 页。

又发表短评道:"平情而论,应桂馨为陈其美旧部,洪述祖非赵秉钧私人,赵既被疑,陈更不能置身事外。"① 《顺天时报》也称:"辛亥革命事起,洪述祖及应夔丞等皆在沪军出力。及共和告成,沪军都督陈其美受〔授〕以总稽查。及唐绍仪赴沪,遂偕之来京,荐之于赵秉钧,位置于内务部,充为秘书。"② 此外,上海《字林西报》刊登"北京访员"来电一则道:"与应桂馨往来之内务部秘书洪述祖,传称其初系由陈其美君介绍于唐绍仪君,唐荐于赵秉钧,任内务秘书之职。故洪氏之举动,或为政府代表,或为革命党窥伺总理。洪之由北京逃窜,与后说相近。苟此说不误,则反对赵秉钧之势可略减。"③ 实际上暗示洪述祖为陈其美在政府中安插之人。

面对各种传言,陈其美反应坦然。《大中华民国日报》曾报道:"北京报纸中之为政府机关者,自宋案发现后,群欲以刺杀之事归之英士(即陈其美——引者),即沪纸中亦偶见之,英士闻之,一笑置之,谓:'此等造谣,其思想太卑劣。何者? 愈造愈使人不信也。'"④

国民党浙江支部代表某君则在 3 月 30 日于湖广会馆举行的宋教仁追悼大会上,对陈其美主谋杀害宋教仁的说法进行了反驳,略谓:

> 现在北京报章,对于宋君之案,颇多误会之辞,或谓本党之谋害,或谓反对党之谋害,并有造做谣言,谓应之手枪刻有"陈其美"三字者,其实均系无根之谈。鄙人新自沪上来,亲见其事,并未闻刻有"陈其美"三字之手枪。且应某即系由陈其美、黄兴诸君遣人侦探,告发于捕房者,可知本党断无同室操戈

---

① 梦幻:《闲评二》,《大公报》1913 年 4 月 3 日,第 2 张第 1 页。
② 《详志洪述祖之历史》,《顺天时报》1913 年 4 月 2 日,第 1 版。
③ 《西字报大造谣言》,《民立报》1913 年 4 月 4 日,第 9 页。
④ 《关于宋案之种种要闻·陈英士之坦然》,《大中华民国日报》1913 年 4 月 3 日,第 2 页。

之事。^①

事实亦表明，各报所传都是不实的。

关于凶器，捕房的确在应夔丞宅中搜出手枪一支，并且在租界会审公廨及上海地方审判厅预审时，均将其作为主要证物呈堂，但审讯过程中从未提到枪身刻有"陈其美"三字，而且该枪非报纸所传六响，而是五响。^② 其中尚存子弹两枚，与武士英在车站放去三枚相合，正好五枚；子弹式样亦与从宋教仁体内取出者相同，证明该枪确为凶器。^③ 退而言之，就算捕房从应宅搜出了刻有"陈其美"三字的六响手枪，也不能证明陈其美就是幕后主使。因陈其美任沪军都督时，应夔丞在其参谋部任谍报科科长，陈若有赠枪于应之行为，亦属正常。倘若宋教仁系陈其美主使应夔丞杀害，则陈事前必与应商量刺宋细节，包括使用何种凶器等，岂有主使杀人而又惟恐人不知，故意于凶器留名之理？否则就只能理解为应夔丞欲嫁祸陈其美了。还有，从捕房搜查证据，到会审公廨及上海地方审判厅预审，各方代表皆有参与，若捕房真于应宅搜出过刻有"陈其美"三字的手枪，何以从未要求陈其美出庭说明？何以政府代表律师从未就此提出抗议？可见枪身刻有"陈其美"三字之说，不过捕风捉影而已。

关于洪述祖与陈其美的关系，各报要么说洪述祖与应夔丞均为陈其美任沪军都督时之手下，要么说洪述祖系陈其美介绍于唐绍仪，而后又由唐绍仪介绍于内务总长赵秉钧任秘书。为此，陈其美曾致函《字林西报》，要求更正不实报道，表示自己"非惟无荐举洪述祖之

---

① 《国民党哀悼宋教仁大会之情形》，《顺天时报》1913 年 3 月 31 日，第 2 页。
② 《上海程都督应民政长来电》（4 月 26 日），1913 年油印件，北京大学历史学系藏，第 174 函。
③ 《京师高等审判厅刑事判决》（七年控字第 224 号，1918 年 12 月 2 日），转引自王建中《洪宪惨史》，第 86 页。

事，且从未与洪述祖谋面或通信"。① 换言之，陈其美根本就不认识洪述祖。诸多证据证明，陈其美所言不虚。其一，在 1911 年 11 月 19 日公布的以陈其美为首的沪军都督府 100 余名参谋人员及各部职员名单中，并无洪述祖其人。② 其二，从应宅所获第一件证据，便是 1912 年 9 月 17 日张绍曾写给应夔丞的介绍洪述祖赴上海与其见面的信件，③ 这说明洪、应二人到 1912 年秋才相识，而沪军都督府在 1912 年 7 月中旬就已撤销，④ 因此，洪、应同在陈其美手下供职之说，显系虚构。其三，洪述祖 1918 年在京师高等审判厅接受讯问时曾说："当初我与唐绍仪是邻居，唐绍仪作驻高丽帮办军务之时，我随唐绍仪办事。"⑤ 唐绍仪任职朝鲜是光绪中期的事，可知洪、唐二人早就相识，何用陈其美来介绍？

　　梳理刺宋案发生后关于陈其美主使杀宋的各种报道和评论，有两个特点很值得注意。第一，刺宋案发生于上海，照理，上海报纸众多，且各种立场皆有，若陈其美真与该案有牵连，各报一定会率先报道，并密切关注。但事实是，暗示陈其美与刺宋案有牵连的报道，首先出自北方，并且随后的相关报道几乎都来自北方报纸，包括《亚细亚日报》《新纪元报》《顺天时报》《大公报》等。上海的《字林西报》《文汇报》虽然也有报道，其消息来源却是"北京访员"或"北京电报"。上述情况很难不让人怀疑相关报道的背后有政府和其他党派在做推手。事实上，如前所述，这些报纸要么为国民党之反对党所办，与政府有密切关系，要么为外人所办。有些报道明确指出其消息

　　①　《西字报大造谣言》，《民立报》1913 年 4 月 4 日，第 9 页。
　　②　《沪军都督府各部职员表》，《辛亥革命在上海史料选辑》，第 307—309 页。
　　③　《第一件　张绍曾寄应夔丞信两纸信封一个》（1912 年 9 月 17 日），《前农林总长宋教仁被刺案内应夔丞家搜获函电文件检查报告》，第 7 页。
　　④　《沪军都督撤销记》，《神州日报》1912 年 7 月 31 日，第 5 页；《辛亥革命与上海——上海公共租界工部局档案选译》，第 239 页。
　　⑤　《驻守高等检察厅司法警察巡官报告审理情形》（1918 年 11 月 8 日），北京市档案馆藏，北平市警察局全宗，J181－017－01771。

来源于政府方面，故《民权报》曾批评："宋先生被刺凶手未获之时，政府中一般恶人遍布谣言，谓系黄克强、陈英士主谋，以冀淆海内之观听。"① 第二，在程德全、应德闳于 4 月 25 日通电宣布宋案证据之前，报纸对陈其美主谋杀宋的报道和评论尚属较为含蓄的影射，很少见有认定陈其美就是杀宋主谋的决绝论调。之后，随着宋案证据宣布，政府嫌疑大增，国民党及部分舆论抨击政府之声铺天盖地，而陈其美主谋杀宋说也忽然开始高调喧传。如 4 月 29 日，袁世凯方面的《大自由报》就转载了 4 月 28 日《国华报》的一篇文字，讲述了陈其美如何杀宋，然后捏造证据，嫁祸政府，以及如何着人杀死枪手武士英以灭口。其言道：

> 昨日本京《国华报》载《揭开乱党一年之阴谋》一篇，尤多惊人之语。就中记关于宋案一节云：宋案外间皆传为陈其美所主使，应夔丞、洪述祖皆该党党员，且曾在该票出死力者，该党遂乘机移尸过界，硬说政府所为，以为宣布政府罪状地步。闻近今又令黄郭率其旧兵，借看守为名，死武士英，以为死无对证。（传闻如是）一面又捏造证据，诬赖政府，其实知其内容者，无不笑其拙也。②

此后，关于陈其美主谋杀宋的报道和评论越来越多，并更多地将黄兴牵连进来；宋教仁之死被说成是国民党内以黄、陈为首的一派和以宋教仁为首的一派内讧所致。尤以《国报》为代表，喧传黄、陈杀宋之说最为卖力，进行舆论对抗、淆乱视听之意十分明显，其背后既有袁党之造谣，又有应党为使应夔丞脱罪而对陈其美之陷害。关于

---

① 张人杰：《黄陈与政府》，《民权报》1913 年 4 月 16 日，第 6 页。
② 《宋案声中之大激战·舆论界之大激昂》，《大自由报》1913 年 4 月 29 日，第 3 页。

《国报》对陈其美主谋杀宋之造谣容后再述，在此之前必须先对应夔丞党徒陷害陈其美之阴谋予以揭露，这就不能不就所谓"北京国务院声明"进行一番讨论。

二 所谓"北京国务院声明"的真面目

在各种描述所谓陈其美主谋杀宋的文字当中，有一篇被冠以"北京国务院声明"的文字，尤其值得注意。该篇文字最初是被学者视为袁方陷害黄兴、陈其美主谋杀宋的证据而使用的，吴相湘在《宋教仁：中国民主宪政的先驱》中就引用过该篇文字。内容如下：

> 宋在南方主张袁为总统，而己任内阁，陈其美一派深忌之，黄亦恶其不举己为总统，且疑其为亲袁派也，亦欲排而去之。陈于是乘其隙，日嗾其徒，倡为举黄之说，以离间黄、宋之交，而使他日内阁总理之庶归之于己。宋、陈之间，暗潮已极激烈。应本陈旧部，武又黄之私人，适洪述祖因宋争内阁，恐赵不能安于其位，欲败宋之名誉，以全赵之位置，托应求宋之劣迹，应以之告陈，陈乃利用此时机，假应、武之手以杀宋，而归其罪于中央。其用心之狠毒，实为意料所不及。其破案之速，亦由于陈者。盖应、武初不料主使之人忽为反陷之举，遂毫不设备，亦不遁逃。而陈事前既为间接唆使之人，故一索即得也。既获之后，武士英在法公堂已经供出，陈以廿余万之巨款贿通法公堂，将供词全数抽改，复以威吓应，谓能诬赵、洪，则其罪决不至死，且能以巨资相赠。若直供不讳，必置之死地而后已。及移交检察厅后，陈虑武仍如前供，乃毒杀之以灭口，而以巨金贿西医剖验以为病死，于是应益有所惮而不敢言。此皆应亲告其所延之律师，且谓非转移他处不在若辈范围以内，则此案真相，必不可得。渠

在监内日夜防护，以巨金赂典狱者，每食必与人共坐，俟人先尝，然后下箸，否则不食，其危险之状，已可想见。黄克强前此主张组织特别法庭，实欲以一手掩尽天下耳目也。既为法部所扼，计不得逞，则以暗杀之说要挟厅长，必欲其入赵以罪。日前竟要求审判官下缺席裁判，宣布赵、洪死刑之请。幸厅长尚未允诺，然闻若辈之意，非办到此层不可。裁判所移转之事，不知是否为法律所许，若能办到，但移至湖北，则此案不难水落石出矣。①

吴相湘并没有注明该段材料的具体出处，但他在引用时写下"据北京国务院档案，知袁方对宋案发表之声明，即多方罗织陈英士者"一句，可知他把该段文字当成了"北京国务院声明"。丁中江在《北洋军阀史话》中也引用了该段文字，并在引用时写下"北京国务院还发表了这么一个荒谬声明"一句，②可见他也是把该段文字当成"北京国务院声明"。然而，如果我们能注意一下该篇文字的行文语气，或稍稍注意一下公文常识，那么，很容易就可以看出，诸如"幸厅长尚未允诺""裁判所移转之事，不知是否为法律所许"之类的语句，根本不可能在国务院公文中出现。吴相湘、丁中江将该段文字视为"北京国务院声明"，可以说犯了很低级的错误，好在他们并不认为"声明"内容是真实的。但他们也没有片言只语来说明何以其内容为"罗织"，为"荒谬"，这就出现了令人匪夷所思的情况：一些宋案探究者，竟然真把该段文字当成了所谓"北京国务院声明"，并将其视为陈其美主谋杀宋的"有力证据"。如思公的《晚清尽头是民国》，就给该段文字冠以"北京国务院声明"的标题，并写道："这份声明

---

① 吴相湘：《宋教仁：中国民主宪政的先驱》，第267—268页。
② 丁中江：《北洋军阀史话》第1卷，第413—414页。

让人难以忽视，虽然长期以来人们并没有重视它。一个政府做出的正式声明，毕竟比报刊的某篇报道更严肃。"① 张华腾则具体分析道："北京政府这则声明，从来没有人去重视。不仅不重视，而且肯定认为这是一派胡言，是对国民党领袖的诬蔑，借以混淆视听，转移目标。但仔细分析，就会有不同的认识，它并非空穴来风，对国民党人内部的矛盾和斗争的认识，还是一针见血的。陈其美所为，可谓一箭双雕，一方面嫁祸于政府，激起党内同志对政府的强烈不满，进而推翻政府；一方面除掉党内的异己派，从而为自己的发展开辟道路。"② 张耀杰的《谁谋杀了宋教仁：政坛悬案背后的党派之争》和金满楼的《退潮的革命：宋教仁的 1913》也都把该段文字视为陈其美主谋杀宋的证据，后者并以"北京国务院声明"为标题，将该段文字列入书后所附"各方函电"之中。③

　　其实，从该篇文字内容、语气和其中"此皆应亲告其所延之律师"云云，不难看出，造此文字者应当是与应夔丞所延律师有关系之人，是应夔丞的支持者，或可称为应夔丞之党徒。

　　那么，这篇文字究竟由何而来，又是怎样的一篇文字呢？在北京大学历史学系所藏档案中，笔者有幸看到一封手书残信，其给出了答案。该信仅残留最后一页，内容正好是所谓"北京国务院声明"的最后几行，即从"渠在监内日夜防护"的"夜"字开始，直至最末"则此案不难水落石出矣"，只不过在此句之后，残信紧接着还有"乞公与当道酌之。名心叩"十个字，"北京国务院声明"则没有。④由此可知，所谓"北京国务院声明"，其实是应夔丞支持者写给"某

---

① 思公：《晚清尽头是民国》，第 178 页。

② 张华腾：《中国 1913——民初的政治纷争与政治转型》，第 91 页。

③ 张耀杰：《谁谋杀了宋教仁：政坛悬案背后的党派之争》，第 309—310 页；金满楼：《退潮的革命：宋教仁的 1913》，第 85、225—226 页。

④ 《京师警察厅署理勤务督察长钱锡霖为审讯应夔丞裁判所移转事致国务总理赵秉钧函》（1913 年 5 月），手迹残件，北京大学历史学系藏，第 174 函。标题为笔者所加。

公"的信件，目的是希望"某公"能就审讯应夔丞的"裁判所移转之事"，"与当道酌之"。至于信件写作时间，由于信中提到的武士英之死在 1913 年 4 月 24 日，因此，该信应当写于 4 月底 5 月初。其时，租界会审公廨对应夔丞的预审结束，应夔丞被移交给中方，司法部决定由上海地方审判厅负责审理，应夔丞党徒深感情形不妙，于是继 4 月初通过律师爱理斯带密信到京给内务部次长言敦源请求将其"直解北京"未果后，[①] 再一次派爱理斯到京活动。

那么"某公"是谁？"当道"又是谁？答案就在袁世凯所存一份由"雷"发给他的密呈中：

> 沪函已抄交钱锡霖呈阅总理。今早钱晤由沪派来之爱律师。阅沪电，谓引渡后，桎梏极虐，防范尤严，决以强力锻炼成狱，急危万分。爱又询商能否设法交徐宝山等语。钱谓雷云，沪地彼力最强，无从下手，奈何？雷告以或用共进会名义，向中央控其强权锻炼，指请发交中立之公正人裁判；一面再曝陈其美之不法，并致函恐吓法官以为牵制；或劝洪直认为国除奸，延律师代表赴诉。钱赞成前一策，并嘱来人回沪照办，明日即行。[②]

由章伯锋、李宗一主编的《北洋军阀》资料集第 2 卷收录了该呈，并注云："呈报人署名雷，似即为当时任职京师军政执法处处长之雷震春。"[③] 经查，雷震春从 1912 年 2 月至 1913 年 9 月一直担任河

---

① 《应夔丞致言仲达书》，罗家伦主编《宋教仁被刺及袁世凯违法大借款史料》，第 196 页。
② 《袁世凯为宋案内幕败露阴谋镇压党人之密件》（1913 年 4 月），章伯锋、李宗一主编《北洋军阀》（二），武汉出版社，1990，第 133 页。
③ 《袁世凯为宋案内幕败露阴谋镇压党人之密件》（1913 年 4 月），章伯锋、李宗一主编《北洋军阀》（二），第 131 页。

南护军使,① 不过其人为袁世凯死党,有时会在北京。据《民立报》报道,刺宋案发生后,雷震春即于 3 月末到京,"为袁所留"。4 月 3 日,雷曾"调备补军二营北上,访其原因,实因袁恐京师有乱,故将其心腹人员全行督带重兵,召入保卫"。② 因此,呈文中之"雷"应当就是雷震春,只不过他当时是以河南护军使身份留京,而非担任京师军政执法处处长。

由呈文可知,爱理斯此次到京,带来了一封应夔丞或其党徒所写信件,即呈文中所谓"沪函",该函系寄给雷震春,由雷震春呈给袁氏,袁氏命其呈阅总理赵秉钧,似有要赵秉钧处理之意,于是雷震春"抄交钱锡霖呈阅总理",然后又向袁氏做了汇报。应夔丞党徒之所以写信给雷震春,显然是因雷震春为袁氏最信任的人之一,同时雷震春在清末曾任江北提督,不能排除应夔丞早就与其相识。至于钱锡霖,时任京师警察厅署理勤务督察长,为赵秉钧属下,与应夔丞亦交好。③ 应夔丞于 3 月 24 日被捕消息在各报披露后,曾有消息云:"北京高等侦探处长兼署勤务督察长钱锡霖,于二十五日秘密出京,专为考察宋先生被刺情形,随带高等侦探二人,女探一人,于二十六日在津换乘津浦路车来沪,专探此案之真相。"④ 由这个时间点看,袁世凯应当是对应夔丞被捕感到担心,因此第一时间派人到上海,以调查宋案为名进行活动。

钱锡霖在将"沪函"呈阅赵秉钧前,曾与爱理斯晤谈,爱理斯向钱锡霖讲述了一些应夔丞的情况,并向钱锡霖求援。由"阅沪电"云云可知,应夔丞党徒还曾发电报给已经到京的爱理斯,报告应夔丞处

---

① 刘寿林等编《民国职官年表》,第 229 页。
② 《雷震春行踪诡秘》,《民立报》1913 年 4 月 24 日,第 8 页。
③ 《京师警察厅秘书处关于委派钱锡霖管理勤务督察长的公函》(金字第 26 号,1913 年 2 月 6 日),北京市档案馆,北平市警察局全宗,J181-018-00132;《钱锡霖致应夔丞信》(1913 年 1 月),见《宋案证据之披露》,《民立报临时增刊》,1913 年 4 月 27 日,第 4 页。
④ 《侦探长来得迟了》,姜泣群编《渔父恨史》,第 46 页。

境危险，请求救援，与爱理斯带信求援之举互相配合。所谓"北京国务院声明"，其实就是钱锡霖见过爱理斯后，在向总理赵秉钧呈阅雷震春所给"沪函"抄件时所写信件，其中"此皆应亲告其所延之律师"云云，即是钱锡霖向赵秉钧转述其与爱理斯晤谈后所获得的信息，函末"乞公与当道酌之"中之"公"即赵秉钧，"当道"即袁世凯。北京大学历史学系所藏残信，应当就是钱锡霖呈送赵秉钧应夔丞党徒"沪函"时，写给赵秉钧的原函残片。"沪函"原件及雷震春交钱锡霖呈阅赵秉钧的抄件，均未见存，但其主要内容可以肯定就是"沪电"及钱锡霖给赵秉钧函中所述，写信的目的是设法将应夔丞的审讯从属于国民党势力范围的上海移转至湖北，为此，钱锡霖请求赵秉钧与袁世凯"酌之"。

钱锡霖又与雷震春秘密商量救援应夔丞的办法，由雷震春向袁世凯进行了汇报。爱理斯本来想请钱锡霖设法将应夔丞交给与应打过交道的江苏第二军军长徐宝山，钱锡霖觉得国民党在上海势力强大，无从下手，于是雷震春提出另外几个办法。其中一个办法是请应夔丞方面之人"用共进会名义，向中央控其（指国民党或黄兴、陈其美——引者）强权锻炼，指请发交中立之公正人裁判"。钱锡霖赞同此法，"嘱来人回沪照办"。于是，我们便看到 5 月 15 日应夔丞向上海地方审判厅提出声请状，称"宋案发生以来，宵小乘机煽惑，舆论骚然，而直接受害者实惟被告"，提出该案受"党争"等影响，难以保证判决"平允"，请司法部"特开司法会议，准由江苏高等审判总厅指定北京地方审判厅为管辖本案之审判衙门"。① 不过，由于应夔丞被捕后，共进会副会长宋伯飞等否认该会与刺宋案有关，② 应夔丞无法以

① 《宋案汇志·应夔丞声请移转管辖之原文》《神州日报》1913 年 5 月 20 日，第 6 页；《宋案汇志·地方厅何得剥夺上诉权》《宋案汇志·应薛氏诉张清樾》，《神州日报》1913 年 6 月 1 日，第 6 页。

② 《共进会竟敢请还文件》，《亚细亚日报》1913 年 5 月 8 日，第 3 页。

共进会名义"控诉",只能以个人名义提出声请。虽然其声请遭到了上海地方审判厅和司法部的拒绝,① 但一直以为杀宋是中央的意思的应夔丞并没有气馁,扬言"是案有许多大人物在内,余性命可保,将来必能达到移京公判之目的"。② 在雷震春提出的其他办法中,"致函恐吓法官以为牵制"一法,很可能与 5 月 8 日上海地方审判厅全体人员被江苏高等审判厅下令撤换有关。③ "劝洪直认为国除奸,延律师代表赴诉"一法,则透露出刺宋主谋其实是洪述祖,应夔丞不过是受洪指使,但由于洪述祖已经逃至青岛德国租界,并且不承认杀宋,而德方亦拒绝引渡,此法事实上行不通。比较而言,"再曝陈其美之不法"更具操作性,关于此点容后再述。

应夔丞党徒向雷震春发函求救时,恰逢武士英在关押他的营仓内暴毙不久,外界传言纷纷,或言病死,或言毒杀,或言自杀。为防止应夔丞亦出现意外,负责看管营仓的步兵第六十一团团长陈其蔚高度紧张,加强了防备,"每日午、晚两炊,所食饭菜系与团部官佐同锅而出,且所食菜肴必由陈团长检验,并须亲自遍尝其味,交由素所亲信之护兵掇入营仓。每食一炊,必派军官一员与应同桌而食"。④ 然而,陈其蔚的严密防护,从应夔丞党徒口中说出来,却成了应夔丞害怕国民党人下毒,因此"渠在监内日夜防护,以巨金赂典狱者,每食必与人共坐,俟人先尝,然后下箸,否则不食"。这可以说完全颠倒了事实。试想,国民党一直认为袁、赵是杀宋幕后主使,正想通过法庭审讯从应夔丞那里获得真相,如何会将其毒死呢?退一步讲,国民

---

① 《宋案汇志·律师碰钉子》《宋案汇志·杨律师又碰顶〔钉〕子》《宋案汇志·杨律师一再抗告》,《神州日报》1913 年 5 月 20 日、23 日、28 日,第 6 页;《批律师杨景斌电请特开会议准由江苏高等厅指定北京地审厅为管辖衙门由》(5 月 22 日),《司法公报》第 9 号,1913 年 6 月 15 日,"公牍",第 38 页。

② 《公判中之宋案·洪杀胚究竟何时可到》,《民立报》1913 年 6 月 29 日,第 10 页。

③ 《宣证后之宋案·一败涂地之审判厅》,《民立报》1913 年 5 月 10 日,第 10 页。

④ 《军官陪应贼吃饭》,徐血儿等编《宋教仁血案》,第 373 页。

党人若要将其毒死，何必对其严密防护？又怎么可能允许身陷囹圄的应夔丞每食都请人来陪同用餐？但另一方面，我们也应看到，杀害了宋教仁的应夔丞被捕后，必然会担心国民党人报复，因此防范心理极重，国民党人对他的严密防护，反而会让他心生恐惧，并把这种恐惧传达给其家属、律师及党徒。这样一来，应夔丞党徒便有"理由"提出将应夔丞"转移他处，不在若辈范围以内"。而要达此目的，就必须有充分理由让人相信，应夔丞在上海不但得不到公正审判，而且有生命危险。① 于是，应夔丞党徒开始大肆制造谎言，声称陈其美杀宋，然后嫁祸政府，并且把这种谎言通过"沪函""沪电"及应夔丞所延律师爱理斯传达给雷震春、钱锡霖，乃至进一步传达给袁世凯、赵秉钧。"沪函""沪电"原件虽然不存，但从所谓"北京国务院声明"（实为钱锡霖致赵秉钧函）的内容看，可谓通篇谎言。

第一，函中说黄兴恶宋教仁"不举己为总统"，陈其美遂乘机"倡为举黄之说，以离间黄、宋之交"。这完全与事实不符。宋教仁组织国民党时，原属统一共和党的北方议员吴景濂等，因与袁世凯关系较近，提出以不争总统作为加入国民党的条件，黄、宋均表赞成，这才有了国民党的成立。② 黄兴对其中原委是清楚的，怎会有恶宋"不举己为总统"之事？陈其美也清楚其中原委，又怎能"倡为举黄之说"而离间黄、宋？正因为黄争总统可能导致国民党分裂，才有了黄、宋私下运动黎元洪出任正式大总统，而由国民党组阁掌握实权以对付袁世凯的计划。黄兴因为 1912 年 8 月湖北革命功臣张振武被杀

---

① 按就此点来看，所谓"北京国务院声明"出自应夔丞律师杨景斌之手的可能性极大，因杨曾于武士英死后函质问程德全，称"本案关系虽大，实只一普通暗杀耳"，"当道诸公徒以组织法庭争持不决……致令巨案久悬，大憝元凶倖逃显戮，不解当局是何居心"。又云，"武、应皆案中重要人物，武既无端猝毙，则应尤岌岌可危"，"本律师既为被告应桂馨担任辩护，当事人罪未成立，其生命之危险，律师应有保护职权"（《看看民贼的手段·尔意欲教唆应桂馨乎》，《民立报》1913 年 4 月 27 日，第 10 页）。其中所含意思与"北京国务院声明"相同。

② 黄远庸：《政海之一勺》（1913 年 2 月 26 日），《远生遗著》卷 3，第 69—70 页。

事件，与黎元洪关系并不融洽，他能够这样做，恰说明他是一个可以为国民党整体利益考虑的人。只是由于这一计划遭到黎元洪拒绝，黄、宋才又改变策略，仍然支持袁任正式大总统。① 至于说陈其美支持黄兴争总统，是希望自己他日为内阁总理，根本不值一驳，因为事实上，国民党人不可能既任总统，又任总理，陈其美当然也清楚。黄、宋运动黎出任总统也有这方面的原因。

第二，函中说陈其美"假应、武之手以杀宋，而归其罪于中央"，而后又出卖应、武，并说武士英已在法公堂供出真相。这纯属虚构。试想，如果陈其美真有指使应、武杀宋之事，而后又"反陷"二人，何以只有武士英在公堂供出真相，而应夔丞沉默不言？难道他甘愿受陈其美"反陷"？如果武士英真的曾在法公堂招供是陈其美主使，法公堂是公开讯问，开审前英国公使曾领衔照会外交部，准许中方"派大员三人，与领事团组织特别审判制度"，并"许外人旁听及陪审"，② 何以其时各报（包括袁世凯方面报纸）连篇累牍报道预审情况，却从未见武士英有一语提及陈其美与案情有关？还有，应夔丞曾在4月3日写信给内务部次长言敦源求援，倘若陈其美真是借他和武士英杀宋，然后嫁祸中央，何以他当时不向中央举报，以换取中央对他施以援手，而是在武士英死无对证的情况下，才借武士英之口说陈其美是主使？可见纯属捏造。事实上，武士英共接受过两次讯问，第一次直言杀宋系受应夔丞指使，杀宋后到过应宅，"应甚称赞我做得好"；第二次则翻供称"杀宋教仁乃我一人起意，并无第二个人"，根本就没有提及陈其美。③ 至于说武士英为"黄之私人"，就如同天方夜谭。

第三，函中说陈其美"以廿余万之巨款贿通法公堂"，将武之供词"全数抽改"，又威吓应夔丞诬陷赵、洪杀宋，及案件移交中方检

---

① 《国民党总统计画之变更》，《亚细亚日报》1913年2月20日，第2页。
② 《刺宋案破获后之各方面·外国公使之照会》，《民主报》1913年3月29日，第6页。
③ 《宋遯初先生遇害始末记》，《国民月刊》第1卷第1号，1913年，第7、12页。

察厅后，陈"虑武仍如前供，乃毒杀之以灭口"。这也完全是谎言。应夔丞党徒谎称武士英在法公堂已供出陈其美是主使，但当时各报所登武士英供词并未提及陈其美。于是便有了下一个谎言，说陈以巨款贿赂法公堂，将供词"全数抽改"了。可如前所述，法公堂是公开讯问，各方律师及政府代表均到堂参加会讯或听审，陈其美纵然可以"抽改"供词，又怎么可以堵住悠悠众口？何以当时报刊，从未见有武士英招供陈其美为主使的报道呢？更何况众目睽睽之下，陈其美如何能够做到"赂通法公堂"，"全数抽改"供词？陈既未假应、武之手杀宋，他如何能威吓应诬陷赵、洪杀宋，又如何会毒杀武以灭口？

第四，函中说黄兴"以暗杀之说要挟厅长，必欲其入赵以罪"，甚至"要求审判官下缺席裁判，宣布赵、洪死刑"。这同样属于编造。黄兴等人主张组织特别法庭遭到司法部阻挠后，依旧坚持法律解决，接受了司法部由上海地方审判厅审理此案的决定。尽管黄兴等人认定袁、赵就是刺宋幕后主使，但在黄兴等人看来，只有经过法庭审判定罪，才具有说服力。因此，根本不可能有所谓"以暗杀之说要挟厅长，必欲其入赵以罪"，乃至要求审判官缺席"宣布赵、洪死刑"的行为。应夔丞党徒编造此种谎言，很明显是为了刺激赵秉钧，希望赵能出手援救应夔丞。

如前所述，应夔丞党徒真正的目的，是运动"当道"，将裁判所移至与黄兴等国民党人关系并不融洽的湖北黎元洪处，从而使应夔丞有机会脱罪。赵秉钧最希望法庭能够厘清刺宋真相，从而还自己清白，因此他断然不会帮应夔丞脱罪。袁世凯很清楚，洪述祖才是刺宋案的关键人物，应夔丞党徒不过是一派胡言。尽管他并未主谋杀宋，但他毕竟是洪、应构陷"孙黄宋"等其他案情的主使人，[①] 这些案情

---

① 《第二十九件　洪述祖寄应夔丞信二纸》（1913 年 2 月 4 日），《前农林总长宋教仁被刺案内应夔丞家搜获函电文件检查报告》，第 24 页。

一旦在法庭上曝光，对他竞选正式大总统将很不利。但在国民党人和舆论的强大压力下，他又不可能将应夔丞提解到北京或湖北，因此他唯一可能做的是，明知应夔丞党徒胡言乱道，仍要支持其大肆鼓噪，从而转移视线，将舆论攻击的矛头引向国民党人。①

三　京师《国报》大肆造谣

在前引雷震春致袁世凯的密呈中，雷震春报告了他如何向钱锡霖出主意，以帮助应夔丞脱罪，其中一个办法即是"再曝陈其美之不法"。具体怎样做，未见确切记载。不过，我们注意到，在钱锡霖见过爱理斯后不久，有一份报纸突然开始密集攻击黄、陈二人，在各报中显得非常"突兀"，这就是与袁世凯方面关系密切的《国报》。

先是 1913 年 5 月 1 日，《国报》刊登了题为《叛徒与宋案》的社论，称"洪述祖、应夔丞为陈其美死党，陈其美为黄兴死党。前清时代之暗杀，如金琴荪等各要案，无一不与陈、应有关系。民国时代之暗杀案，最著者如陶成章之死，实应夔丞所杀，黄、陈诸人皆有关系"。又称宋案发生，程德全赴沪调查证据，为黄、陈所胁迫，将"关于陈其美嘱托应夔丞杀宋之证据"等一概抹杀，"以杀人之罪加诸袁、赵"，"其移尸过界之计虽工，法庭审判终有水落石出之一日，决不能掩尽天下耳目也"。② 紧接着，5 月 4 日，《国报》又刊文称："应夔丞为著名流氓，陈其美为高等流氓，世人尽知矣……不观夫国

---

① 按袁世凯的支持者之所以加入来诬陷陈其美，很可能与 1912 年 6 月唐绍仪内阁倒台时，工商总长陈其美要求"总统、总理同时进退"，结果得罪袁世凯有关。袁世凯曾通电驳斥陈其美的主张，有"不逞之徒，意在破坏，藉端蛊惑，不顾大局，惟有从国民之公意，与天下共弃之"等语。当时支持袁世凯的报纸如《新纪元报》《中国公报》《北京时报》《亚细亚日报》《国民公报》《民视报》等也联合具呈袁世凯，罗列陈其美的六大所谓"罪状"，称陈其美为"跳梁小丑，志图煽乱"，要求袁世凯"饬令陆军、参谋二部，速开军法会议，派兵剿捕"。见《声讨陈其美之檄文种种》，《神州日报》1912 年 7 月 4 日，第 3 页。
② 《叛徒与宋案》，《国报》1913 年 5 月 1 日，第 1 页。

民党主争总统之议者，非陈其美为最力欤？主舍总统而争内阁者，非宋君为最力欤？……夫宋君之死，殆死于内阁之议，而非死于桂馨之枪，故曰桂馨亦不足责也。世之欲知主使者，当可想其人矣。"① 分明将陈其美指为杀宋主使。

从 5 月 9 日开始，《国报》加大了对宋案的评论力度。当日刊登《宋案之真正主谋人》一文，称："近闻某君接到上海来电，据云黄、陈等前曾买嘱应夔丞暗杀总统，所有证据自移案后，尽归程氏收藏销毁，以免其生心。并云武士英实系黄等串人用洋火揿入肉内毒毙，以灭其口。并贿通西医，报称剖验无毒。盖以武在禁时，曾声言，定于开特别法庭时，将黄等买刺总统情形直言供出也。此是西医告其西人，由西人处调查而得者云。"② 5 月 12 日又于头版刊登"迅雷"的《宋案之研究》，谓："此中主谋大有人在，勿谓与黄、陈无涉也。而洪述祖亦只有含射之关系，而不能指为铁证也。况洪、应皆该党中人乎？而陈其美与应夔丞又有密切之关系乎？黄兴与陈其美之关系又如杀陶骏保之事实乎？"文章称黄兴因为想做总统，而使陈其美唆使应夔丞杀宋，然后嫁祸政府，并对宋案案情做了如下描述：

> 近据真实可靠消息，宋之被刺，以推项城任第一期总统也。克强想应符谶（因梁启超造谣谓二期大总统为黄克强），故演此千奇百怪之惨杀案也。惟伊想作总统，势不能不推倒项城，项城为吾民所信任，而又不易推倒也，知应夔丞与政府有关系，故使陈唆应刺宋而影射之。证据必拘程、应（指江苏民政长应德闳——引者）在沪而公布之者，为该党脱身计，以阳示大公也。知袁、赵之必不肯到案，此案之终不能开审，毒武以灭口，陈其

---

① 《陈其美与应夔丞之秘密关系》，《国报》1913 年 5 月 4 日，第 4 页。
② 《宋案之真正主谋人》，《国报》1913 年 5 月 9 日，第 2 页。

美亦得以卸责，而立于不败之地也。该党之计毒矣哉！然而，应夔丞苦矣！①

5月13日，该报又在头版刊登《宋案之又一说》，换一角度描述宋案，称宋教仁是因为反对争总统而为黄兴、陈其美所杀，然后移祸政府。其言道：

> 宋案证据仅宣播十分之一二，其中疑窦尚多。近有自沪来者，自言与国民党某要人为世好，据某要人密告云：黄辞督办铁路而不为，至沪会议，首以争总统为目的。及宋至，率彼党议员百余人开会演说，谓北方军队非袁莫驭，不如让总统归袁而争总理，以操实权。赞成者大多数。宋遂令众投票，先举总理，以便竞争。于是投宋票者又居大多数。宋知黄之妒己也，故让之，自言才识资望皆不如黄，请举黄为总理。私计黄非众举，必辞不受也。不料黄登演台，谓己才不如宋，然宋既辞矣，己若再辞，国谁与任。诸公举我，我何敢辞。宋遂默然而出。及刺客首枪中宋，复向黄、陈连发空枪，掩人耳目。宋在医院接信，谓彼自湘而沪，本思击黄而误中宋，皆故为闪铄，使人不疑。此当时实证也。故宋死次日，宋派议员开会，谓同党相残，乱将胡底，非举袁为总统，不足以胜凶残云云。其意皆指黄、陈，绝无疑及政府之事。迨捕应发其函电，牵连及洪，祸始移于政府。②

5月16日，《国报》于"要件"栏刊登不署名长文《宋案之里面观》，先述陈其美、应夔丞杀陶成章等事，然后称宋教仁被杀，原因有

---

① 迅雷：《宋案之研究》，《国报》1913年5月12日，第1页。
② 《宋案之又一说》，《国报》1913年5月13日，第1页。

四。①因黄、宋争总理，相持不下，国民党遂有宋派、黄派之争。②陈其美因诎黄攻宋，久为宋所鄙弃，陈对宋亦深恨之。③黄兴主张争总统，并实行总统制，宋氏则否。国民党开会，决定得票多者举为总理，结果宋得多数票。④陈其美本来打算拥黄为总统或总理，而自己可为国务员，结果在国民党的会议上，总统制被宋打倒，总理投票宋又得了多数。接着，该文列举了十条黄、陈主谋杀宋的所谓"铁证"。①宋被刺时，黄、陈亦在，相距不到数步，而子弹独未及黄、陈，且黄、陈并无惊吓之状，可见胸有成算。②宋被刺次日，宋派议员开会，激烈万分，至有谓"同党相残，乱将胡底，非举袁为总统，不足以胜凶残。此何语也，而出诸该党党员之口，则早有所疑可知"。③应夔丞被获后，从其家中搜出六响手枪一支，上刻"陈其美"三字，尚有子弹三粒存其中，与宋所受弹相符，"各界大哗，均谓其美为主谋凶犯，此彰彰可考者也"。④宋案在租界时急求引渡，既引渡又不归检察厅管理，而"不避嫌疑，一手遮天，归入营仓管理"。而该军营系陈其美参谋长黄膺白所辖，"看管之团长陈其蔚又陈其美之弟也"。⑤黄膺白为军人而非法律专家，何以有陪审资格；团长下有营长、连长，何需团长亲自看护。⑥武士英死前一日有言："若追究不凶，我当照实直供。"死后西医验称系中毒，未几日又改称痨病，同一西医，何以前后自相矛盾，此中贿卖作弊，通同作弊之秘密，昭昭可见。又闻某西人云，"武士英确系彼辈嘱人用洋火揿入肉内毒死，后贿通西医，报称因病而死"。⑦从应宅搜出有关系之物件有三包一皮箱，而宣布函电仅 43 件，未宣布之件无关系乎？刻有"陈其美"三字之手枪独不见。掩耳盗铃，愚拙孰甚。⑧武死之前，国民党力争特别法庭，绝对不交检察厅，武死后忽让步。盖组织特别法庭可方便彼等"锻炼成狱"，既争之不得，则"不得不将其组织特别法庭之心，变而为杀人灭口之计"。⑨国民党"将程雪楼软禁在室"，然后"用强迫手段，逼令将与彼辈有关系之证据尽行销燬"。⑩前十余日，忽有人由上海义丰银行汇洋 10 万元至青岛与洪述祖，另有匿名信一封，请洪速赴外国，若因不通语言，并准代请翻译，隐约闻之，其为陈、黄二人。该文最后写道：

> 以上九条皆彰彰在人耳同［目］，后一条乃余在上海时亲得之于该党某君者也。总之，自此案发生，彼辈即据为奇货，不避嫌疑，一手簸弄，其所谓是，其所谓非者，皆彼辈一党之私言，万难取信。而其欲借此以推翻政府、破坏大局之恶劣手段，愈不可掩矣。①

5 月 20 日及 21 日，《国报》又连载由"炎九"撰写的社论《杀宋教仁者陈其美也全国同胞其共诛之》，同样先讲陈、应杀陶等事，然后讲陈其美为支持黄兴与宋教仁争总理，如何与应夔丞利用洪述祖杀宋，然后嫁祸政府。其言曰：

> 宋本儒生，素鄙陈其美之所为。宋遯初到沪，不屑与之伍，陈憾之刺骨。而宋与黄又因内阁之暗争，各谋自植势力。沪上各报及国民党稍稳健者，多赞成宋内阁。陈其美恐宋得志，己则必不能厕足于其间，而又以拥戴黄兴之私心，为见好希荣之地，遂与应夔臣密谋刺宋而嫁祸于政府。乃有利令智昏之洪述祖而为应所耸动，洪亦思利用应以遂其私，交相利用，而宋遯初于是乎死矣。而孰知最初谋死遯初者，乃在陈其美耶？②

接着又罗列五条"证据"：①上海警察皆陈其美之羽翼，刺宋当

---

① 《宋案之里面观》，《国报》1913 年 5 月 16 日，第 6 页。
② 炎九：《杀宋教仁者陈其美也全国同胞其共诛之》，《国报》1913 年 5 月 20 日，第 1 页。

日，沪宁车站警卫密布，武士英放三枪，久之，徜徉而去，并无警察上前捕捉，可见其预有嘱咐。②洪述祖在上海时曾为陈其美参谋，与陈其美、应夔丞狼狈为奸，其后由于陈其美所荐识唐绍仪，唐又荐之赵秉钧。陈遣应刺宋，洪先知之，而思操纵于其间，以为己利。故于宋被刺后，秘密要求于政府，不料事泄，遂使赵秉钧遭受牵连。③组织特别法庭之黄膺白为陈其美任沪军都督时之参谋，由其组织特别法庭是为方便与应夔丞串供，好倾陷赵秉钧，冤狱政府。④武士英引渡后，不交地方检察厅，而交陈其蔚。陈其蔚乃陈其美之弟，恐武泄密，乃商诸其兄，毒杀之以灭口。"是否用磷火毒死，则无从揣度。"⑤宋被刺前，某君自京至沪，与黄兴有旧交。一日，应夔丞请客，黄兴、陈其美均在座。酒半，应即言："钝初得志，吾辈无噉饭地。"黄、陈默然无语。应续言："诸君看我，于二十日内必宣告死刑。"黄、陈等仍嘿然。不及十日而宋被刺。某君乃入京述之如上。①

以上《国报》所登有关刺宋案文字，看似言之凿凿，实则除了国民党因为不相信政府可以公正审理刺宋案而要求组织特别法庭，这点被攻击黄、陈者抓到口实外，没有提出一条确凿证据，哪怕是一封书信或一件电报，来证明黄、陈杀害了宋教仁。在应宅搜获大量函电文件已经公布的情况下，《国报》丝毫没有正面回应，而其所举黄、陈杀宋理由及所谓"证据"又明显与事实不符，造谣之意十分明显。

第一，在应宅所获与刺宋相关证物中，没有一函一电一文暗示或提及"陈其美"三字。倘若宋教仁真为陈其美唆使应夔丞所杀害，这种情况如何解释？应宅也未搜出过刻有"陈其美"三字的六响手枪，更没有"各界大哗，均谓其美为主谋凶犯"的情况出现；即便搜出刻有"陈其美"三字的手枪，也不能证明陈其美就是主谋，此点前文已

---

① 炎九：《杀宋教仁者陈其美也全国同胞其共诛之（续）》，《国报》1913年5月16日，第1页。

做分析。《国报》说国民党人软禁程德全，迫其销毁与国民党有关之证据，也不过是推测、捏造。其一，程德全曾专门于《申报》刊登声明，更正所谓在沪被软禁流言。① 其二，应宅证物从搜查、登记到移交，均有租界捕房、国民党代表、政府代表几方共同参加，隐瞒或销毁证据毫无可能。其三，应宅所获文件确有一部分因当时程德全等认为与刺宋无关而未予公布，这些文件至今仍然存留于北京市档案馆，其内容若全部公开，不但不能证明黄、陈与杀宋有关，反而会因为其中有不少有关应夔丞与政府关系的文字而对袁氏极为不利。

　　第二，关于洪述祖、应夔丞、武士英的叙述完全与事实不符。从应宅搜获函电文件看，杀宋实际上造意于洪述祖，然后唆使应夔丞实施，与陈其美风马牛不相及。② 除非能够证明陈、洪之间有密切关系。为此，陷害陈其美者不惜虚构洪、应都曾在陈手下任职的经历，将洪说成陈的死党。然而，如前所述，陈、洪二人根本就不相识，仅此一点即足以击破所有对陈其美主谋杀宋的攻击陷害。应夔丞虽然曾任沪军都督府谍报科科长，但这并不能说明他就是陈其美死党。相反，陈其美被说成杀宋主谋，与应夔丞及其党徒的诬陷脱不了干系，此点在前文已有论述。至于说武士英刺宋后"久之，徜徉而去"，与情理、事实皆不相合。事实是，"凶手身材短小，著洋服，飞行而去"。③ 武士英引渡后，交由六十一团看管，也非黄、陈等人所安排，而是上海地方检察厅"以案关系重大，本厅管押恐致疏虞，又不能与已判决人犯同施监禁"，故不得已暂押于由程德全"所指定之六十一团"。④ 陈其美既然不是杀宋主谋，当然也就不存在杀武灭口之说。武士英为应夔丞所雇，倘若真是被毒杀的话，应夔丞党徒嫌疑反而更大。事实

---

① 《程都督更正西报流言》，《申报》1913 年 5 月 1 日，第 1 页。
② 《第三十六件　洪述祖寄应夔丞信二纸附一纸》（1913 年 3 月 6 日），《前农林总长宋教仁被刺案内应夔丞家搜获函电文件检查报告》，第 28—29 页。
③ 《宋钝初逝世后种种》，《正宗爱国报》1913 年 3 月 25 日，第 3 页。
④ 《上海地方检察厅上程都督稿》，《神州日报》1913 年 4 月 27 日，第 6 页。

上，据《民主报》报道，法捕头卜看曾向王宠惠报告，说武士英被收押六七日后，"有应犯家人，以一药水瓶进于武犯，经看守巡捕察出，送人查验，果为极毒之药水，一瓶能杀百数十人，其性至烈"。① 可见应夔丞党徒确有过杀武灭口图谋。此外，负责看管武士英的陈其蔚是浙江金华东阳人，而陈其美是浙江湖州吴兴人，陈其蔚"名姓似与英士为弟兄辈行，实非同族也"。② 至于应夔丞宴请黄、陈，并说"钝初得志，吾辈无噉饭地"云云，显然是将应夔丞描绘成国民党重要人物，但实际上应夔丞根本就不是国民党人。③

第三，所谓黄兴谋争总统，又与宋教仁争总理，以及陈其美图谋国务员位置等，均无实据。从宋教仁被刺前三个月开始，《亚细亚日报》等连续多日鼓吹由黄兴出任正式大总统，但从未见黄兴本人表明争总统之意。相反，黄兴与宋教仁私下运动黎元洪出任正式大总统，而由国民党人组阁掌握实权，倒确有其事。而后因遭黎元洪拒绝，黄、宋始改变策略，仍然支持袁任正式大总统。可见，黄兴争总统之说并非事实。按照黄远庸的说法，统一共和党并入国民党时，唯一的条件就是不争总统，从这点看，黄兴也不可能争总统，否则国民党将陷于分裂。至于由谁组阁，国民党内黄兴、宋教仁的确各有支持者，但这并非根本性分歧，正如黄远庸所云："国民党中赞成黄内阁派，或有不赞成宋内阁者；赞成宋内阁派，若令大势集于黄君，则亦并无绝对排斥黄君之意，盖平心论之，国民党中固无如许激烈之内讧也。"④《国报》所谓国民党开会票举总理之事，从未见诸国民党方面之记载，事实上，国民党不大可能在孙中山缺席的情况下举行此种会议，宋教仁被刺之前，国民党也从未确定过组阁人选。退而言之，

---

① 《宣布逆证后之宋案·武士英服毒之说》，《民主报》1913 年 5 月 2 日，第 7 页。
② 李向东、包岐峰、苏醒等标点《徐兆玮日记》（二），第 1367 页。
③ 《宋遯初先生遇害始末记（续）》，《国民月刊》第 1 卷第 2 号，1913 年，第 4 页。
④ 黄远庸：《政海之一勺》（1913 年 3 月 3 日），《远生遗著》卷 3，第 74 页。

《国报》所言若为事实，那么，在宋教仁已经让出总理候选人位置的情况下，黄、陈何以还要将他杀死呢？这是说不通的。至于说陈其美为争国务员位置而杀宋，就更无道理。1912 年唐绍仪组织"同盟会中心内阁"时，陈其美就被任命为工商总长，但他并未就任。彼时不愿为国务员，此时却为一国务员位置而杀害未必组阁的宋教仁，有是理乎？

结合雷震春给袁世凯的密呈，以及当时只有《国报》密集报道和评论所谓黄、陈杀宋这一事实来看，其背后极有可能就是应夔丞党徒依照雷震春和钱锡霖的主意而为之，目的是嫁祸于黄、陈，从而为把应夔丞由国民党势力范围影响下的上海移送至北京或湖北审判制造舆论，同时转移舆论对袁、赵的攻击。因为动机不纯，《国报》所谓黄、陈杀宋的种种"案情"和"证据"，极尽猜测、虚构之能事。

四 "宋案平议"之论调

宋教仁被刺后，由于国民党人认定袁、赵为幕后主使，双方关系日益紧张，特别是宋案证据公布后，谴责袁、赵之声铺天盖地。万国改良会会长丁义华曾出面调和双方关系，孙中山、黄兴为此于 5 月 6 日致电丁义华道："宋案发现之翌日，北京政界众口同声，指为国民党员所杀，今果如何？"他们希望丁义华能"研究真象，发为正论"，"主持公理"。① 电文中所谓"宋案发现之翌日"，是指应夔丞被捕次日，即 3 月 25 日。所谓"国民党员"，即指黄兴、陈其美，尤其是陈其美。如前所述，3 月 25 日上海西文《文汇报》曾刊登北京电报，称"京内官场之意见，均以宋教仁遇害，必为其同党之人所仇杀，盖

---

① 《孙中山黄兴复丁义华电》（1913 年 5 月 6 日），朱宗震、杨光辉编《民初政争与二次革命》，第 331 页。

宋近来曾力主举袁世凯为正式总统，致为同党所忌"。① 而由前述事实来看，袁世凯政府毫无疑问是所谓陈其美主谋杀宋的构陷者之一，雷震春给袁世凯的密呈就是明证。《国报》密集报道和评论所谓黄、陈主谋杀宋，也极有可能是袁世凯方面和应夔丞党徒共同所为，或者说是袁方与应方出于不同目的联手对国民党发起的一场舆论战。幸运的是，在北京大学历史学系所藏档案中，我们又发现了更为确实的政府试图陷害黄、陈杀宋的证据，这就是一篇题名为《宋案平议》的手稿。该文极力反驳政府杀宋之说，提出宋案内幕应当"求之于政府以外之方面"。其首段曰：

> 国民党者，中国现政府之反对党也；宋教仁者，反对党中最有力之分子也。故宋教仁在沪被刺，该党腾沸，咸疑政府暗杀，以仆政敌。而著者以冷静之脑筋、公平之理想，详加推测，窃谓政府对于在野党之野心家，当以适宜之政策，迎合大多数国民之心理，以为战胜之武器，若托徒诛锄异己，适以激成反抗。况能死宋教仁之身，而不能死宋教仁所持政党内阁之说，其又焉能人人而杀之乎？即使愚谬至此，幽燕健儿岂少荆轲、聂政之流，挟匕首南下，乘便狙击，何求不得，顾必辗转于洪、应、武数人之间，且由执政发密码、给手札，若惟恐杀人灭迹，而预为存留种种罪证也者？自非大愚，孰能为此？故著者于此案之内幕，不欲于政府方面求之，而求之于政府以外之方面。②

接下来著者引用4月25日江苏都督程德全及民政长应德闳宣布证据"有电"、4月28日赵秉钧自辩"勘电"，以及5月3日洪述祖

---

① 《西报对于宋教仁被刺之推测》，《神州日报》1913年3月27日，第4页。
② 《宋案平议》（1913年5月），稿本，北京大学历史学系藏，第174函。

自辩"江电",相互对勘,以证"归狱政府"并无真凭实据。而后分析国民党内派系之争,指出宋教仁被刺乃黄、宋争总理内讧所致,黄兴、陈其美是杀宋幕后主使。其词曰:

> 且夫国民党者,以秘密结社之同盟会为其基础而构成者也。同盟会之暗潮,又自各有派别,一为广东派,一为湖南派。湖南派中又歧为二,一为暴烈派,黄兴其代表也,一为稳健派,宋教仁其代表也。二者手段虽异,而其欲垄断政权则一。溯自清廷禅位,政府北迁,该党重要人物虽暂时蜷伏,然蛰者不忘起,盲者不忘视,璧忘鼠,鼠不忘璧,自初至终,固如一日也。惟袁氏内有全国之推崇,外有列强之信赖,总统一席,未易摇撼,故不得已而思其次。彼党之所耽耽者,厥维内阁总理,而此内阁总理之希望,无论在本党,在敌党,抑在一般社会之名誉,又不如宋。荣利之途,两贤相厄,于是互怀嫉视,自为抨击,其来久矣。不然,沪宁车站黄兴与陈其美同在,何乃武士英之手枪有眼,而惟死一宋教仁乎?盖应夔丞者,陈其美沪军都督府之谍报科科长也,陈其美者,又党黄以攻宋,而素以暗杀著称,陶成章之死,徐宝山之死,论者皆窃窃然疑之者也。灰蛇之迹,雪鸿之爪,精以求之,思过半矣。谓余不信,请俟异日应夔丞供词之发表。①

这便是袁世凯方面"求之于政府以外之方面"所得的结果。其基本观点与《国报》所造谣言并无二致。这篇文字开头一段中"著者"二字之"著",系由"记"字涂改而来,由此可知,该篇文字撰者,很可能是一名记者。但该篇文字既然以稿本形式保存在官方档案之中,则该记者应为御用记者。当然,也不能排除该篇文字为政府中人

---

① 《宋案平议》(1913年5月),稿本,北京大学历史学系藏,第174函。

以记者名义撰写。

《宋案平议》并未见在当时报刊公开刊登，究其原因，当是此类指证黄、陈杀宋的文字，在当时报刊并不缺乏，却全然拿不出真凭实据。值得注意的是，天津中东石印局曾于 1915 年出版一本署名奈良一雄著作的日文书，题名『中華民國大事件と袁世凱』，其中有「宋教仁暗杀案の真相」一篇，其中文稿本亦收藏在北京大学历史学系，题名《宋教仁被杀之真相》，形成于 1914 年，前者是后者的日译本，两者内容完全相同。其中第一句为："国民党者，中国现政府之反对党也；宋教仁者，反对党中最有力之分子也。"① （"國民黨は支那政府の反對黨なり。宋教仁は反對黨中最も有力なゐ一分子なり。"②）与前引《宋案平议》第一句完全相同。但《宋案平议》此句以下的内容，并没有被《宋教仁被杀之真相》或「宋教仁暗杀案の真相」吸收。『中華民國大事件と袁世凱』实际上是袁世凯方面提供材料和金钱，收买日本记者奈良一雄编成的，出版经费亦由袁世凯方面提供。③ 这些内幕表明，不论《宋案平议》，还是《宋教仁被杀之真相》，都是御用记者或政府中人以记者名义写的。正式印行的『中華民國大事件と袁世凱』之所以没有大张旗鼓地讲述黄、陈杀宋之事，显然也是因为没有凭证。

《宋案平议》发现的意义在于，它让我们知道，在程、应通电宣布宋案证据后，政府方面除通电自辩外，还曾试图将黄、陈说成刺宋幕后主使，以转移视线，混淆视听，只是因为没有证据而未敢公开发表。但透过所谓"北京国务院声明"、雷震春给袁世凯的密呈以及《国报》等的大肆造谣，我们仍可看到一些政府幕后操纵的蛛丝马迹。

---

① 《宋教仁被杀之真相》（1914 年），稿本，北京大学历史学系藏，第 174 函。
② 奈良一雄『中華民國大事件と袁世凱』、156 頁。
③ 《奈良一雄致曾彝进密函手迹》（1913 年），北京大学历史学系藏，第 122 函。

五　《辛丙秘苑》之杜撰

就在刺宋案渐渐淡出国人脑海之际，上海《晶报》从 1920 年秋起连载袁克文的《辛丙秘苑》，讲述其父袁世凯统治时期的秘史，引起世人极大关注。关于刺宋案，袁克文明确说："杀遁初之主谋者，陈、应也。"① 他还绘声绘色讲了一个故事以为证明：

> 二年冬（应为二年春——引者），予适在沪，知先公遣秘使迓遁初者数至，遁初所察已竟，欣然命驾。行之先，陈英士、应桂馨宴之。筵间，英士询其组阁之策，遁初曰："唯大公无党耳。"陈默然，应詈曰："公直叛党矣，吾必有以报。"言时，即欲出所怀手枪，座客劝止之。遁初曰："死无惧，志不可夺！"遂不欢而散。而陈、应日相筹谋。予故友沈虬斋，陈之党也，谓予曰："遁初不了。"予详诘之，虬斋曰："同党咸恨之，陈、应尤甚。迩日，靡日弗聚议，虽亲如予，亦不获闻。偶密窥探，辄闻遁初云云，辞色不善也。"未几难作，遁初竟死矣。应知赵秉钧畏遁初夺其位也，遂假道于洪述祖，诱得电信，初意但为要功计，不期适以此而移祸也……斯时应已就狱，赖陈英士辈隐为之助，而北方之势力尚未达于沪，赵、洪又不自承，且为证之电惟"毁〔燬〕宋酬勋"四字，既云"酬勋"而内阁并无为洪辈请勋事，故先公始终坚持不使赵就沪狱，令提应等入都，南中又坚持不许，相持至"二次革命"，陈始拯应出狱。既谓应贪北方之勋而杀遁初，陈反拯之，何也？②

---

① 袁克文：《刺宋案真相》，《辛丙秘苑》，第 3 页。
② 袁克文：《刺宋案真相》，《辛丙秘苑》，第 2—3 页。

按照这个故事，长期以来怀疑袁世凯为杀宋主谋的主流认识将被彻底颠覆，而另一位受疑对象陈其美，将坐实主使之名。不幸的是，袁克文撰写《辛丙秘苑》时，故事中涉及的沈翔云（虬斋）、应夔丞、陈其美三个人物已分别于1913年、1914年、1916年死去，人们将无法证实故事的真假，只能听袁克文这唯一"当事人"的一面之词。然而，袁克文的特殊身份又让人不能不对这个故事的真实性产生怀疑。叶楚伧当时看了《晶报》，就大不以为然，说"一派胡言"，邵力子也斥为"颠倒是非"。① 而郑逸梅则在后来又讲了一个故事，用以说明袁克文所撰故事由何脱胎而来，并为陈其美辩护。他说：

> 当寒云撰文委罪于陈英士，亦有所借因。原来宋教仁北上，陈英士竭力阻之，恐他受袁世凯的羁縻，而失其计划。奈宋自信力很强，曰："皓皓之白，而蒙世之混浊，岂得为大丈夫哉！"不应竟去。陈没有办法，只得任之。陈固有醇酒妇人之癖，一天，和诸狎友宴于妓女花雪南家，正酣饮间，忽有人来报宋被刺于北火车站。陈初闻之愕然，既而却举杯向诸狎友说："可干此一杯。"人们便误会陈闻宋死，而藉杯酒庆功。实则陈之所以如此，无非有憾宋生前不听劝告，结果遭此毒手而死于非命。②

这个故事的真实性同样无法证实，而且野史味道更浓，因此完全起不到为陈其美洗冤的作用。实际上，袁克文在沈、应、陈"死无对证"的情况下才发表这一故事，本身就很值得怀疑。而从其所讲故事内容来看，稍微了解一些国民党历史和宋案的人立刻就会发现，其中有三点明显的错误。

---

① 《袁寒云撰〈辛丙秘苑〉的始末》，《郑逸梅选集》第2卷，黑龙江人民出版社，1991，第113页。

② 《袁寒云撰〈辛丙秘苑〉的始末》，《郑逸梅选集》第2卷，第113页。

其一，国民党是宋教仁一手主导建立起来的，组织"政党内阁"，实行政党政治，是宋教仁民主宪政思想中最核心的内容之一。宋教仁被刺前，国民党已成为国会第一大党，具备了建立"政党内阁"的先决条件。然而，在袁克文的故事中，宋教仁却被说成一个"大公无党"之人，这与宋教仁的思想及实际表现完全不符。宋教仁为了实现建立"政党内阁"的理想，可以容纳其他党派的人加入国民党，但他自己不会背叛国民党。宋教仁实际上是为政党政治而献身的。

其二，应夔丞本是江浙、上海一带帮会头目之一，前清时曾在江苏巡警局充当缉捕差使，捕拿革命党人。上海光复时率手下参加了攻打制造局之役，被沪军都督陈其美委任为谍报科科长。沪军都督府取消后，他又召集党徒，于1912年7月建立共进会。1912年8月宋教仁等组建国民党时并没有吸纳共进会，应夔丞后来在接受法庭讯问时也表示自己与宋教仁并不熟悉，"在南京政府时见过面，仅颔首而已"，并明确表示"我非国民党中人"。[①] 不仅如此，在宋教仁被刺前半年，应夔丞其实已经通过内务部秘书洪述祖牵线搭桥，暗中投靠袁世凯，并到北京见了袁世凯。然而，在袁克文的故事中，应夔丞却被描绘成国民党党员，还是个可以和宋教仁、陈其美坐在同一张桌上讨论国民党组阁之策的忠实党员，这纯属杜撰。

其三，杀宋是由内务部秘书洪述祖决定并唆使应夔丞实施的，从应夔丞家中搜出的相关函电文件可以清楚地证明这一点。在袁克文的故事中，却成了杀宋之意产生自应夔丞，并在陈其美主使下将宋杀害，可以说完全背离了史实。另外，应夔丞手中的"应密电码"是其1912年1月12日在京拜见赵秉钧时，赵答应给的。赵除了在1月14日遣人给应送密码本时写过"密码送请检收，以后有电直寄国

---

① 《宋遯初先生遇害始末记（续）》，《国民月刊》第1卷第2号，1913年，第4页。

务院赵可也"一封便函外，^① 以后再也没有给应写过一封信或发过一封电报。袁克文的故事中所谓"假道于洪述祖，诱得电信"云云纯属虚构。

由以上三点，即可以理解为什么叶楚伧说他"一派胡言"，邵力子斥他"颠倒是非"了。其实，我们还可以换个角度来看这个故事。假如袁克文所述故事真的发生过，那么，面对应夔丞欲拔枪对待宋教仁这样严重的冲突，为什么参与饯行宴会的"座客"中，只有沈翔云这个"死无对证"的人向袁克文讲述了当时的情形，而其他"座客"无论当时还是后来，都没有留下片言只字的记述，或向他人透露过呢？要知道，能够参加饯行宴会的，可都是国民党的核心人物或支持国民党的各方头面人物。仅此即可见袁克文的故事实在编得过于虚假。

至于应夔丞后来从上海模范监狱逃脱，也与陈其美毫无关系。应夔丞实际上是乘着"二次革命"战乱之机，通过收买监狱管事越狱逃走的。《神州日报》曾披露其中内幕道：

> 上海模范监狱内所禁人犯，乘前次制造局激战时，全数脱逃，宋案要犯应桂馨及冤杀周阮之姚荣泽等，同时远扬。惟此次应犯等脱逃，外间颇有微辞，然言人人殊，究未能得其真相。现得确实消息，应桂馨利用战时运动监狱中最有势力者，图谋免脱，言为运动二万元，由方姓经手，过付五千元。余款尚未交付，现应犯欲图赖一万五千元未付之款，又因先付之五千元分派不匀，内讧微露，其秘为程都督、应省长所闻，拟即派探密查澈究，一面通令各属严缉应、姚各逃犯，务获究办云。^②

---

① 《第十八件　赵总理致应夔丞信一纸信封一个国务院应密电码一本》（1913年1月14日），《前农林总长宋教仁被刺案内应夔丞家搜获函电文件检查报告》，第16页。
② 《应桂馨逃狱之真相》，《神州日报》1913年8月15日，第6页。

陈其美的高级副官、曾参与破获宋案及看管应、武二人的周南陔，对陈其美撤离上海前主张如何处置应夔丞，了解最为清楚。他是这样口述的：

> "二次革命"在上海方面的主动策划人，就是陈英士、钮惕生诸先生……陈英士先生等率领革命军自南市撤退闸北的一天，周南陔先生是值日高级副官，当时曾向陈请示，说刺宋要犯应桂馨押在城里地方监中，这人还是将他带到闸北军中，还是就在此时把他枪毙了？那时陈先生正在爱文义路一百号黄克强先生公馆里，因为军书旁午，昼夜不眠，精神十分疲惫，正患着目疾，双眼红肿，不能睁视。周先生请示后，他思索良久，然后回答道："不必！此案既归司法办理，应由司法处理。我辈向来责备袁世凯违法，现在不能自蹈其咎。"说着，因为不能睁眼，用手作势，指着另一手心道："放心！放心！总在我们这里。"（这里，即指手掌）周先生不敢违抗，只得作罢。后来应桂馨便在兵荒马乱时，纠合地方监众囚犯，越狱逃走，不知下落。国民党重要份子因军事失败，袁世凯缇骑四出，纷纷出国远避，事实上再也不能顾到应桂馨的问题。当时，陈英士先生未在革命军撤退时，将应桂馨明正典刑，立予枪决，似乎是一小小失着。①

由此可知，陈其美根本没有将应夔丞从监狱私放，应夔丞乘乱从狱中逃走才是实情。应夔丞后来也承认自己是乘乱逃走的。② 袁克文说陈其美"拯应出狱"，不过是他在陈其美主使应夔丞杀宋这样一个虚构前提下编造出来的。其实，应夔丞可谓越狱老手，早在 1899 年

---

① 　周南陔口述《宋教仁被刺之秘密》，章伯锋、李宗一主编《北洋军阀》（二），第123—124 页。
② 　《应夔丞为宋案密呈大总统文》，《大公报》1913 年 11 月 10 日，第 2 张第 3 页。

就有从租界拘押屋挖洞逃逸的经历。① 而且，据报纸报道，自 1913 年 6 月中旬以来，"应党在外种种运动，应犯一一知悉。最奇者，不时有人往应家代应取物，竟有口号为符。其人是否受应犯所托固未可知，惟来者必付其目的物，且其口号时易。此等手段，可谓通天矣"。② 种种迹象表明，狱中的应夔丞早就与其党徒内外勾连，准备有所行动，而 7 月"二次革命"发生后上海的混乱局面正好给了他逃脱的机会。

周南陔似乎认为陈其美撤离上海前应该将应夔丞处决，但陈其美的决定其实才是最明智的。如前所述，宋教仁被刺后，一直有一股舆论将陈其美视为幕后主使，倘若陈其美将应夔丞放走，则他必将被人视为应的同谋；倘若他将应夔丞处死，则又将被人视为杀人灭口，从而坐实主使杀宋之名。因此，对陈其美而言，最好的选择还是将应夔丞留给法庭审讯，这样还有望水落石出，同时也表达了对法律的尊重。只是，陈其美没有料到应夔丞会乘乱越狱逃走，而陈其美也在"二次革命"失败后流亡日本，再也顾不上应夔丞其人了。

倘若陈其美知道应夔丞及其党徒曾在幕后陷害自己的话，或许他会在离开上海前出于愤激而将其处死。幸好他不知道，这使他能够理性地对待已在狱中的应夔丞，从而留下通过法庭厘清案情的一线希望。但历史是残酷的，陈其美当时不可能料到应夔丞会乘乱逃走，更不可能料到 1914 年 1 月 19 日应夔丞会在由北京前往天津的火车上被人刺死。又过了两年多，陈其美也被人刺杀，于是，他的冤屈就只能由后人来洗清了。好在我们对旧的史料有了更准确的解释，同时又有新的史料发现，陈其美的冤屈可以大白了。

---

① 《押犯脱逃》，《申报》1899 年 2 月 15 日，第 3 页。
② 《公判中之宋案·罪犯频频通使问》，《民立报》1913 年 6 月 17 日，第 10 页。

六　近年讨论宋案者之秕言

梳理陈其美主谋杀宋说的来龙去脉，不难看出这是一种完完全全的谬说，是由袁世凯一方、应夔丞及其党徒、国民党的反对党，以及支持政府的《国报》等共同罗织、构陷而成的子虚乌有的罪名，而后又经袁世凯之子袁克文于《辛丙秘苑》杜撰情节，从而为一些不明内情者所信。袁世凯一方构陷陈其美，是为了应对"刺宋案"发生后国民党对政府的攻击；应夔丞及其党徒陷害陈其美，是为了讨好政府，从而寻找机会脱罪；国民党的反对党诬陷陈其美，是为了借机打击国民党，扩大自己的势力；袁克文杜撰情节，则是为了证明其父并非杀宋幕后主使。由于各方动机不纯，各种所谓陈其美主谋杀宋的"证据"极尽猜测、虚构之能事，完全与事实不符。

从 20 世纪 20 年代后期开始，随着国民党南京政府建立，陈其美侄子陈立夫、陈果夫兄弟成为"CC 系"首脑。陈其美主谋杀宋本来就是谬说，在"CC 系"势力影响之下，自然更无人敢再主张其说。1949 年后，大陆学界对陈其美基本持正面评价，陈其美主谋杀宋说亦长期未见有人主张。然而，近年来，随着民国史研究走热，特别是"宋案"研究为越来越多的人所关注，陈其美主谋杀宋说又开始为一些人所讨论。如思公的《晚清尽头是民国》、金满楼的《退潮的革命：宋教仁的 1913》均认为袁世凯、赵秉钧、陈其美皆有嫌疑，而陈其美嫌疑似乎更大。[①] 张华腾则放弃了过去主张的袁世凯主谋杀宋说，认为"袁克文揭发出宋教仁为陈其美主谋所杀是可信的"。[②]

尤应注意的是，张耀杰著《谁谋杀了宋教仁：政坛悬案背后的党

---

① 思公：《晚清尽头是民国》，第 110—202 页；金满楼：《退潮的革命：宋教仁的 1913》，第 62—105 页。

② 张华腾：《中国 1913——民初的政治纷争与政治转型》，第 92 页。

派之争》声称陈其美就是"幕后操纵暗杀行动的第一嫌疑人"，应夔
丞"在陈其美等人精心设计的暗杀阴谋中，只不过是用来嫁祸于中央
政府的替罪羊"。而"应夔丞知道国务总理兼内务部总长赵秉钧害怕
宋教仁抢夺他的位置，就通过内务部秘书洪述祖骗取来自赵秉钧的密
电密信。当初的目的只是邀功请赏，没有想到这些密电密信刚好充当
了嫁祸于人的文字证据"。① 对照一下前引《辛丙秘苑》的记述，我
们就会发现，张耀杰一书的上述核心观点，其实就是从袁克文杜撰的
那个故事当中来的，只不过将袁克文用文言文所述翻译成白话文而
已。史料方面，至少有百分之九十的史料，该书作者并未看过，而看
过的史料当中，绝大部分又不能正确理解。

　　遗憾的是，就是这样一本在内容和史料上均无可取的粗制滥造之
作，却有袁伟时、王学泰、杨奎松等几位教授向读者大力推荐。袁伟
时之言曰："宋教仁案和接踵而至的'二次革命'是辛亥革命失败的
标志。多年来史家都归罪于袁世凯。张耀杰先生以史家的敏锐，全面
系统地梳理史料，用史实说话，解疑释惑，以全新的视角得出崭新的
结论，不管人们是否同意他的结论，都不能不承认这部书不愧是 20
世纪中国研究的新收获。"王学泰则谓："张耀杰《谁谋杀了宋教
仁?》认为宋教仁是死于内斗，作惊天之论，但论述缜密，揭示出并
不复杂的悬案内幕，从而让我们感受到片面宣传的效用和力量。片面
宣传造成的偏见，比无知离真理更远。"②

　　如果说袁伟时、王学泰做出上述评价是因为他们对民国史缺乏研
究的话，杨奎松教授作为中国近现代史研究专家，他对该书的评价理
当最有分量。可惜的是，他对这段历史也很隔膜。他说："张耀杰先
生于蛛丝马迹中苦心爬梳，竟将百年宋案一举翻了过来。依据他的考

---

① 张耀杰：《谁谋杀了宋教仁：政坛悬案背后的党派之争》，第 106、122 页。
② 以上袁伟时及王学泰"推荐语"均见张耀杰《谁谋杀了宋教仁：政坛悬案背后的党派之争》书前。

证，谋刺者竟然是革命党自己！"杨奎松教授并想从一个研究者的角度进一步证实张耀杰的观点，他说："其实宋教仁墓碑上于右任当年的题词，就已经曲笔透露了这一秘密。"碑文曰：

> 先生之死，天下惜之。先生之行，天下知之。吾又何纪？为直笔乎？直笔人戮。为曲笔乎？曲笔天诛。①

杨奎松教授解释道："'为直笔乎？直笔人戮。为曲笔乎？曲笔天诛。'这十六个字不恰好反映出于右任为老友冤死而又不能直言的椎心之痛吗？当时国民党人已经把矛头指向了袁世凯手下的总理大臣，如果真是袁氏或北方所为，身为国民党人的于右任，又有什么不敢直笔而怕人戮的担忧呢？"②

然而，事实却是，在 1913 年 4 月 13 日国民党上海交通部举行的宋教仁追悼大会上，于右任发表了如下演说：

> 今日追悼宋钝初，实在是追悼民国全体。钝初为国伟人，故暗杀钝初略为暗杀民国全体。诸君要看"熻宋酬勋位"五字，可见杀死宋钝初的，就是给人勋位的这个人。这人既不惜用其暗杀手段以反对共和，破坏民国，为我们万难容忍。③

有权力授人勋位的是临时大总统袁世凯而非国民党，可见于右任实际上是将暗杀主谋指向袁世凯。不仅如此，宋教仁出殡时，于右任还用"骚心"的化名写了如下一副挽联：

---

① 《宋教仁先生石像赞》，于右任先生百年诞辰纪念委员会编《于右任先生文集》，台北："国史馆"、"监察院"、中国国民党中央委员会党史会，1985，第 201 页。
② 以上杨奎松教授所言均引自张耀杰《谁谋杀了宋教仁：政坛悬案背后的党派之争》书前"推荐语"。
③ 《上海追悼宋先生大会》，《民主报》1913 年 4 月 20 日，第 6 页。

我不为私交哭，我不为民立报与国民党哭，我为中华民国前途哭；君岂与武贼仇，君岂与应桂馨及洪述祖仇，君与专制魔王余孽仇。①

这难道不是依然将暗杀主谋指向最高当局吗？于右任没有明确点出袁世凯或赵秉钧的名字，从这个意义上讲，他的确有某种程度的"不敢直笔而怕人戮的担忧"，眼前发生的宋教仁被刺案不就是"直笔"而遭"人戮"的活生生的例子吗？但这个"人"，显然不是革命党自己，而是袁世凯政府。可见，于右任实际上是在借老友之死控诉袁世凯的独裁专制统治，这才是"直笔人戮"的准确内涵。同样，如果有人明知暗杀主谋来自政府，却"曲笔"讳言，不予揭露，那就应该遭受"天诛"。这实际上又是于右任借老友之死诅咒那些专制政府的支持者。

宋教仁被刺后，包括于右任在内的国民党人很快就将矛头指向袁世凯、赵秉钧，虽然诸多证据表明，袁、赵并没有主谋刺宋，但无论如何也无法由此推导出宋教仁为其革命同志杀害的结论，没有任何一条可靠的证据支持这一结论。事实上，暗杀宋教仁的主谋依然来自政府，就是内务部秘书洪述祖，是洪述祖擅自唆使应夔丞刺杀了宋教仁，这是有大量确实可靠的证据支持的。袁、赵虽然并非刺宋主谋，但他们与洪、应有着复杂关系，刺宋案发生后，袁为了避免案情冲击其竞选正式大总统，不仅放走了洪，而且阻止赵出庭对质，这就使袁、赵百余年来一直难以摆脱嫌疑。

---

① 《挽联》，徐血儿等编《宋教仁血案》，第318页；尚志：《对于宋案之意见》，《民国日报》1917年9月2日，第11页。

问：何谓宋案？

答：宋案≠刺宋案。宋案是由收抚共进会、调查欢迎国会团、操弄宪法起草、构陷"孙黄宋"、"匿名氏"攻击、低价购买公债、刺杀宋教仁等多个环节次第演进与交错进行而酿成的复杂案件，刺宋是最后一个环节。

问：宋案中四大关键人物相互之间关系怎样？

答：洪述祖表面是赵秉钧之秘书，实则与赵关系不睦，而与袁有特殊关系，是袁之私人。洪借收抚共进会与应夔丞建立起诡秘关系，而后又介绍应与袁建立关系。洪、袁与洪、应两个关系圈交叉，洪述祖成为关键人物。赵秉钧在清末为袁之心腹，至民初则因加入国民党而成为袁应对党争的"场面人物"，处于上述两个关系圈边缘偏向袁世凯一侧。而在袁、赵关系中，袁处于主导地位。

问：袁世凯与宋案有何关系？

答：袁主导了宋案前四个环节，但与"匿名氏"攻击及低价购买公债无关，亦未主谋刺宋。不过，袁利用洪、应以不法手段对付国民党，实际上为洪、应做了极坏的示范。故二人合谋杀宋，袁并不能完全脱离干系。

问：**赵秉钧与宋案有何关系？**

答：赵卷入了宋案前四个环节，但与后三个环节毫无关系。不过案发后，他在袁的阻挠和施压下拒绝出庭接受质讯，这就使他一直难以摆脱嫌疑。

问：**洪述祖在宋案中扮演何种角色？**

答：洪在所有环节中都是主要角色。特别是构陷"孙黄宋"计划失败后，洪转而在天津家中酝酿杀宋，并发亲笔函唆使应夔丞对宋"乘机下手"，而后入京试探袁之态度，为袁所拒绝。洪遂先后假托"燬宋酬勋位"及"债票特别准"，诳应将宋杀害。

问：**应夔丞身为共进会会长，为何要在共进会外寻找杀手？**

答：杀宋是应夔丞及其少数死党私下配合洪实施的行为，而非共进会组织行为。共进会为应夔丞生存之本，在已经接受招抚的情况下，应夔丞主观上要竭力避免杀宋行动牵连到共进会。

问：**陈其美与宋教仁被杀是否有关？**

答：毫无关系。陈其美主谋杀宋是由袁世凯一方、应夔丞及其党徒、国民党之反对党，以及支持政府的舆论共同罗织、构陷而成，而后经袁克文杜撰情节，又为今天一些人所刻意抹黑。

问：**洪述祖为何决意要杀宋教仁？**

答：直接原因是在构陷"孙黄宋"的阴谋失败后，洪亟须给袁世凯一个交代，并向袁证明自己依然是可用之人。深层原因则在于双方政见分歧，洪担心宋教仁的"政党内阁"主张导致国民党"垄断政界"，排斥袁的势力，造成"党派专制"。换言之，洪杀宋的根本目的是维护袁世凯及其支持者的既得利益，但他又披了一件维护共和、维护民国的外衣。

问：袁既非刺宋主谋，何以他要放走洪，又阻止赵出庭自证清白？

答：宋案发生于临时政府将要结束之际，袁考虑的首要问题是避免该案影响其竞选正式大总统。洪、赵掌握袁主使洪、应以“金钱联合”等不法手段收买议员、报馆操弄宪法起草，以及图谋购买所谓“劣史”损毁“孙黄宋”声誉等内情。这些见不得光的内幕一旦在法庭上曝光，将会对袁氏形象造成沉重打击，从而影响其竞选正式大总统，故袁绝不允许二人出现于法庭之上。

问：武士英是被毒死的吗？

答：可能性极小。武不过是应临时雇用的枪手，不掌握刺宋行动以外的宋案其他内幕，袁、赵及国民党均无杀武的动机与必要。应党有杀武的动机，并曾试图毒杀之，但以失败告终。医学检验报告证明，武死于急性肺炎。

问：袁世凯为何要派人刺死应夔丞？

答：洪以“燬宋酬勋位”及“债票特别准”诳应，让应始终误以为杀宋是中央的意思，故他越狱后不仅通电要求中央为武士英和自己“昭雪”，而且跑到京城邀赏请功，而这会让外界误以为袁是杀宋幕后主使，加之应掌握着袁主使宋案其他案情的内幕，因此，应的存在对袁而言已经成为一个麻烦。

问：赵秉钧是被毒杀的吗？

答：否。袁非杀宋主谋，赵对杀宋计划更毫不知情。赵在应对宋案问题上，以牺牲个人声誉为代价，维护了袁的利益，袁无毒杀赵之理由。赵有痼疾，医学检验报告证明，赵是心脏神经痛或血栓导致心衰而死。

问：袁、赵既非杀宋主谋，是否意味着“二次革命”“师出无名”？

答：否。“二次革命”不是要为宋教仁报私仇。袁、赵虽未主谋杀宋，但他们在民主共和制度下的一系列所为，实际上是与这一制度相背离的。反对独裁、维护民主共和制度是“二次革命”最主要的目的。

征引文献

一　原始档案

1. 中国第一历史档案馆

朱批奏折，04 - 01 - 36 - 0077 - 037、04 - 01 - 12 - 0675 - 080。

录副奏折，03 - 7447 - 009。

2. 中国第二历史档案馆

内务部全宗，1001 - 2 - 883。

3. 北京市档案馆

国民共进会全宗，J222 - 001 - 00001、00002、00003、00004、00005、00006、00008、00010、00011、00012、00013、00022、00027、00030。

北平地方法院检察处全宗，J174 - 001 - 00337。

北平市警察局全宗，J181 - 017 - 01771、J181 - 018 - 00132、J181 - 018 - 00889、J181 - 018 - 01724。

河北北平第一监狱全宗，J191 - 002 - 11584。

4. 北京大学历史学系藏档

奈良一雄有关函件，第 122 函。

宋教仁案有关函电文件，第 174 函。

欢迎国会团第一次宣言书并驳书，第 B120 函。

5. 中国社会科学院近代史研究所档案馆

《张镇芳存札》，甲 264。

二 出版史料

1. 史料汇编

中国第二历史档案馆编《中华民国史档案资料汇编》第 3 辑，江苏古籍出版社，1991。

中国第二历史档案馆编《北洋政府档案》第 1 册，中国档案出版社，2012。

《前农林总长宋教仁被刺案内应夔丞家搜获函电文件检查报告》，1913 年铅印本，北京大学图书馆藏。

罗家伦主编《宋教仁被刺及袁世凯违法大借款史料》（《革命文献》第 42、43 合辑），台北：兴台印刷厂，1968。

杞忧子编《宋渔父》，上海杞忧书社，1913。

姜泣群编《渔父恨史》，中华艺文社，1913。

姜泣群编述《渔父雄辩集》（附《举国同声哭》），中华艺文社，1913。

徐血儿等编《宋教仁血案》，岳麓书社，1986。

陈奋主编《北洋政府国务总理梁士诒史料集》，中国文史出版社，1991。

章伯锋、李宗一主编《北洋军阀》（二），武汉出版社，1990。

朱宗震、杨光辉编《民初政争与二次革命》，上海人民出版社，1983。

张国淦编《辛亥革命史料》，上海龙门联合书局，1958。

马鸿谟编《民呼、民吁、民立报选辑（1909.5—1910.12）》，河南人民出版社，1982。

"中华民国史事纪要编辑委员会"编《中华民国史事纪要初稿（中华民国六年一月至十二月份）》，台北："中华民国史料研究中心"，1976。

上海社会科学院历史研究所编《辛亥革命在上海史料选辑》，上海人民出版社，1966。

上海市档案馆编《工部局董事会会议录》（十八），上海古籍出版社，2001。

上海市档案馆编《辛亥革命与上海——上海公共租界工部局档案选译》，中西书局，2011。

邹念之编译《日本外交文书选译——关于辛亥革命》，中国社会科学出版社，1980。

孙瑞芹译《德国外交文件有关中国交涉史料选译》第3卷，商务印书馆，1960。

王铁崖编《中外旧约章汇编》（二），三联书店，1959。

千家驹主编《旧中国公债史资料（1894—1949）》，中华书局，1984。

大理院书记厅编印《大理院第二次增订简明统计表（民国元年至

十年)》,1923。

周东白编《大理院判例解释四·新刑律汇览》,世界书局,1924

朱洪达编《大理院判决例全集》,世界书局,1933。

中国科学院历史研究所第三所编《近代史资料》总7号,科学出版社,1955。

中国社会科学院近代史研究所近代史资料编辑组编《近代史资料》总40号,中华书局,1979。

中国社会科学院近代史研究所近代史资料编辑组编《近代史资料》总45、53、55、64号,中国社会科学出版社,1981、1983、1984、1987。

中国人民政治协商会议全国委员会文史资料研究委员会编《辛亥革命回忆录》(一)(四)(六),文史资料出版社,1981。

中国人民政治协商会议全国委员会文史资料委员会编《文史资料存稿选编》(一),中国文史出版社,2002。

中国人民政治协商会议全国委员会文史资料委员会编《文史资料选辑》第18卷第53辑,中华书局,1965。

《天津文史资料选辑》第16、42辑,天津人民出版社,1981、1988。

《浙江文史资料选辑》第30辑,浙江人民出版社,1985。

《孝感市文史资料》第3辑,孝感市文史资料编委会,1986。

《河南文史资料》第7辑,中国人民政治协商会议河南省委员会,1989。

《河津文史资料》第5辑,政协山西省河津县委员会,1989。

上海图书馆历史文献研究所编《历史文献》(六),上海古籍出版社,2004。

江苏忠义局编《昭忠录》,江苏忠义局,同治四年至十三年刻本。

中国史学会主编《中日战争》(三),上海人民出版社,1957。

陈旭麓、顾廷龙、汪熙主编《甲午中日战争》（上、下册，盛宣怀档案资料选辑之三），上海人民出版社，1980、1982。

戚其章主编《中日战争》（六），中华书局，1993。

中研院近代史研究所编《矿务档》，台北：中研院近代史研究所，1960年影印本。

秦国经主编《清代官员履历档案全编》，华东师范大学出版社，1997年影印本。

中国第一历史档案馆、福建师范大学历史系编《清末教案》（三），中华书局，1998。

洪安宝总编《清宫台湾巡抚史料》（下），台北："故宫博物院"，2006。

虞和平主编《近代史所藏清代名人稿本抄本》第2辑，大象出版社，2013年影印本。

2. 个人文集

洪熙辑《洪节母征诗启》，光绪年间铅印本。

洪述祖：《如水斋读书志闻》，宣统元年阳湖洪氏排印本。

沈瑜庆：《涛园集》，台北：文海出版社，1967。

骆宝善、刘路生主编《袁世凯全集》第3卷，河南大学出版社，2013。

中国社会科学院近代史研究所中华民国史研究室、中山大学历史系孙中山研究室、广东省社会科学院历史研究室合编《孙中山全集》第3卷，中华书局，1984。

陈旭麓、郝盛潮主编《孙中山集外集》，上海人民出版社，1990。

郭汉民编《宋教仁集》，湖南人民出版社，2008。

中国国民党中央委员会党史会编《陈英士先生文集》，台北：中央文物供应社，1977。

湖南省社会科学院编《黄兴集》，中华书局，1981。

曾业英编《蔡松坡集》，上海人民出版社，1984。

黄远庸：《远生遗著》，商务印书馆，1984年影印版。

傅学文编《邵力子文集》上册，中华书局，1985。

于右任先生百年诞辰纪念委员会编《于右任先生文集》，台北："国史馆"、"监察院"、中国国民党中央委员会党史会，1985。

唐文权、桑兵编《戴季陶集》，华中师范大学出版社，1990。

《邓家彦先生访问纪录》，台北：中研院近代史研究所，1990。

《郑逸梅选集》，黑龙江人民出版社，1991。

邹韬奋：《韬奋全集》，上海人民出版社，1995。

中国蔡元培研究会编《蔡元培全集》（四），浙江教育出版社，1997。

《章士钊全集》（八），文汇出版社，2000。

洪钤编《洪深文抄》，人民文学出版社，2005。

周秋光编《熊希龄集》（三），湖南人民出版社，2008。

郭长海、郭君兮编《陈去病诗文集（补编）》，社会科学文献出版社，2009。

嘉兴市政协学习和文史资料委员会编《褚辅成文存》，中国文史出版社，2011。

林建刚编《程沧波文存》，华龄出版社，2011。

李明勋、尤世玮主编《张謇全集》（二），上海辞书出版社，2012。

汪征鲁、方宝川、马勇主编《严复全集》第8卷，福建教育出版社，2014。

章念驰编订《章太炎全集·演讲集》，上海人民出版社，2015。

马勇整理《章太炎全集·太炎文录补编》，上海人民出版社，2017。

《胡汉民自传》，中华书局，2016。

3. 日记、书信

刘泱泱整理《宋教仁日记》，中华书局，2014。

言敦源、程经世：《公出日记》，《大自由报》1913 年 4 月 21—22 日。

《徐世昌日记》，未刊电子版。

劳祖德整理《郑孝胥日记》，中华书局，1993。

中国人民政治协商会议天津市委员会文史资料委员会、中国银行股份有限公司天津市分行合编《卞白眉日记》（一），天津古籍出版社，2008。

许儒恪整理《许宝蘅日记》（二），中华书局，2010。

李向东、包岐峰、苏醒等标点《徐兆玮日记》（二），黄山书社，2013。

谭徐锋整理《黄尊三日记》，凤凰出版社，2019。

汪德轩编《程都督书牍》，广益书局，1912。

汪锡纯编《黎副总统书牍汇编》，上海新中国图书局，1914。

北京大学历史系近代史教研室整理《盛宣怀未刊信稿》，中华书局，1960。

王尔敏、吴伦霓霞主编《盛宣怀实业朋僚函稿》，台北：中研院近代史研究所，2001。

上海图书馆编《汪康年师友书札》，上海古籍出版社，1986。

〔澳〕骆惠敏编《清末民初政情内幕——〈泰晤士报〉驻北京记者、袁世凯政治顾问乔·厄·莫理循书信集》，刘桂梁等译，知识出版社，1986。

王尔敏编《袁氏家藏近代名人手书》，台北：中研院近代史研究所，2001。

国家图书馆善本部编《赵凤昌藏札》（一）（十），国家图书馆出版社，2009。

钱基博整理编纂《复堂师友手札菁华》，人民文学出版社，2014。

中华书局编辑部编《梁启超未刊书信手迹》，中华书局，1994 年影印本。

胡跃生校注《梁启超家书校注本》，漓江出版社，2017。

4. 年谱

吕培等编《洪北江先生年谱》（北京图书馆藏珍本年谱丛刊第 116 册），北京图书馆出版社，1999。

陈声暨、王真编《石遗先生年谱》，台北：文海出版社，1968。

凤冈及门弟子谨编《民国梁燕孙先生士诒年谱》，台北：台湾商务印书馆，1978。

陈锡祺主编《孙中山年谱长编》，中华书局，1991。

毛注青编《黄兴年谱》，湖南人民出版社，1980。

徐咏平编《民国陈英士先生其美年谱》，台北：台湾商务印书馆，1980。

丁文江、赵丰田编《梁启超年谱长编》，上海人民出版社，1983。

5. 史料笔记

定夷：《洪述祖外传》，《小说新报》1919 年第 3 期。

王建中：《洪宪惨史》，京兆商会联合会，1925。

叶迦：《辨音室闲话》，《大公晚报》1944 年 9—11 月连载。

冯自由：《革命逸史》第 2 集，中华书局，1981。

朱德裳：《三十年闻见录》，岳麓书社，1985。

《张溥泉先生回忆录·日记》，沈云龙主编《近代中国史料丛刊三编》第 3 辑，台北：文海出版社，1985。

陈灜一：《睇向斋秘录》，章伯锋、顾亚主编《近代稗海》第 13 辑，四川人民出版社，1988。

周南陔口述《宋教仁被刺之秘密》，章伯锋、李宗一主编《北洋军阀》（二），武汉出版社，1990，第123—124页。

傅增湘：《记洪述祖遗事》，中国社会科学院近代史研究所近代史资料编辑部编《近代史资料》总80号，中国社会科学出版社，1992。

张国淦：《北洋述闻》，上海书店出版社，1998。

谭人凤：《石叟牌词》，上海书店出版社，2000。

袁克文：《辛丙秘苑》，上海书店出版社，2000。

蔡寄鸥：《鄂州血史》，知识产权出版社，2013。

陸惠生『宋案破獲始末記』中華民国通信社、1913。

6. 报刊

《政府公报》，1912—1914

《司法公报》，1913—1914

《内务公报》，1914

《申报》，1888、1893—1894、1898—1900、1902—1908、1910、1912—1917、1931

《求是报》，1897—1898

《大公报》，1912—1914

《新闻报》，1902、1913—1917

《民权报》，1912—1913

《民立报》，1912—1913

《民主报》，1913

《中国日报》，1912—1913

《大中华民国日报》，1913

《中华民报》，1913

《亚细亚日报》，1913

《时事新报》，1913

《大自由报》，1913

《大共和日报》，1913

《国报》，1913

《神州日报》，1912—1914

《顺天时报》，1913—1915

《时报》，1913

《新中国报》，1913

《盛京时报》，1913

《北京时报》，1913

《正宗爱国报》，1913

《平报》，1913

《国风日报》，1913

《国民月刊》，1913

《民国日报》，1916—1917

《京报》，1919

《人文月刊》，1934

《小说新报》，1919

《国会丛报》，1913

《大公晚报》，1944

《振南日报》，1913

《南洋总汇新报》，1913

三　著作、论文

1. 著作

谷钟秀：《中华民国开国史》，上海泰东图书局，1914。

邹鲁：《中国国民党史稿》，上海民智书局，1929。

李剑农：《中国近百年政治史》，商务印书馆，1948。

蔡东藩：《民国通俗演义》（三），中华书局，1973。

李新、李宗一主编《中华民国史》第2编第1卷，中华书局，1987。

陶菊隐：《北洋军阀统治时期史话》，三联书店，1983。

丁中江：《北洋军阀史话》第1卷，中国友谊出版公司，1992。

〔日〕内藤顺太郎：《袁世凯》，上海文汇图书局，1914。

〔英〕帕特南·威尔：《乱世袁世凯》，秦传安译，中央编译出版社，2014。

白蕉：《袁世凯与中华民国》，上海人文印书馆，1936。

马震东：《袁氏当国史》，团结出版社，2008。

李宗一：《袁世凯传》，中华书局，1980。

侯宜杰：《袁世凯传》，百花文艺出版社，2003。

〔美〕唐德刚：《袁氏当国》，广西师范大学出版社，2004。

〔加〕陈志让：《袁世凯传》，湖南人民出版社，2013。

吴相湘：《宋教仁：中国民主宪政的先驱》，台北：传记文学出版社，1971。

方祖燊：《三湘渔父——宋教仁传》，台北：近代中国出版社，1984。

陈旭麓、何泽福：《宋教仁》，江苏古籍出版社，1984。

刘厚生：《张謇传记》，上海书店出版社，1985年影印版。

陶菊隐：《六君子传》，中华书局，1946。

沃丘仲子：《近代名人小传》，中国书店，1988年影印版。

天忏生：《洪宪宫闱艳史演义》，中国戏剧出版社，2000。

马勇：《1894—1915：梦想与困惑》，云南人民出版社，2001。

马勇：《重新认识近代中国》，社会科学文献出版社，2013。

朱宗震：《真假共和：中国宪政实验的困境与挫折》，山西人民出版社，2008。

思公：《晚清尽头是民国》，广西师范大学出版社，2009。

张耀杰：《谁谋杀了宋教仁：政坛悬案背后的党派之争》，团结出版社，2012。

张晓波：《民国的开端：宋教仁评传》，光明日报出版社，2013。

金满楼：《退潮的革命：宋教仁的 1913》，山西人民出版社，2013。

袁伟时：《迟到的文明》，线装书局，2014。

张华腾：《中国 1913——民初的政治纷争与政治转型》，陕西人民出版社，2015。

〔日〕田原天南编《清末民初中国官绅人民录》，台北：文海出版社，1973。

〔德〕卫礼贤：《中国心灵》，王宇洁等译，国际文化出版公司，1998。

奈良一雄『中華民國大事件と袁世凱』天津中東石印局、1915。

北一輝『支那革命外史』北大輝、1940 年改訂版。

2. 论文

白蕉：《民国初年有关大局之三件大暗杀案》，《人文月刊》第 5 卷 10 期，1934 年。

周一匡：《宋教仁被刺始末》，《锻炼半月刊》1944 年第 2 期。

吴相湘：《袁世凯杀害宋教仁之真正原因》，《新时代》（台北）第 1 卷第 6 期，1961 年。

沈云龙：《暗杀宋教仁的要犯洪述祖》，《现代政治人物述评》（中），台北：文海出版社，1966。

何泽福：《宋教仁与袁世凯》，《上海师范大学学报》1980 年第 3 期。

王涵：《试论宋教仁之死》，《文汇报》1980 年 12 月 16 日，第 2 版。

饶怀民：《宋教仁血案及其政治风潮》，《湖南师范大学社会科学学报》1987 年第 3 期。

刘大年：《宋教仁被暗杀案》，《江苏文史资料》第 33 辑《近代要案审判内幕》，江苏文史资料编辑部，1989。

戴伯元：《洪深家世考》，《常州文史资料》第 15 辑，政协常州市文史资料委员会，1998。

廖大伟：《论民初帮会与社会的紧张——以共进会与刺宋案为中心》，《史林》2005 年第 1 期。

廖大伟：《袁世凯不是"刺宋"主谋考析》，苏智良、张华腾、邵雍主编《袁世凯与北洋军阀》，上海人民出版社，2006。

张永：《民初宋教仁遇刺案探疑》，《史学月刊》2006 年第 9 期。

朱怀远：《宋教仁被刺案真相考辨》，《民国档案》2010 年第 3 期。

芦笛：《谁谋杀了宋教仁》，2011 年网文。

侯宜杰：《暗杀宋教仁的主谋尚难定论》，《史林》2013 年第 1 期。

章开沅：《一场孤立的"冒险之战"》，新浪网历史频道"一个共和国的破灭——1913 年二次革命爆发一百周年特别专题"。

杨天石：《二次革命：仓促上阵的早产革命》，新浪网历史频道"一个共和国的破灭——1913 年二次革命爆发一百周年特别专题"。

杨天宏：《二次革命开启"不断革命"的不归路》，新浪网历史频道"一个共和国的破灭——1913 年二次革命爆发一百周年特别专题"。

张华腾：《二次革命：一场可疑的讨伐》，新浪网历史频道"一个共和国的破灭——1913 年二次革命爆发一百周年特别专题"。

袁伟时：《"二次革命"使中国走上歪路》，新浪网历史频道"一个共和国的破灭——1913 年二次革命爆发一百周年特别专题"。

尚小明：《攻击与回应：民初袁世凯三传面世之幕后故事》，《历史教学》2014 年第 4 期。

尚小明：《洪述祖甲午"丑史"辩诬》，《史林》2015 年第 5 期。

尚小明：《"宋案"嫌犯应夔丞的绝妙"供述"——"监督议院政府神圣裁判机关简明宣告文"解读》，《民国档案》2015 年第 4 期。

尚小明：《陈其美主谋杀宋谬说之流传》，《历史教学》（高校版）2015 年第 9 期。

尚小明：《洪述祖——"刺宋案"唯一主谋》，《史学集刊》2016 年第 1 期。

尚小明：《疑心生暗鬼：赵秉钧如何被"误"为宋案主谋》，《近代史研究》2016 年第 2 期。

尚小明：《"宋案"中之袁世凯——何曾主谋刺宋》，《史学月刊》2016 年第 2 期。

后　记

　　研究宋案是我多年前就有的想法，并陆续搜集了一点史料，但直至 2013 年宋案发生百周年，我才决定集中精力研究这个案子。最初的设想是，在既有研究基础上写一篇论文，希望在案件细节方面有所突破。可当我真正深入案情后才愕然发现，过去一百年的宋案研究史，其实是一部失败的历史，我们甚至连宋案的基本案情都没能准确把握，更不要说案件细节了，而这与我们对民初历史缺乏深入理解有着极为密切的关系。于是，我决定以一部书稿的篇幅来从各个角度尽可能展现案件实情。经过数年来日复一日的考订、分析，现在终于能够将这部书稿呈现在读者面前了。校订完最后一页，我感受到了一种从未有过的踏实与轻松，觉得自己做了一件有意义的事。

　　考索案情的日子很艰难，幸运的是，不时有师友从旁鼓励。我的两位恩师刘桂生教授和王晓秋教授，始终关注着研究进展。书稿完成后，他们仔细阅读了全稿，提出许多宝贵的修改建议，大到对中国传统政治及民初政治的理解，小到一个字的使用，对尽可能完善书稿起到了极为重要的作用。北京市文史馆刘宗汉先生，在 20 世纪 60 年代初曾担任朱启钤先生（原赵秉钧内阁交通总长、代总理）的私人秘书，对清末民初历史有着非常独到的见解，特别是他对袁世凯、赵秉钧的认识，对我颇有启发。三位先生欣然同意作序，让我倍感荣幸。此外，还有几位朋友，或助我查找、扫描资料，或助我完善书稿内容，或为我提供封面设计建议。他们是：澳大利亚莫纳什大学林孟淑教授、清华大学马列学院王宪明教授、北京大学校史馆杨琥研究员、中国社会科学院法学研究所孙家红研究员、大连外国语大学崔学森教授、北京大学历史学系韩策助理教授、北京大学历史学系图书馆张素霞老师及北京市档案馆诸位老师，还有我的博士生王庆帅等。本书能够完成，离不开以上各位师友的鼎力相助，所以我特别感谢他们。

　　我还要特别感谢社会科学文献出版社徐思彦老师。19 年前，我在社科文献出版《学人游幕与清代学术》时，徐老师就是责任编辑，那时她的严谨负责就给我留下了深刻印象。2014 年秋，我到威海参加纪念甲午战争 120 周年国际学术讨论会，提交了一篇与宋案关键人物洪述祖有关的论文，题为《洪述祖甲午"丑史"辨诬》。得知我正在撰写有关宋案的书稿，徐老师当即提出由社科文献出版，我求之不得。书稿交到出版社后，徐老师又逐字逐句进行了非常细致的编辑。有了她把关，我对编辑质量自然十二分放心。近代史编辑室主任宋荣欣老师和责任编辑邵璐璐、徐成志以及其他相关朋友，也群策群力，为本书编辑、出版付出许多努力，他们的专业精神和认真负责的态度，是这本书能够顺利出版的保证，我对他们表示由衷的钦佩。

　　这些年来，我最对不住父母。他们已过世多年，而我因沉迷于研究工作，一直没能如他们所愿及早建立家庭，愧对他们。我也对不住家中其他人，让他们一直为我的生活担忧。谢谢三兄尚小林，为了满足我对这本书封面设计的要求，他不厌其烦，花了许多天，反复进行修改。现在，书稿即将出版，我对宋案的研究也将告一段落，就让我把这本书作为献给父母及家人的礼物，也作为献给所有给予我帮助的师长、朋友、同事、同仁的礼物吧。

尚小明

2017 年 12 月 24 日于北京大学人文学苑

修订本后记

　　拙作《宋案重审》自 2018 年出版以来，先后印行 5 次，受到许多读者关注。这促使我持续思考宋案问题，并注意到书中有些细节还可以进一步完善。为此，本次主要从以下三个方面对初版进行了修订。

　　首先是对读者评论意见的适当回应和吸收。综合各种评论意见，大部分与宋案发生当时的政情或史实不相符合，但也有少数意见对完善本书内容有一定的启发作用。比如，初版在解释赵秉钧将手中的"应密电本"借给洪述祖后并不主动取回的原因时，一方面指出赵秉钧本就不愿卷入洪、应构陷"孙黄宋"的阴谋，另一方面强调赵秉钧看出了该阴谋"不过是洪、应借机骗钱的把戏"。有评论指出，不能把洪、应的行为仅视作为了金钱。我认为这是很中肯的意见，因此，修订时改为赵秉钧看出了洪、应实施该阴谋的"主要目的之一是借机骗钱"，同时补充强调该构陷阴谋得到袁氏支持，赵秉钧不便反对，只能尽量置身事外，从而更充分地解释了赵秉钧不愿取回"应密电本”的缘由。再比如，本书经过考证，确定洪述祖是在1913年3月6日从天津发出亲笔信给应夔丞，指示其对宋教仁“乘机下手”，而后洪述祖才入京谒见袁世凯，询问可否“收拾”反对党一二人，结果被袁拒绝。有评论认为，不能排除洪在天津曾用电话或电报向袁请示，他“难道没有可以与袁世凯直接联系的密电码本？况且当时京津之间都已经有长途电话相通了”。这提醒我更加细致地分析洪述祖谒见袁世凯的情境，由洪所使用的“何不”“不如”等试探性词语，排除了其事先在天津用电话或电报请示袁氏的可能性。又比如，有评论认为本书“似乎并未将当时人的不同反应看作值得认真对待的现象，而是将那些对刺宋主谋的错误推断视为干扰信息，是要用证据来排除和否定的”。这一评论本身其实存在矛盾，本书倘若没有认真对待当时人的不同反应，就不可能排除和否定“那些对刺宋主谋的错误推断”。但这一评论也提醒我，对于当时人何以会有那样错误的反应或判断，还可以进一步讨论。因此，修订时特别注意了这方面，尤其是对如何理解应夔丞所谓“若不去宋”这一辩驳主题在当时的出现做了进一步的分析。此外，还有评论认为，本书“并未给予洪述祖证词应有的重视”。这一意见与本书写作的实际情况并不相符。不过，评论人的这一错觉提醒我，需要从方法论上就如何利用洪述祖供词给读者一个交代。因此，本次修订时特别在第二章“破解宋案谜团核心史料”的最后部分，点出诸如王阿法、武士英、应夔丞、洪述祖等人证词或供述的不同特点，特别强调洪述祖供词形成于袁、赵、应、武等宋案相关人物死后，厘清宋案的一个关键是从案件发展演变过程中形成的最原始的证据出发，鉴别洪述祖口供的真实性，而不能从事隔数年才出现的洪述祖的口供出发，试图否认原始证据的可靠性。

其次是对证据的补充解读。初版对宋案相关证据已经进行了全面的解读，但仍然有一些证据解读得不够细腻充分。比如，在第三章“袁洪特殊关系由来”一节引用了1911年10月27日赵凤昌致唐绍仪的一封密电,其中有"大事计旦夕即定,公宜缓到任"一语,初版解释"大事""当指起义推倒清廷事,或指南北议和事"。经进一步研究,"大事"应指当时赵凤昌等在上海谋划推倒清廷,准备建立"临时国会"一事。修订时据此对相关段落进行了改写。再比如,关于应夔丞要求低价购买政府公债一事,初版经过考证,指出"八厘公债"早已停售,"六厘公债"尚未发行,加之洪述祖并未向袁氏呈报应夔丞的要求,因此,洪于3月17日致应电中所谓"债票特别准",实为诱应杀宋的诓骗之举。修订时根据洪述祖的行踪,补充指出,洪于3月13日向应发出"'蒸电'已交财政长核办,恐折扣大,通不过"一电后,即于次日回天津等候消息。3月17日洪由天津返回北京,获知财政总长不同意其以低价兜售公债。此时杀宋已箭在弦上,洪遂假借中央名义,于当日向应发出"债票特别准",诱应杀宋。这样就使论证更加严密。又比如,关于洪述祖决意杀宋的直接原因,初版强调了洪、应构陷"孙黄宋"的阴谋失败后,洪述祖亟须做一件大事来给袁世凯一个交代。这实际上是侧重强调了洪述祖迎合袁世凯的一面,是不够的。修订时特别对洪述祖3月18日致应夔丞电中"倘空言,益为忌者笑"一语做了进一步分析,强调洪、应构陷"孙黄宋"阴谋失败后,洪述祖受到了袁世凯的嘲笑,这让以袁为靠山的洪述祖很受刺激,也很受打击,因此他不仅需要实实在在做一件大事来给袁世凯一个交代,而且需要借此向袁世凯证明自己并非空言失信之人,仍然可以为袁氏做事。这样就把洪述祖在杀宋一事上为自身的考量也包含进来,从而能够更加完整准确地解释洪述祖杀宋的直接原因,同时也契合洪述祖"心术险狠""敢作敢为"的性格特点。此外,关于言敦源、程经世赴青岛处理洪述祖归案问题,初版对二人所写《公出日记》中提到的"诱捕"计划并没有分析,修订时将该日记与京师警察厅秘书潘毓桂及侦探队队长李寿金给京师警察厅总监王治馨的报告相对比,指出日记中所谓二人在济南获悉洪述祖已被德警拘留,因而令所带 10 名弁役折回北京的说法，理由很不充分，二人实际上根本就没打算"诱捕"洪述祖，带领 10 名弁役南下不过是做给世人看罢了。还有，关于洪述祖被改判绞刑内幕，初版引用朱德裳《三十年闻见录》转述大理院推事陈尔锡的话，说是因为洪的案子落到了一位"性情刻薄"的推事手中。修订时依据《暂行新刑律》关于量刑的规定以及大理院的审理程序和判决程序，指出洪述祖罪有应得。附录"陈其美主谋杀宋谬说之流传"中提及的北京大学历史学系所藏手书残信，初版判断为应夔丞党徒写给雷震春的信，经进一步研究，应当是京师警察厅署理勤务督察长钱锡霖写给国务总理赵秉钧的信。修订时也改写了相关段落。

　　最后是对史料的增补。关于宋案各环节的史料，初版已经充分利用，本次修订主要就一些相关问题补充了数条材料。比如，关于杭辛斋劝告应夔丞谨慎考虑北上见袁之事，补充了杭、袁交恶的材料，以便读者更好地了解袁世凯其人及应夔丞当时的处境。关于洪述祖 3 月 6 日致应函中所谓"除邓一案"，补充了《邓家彦先生访问纪录》，进一步说明"邓"即邓家彦。关于"八厘公债"，补充了《申报》有关报道，以进一步证实该项公债早已停售。关于宋教仁被刺前政情，补充了新任驻德公使颜惠庆（当时尚未赴任）告诉德国驻华公使哈豪森袁世凯将会获得五分之四选举票的材料，以证明袁世凯没有必要在那种情况下主谋刺宋，从而搬起石头砸自己的脚。关于应夔丞保留并批注宋案相关证据的原因，补充了熊希龄致向乃祺函中所做分析，指出应夔丞的举动与其当时居于租界，自以为安全无虞有关。关于赵秉钧之死，补充了新闻报道赵秉钧生病后曾电告袁世凯"旧恙复作，请假调理"的材料，进一步证明赵秉钧系死于疾病而非被袁毒杀。关于洪述祖受审，补充了《大理院判例解释·新刑律汇览》及《大理院判决例全集》等材料，以便读者从法理上理解洪述祖何以会被判处绞刑。

　　除以上三方面外，本次修订还对几处章节标题略加改动，使其内涵更加明确，同时增补了英文目录和中、英文内容简介。又对全书内容逐字逐句进行了斟酌，重点注意文字表达的准确与明晰，以便读者能够更加清晰地理解宋案的各个细节。征引文献也略有增补。还有，初版插页中有几张黑白图片效果不是很好，此次承蒙北京市档案馆慷慨相助，得以更换为彩色扫描图片，谨此致谢。

　　感谢社会科学文献出版社将本书纳入"社科文献学术文库"重新出版。感谢责编邵璐璐和文稿编辑李蓉蓉为重新编排本书所付出的辛苦。感谢我的家人，还有北京大学历史学系的领导以及我所有的博士生、硕士生，是你们在我生病期间对我的关心和精心照顾，让我得以很快恢复健康，完成这项修订工作。衷心希望读者朋友继续对本书提出意见或建议，以便今后再加完善。

尚小明

2022 年 7 月 8 日于海淀区西二旗智学苑

人名索引

图书在版编目（CIP）数据

宋案重审 / 尚小明著. -- 修订本. -- 北京：社会
科学文献出版社，2022.9（2025.2 重印）
（社科文献学术文库. 文史哲研究系列）
ISBN 978 - 7 - 5228 - 0050 - 9

Ⅰ. ①宋… Ⅱ. ①尚… Ⅲ. ①宋教仁（1882 - 1913）
- 生平事迹②历史事件 - 中国 - 1913 Ⅳ. ①K827 = 6
②K258. 305

中国版本图书馆 CIP 数据核字（2022）第 072355 号

社科文献学术文库 · 文史哲研究系列

宋案重审（修订本）

著　　者 / 尚小明

出 版 人 / 冀祥德
责任编辑 / 邵璐璐
文稿编辑 / 李蓉蓉
责任印制 / 王京美

出　　版 / 社会科学文献出版社 · 历史学分社（010）59367256
　　　　　　地址：北京市北三环中路甲 29 号院华龙大厦　邮编：100029
　　　　　　网址：www. ssap. com. cn
发　　行 / 社会科学文献出版社（010）59367028
印　　装 / 南京爱德印刷有限公司

规　　格 / 开 本：787mm × 1092mm　1/16
　　　　　　印 张：40. 5　插 页：0. 5　字 数：535 千字
版　　次 / 2022 年 9 月第 1 版　2025 年 2 月第 5 次印刷
书　　号 / ISBN 978 - 7 - 5228 - 0050 - 9
定　　价 / 158. 00 元

读者服务电话：4008918866